Teatro 43

direção de

Fernando Peixoto

TEATRO

TÍTULOS EM CATÁLOGO

Técnicas Latino-Americanas de Teatro Popular, Augusto Boal
Teatro em Pedaços, Fernando Peixoto
Vassa Geleznova, M. Górki
Diálogo sobre a Encenação (um Manual de Direção Teatral), Manfred Wekwerth
Teatro em Movimento, Fernando Peixoto
Teatro de Augusto Boal 1 (Revolução na América do Sul, As Aventuras de Tio Patinhas, Murro em Ponta de Faca)
Textos para a Televisão, Gianfrancesco Guarnieri
Teoria e Prática do Teatro, Santiago García
Teatro em Questão, Fernando Peixoto
Teatro de Augusto Boal 2 (Histórias de Nuestra América, A Lua Pequena e a Caminhada Perigosa, Torquemada)
Um Mês no Campo, Ivã Turgueniev
Além das Ilhas Flutuantes, Eugenio Barba
Teatro e Estado (as Companhias Oficiais de Teatro no Brasil: História e Polêmica), Yan Michalski & Rosyane Trotta
Teatro de Osvaldo Dragún (Milagre no Mercado Velho, Ao Violador, Voltar para Havana, Os Alpinistas)
Um Teatro Fora do Eixo, Fernando Peixoto
O Negro e o Teatro Brasileiro, Miriam Garcia Mendes
Ay, Carmela!, José Sanchis Sinisterra
A Canoa de Papel, Eugenio Barba
A Arte Secreta do Ator (Dicionário de Antropologia Teatral), Eugenio Barba & Nicola Savarese
Ziembinski e o Teatro Brasileiro, Yan Michalski
A Mochila do Mascate, Gianni Ratto
Divers/idade, Nelson de Sá
As Trombetas de Jericó: Teatro das Vanguardas Históricas, Silvana Garcia
Giramundo, Myrian Muniz — o Percurso de Uma Atriz, Maria Thereza Vargas (org.)
Brecht no Teatro Brasileiro, Kathrin Sartingen
Teatro de Rua, Fabrizio Cruciani & Clelia Falletti
O Parto de Godot e Outras Encenações Imaginárias, Luiz Fernando Ramos
Dança e Mundialização: Políticas de Cultura, Cássia Navas
Vianinha: um Dramaturgo no Coração de seu Tempo, Rosângela Patriota
Pina Bausch e o Wuppertal Dança-Teatro: Repetição e Transformação, Ciane Fernandes
As Imagens de um Teatro Popular, Julián Boal

OSMAR RODRIGUES CRUZ
UMA VIDA NO TEATRO

OSMAR RODRIGUES CRUZ
&
EUGÊNIA RODRIGUES CRUZ

OSMAR RODRIGUES CRUZ
UMA VIDA NO TEATRO

EDITORA HUCITEC
São Paulo, 2001

© Direitos autorais, 2001, de Osmar Rodrigues Cruz & Maria Eugênia Rodrigues Cruz.
Direitos de publicação reservados por
Editora Hucitec Ltda.,
Rua Gil Eanes, 713 - 04601-042 São Paulo, Brasil.
Telefones: (55 11)240-9318 (geral), (11)5543-5810 (área comercial), (11)5093-5938 (fac-símile).
E-mail: hucitec@terra.com.br
Home-page: www.hucitec.com.br

Foi feito o Depósito Legal.

Editoração eletrônica: Ouripedes Gallene,
com a colaboração de Esion Meneses Carneiro.

Índice: Maria Autanice Aderaldo.

A pesquisa deste livro contou com apoio da Fundação Vitae de Artes.

Dados Internacionais de Catalogação na Publicação (CIP)
(Sandra Regina Vitzel Domingues)

C 963	Cruz, Osmar Rodrigues, 1924 - Osmar Rodrigues: uma biografia teatral / Osmar Rodrigues Cruz, Eugênia Rodrigues Cruz. — São Paulo: Hucitec, 2001. — (Teatro; 43) ISBN 85-271-0560-8 1. Osmar Rodrigues Cruz I. Cruz, Eugênia Rodrigues II. Título III. Série CDD - 927

Índice para catálogo sistemático:

1. Bibliografia: Osmar Rodrigues Cruz   927

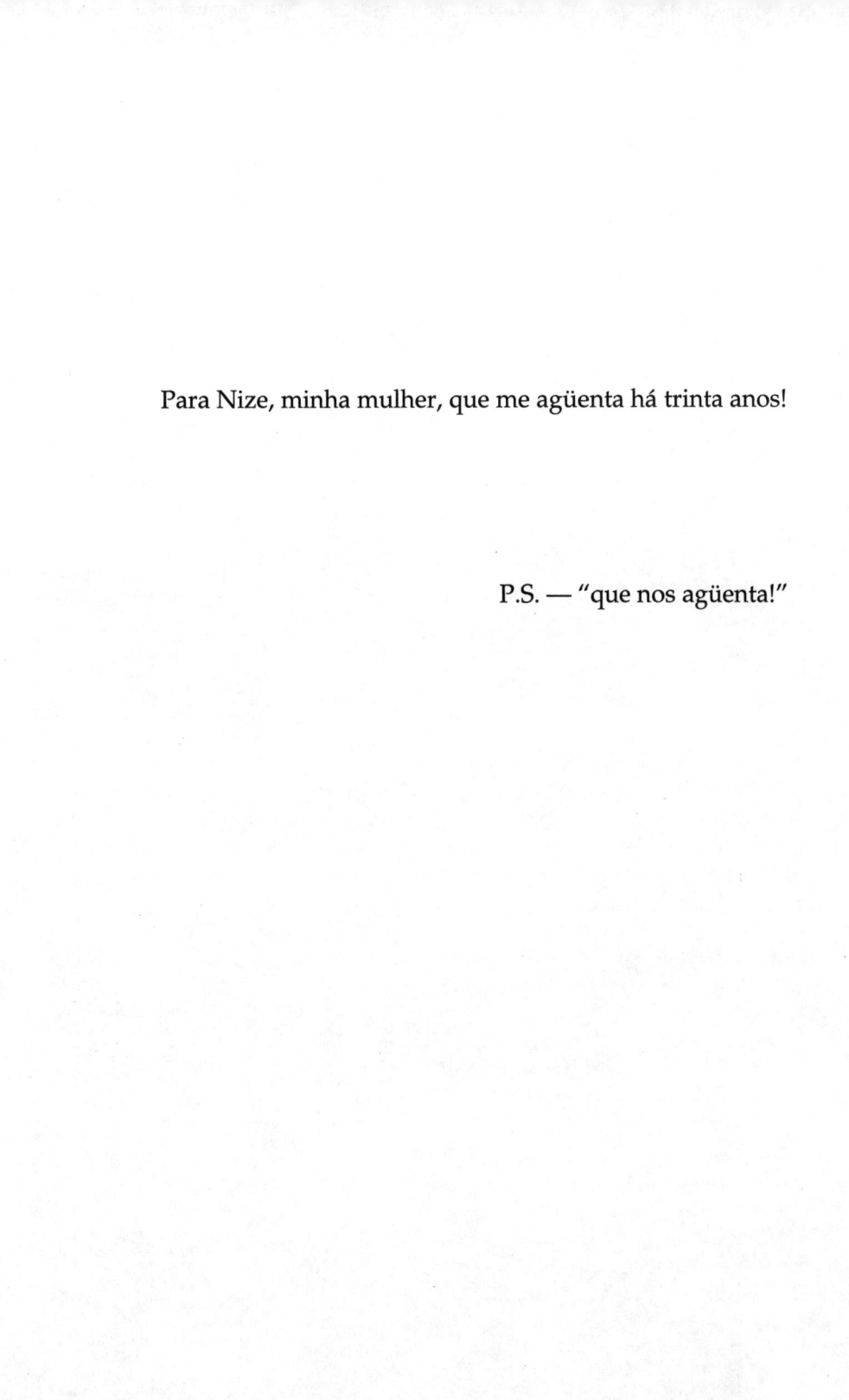

Para Nize, minha mulher, que me agüenta há trinta anos!

P.S. — "que nos agüenta!"

Para meu irmão Rubens,
IN MEMORIAM

O PASSEIO DE UMA VIDA, PELO TEATRO

FAUSTO FUSER

É IRRESISTÍVEL AFIRMAR QUE OSMAR RODRIGUES CRUZ — Uma Vida no Teatro *é o passeio de uma vida, pelo teatro.*

Poucos de nós sabíamos, no grupo de apaixonados pela vida teatral que despontava como uma aventura, naqueles anos 50, da capacidade que tinha Osmar de relatar as coisas de maneira tão atraente. Sempre elegantemente vestido, Osmar impunha ascendência sobre a rapaziada, com sua voz tranqüila que só em momentos agitados se tornava um pouco aguda, jamais agressiva.

Ele havia começado antes de todos. Já havia lido todos os clássicos do teatro. As peças e os mais importantes teóricos do "novo teatro" europeu. Ele freqüentava as coxias do TBC (Teatro Brasileiro de Comédia), apertava a mão de Franco Zampari, era interlocutor do Adolfo Celi, batia papo com Ziembinski, tinha visto literalmente tudo do teatro brasileiro renovado e conhecia, na intimidade, o teatro tradicional que viera das primeiras décadas, seus "astros" e seus procedimentos retumbantes. Não perdia nada, absolutamente, das companhias européias que nos visitavam com freqüência, naqueles anos.

Não era muito mais velho que nós, mas sem dúvida "sabia" mais teatro. Não se valia disso, nem de sua biblioteca que adquiria fama com o tempo para jactar-se. Nem mesmo o reconhecimento público de um Décio de Almeida Prado por sua cultura teatral foi suficiente para alterar sua modéstia. Nem as direções teatrais mais e mais ambiciosas e bem-sucedidas, nem os prêmios sucessivos, e menos ainda, a prestigiosa posição à frente do Teatro Popular do Sesi.

Naturalmente modesto, seguiu sua vida teatral, do amadorismo ao teatro universitário. Cumpriu uma vida inteira no profissionalismo, cercado de nobreza espontânea.

Sem o seu exemplo, o seu pioneirismo, não teria sido a mesma coisa a vida teatral de Flávio Rangel, Ademar Guerra, Antunes Filho, José Renato, José Celso Martinez, Renato Borghi, enfim, esse grupo de criadores teatrais paulistas de importância nacional, os que consolidaram a renovação teatral brasileira plantada pelos críticos cariocas das décadas de 40 e 50, pelos Comediantes, por Paschoal Carlos Magno e um punhado de diretores estrangeiros, abrigados ou não no TBC de Zampari.

Osmar, agora aposentado, mas nem por isso menos interessado na vida teatral, deixa com estas suas memórias uma contribuição importantíssima para a História do Teatro Brasileiro. À sua maneira: sem estardalhaço ou bazófias (que é como chamávamos os cabotinos). Ele conversou longamente com suas amadas, a esposa e a filha, e estas, como gesto de paciência amorosa, transcreveram suas palavras. Cataram documentos, selecionaram assuntos e ordenaram realidades.

Resultado: das letras renasce a voz gentil e, sobretudo, as construções bem-humoradas de um Osmar desconhecido de muitos, que teria dado um excelente escritor de prosa se a isso se tivesse dedicado.

Mais do que a história de nosso pioneiro "renovado" e um criador original, Osmar Rodrigues Cruz — Uma Vida no Teatro é parte da história do nosso teatro.

Outro valor colateral desta obra, por ocasional que seja, é a oportunidade de apresentar o pensamento crítico em torno de um objeto — no caso, por certo, a criação artística de Osmar Cruz. Nestas páginas se fazem ouvir as vozes de todos os críticos teatrais que testemunharam o trabalho de Osmar, observaram seus valores, apontaram para seus feitos.

Acredito que a crítica teatral tenha valor inestimável para pesquisas históricas e estéticas, sobretudo se for possível considerar a reunião de várias, muitas opiniões críticas. Os verdadeiros luminares da crítica teatral são raros em qualquer país. Contamos com Décio de Almeida Prado, com Sábato Magaldi, e quantos outros? Mesmo estes terão seus valores enaltecidos, se somados às análises do corpo daqueles aos quais foi confiada a mesma tarefa, por diferentes grupos sociais e de divulgação.

No livro de Osmar podemos encontrar essa coisa de que tanto se fala e sobre a qual não estamos acostumamos a nos deter, qual seja a famosa "Crítica Teatral". Aqui há um pensamento crítico e está presente a Crítica Teatral, pelo menos em parte.

Sem ter freqüentado, como professor, o departamento de teatro da Universidade, Osmar Rodrigues Cruz se faz presente, agora, no ensino superior com seus ensinamentos, em suas aventuras bem-humoradas. Que seu amor pela leitura, pelo teatro, pela modéstia, pela honradez e pelo trabalho árduo sejam transparentes aos jovens que hoje chegam às trilhas do teatro.

Aos jovens no teatro, sobretudo, este livro está destinado.

São Paulo, 19.IV.2001

Fausto Fuser, professor de Crítica Teatral na Escola de Comunicações e Artes da Universidade de São Paulo, é crítico em *www.mediacast.com.br* de LabOne — Ed. Abril
E.mail: *fuser@iconet.com.br*

SUMÁRIO

	PÁG.
O passeio de uma vida, pelo teatro, Fausto Fuser	xi
Introdução	1

CAPÍTULO 1
A garagem 13

CAPÍTULO 2
Críticas por ORC 51

CAPÍTULO 3
Televisão Tupi e Excelsior 71
Federações, comissões, associações e cursos 79
A Biblioteca 93

CAPÍTULO 4
Teatro popular, para quê? 99

CAPÍTULO 5
Um sonho que virou realidade 121

CAPÍTULO 6
Outras direções 375

Capítulo 7
Conversa de coxia 441

Fichas técnicas das peças 455

Índice antroponímico, das instituições e das obras 475

INTRODUÇÃO

(por Osmar Rodrigues Cruz)

Antes de tudo queria agradecer à Fundação Vitae pela concessão da Bolsa de Artes que nos possibilitou realizar a parte material da organização e compilação de toda a documentação.

Quero agradecer a minha mulher Nize que pacientemente e com carinho digitou todas as gravações feitas por mim e M. Eugênia, bem como algumas críticas importantes. Este livro foi feito com uma série de gravações, por isso o tom coloquial da narrativa foi preservado na medida do possível, bem como a transcrição fiel dos documentos.

À M. Eugênia que pacientemente reuniu todo o material que havia a meu respeito desde o tempo de estudante e que ordenou tudo para edição.

Trabalhei minha vida toda em teatro, não sei fazer outra coisa e para quem não esperava chegar até 2000, é um milagre este livro que conta minha vida teatral, não é uma biografia da minha vida particular, é a minha vida teatral nos seus 56 anos. Trabalhar naquilo de que se gosta só dá prazer e é um privilégio que eu tive, se acertei, podem verificar no livro.

Queria também agradecer a todos que comigo trabalharam para construir o Teatro Popular do Sesi (TPS) e a figura inesquecível de Flávio Império.

Se gostarem do livro muito bem, se não, não contem a ninguém...
Obrigado a todos.

São Paulo, 1/3/2000.

AVISO AO LEITOR

Nossa intenção ao conceber esse livro foi disponibilizar o arquivo de Osmar Rodrigues Cruz, portanto sua leitura é um mergulho no universo teatral paulista. Enfocando todas as montagens dirigidas por ele, partiu-se sempre de seu depoimento atual, trazendo referências sobre as peças e artigos de sua autoria, bem como as críticas, reportagens e entrevistas sobre cada montagem.

Osmar Rodrigues Cruz.

Osmar Rodriges Cruz

Os pais de Osmar,
Francisco Rodrigues da Cruz e Marta Nacif

Sebastiana Rodrigues Cruz, madrasta de Osmar.

Osmar Rodrigues Cruz e a filha, Maria Eugênia Cruz

Osmar entre o pai e o irmão.

Osmar e Eugênia entre a avó (Conceição Dias da Cruz) e o pai.

Osmar e Nize Silva.

Prêmio Molière, 1973. Osmar, Fernando Peixoto, Gianfrancesco Guarnieri, Carmem Silva, Jô Clemente e Joseph Alfin (Air France).

Inauguração da Sala Osmar Rodrigues Cruz;
acima, Osmar com Mário Amato, presidente da Fiesp.

Capítulo 1
A GARAGEM

EU NASCI EM 1924 NO DIA 2 DE ABRIL, NA RUA FLORÊNcio de Abreu à meia-noite. No dia 5 de julho, três meses depois que eu havia nascido, houve a Revolta dos Tenentes — uma reação ao regime ditatorial, então, eu e toda minha família fomos para o interior, pois em São Paulo aconteciam muitos bombardeios dos soldados legalistas do governo de Artur Bernardes, que era presidente na época. Ele, como alguns presidentes do Brasil, era um ditador, um governo feito em estado de sítio, como sucedeu no governo duro do Marechal Floriano Peixoto. Bernardes era o que se chama hoje um fisiologista, com apoio do Congresso. Criou campos de concentração para presos políticos, antes mesmo da revolução ele prendia inimigos políticos, criou em Crivelândia, um lugar perto do Rio de Janeiro, um campo de concentração, apontado como o mais tétrico dos campos de concentração da época. A Revolução dos Tenentes durou dois meses, destruiu São Paulo, morreu muita gente, mas teve o seu lado positivo, que foi a formação mais tarde da "Coluna Prestes". O Prestes e Miguel Costa criaram uma coisa inédita no Brasil, iniciaram uma pregação que objetivava despertar a consciência nacional contra a discriminação no poder. A formação da coluna, composta por rebeldes, seguia uma tática militar, até hoje considerada modelar nos mais altos centros de instrução do país e do estrangeiro. A "Coluna Prestes" formada entre outros por Miguel Costa e Luís Carlos Prestes foi apontada como um modelo de guerrilha pelo Pentágono norte-americano. Ela percorreu 24.000 quilômetros em mais de dois anos. Hélio Silva esclarece bem o que foi a Coluna e por essa descrição se pode ver como a coisa foi séria em comparação com a Revolução dos Tenentes que durou dois meses. Depois tudo se acalmou, o Bernardes continuou governando, preparando o terreno para o próximo presidente que foi Washington Luís, que não foi muito diferente.

O que aconteceu comigo, acontece com toda criança, fui crescendo. Após a revolução, retornamos a São Paulo e mudamos para uma casa na Rua Lins de Vasconcelos, no Cambuci, e lá cresci até seis, sete anos. Houve a revolução de 1930, 32, 35, a Revolta Comunista e a Revolta Integralista que não serviu para nada. Sempre foi assim no Brasil!

Na revolução de 1932 ficávamos à porta de casa esperando os pais chegarem para ver se não tinha acontecido nada, pois não havia informações radiofônicas, só depois apareceu o rádio de galena, não se sabia o que acontecia no centro da cidade e qualquer atraso era assustador.

Durante minha adolescência morávamos numa outra casa na Lins, onde havia um vasto quintal. Freqüentávamos muito o teatro, meu pai era um apaixonado por teatro, principalmente por Leopoldo Fróis, que morreu em 1932. Comecei a freqüentar teatro em 1934 em Campinas, meu pai ia trabalhar lá, minha mãe, meu irmão e eu ficávamos hospedados na casa de amigos e à noite íamos ao Teatro Municipal assistir à Companhia Miramar com Emílio Russo e Norma de Andrade, foi lá que assisti a inúmeras peças e a estréia de Renata Fronzi, que tinha quinze anos, numa peça de César Fronzi.

Era uma peça por noite e foi lá que também assisti a *Manhãs de Sol* de Oduvaldo Vianna, *Retalho* de Dario Niccodemi. Todas as peças que fiz depois, *Manhãs de Sol* no Teatro Popular do Sesi e o *Retalho* antes, no Centro Acadêmico, foram peças que marcaram muito meu gosto pelo teatro.

Minha mãe faleceu e durante um ano, como era comum naquela época, guardamos luto, as crianças com uma tarja no braço e meu pai com terno e gravata preta e camisa branca. Todo domingo meu pai nos levava ao cemitério em memória de minha mãe. Depois de terminado o luto recomeçamos a ir ao teatro, às matinês no Cine Capitólio na Liberdade, na Rua São Joaquim, um vasto cinema, íamos com uma empregada, não era babá. À noite, íamos ao Colombo, Santana, ao Royal, nessa época assisti a Dulcina, Procópio, Mesquitinha, Jaime Costa, enfim todos aqueles que fizeram a comédia brasileira. Emílio Russo fazia drama, gostava de dramas como *Cego de Amor* de Carlos

Cavaco, era um galã, gordinho, mas bom ator, com ele trabalhava Norma de Andrade que era excelente atriz, uma das melhores que eu já vi até hoje.

Havia muitos teatros em São Paulo, é difícil rememorar todos, o Colombo era no Brás, no centro, no Anhangabaú o Cassino Antártica e o Pedro II, o Santana e o Apolo na Rua 24 de Maio que virou o Cine Ópera, o Municipal, que continua no mesmo lugar, o Recreio na Praça João Mendes, o Santa Helena na Praça da Sé, muitos viraram cinemas: Oberdan, Olímpia, Brás Politeama, o Alumínio, o Natal. O Teatro Colombo no Brás derrubaram, era uma excelente sala com boa acústica, também virou cinema, porque em São Paulo não havia companhias de teatro, vinham aqui as companhias do Rio e os mambembes. No Oberdan, por essa época, ocorreu uma tragédia que marcou a cidade: numa matinê de domingo, um garoto, para brincar, gritou fogo! Houve pânico, adultos e crianças foram pisoteadas. Mas a distribuição de espetáculos fazia com que os teatros de São Paulo ficassem sempre lotados, o Boa Vista na Ladeira Porto Geral com Rua Boa Vista, onde era a redação do *Estadão*, era o preferido de Procópio Ferreira. Nunca vi teatro vazio, mesmo o Santana, grande daquele jeito! Dulcina fazia matinê às quintas-feiras, aos sábados e domingos e duas sessões por noite. Procópio e Jaime Costa também, lotando as casas em todas as sessões. Estamos na época da Polaquinha de Getúlio, em 1934, vieram as eleições, tínhamos Getúlio como presidente e ele fez a Constituição de 34 que foi mal planejada, com poderes absolutos, é claro. Em 1935 houve a Revolta Comunista que por falta de entrosamento só aconteceu em São Paulo que se revoltou. Após a revolução, passava-se na Praça da Sé para ver locais com buraco de bala, o pessoal dos prédios atirava na polícia mas, infelizmente, não deu certo e Getúlio continuou, desde 1930 no poder, mas ele tinha uma vantagem — gostava de teatro. Criou o Serviço Nacional de Teatro, mas já preparava outro golpe, não no teatro! Ia haver eleições para presidente, faziam campanha Armando de Sales Oliveira, governador de São Paulo, e o autor de *Bagaceira*, José Américo de Almeida. Getúlio deu o golpe, fechou o Congresso, acabou com as eleições e o Armando de Sales Oliveira foi tomar refresco nas fazendas dos Mesquitas e o José Américo voltou para a Paraíba. Getúlio deu o golpe em 1937 e instaurou o Estado Novo, aliás, no Brasil é assim: Estado Novo, Milagre Econômico, Medida Provisória, quando "eles" querem governar ditatorialmente sempre inventam algo assim!

O Estado Novo foi terrível, dois anos depois arrebenta a guerra e o Getúlio, logicamente, ficou do lado do Eixo; até eu fui ver isto em Santos, três cruzadores americanos atracaram na costa brasileira, no Porto de Santos e então o Getúlio entrou na guerra a favor dos aliados, ele teve seus grandes defeitos, era totalitário, mas gostava de teatro. Aliás, todos eles gostam de teatro, porque, no fundo, querem ser atores e no fundo são atores! Eles gostam por causa disso. Ele dava dinheiro ao Serviço Nacional de Teatro (SNT), criou a Companhia Dramática Nacional. Foi a época da caça às bruxas, em 1939, o Brasil já estava na guerra e eu esperava ser chamado para ir para a Itália, a cada relação expedida, eu ficava esperando o meu nome. Chegou a sair a letra "O", mas meu nome não saiu, foi o Clovis Garcia para a guerra, mas eu não fui, não chegou a minha vez! Assim sendo, continuei a ir ao teatro com meu pai, não havia censura e eu já era adolescente, por isso, ia muito ao teatro, fazia o pré-politécnico nesta época.

Antes de 1938, fiz uma experiência de teatro, havíamos mudado para uma casa grande na Lins de Vasconcelos, que tinha uma enorme garagem e meu pai não tinha carro. Então, de tanto ver e gostar de teatro, resolvi fazer um teatrinho na garagem, cobrávamos palito de fósforo de ingresso, enchemos uma caixa de sapato de palitos de fósforo! Fazia peças improvisadas, a mais pura *commedia dell'arte* — escolhíamos o assunto, decidíamos quem ia fazer o quê. Eram assuntos do cotidiano: o marido chega e não tem comida pronta, a mulher que está passando roupa, arrumávamos um velho ferro de passar roupa. E assim foi durante algum tempo. Como minha mãe havia morrido, ficávamos com uma empregada, meu pai trabalhava, precisava sustentar os vagabundos em casa! O que acontecia? A empregada ia embora, porque elas iam trabalhar lá em casa para casar com meu pai, era essa a intenção. Como meu pai não queria casar com elas, elas iam embora! Assim foi com duas ou três. Então, minha avó ia lá, cuidar da casa e da gente, ela era forte, morreu com 95 anos. Ela não queria a criançada dentro de casa, os meninos subiam na árvore para pegar ameixa e ela ficava louca da vida! Quando ela ia lá em casa, tinha de parar o teatro. Ela falava com meu pai e ele pedia para nós, afinal ela ia lá cuidar da gente. Quando arrumava outra empregada e ela tinha certa idade, era ótimo, pois ela não tinha a menor intenção de casar com meu pai, por isso continuávamos a fazer teatro sossegados. Tinha um estrado velho de cama patente de casal na garagem e então colocávamos um tapume em cima e pregávamos uma cortina de parede a parede que funcionava bem, não era a "americana", não era a do Arquimedes Ribeiro, mas funcionava bem!

Aí começou tudo, eu queria ser ator, não sabia ainda, pois não havia diretor, havia ensaiador. Eu não fazia peça que eu assistia, era teatro de improviso, a molecada se divertia, gritava. Tudo era feito por instinto, era como a *commedia dell'arte*, porém sem conhecê-la e cada dia uma história, três ou quatro meninos representando. Mas a vida foi mudando, os meninos da vizinhança cresceram e eu, lógico, junto, não tanto, mas junto e continuando a assistir teatro.

Quando veio o golpe de 1937, eu estava no primário, fui para o ginásio, naquela época eram cinco anos e aconteceu uma coisa muito interessante. Fui para o Instituto de Ciências e Letras, era muito famoso, ficava ao lado da Beneficência Portuguesa, perto de onde é a *Gazeta* e lá, a primeira coisa que eu vi foi o retrato do Artur Bernardes, que era menino e fez o ginásio naquele Instituto. No ginásio não "pintou" teatro, só mais tarde na faculdade, mas continuei assistindo teatro, meu pai não deixava de ir e nos levar aos domingos à noite.

A guerra acabou em 1945, eu havia entrado para a faculdade em 1943, nesse ano o Getúlio foi forçado a sair, disseram que não, mas foi e indicou o General Dutra para presidente. Houve eleições gerais, para presidente, governador, senador, deputado. Ademar de Barros aliou-se a Prestes, que havia tido mais votos para senador. Embora digam o contrário. Aí aconteceu uma coisa interessante, Portinari ganha como senador mais votado, empatando com o Roberto Simonsen. Houve uma confusão, urnas que não foram contadas e o Portinari perdeu para o Roberto Simonsen, aquelas coisas que acontecem no Brasil! Foi o bastante para em três meses a Câmara Municipal tornar-se toda comunista, mas o Marechal Dutra colocou o partido comunista na ilegalidade e todos saíram do Brasil, inclusive o Prestes.

Como Hitler havia perdido a guerra, as ditaduras como a de Mussolini tinham ido por água a baixo. Aqui em São Paulo teve início a mobilização da população através de comícios para a queda do Getúlio! Os "queremistas" queriam o Getúlio de novo, isso acontece... Na Alemanha até hoje tem gente que quer o Hitler de volta! Lembro-me de um comício que teve na Praça da Sé, que foi a estudantada quase toda, os presidentes de centros acadêmicos: Belini Burza e Rogê Ferreira que já estava no XI de Agosto, o Lefèvre, eu também, fizemos o comício e depois saímos em passeata, mas ela foi desmembrada por causa da turma do "nós queremos", era tanto "pau que comia", era tanta coisa, que dispersou com a passeata. Eu entrei para a Faculdade de Ciências Econômicas e no terceiro ano vencemos a eleição no Centro Acadêmico (C.A.) e eu pensei que era hora de fazer teatro no C. A., mas não havia dinheiro. Fui falar com o diretor pois ele gostava muito do meu trabalho, porque eu fazia concertos de discos aos sábados à tarde e era ele, Horácio Berlinck, quem emprestava os discos. Compramos uma vitrola, e eu ia todo sábado de manhã buscar os discos na casa dele, que era na Avenida Paulista, onde morava todo burguês daquela época.

Ficamos amigos, Horácio Berlinck e eu, então pedi para que ele arrumasse uma verba para o C.A. O Lefèvre que era presidente do Centro nessa época conseguiu uma verba especial para a reforma do C.A. e aí usamos a parte que sobrou dessa verba para fazer um espetáculo, que foi o primeiro apresentado no Centro do Professorado Paulista em 1945 — *Adeus Mocidade*, uma peça italiana do Sandro Camasio e o Nino Oxília, traduzida pelo Oduvaldo Vianna, é uma opereta, ele traduziu e fez uma comédia. Depois da peça tinha um *show*, ela agradou, fez sucesso, queríamos continuar o teatro, havia acabado a nossa gestão, foi eleita nova diretoria, entrando somente um do nosso partido. Mas eles queriam que eu continuasse a dirigir o teatro e eu também queria, mas não podia, pois eu já era ex-aluno, já havia me formado. Pois modificaram os estatutos do C. A.: o Teatro Universitário poderia ser dirigido por um ex-aluno e eu fiquei dirigindo o teatro por mais três anos.

O teatro universitário estreou, graças a um movimento que se fez no Centro Acadêmico, que foi a criação do Partido Democrata, uma das coisas mais bonitas que aconteceu naquela época. O Partido Acadêmico Democrata (PAD) foi formado por uma elite da escola, totalmente voltada para o marxismo, para a esquerda, que era realmente um dos movimentos mais importantes daquela época — 1945, final da ditadura do Getúlio Vargas. Foi aí que eu comecei a entender um pouco o marxismo, esquerda, direita, coisa que até então não tinha passado pela minha cabeça. Fizemos uma eleição e o PAD ganhou por uma larga margem de votos de um partido bastante reacionário. Formamos um bloco e daí nasceram todas as coisas: concertos de música, o teatro, as competições na Federação Universitária Paulista de Esporte (FUPE), o presidente da chapa era o Eugênio Lefèvre, amigo até hoje, e foi meu amigo na época, formávamos uma dupla.

Depoimento de Eugênio Lefèvre Neto

Fui presidente do Centro Acadêmico Horácio Berlinck da Faculdade de Ciências Econômicas de São Paulo em 1945, fui fundador do Conselho Regional de Economia e recebi o número 1 do cadastramento.

Eu conheci o Osmar em circunstância muito curiosa, ele estudava no período da manhã na faculdade e eu, por engano, entrei no curso onde fui colega dele. O período em que vivíamos era muito difícil, era 1943, estreamos com um conflito contra o pessoal do Getúlio, os "queremistas" e a "a ordem política e social" comandada por Coriolano Góis, que nos tratou a tiros e várias pessoas ficaram feridas e um morto, a cidade era um pandemônio. Isto tudo me motivou para fazer política acadêmica, pois não tinha a mínima vontade, eu era um boêmio!

Em 1944 tínhamos um partido, como o PRI do México, que sempre ganha a eleição, nós resolvemos enfrentar esse pessoal que era oriundo de um partido chamado reacionário, tinha uma boa dose de fascistas! Fizemos uma prévia, o que era inédito, para cada qual poder se inscrever, todos que quiseram se inscreveram, foram votados e saiu uma chapa, da qual o Osmar era bibliotecário. Fizemos muita coisa pelo pessoal que estudava à noite e trabalhava de dia. Você pensa que ele se acomodou no cargo de bibliotecário? Não, ele era muito ativo, chegando a ser agitado, levando o apelido de Arapuã, personagem que na época começava a aparecer no cinema. Conseguiu pegar o professor Horácio Berlinck e emprestou o seu piano, que era o xodó do professor e fez muitos concertos, tocou lá o William Furneau. Fez o ciclo Beethoven e depois criou um curso de oratória para os economistas. Nossa gestão não era acomodada, gostávamos de fazer sempre mais pelo Centro Acadêmico. Fizemos o primeiro grande programa de Teatro Universitário — *Adeus Mocidade*, organizamos um grupo de violinistas mirins que foi sensacional, o local era o Centro do Professorado Paulista.

Coriolano Góis era secretário da segurança e era um louco, perseguia os comunistas, e o DOPS era um verdadeiro horror. Era a época da formação da UDN, a volta do Prestes do exílio, o manifesto dos mineiros, a volta da FEB, era época de muita efervescência!

Meu irmão Antônio era do Partido Comunista, eu não, porque não aceitava estar ligado a nenhum partido, mas era, e sou, antifascista. Porque o fascismo existe em todo lugar, é um estado de espírito.

A maioria dos centros acadêmicos era de esquerda. O XI de Agosto variava, mas teve o Rogê Ferreira, o Hélio Mota, que eram de esquerda. Os filhos da burguesia iam ser advogados, para defenderem os interesses da classe deles e então eram reacionários.

Quem arrumou o primeiro emprego do Osmar fui eu, foi na Paul J. Cristofler, onde ele foi trabalhar com um contador de nome Zóia, este era um homem que tinha um coração de mãe, ele me aturou muito tempo e eu não sabia nada de contabilidade e Osmar quando entrou lá, também! A firma foi à falência e talvez tenhamos contribuído para isso!

FOI O ADONIS TRABALHAR LÁ E O ZÓIA PEDIU QUE ELE arrumasse a desordem que um rapaz havia deixado e ele perguntou o nome e o Zóia disse — é o Osmar Rodrigues Cruz! O Adonis, que trabalhava com a gente no teatro, me contou, dizendo que eu tinha deixado o chefe de cabelos brancos!

O segundo emprego foi o Lefèvre quem arrumou também, numa firma de auditoria, lá fui eu no primeiro dia e para separar os papéis sentei-me no chão e foi quando passou o chefe e disse — Não faça isso, se entra alguém de fora e vê você sentado no chão com a papelada em volta! Aí, eu saí, fui embora. Nós éramos desse jeito, e nós não nos víamos desde 1947!

De 1945 a 1948, montei várias peças entre elas *Os Espectros* de Ibsen no Teatro Municipal, que foi uma loucura! Hoje em dia se tivesse um bom elenco, a idéia do espetáculo funcionaria. Eu tive uma conversa com o Ziembinski, pois nessa época os Comediantes tinham vindo para São Paulo, era o ano de 1947, a Olga Navarro tinha um compromisso, ela não podia mais continuar no elenco fazendo *Desejo* de O'Neill, que era a peça de "batalha" dos Comediantes e ela saiu, eles ficaram. O Miroel Silveira, que era meu amigo do tempo de *Retalho*, foi assistir a um ensaio e me disse como ele via *Os Espectros*, não era como eu via mas em muita coisa ele estava certo, ele era um apaixonado pelo teatro. Ele me procurou, porque ele tinha posto o nosso grupo de teatro para fazer a comparsaria na *Rainha Morta* e eles tinham um compromisso com o *Desejo* lá em Santos, então a Olga saiu e eles cismaram de colocar a Cacilda Becker, que já havia feito espetáculo com o Roulien e outros espetáculos profissionais. Como eles não tinham onde ensaiar, eu tive a idéia de oferecer o salão do C.A., foram Ziembinski, Cacilda, Jardel Filho. Era em junho e os estudantes soltavam bombinhas e atiravam na janela do salão. Eu ficava tão nervoso! Saía, xingava, aí o Ziembinski disse — "não se importe, é assim mesmo, a gente fica até mais tarde", e eu ficava até duas horas da manhã com eles. E foi assim que eu fiquei conhecendo o Ziembinski, falei que ia montar *Os Espectros*; perguntei — O que você acha? — "É uma bela peça, que pode ser montada até numa praia, ela é tão forte, que quanto mais o ambiente de fora for diferente, mais ela se projeta". Mas não montei na praia, é claro, montei no Teatro Municipal. O Ziembinski tinha nos influenciado muito com os espetáculos *A Rainha Morta* e *Desejo*, e *Os Espectros* foi feito dentro deste estilo, meio expressionista com cenário de Geraldo de Barros, grande pintor, era colega de faculdade também. E eu trabalhava como ator e dirigia, era uma desgraça, eu tinha "ponto" em todo o lugar do cenário. Deve ter sido uma calamidade pública! O Décio de Almeida Prado foi assistir ao espetáculo e nem criticou, ele criticou o espetáculo seguinte, onde ele se refere ao mau gosto do espetáculo anterior. Devia ser porque era uma má mistura do Ziembinski. A platéia era toda amiga, era em benefício da Bolsa do Estudante Pobre, que ficou mais pobre com esse espetáculo, porque não rendeu dinheiro nenhum. Eu não sabia, mas era uma coisa nova usar o expressionismo e eu me espelhei no Ziembinski, embora ele fizesse também peças realistas muito bem. Com isso o teatro foi obtendo verba, todo este processo de conquista de espaço aconteceu mais tarde no Sesi, não havia nada, e foi difícil conseguir. Mas no C.A. nós éramos colegas, amigos, companheiros.

Trecho da coluna "Diário de um Cronista" — *Diário da Noite*, **por Paschoal Carlos Magno — 25/5/1948**

Terça-feira 12 de maio de 1948 — Dona Angiolina Grimaldi, concessionária do Municipal, perfilou minha rapaziada.Vem e vai numa inquietação intensa. Quer que nossa passagem por aqui seja um sucesso. Telefona a amigos "Não faltem". Desdobra-se em gentilezas. Os cenários já estão armados. Ensaia-se. Os moços do "Teatro Universitário do Centro Horácio Berlinck", muitos dos quais trabalham até às seis, aceitam o convite que lhes fizemos de serem comparsas na corte de Elsinore. Muitos deixaram de trabalhar para o ensaio desta tarde. Como são gentis, inteligentes e como amam o teatro. (Ano passado representaram "Espectros", de Ibsen). [...].

Comentário da Coluna "Teatro" — **jornal** *O Tempo*, **por Cid Franco — 1947**

INICIATIVA DE AMADORES
Pedimos a atenção dos leitores para a iniciativa do Teatro Universitário do Centro Acadêmico Horácio Berlinck. Os jovens que o dirigem vão realizar um espetáculo de grande significação cultural e também filantrópica. É cultural porque representarão uma peça de Ibsen, a mesma que no tempo do Estado Novo pretendemos apresentar pelo rádio, na estação que dirigíamos: *Os Espectros*. A censura do Estado Novo leu o título da peça, leu o nome de Ibsen e concluiu, não sabemos baseada em que fundamento, que a peça não poderia ser irradiada.

E assim a memória do grande norueguês sofreu o insulto da ignorância e da estupidez totalitária.

Mas agora os tempos mudaram um pouco e já nos é possível noticiar que um grupo de estudantes, no principal teatro de São Paulo, vai representar *Os Espectros*, peça que data de 1881, ano em que não constituía polidez, na Noruega e em toda a parte, falar publicamente de sífilis... As censuras que Ibsen recebeu por tratar desse e de outros assuntos já não lhe podem ser feitas em nossos dias mais ou menos democráticos. Isso era possível ainda no Estado Novo, porque então falar de sífilis era ofender algumas pessoas que a traziam nos miolos.

A iniciativa dos estudantes do Centro Acadêmico Horácio Berlinck é também filantrópica, porque a renda do espetáculo reverterá em benefício da "Bolsa do Estudante Pobre".

Por tudo isso pedimos aos leitores que não deixem de assistir, no próximo dia 19, terça-feira, às 21 horas, no Municipal, à representação de *Os Espectros*, de Ibsen, pelo Teatro Universitário do Centro Acadêmico Horácio Berlinck.

Entrevista (sem fonte) por Cid Franco — 8/9/1947

A representação de *Os Espectros*, de Ibsen, pelo Teatro Universitário do Centro Acadêmico Horácio Berlinck, foi transferida para o dia 8 de setembro.

Escrevo estas linhas com uma turma de amadores daquele centro ao meu lado. São eles: Mirian Silveira, que fará o papel de "Helena"; Osmar Rodrigues Cruz, que será Osvaldo; René Zwekhol, o pastor "Manders"; Geraldo de Barros, cenarista; Agostinho Martins Pereira, assistente da direção; Fúlvio Consales, assistente técnico; Herminio Muchon, secretário-geral e Vicente Lasserra, contra-regra.

Perguntei a Osmar: — Por que vocês transferiram o espetáculo?

— Por causa da demora no despacho sobre a isenção de impostos e também em virtude da representação de *Israel* pela Companhia Emma Grammatica.

— A isenção virá? perguntei desconfiado. Osmar tranqüilizou-me, provando que as autoridades municipais vêem com simpatia o esforço dos estudantes:

— A isenção deve ser concedida amanhã sem falta.

Agostinho intervém:

— Esse espetáculo será em benefício da "Bolsa do Estudante Pobre". Nem se compreende que se deixasse de ser concedida a isenção de impostos. A "Bolsa" tem por finalidade manter o maior número possível de alunos sem recursos na Faculdade de Ciências Econômicas.

— Atualmente — observa Geraldo de Barros, cenarista — a "Bolsa" mantém só dois estudantes. Como se vê, é preciso que o público auxilie a nossa iniciativa.

É também a opinião do cronista, que pede aos leitores o maior interesse pelo espetáculo do próximo dia 8 de setembro: a representação de uma obra-prima do norueguês Henrik Ibsen por um conjunto de amadores inteligentes, para quem o teatro é alguma coisa de sério, não instrumento de deseducação e perversão do povo por meio de piadas e anedotas obscenas com rotulozinho de... "revista".

Bilhete de Paschoal Carlos Magno

Cumprimento meus amigos do "Teatro Universitário do Centro Horácio Berlinck" e tenho a honra de enviar-lhes o recorte incluso, do *Correio da Manhã*, desta data.
Rio, 25 de outubro de 1947.

Artigo — *Correio da Manhã,* **por Paschoal Carlos Magno —**
25/10/1947

Às quatro da tarde de sábado último no salão da Escola de Comércio Álvares Penteado, em São Paulo, assisti ao ensaio geral de *Os Espectros* de Ibsen, pelo Teatro Universitário do Centro '"Horácio Berlinck". Se não encontrei intérpretes perfeitos, como deixar de admirar-lhes a sinceridade e o entusiasmo, esses rapazes e moças responsáveis pelos cenários, adereços, do espetáculo que teve lugar, segunda-feira última, no Municipal, encontram-se completamente desamparados. As autoridades estaduais e municipais não lhes conhece o endereço, para um auxílio qualquer em cruzeiros ou facilidade na doação de um terreno para construir ao menos um barracão onde pudessem encenar e representar peças. Admirei-me da cultura de cada um, particularmente no que diz respeito a efeitos luminosos, o que envergonhariam muitos dos nossos atores metidos a diretores. Até sala para ensaios, é arranjada à custa de muito esforço, como esmola ou favor. No avião que, na tarde de domingo, me trazia de volta ao Rio, lembrava-me do encontro que tivera, no Municipal, sábado à noite com Antonieta Rudge, durante o segundo recital do "Conjunto Coreográfico Brasileiro" e mais tarde em recepção que, em homenagem aos nossos grandes-pequenos dançarinos, ofereceram em sua residência, o Sr. e Sra. Romeu Camargo. Lembrava-me das palavras de admiração que lhe dissera e ao mesmo tempo acusando-a de roubar ao Brasil e ao mundo o direito de ouvi-la mais freqüentemente, na perfeição da sua arte. Antonieta Rudge bem podia, a fim de ajudar os moços do "Teatro Universitário do Centro Horácio Berlinck", beneficiá-los com a renda de um recital seu. O Teatro Municipal de São Paulo, como em qualquer parte onde se anuncia o gênio de Antonieta Rudge, encher-se-ia. E os moços de São Paulo, que representaram segunda-feira última *Os Espectros*, de Ibsen, poderiam realizar o sonho que têm em mente: o de um teatrinho armado em um caminhão para representações ao ar livre. Tenho certeza que se Antonieta Rudge ler este pedaço de coluna, consentirá no empréstimo da sua glória para esse belo fim.

Trecho de crítica — jornal *Clan* (sem autoria) — 5/1947

O nosso Teatro Universitário que este ano já se apresentou ao público paulistano, levando à cena a peça *Retalho*, dia 11 de agosto último, apresentará, no Municipal, *Os Espectros*, de Henrik Ibsen.

Henrik Ibsen, um dos precursores do moderno naturalismo, deixou ao morrer, em 1906, grande número de famosas peças, entre as quais, *Nora (Casa de Boneca), Peer Gynt, Hedda Gabler, Pato Selvagem* e *Os Espectros*, que como já dissemos será o próximo cartaz do Teatro Universitário "Horácio Berlinck". Certa vez um crítico ao comentar um grande drama disse que o considerava mais pela coragem da representação. A mesma coisa, estamos nós fazendo aqui. Por enquanto, congratulamo-nos com Osmar Rodrigues Cruz pelo arrojo de sua iniciativa. Mais tarde lhe levaremos os nossos cumprimentos pelo êxito de *Os Espectros*. [...].

NESSA ÉPOCA REMONTEI *ADEUS MOCIDADE*, QUE FOI apresentada com *Quem Casa Quer Casa*, esta dirigida por Laura Della Mônica, que estudava no Conservatório.

Crítica — jornal *Clan* (sem autoria) — 11/1947

OS ESPECTROS
Notou-se uma viva preocupação de incutir Ziembinski em todo

o desenrolar-se de *Os Espectros* que o Teatro Universitário do Centro Acadêmico Horácio Berlinck levou à cena, dia 20, no Teatro Municipal.

O teatro, do qual Ziembinski é um expoente máximo, criou uma nova figura que desempenha uma função preponderante e que não é outra senão o "metteur-en-scène". Este coloca-se entre o público e o espetáculo como um segundo autor da peça, imprimindo-lhe nova apresentação, com jogo de luzes e sombras, com cenários excêntricos e gesticulação exótica, o que constitui sobretudo, um belo espetáculo para o público, e que obedece a certos princípios de arte.

Por isso, freqüentemente, a platéia desinteressa-se pelo verdadeiro autor, para admirar mais a arte do "metteur-en-scène", desligando-se da peça propriamente dita que, em se tratando de Ibsen, encerra sempre uma crítica mordaz à sociedade corrupta.

Assim, o "metteur-em-scène" no teatro moderno confere ao drama, digamos, uma teatralidade demasiada, um fundo melodramático, que, às vezes, inexiste e que numa peça de Ibsen não se sabe se é cabível, porquanto esse grande teatrólogo norueguês foi o precursor do naturalismo.

Mas o teatro moderno despreza muitos pontos inerentes à peça, para oferecer ao público mais um espetáculo do que a peça em si. É, portanto, mais movimentado do que monótono. É mais agradável do que cansativo, sem que isso contribua para desvirtuar, em essência, o fundo de qualquer drama, tragédia ou comédia.

Posta a crítica neste prisma, é bem difícil emitir um conceito imparcial, em virtude da divisão de opinião em face do teatro moderno.

Mas, mesmo assim, parece caber uma observação a *Os Espectros*, levado à cena, no Teatro Municipal, pelo nosso Teatro Universitário. É que houve um entrechoque de escolas teatrais, no desempenho dos diferentes papéis. Não houve, por parte dos personagens obedecimento irrestrito à moderna escola de teatro, para a qual, aliás voltou-se a atenção do "metteur-en-scène". Foi evidenciada, por esse motivo, uma falta de homogeneidade no tocante à ação de cada artista.

Osvaldo e Engstrand de um lado e Helena e Regina de outro formam o hiato que separou, num espetáculo, duas escolas teatrais. O pastor Manders, foi sem dúvida a personagem de mais equilibrada ação no conjunto. Pequena falha houve também, quanto à focalização, desde o primeiro ato, do quadro do capitão Alving. Além de antecipar o enredo da peça, redundou em contra-senso porquanto ninguém, com exceção da Sra. Alving, sabia em princípio da vida devassa e do instinto perverso do capitão, coisa que ela, aliás, procurava encobrir e que o quadro revelava muito, quando focalizado.

Invocou-se o simbolismo. Ele (aquele hiato de luz vermelha) é entretanto plenamente justificado, no terceiro ato, quando Osvaldo estertorando-se cai clamando pela luz do sol. Cena magnífica que merece os maiores encômios.

Há naturalmente outros senões. Todos, porém, leves como este que acabou-se de ver e que absolutamente não empanam o brilho do espetáculo do dia 20 que marcou mais um sucesso na curta mas brilhante história do Teatro Universitário do Centro Acadêmico Horácio Berlinck.

Trechos de crítica — jornal *Clan* por Lupércio Rodrigues Haro — 6/1946

ADEUS MOCIDADE

A 13 de março de 1946 foi levada a cena em "reprise", no Conservatório Dramático Musical de São Paulo, pelo Teatro do Centro Acadêmico "Horácio Berlinck", a comédia *Adeus Mocidade,* em três atos, de Sandro Camasio e Nino Oxília — tradução de Oduvaldo Vianna.

Essa peça, que possui um belíssimo enredo ocupa na hierarquia teatral um dos primeiros planos. O conjunto teatral do Centro possui elementos de boa vontade, o que contribui bastante para o êxito desta apresentação. Quem assistiu à primeira, pode, nesta segunda, fazer um pequeno paralelo. Da primeira vez, apesar de ser novidade tanto a peça como o "teatro", ela obteve um grande sucesso sendo muito bem representada devido o grande entusiasmo dos nossos atores novos. Já da segunda vez, a calma e a precisão da marcação deram à peça maior técnica, mas não se verificou o mesmo entusiasmo por parte do elenco, fator este que tirou um pouco da comicidade que houve na primeira representação.

O trabalho apresentado pelo novo quadro artístico foi bom, e muitas vezes chegou a ser ótimo, mas nem por isso deixou de ter os seus pontos fracos. Numa análise geral, podemos dizer que a peça correu perfeitamente bem nos seus três atos, tendo surgido apenas falhas pequenas, que só um olho crítico poderia notar.

[...] sendo essa a segunda vez que esses jovens enfrentam uma platéia, sentimo-nos na obrigação de elogiar a nossa valorosa "troupe" que apenas há meses iniciou-se na carreira teatral e já promete muito para o futuro [...].

Eu trabalhava na Prefeitura e tinha um colega que reclamava, José Alves Antunes Filho, o Antunes de hoje, ele foi assistir *Os Espectros* com todo o pessoal da sessão, ele queria fundar um grupo de teatro, ele era moleque, devia ter uns dezesseis anos, adorou o espetáculo, ficou entusiasmado queria participar do grupo e como em *Adeus Mocidade* tinha vários estudantes, porque é uma história de estudantes, eu o coloquei como um deles. Ele mastigava chicletes o tempo todo que ficava em cena, foi muito gozado, ele se saiu bem, depois ele não fez mais nada comigo, formou um grupo que foi muito bem, montou uma peça do Nelson Coelho e depois fui reencontrá-lo na televisão. *Adeus Mocidade* agradou, o Vicente Ancona, que era crítico da *Folha* foi assistir e disse: — "é isso o que você tem de fazer, peça simples, se meteu a fazer *Os Espectros* e aquele elenco nem sabia quem era Ibsen" e isso era verdade. Porque por mais que a gente tivesse estudado a vida dele e a obra, não tínhamos maturidade para digerir. *Quem Casa Quer Casa* de Martins Pena, também foi sucesso, no ano seguinte eu montei *Retalho* do Dario Nicodemi.

Crítica — jornal *Clan* – (sem autoria) — 5/1947

Retalho
Pelo Teatro Universitário do Centro Acadêmico "Horácio Berlinck", foi levada à cena, dia 17 de maio, no Conservatório Dramático Musical de São Paulo, a afamada peça *Retalho*, de Dario Niccodemi, festejado teatrólogo italiano. Das inúmeras produções do autor, talvez *Alma Forte (Il Titano)* rivalize com *Retalho* pelo seu enredo superior e maior dramaticidade. Mas, em *Retalho*, Niccodemi tem a virtude de, explorando um tema banal, conseguir centralizar a atenção da platéia na figurinha simples de rua, que, por um desses imponderáveis do destino introduziu-se na casa de engenheiro falido que vivia em companhia de sua amante, conseguindo cativar-lhe a simpatia apesar da hostilidade da mulher, chegando, mesmo à semelhança dos catalisadores, a alterar completamente o ritmo da vida do casal, com a vantagem de melhorar a própria sorte...

Como dissemos, a idéia é notável, apesar de Bernard Shaw nos ter dado *Pigmalião* um enredo parecido. *Retalho*, quando em cena, agrada sempre, pela doce ingenuidade de seus gestos e palavras, próprias dos adolescentes, ainda quando precocemente sujeitos aos percalços da vida. Sem prejudicar a beleza dos diálogos, o autor soube introduzir os momentos capazes de desencadear o malicioso riso latino e... as cristalinas lágrimas das mocinhas sentimentais, que só ousam tomar contato com o sofrimento alheio quando "representado".

Se o primeiro ato não agradou totalmente, o mesmo não podemos dizer dos demais. Deve-se em abono, considerar que o primeiro ato é a ação preparatória, a fonte de onde efluem, como conseqüência, todas as agradáveis cenas que nos deliciam nos atos subseqüentes.

O elenco soube apresentar-se homogêneo, discreto, sem o nervosismo dos neófitos, nem o exagero dos veteranos. Desde a direção, a contra-regra, aliás perfeita, o ponto, a menor ponta ao principal papel, houve fiel e brilhante desempenho. Por isso deixamos de citar ações individuais, apesar de havermos notado algumas falhas, compreensíveis e facilmente justificáveis, em se tratando de amadores.

Se quiséssemos alongar as nossas considerações, teríamos, também, de aludir ao recinto, ótimo, não fora o ruído da rua e, principalmente, o palco dotado de recursos mínimos, como seja o pano de boca incapaz de se fechar no momento exato, sacrificando, assim, o efeito emocional desejado.

Por tudo isso, o Teatro Universitário está de parabéns, ao seu dinâmico animador e diretor Osmar Rodrigues Cruz só nos resta uma palavra: Avante! A primeira etapa foi brilhantemente vencida — o Teatro Universitário do Centro Acadêmico "Horácio Berlinck" é já realidade.

DE PAULO MAGALHÃES, QUE É O PIOR AUTOR BRASILEIro, eu dirigi a *Feia*, que foi feita no Teatro Municipal e eu ainda trabalhava como ator, fazia um galã cego, uma peça tão chata... mas "quebrou o galho"; era piegas, parecia novela de televisão, um cara cego que namorava uma moça. Eu remontei *Os Espectros* na Escola Caetano de Campos e saiu uma "baixaria" porque os alunos da Escola de Comércio foram assistir e fizeram tanta "baixaria", que eu fiquei rouco, perdi a voz, queria fechar o pano e aí o Ruy Affonso Machado, que estava assistindo, falou: — "não fecha o pano, não chama a atenção deles, se não parar nós vamos suspender o espetáculo". Aí eles ficaram mais quietos, e deu para terminar, a peça saiu no relatório da E.A.D. (Escola de Arte Dramática) como matéria de fim de ano.

Crítica — jornal *O Alvarista*, por Nelson Sperb — 6/1948

Rica de emoções e bom humor foi a festiva "Semana Alvarista" que findou.

E para um brilho maior das comemorações tivemos arte.

O espetáculo que o Teatro Universitário do C.A. Horácio Berlinck nos ofertou teria sido memorável, não fossem as lamentáveis atitudes de alguns espectadores exibicionistas, que se portaram como se estivessem num "circo de cavalinhos".

E como justificar semelhantes ocorrências?!...

Talvez esses elementos tenham tomado o rumo do Viaduto do Chá, com o intuito de assistir o filme da dupla Crosby-Hope, e à ultima hora resolveram trair seu estado de espírito dirigindo-se ao Instituto Caetano de Campos. Ali, teriam de graça, uma obra de Ibsen. Mas não será, até certo ponto, utópico mencionar "espírito", em se tratando dessa espécie de indivíduos? Eles não possuíram espírito para honrar o bom nome da escola que representam. Não o tiveram para compreender ou pelo menos respeitar a arte. Não o tiveram para resistir à tentação de chegar ao extremo de espocar uma bomba em pleno desenrolar do primeiro ato. Sim, meus senhores. Quem há muito despediu-se das calças curtas salvo erro ou omissão.

E muitas omissões houveram no que dissemos acima. Foi deprimente o que se presenciou naquele auditório. Foram omitidos os termos severos que muito melhor traduziriam o eco encontrado entre o corpo docente, e parte do discente em nossa escola. Sim omitiu-se tudo o que deveria conter o resultado do julgamento severo que esses pobres-diabos mereciam. A vós, componentes da peça, os parabéns deste modesto apreciador da arte cênica, pois os derrotastes inapelavelmente. Possuís a fibra que caracterizam os verdadeiros artistas, porque não vos intimidastes com os inoportunos gracejos, desses elementos. Parabéns e obrigado, membros do Teatro Universitário do C.A. Horácio Berlinck.

MAS TIVERAM A SUA RESPOSTA, OS ALUNOS DA ESCOLA de Comércio fizeram um jantar com um coquetel num restaurante no Edifício Central na 15 de Novembro, então nós nos reunimos e fomos para lá jogar ácido que fede feito uma desgraça, acho que era ácido sulfúrico que quase fechou o restaurante, ficou uma semana para tirar o cheiro, acabou com a festa deles, foi muito divertido e ficamos vingados. Nós fazíamos tudo isso sim, porque nós gostávamos de fazer teatro e fazer teatro no tempo de estudante, ah! é a melhor coisa do mundo. Haja vista o Teatro do Estudante do Paschoal Carlos Magno, que não tinha estudante, mas tinha nome de estudante, quando ele veio para São Paulo em 1948 o Miroel tinha convidado nosso elenco para fazer figuração na *Rainha Morta* e fomos eu, Geraldo de Barros, Agostinho Martins Pereira e Carlos Alberto de Souza que foi para o cinema depois, e fizemos a *Rainha Morta*, era uma beleza, foi esse espetáculo que realmente influenciou *Os Espectros*, a rosácea e a lareira que tinha na *Rainha Morta* foi reproduzida no castiçal e na lareira dos *Espectros*, o resultado dessa influência não deu certo. Mas isso tudo começou a mexer com a nossa cabeça. Em 1949 o Coelho Neto era diretor do Grêmio Politécnico, ele montou uma comédia argentina e eu fiz o *Imbecil* com ele, então depois dessas experiências nós resolvemos fazer *Nossa Cidade* do Thornton Wilder, ele fazia o diretor de cena, eu dirigia, foi um espetáculo que todo mundo apreciou, Ruggero Jacobbi pulava na cadeira, eu tive que sair antes de terminar a temporada, pois estava com problemas no trabalho, mas o Coelho a terminou para mim, eu fui assistir.

Crítica — *O Estado de S. Paulo* — coluna "Palcos e Circos", por Décio de Almeida Prado — 19/10/1951

NOSSA CIDADE

A peça de Thornton Wilder apresentada no Teatro de Cultura Artística pelo "Grupo Teatral Politécnico", com o seu arzinho modesto de quem não quer nada, é das apostas mais ousadas e mais bemsucedidas do teatro moderno. Não é brincadeira escrever sobre os assuntos mais graves e por isso mesmo menos originais, que interessam ao homem — o amor, a vida, a morte — sem cair no pedantismo nem na trivialidade. Pois eis o que consegue esta peça em que são estudadas com sensibilidade e graça coisas tão fugidias como as relações cotidianas entre pai e filho, marido e mulher.

Nossa Cidade retrata apenas o infinitamente pequeno, mas acha sempre jeito de dar a entender que, afinal de contas, é este infinitamente pequeno que mais importa à humanidade. Visto em escala cósmica — Sírius é o planeta indicado — talvez o pequeno universo das nossas preocupações diárias pareça incrivelmente fútil. Mas haverá alguém tão insensato a ponto de se imaginar habitante de Sírius e não de "Grover's Corners", pacata cidadezinha norte-americana, tanto mais expressiva quanto mais vulgar?

Também como técnica, *Nossa Cidade* é uma pequena obra-prima de engenho. Cada pormenor, em si insignificante, recebe um curioso e estranho sentido quando integrado no quadro geral da peça. Assim — para citar somente dois casos — as informações sábias do professor universitário, tão alheias, tão longínquas, podem muito bem significar a frialdade, a inumanidade de todo um tipo de conhecimento científico, como o simples vício de ler constantemente jornal em casa se transforma discretamente num traço a mais dessa profunda indiferença humana, com que atravessamos a vida.

Bertrand Russell diz que se deve desconfiar de todo filósofo incapaz de ilustrar as suas idéias com exemplos simples e comuns. Thornton Wilder não é propriamente filósofo. Mas pelo menos tem o segredo de dizer muito com pouca coisa, de uma forma irônica e poética.

Nossa Cidade presta-se muito a espetáculo de amadores e de gente moça, como essa que integra o "Grupo Teatral Politécnico". Diante de tantas convenções assumidas voluntariamente pelo autor, não nos custa nada admitir mais algumas, fingindo ver, naqueles quase adolescentes, senhores respeitáveis ou extremosas mães de família: tudo na peça é faz-de-conta engenhoso. Não precisamos acreditar piamente nesses pequeninos e humildes incidentes que se desfazem, juntamente com os cenários, como nos passes de mágica, ao menor sinal do diretor de cena; o que importa acima de tudo é tirar a lição de humanidade ou de poesia contida no texto. No fundo só há de fato um personagem — o diretor de cena — e tudo o mais não passa de exemplificação convincente e saborosa, trazida à tona pela própria índole despreocupada da conversa.

A direção de Osmar Rodrigues Cruz e de J. E. Coelho Neto teve a grande habilidade de deixar a peça falar por si, sem nada dessa pretensão que costumamos encontrar no trabalho de alguns principiantes desejosos de se equiparar imediatamente a mestres da teatralidade como Ziembinski. As soluções encontradas para cada problema foram sempre as mais simples e apesar disso a comunicação com a platéia não se deixou de fazer ampla e cordialmente.

Também o desempenho dos artistas caracterizou-se pela ausência de qualquer afetação, e a sinceridade, na medida do possível, fez às vezes de técnica. Apenas faltou o que tem faltado muito freqüentemente ao nosso teatro amador. Desde os tempos anteriores ao TBC: menos timidez por parte dos atores, maior projeção das próprias personalidades. A discrição não é a única, nem a maior qualidade de um intérprete. Neste ponto, o teatro carioca sempre nos deu exemplo de outra vitalidade, de outra confiança em si, de outra capacidade de exteriorização. É verdade que *Hamlet* e *Desejo* foram espetáculos dirigidos por profissionais. Mas os atores, em sua maioria, eram tão principiantes quanto os nossos. E, no entanto, que vigor na representação, que vozes poderosas, vozes que se impunham à nossa atenção do primeiro ao último minuto, obrigando-nos a permanecer presos ao palco. Os estreantes paulistas, ao contrário, balbuciam timidamente, representando em miniatura para uma sala imaginária de trinta ou quarenta pessoas no máximo. A esse defeito não escapam, muitas vezes, nem os próprios alunos da "Escola de Arte Dramática", esquecidos de que a primeira qualidade, já não diremos artística mas profissional, do ator é falar naturalmente alto, como fazem todos os atores em todas as partes do mundo.

J. E. Coelho Neto foi o melhor intérprete da noite, com enorme vantagem sobre todos os seus companheiros. Pôs o público logo à vontade, temperando a natural bonomia do diretor de cena com uma pontinha de ironia discreta e subentendida. É o seu trabalho mais interessante até a data de hoje. A seguir vieram Maria Aparecida Moreira — sem contudo repetir integralmente a esplêndida versão em inglês que fez, há tempos, do mesmo papel — Moisés Leiner e Fortuna Leiner, espirituosamente caricatural. Maria da Glória Falcão permanece ainda um pouco dura, um pouco convencional nas inflexões, em contraste com a flexibilidade, quase mole e largada de Luís Mazzarolo Neto. Nas primeiras cenas tais características não chegaram a perturbar a peça, mas o mesmo já não aconteceu com os momentos mais líricos do terceiro ato. Este ato foi, aliás, bem menos feliz que os outros em matéria de direção, não conseguindo evitar de todo certo sentimentalismo, certo tom patético, que não estava nas intenções de Thornton Wilder.

Comentário — *Última Hora* — sobre *Nossa Cidade*, coluna de Ruggero Jacobbi — 5/1952

O Grupo Teatral Politécnico, como já o fez no ano passado, levará à cena no próximo dia 28, no Teatro de Cultura Artística, a peça de Thornton Wilder, *Nossa Cidade*, legítima obra-prima do moderno teatro americano.

A tradução é de Elsie Lessa e já foi levada à cena no Recife, sob a direção de Ziembinski. Parece que, no caso de Wilder, os grupos experimentais do teatro brasileiro não deixaram de cumprir o que deveria ser sua função permanente, de lançar e revelar ao público as obras que encontram certa dificuldade junto aos empresários comerciais.

Entretanto, seria um erro considerar *Nossa Cidade* como uma peça de vanguarda, no sentido de abstrata, hermética e intelectualizada: "Nossa cidade" é antes de mais nada, uma obra de poesia, e de uma poesia simples, humana, direta, capaz de comover a qualquer público.

Em certos países (na Itália, por exemplo) a peça de Wilder chegou a ser um verdadeiro triunfo de bilheteria. O que apavora os empresários é a novidade exterior de certos processos cênicos (abolição dos objetos, o diretor narrador em função quase de coro grego, etc.). Entretanto, estes mesmos recursos — aliás, não absolutamente novos — podem constituir para a platéia motivo agradável de curiosidade. E a platéia brasileira já demonstrou que não é nada alérgica a certos achados técnicos modernistas (veja-se o sucesso de *Seis Personagens*, *Vestido de Noiva*, etc.).

Por estes motivos, não conseguimos compreender por que a peça de Wilder não tenha ainda atraído a atenção de uma companhia profissional.

Mas, se os profissionais não se decidem, os amadores não perdem tempo. E fazem muito bem. Com a apresentação de *Nossa Cidade*, Osmar Rodrigues Cruz, J. E. Coelho Netto e seus incansáveis colaboradores prestam um serviço importante à cultura teatral brasileira.

Nossa Cidade é uma peça que não pode ser ignorada. Mesmo quem não concorde com a filosofia bastante superior do último ato, não deixará de sentir a sinceridade da inspiração de Wilder, sua aspiração aos temas universais e sobretudo sua capacidade de observar aguda e delicadamente a pequena realidade humana. O que vale em *Nossa Cidade*, não são as suas conclusões sobre os homens: conclusões negativas, embora sentimentais, conforme a tradição do romantismo mundial. É o amor pelo destino das pequenas criaturas; é a paixão pela verdade e simplicidade, tão forte em Wilder; é, antes de mais nada, sua documentação poética e sutil de uma realidade americana, que não é a dos filmes "far-west" ou das histórias de "gangsters", mas sim aquela patética província — verdadeiro território espiritual — que já nos dera uma obra-prima (inspiradora direta de Wilder): a *Antologia de Spoon River* de Edgar Lee Masters.

FOI FEITA DENTRO DE UMA LINHA SIMPLISTA, NÃO TINHA nada demais, tinha uma mesa, cadeiras e um arco (para quem gosta de cenário). Nesta ocasião tinha o Carlos Giaccheri e o irmão dele, o Francisco, a gente fez amizade e o Carlos foi fazer cenografia na TV Tupi e lá ele conheceu o Dermival Costa Lima que era o diretor-geral e me convidou para fazer teatro lá, ao vivo, porque era tudo ao vivo, uma semana fazia eu, na outra fazia o Antunes mais tarde, uns três meses, ele saiu foi para a Rádio Nacional. Mas antes disso, veio a São Paulo o *Hamlet* do Paschoal Carlos Magno, o Miroel tinha nos convidado para fazer figuração de novo, nossa participação ganhou um agradecimento no programa.

Hamlet — agradecimento

No Programa do *Hamlet*, datado de 12 de maio de 1948, consta o agradecimento seguinte:
"O Teatro do Estudante agradece a cooperação valiosa de... e do Teatro Universitário do Centro Horácio Berlinck".

FOI NESSA ÉPOCA QUE EU REPRISEI *OS ESPECTROS*, FUI ver se conseguia o Teatro Santana com o Conde Álvares Penteado, ele não cedeu o Teatro Santana então eu fiz no Caetano de Campos. Nós sentíamos que ninguém gostava de teatro, porque teatro não dava retorno patrocinar, hoje dá, quando o artista é da Globo. O teatro amador só teve apoio do governo, não havia a Comissão Estadual de Teatro, ela foi criada pelo Jânio Quadros e graças ao Clovis Garcia. Mais tarde, quando entrei como presidente da Federação Paulista de Amadores Teatrais, eu pude alugar sede que não tinha e uma porção de coisas, porque a Comissão deu dinheiro, o apoio não é dado porque não há retorno, se a gente for ver nos jornais de hoje, só ator global tem patrocínio, a não ser que tenha uma turma picareta muito esperta que consiga apoio de firmas, o que é um apoio. Se o futebol briga para ter apoio, e é um apoio de R$ 150.000,00 por mês, imagine o teatro! Eles dão de apoio: cartazes, bilhetes, programas e um tanto de dinheiro para montagem. O que acabou com o teatro amador, não foi só falta de patrocínio, porque tinha clubes que patrocinavam o teatro: a Faculdade de Direito tinha, a Filosofia também, tanto que tem um manifesto do Paschoal Carlos Magno, que o Alfredo Mesquita, o Décio de Almeida Prado, o Rogê Ferreira e eu assinamos pelo XI de Agosto.

Manifesto "Ao Povo de S. Paulo"
— 1948

A 12 de maio, no Municipal, o "Teatro do Estudante do Brasil" iniciará sua curta temporada em São Paulo com *Hamlet*, de Shakespeare, em tradução de Tristão da Cunha.

A representação dessa bela tragédia, de valor imortal, foi no Rio considerada o maior acontecimento teatral do Brasil nestes últimos vinte anos e de significação excepcional como uma vitória da juventude brasileira.

Os moços de São Paulo esperam que ao Municipal compareçam, para aplaudir o "Teatro do Estudante do Brasil", todos os que se interessam pela educação do nosso povo.

Pelo "Centro Acadêmico XI de Agosto" (ass.) José Antônio Rogê Ferreira

Pelo "Grupo Universitário de Teatro" (ass.) Décio de Almeida Prado

Pelo "Teatro Universitário do Centro Horácio Berlinck" (ass.) Osmar Cruz

Pelo "Grupo de Teatro Experimental" (ass.) Alfredo Mesquita.

DÉCIO DE ALMEIDA PRADO NO *DIÁRIO DA NOITE* DE 23/11/1946, dá conta da criação de uma escola dramática e um teatro com a fundação da Sociedade Brasileira de Comédia, cita estar o teatro de São Paulo numa grande atividade teatral e artística com três grupos liderando: o Universitário, o Experimental, e o do Centro Acadêmico Horácio Berlinck.

O que acabou com o teatro foi a televisão, porque quando ela começou, nenhum de nós era registrado profissionalmente, a profissão não era regulamentada, então se aceitava todo mundo, quem ia fazer teatro amador, ia fazer televisão, ganhava um cachê, se bem que naquela época a TV não tinha em todo o lugar.

Aí o que aconteceu, acho que eu já disse, a gestão acabou, a nova diretoria que entrou fez uma assembléia, um regulamento para eu continuar dirigindo o teatro, fiquei até 49/50, quando montei *As Mulheres Não Querem Almas* de Paulo Gonçalves. Foi a última peça que eu fiz no Centro Acadêmico, com essa peça prestamos uma homenagem a Paulo Gonçalves, a família dele toda compareceu, a família que restou, foi um espetáculo agradável. Acho a peça muito boa, um pouco sentimentalóide, fruto da época. Paulo Gonçalves era um autor tido como romântico, mas as peças funcionam, agradou bastante, cenários de Francisco Giaccheri, Coelho Neto fazia o personagem, que o Leopoldo Fróis havia criado. Foi feito por ele e pela Dulcina, que estreou no teatro com essa peça.

Referências sobre a peça *As Mulheres Não Querem Almas* — 1950

TEMPORADA NO TEATRO MUNICIPAL

Foi para nós um prazer quando as possibilidades financeiras do nosso "Teatro Universitário" nos permitiram encenar uma peça de Paulo Gonçalves, o autor que, para nós, é um dos maiores dramaturgos do Brasil. Em todo o seu teatro a poesia é o que predomina, e, sem nunca ter feito teatro burguês, ou melhor de ambiente burguês, Paulo Gonçalves moldou sua obra dramática com um cunho de poesia romântica. Se para sua época ele foi um vanguardista, sua obra hoje não envelheceu, pois os seus personagens não são pessoas ou tipos de uma época, mas sim, símbolos do sentimento humano. E não é esse o verdadeiro teatro? Sem dúvida. Todo autor dramático que explorar o sentimento do homem e não os seus atos burgueses, tais como os seus vícios, costumes e hábitos é um escritor que não morrerá. E assim é Paulo Gonçalves.

Talvez essa peça que dirigimos não seja a melhor do seu repertório, pois *Núpcias de D. João Tenório* e *Comédia do Coração* têm mais valor literário e mesmo dramático. Entretanto, *As Mulheres Não Querem Almas* é a mais romântica, adaptando-se mais ao estilo dos moços e, devido ao seu enredo pode ser mais compreendida pelas nossas platéias. Isso não quer dizer que essa peça seja inferior às outras. Todo o teatro de Paulo Gonçalves é belo e de grande valor; cada uma de suas peças abrange uma faceta diferente da vida emocional, e *As Mulheres Não Querem Almas* é uma delas.

Não iremos justificar a encenação, porque a fizemos baseados exclusivamente no texto, sem lhe cortar uma fala ou rubrica. Era nossa intenção dar à peça um ambiente de fantasia, tanto nos cenários como no estilo de representação, porém teríamos com isso um trabalho muito mais longo, pois todos os atores teriam que estudar uma mímica exclusiva para a peça, com uma movimentação quase de balé. Achamos melhor, ainda uma vez, ouvir Paulo Gonçalves, "mesclando" a representação, onde "a fantasia se mistura à realidade, não se sabendo onde principia uma e onde termina a outra". Por isso é que em certos momentos a representação é realista e, em outros trechos, predominam a fantasia e a estilização.

Não será essa a verdadeira fórmula da obra dramática de Paulo Gonçalves? Fantasia e realidade?

Os cenários e as músicas serão os dois elementos que irão caracterizar a época, isto é, um carnaval carioca de muitos anos atrás, onde o amor, a ambição, a velhacaria, enfim, a volúpia de todos os personagens estão colocados num baile de terça-feira carnavalesca.

Diz o prólogo que a peça foi "um sonho que o autor sonhou num carnaval carioca", e de fato no texto ele soube fixar esse sonho, não no que ele tem de material e vulgar, mas no que ele possui de humano, de sentimento e de poesia. A idéia principal de Paulo Gonçalves é evidenciar a inconstância feminina, resolve a intriga da melhor maneira: escolhe a última noite de carnaval e coloca três tipos femininos, de temperamento diferente, amados por um boneco sentimental que as deseja uma após outra; ao mesmo tempo que cada uma delas deseja outros homens. Mas, ao demonstrar essa inconstância, ele se perde completamente no personagem mascarado que é uma interrogação constante. E todo aquele amor que Paulo Gonçalves sentia pelas mulheres que amou saiu nas frases desse personagem.

Achamos que além da idéia central estabelecida pelo autor há o amor incompreendido, o amor sincero e outro, que não consegue seu intento e vê frustradas todas as tentativas para obter o amor velhaco e interesseiro, e é justamente nesses trechos que a realidade poética toma conta do texto.

Já nas cenas em que o velhaco e interesseiro predomina, aparece em grande evidência o grotesco. Disso resulta o ambiente de fantasia e realidade impregnadas na peça *Sonho e Vida Real*. Para isso usamos luzes e cores, músicas e um ambiente amplo, onde cada cor tem sua função e cada música é uma recordação de carnavais que já se foram.

Muita coisa poderíamos ainda explicar, mas o melhor é ver o espetáculo. Ele dirá o que pretendemos, pelo menos é a nossa intenção.

Assim, desde o prólogo até o último foco de luz. Há um objetivo na peça: Interpretar Paulo Gonçalves e com isso prestar-lhe uma simples, mas sincera homenagem. (ORC)

SEGUNDO ANTÔNIO DE ALCÂNTARA MACHADO CITADO no livro de Cecília de Lara *De Pirandello a Piolim* — "A experiência que lhe parece válida é a de Paulo Gonçalves:

Um belo dia, Paulo Gonçalves leu Pirandello. Foi um deslumbramento. Reformou a sua visão de teatro, ganhou alma nova, encheu-se de idéias inovadoras, reentrou em seu tempo e em sua idade. Resultado: a tradução do apólogo Così è (se vi pare...) feita sob sua direção. Logo depois, agora, *As Mulheres Não Querem Almas...*". Sobre esta peça, informa: "Feita à maneira inconfundível de Pirandello, misturando a fantasia e a realidade, o visível e o impalpável, o que os olhos enxergam e o que só a imaginação pode ver (e essa mistura é o que mais caracteriza o teatro de hoje), a peça de Paulo Gonçalves é obra de artista: é a afirmação de um teatro vigoroso, a serviço de um ideal magnificamente inovador. A fantasia supera nela a realidade. Será um defeito? Não é propriamente. Mas a peça ganharia certamente em brilho teatral se ao seu simbolismo que encanta irresistivelmente o espírito correspondesse uma ação mais viva, mais animada, de maior movimento e maior calor".

Trechos de crítica — *O Estado de S. Paulo*, por Décio de Almeida Prado — 9/1950

AS MULHERES NÃO QUEREM ALMAS

Cada espetáculo tem uma perspectiva própria para ser encarado, um ângulo de apreciação e julgamento que lhe convém mais do que qualquer outro e privado do qual deixa de revelar a sua verdadeira significação e o seu exato valor. Ao falar, por exemplo, da representação oferecida pelo "Teatro Universitário C. A. Horácio Berlinck", essa semana no "Teatro Municipal", não estaríamos sendo justos se ignorássemos, por um instante que fosse, que se trata de um espetáculo de amadores, e de amadores que se iniciam por si mesmos, sem essa ajuda de técnicos estrangeiros que vem se manifestando indispensável até mesmo para os nossos melhores conjuntos profissionais.

Feita esta observação, podemos entrar mais desafogadamente na análise do espetáculo. Para começar pelo principal, mentiríamos se disséssemos que gostamos da peça de Paulo Gonçalves. E desta vez, não se ponha a culpa sobre os atores porque a representação apenas fez confirmar o que qualquer um pode sentir à simples leitura. A matéria psicológica e poética de *As Mulheres Não Querem Almas* é tão frágil, tão escassa, que nunca poderia dar mais do que um ato único. Alongada para três repete-se inevitavelmente. As situações não mudam, as personagens não evoluem, a intriga não progride, a peça não se constrói dramaticamente: é sempre o mascarado que se esconde e reaparece, o velho que insiste, as meninas que hesitam, o criado que interrompe com o seu risinho sarcástico, da primeira à última cena, como numa melodia composta unicamente de um refrão.

A mesma falta de desenvolvimento nota-se na própria idéia. Paulo Gonçalves ficou a meio caminho entre a realidade e a estilização, indeciso entre uma e outra. Isa, Eva e Ada não são nem máscaras — no sentido da "Commedia Dell'Arte" — nem mulheres. A semelhança dos três nomes indica que o autor pensou na esquematização. Mas não foi até o fim, conservando para suas personagens, afinal de contas, nomes de mulheres de carne e osso, hesitante ainda na direção que tomaria logo a seguir com *A Comédia do Coração*, quando optou, de uma vez por todas pelos símbolos e pelas abstrações poéticas. Ora, esta estilização só veio favorecer o seu teatro, que se apóia muito mais sobre a poesia — uma poesia sentimental, provinciana, mas inegavelmente sincera — do que sobre a capacidades de observação psicológica.

No fundo de *As Mulheres Não Querem Almas*, percebe-se, não há dúvida, um drama que o autor parece ter sentido intensamente: o do amor que, mesmo sendo o mais espiritual, não pode prescindir das qualidades secundárias do físico para atrair e, portanto, para se realizar. Mas o drama, como a peça, ficou apenas esboçado, não se organizando dramaticamente e não passando do estágio do queixume pessoal, seja pelas razões técnicas a que nos referimos, seja pelo pudor do poeta, que talvez não tenha ousado confessar-se através dos seus símbolos com a ousadia e a desfaçatez que a obra de arte tantas vezes exige.

Ainda assim, é provável que a peça de Paulo Gonçalves pudesse se salvar por uma direção, transformasse habilmente os defeitos em outras tantas qualidades, aceitando e acentuando o caráter fragmentário da ação até torná-la numa espécie de dança ligeiríssima e inconseqüente, uma sarabanda musical de máscaras.

Osmar Rodrigues Cruz, nas palavras que escreveu para o programa, mostrou ter compreendido muito bem a questão, aludindo ao grotesco voluntário de certas cenas e ao "ambiente de fantasia, tanto nos cenários como no estilo de representação". Que teria impresso ao espetáculo se tivesse tido tempo. Na verdade, a desculpa do tempo não explica tudo: qualquer outro diretor, mesmo de muito mais experiência e com todo o tempo necessário, encontraria igualmente dificuldade para dar à peça o ritmo e a atmosfera requerida, criando esse "ambiente de fantasia" que é uma das coisas mais difíceis de se obter num teatro como o nosso.

No plano mais ou menos realista em que se colocou, a encenação de Osmar pecou, sobretudo por não encadear suficientemente umas réplicas nas outras e por permitir uma gesticulação de tipo primário, ora puramente mecânica — uma frase, um gesto — ora didática em excesso, com os braços e as mãos tentando traduzir para os olhos do público o sentido lógico de cada sentença. Não é possível, entretanto, deixar de assinalar que a direção de *As Mulheres Não Querem Almas* evidenciou assim mesmo um progresso surpreendente em relação ao último trabalho seu que havíamos visto, *Os Espectros*, quanto à técnica e também, o que talvez seja ainda mais importante, quanto ao gesto.

[...]. Para terminar, anotemos que as vestimentas e os cenários — principalmente estes — foram, em nossa opinião os pontos mais fracos do espetáculo e que este estava excelentemente ensaiado no que se refere ao preparo dos atores, correndo sem a menor hesitação, numa demonstração de organização que só pode ser devidamente apreciada por quem já fez teatro amador. Cremos que essa segurança deve-se, em sua maior parte, ao esforço de Osmar Rodrigues Cruz. Por que uma de nossas companhias profissionais não se lembra de dar uma oportunidade em algum cargo técnico, premiando um entusiasmo pelo teatro e uma devoção como não é fácil achar iguais?

Trechos de crítica — jornal *O Tempo*, por Maria José de Carvalho — 19/8/1950

Representou-se, segunda-feira no Teatro Municipal, pelo Teatro Universitário do Centro Acadêmico Horácio Berlinck, sob a direção de Osmar Rodrigues Cruz, a comédia-fantasia, em três atos, de Paulo Gonçalves, *As Mulheres Não Querem Almas*.

Não podemos, logo de início, compreender, por que tentar elevar a um bom plano e perder tempo e trabalho encenando uma peça absolutamente insignificante como *As Mulheres Não Querem Almas*. A nosso ver, não há mesmo nada que a salve. E o fato de um autor brasileiro não justifica dar-lhe uma importância que não tem. Inconsistente, monótona, vazia, sem beleza nenhuma plástica nem poética, cheia de lugares-comuns, e de momentos até ridículos, não a julgamos merecedora de ser apresentada, principalmente por um grupo de amadores, desinteressados e cheios de boas intenções artísticas. O teatro amador teve ultimamente uma grande significação entre nós, formando mesmo uma ação de vanguarda no teatro nacional, e custa-nos admitir que se interesse por trabalhos assim.

Osmar Rodrigues Cruz confessa que era sua intenção "dar a peça um ambiente de fantasia, tanto nos cenários como no estilo de representação" e assim se justifica por não tê-lo feito: "[...] teríamos com isso um trabalho mais longo, pois todos os atores teriam que estudar uma mímica exclusiva para a peça, com uma movimentação quase de balé". Foi pena. Talvez um tratamento no gênero pantomima, à maneira do *Baptiste*, que vimos por Barrault, tivesse conseguido algo melhor.

Excluindo-se a má escolha da peça, o trabalho foi sério. Sóbrio. Em geral, boa dicção. Linguagem não deturpada pelos habituais erros, não raro ouvidos no teatro profissional. Firmeza, o que denota o cuidado nos ensaios. Bem escolhidas as três graciosas figurinhas, que fizeram até demais com suas tolas personagens. [...].

O NICANOR MIRANDA, NO *DIÁRIO DE SÃO PAULO*, também fez duas crônicas a respeito elogiando o Paulo Gonçalves e manifestou a sua alegria ao ver o Centro Acadêmico levando a sua peça *As Mulheres Não Querem Almas*.

O Décio de Almeida Prado, em crônica aponta pelo menos dois motivos de interesse na montagem da peça:

Trechos de crônica — *O Estado de S. Paulo*, por Décio de Almeida Prado — 13/8/1950

[...]. Ao lado do teatro regular, entretanto, há e haverá sempre lugar para os teatros irregulares, como são por definição, os teatros amadores, que se beneficiam dessa própria irregularidade, e da liberdade total de movimentos que a falta de responsabilidade proporciona, para oferecer constante oportunidade a novos atores, novos cenógrafos e novos diretores. Eis a contribuição do Teatro C.A. Horácio Berlinck, que se constitui assim, herdeiro dos antigos grupos amadores, merecendo como aqueles, a nossa maior simpatia.

O segundo interesse refere-se ao fato da peça ser de Paulo Gonçalves. O autor santista viveu, escreveu e foi representado numa época de expansão do teatro brasileiro, a época do triunfo da comédia nacional de costumes do tipo de *Onde Canta o Sabiá*, *Manhãs de Sol* e o *Chá de Sabugueiro*, quando Leopoldo Fróis estava no apogeu de sua popularidade, e Procópio Ferreira obtinha os seus primeiros êxitos. [...].

CORRÊA JÚNIOR NA SUA COLUNA DO *CORREIO PAULISTAno* em 1950, publicou uma crônica também elogiosa a Paulo Gonçalves. Nessa época o Teatro Amador tinha uma penetração muito grande na imprensa e hoje isso não acontece nem mesmo com o teatro profissional.

Trechos de Entrevista — Comemoração do quinto ano da fundação do Teatro Universitário do C.A. Horácio Berlinck — jornal *A Imprensa*, da Escola de Jornalismo "Cásper Líbero" — 8/1950

O colega Osmar quer nos dar o prazer de dizer alguma coisa sobre o Teatro Universitário?

— *O prazer é só meu. Primeiramente, quero dizer-lhe que não fora o carinho e a dedicação dessa plêiade de entusiastas universitários que labutam unicamente pela satisfação moral, o Teatro Universitário hoje seria uma utopia.*

Depois de 1945, ano da fundação do Teatro, quais foram os seus movimentos?

— *Em 1946, representamos a peça* Feitiço *de Oduvaldo Vianna e, no Teatro Municipal, encenamos em benefício do Asilo Anjo Gabriel, a comédia* Feia *de Paulo Magalhães. No ano seguinte, iniciamos os ensaios para a apresentação de* Retalho, *de Dario Niccodemi, o que se deu em maio, no palco do Conservatório Dramático e Musical.*

O Teatro Universitário além da acolhida calorosa que lhe tem dispensado a classe acadêmica, encontra apoio por parte do público em geral?

— *O apoio do público, sempre incentivador, é uma das próprias razões de ser do Teatro Universitário. Adianto-lhe que para nós isto constitui uma grande vitória. Quando em 1945 fundávamos o Teatro, sabíamos o sacrifício que nos iria impor o seu funcionamento mas, felizmente, conseguimos vencer na opinião pública. Em maio do ano de 1946, atendemos uma solicitação de Miroel Silveira, para que o Teatro Universitário cedesse alguns, dentre seus componentes, a fim de trabalharem como figurantes na peça* Rainha Morta, *levada à cena pelos "Comediantes", no Teatro Santana. Foi-nos valiosa a oportunidade compartilharmos daquele ambiente de grande importância para a formação artística de todos. Por essa época no próprio Teatro Santana iniciamos os preparativos para a encenação de* Os Espectros, *de Ibsen.*

Como amadores vocês tiveram a colaboração e orientação de profissionais da ribalta, para a encenação difícil de *Os Espectros*?

— Sim. De grande interesse foram as idéias que trocamos, então, com Ziembinski, Labanca, Sandro Polônio e seus companheiros do elenco de "Os Comediantes". E no dia 20 de outubro de 1947, apresentávamos, neste Teatro, Os Espectros, em benefício da Bolsa do Estudante Pobre de Economia. Este movimento, considero-o um dos maiores até hoje levado a termo no Teatro Universitário. Em 48 iniciamos os ensaios da peça do colega Alair Sá do Vale, da Escola de Jornalismo "Cásper Líbero", Os Miseráveis Também Têm Alma e, em março, fundamos o Teatro-Escola dentro do Próprio Teatro Universitário.

Perante o Teatro do Estudante do Brasil, em que conceito é tido o Teatro Universitário?

— Em alto nível. Para nosso gáudio, em maio de 1948 a convite desse Teatro vários elementos do nosso grupo emprestaram seu concurso para a apresentação de Hamlet. Creio que cada vez mais se enraizará nos meios artísticos de São Paulo o Teatro Universitário. Movimentos de envergadura como o nosso não podem deixar de triunfar. E por falar em movimentos de grande envergadura, soube da sua sugestão à União Nacional dos Estudantes para a criação e instalação do Teatro Acadêmico de Ópera. De minha parte dispondo dos recursos que possuo junto ao Centro Acadêmico "Horácio Berlinck", não medirei esforços para que em um amanhã breve o Lírico Acadêmico seja uma realidade.

Este ano o Teatro Universitário já se apresentou em alguma peça comédia ou drama?

— Não. Resolvemos hoje, dada a efeméride de nosso Teatro, apresentar ao público paulistano esta jóia de Paulo Gonçalves, que é As Mulheres Não Querem Almas, peça que só poderíamos encenar com boa montagem, com figurinos e cenários de acordo com o seu valor para que pudéssemos na medida de nossas modestas possibilidades, destinar-lhe a moldura que bem merece.

Declarações sobre o Teatro do Estudante de São Paulo — *Diário da Noite* **— 1948**

UMA VELHA ASPIRAÇÃO EM VIAS DE CONCRETIZAR-SE — EM BREVE TEREMOS UM MAGNÍFICO TEATRO UNIVERSITÁRIO PAULISTA — APENAS DIFICULDADES DE ORDEM MATERIAL IMPEDEM O DESENVOLVIMENTO DO TEATRO DO ESTUDANTE DE SÃO PAULO – DECLARAÇÕES DE SEU DIRETOR AO *DIÁRIO DA NOITE*.

A estada em nossa capital do Teatro do Estudante, organizado por Pachoal Carlos Magno no Rio de Janeiro, há ano e meio, aproximadamente, despertou o interesse dos acadêmicos paulistas para essa atividade, aliás de grande alcance cultural. Assim é que, fundada a União Estadual dos Estudantes, cuidou naquela ocasião o Sr. José Antônio Rogê Ferreira, então seu presidente, de organizar o nosso teatro acadêmico e, depois de muito trabalhar nesse sentido, convidou para dirigi-lo, o estudante Osmar Rodrigues Cruz. Este, a propósito das atividades do referido teatro, declarou ao diário *A Noite*:

"Foi para mim uma grande honra o fato de ter o colega José Antônio Rogê Ferreira me convidado para organizar e dirigir o Teatro do Estudante de São Paulo. Nós que por mais de cinco anos lutamos pelo teatro amador, fundando e dirigindo o Teatro Universitário do C.A. «Horácio Berlinck», sempre nos sentimos dispostos a dar mais um pouco do nosso trabalho pelo mesmo desiderato".

PODERÍAMOS APRESENTAR UM TEATRO EXEMPLAR

"São Paulo necessitava de seu Teatro do Estudante, como os que já existem nos outros estados, sendo talvez, agora, o momento propício para essa iniciativa. Estamos vivendo numa fase de grande interesse pelo teatro, quer no meio estudantil, quer no âmbito geral" — acentua o estudante Osmar Rodrigues Cruz. "Pretendemos congregar todos os estudantes ou pessoas que conosco queiram trabalhar, estimulando e aproveitando vocações que, por certo, irão surgir. Para isso criamos o teatro-escola, cuja finalidade principal é a de formar elementos que ainda não tiveram contato com o palco. É também nosso objetivo criar um corpo de diretores de cena, coreógrafos e figurinistas, bem como proceder à confecção do necessário em nossa própria oficina. Para que os pessimistas não se assustem, posso apontar como prova evidente de nossas possibilidades o espetáculo que realizamos em 1947, com *Os Espectros*, de Ibsen. Tudo foi planejado e realizado por nós, desde os cenários até o mais simples arranjo musical."

ALÉM DO APOIO DE INTELECTUAIS PRECISAMOS DE AUXÍLIOS DO GOVERNO

"Tenho encontrado apoio entre os amigos" — prossegue o entrevistado — "que desejam estimular o teatro amador e trabalhar para a sua prosperidade. Ruy Affonso Machado, crítico de arte e um valoroso e inteligente ator; Paulo Autran, Glauco Davitis, também dois atores de grandes méritos, já se prontificaram a nos ajudar na direção do Teatro do Estudante, além de várias outras pessoas, entre elas um grande número de estudantes de nossas escolas superiores.

"Quanto às possibilidades financeiras, esperamos obter o amparo oficial, e mesmo daqueles que nos possam prestar auxílio. Com isso talvez possamos conseguir algo que tanto desejamos: uma casa de espetáculos, onde poderão funcionar nossa sede, o Teatro-Escola e a Oficina Teatral. Assim, teremos possibilidade de preparar com perfeição os nossos espetáculos.

"Apesar de inúmeras dificuldades para os ensaios, sem lugar fixo, já estamos preparando duas peças: *Nossa Cidade*, de Thornton Wilder, e *Ratos e Homens*, de John Steinbeck. Estamos igualmente, trabalhando em conjunto com o Teatro Experimental do Negro, que ensaia *Todos os Filhos de Deus têm Asas*, de Eugene O'Neill".

PRECISAMOS VENCER

Finalizando, disse-nos o diretor do Teatro do Estudante de São Paulo:

"Estamos, portanto, com a maior boa vontade possível, e esperamos que o Teatro do Estudante de São Paulo seja uma realidade digna de nossa capital. Que cada estudante encontre no TESP uma fonte de cultura artística e ao mesmo tempo oportunidade para imbuir-se da arte teatral. Assim, muito em breve São Paulo terá um grupo tão bom como os que já existem em vários estados da União.

"Brevemente faremos uma convocação de todas as pessoas interessadas em colaborar conosco para seleção e formação de diversos grupos a serem ensaiados separadamente. Tão logo conseguirmos uma sede será possível uma reunião dessa natureza. Por enquanto é esperar, mas com fé, pois, se a arte do teatro atravessou os séculos, chegando até nós, foi porque a dedicação e o entusiasmo sempre acompanharam os homens que se empenham em prol da concretização dos seus ideais artísticos."

União Estadual dos Estudantes — Comunicado n.º 1 — 7/1949

Senhor Presidente:
Dando cumprimento ao que preceitua o art. 39 letra "b", da Constituição Estadual dos Estudantes de São Paulo, temos o prazer de levar ao conhecimento do prezado colega que foi organizado, sob o patrocínio da União Estadual dos Estudantes de São Paulo, o Teatro do Estudante de São Paulo, o qual terá em sua Direção Geral

Osmar Rodrigues Cruz, atual diretor e fundador do Teatro Universitário do Centro Acadêmico "Horácio Berlinck".

Esse novo teatro amador tem como finalidade congregar todos os estudantes paulistas em torno da arte teatral, estimulando e aproveitando vocações, como já o fazem em outros estados todos os Teatros de Estudantes. Essa iniciativa espera alcançar o melhor acolhimento, tanto por parte dos universitários, como do público em geral, e também dos poderes governamentais.

Diante do exposto vimos solicitar-lhe o favor de divulgar o presente a todos os acadêmicos interessados desse Centro Acadêmico, prevenindo-os para uma reunião que será realizada à Rua Riachuelo, n.º 233. — Saudações Universitárias — Pela U.E.E.

José Antônio Rogê Ferreira – Presidente.

Entrevista — jornal *União* – órgão oficial da União Estadual dos Estudantes de São Paulo — 7/1949

O TEATRO DO ESTUDANTE EM SÃO PAULO — SUA CRIAÇÃO — ALGUNS PONTOS DE SEU PROGRAMA — UMA CASA DE ESPETÁCULOS PARA O ESTUDANTE PAULISTA — A CRIAÇÃO DO TEATRO-ESCOLA E DO CONSELHO ARTÍSTICO

Está de parabéns a direção da U.E.E. pela criação do Teatro do Estudante de São Paulo. Como uma das suas primeiras realizações procurou a entidade máxima dos acadêmicos bandeirantes apoiar essa velha aspiração dos amantes do teatro e da cultura em São Paulo.

Não se pode compreender São Paulo, considerada como a Capital Artística do país, sem o seu teatro universitário, quando existe em todo Brasil por todos os estados, cerca de 54 Teatros de Estudantes.

O espírito lúcido de seus dirigentes e a sua compreensão quanto à necessidade de se propagar o interesse pela arte, fez com que os colegas da U.E.E. não medissem esforços para a formação desse Teatro do Estudante, designando de imediato o seu Diretor. Novamente foram felizes em suas iniciativas, pois foi indicado o colega Osmar Rodrigues Cruz, já tão conhecido nos meios artísticos acadêmicos e não acadêmicos da capital paulista, por sua paixão pela arte teatral e por seus trabalhos à frente do Teatro Universitário do Centro Acadêmico "Horácio Berlinck" em cuja direção teve oportunidade de demonstrar a sua capacidade de direção e organização nesse setor, e seus conhecimentos artísticos bem como seu talento na representação.

Os méritos do jovem Osmar Rodrigues Cruz não precisam ser descritos aqui, pois são de sobejo conhecidos por todos aqueles que se interessam pela difusão e progresso de nosso teatro amador, através da representação de diversas peças desde 1945, época da criação do Teatro Universitário do Centro Acadêmico "Horácio Berlinck", até o presente, e por suas lutas à frente desse grupo de jovens que, a despeito de maiores sacrifícios tais como a falta de meios financeiros, de casas de representação, de auxílio dos poderes públicos, de boas peças em língua portuguesa, locais para ensaio, etc. muito tem feito pelo teatro universitário em São Paulo.

Sabendo de sua nomeação, procuramos entrevistar Osmar Rodrigues Cruz, o qual, muito gentilmente, foi respondendo às nossas perguntas. Quanto a sua designação para tal cargo e seus primeiros trabalhos, assim se expressou o colega:

"Sentimo-nos profundamente honrados com o convite feito pelo acadêmico José Antônio Rogê Ferreira, presidente da U.E.E.S.P., para dirigir o Teatro do Estudante de São Paulo, à frente do qual continuaremos lutando pela difusão dessa arte nos meios universitários paulistas. Procuramos reunir todos os adeptos do teatro a fim de formar grupos que serão ensaiados separadamente por diretores de cena especializados. Está em nossos planos congregar não só jovens que já tenham pisado palcos, mas também aqueles que nunca se atreveram, o que será feito por meio do Teatro-Escola cuja finalidade principal será a de formar atores, técnicos especializados em todos os sentidos, tanto cenaristas, como figurinistas e especialistas em jogos de luz e som."

Quanto às possibilidades financeiras para a concretização desses planos disse-nos o colega Osmar:

"Esperamos obter o apoio oficial, bem como de pessoas da nossa alta sociedade que temos quase certeza, não irão negar amparo a uma causa tão nobre. Temos certeza que, também, todos os centros acadêmicos de São Paulo colaborarão conosco nessa temerária empresa. Na parte técnica apresentaremos uma inovação que constará da formação de um Conselho Artístico ao qual caberá a finalidade de nos orientar nas atividades teatrais, sendo que já contamos com pessoas de relevo nesses meios, que estão dispostas a colaborar, tais como Ruy Affonso Machado, conhecido crítico de arte e Paulo Autran, ator do Teatro Brasileiro de Comédia."

Inquirido a respeito da falta de casas de espetáculo em nossa capital, respondeu-nos o seguinte:

"É esse outro ponto importante na vida artística de São Paulo, a falta de bons teatros. Possuímos um número muito limitado de locais para representação e que vem, naturalmente, dificultar a nossa obra. Contando com o apoio geral não mediremos esforços para conseguir a aquisição de uma casa de espetáculos para o Teatro do Estudante de São Paulo, o qual deverá possuir a sua sede própria e adequada para as suas atividades. Será esse um dos principais pontos de nosso programa."

Pelo que vemos e do que já conhecemos de suas realizações, muito podemos esperar do colega Osmar Rodrigues Cruz à frente do Teatro do Estudante Paulista. O qual, temos certeza despertará, *no seio estudantil, o gosto pela arte de representar.*

Com o Teatro-Escola, a que acima se referiu o colega, não se tenciona, tão-somente, criar atores, mas, formar técnicos, entre os universitários, na construção de cenário, guarda-roupa, etc. O que não será difícil, pois temos como exemplo a apresentação da peça de Ibsen, *Os Espectros*, pelo Teatro Universitário do Centro Acadêmico "Horácio Berlinck", que foi uma autêntica aventura no campo teatral, um espetáculo de pesquisa, e no qual tudo foi feito pelos acadêmicos, representação, cenários, figurinos, jogos de luz e som. Foi, como dissemos, uma aventura, transformou uma peça naturalista em expressionista, o que acreditamos, tenha sido o motivo pelo qual surgiram grandes polêmicas em torno desse espetáculo.

Aqui deixamos os nossos votos de felicidade ao Teatro do Estudante de São Paulo e ao seu novo diretor na meritória luta que agora empreendem, pois incrementando o gosto pelo teatro nos meios universitários estaremos formando uma platéia compreendedora e especializada, que saberá avaliar o esforço e a dedicação de seus colegas em dar a São Paulo um teatro de estudantes, digno de uma Capital de Cultura.

Artigo — *A Noite* – 23/01/1950

Auxílio ao Teatro do Estudante — concedido um crédito de 500 mil cruzeiros — sobre a iniciativa federal depõe o acadêmico Osmar Rodrigues Cruz, do Teatro do Estudante do C.A. "Horácio Berlinck"

A Comissão de Justiça do Senado aprovou o projeto que abre o crédito especial de 500 mil cruzeiros para auxílio ao Teatro do Estudante. A notícia teve intensa repercussão nos círculos estudantinos de São Paulo, uma vez que nesta Capital está se formando o Teatro do Estudante, o qual vem lutando com enormes dificuldades para a sua manutenção. A reportagem de *A Noite* no sentido de saber como foi recebido esse projeto, ouviu o acadêmico Osmar Rodrigues Cruz, diretor do Centro Acadêmico Horácio Berlinck que nos adiantou:

"Sem dúvida alguma, o Teatro do Estudante do Brasil necessitava do auxílio concedido pelo governo, depois da crise por que passou, tendo o seu diretor chegado ao ponto de quase empenhar toda a sua biblioteca e seu carro, a fim de fazer face aos compromissos assumidos. Todavia a voz de Pachoal Carlos Magno, esse incansável batalhador do teatro nacional, teve eco, uma vez que a Prefeitura carioca lhe concedeu uma verba de 300.000 cruzeiros.

"Aí está um exemplo que deveria ser imitado pela nossa Câmara Municipal ou Estadual. Em São Paulo acaba de ser fundado o Teatro do Estudante sob o patrocínio da União Estadual do Estudante. Infelizmente, por falta de auxílio, a ação do Teatro do Estudante está paralisada. Estamos lutando com tremendas dificuldades. Por falta de meios não podemos levar à cena certas peças já prontas, ensaiadas. Tudo porque o governo não quer nos auxiliar. A falta de amparo das autoridades é uma triste realidade. Entretanto, em outros estados, os poderes competentes auxiliam dentro de suas possibilidades o desenvolvimento do teatro estudantino.

"Caso não fosse o auxílio da União Estadual do Estudante ainda São Paulo não possuiria o Teatro do Estudante. Mas creio que, dentro em breve, dado o êxito que o Teatro do Estudante conseguiu no Rio, nós, também teremos êxito em nossa iniciativa."

Finalizando suas rápidas declarações, o Sr. Osmar Rodrigues Cruz esclareceu:

"É nosso pensamento dentro de um mês, dar o primeiro espetáculo. Para isso estamos vendo se obtemos os meios necessários, mas creio que esse nosso intento logrará bom êxito."

Capítulo 2
ARTIGOS E CRÍTICAS, POR ORC

MEU PAI ERA AMIGO DO DONO DO JORNAL *DIÁRIO Comércio e Indústria (DCI)*, um dia fomos visitá-lo na redação, meu pai e eu, e fui apresentado como diretor de teatro, ele entusiasmou-se pois precisava de alguém da área teatral para escrever críticas. Aceitei e achei ótimo, pois era uma forma de acompanhar de perto a temporada teatral. Assim sendo, graças às pequenas incursões no jornal *Clan* da faculdade, iniciei no *DCI* em 1949 e fiquei até 1950. Isso possibilitou-me mais tarde escrever para a revista *Brasiliense*, a revista do Sesi e *O Estado de S. Paulo*.

Crítica — *Clan*, Seção Arte — 4/1949

Anjo Negro E A Dramaturgia Nacional
O Teatro Popular de Arte, que veio a São Paulo sob a direção geral de Sandro Polônio foi, sem dúvida alguma, uma das companhias de repertório mais arrojado que São Paulo viu. Peças das mais diversas, quer na época, quer no estilo.

Iniciou a temporada do Teatro Popular de Arte, *Anjo Negro* de Nelson Rodrigues, peça que provocou tantas polêmicas, que no final se não fosse a luta para libertá-la da censura e a propaganda que se fez em torno, talvez não tivesse despertado tanto a atenção do público. Indiscutivelmente o Sr. Nelson Rodrigues produziu coisa melhor que essa peça de estréia do Teatro Popular de Arte. *Vestido de Noiva* foi muito melhor, quer como obra literária, quer como espetáculo.

Esse *Anjo Negro* cheio de complexos, assistindo à morte de seus filhos, que eram assassinados por sua alva esposa, é um personagem mal copiado das tragédias gregas, assim como o coro, que nada tem a ver com a ação da peça, apenas ligando uma cena à outra.

Não se pode negar, no espetáculo apresentado no Teatro Municipal, o valor da encenação dada por Ziembinski, fosse uma peça com um texto mais profundo e rico em beleza literária teríamos uma grande noite. A peça teve o seu ponto alto na direção, Ziembinski criou quadros de rara beleza, cheios de plástica num cenário que faz lembrar de perto um Meyerhold com sua escola biomecânica. Aliás, o diretor polonês trouxe toda a sua técnica teatral do seu país de origem, que seguiu bem aproximadamente toda a revolução do teatro na Rússia.

A interpretação esteve num bom nível, isso também devido à direção. Maria Della Costa, como sempre, parece feita de propósito para as personagens de Nelson Rodrigues, sua beleza, sua voz, formou ao lado de Graça Mello e José Guerreiro o ponto alto da interpretação de *Anjo Negro*.

Entretanto, não fosse o texto pobre em dramatização, o espetáculo repetiria o sucesso de *Vestido de Noiva* ou de *Mulher sem Pecado*. Façamos votos que Nelson Rodrigues não desça ao nível de suas criações anteriores, pois o teatro nacional necessita de dramaturgos vigorosos, pois um país sem literatura dramática não possui teatro. De nada valem nossas companhias encenarem peças estrangeiras, por melhor que sejam, pois nada disso dará ao Brasil um teatro nacional que só poderá existir se possuir autores bons e conscenciosos.

Nós precisamos, primeiramente, de uma literatura dramática, para depois então falarmos em Teatro Nacional.

A Itália, França, Rússia, Inglaterra e Estados Unidos, têm um bom teatro, grandes encenadores, bons atores, mas nada disso existiria sem um D'Annunzio, Pirandello, Cocteau, Lenormand, Tchekhov ou Górki. Eles serviram para matar a tradição dos seus teatros. Eles e tantos outros, que seriam poucas as linhas desta página para enumerá-los.

Mas o Brasil está à espera de um novo Martins Pena, de um novo Paulo Gonçalves.

Sentimos que o Sr. Oduvaldo Vianna esteja desgostoso com o teatro, ele juntamente com o Sr. Joracy Camargo, poderiam iniciar a renovação do Teatro Nacional, escrevendo, dando ao nosso teatro obras que de fato fossem dignas da cultura e da arte desses dramaturgos patrícios. Assim, quem sabe surgiriam novos homens, que apresentassem nos nossos palcos obras que de fato focalizassem os sentimentos e os caracteres humanos.

É urgente a formação de dramaturgos nacionais. De nada vale importarmos encenadores se não temos autores. É o mesmo que construir uma casa sem alicerces.

Crítica — *Diário Comércio e Indústria* — 27/11/1949

O MENTIROSO, DE CARLO GOLDONI

Carlo Goldoni foi o reformador da comédia italiana no século XVIII. Comediógrafo fértil procurou formar um teatro digno de sua terra, que de fato representasse a vida e as pessoas daquela época. Inspirando-se em Molière o gênio da comédia francesa — ele trouxe para a cena o texto preparado e escrito para ser representado, onde o ator estuda e decora o seu papel.

Antes de Goldoni, havia pela Itália a "Commedia Dell'Arte". Eram atores que antes da representação esboçavam um assunto e improvisavam os diálogos, não existindo texto algum. Surge, então, o mestre italiano, não como reação aos comediantes improvisadores, mas dando forma e conteúdo ao assunto dramático, procurando com que ele fizesse parte integrante da representação, onde os atores e diretores extraíam a essência dramática para a formação do espetáculo.

Impossível seria em tão poucas linhas escrever sobre o valor e a influência do teatro goldoniano na Itália de setecentos, apenas esboçamos o ponto principal para a crítica que abaixo faremos sobre o espetáculo que o Teatro Brasileiro de Comédia nos está apresentando de uma das peças do comediógrafo veneziano.

Em *Il Bugiardo (O Mentiroso)* conserva Goldoni alguns personagens da "Commedia Dell'Arte", tais como: o Brighella, Arlequim, Colombina, Pantaleão e o Doutor. Todos esses tipos foram transportados para o palco com suas antigas máscaras, mas com uma linha mais profunda e humana. Apesar de terem a mesma forma externa, interiormente eles falam e conversam como seres humanos. Já os outros tipos apresentam caracteres definidos: se bem que não sejam verdadeiros personagens psicológicos, representam a sociedade italiana da época.

Goldoni não foi um fotógrafo da sociedade veneziana, mas um

intérprete das suas intrigas e romances, e isto está bastante claro nessa peça que está sendo levada à cena no TBC, sendo esse um dos poucos, ou talvez o único espetáculo em que apresentaram um clássico da literatura teatral. Sem dúvida alguma é um grande e belo espetáculo, onde direção, interpretação, luz, cenários e figurinos formam uma verdadeira obra de arte.

Muito bem aproveitado o palco giratório e os cenários sobre rodas, lembrando os maravilhosos espetáculos dados por Bragaglia. Ganhou com isso a ação e a movimentação da peça, não sofrendo a interrupção para a mudança de cena. Maior efeito teria o espetáculo se o palco fosse maior, a beleza dos cenários e figurinos ampliados e coloridos pela luz poderiam formar quadros de rara beleza plástica. Mais ainda, aparece esse senão, quando todo o elenco está em cena, nota-se que a movimentação é limitada para que não se esbarre nas cadeiras ou nos próprios cenários, que apesar de sintéticos limitam muito o rendimento no que diz respeito à movimentação dos atores na sala do Doutor. Quanto à interpretação em geral, todos estiveram bem. Sérgio Cardoso como Lélio, este muito perto do espírito goldoniano, dando ao personagem aquela leveza de atitudes e inflexões de um romântico mentiroso. Entretanto, preferimos Sérgio Cardoso na tragédia ou no drama; sua voz, atitudes, gestos e mesmo a sua máscara tendem mais para o trágico do que para o cômico. Isto não quer dizer que ele não tenha dotes para fazer rir, apenas seu temperamento nos parece mais adequado ao drama. Ao lado de Sérgio está Waldemar Wei, o Doutor Balanção, muito bem marcado o seu tipo; mais uma vez nos deu provas de seu talento como comediante, suas inflexões, atitudes e gesticulação, sem cair no ridículo, formam o verdadeiro personagem de comédia goldoniana, reforçando tanto o texto como a direção. Carlos Vergueiro como Arlequim, deu mostras de sua versatilidade para o palco. Num papel que, conforme marcas da direção deveria ser entregue a um bailarino, soube conservar aquela mímica de balé expressando com muita facilidade o seu ingrato papel. Ruy Affonso Machado é outro ator que serve admiravelmente para papéis característicos, dandonos uma boa versão de Florindo. Assim, também, Maurício Barroso, Zilah Maria, Elizabeth Henreid e Renato Consorte que, apesar do sotaque italiano usado, teve mesmo assim uma boa identificação com seu personagem, que se no texto original conserva um sotaque napolitano, na transposição não haveria razão de ser: mas isso é culpa da direção a qual deve ter seguido. Célia Biar e A. C. Carvalho também não comprometeram o espetáculo: todos, sem distinção, portaram-se muito bem, e, se houve algum senão, este foi compensado pelo estudo e dedicação que deram aos seus papéis.

Quando se escreve bem de uma peça é lógico que se está elogiando a sua direção e isto se dá com Ruggero Jacobbi. Soube ele dar o equilíbrio e o ritmo das comédias de Goldoni, onde o real e a fantasia se juntam para criticar a sociedade veneziana do século XVIII. Conservando as máscaras ele conseguiu separar os personagens originários da "Commedia Dell'Arte" com os novos introduzidos na época pelo autor de *O Mentiroso*. Bonitas, também as músicas escolhidas e interpretadas na voz belíssima de Zilda Hamburguer. Cenários e figurinos de Aldo Calvo, sugestivos e belos, valorizando o texto sem prejudicá-lo. Calvo é talvez no Brasil quem melhor sabe utilizar a cenografia, valorizando uma peça sem alterar sua contextura.

Enfim, um grande espetáculo. São Paulo não deve perdê-lo. Lá está, no palco do TBC, Veneza de 1750, com todas as suas cores e romances, malícias e intrigas, amor e mentira, principalmente mentiras.

Crítica — *Diário Comércio e Indústria* — 4/12/1949

Lili do 47

Ao entrarmos no Teatro Santana estávamos com a esperança de assistir a uma boa peça, isto porque vinha assinada por um dos melhores escritores do nosso teatro. Entretanto, aquele autor vigoroso e humano de *Deus Lhe Pague, Maria Cachucha, Anastácio* e *Bonita Demais*, estava ausente. Parece-nos que o Sr. Joracy Camargo há muito tempo não escreve uma boa peça. Está claro que a vida literária de um autor dramático não será sempre a de produzir obras-primas; mas a peça que está em cartaz pela Cia. Eva Todor, não parece da mesma pena que saiu *Deus Lhe Pague*. Completamente despida de ação ela não chega a emocionar o espectador, nem mesmo prendê-lo continuamente. O enredo cai muitas vezes no "dramalhão" nas cenas de maior intensidade, ou então, fica apenas no diálogo simples e narrativo, tal como no início, quando as duas criadas contam a vida passada da patroa.

Na história, já muito batida, aparece uma mãe explorada pelo marido por causa do filho de ambos. Um velho rico que a sustenta e um galã jovem e compreensivo cheio de amor. Tudo isto, apesar de pertencer a temas do teatro no passado, poderia ser uma obra de méritos se fosse bem tratada, mas o autor não soube colocar nos diálogos a beleza dramática suficiente e sintetizar mais as falas carecendo portanto, a construção da peça de mais ação e choque entre os personagens.

Com uma peça fraca, a direção não soube extrair da dialogação mais rendimento no que diz respeito à interpretação, e isto mais se agravou com a marcação estática dada pela ensaiadora D.ª Lucília Simões. [...]. Numa peça pobre de ação é lógico que se deveria dar mais movimentação aos personagens o que viria indubitavelmente auxiliar muito a formação do ambiente e dos tipos sem alterar-lhes as características: isto principalmente nas cenas mais fortes. Infelizmente nada disso se deu e o espetáculo tornou-se cansativo. Quanto à interpretação, nada de original. Academismo e mais academismo. Cada ator com seus tiques costumeiros, e D.ª Eva Todor ainda repetindo suas inflexões de sempre, dando valor a frases e palavras de uma maneira toda especial, mas que não se ajustam ao momento nem ao caráter que representa. Corrigindo esse defeito, teríamos nessa atriz uma das mais completas de nosso teatro de comédias. Quem sabe se D.ª Lucília que deve ter tido contato com todos os grandes mestres da Arte de Dizer consiga fazer qualquer coisa! Cenários aceitáveis, com exceção da ornamentação que cheira a 1900. Esperemos por *Helena*, teatralização de Gustavo Dória de um romance de Machado de Assis e que traz do Rio uma respeitável apresentação da crítica.

Crítica — *Diário Comércio e Indústria* — 11/12/1949

Um romance teatralizado

Machado de Assis não foi para o teatro o mesmo que para a literatura ficcionista. Enquanto que nesta chegou a ser um dos maiores escritores do Brasil, para o primeiro somente alcançou a mediocridade. Sim, todas as peças escritas de Machado de Assis não possuem nenhum valor teatral, apenas são obras de leitura e não de representação. Portanto, por que foi que o Sr. Gustavo Dória, que é um homem culto e conhecedor de teatro, transpôs para o palco um romance de Machado de Assis? Porque o fez ignoramos. Entretanto aí está a sua adaptação de *Helena*, sendo representada pela Cia. Eva Todor.

Se como dissemos, o grande escritor do romantismo não alcançou glórias na arte do teatro, seria muito difícil transpor para o palco um seu romance. Isso porque, se em algumas de suas obras houvesse conteúdo dramático, cremos que o próprio autor não deixaria de aproveitá-las para cena, sendo, como foi, um dos maiores admiradores da arte dramática. Essa é a razão por que, talvez, *Helena* não seja uma peça completa na teatralização do Sr. Gustavo Dória. Conservando alguns diálogos do próprio romance, no qual falta grande dose de ação, onde a dialogação não sugere e muito menos contém dramaticidade.

Toda a peça é completamente despida de qualquer choque entre os personagens, existindo apenas um pouco de ação do original, mas que no palco não consegue subsistir.

Falhando como o texto, está mais uma vez a direção de Lucília Simões. Nenhuma beleza nas marcações; nenhum efeito de luz; nada para ajudar a monotonia do texto. Existe em teatro uma coisa muito difícil que é a marcação, isto é, a mímica, as atitudes e a movimentação dos atores em cena, que devem ser feitas de acordo com o texto, fazendo com que os mesmos andem ou parem somente quando devem fortalecer as frases que dizem, ou as situações em que se acham. Nunca os atores devem permanecer em cena sempre sentados ou em um mesmo lugar, porque as falas ditas por eles não produzem o efeito que a peça deve sugerir, no caso a que está sendo levada no Santana.

É este um dos trabalhos da direção: adaptar o texto escrito à escrita de cena, sem com isso prejudicar os dois. Nada disso vimos no Santana; uma direção falha, completamente fora da peça e dos caracteres por ela representados. Sendo assim, tivemos um trabalho digno de ser registrado: André Villon que soube interpretar um "Estácio" com todo o seu temperamento.

Cenários de muito mau gosto principalmente os batentes das portas pintados. Figurinos bons. É pena que não possamos apreciar o conjunto do Sr. Luiz Iglezias, que tem sido uma das companhias que mais tem conservado o seu elenco nestes últimos tempos, entretanto, nada de original e de real valor nesta temporada nos foi dado ver. Esperaremos pelo futuro.

Crítica — *Diário Comércio e Indústria* — 23/12/1949

MOCINHA

Sendo uma das companhias que ultimamente com mais freqüência tem mudado de cartaz as suas peças, volta novamente a esta folha a Cia. Eva Todor. Desta vez com mais um original de Joracy Camargo.

Essa peça, atual cartaz do Santana, foi escrita antes de a companhia embarcar para Portugal. Se a crítica do Rio elogiou a peça, talvez lá tenha sido levada diferente, pois não compreendemos por que, se o que mais desagrada no espetáculo é o próprio texto. Apesar do enredo não ser de todo original, ele contém coisas de muito agrado, principalmente em focalizar uma certa época da nossa história, que deveria sugerir ao autor uma peça de considerado valor, pois o Encilhamento foi para nós uma fase bastante negra. Além disso, temos ainda o segredo da família, muito mal encaixado na obra, o amor dos jovens dando-nos uma estranha semelhança com as peças francesas do *boulevard*. Mesmo sendo o argumento interessante, de nada vale se o tratamento não é perfeito, isto é, quando não segue uma linha segura, deixando que os caracteres sofram uma alteração, variando psicologicamente: indo do drama para a comédia, sem necessidade, somente com o fito de interessar e agradar o público, ou por outra, a uma certa parte do público que não aprecia teatro.

Na formação dos personagens sentimos, às vezes, falta de consistência teatral, onde apenas contracenam para que a peça possa ter continuidade. Esse, aliás, é o defeito de Joracy Camargo nas suas últimas produções, em que nos tem dado a impressão de que escreve por encomenda. Joracy não é mais aquele escritor cem por cento humano, mas apenas um autor de diálogos. Haja vista o papel de Rita, a governante: a sua presença na peça poderia ser mais importante, se não fosse tratada de uma maneira tão forçada como o foi; não se compreende aquele caráter doentio numa ação jocosa em que muitas das cenas alcançam a "chanchada". Outro defeito é o emprego do drama e da comédia. O riso e o drama são muito difíceis de juntos se conjugarem no teatro, é preciso que cada um possua apreciável conteúdo, quer dizer que seja um riso bastante cerebral e uma emoção bastante sentimental que cada um toque de perto o seu vértice. Raramente, numa peça consegue-se mantê-los superficialmente, sem que um venha prejudicar o outro. E, no caso presente, a comédia bateu o drama, mas a baixa comédia é que venceu um drama pobre. O tragicômico é privilégio de poucos dramaturgos como Pirandello, Shaw e alguns raros autores da nossa época.

Assim sendo, pouca coisa tivemos de aproveitável: Eva voltou aos seus papéis de sempre, que a fizeram famosa, dando-nos uma boa interpretação. O trabalho da Sr.ª Elza Gomes não deixou de agradar como interpretação isolada, mas dentro da peça não consegue o mesmo nível. André Villon é o contrário de Eva. Quando esta volta aos seus tipos, agrada, o inverso se dá com aquele, que, nesse caso, torna-se convencional na interpretação. Gostaríamos de ver esse ator num drama, onde houvesse um diretor para o orientar. Quem sabe se não seria um dos melhores galãs do teatro nacional!

Todos os outros num mesmo nível, um pouco abaixo dos três primeiros.

Os cenários bons, e os figurinos um pouco em desacordo com a época, notando-se isto no telão pintado que serve para o corte de cenas.

Finalmente gostaríamos de saber quem dirigiu a peça, mas o programa não nos forneceu essa parte. O Sr. Luiz Iglezias deveria dar mais importância a esse homem de vital importância num espetáculo; nós temos a impressão de que ele não reconheceu o valor de um encenador. É pena, porque depois do aparecimento desse elemento no Brasil é que o teatro começou a tomar novo impulso e ser novamente arte.

Álvaro Moreira, Dulcina, "Os Comediantes" e muitos outros grupos de vanguarda estão aí, para provarem que nada pode ser o teatro como arte se o encenador, o responsável pela direção artística do espetáculo, não tiver parte ativa e criadora numa peça. É fácil, hoje, ver os frutos daqueles pioneiros que deram ao drama nacional parte da sua própria essência.

Crítica — *Diário Comércio e Indústria* — 8/1/1950

UMA PEÇA DE MAUGHAM

Apesar de já estar terminada a temporada de Eva Todor, escrevemos hoje sobre a sua última peça: *A Carta*, de Somerset Maugham. Esse autor que no romance e no conto atingiu um plano superior, no teatro não passou do comum. Todas as suas produções dramáticas são completamente obras de pouco valor teatral e mesmo artístico. Como exemplo tivemos essa produção que assistimos no Santana. Conhecedor da técnica de construção dramática, Maugham consegue sempre que o espectador permaneça preso ao enredo, porém, isso não quer dizer que a peça pode ser considerada uma boa obra. O autor deixa-se muitas vezes cair na literatura, usando a narração para desenvolver a ação. Seus personagens são psicologicamente bem construídos e mesmo as cenas, bem preparadas. Mas o tema é fraco e esse é o pior mal. É possível fazer-se uma peça bem estruturada mas com falta de um bom assunto. Neste caso seria a forma sem conteúdo, entretanto, estaríamos indo contra a criação da obra artística. Forma e conteúdo são as bases de uma boa peça de teatro. É por isso que *A Carta* não chega a ser uma verdadeira obra de arte. Agrada a platéia, mas não a faz refletir, sendo que o problema representado não passa de um drama policial e de adultério sem conseqüência.

A interpretação foi fraca. Num drama policial, a tensão dramática tem que ser grande. Para isso há necessidade de controle nas falas dos atores, nas pausas e na própria iluminação que juntamente com o cenário irão formar o ambiente propício ao drama. Todos os atores estiveram livres em cena, cada um com sua própria personalidade e não aquela exigida pelo autor; Eva Todor que encarnou o papel principal, absolutamente não convenceu. Tudo nela era falso e sem convicção. É impossível com sua voz, criar o ambiente quase mórbido das cenas em que aparece. A sua mímica que deveria só caracterizar a simulação do tipo, não foi aproveitada. Assim, os demais, que se não comprometeram o espetáculo nada fizeram para melhorá-lo. Tudo isso é o resultado de uma má direção. Havia no programa o nó de D.ª Lucília Simões, tendo a seu cargo a *mise-en-scène* da peça. Mas para o Sr. Luiz Iglezias, e muitos outros do nosso teatro, *mise-en-scène* é a decoração e não a direção. Escrevemos isto porque em seu programa nesta temporada surgiu essa confusão onde ele separou o termo francês ao do ensaiador, dando a entender que uma coisa difere da outra. Porém, nada disso está certo, pois a locução francesa quer dizer o que para nós significa encenação. É a colocação da peça no palco, o que vem a ser a direção da peça.

Mas não vamos aqui dissertar sobre terminologia teatral, apenas gostaríamos que essa interpretação de termos de teatro fosse de uma vez por todas esclarecida, para que o público fique cada vez mais conhecedor do vocabulário de cena. Enfim a temporada já terminou, e vamos desejar que na próxima vinda a São Paulo, a Cia. Eva Todor nos traga um repertório melhor, dentro de um nível de representação mais elevado.

Crítica — *Diário Comércio e Indústria* — 15/1/1950

SORRISO DA GIOCONDA

Dulcina está finalmente em São Paulo. E isto, para quem acompanha o desenvolvimento do Teatro Brasileiro, não pode deixar de ser um auspicioso acontecimento. Ela possui em seus vinte e poucos anos de palco, um passado coberto de progresso e aperfeiçoamento, pois foi Dulcina quem há mais de dois lustros nos apresentou pela primeira vez, Shaw, Giraudoux, Lorca e muitos outros autores de renome internacional, dando ensejo a que nossos patrícios pudessem ver de perto esses dramaturgos em língua nacional. Desde aquela época, até os dias presentes, só houve uma vontade enorme de renovar a cena brasileira, por parte dela, quer na interpretação, direção ou repertório. Hoje temos nela a prova de que é possível fazermos teatro sem importar gente de outros recantos, apenas havendo necessidade de que todos tenham a fibra e a dedicação de Dulcina de Morais. Vejamos o seu último espetáculo que está sendo representado no Santana: o *Sorriso da Gioconda*. Essa peça de Aldous Huxley não parece ter surgido da mesma fonte que nos forneceu tantas obras de valor na literatura ficcionista. Parece-nos que a literatura dramática atrai para si os bons escritores, entretanto não são todos que têm a ventura de conseguir algo superior. Escrever para teatro não é o mesmo que para o romance ou conto. A criação de uma peça de teatro tem que seguir certas e determinadas regras que são as convenções do palco. A sua ação terá que ser limitada à boca de cena e transcorrer dentro de certas circunstâncias próprias do teatro e não da literatura. Mas isso não se deu com Huxley, sua peça não sofreu a síntese necessária para o palco. Seus dois primeiros atos são monótonos e cansam o espectador pela dialogação pouco teatral. O assunto custa muito a se desenvolver. Somente no final do segundo e no terceiro até é que se notam maiores traços do drama.

Dos tipos apresentados o que realmente tem qualidades dramáticas é o de Janet, interpretado por Dulcina. O restante é puro convencionalismo, e mesmo a técnica usada pelo autor na construção do drama a qual muitas das vezes não convence.

A interpretação de Dulcina é excelente, sua voz, gestos e atitudes estavam perfeitamente identificados com o personagem. Não resta dúvida que houve por parte dela um estudo profundo. Odilon esteve bem em seu papel, pena que sua articulação não nos permite entender claramente algumas palavras que pronuncia, não fosse isso e o seu papel estaria completo. Graça Melo foi um perfeito médico inglês, cheio de pausas, calmo e objetivo, mais uma bela criação sua. Suzana Negri e Nicette Bruno também agradaram, juntamente com Jorge Diniz.

O ponto alto da representação está na direção. Com um texto fraco Dulcina soube dar-lhe a beleza plástica necessária para cobrir a falha encontrada no diálogo. Luzes, cenários e movimentação formaram um conjunto uno e estético notando-se em muitos momentos a mão firme da direção e a intuição da nossa primeira atriz. A unidade de representação, o equilíbrio entre os diversos personagens prova quanto a direção pode fazer por uma peça.

Mais uma vez Dulcina brindou São Paulo com um belo espetáculo, onde ela aparece numa grande interpretação, e maior ainda na encenação.

Crítica — *Diário Comércio e Indústria* **— 5/2/1950**

SARTRE E TCHEKHOV

Novamente mudou o seu cartaz o Teatro Brasileiro de Comédia, desta vez com dois originais bastante antagônicos: um drama filosófico e uma comédia. Talvez esse critério adotado, na representação de peças, não seja um dos melhores, pois uma sempre leva vantagem sobre a outra.

Vamos escrever primeiro sobre a peça de Jean-Paul Sartre. Esse antigo professor de filosofia foi, sem dúvida alguma, o divulgador do existencialismo, como filosofia popular, pois antes dele essa corrente filosófica era apenas motivo de estudo e não de prática. Quem sabe aquele professor obscuro estivesse desejoso de um pouco de nome e viu que poderia, através da literatura e do teatro, criar uma corrente filosófica própria de um pós-guerra, quando todos os homens estão ávidos de novidades e cansados de lutar.

Nesse panorama triste e convulsionado algo de novo sempre consegue atrair, e isso foi o que se deu com Sartre. Todos os que o seguiram não foi por desespero de vida, ou por sentirem o problema filosófico, mas apenas porque acharam que o homem, querendo fazer o que melhor lhe parecesse, poderia fugir à realidade do pós-guerra, sem se preocupar com o futuro e deixando tudo ao léu das coisas, não procurando uma solução para a situação em que se encontrava dentro da sociedade. Mas não iremos escrever sobre a teoria de Sartre, de quem muito já se falou e escreveu. Hoje o existencialismo não passa de uma moda que não mais vigora, indo parar nos cabarés e nos clubes onde a burguesia procura fugir à realidade do mundo.

O que iremos comentar é o espetáculo ao qual assistimos e que, mesmo discordando do conteúdo do drama, não deixou de ser um trabalho bom e apreciável como representação. Sartre é conhecedor profundo da arte de escrever para o palco. Dificilmente os escritores que, desejando difundir uma corrente filosófica ou política, conseguem agradar a todos, entretanto, ele satisfaz como forma mesmo àqueles que consigo não concordam. A sua peça *Huis-Clos*, que recebeu na belíssima tradução de Guilherme de Almeida o título de *Entre Quatro Paredes*, é bem construída como peça de teatro, todavia, ele só visa servir a sua doutrina e não ao teatro. A peça tem o objetivo de teorizar a platéia e não de representar um espetáculo dramático. O enredo é cheio de repetições. Cada personagem insiste muito na sua idéia, mas apesar disso a ação é mantida sempre viva, devido ao diálogo bem arquitetado.

Como interpretação a peça esteve bem, num plano geral. Não seria, é claro, um espetáculo para a Europa, onde o teatro tem o seu melhor berço. A nossa apresentação de *Entre Quatro Paredes* foi muito exterior, mostrando justamente o existencialismo popular. Sartre é escritor que coloca em seus personagens uma linha psicológica interior: a luta entre eles é toda introspectiva, sem gritos e gesticulações, mas se o que vimos no palco do Teatro Brasileiro de Comédia foi o contrário é justamente porque nossa platéia não poderia compreender aquele filósofo no seu estilo original.

Sérgio Cardoso está realmente muito acima do que esperávamos, compôs, dentro da linha estabelecida pela direção, um papel todo cheio de mímica e inflexões que somente um ator como ele poderia fazer. O "Garcin" de Sérgio dá a idéia do covarde que, depois da morte, ainda sofre pelo ato que praticou. A seguir Cacilda Becker, num dificílimo papel encarnando Inez, cujo desempenho é complexo, principalmente pela variação de sentimentos impostos a ele. Mais uma vitória de Cacilda. Nydia Lícia soube, como os seus companheiros, dar uma interpretação boa e uniforme, sua beleza e graça auxiliaram bastante o tipo por ela encarnado. Carlos Vergueiro num pequeno papel que somente grandes artistas fazem.

A direção de Adolfo Celi foi uma perfeição, dentro do ponto de vista por nós traçado acima. Suas marcações, a linha e o equilíbrio entre os três personagens que ele imprimiu são de uma beleza plástica e teatral. Celi é, entre os diretores que atualmente atuam no Brasil, um dos poucos que dão à obra uma interpretação sua, servindo ao teatro como todo grande diretor deve servir, isto é, colocando a peça teatralmente em cena e não literariamente.

Cenários de Bassano Vaccarini ótimos. Conseguiu criar toda a atmosfera exigida pelo texto. Cores discretas, mas de profundo auxílio ao espetáculo.

A seguir tivemos a excelente comédia de Anton Tchekhov, *O Pedido de Casamento*. Tchekhov foi, na Rússia do fim do século passado e começo deste, o maior autor teatral: suas peças contêm um profundo senso poético e humano, é dos autores russos o mais difícil de interpretar; e o próprio Stanislávski diz em suas *Memórias* que sempre encontrava enorme dificuldade para representar um dos seus dramas. Mas no atual cartaz do TBC não está um desses dramas, e sim uma comédia deliciosa e leve que Tchekhov, como grande escritor, sabia manejar também.

Sérgio Cardoso, interpretando Lomov, deu-nos uma boa prova de seu talento de comediante; após ter representado um drama ele nos aparece num papel completamente diferente desde a voz até a expressão corporal. Um tipo inesquecível o de Sérgio. Cacilda Becker também esteve deveras impagável, parecendo mesmo aquelas russas gordas e teimosas que brigavam por causa de um simples cachorro. Por fim, Waldemar Wei no papel de Ciubicov, numa bela caracterização, aliás todos estavam bem caracterizados, foi muito bem-sucedido, pois ele sabe dar, a todos os papéis característicos que desempenha, um cunho bastante próprio.

A direção de Celi foi muito bem feita, deu à peça uma feição de farsa, exagerando certas situações para poder tirar maior partido da comicidade. Deu, ainda, a todos os atores uma linha bastante humorista, dentro da marcação bastante movimentada. Nota-se que em todo o momento a sua mão firme está presente, propiciando vida àqueles tipos que o grande Tchekhov nos legou.

Outro ponto alto foi o cenário de Carlos Giaccheri que conseguiu formar um ambiente rústico e regional nas terras habitadas por camponeses: as cores e o perfeito equilíbrio entre as diversas partes do cenário formaram um todo bastante próprio da peça, valorizando e muito o espetáculo.

As duas peças bastante diferentes em gênero, como dissemos acima, talvez não agradem a todos, todavia, como interpretação, direção e montagem servem para mais uma contribuição ao teatro paulista que agora começa a levantar-se, graças à Sociedade Brasileira de Comédia.

Crítica — *Diário Comércio e Indústria* — 12/3/1950

Teatro de Silveira Sampaio

Está em São Paulo, novamente, Silveira Sampaio com o grupo de "Os Cineastas". A peça apresentada é *Da Necessidade de Ser Polígamo*, a segunda que ele escreveu de uma série de três que intitulou "a trilogia do herói grotesco". A primeira já foi representada aqui há meses atrás, no Teatro de Comédia, trata-se de *A Inconveniência de Ser Esposa*, sua primeira peça, que pode ser considerada melhor do que a representada atualmente no palco do Teatro Municipal.

Da Necessidade de Ser Polígamo, peça muitas vezes por falta de unidade dramática, certas cenas enxertadas pelo autor truncam o sentido da ação. Mas afora isso, a comédia faz rir de começo a fim. Silveira Sampaio como autor, diretor e ator, não se pode dizer, dentre esses atributos, em qual ele está enquadrado de forma mais interessante. Como autor satisfaz plenamente, pois a peça possui um tema assaz interessante, apesar de bastante explorado. Todavia, ele soube dar-lhe um cunho de originalidade. Um texto bem trabalhado, com uma dialogação viva. Muito boas as teorias sobre a poligamia debatidas na comédia, chegando o herói a convencer a heroína, sua mulher, da necessidade da permanência de uma outra mulher dentro de casa. Tudo bem feito, bem armado, com um final bastante original mostrando que em suas peças o autor não pretende dar apenas um teatro digestivo.

Como ator, Silveira Sampaio é de fato completo. Todas as marcações impostas pela direção são de complexidade enorme, bem como as variações de sentimentos, advindo disso uma constante modificação na mímica do ator. No papel de Petúnio, Silveira Sampaio representa de mil maneiras possíveis, ora é trágico, ora cômico, e outras vezes surge-nos o velho estilo do dramalhão, mas sempre com fito de fazer a platéia rir.

Na direção está, talvez, a parte mais difícil para Silveira Sampaio. Não é só ele que possui um estilo especial para representar, mas também os outros atores, e nisso está um dos trabalhos estafantes da direção: dar à peça a unidade na representação. Direção boa e firme é a da peça que está sendo levada no Municipal. Temos a impressão que Silveira Sampaio poderá mais tarde dirigir peças que não suas, mas que sejam revestidas de valor literário e teatral. A prova está na direção feita por ele da peça de Guilherme Figueiredo *Um Deus Dormiu Lá em Casa*, para Fernando de Barros no Rio. Nota-se nesse homem de teatro o espírito criador, e isso é um dos principais requisitos para um bom diretor.

"Os Cineastas" estão de parabéns, um grande espetáculo. Tendo ainda para valorizá-lo um cenário de sua autoria, que é uma obra-prima como composição, cores e participação do entrecho da peça.

A interpretação dos demais atores esteve num plano muito bom, Laura Suarez, Luiz Delfino, Elizabeth Hodos e Monsieur Fredy, todos muito bem, principalmente os três primeiros.

Um espetáculo que ninguém deve perder, principalmente porque tudo na peça foi feito por um patrício nosso, o que prova que nós temos gente boa para fazer teatro, sem necessidade dos deuses de outro Olimpo. Teatro é intuição e cultura. E aquele que puder juntar esses dois fatores em si poderá fazer da arte de Talma o seu culto. E Silveira Sampaio o fez, e o fez muito bem; continuando nesse caminho poderemos muito breve contar com um teatro genuinamente nosso, desde o autor até o diretor.

Crítica — *Diário Comércio e Indústria* — 26/3/1950

O Fundo do Poço

O Teatro Popular de Arte que tem na direção geral Sandro Polônio, iniciou sua temporada no novo e magnífico Teatro Cultura Artística, com mais um original nacional, e desta vez com a direção cênica também nacional. É um prazer para aqueles que sempre desejaram ver o teatro brasileiro mostrar que possui elementos para conseguir realizar o que para muitos constitui um privilégio de estrangeiros. Ali está a prova: Graça Mello na direção da peça *O Fundo do Poço*, de Helena Silveira; sua também é a música principal bem como os magníficos cenários. Aí está, para aqueles derrotistas que não crêem no teatro nacional, uma prova de que desde o tema até a música de cena, tudo pode ser nosso.

A peça de Helena Silveira é bem urdida, aliás, o tema é magnífico, e ela soube tirar dele grande dose de poesia, porém, nem sempre o assunto escorrega fluentemente pela dialogação, mas isso não chega a prejudicar a ação que é sempre mantida. Estamos todos nós que acreditamos no autor nacional, muito satisfeitos com o aparecimento dessa escritora paulista para a nossa dramaturgia.

Antes de falarmos da interpretação, vamos comentar a direção, pois aquela foi produto desta. Graça Melo tinha, e não resta a menor dúvida, uma intuição deveras pronunciada pelo teatro. Desde o tempo em que os Comediantes eram amadores, esse artista já era um grande ator, revelando essa qualidade na peça de Nelson Rodrigues *A Mulher sem Pecado*. Desde aqueles tempos Graça só tem subido na arte dramática, e o seu ponto culminante está nessa peça apresentada no Teatro Cultura Artística. Direção, música, cenários e interpretação ele soube reunir em si tudo isso dosando em cada um a sua personalidade e o conhecimento técnico que possui. A peça, apresentada, sem uma direção idêntica à que lhe deu Graça Melo, não conseguiria o efeito obtido. Desde *Vestido de Noiva* nós não assistimos o melhor e mais bem encenado espetáculo. Nesse período quantas companhias estrangeiras vieram por aqui e quantas decepções, portanto eles é que deveriam aprender, e não nós. A direção soube, na dublagem do personagem principal, encontrar um meio belo e impressionante sem o uso do microfone. As luzes são outros elementos que colaboram sem dúvida para a formação do ambiente mórbido da peça. Cenários belíssimos, muito imaginativo, resolvendo muito bem o problema do corredor solicitado no texto. De fato, a direção foi uma co-autora do espetáculo e as modificações feitas foram lógicas e só serviram para dar mais teatralidade e força dramática à obra.

Sentimo-nos satisfeitos por termos entre nós um homem de teatro como Graça Melo, estávamos precisando que alguém aqui se revelasse, mostrando que nem tudo que se diz é verdade e nem todo o elogio aos de fora é justo.

Sandro deu oportunidade, pois já conhecia o seu novo encenador. A outros também deve ser concedido esse direito, porque o teatro deve ser nacional, para ter uma fatura internacional.

Quanto à interpretação tudo esteve num ótimo plano. Graça Mello em Júlio, esteve a altura do texto, valorizando-o; Maria Della Costa, Lidia Vani, e Itália Fausta, formaram um trio esplêndido. Geraldo Soares, numa bela caracterização do 1.º vizinho. Os outros também no mesmo nível dos primeiros, se bem que em papéis menores.

Cenários de autoria do diretor-encenador, de uma beleza construtivista muito original e funcional. Uso de cores perfeitamente adequadas e bem dosadas.

Um belo e inesquecível espetáculo, Sandro está de parabéns, juntamente com Graça Melo. Um na produção e outro na direção artística nos deram um espetáculo digno de correr o mundo e mostrar que o Brasil, apesar dos derrotistas, também possui seu teatro, genuinamente nosso, sem mistificadores endeusados. Proximamente faremos uma análise técnica da encenação e dos métodos usados pela direção, por enquanto é só.

Crítica — *Diário Comércio e Indústria* — 2/4/1950

OS FILHOS DE EDUARDO

O Teatro Brasileiro de Comédia estreou o ano de 1950 com um belo espetáculo constituído de duas peças: *Entre Quatro Paredes* e o *Pedido de Casamento*, as quais são de grande valor artístico e pertencem ao repertório internacional; porém, esse novo cartaz apresentado, *Os Filhos de Eduardo*, de Sauvajon, não convence como teatro e muito menos no sentido artístico. Não compreendemos por que a direção do teatro resolveu escolher aquele original. Peças de bilheteria, existem outras bem superiores e muito mais artísticas.

A peça pode agradar lá na França; mesmo assim o seu interesse fica limitado, apenas, às "piadas" que são colocadas no texto. O mesmo se dá com a tradução, se a platéia ri é somente das tiradas de um ou outro personagem e não do enredo. A peça possui uma construção acadêmica, pois o primeiro ato é quase um monólogo do personagem principal, onde a ação é toda narrada. O segundo e o terceiro atos contêm mais vivacidade, entretanto não chega, de forma alguma, a ser um obra que se nivele às outras peças de bilheteria apresentadas anteriormente.

Na interpretação não se pode dizer que houve criações de tipos de acordo com o texto, mas apenas criações próprias dos atores, que não pareciam estar formando um conjunto onde uma idéia principal é desenvolvida. Sérgio Cardoso, Clauco de Divitis, Waldemar Wei e Cacilda Becker, foram os que mais se destacaram; os outros completamente deslocados nos seus papéis, como o caso de Nydia Lícia vivendo o papel de uma menina, em que absolutamente ela não poderia convencer. Ela própria não devia estar muito convencida do seu papel. E assim por diante, Ruy Affonso também parece que estava em palco não muito à vontade com seu personagem. Os outros seguiram esses dois últimos.

Parece que esse mal está, principalmente, na distribuição dos papéis e na preparação psicológica de cada personagem. Tudo isso é função da direção. Mas a quem culpar. Cacilda Becker ou Ruggero Jacobbi? Não podemos saber até onde vai a mão de um e onde começa a de outro.

No geral a direção não trabalhou muito, nota-se muitas vezes que os personagens estão à sua própria vontade no palco. Não houve, o que se chama a técnica de cena, uma criação da atmosfera da peça. Tudo soava falso: as marcações, as falas do "inglês", o piano que tocava lá dentro quando o personagem já não tinha mais a mão no teclado.

É-nos difícil dizer por que tudo isso! Mas o mais lógico é certamente a escolha da peça, uma peça má não pode oferecer grande material cênico, a não ser que se faça uma representação estilizada, mas não foi nada disso que vimos. Depois de espetáculos como *Nick Bar*, *O Mentiroso* e *Entre Quatro Paredes*, parece que é descer muito representando *Os Filhos de Eduardo*. Da escolha de um repertório depende muito a vida de uma companhia de teatro, e é para isso que devem estar voltados os olhos da direção do Teatro Brasileiro de Comédia.

Resenha teatral — *Diário Comércio e Indústria* — 23/4/1950

O Teatro Paulista está com relação a casas de espetáculos muito atrás do progresso da cidade, apesar de hoje já estarem funcionando mais dois teatros novos, e brevemente, quem sabe outros teremos. Das companhias que se exibem na nossa capital, sem dúvida a de Sandro Polônio é a que melhor repertório apresenta; após *O Fundo do Poço*, que alcançou grande êxito artístico, subiu à cena *A Família Barret*, de Rudolf Bessier sob a direção de Graça Mello. Belo espetáculo, nenhum paulista deve perdê-lo; falaremos sobre ele na próxima semana. Sem dúvida Sandro é um herói, pois apresenta um repertório anticomercial com peças de alto significado artístico e contudo sua bilheteria não lhe tem sido desfavorável. Poucas companhias no Brasil já realizaram o que esse jovem fez.

Outro espetáculo que alcançou êxito foi o de Silveira Sampaio, que teve de deixar-nos por falta de casas para apresentar. É pena, Silveira Sampaio é um ator-diretor que São Paulo não devia perder assim tão depressa. Enfim o que devemos fazer é esperar por dias melhores.

O Teatro Brasileiro de Comédia continua com seu programa *Os Filhos de Eduardo*, peça fraca com fortes doses de piadas que faz o público rir e... nada mais.

Palmerim no Royal com seu *vaudeville A Mulher do 24* que do gênero nada tem; apenas pornografia e teatro muito malfeito, sem um mínimo de arte. É lamentável porquanto Palmerim é um bom cômico que, com um bom repertório e igual elenco, faria sucesso artístico, pois o de bilheteria ele o está fazendo com seus "quadros de nus artísticos".

O dever do teatro é educar e elevar o gosto do público e não deturpá-lo.

No Santana, a companhia Napoli Canta, uma verdadeira afronta ao bom teatro e às companhias nacionais que estão esperando a sua vez, não podendo representar naquele teatro porque meia dúzia de artistas se acham ali radicados para explorar a colônia italiana.

Segunda-feira Ziembinski, o grande diretor e ator, dará um espetáculo aos paulistas com a peça *Assim Falou Freud*. Apesar de ser uma só representação é um prazer termos Ziembinski novamente em nossa capital.

Brevemente, em junho talvez, Jean-Louis Barrault estará no Municipal com sua companhia, representando para nós grandes peças, tanto clássicas como modernas.

Será uma satisfação para o povo de Piratininga receber Jean-Louis Barrault, que não tem o passado "glorioso" dos canastrões italianos e franceses, mas que faz do teatro um sacerdócio. Teatro do ator e do diretor. Espetáculo grandioso onde a mímica e a maquinaria são irmãos da dicção e do texto e não simples acessórios. Para muitos esse grande homem do teatro será uma decepção, especialmente para aqueles que consideram o texto como único e inviolável. Talvez com seus espetáculos Jean-Louis Barrault transforme a orientação seguida por esses homens de teatro fazendo com que os mesmos compreendam o verdadeiro significado da arte dramática.

Capítulo 3
TELEVISÃO TUPI E EXCELSIOR. FEDERAÇÕES, COMISSÕES, ASSOCIAÇÕES E CURSOS. BIBLIOTECA

Eu já falei que foi o Carlo Giaccheri quem me convidou para fazer teatro na televisão, não havia teatro ainda, porque a televisão estava começando, eles fizeram uma transmissão externa de *Ralé* do Górki, mas não faziam teatro na Tupi. Então ele me convidou para fazer teatro ao vivo, o Giaccheri me perguntou quem mais poderia ir e eu indiquei o Antunes, ele fazia numa semana e eu na outra. Eu queria que o teatro se chamasse "Pequeno Teatro de Arte", mas o Costa Lima que era o diretor-geral achou que a palavra "pequeno" era muito ruim, então ele pôs "Osmar Cruz e Seu Teatro de Arte". Foi uma experiência muito boa, estávamos começando a fazer teatro, éramos amadores, foi o primeiro dinheiro que eu ganhei com o teatro. O dinheiro é importante, porque nos estimula a profissionalizar. Havia muitas peças a serem escolhidas, mas tinha que se pagar direto autoral e a televisão não ia pagar para ir ao ar apenas por um dia. Escolhi peças que já tinham sido feitas, entre elas *O Imbecil*, de Pirandello, porque alguém já tinha feito e pago os direitos. Nós ensaiávamos no Centro Acadêmico, estavam o Ítalo Cencini, Nelson Coelho, Aycilma Caldas, outros atores que eu não lembro agora e também o Fábio Sabag, hoje produtor de televisão. Antes de serem levadas ao ar as peças escolhidas, era lido um comentário que constava de uma pequena biografia do autor e uma rápida visão do significado da peça. Foi um sucesso enorme. A transmissão nesse tempo era feita ao vivo, não havia videoteipe estávamos em 1951 e não havia televisão em todos os lugares, então a fim de promover os transmissores, a indústria de televisores cedia aos bares um aparelho onde as pessoas se concentravam para assistir. Fiz um repertório e um orçamento de quatro peças, eram dois meses, mas quando a transmissão acabou ficou todo mundo parado, porque a peça *O Imbecil* é realmente uma peça empolgante. O tema é simplérrimo mas o Pirandello é genial. É a história de um editor de jornal, que manda chamar uma pessoa que ele conhecia e que estava doente para morrer; então ele chega para ela e diz: — "você vai morrer mesmo, eu te dou um dinheiro e você mata fulano", que era um inimigo político dele. A peça gira em torno do diálogo dos dois, é muito interessante, eu contando não é, mas a peça é muito interessante. Eu tive o prazer de trabalhar com Cassiano Gabus Mendes, Heitor de Andrade, Luiz Galon, Renato Galon, foi o primeiro teatro feito ao vivo na TV. Foi um sucesso.

Crítica — *Diário de São Paulo* — **7/11/1951**

TELE-TEATRO DAS SEGUNDAS-FEIRAS
A PRF3-TV, estação de TV das rádios Tupi-Difusora, inaugurou, segunda-feira última, com êxito absoluto o seu "Tele-Teatro das Segundas-Feiras" apresentando a peça *O Imbecil* de Pirandello, na interpretação de "Osmar Cruz e Seu Teatro de Arte". Caprichosamente dirigida e apresentando valores artísticos de relevo, *O Imbecil* conseguiu pleno êxito, agradando a um número bastante grande de teleassistentes que aguardavam a iniciativa da televisão "associada". Para a próxima segunda-feira está programada a peça *O Urso* de Anton Tchekhov, na interpretação do Centro de Estudos Cinematográficos sob a direção de José Alves Antunes Filho, cenografia de Carlos Giaccheri e produção de TV de Cassiano Mendes e Heitor de Andrade.

EU PRECISAVA DE UMA OUTRA PEÇA QUE FOSSE DE DOMÍnio público, então escolhi uma que eu acho muito bonita, o autor é muito bom, é *Uma Tragédia Florentina* do Oscar Wilde. Fizemos a peça com trajes e adereços da Casa Teatral, a peça é de época, passa-se no Renascimento. Foi muito interessante, não era *O Imbecil*, lógico, mas a nossa sorte foi estrear com *O Imbecil*, porque ficou marcada como uma coisa boa ou seja, "Osmar Cruz e seu teatro de arte só faz coisa boa". Só que a *Tragédia Florentina* não foi tão boa assim, mas deu "para quebrar o galho". Eu fiz do Alfred Musset, *Uma Porta Deve Estar Aberta ou Fechada*, é um diálogo entre dois personagens que se separam. Como os atores vinham do amadorismo ensaiavam pelo telefone, eles "batiam" texto para decorar por telefone, eu fiz dois ensaios, marquei num sábado e domingo, e foi ao ar na segunda-feira. Tínhamos quinze dias para preparar a peça, enquanto o Antunes preparava a dele eu preparava a minha. O Antunes estreou com *O Urso* de Tchekhov, com o Manoel Carlos no papel do urso, hoje ele escreve novela. Mas *Uma Porta Deve Estar Aberta ou Fechada*, quando eu vi no *swit* realmente achei muito chata embora os cortes tivessem sido feitos pelo Cassiano Gabus Mendes. Depois montei o *Traído Imaginário* que é o *Sganarello* do Molière, essa fez sucesso. Eu fiz também um Gil Vicente, *Quem Tem Farelos*. Fazer televisão nessa época era uma tourada, porque era ao vivo. Eu só fui gravar na Excelsior, quando o Armando Bogus arranjou um teipe. Mas *Quem Tem Farelos* era uma peça muito interessante que é o embrião da *Farsa de Inês Pereira*, é muito engraçada, muito boa. Nós não tivemos tempo suficiente para adaptar a peça, ela foi feita numa linguagem mais ou menos arcaica. Já o *Traído Imaginário* não, por isso funcionou. O ator que fazia o "Sganarello", trabalhava no Maria Della Costa, ele tinha ganho um concurso — Um galã para Maria Della Costa — era o Alberto Maduar. Ele custava um pouco para decorar e na peça tinha um monólogo que fala da suspeita que a mulher o engana. A peça tem esse bonito monólogo, muito bem, o Alberto Maduar entra em cena para dizer o monólogo e... pára, fica olhando, o Cassiano fala para mim: — "xiii... acho que esse não vai" e fala para o câmera, "passa a câmera pelo cenário", nisso o Maduar saiu de cena e deram a fala para ele. Ele voltou, foi falar... esqueceu de novo. E fez isso duas vezes! Aí eu falei, "'tamo roubado...". Mas eu acho que o público nem percebeu, porque a câmera ficou em detalhes no cenário, que era do Carlos Giaccheri e era muito bonito. Com o *Sganarello* eu encerrei minha carreira na Tupi, porque esse teatro que a gente fazia começou a dar "cosquinhas" no pessoal da televisão, eles já estavam se preparando para fazer o *Hamlet* com o Lima Duarte e não houve interesse de nos manter lá. Só fui fazer televisão mais tarde, quase dez anos depois na TV Excelsior. O Antunes Filho era assistente de produção da Bibi Ferreira que era a produtora do Teatro Brastemp e quem dirigia era o próprio Antunes, mas como ele não dava conta da programação, pois toda a semana era apresentada uma peça diferente, ele me convidou para dirigir, fiz com a Irina Grecco e o Armando Bogus *O Menino de Ouro* de Clifford Odets, que foi um sucesso! Foi muito bonito, foi muito bom.

Crítica — *Última Hora* — coluna Show Business, por Moraci do Val — 19/12/1962

FUGA À ROTINA

O Campeão de Clifford Odets, apresentado pelo teatro do 9 na noite de sábado, desculpa a emissora das inúmeras vacuidades que vem apresentando em seus últimos teleteatros. Foi uma fuga da rotina, num espetáculo muito bem cuidado. Otimamente interpretado e com um dos melhores textos do teatro norte-americano na fase dos trinta: *Golden Boy*. Nele temos o Odets dos bons tempos, quando ainda não tinha naufragado no *american way of life* não pensava em escrever roteiros para Elvis Presley e fazia uma severa crítica à "teoria do sucesso" e à "vida impressa em dólares". *Golden Boy* ou *O Campeão*, como se chamou na tradução de Elizabeth Kander, é a peça em que critica com maior felicidade o *american way of life*, como processo arrasador das possibilidades autênticas do homem. Bonaparte, *O Campeão*, é levada por essa obrigatória luta pelo sucesso, a trocar sua verdadeira aspiração, a música, o violino, pelo boxe. Com a fúria proveniente dessa frustração, atinge o auge no pugilismo, carreira que detesta e se vê obrigado a seguir. No momento em que alcança o título, matando no ringue seu adversário, adquire a consciência e quer voltar para a música. Impossível: a terrível luta pelo sucesso aniquilara suas possibilidades para a música. Já não tem mãos para o violino. Fábula terrível. O espetáculo do 9, sob direção de Osmar Cruz, esteve à altura do texto, lamentando-se apenas o corte da cena final. Mutilação condenável e que quase põe a perder o espetáculo. Culpa da emissora que, em lugar de reduzir os comerciais, preferiu cortar a peça. No elenco, um excelente trabalho, Armando Bogus vivendo o "Golden Boy", seguido de perto por Irina Greco, em "Lorna", Edney Giovenazzi, em "Fuzelli" e Jairo Arco e Flexa, no papel de "Moody".

SÓ TEVE UM PROBLEMA, O BOGUS ARRUMOU NA TUPI UM pedaço de videoteipe para gravar a peça, nessa época já tinha videoteipe e nós estávamos gravando, quando chegou no último quadro da peça acabou o videoteipe. Não pudemos gravar o final original, fizemos um final em que os dois morrem num desastre de automóvel. Depois de *O Menino de Ouro*, fiz *A Pequena da Província* que ficou bonito, essa foi direitinho, com o Bogus, a Irina, Felipe Carone, Jairo Arco e Flexa, Ednei Giovenazzi, agradou muito, é uma história de amor e eu gostei muito de fazer. Mais tarde recebi um convite de Tatiana Belinky e do Júlio Gouveia diretores do Tesp (Teatro Escola de São Paulo) para dirigir uma novela na Excelsior, graças aos dois teleteatros que eu tinha feito. A novela chamava-se *Sozinho no Mundo*, no recém-lançado "Telespetáculos Elgin" com atores do Tesp e atores convidados como o protagonista Jairo Arco e Flexa e Nize Silva. Era uma novela que já era gravada. Era sobre o nazismo. A ação se dá no apartamento de um casal cujo marido é um brasileiro, adido cultural em Paris e ela parisiense, eles têm um filhinho. A casa deles é invadida pelos soldados nazistas e o filhinho é separado dos pais, que vão procurá-lo depois da guerra. Quando chegou no décimo quinto capítulo mudou a direção da TV Excelsior, entraram o José Bonifácio Sobrinho e o Edson Leite, como eles iam reformar tudo a novela teve de acabar, a Tatiana escreveu um final, quebraram o contrato com o patrocinador, foi um negócio de louco! Eu fui encontrar isso tudo, depois no Sesi, essa prepotência, esse autoritarismo. Por aí parou a minha aventura na televisão, depois disso eu não fiz mais nada. Mas não deixou de ser uma experiência interessante, porque eu fui o primeiro a fazer teatro em televisão. Quem sabia disso era o Dionísio Azevedo que no seu depoimento por ocasião da comemoração dos trinta anos do TPS, fala isso: — "Osmar Cruz gosta tanto de teatro, que foi o primeiro a fazer teatro em televisão". O Galon também.

Nessa época, passei a dar um curso de teatro no Grêmio da Caixa Econômica Federal, um curso que durou muito tempo. Eram todos funcionários da Caixa e foi o meu primeiro trabalho profissional. Eu ganhava um pequeno dinheiro para dar as aulas. Como resultado do curso montei *O Badejo* de Artur Azevedo no Teatro Artur Azevedo com a turma. Foi muito interessante, a peça não é uma obra-prima! O elenco era muito fraco, amadores iniciando carreira. Mas isso foi revertido quando eu montei a segunda peça com eles que foi *As Guerras do Alecrim e da Manjerona*, já nos festejos do IV Centenário. A peça que é de Antônio José da Silva, é uma obra-prima, ela tem tudo da comédia clássica, têm excelentes personagens, a trama é maravilhosa e nós tivemos sorte, o Giaccheri desenhou o cenário e quem o executou foi a Petruccelli, que naquela época era a mulher do Gianni Ratto. A peça era feita com um cenário meio sintetizado, eram pequenas rotundas que desciam e se encaixavam uma na outra, porque são várias cenas, nove ou dez, a contra-regragem mudava os móveis, com essa peça ganhei o prêmio "Arlequim" de melhor diretor de comédia. As críticas que saíram foram boas como a de Athos Abramo, ótimo crítico, aliás irmão de Cláudio e de Lélia Abramo.

Crítica — jornal *O Tempo* — coluna "Palco", por Athos Abramo
— 9/12/1954

FESTIVAL DE TEATRO AMADOR III

A representação de *As Guerras do Alecrim e da Manjerona*, pelo Grêmio da Caixa Econômica Federal, constitui uma das mais importantes manifestações do Festival, não somente pelo que significa, no plano cultural, a exumação dessa peça do nosso teatro clássico, como ainda pela inteligência com que foi encenada e pelo êxito positivo alcançado pelo espetáculo. Embora dentro da modéstia que o amadorismo comporta, o tratamento dado pelo diretor, Osmar Rodrigues Cruz, foi dos mais eficazes e válidos teatralmente falando, e poderá servir como ponto de referência para futuras edições. Sabe-se quais dificuldades Antônio José da Silva acarreta para uma representação integral, no texto e na cenografia. Essas dificuldades foram resolvidas com brilho, ao adotar-se um esquema cenográfico de interiores muitos simples e sóbrios, e de exteriores supridos por cortinas pintadas, ou melhor, desenhadas. O efeito de tais cortinas, de autoria de Francisco Giaccheri, foi dos mais genuinamente teatrais e sua aplicação, assim como certos expedientes de mudança direta de cenários, executados pelos próprios atores em cena, juntamente à viva mobilidade da recitação, revelaram o bom e adequado aproveitamento da recente lição proporcionada pelo "Piccolo Teatro" de Milão em *Arlequim Servo de Dois Amos* e em *Júlio César*. A direção de Osmar Rodrigues Cruz foi uma das mais seguras acontecidas no Festival, e caracterizou-se pela atenção dada ao aspecto filológico da peça, enfrentando não somente sem escamoteações, mas mesmo com apaixonada competência. O espetáculo foi dirigido no sentido de atingir-se a maior leveza e rapidez de recitação possível em elementos não afeitos às representações diárias como são os amadores, e isso foi conseguido, apesar de algumas falhas do elenco. Deste temos a assinalar primeiramente, a ótima dicção de Carlos Henrique Silva, no papel de Semicúpio. Dotado das necessárias agilidade e mobilidade físicas, agindo numa marcação sempre segura e viva, esse amador foi uma revelação. Prejudica-o muito um leve defeito de dicção, defeito que impede infelizmente seja ele considerado como um dos melhores atores da comédia do Festival. Mesmo assim, tenho uma grande fé no futuro desse rapaz, cuja mocidade, resistência e energia recitativas a justificam plenamente. Tudo dependerá, no entanto, da eliminação de seu defeito de pronúncia. Cora Gurjão Cotrim, no papel de Sevadilha, foi por sua vez digna *partner* de tal Semicúpio. Muito jovem, dotada de um físico adequado e de uma voz da mais cristalina musicalidade, e senhora de uma dicção perfeita, também essa moça poderá representar uma esperança, no caso em que puder estudar e corrigir-se de certa instabilidade e precipitação no jogo cênico. Joaquim Mário Sonetti, no papel de Lancelote; Maria Quadros Malta, no papel de Dona Cloris; Moisés Leiner no de Tibúrcio, foram os outros elementos que tiveram atuação correta e realmente muito eficaz nas cenas cômicas. Ao grupo todo do Grêmio da Caixa Econômica Federal vai um caloroso aplauso pela coragem demonstrada em levar para a cena a trabalhosa e talvez envelhecida, mas genial peça do Judeu. E uma exortação a continuar nesse caminho: o da exumação de nosso pequeno mas tão significativo repertório clássico.

Referências sobre a peça: Teatro Colombo, 4/3/1955

Ao estudar a possibilidade da montagem de uma peça, todo diretor deve ter em mente as palavras de Charles Dullin: "O diretor deve sempre deixar que a personalidade do ator se manifeste. Talvez o espetáculo venha a ter menos unidade, menos precisão mecânica; talvez a contingência venha desbaratar seus planos preestabelecidos, mas ele ganhará em vida, em movimento, e, portanto, agirá mais sobre o público, não se poderá impor uma «fantasia» uma «comicidade». Pode o diretor delimitar o quadro, influir-lhe na natureza, com sugestões acertadas, até aí chega o seu poder".

Quando os jovens amadores do Grupo de Teatro do Grêmio Caixa Econômica Federal após o curso por nós realizado, nos convidaram para dirigir uma peça nacional, não discutimos; passamos para o papel a *mise-en-scène* das *Guerras* e fomos ao trabalho.

Aí surgiu o problema focalizado tão bem por Charles Dullin. Nem tudo é possível realizar, entre nós, na direção de peças, principalmente clássicas, de grande montagem, e com as poucas traduções que existem no nosso teatro. Muito, porém, conseguimos dentro de certos limites permitidos pelo amadorismo e pelo tempo de que dispõem os intérpretes.

À primeira leitura, a peça nos amedronta, tantas e tais são as mutações de cenários, as árias, os sonetos, a linguagem da época, a mecânica da ação... Tudo, na peça, é de grande importância e, por isso, achamos conveniente conservar o máximo possível. Somente as árias, por falta de música e cantores, nós abolimos. O resto aí está, para ser visto. Se a montagem da peça não alcançar o que pretendemos, restará o texto, que ficará conhecido e — podem crer — vale a pena!

Antônio José nada fica devendo aos autores de sua época: a primeira metade do século XVIII. Não foi essa metade de século muito rica em autores; a própria França tinha sofrido uma enorme perda, que vinha do século anterior: Molière. (ORC)

Coluna "Ronda" — *Diário da Noite*, **por Mattos Pacheco — 10/12/1954**

PRÊMIO "ARLEQUIM"

Encerrou-se o Festival e o Congresso Paulista de Teatro Amador. Os melhores espetáculos, as melhores direções e interpretações do Festival foram premiados com o "Arlequim", um prêmio especial, instituído pelos promotores do certame, acontecimento inédito em nosso país. Estes foram os vencedores dos "Arlequins": Melhor Espetáculo: *Dona Rosita*, pela Escola de Arte Dramática. Melhores Diretores de Drama: Alfredo Mesquita (*Dona Rosita*) e Evaristo Ribeiro (*Corrupção no Palácio da Justiça*). Melhor Diretor de Comédia: **Osmar Rodrigues Cruz** (*As Guerras do Alecrim e da Manjerona*). Melhor Atriz de Drama: Rachel Forner (*Os Inimigos Não Mandam Flores*). Melhor Atriz de Comédia: Maria Quadros Malta (*As Guerras do Alecrim e da Manjerona*). Melhor Ator de Drama: Sérgio Salme (*Corrupção no Palácio da Justiça*). Melhor Ator de Comédia: Eloi Artigas (*Capricho Medieval*). Melhor Coadjuvante Feminina: Vera Athaide (*O Homem e as Armas*). Melhor Coadjuvante Masculino: Orival Mosca (*Antígone*). Cenógrafo: Ricardo Siervers (*Capricho Medieval*). Prêmio Especial: *A Menina das Nuvens*, teatro infantil, pelo Grupo Experimental de Teatro. Parabéns a todos e principalmente aos promotores do Festival Paulista de Teatro Amador.

FOI UMA DAS PEÇAS QUE MAIS DEU CERTO DAS QUE EU fiz. A remontagem no Sesi, para viagem, não foi a mesma coisa. Ela depende do ritmo, da integração dos atores, do calor com que é feita. E aqueles atores do curso estudaram muito e sabiam o que estavam fazendo. Com esse grupo repeti a peça no Teatro Cultura Artística, e também não foi a mesma coisa do Teatro Colombo, porque lá foi uma estréia maravilhosa, e o palco do Cultura Artística não tinha altura, nem coxia e não tinha como esconder os móveis, as rotundas subidas, o Colombo era um teatro padrão, foi um dos melhores teatros que São Paulo já teve. A Prefeitura demoliu e não construiu outro, foi como o Leopoldo Fróis. Essa peça me proporcionou muito prazer e me fez amadurecer, o que é muito importante, pois conforme você faz uma peça, e ela vai bem, você sempre amadurece no trabalho, porque você se conscientiza de que está fazendo a coisa certa.

FEDERAÇÕES, COMISSÕES, ASSOCIAÇÕES, CURSOS

O TEATRO AMADOR EM SÃO PAULO, ESTAVA EVOLUINDO rapidamente, foi então que os amadores que éramos eu do Teatro Universitário do Centro Acadêmico H.B., o Scrivano da Matarazzo, o Coelho Neto da Politécnica, Moisés Leiner também da Politécnica, resolvemos fundar a Federação de Amadores Teatrais, isto foi no ano de 1952. O primeiro presidente foi o João Ernesto Coelho Neto, ele realizou o Festival de Teatro Amador do Estado de São Paulo, do qual nós participamos. A Federação não tinha sede, ela ficava no Clube de Teatro, que era do Cinelli, ele o fundou para reunir os grupos de teatro amador. O teatro amador, então, passou a se reunir também em torno da Federação, porém não havia dinheiro, a salvação foi a Comissão Estadual de Teatro que deu uma verba para o festival, enfim, pagarmos as despesas do festival.

Última Hora — **por Mattos Pacheco — 25/4/1952**

FUNDAÇÃO DA FEDERAÇÃO DOS AMADORES TEATRAIS — FPAT

Cerca de cem amadores de teatro, reunidos anteontem, por iniciativa da Associação Brasileira de Críticos Teatrais seção de São Paulo fundaram e elegeram a primeira diretoria da Federação Paulista dos Amadores Teatrais.

A reunião se realizou no auditório "Roberto Simonsen" no prédio do Sesi, sob a presidência do Sr. Nicanor Miranda, presidente da ABCT. Em primeiro lugar, foi explicada a finalidade da reunião e o objetivo da fundação da Federação, entidade à qual caberá representar o amadorismo paulista no próximo Congresso Nacional de Teatro.

Por aclamação e proposta do amador Sérgio Mauro de Souza Santos, foram escolhidos os primeiros diretores da nova entidade teatral, que é a seguinte: Presidente — Coelho Neto (Grêmio Teatral

Politécnica); Vice-presidente — Evaristo Ribeiro (Grupo de Teatro Amador); Secretário — Nelson Ernesto Coelho (Pequeno Teatro de Arte); Segundo secretário — Alcina Colicof (Grêmio Teatro Amador); Tesoureiro — **Osmar Rodrigues Cruz** (Teatro Universitário); Segundo tesoureiro — Moisés Leiner (Grupo de Teatro Cultura e Progresso); Bibliotecário — Clovis Garcia (Teatro Amador de São Paulo).

Coluna "Teatro" — *Diário de São Paulo* — **por Nicanor Miranda — 3/9/1955**

Revista do Teatro Amador

Elevado é o número de amadores em nosso estado. Raro é o município que não conta com um grupo de pessoas que gostam de teatro e que realizam, pelo menos de longe em longe, um espetáculo. As dificuldades que a maioria dos amadores encontram para satisfazer a sua inclinação e vocação dramática não são pequenas e nem poucas. As mais efetivas, talvez consistam em dois fatos notórios; não conhecerem peças que se prestem aos seus espetáculos e não terem meios de encontrar ou adquirir as que servem. A bibliografia nacional, segundo Lopes Gonçalves que está procedendo um levantamento de tudo que existe, anda pela casa das dez mil peças. Evidentemente nessa dezena de milhares existe muito bagaço e pouco suco. Mas o que sobra muitas vezes não é fácil de encontrar no mercado livreiro. Quanto às estrangeiras, os amadores são geralmente criaturas atemorizadas com o bicho-papão da SBAT, que não tem a mínima condescendência para com os amadores e nem procura ajudá-los desta ou daquela maneira. Faltam-lhes ainda encenadores, faltam-lhes cenógrafos... para auxiliá-los com eficiência nas realizações de seus espetáculos. A bem dizer, falta-lhes quase tudo, exceto boa vontade e paixão pelo teatro.

Diante de tais obstáculos, nada melhor poderiam eles ter feito do que se congregarem, reunirem-se em uma associação que cuide de seus interesses. Tal medida já foi posta em prática com a fundação da Federação Paulista de Amadores Teatrais, sob os auspícios da Associação Brasileira de Críticos Teatrais de São Paulo. Os resultados não demoraram a aparecer. Graças à Federação, os amadores já realizaram um festival e um congresso. No momento preparam outros dois para o mês vindouro. Além disso, instituíram um interessante concurso de crítica anual, do qual não podem participar, é óbvio, os profissionais militantes na imprensa paulistana.

Mais uma bela iniciativa acabam de tomar, recentemente, editando a *Revista do Teatro Amador*, cujo primeiro número foi publicado no mês de agosto findo. A revista é modesta e despretensiosa, mas o seu objetivo capital é inteligente e merece ser elogiado: "O teatro amador em nossa terra e particularmente em São Paulo, embora a sua evolução marcante, não possui um núcleo que irradie a arte de representar, propagando-se e realçando-a. Assim sendo, as sociedades, pelos seus grupos teatrais, encontram-se individualizadas e seus trabalhos não têm a repercussão requerida, por não serem divulgados. Portanto, fazia-se mister que um porta-voz unisse os elos que encerram as coisas teatrais, formando assim a cadeia sólida e coesa para demonstrar e evidenciar o valor da arte cênica".

A missão dos amadores não é somente difundir o gosto pela arte dramática nas camadas populares. É também uma missão educativa, de mérito indiscutível, tão explícita que dispensa esclarecimentos. Que não arrefeçam em seu entusiasmo, que não desistam de lutar contra todo e qualquer empecilho que lhes surja no meio da jornada. Assim agindo, não tardará o tempo em que os amadores paulistas serão, além de rico celeiro do teatro profissional, idealistas dignos de admiração e respeitáveis cultores de uma arte milenária que apaixona cada vez mais os homens dos cinco continentes.

Coluna de Teatro — *Correio Paulistano* — por Delmiro Gonçalves — 9/3/1956

REVISTA DO TEATRO AMADOR

Já foi posto em circulação o sexto número da *Revista do Teatro Amador*, publicação especializada de responsabilidade do órgão da classe de São Paulo.

Longe vão os tempos em que o amadorismo teatral começou a liderar o movimento de renovação da cena brasileira, em São Paulo, Rio, Recife e Porto Alegre, produzindo alguns dos espetáculos mais discutidos como os dos "Comediantes", do "Teatro do Estudante", ambos do Rio, e dos grupos "Universitários de Teatro", dirigido por Décio de Almeida Prado e do Teatro Experimental de Alfredo Mesquita. Não existia então uma entidade que congregasse os elementos de todos os grupos amadorísticos e os esforços para a encenação de peças ficavam a cargo de cada conjunto. Com a fundação da entidade que reúne todos os amadores de São Paulo, pode a classe não só trabalhar mais eficazmente para o progresso do nosso teatro, como também, organizar festivais com prêmios aos melhores diretores, atores e espetáculos e lançar a revista que ora chega ao sexto número. Trabalho quase anônimo, sem alardes de publicidade, lutando naturalmente com grandes dificuldades econômicas, vem sendo desempenhado com eficiência por esse conjunto de idealistas que não poupa esforço para prosseguir em seu objetivo.

Cogita a sociedade de amadores de apresentar este ano o Festival Brasileiro de Teatro Amador, trabalho de ampla envergadura e de grande significado para o teatro brasileiro e que virá coroar a obra já tão significativa realizada pela entidade desde sua fundação. Teremos então oportunidade de assistir, reunidos a apresentação dos melhores conjuntos amadores do Brasil e aquilatar da evolução do amadorismo em nossa terra, servindo o certame também de um grande curso de teatro para os próprios conjuntos que se exibirão pois o contato com os seus congêneres permitirá uma ampla visão das diretivas, encenações e interpretações de peças a serem representadas. Enquanto se realizam os preparativos para esse grande festival, a revista continua desempenhando as suas funções informativas e educadoras, apresentando neste número entrevistas com os membros da Sociedade dos Artistas Independentes, "O Teatro Amador em Defesa de Nossas Tradições Culturais", biografia de Martins Pena, "Noções de Caracterização" por J. E. Coelho Neto, "O Maior Ator Brasileiro" por Osmar Rodrigues Cruz, "A Sbat na Defesa do Autor Nacional", "1.º Festival Brasileiro de Teatro Amador", além de notas e informações de interesse da Classe.

Eu fui eleito presidente da Federação em 1958 e na primeira eleição para renovação da diretoria consegui da CET uma verba significativa, foi quando editei a *Revista de Estudos Teatrais*. Antes não era editada pela Federação mas por um grupo de pessoas do qual o Gilberto Randelucci era o editor e chamava-se *Revista do Teatro Amador*. Era uma revista muito interessante, continha novidades do teatro amador, um caderno técnico de teatro, mas não havia dinheiro, o problema sempre é o dinheiro. Em 1958 a verba da CET deu para publicar a revista, mas não para remunerar os colaboradores. Traduzi capítulos importantes de livros inéditos no Brasil, a revista chegou até o quinto número depois fechou porque também a maioria dos colaboradores saiu e eu em 1959 já estava com outros planos e não continuei na Federação.

Diário de São Paulo — por Oscar Nimitz — 22/1/1958

OSMAR RODRIGUES CRUZ ELEITO PRESIDENTE DA FPAT

Osmar Rodrigues Cruz é o novo Presidente da Federação Paulista de Amadores Teatrais. Até o fim de 1958, ficará sob a sua responsabilidade os destinos da entidade magna dos amadores do estado.

Além de Osmar, foram eleitos Moisés Leiner, Francisco Giaccheri, Martin Solé, Oswaldo Pisani e muitos outros, que colaborarão para que as atividades teatrais se movimentem com mais intensidade.

A posse da nova diretoria será ainda este mês, conforme nos declara Nicolau Cinelli, ex-presidente da FPAT.

Podemos informar que uma das primeiras iniciativas da nova direção, será o lançamento, novamente, da *Revista do Teatro Amador*, uma vez que já conta com uma verba anual de Cr$ 100.000,00, fornecida pelo governo do estado, anualmente, para sua impressão.

"Ronda" prognostica grandes atividades da FPAT neste ano.

Coluna Seção "Folha de Teatro" — *Folha da Manhã* — por Delmiro Gonçalves — 25/4/1958

REVISTA DE ESTUDOS TEATRAIS

"A Federação Paulista de Amadores Teatrais lançou a sua primeira publicação, graças à verba concedida pelo governo estadual, através de sua Comissão de Teatro". Assim inicia a direção daquele órgão a apresentação de sua nova publicação. Como se vê, o Plano Estímulo ao Teatro começa a funcionar bem, e dentro da linha a que seus relatores se propuseram, isto é, incentivar principalmente o lado cultural, procurando por todos os meios a seu alcance, criar uma consistência e um interesse maior da população pela arte cênica.

A revista da Federação termina a abertura da apresentação com as seguintes palavras: "Esta será a nossa revista. Simples, pequena, humilde e com uma única finalidade: dar um pouco a todos aqueles que desejarem recebê-la tal qual ela é. Longe de nós qualquer pretensão de doutrinar e orientar".

Assim ficam já delineados e delimitados, desde o primeiro número, as intenções e os objetivos da nossa publicação. Sem alardes, sem grandes pretensões, apresenta-se a revista em cuidadosa feitura gráfica, discreta e de bom gosto.

O primeiro artigo é assinado por Ruggero Jacobbi, denominando-se "A Direção: Texto e Espetáculo". Trata-se de um longo e interessante trabalho que ocupa mais ou menos treze páginas da publicação, no qual o autor examina com cuidado os diversos encenadores mundialmente famosos. Trata-se de um artigo de grande interesse e que situa a revista num plano bem mais elevado do que os seus diretores modestamente pretendem. Tanto melhor assim. A pretensão tem sido uma das causas que fizeram malograr muitas das nossas atividades artísticas. Se a direção da revista puder sempre apresentar artigos do nível daquele que inicia este seu primeiro número, ganharão todos e o órgão da Federação se colocará entre as melhores publicações do gênero existentes no Brasil. Segue-se "Uma Aula de Stanislávski", texto traduzido por Abílio Cordeiro. Osmar Rodrigues Cruz assina trabalho sobre a "Origem da Renovação no Teatro Brasileiro". Termina a parte referente às colaborações sobre teatro uma de W. Lourenção, intitulada: "O Teatro Antigo na Índia". Finalizando o primeiro número, acha-se publicada na íntegra a farsa de Gil Vicente *Quem Tem Farelos*. Assim a *Revista de Estudos Teatrais* apresenta-se num nível bem alto, pequena mas com artigos de bastante interesse, que poderão servir de maneira producente a todos os que se interessam pela arte cênica.

A direção composta por Osmar Rodrigues Cruz, Gilberto Rendelucci e Kaumer D. Rodrigues merece ser aplaudida pelo cuidado com que este número foi confeccionado e pela seriedade dos trabalhos ali contidos. Esperamos, pois, que prossiga a Federação a apresentar a revista no nível atingido em seu primeiro número.

DELMIRO GONÇALVES COMENTA, EM SUAS COLUNAS DOS jornais *Folha da Tarde* e *Folha da Noite* dos dias 22 e 23 de outubro de 1958, a publicação do número 3 da *Revista de Estudos Teatrais*:

Acha-se em circulação o n.º 3 da *Revista de Estudos Teatrais*, órgão da Federação Paulista de Amadores Teatrais, dirigida por Osmar Rodrigues Cruz.

Prosseguindo no seu programa de divulgação de textos importantes sobre o teatro, o presente número é dedicado ao problema do diretor.

Inicia-se a publicação com o início de um estudo do encenador Ruggero Jacobbi (a quem este número é dedicado) sobre Teoria Geral do Teatro. Sendo um bom teórico, o diretor italiano desenvolve com clareza diversos aspectos do espetáculo do ponto de vista da encenação, prometendo para breve o término do seu trabalho que, naturalmente, será inserido na mesma revista. Segue-se um trabalho de Emílio Fontana intitulado "O Diretor no Teatro de Hoje". Vem depois outro de Shaw sobre "Meu Método de Direção Teatral". Outro nome de importância assina o artigo seguinte: Gaston Baty, com "O Encenador".

Continuando com seu programa de editar também em cada número uma peça de autor nacional, apresenta este número a obra de Augusto Boal *Martim Pescador*.

Como se vê a revista continua sendo um ótimo guia para os iniciantes em teatro, recomendando-se pela sua seriedade a todos os grupos amadores disseminados pelo Brasil e que encontram natural dificuldade em achar material bibliográfico para aumentar seus conhecimentos cênicos.

Depois de um certo período de publicações, a revista conseguirá certamente cobrir todos os setores da arte teatral e, embora, como é óbvio, sem esgotá-los, poderá servir como ótimo guia aos interessados. Como temos recebido cartas pedindo informações sobre a revista, aqui deixamos aos interessados o endereço e administração da mesma, a fim de que se correspondam diretamente com a direção, caso desejem: Rua José Getúlio, 492, estado de São Paulo, Capital.

RELAÇÃO DAS REVISTAS PUBLICADAS E DOS ARTIGOS EM cada exemplar:

N.º 1 — *abril de 1958*

"A Direção — Texto e Espetáculo", por Ruggero Jacobbi; "Uma Aula de Stanislávski", traduzido por Abílio Cordeiro; "Origem da Renovação no Teatro Brasileiro", por Osmar Rodrigues Cruz; "O Teatro Antigo na Índia", por W. Lourenção; *Quem Tem Farelos?* de Gil Vicente.

N.º 2 — *junho de 1958*

"Nota Sobre a Profissão do Ator", por Maria Tereza Vargas; "A Profissão do Ator", por Lucien Nat; "A Responsabilidade do Ator", de Stanislávski, "O Ator — Dilentantismo e Assenhoreamento da Arte", de Alexis Taírov; "O Ator e o Teatro na Vida Contemporânea", de Max Reinhardt; "Preparando a Personagem", de E. Vachtángov; *Bilbao, Via Copacabana*, de Oduvaldo Vianna Filho.

N.º 3 — *setembro de 1958*

"Teoria Geral do Teatro", por Roggero Jacobbi; "O Diretor no Teatro de Hoje", por Emílo Fontana; "Meu Método de Direção Teatral", de G. B. Shaw; "O Encenador", de Gaston Baty; *Martim Pescador* de Augusto Boal.

N.ºs *4 e 5 — dezembro de 1958*

"Teoria Geral do Teatro" (continuação), por Ruggero Jacobbi; "A Luta por Uma Dramaturgia", por Osmar Rodrigues Cruz; "Valorização de O'Neill", por Paulo Hecker Filho; "Prefácio de *Cromwell*", de Vítor Hugo, "A Arte do Drama", de Ronald Peacock; *História em Quadrinhos com Final Feliz*, de A. C. Carvalho.

A FEDERAÇÃO PAULISTA DE AMADORES TEATRAIS também promoveu um curso que foi ministrado no Taib e tinha, entre outros, o Coelho Neto e o Vicente Ancona Lopes como professores. Foi o Curso de Monitores Teatrais que formava monitores para dirigirem grupos de teatro amador. Quando eu fui eleito presidente da FPAT, aluguei uma casa na Aclimação na Rua José Getúlio e convidei alguns professores para dar o curso, Ruy Affonso, José Neisten e Renée Gumiel que veio indicada pela Yanka Rudska que foi uma das primeiras e melhores professoras de dança moderna da época e foi aluna da Isadora Duncan.

O "Curso Intensivo de Teatro" da FPTA foi organizado, com duração de um ano e meio, com aulas diárias, com três horas de duração, dividido em três períodos após o que haveria um curso de especialização em cenografia, direção, dramaturgia. As matérias desse curso eram: Interpretação, História do Teatro, Análise de Texto, Arte de Dizer, Psicologia, Caracterização. Convidamos vários professores como: Alberto D'Aversa, Augusto Boal, Francisco Giaccheri, J. E. Coelho Neto, Nélson Xavier, Ruy Affonso Machado, Barry Yarochwski, José Neisten e eu. Fazíamos um exame de seleção no início do curso.

Em março de 1959, fizemos a seleção da segunda turma do Curso Intensivo de Teatro da Federação, que foi até motivo de reportagem em jornais. Esse curso não era apenas mais um curso de teatro, mas tratava-se de uma experiência única no Brasil na busca de formar atores com um estilo brasileiro de representação. Eu tomei essa iniciativa por ser o Brasil o único país que não tinha e não tem seu estilo próprio de teatro. O "Método" de Stanislávski estava sendo usado, sem preocupação de colocá-lo a serviço de um estilo brasileiro. Foi o que procuramos fazer usando para os exercícios temas nossos, isso não quer dizer folclore, mas coisas do nosso cotidiano, dentro da nossa realidade. A procura pelo curso foi muito significativa demonstrando que estava despertando bastante interesse. Apareceram várias pessoas com talento mas muitas não conseguiram acompanhar. As que ficaram tiveram ótimos resultados, pois o curso foi bom, apesar das dificuldades que surgiram, na busca desse ideal, porque acredito que a função do teatro é ser compreendido pelo povo ao qual ele pertence. A FPAT congregava todos os grupos amadores do estado, orientando esses grupos na luta por um teatro melhor e cumprimos com essa finalidade de, como bem disse Sérgio Cardoso, "devolver a Arte Teatral ao seu legítimo dono — o povo". E assim fomos realizando festivais em várias cidades do interior.

Entrevista — *Diário da Noite* — a Mattos Pacheco — 27/8/1957

QUESTÕES COM RESPOSTA

"Ronda" indaga de Osmar Rodrigues Cruz, "qual a finalidade do Curso de Teatro da Federação Paulista de Amadores Teatrais".

Tem resposta:

"Terá como finalidade formar intérpretes que possuam características nacionais de representação. Para tanto, serão usados textos de autores que retratem nossa atualidade. Esses textos serão de autores jovens, principalmente os que a *Revista de Estudos Teatrais* publicará ou mesmo já publicou, como no caso de *Bilbao* de Oduvaldo Vianna Filho. É claro que um estilo de representação brasileiro não será fácil de ser fixado, todavia o curso sendo de quase dois anos, oferecerá tempo para pesquisas. E isso somente poderá ser feito com textos nacionais, de autores com características regionais da nossa vida contemporânea e seus problemas. Para tanto terá o aluno uma formação cultural suficiente, para depois compreender esses nossos problemas. Fazendo exercícios de interpretação com tipos e caracteres nacionais, não quer dizer que ficarão alheios às peças estrangeiras. Para isso é que existe a cadeira de "Análise de Textos" onde serão analisadas e comentadas as peças de autores de todas as épocas do teatro. Faz muita falta ao teatro brasileiro um estilo próprio. Isso será tentado. O resultado, veremos depois: no final restará pelo menos a vontade e a coragem para enfrentar o problema, e saber como ele se coloca e suas dificuldades. Ao menos serão formadas pessoas que encararão a arte teatral dentro de um espírito de nacionalismo sem esquecer a universalidade da arte."

Coelho Neto organizou um Festival de Teatro

Amador, do qual participei com duas peças já do Sesi, *O Homem de Flor na Boca* e *Amar e Curar-se*, esta última não tem cenário, é daquelas obras-primas do Thornton Wilder, de um ato, como *A Viagem de Trenton a Caden*. *O Homem de Flor na Boca* é de Pirandello, como todo mundo sabe e conhece a história porque é muito montada, na verdade essas duas peças foram o embrião do Teatro Experimental do Sesi.

SBAT

Eu sou sócio de várias entidades, entre elas a SBAT, na qual ingressei em 1961, quando o presidente da entidade era Joracy Camargo, hoje eu sou sócio benemérito. Entrei para a SBAT porque traduzi as peças: *O Aniversário* e *Pedido de Casamento* de Tchekhov e de Octave Feuilleut *O Acrobata*. Nesse meio tempo eu escrevi um livro de teatro, porque nós editávamos uma revista que se chamava *Revista do Teatro Amador*, e eu fiz uns cadernos para essa revista, que eram cadernos de técnica teatral. Pensei, por que ficar só na revista, que é uma coisa que as pessoas lêem e jogam fora, então falei com a Livraria Teixeira e o Horácio, que era muito meu amigo, quis editar o livro que escrevi *O Teatro e sua Técnica* para substituir o livro do Eduardo Vitorino, *Para Ser Ator*. O livro foi publicado em 1960, portanto não entra Brecht, de modo que é um livro que está desatualizado e também esgotado, mas fala de Stanislávski e Jean-Louis Barrault.

Coluna de Teatro — *O Globo* — por Zora Seljan — 17/6/1960

O Teatro e Sua Técnica

Acaba Osmar Rodrigues Cruz de publicar pela Livraria Teixeira, de São Paulo, um bom trabalho intitulado *O Teatro e Sua Técnica*. Este livro como diz o autor, não tem a pretensão de doutrinar, nem apresentar algo novo. Dirige-se aos amadores, àqueles que se iniciam na arte dramática.

Aconselhamos este livro por ter-nos parecido honesto e feito por quem revela grande experiência de professor. Achamos que livros assim podem impulsionar o movimento teatral amador e mesmo criar teatro em lugares que não existem cursos de arte dramática. Para que se tenha idéia de sua validade, basta uma vista de olhos no prefácio e na seleção de matérias: ARTE DE DIZER: respiração — mecanismo de voz — pronúncia — declamação — dicção — análise do texto — inflexão — palavras de valor — ritmo; ARTE DE REPRESENTAR: introdução — conhecimentos gerais — o ator e o comediante — vocação e inteligência — a estrutura do palco — interpretação interior, estudos preliminares — o caráter, as emoções — observação e estudo do papel — a verdade — memória e emoção — imaginação — concentração, ação interpretativa — identificação — ritmo — interpretação exterior. Expressão corporal das emoções — relaxamento dos músculos, ginástica rítmica — gestos — fisionomia — mímica — pantomima — improvisação — representação; A ENCENAÇÃO: direção — representação dos atores, cenário — indumentária — iluminação — adereços — pessoal técnico — texto — vocabulário; ILUMINAÇÃO CÊNICA: a evolução — análise prática — notas técnicas.

Transcrevemos ao acaso um dos temas abordados, o de "Ator e o Comediante", Louis Jouvet distingue na arte de representar duas classes de intérpretes: o ator e o comediante. "O ator é aquele que interpreta um só gênero dramático, isto é, comédia ou drama. Mesmo que tenha uma bagagem técnica e cultural muito grande, ao tentar outro gênero, não consegue uma interpretação verdadeira. Cita Sarah Bernhardt o caso de Coquelin, que tinha como maior desejo interpretar uma tragédia, todavia seu físico e sua fisionomia não o permitiam. Já o comediante, pelos dotes físicos ou naturais, é aquele que pode com igual perícia dar a ambos os gêneros interpretação de valor".

TAMBÉM ESCREVI PARA A *REVISTA BRASILIENSE* DE novembro e dezembro de 1956, que congregava estudiosos e escritores de literatura e arte. Nesse tempo, também fazia crítica no jornal *Diário Comércio e Indústria*, por isso o Nicanor Miranda, que foi o presidente, convidou-me para fundar a Associação Paulista de Críticos Teatrais (APCT), que era uma filial da Associação Brasileira de Críticos Teatrais (ABCT), hoje Associação Paulista de Críticos de Arte (APCA), o João Apolinário, que foi o presidente convidou-me para fazer parte da diretoria e eu sou sócio benemérito da APCA.

Société d'Histoire du Théâtre

INGRESSEI NA SOCIÉTÉ D'HISTOIRE DU THÉÂTRE EM agosto de 1949 na época em que Louis Jouvet era o presidente. É uma sociedade que agrupa pesquisadores, professores e homens de teatro, fundada na França na década de 30. Naquela época eles editavam, como até hoje editam, uma revista de teatro, escrevi para lá me inscrevendo como sócio e passei a receber as revistas durante muito tempo até o dia que deixei de pagar as mensalidades. O Louis Jouvet esteve aqui em São Paulo durante a guerra correndo toda a América, porque sendo judeu, não podia ficar na França e como a Sociedade de História do Teatro reunia os associados em debates sobre teatro, ele aqui veio. A Revista era mais direcionada à pesquisa e documentação por isso enviei-lhes nossa *Revista de Estudos Teatrais* que foi muito bem recebida pelo então presidente Léon Chancerrel que é um historiador de Teatro, diretor de teatro para a juventude e autor do livro *Le Théâtre de la Jeunesse*.

CET

Fui também membro da CET (Comissão Estadual de Teatro) em 1968, fui secretário executivo, vice-presidente, quando Cacilda Becker era a presidente. Miroel e eu escolhemos a Cacilda para presidente, porque ela estava numa crise emocional e isso poderia ajudá-la. Décio de Almeida Prado era o vice-presidente e como eu era assessor do Felício Castellano na Secretaria do Governo fiquei como secretário executivo. Entre os membros da CET estavam Jairo Arco e Flexa, Décio, mas os dois do contra éramos o Jairo e eu. Foi uma época interessante. Quando eu entrei para a CET, o presidente era o Décio de A. Prado, foi um tempo interessante, até o Décio sair. Ele saiu porque o Zé Celso fez um manifesto muito forte contra ele. Quando a Cacilda era presidente e o Décio era membro teve uma passeata, era época da ditadura, e a Cacilda foi convidada pela Ruth Escobar para participar da passeata, o pessoal da CET não queria que ela fosse, porque ela era presidente de um órgão do governo, só que ela foi. Na CET, os produtores e o pessoal de teatro se interessavam mesmo é pelo dinheiro e tinha pouco mas dava para algumas realizações, tanto que quando eu fui presidente da Federação, a CET deu dinheiro para nós, foi assim que eu editei a revista, aluguei uma sede, fiz um curso de teatro, pagava professor e tudo, a CET funcionava, mas não sei se funciona hoje.

A gestão da Cacilda foi interessante, foi um pouco tumultuada, ela tomava muitos comprimidos para dor de cabeça, mas ela lutou, era batalhadora. Eu conheci a Cacilda muito antes, no tempo dos Comediantes. Ela foi substituir a Olga Navarro, eu já falei isso quando falei do teatro universitário, ela foi ensaiar no Centro Acadêmico, quando foi substituir a Olga no *Desejo* do E. O'Neill, iam para Santos, nós fomos atrás. Eu a encontrei novamente quando ela substituiu a Bárbara Heliodora, aqui em São Paulo, fazendo a rainha no *Hamlet*. Como o meu pessoal do teatro estava todo no *Hamlet*, eu ia toda a noite lá, foi aí que eu conheci o Oscarito. A gente vai conhecendo as pessoas conforme vai vivendo, vai atuando. Por exemplo eu fui conhecer a Eva Todor, depois de muito tempo, num coquetel que o Sesi ofereceu para algumas personalidades teatrais, acho que ela nem lembrava das críticas que eu havia feito dela!

O Plínio Sanches que era diretor do "Curso de Atores para Cinema" no Museu Assis Chataubriand convidou-me para dar aulas. Os outros professores eram Maria José de Carvalho, Roberto Santos, Yanka Rudska. Foi um curso muito bom, lá conheci a Nize Silva que era aluna. Esse curso formou muita gente que foi para o cinema, como Olga Shuering, Carlos Miranda, que acabou fazendo um seriado na época que se chamava *O Vigilante Rodoviário*. Edgar Gurgel Aranha que de lá foi para a Escola de Arte Dramática, Marlene França que fez muito cinema.

Depois dei um curso de teatro, seguindo o método do Stanislávski, patrocinado pela Cia. Nydia Lícia no Teatro Bela Vista, nesse a Nize era secretária, foi um curso pago. Dei esse curso, porque o Teatro do Sesi estava em crise, e então a Nydia Lícia me cedeu uma sala para eu ministrar o curso, pagava uma taxa para gastos com luz, etc. Depois na Fundação Álvares Penteado, dei aula num curso que era semiprofissionalizante.

Reportagem — *Folha de S.Paulo* **— (sem autoria) —** 3/12/1962

CURSO NO TEATRO BELA VISTA

Marlon Brando e James Dean, entre outros, ficaram famosos porque utilizaram nos E.U.A. um sistema de interpretação baseado no método do russo Konstantin Stanislávski. Sem esperar revelar aqui no Brasil um novo Brando ou um Dean, Osmar Rodrigues Cruz, dono de uma das maiores coleções de livros de teatro, vai ensinar os segredos de Stanislávski, em curso patrocinado pela Cia. Nydia Lícia, no Teatro Bela Vista.

APCT-APCA

A ASSOCIAÇÃO PAULISTA DE CRÍTICOS ERA A SUCURSAL da Associação Brasileira de Críticos Teatrais do Rio de Janeiro, hoje Associação Paulista de Críticos de Arte, teve como presidente o Décio de Almeida Prado, foi quando houve uma eleição no Sindicato dos Jornalistas e eu fui escolhido para o conselho fiscal como secretário. Quando o Paulo Mendonça foi eleito presidente, ele me convidou novamente para ser secretário ou tesoureiro, foi uma gestão muito boa a do Paulo. Depois do Décio vieram vários presidentes, o Arthur Kauffman, mas o mais interessante foi quando a APCT passou à Associação Paulista de Críticos de Arte, que englobou todas as artes, quem fez isso foi o João Apolinário. A APCA, foi fundada em 1973, a presidente era a Ilka Marinho Zanotto que fez uma boa gestão. Como a Associação Paulista de Críticos Teatrais era a sucursal da Associação Brasileira de Críticos, ela conseguiu muitas bolsas de estudo. Quando Apolinário saiu é que foi feita uma votação para eleger a nova diretoria e foram eleitos por unanimidade as seguintes pessoas como sócios honorários da APCA: Alfredo Mesquita, Paschoal Carlos Magno, Décio de Almeida Prado, Clovis Garcia, Miroel Silveira, João Caldeira Filho e eu, na ocasião ganhamos um lindo quadro da Maria Bonomi. A APCA reúne críticos de música, artes plásticas, de televisão, rádio, etc., o número de sócios aumentou. Quando das eleições dos melhores de cada categoria, levava "seiscentas e cinquenta horas" para sair o escolhido. A APCT, ou a APCA, devia ser como um sindicato, mas como reúne jornalistas e críticos, teve de ser uma associação. Como primeiro presidente da APCT, o Nicanor Miranda convidou-me para fazer parte da APCT e fui designado para participar do II Congresso Brasileiro de Teatro. Fiz uma tese sobre o ensino do teatro no Brasil, que foi publicada nos *Anais* e citado no livro do Paulo Luiz de Freitas sobre o estudo da interpretação no Brasil que foi editado pela Unicamp, o livro se chama *Tornar-se Ator* o subtítulo é "Análise do Ensino de Interpretação no Brasil". A APCT participou como membro do Congresso que era patrocinado pela Associação de Críticos do Brasil. Esse Congresso reuniu todos os representantes das associações do Brasil.

Associação dos Autores de Espetáculos do Estado de São Paulo (AAE)

EM 1976, O ANTUNES ME PROCUROU, ELE TINHA UMA idéia, que era a de fazer a AAE, que era composta por diretores de teatro, congregava diretores de teatro, cinema, televisão e *shows*. Ele estava entusiasmado, fundamos então a Associação, fizemos o Estatuto, registramos, financiei registro e tudo o que era necessário. Essa associação, conforme seus estatutos, tinha "a finalidade de incrementar medidas de proteção e amparo aos interesses morais e patrimoniais dos diretores, relativos ao campo da criação artística. Defender os interesses decorrentes da propriedade artística do criador de espetáculo, em juízo ou fora dele, bem como manter estreito relacionamento entre os seus associados, para o aperfeiçoamento da profissão". Fizemos uma reunião no Teatro Paiol, compareceram vários diretores para aprovação dos estatutos, ata de fundação e eleição dos componentes da diretoria. Fui eleito presidente, o Fausto Fuser era o vice, o Roberto Vignatti, secretário, Silvio de Abreu, tesoureiro, Emílio Fontana e Antunes Filho, adjuntos. No Conselho Fiscal estavam Oswaldo Mendes, Ademar Guerra, Décio Otero, e como suplentes, Benjamim Cattan e Paulo Lara. Antunes e eu tivemos uma reunião com o representante da Sbat de São Paulo, que achou a idéia ótima, precisávamos do aval da Sbat porque recebíamos através dela. A criação dessa associação foi muito interessante, pena que não vingou, e não vingou por total falta de interesse da classe, que é desunida. Em 1981 foi convocada uma Assembléia Extraordinária visando reorganizar a entidade e eleger nova diretoria, não compareceu ninguém. O Antunes se desinteressou, até que numa reunião estávamos Vignatti e eu, então disse a ele para levar os livros, levar tudo... os livros acabaram ficando comigo guardados no armário do Sesi, nem foi dada baixa no Cartório nada, e a Associação acabou.

A BIBLIOTECA

A BIBLIOTECA FOI MONTADA POR ACASO. QUANDO LARguei a escola eu tinha os livros do ginásio, da faculdade eu ainda tenho uns dois, mas eu me interessei por teatro na faculdade e comecei a comprar livros que falavam de teatro, como no Brasil não se editava livro sobre teatro, o primeiro que comprei foi na Livraria Teixeira, que publicou *Para Ser Ator* do Eduardo Vitorino, era uma edição de 1936, depois ela o reeditou e editou meu livro também. Então comecei a comprar livros quando o meu interesse por teatro realmente havia iniciado, não como brincadeira em casa na garagem, que na verdade era o início da carreira, mas não tinha ainda a intenção de ser profissional de teatro. Mas precisava estudar e o conservatório não dava base nenhuma, comecei a comprar livros de teatro. Portanto a minha biblioteca, não é uma biblioteca de bibliógrafo, é uma biblioteca de uma pessoa que se interessa por determinado assunto e se eu tenho livros raros, é porque comprei para conhecer o livro, tenho do século XVII, do século XVIII, do século XIX, pois comprava de tudo em todo lugar. Não tinha como pesquisar mesmo porque não se editava livro sobre teatro, tinha de ser livro de fora, da Espanha, França, Inglaterra, Estados Unidos... Itália que tinha muito livro.

Por conta disso comecei a freqüentar as livrarias, fiquei conhecido em todas de São Paulo, tinha crédito, tanto que na Teixeira, o Pontes uma vez foi a Portugal e pedi alguns livros, porque não tinha muito livro de Portugal aqui. Pois ele fechou um sebo lá em Lisboa, botou tudo dentro de caixas e mandou para cá; quando ele chegou me mostrou tudo o que tinha trazido e eu fiquei com tudo! Àquela época eu trabalhava esporadicamente, depois que eu entrei para o Sesi, tendo um salário fixo, comecei mesmo a comprar livro, da Itália, da França, pegava catálogos sobre teatro e importava. As livrarias é que importavam, porque não podíamos importar diretamente, hoje já se pode, naquela época não. Livro é artigo de luxo no Brasil. Fui arquivando catálogos, tinha até de um sebo da França.

Quando viajei para a Itália comprei muitos livros, que não vinham para cá. Tomei nota de muitos livros que vi e não dava para comprar, quando cheguei aqui pedi todos! De modo que a biblioteca não é uma biblioteca de livros raros, tem livros raros porque eu queria conhecer o livro, o assunto sobre teatro que o livro falava... O livro do Abade d'Aubignac, *A Prática do Teatro* que é de 1657, é um livro importante na história do teatro, porque foi um dos primeiros manuais sobre a prática do teatro. E assim outros. Tanto que o Décio de Almeida Prado, quando fez o trabalho dele sobre o João Caetano foi para Europa estudar nas bibliotecas, ler peças que o João Caetano montou. E ele quando chegou, me contou que foi para a França, procurou tanto o livro da viúva do Talma e não encontrou. Então contei que tinha esse livro, tanto que no prefácio, ele agradece a mim e conta que aqui na minha biblioteca tem livros que em nenhum outro lugar tem. Tanto que esse livro deve ser raríssimo em qualquer lugar.

Devo ter reunido quase dez mil livros, fora os volumes mimeografados. Uma vez o Monteil, que era dono da Livraria Francesa, foi um sábado à tarde levar uns livros da França, que eu havia pedido, numa caminhonete, imagine! E eu morava com meu pai, numa casa pequenina que não cabia muito livro, só no quarto, coitado do meu irmão é que agüentava a "parada" porque tinham prateleiras em todas as paredes, e as camas em baixo das prateleiras! O Pontes trouxe de Portugal um livro que acho que é o único no mundo, porque é manuscrito *Memórias do Ator Santos*. Tenho livros do século passado que não têm mais a lombada, um pedaço dela caiu fora, porque limpar a prateleira vai tirando a encadernação portuguesa, aliás não tem encadernação que agüente a limpeza doméstica.

O gozado é que a biblioteca foi criando fama e comecei a dizer que não tinha o livro que me pediam emprestado, senão eu tinha que emprestar para todo mundo e não tem solução, não é? Porque eu perdi muitos livros assim. Um amigo meu, me pediu uns livros sobre a América Latina, e não me devolveu até hoje. Ele usou para fazer um trabalho para *O Estado de S. Paulo*, fez e não me devolveu. Hoje eu parei também de importar livros, porque além de estar muito caro, estou aposentado e o dinheiro não dá mais, compro um ou outro esporadicamente na Livraria Francesa, na Livraria Italiana não tenho comprado.

Eu acho que a biblioteca é importante pois quando faço uma peça estrangeira, não preciso sair de casa para pesquisar, porque eu tenho mais livro de teatro do que qualquer biblioteca tem, então estudo em casa, essa é uma vantagem de ter uma biblioteca, você não precisa se locomover de casa para fazer um trabalho. O artigo que fiz para o *Estado de S. Paulo* sobre *A Barraca* do García Lorca foi feito sem sair de casa e é um trabalho razoável. Não é porque a biblioteca é importante e com muitos livros, que eu vá emprestá-los, mas acho que é interessante para quando você tem que fazer um trabalho. O problema é quando o usuário da sua biblioteca transforma-se em usurário e não devolve ou danifica os livros emprestados. A forma de divisão da minha biblioteca é muito particular, só eu sei lidar com ela. Ela está dividida por assunto e só eu sei onde o livro procurado se encontra. Ultimamente, nem eu sei, mas tem que procurar, está dentro do assunto.

Eu soube um dia que o Procópio Ferreira tinha vendido a biblioteca dele para o Folco Marzutti, que tinha uma livraria de livros italianos e era meio sebo também, era na Xavier de Toledo, antes não, era noutro lugar, pois fui lá e arrematei um monte de livros da biblioteca dele, foi uma boa parte da biblioteca. Tempos antes eu li no jornal, que a Livraria Santana, no Rio de janeiro, que era um sebo famosíssimo que comprava bibliotecas inteiras, comprou a biblioteca do Álvaro Moreira, tenho uns livros com ex-líbris do Álvaro Moreira, o que pude comprar comprei, só não comprei mais porque não tinha dinheiro. Fui à livraria perto do Teatro Recreio, na Praça Tiradentes do Rio, onde editavam peças de teatros, Talma Gráfica. Eu ia para o Rio de Janeiro e ia aos sebos, às livrarias. Aqui eu dominava os sebos. Agora não, porque eu não saio. Tinha a Tupi que era na Rua Riachuelo, foi lá que eu comprei o livro do Giraudet, sobre Mímica, Fisionomia e Gesto que tem quinhentos exemplares no mundo todo, e que o Procópio ficou "puto da vida" porque ele passou por lá depois que tinham me vendido o livro. O Procópio também era rato de livraria. Até o Hilton Viana, por maldade, publicou uma notinha que eu comprei um monte de livros lá e que o Décio tinha comprado um só! Eu freqüentava todas as livrarias de São Paulo, os sebos. Eles me telefonavam cada vez que chegava livro de teatro. A Livraria Italiana, a Francesa, a Parthenon, eu recebia catálogo de livraria-antiquário, aí eu fazia uma relação... esses livros antigos que eu tenho comprei tudo lá, mas os primeiros foram comprados na Livraria Triângulo, na Rua do Tesouro, ela não tinha livro antigo, o gerente era o Ernesto que hoje está na Dragone, que era a antiga Pioneira.

Quando fui para a Europa com a Nize, fomos a um sebo que tinha tanto livro de teatro... eu trouxe um monte, misturei tudo na mala de roupa suja! O cara da alfândega nem quis olhar. Mas não deu para trazer tudo que eu queria, era muito pesado. Na França tem a Livraria Teatral e tem a Garnier Arnou. A Livraria Teatral é uma livraria que só tem livro de teatro (é claro!) e tem livros antigos, é tanto livro, que a gente fica enlouquecido. Lá tem um quadro de avisos, que as companhias e os atores usam, para convocar atores para montagens, ou atores oferecendo-se para trabalhar.

Agora meu contato com as livrarias é pela Internet, mas o livro estrangeiro está muito caro. O imposto que o Governo cobra é muito caro. Livro está em "supérfluos", é o mesmo imposto do uísque. É a turma do primário malfeito, como diz o Zé Simão. País de idiota, eles não lêem! É pena porque você não fica atualizado. E parece que as livrarias não estão encomendando, só mandam buscar no exterior a pedido. A Cultura importa, mas você tem que saber o nome do livro, autor, editor. A Livraria Teatral, não manda livro através de outra livraria, a Garnier mandava.

Falando dos sebos eu me lembrei de um cara que não ligava para sebo, que era o Luiz Giovanini, que era crítico de cinema, teatro, televisão, escrevia para um jornal, ele comprava tanto livro mas tanto livro, de teatro, de cinema, de televisão, de literatura... eu não sei onde foram parar os livros dele, acho que ele vendeu a preço de banana. Às vezes eu fazia pedido de livro, chegava um, que era meu pedido, ele queria o livro, e falava para o Chico da Livraria Italiana, pede outro livro para mim, que eu fico com o do Osmar e quando chegar o meu você dá para ele. Ele era muito gozado. Ele tinha tanto livro, que eu não sei onde a mulher dele punha. Como eu não ando mais por aí, o jeito é a Internet, só que a Internet é muito complicada e não se encontram os novos livros editados. Quando eu ia às livrarias era uma loucura, ia sempre na hora do almoço, eu saía do Sesi, que era na cidade e andava pelas livrarias, Italiana, Francesa, Teixeira, Brasiliense. Mas o pessoal de teatro não liga muito para livros, o que é uma pena.

Capítulo 4
TEATRO POPULAR, PARA QUÊ?

NESSA ÉPOCA EU TINHA DEIXADO DE FAZER TV E COMO no Sesi ia haver um concurso para trabalhar como ensaiador de peças, na época chamava-se assim, prestei esse concurso e passei em primeiro lugar. O Nicanor Miranda, que fazia parte da banca, era o chefe do Serviço de Teatro do Sesi.

Bem, a história do Sesi é muito longa, para mim era muito esquisito trabalhar no Sesi, as minhas idéias políticas e sociais não batiam com a mentalidade dessa entidade, principalmente depois da eleição do Roberto Simonsen e Cândido Portinari! Porém, para sobreviver temos de fazer concessões, então optei por aceitar a função de ensaiador, porque estaria lidando com teatro que era minha meta, fui para Santo André ensaiar um grupo do "clube" da Fábrica Rhodia. O mais interessante é que encontrei nesse grupo um pessoal esforçadíssimo. O Chiarelli que era chefe da *troupe* era muito dedicado e um bom cômico. Ensaiei com eles o *Maluco n.º 4* de Armando Gonzaga que foi um sucesso estrondoso. O Armando Gonzaga é um autor que faz sucesso, claro que não para a elite intelectual. As peças dele funcionam para o grande público popular. Os cenários eram alugados na Casa Teatral, quase tudo que usávamos era alugado. Eu morava no Cambuci e pegava um ônibus que passava na Avenida Independência, era uma viagem longa até chegar em Santo André. O ensaio era às 20 horas e eu tinha de tomar o ônibus às 18h30, durante o percurso aproveitava para ler.

Fazer um teatro popular voltado para a grande massa era uma velha idéia que começou a se solidificar na Rhodia. A cada nova peça a casa enchia que era uma loucura! O público se divertia tanto que queria ver de novo a peça e vinham várias vezes.

Comecei a perceber que peça brasileira faz grande sucesso, sucesso que se repetiu mais tarde no Teatro Popular do Sesi, quando montei *Manhãs de Sol* de Oduvaldo Vianna. Havia assistido a essa peça, ainda rapazinho, em Campinas com a Cia. de Emílio Russo e Norma de Andrade, o espetáculo fascinou-me ficando na minha lembrança. E o Paulo Mendonça, que assistiu à minha montagem no TPS, em sua crítica chegou a comentar que essa escolha devia ter sido motivada por alguma fixação de infância. Algum tempo depois tive a oportunidade de lhe dizer que tinha acertado em cheio, isso foi quando estivemos juntos na diretoria da APCT, que depois virou APCA, ele como presidente e eu como secretário. O Paulo Mendonça foi um crítico que amava o teatro acima de tudo, suas críticas eram muito bem-feitas, foi um crítico muito importante.

Quando deixei a Rhodia, fiquei esperando uma oportunidade para pôr em prática minhas idéias. Nesse meio tempo Raphael Franceschi, que era meu amigo e vizinho de bairro, morava na Rua Lavapés, tinha um grupo que se chamava "Amadores Bandeirantes". Quando tinha uma folga ia até lá. A casa dele tinha uma sala grande onde ele ensaiava e onde ensaiei com ele algumas peças como: *Noite de Reis* de Artur Azevedo, *Cautela com as Mulheres, Almas d'Outro Mundo*, comedinhas rápidas que eram montadas em benefício do hospital São Camilo e levadas no Caetano de Campos ou no teatro da Igreja Nossa Senhora do Carmo que fica na Rua Martiniano de Carvalho e que tinha uma belíssima sala. Quando eu estava procurando um teatro para instalar o Teatro do Sesi fui lá ver se os padres alugavam, mas eles não quiseram.

De 1956 a 1961, época do Presidente Juscelino Kubitschek, havia liberdade. Eu vivi grande parte da minha juventude, sob a ditadura do Getúlio Vargas que chegou ao poder em 1930 e foi até 1945, conseguindo voltar então eleito pelo povo em 1950 ficando por mais quatro anos até que acabou se matando. No tempo do Centro Acadêmico era o Estado Novo em cima da gente. Participei de vários comícios no Largo São Francisco, minha escola era lá, a polícia política chegava batendo e prendendo os estudantes, eu vi o Hélio Mota que era presidente do XI de Agosto, sendo preso e levado num camburão. Era terrível, o Getúlio prendia todo mundo, torturava, chegou a trazer aparelhos e técnicos da Alemanha para ensinar a nossa polícia suas técnicas de tortura. Para conhecer melhor o que foi essa época é ler *Memórias do Cárcere* de Graciliano Ramos, lá ele conta tudo. O Getúlio foi o Artur Bernardes segundo, ele isolava os prisioneiros políticos na ilha Anchieta e lá eles eram barbaramente torturados. Quem viveu naquela época, pode fazer uma analogia com a ditadura de 64. No tempo do Getúlio não havia teatro político.

A idéia de fazer um teatro popular não saía da minha cabeça, então propus que o Sesi formasse um grupo e com alguns amadores formei o **TES** — **Teatro Experimental do Sesi**. Por razões óbvias omiti a palavra "popular".

Um dia o superintendente do Sesi na época, levado não sei por quais intrigas e interesses, resolveu acabar com os teatros, os grupos dramáticos, tudo que era atividade teatral. Dizia que teatro era coisa de "viado e puta" e tudo foi para o espaço. Só que a diretoria do Sesi mudou, entrando o Raphael Noschese como presidente da Fiesp, José Ermírio de Moraes, Mário Amato e outros. Eu continuava batalhando para conseguir realizar o meu plano, um dia falei dele ao então superintendente que era o Paulo Correia, pediu-me que pusesse por escrito a idéia. Foi o que fiz e ele aprovou. Não esqueço do que disse: "Eu li e gostei", autorizando-me a procurar um teatro para alugar. Saí por São Paulo procurando, qualquer referência que me davam, lá ia eu.

Para conseguir que esse plano fosse reconhecido e aceito levou muito tempo, precisamente nove anos. Em 1962, finalmente nascia o TPS que unia minhas idéias de teatro popular às de Jean Vilar e Romain Rolland. Em 1963, estreávamos a primeira peça.

O teatro popular não é um movimento estético é um movimento social, assim foi principalmente na França e na União Soviética onde qualquer teatro era popular porque era feito para o povo. Os países socialistas sempre deram força ao teatro popular. E eu ia aos poucos buscando o caminho para chegar ao nosso povo. No Brasil algumas tentativas foram feitas: o Teatro da Natureza de Gomes Cardim e Itália Fausta fazia espetáculos ao ar livre, no Campo de Santana na década de 20. Realmente o espetáculo popular no Brasil foi a "Revista" porque lotava e como diz Plínio Marcos: "Teatro popular é aquele que tem público, pessoas assistindo, cadeira vazia não é teatro popular". Outras tentativas não deram certo, porque cobravam ingressos e não se davam em lugares adequados.

O TPS conseguiu por trinta anos fazer um teatro popular oferecendo teatro de qualidade, ajudando na formação de público oriundo das camadas mais pobres da população, lotando nossos espetáculos, que tinham também a função de educar essa massa.

Todas as peças escolhidas, sejam de autores nacionais ou estrangeiros, eram escolhidas para chegar ao grande público e o que chega sem problemas é o texto nacional, pois raras foram as vezes que o texto estrangeiro foi sucesso, com exceção, é claro, dos textos clássicos.

Romain Rolland aponta vários pontos para um teatro popular. Ele era um teórico do teatro, escrevia peças, era socialista, sua intenção era chegar ao público, ao grande público. Com o teatro político acho que não conseguiu. Ele escreveu peças políticas, escreveu sobre a Revolução Francesa, se foram ou não sucesso, não há críticas da época para atestar. Ele conseguiu, ao menos teoricamente, dar uma idéia do que deve ser um teatro popular. Ele fala por exemplo em local adequado. A Itália Fausta fez o Teatro da Natureza no Campo de Santana, o público tinha de levar assento ou ficar em pé, teatro popular não pode ser isso. O local é importante, o público tem de sentir que está num ambiente cômodo, vendo e ouvindo bem. É um luxo querer essas coisas? Não.

O teatro popular precisa de patrocínio a exemplo do que fez o Sesi, precisa de vontade política, bom senso na escolha do repertório, não se pode montar qualquer peça é preciso conhecer o público para quem esse teatro vai se dirigir. Experiências estéticas e outras "coisas" não fazem parte do teatro popular. Eu sempre defendi isso e sempre fui atacado, cobravam de mim um teatro político! Política no Sesi, não é política estética, ou social, é política econômica. Jean Vilar no TNP, na época de François Mauriac, tentou e acabou tendo de deixar o TNP. A direita na França era muito forte, como é forte em todo o mundo.

No tempo de estudante, eu não era politizado, não tinha idéia do que era socialismo, marxismo, etc. Depois de participar de campanhas, de assistir à perseguição que se fez ao Partido Comunista, da crueldade que fizeram com o Prestes, fui me politizando. No Centro Acadêmico eu poderia ter feito um teatro político, só que até entrar para a faculdade não me interessava por política. Era tempo de guerra, direita, esquerda, centro, capitalismo, ninguém sabia aonde íamos dar.

Mas voltando ao teatro popular, o que pensamos é o que menos importa, temos de pensar no povo ao qual ele se destina. Eu ficava na platéia procurando ver o espetáculo como se eu fosse um espectador comum. Nos ensaios vejo como diretor mas sem esquecer o público.

O teatro político no Brasil surgiu com Joracy Camargo, *Maria Cachucha, Deus Lhe Pague,* ele era um homem de esquerda e fazia um teatro de esquerda. O Getúlio não proibia o teatro nem a "Revista" de se manifestar. Ele até permitia que se fizessem críticas favoráveis a ele, aí ele não se incomodava. Deixava que sua imagem fosse explorada, com sua barriga e charuto, na revista *Careta* ele era o ator central, pois a charge o popularizava, como ele era muito inteligente permitia.

Getúlio foi popularíssimo, ele dava a sensação de liberdade, foi chamado de "o pai dos pobres", criou a legislação trabalhista, o salário mínimo, tudo baseado no *fascio* italiano, fez a Siderúrgica Nacional, que foi uma das grandes coisas do governo dele, que agora não é mais do governo. O povo desconhecia suas atrocidades. Se hoje há corrupção, no tempo dele ela era institucionalizada, aliás a corrupção é um privilégio dos governos brasileiros. O Osvaldo Aranha que foi homem de confiança dele, fez no palácio da fazenda, um banheiro em ônix. Eles tomavam banho na piscina do Osvaldo Aranha no caminho de Petrópolis, na base do champanhe, era uma corrupção danada. Getúlio caiu porque a guerra o tirou, a guerra acabou e os americanos devem tê-lo obrigado a fazer eleições. Ele elegeu o ministro da guerra dele, que era o Dutra. Nesse período ditatorial não havia o teatro político, as companhias antigas faziam peças comuns, peças brasileiras, estrangeiras, a Dulcina mesmo, Procópio Ferreira tinha uma certa preocupação, tanto que ele montava as peças do Joracy Camargo. O Procópio Ferreira foi comunista, ele foi comunista como o Chaplin, não era comunista de sair na rua. Não havia autores políticos nessa época, porque não se podia escrever sobre isso, era proibido, como na ditadura de 64. Tudo tinha segundas intenções, tudo era camuflado. O Getúlio não proibiu *Deus Lhe Pague* porque não falava dele, falava em comunismo, mas não falava mal do governo. Depois que acabou a ditadura do Getúlio Vargas é que começou a aparecer um ou outro autor mais polêmico. Logo depois parou, porque veio uma nova ditadura.

Grupos dramáticos

ENTREI NO SESI EM 1951, PARA ENSAIAR GRUPOS DRAmáticos, o Sesi tinha uma estrutura de teatro completamente arcaica. Havia um grupo dramático na Rua Visconde de Parnaíba, que era o Clube do Trabalhador, lá o Nicanor Miranda ensaiava os grupos dramáticos e o Sesi resolveu contratar mais ensaiadores para desenvolver o teatro nas indústrias. Foi por isso que eu fui para a Rhodia, mas, com o decorrer do tempo, esses grupos dramáticos não eram nem de operários, nem de estudantes, era de gente que queria fazer teatro. Acho até que era interessante, mas quem assistia aos espetáculos eram amigos, família, pessoal do clube que patrocinava o teatro. Tinham trinta e tantos grupos dramáticos, era uma coisa de louco!, cada ensaiador tinha dois, três grupos e cada ensaiador... um era pior que o outro! Aquilo me deixava meio confuso, meio atrapalhado, porque eu achava que o Sesi tinha obrigação de fazer um teatro melhor, porque os grupos eram de atores fracos, que não tinham condições de fazer teatro, então os espetáculos eram falhos, os cenários eram alugados na Casa Teatral, os móveis, tudo... foi como eu fiz na Rhodia!

Houve um Seminário da Divisão de Educação do Sesi, fiz então um trabalho sobre a educação do trabalhador para o teatro, na verdade esse trabalho era um plano para fazer teatro para trabalhadores, que não era uma coisa do outro mundo, mas não deu certo, todo mundo gostou, achou muito interessante, mas eles não gostavam de teatro, eles gostavam *de dizer* que faziam teatro. Na verdade o pessoal do Sesi não queria fazer teatro, porque se eles quisessem fazer teatro, o dinheiro que se gastava com os grupos dramáticos dava para fazer, e eu só precisava provar isso. Que eles não gostavam de teatro, eu não precisava provar, isso era sabido. O teatro para eles era um estorvo, não dava cartaz e o Sesi queria cartaz, como até hoje, tudo o que faz é em busca de prêmios. Depois que eu saí, não ganhou nenhum prêmio, eu acho. Quando eu estava lá, ainda ganhamos alguns prêmios. Fora isso, tinha uma reação muito forte contra o Sesi. A imprensa toda, liberal, de esquerda, a imprensa toda não, o pessoal que escreve sobre teatro. Tem uns que não eram, o Carvalhaes, por exemplo, era de direita, os outros eram simpatizantes da esquerda, eles tinham uma verdadeira ojeriza pelo Sesi, falava em Sesi... Uma vez eu convidei o Carlos Zara para fazer *O Cid* de Corneille, pensando em formar um grupo de teatro, isso foi até no Giggeto, o Carlos Zara, disse: — "Se você tirar o nome Sesi, eu faço". — "Tirar como? O Sesi é que vai patrocinar", eu disse. — "Então não faço", ele respondeu. Era uma coisa muito desgastante, terrível.

Peguei aquele plano que eu tinha feito, "A Educação Para o Teatro", desenvolvi, acrescentei mais coisas, justifiquei uma série de coisas e fiquei com ele na gaveta, de vez em quando eu mandava. Não vou dizer o nome das pessoas que estavam no Sesi nessa época, porque acho que muitos estão vivos ainda e eu não estou a fim de ter problemas. Eles todos eram a favor, mas um dos presidentes, que era o Antônio Devizate, que já estava há muitos anos na presidência do Sesi, da Federação, não ligava para teatro, ligava sei lá para quê. E quando chegou uma certa época conversei com o diretor da Divisão e combinamos o seguinte: eu vou reunir os grupos dramáticos, os alunos do curso, estava dando um curso de introdução ao teatro, vou montar uma peça que tenha muita gente, e ele acrescentou: — "E a verba que se dá aos grupos dramáticos serão canceladas por uns tempos, não se fazendo espetáculo com eles", porque eles gastavam muito dinheiro, alugando roupa, alugando cenário, condução.

Teatro experimental

Notícia — *Folha da Tarde* — 20/1/1959

Como resultado do Curso de Introdução ao Teatro, promovido pelo SESI em 1958 e que esteve a cargo de Ruggero Jacobbi, Sábato Magaldi, Emílio Fontana e Osmar Rodrigues Cruz, foi criado o Teatro Experimental do Sesi no Serviço de Teatro da entidade. Esse Teatro Experimental visa formação de um grupo teatral de elementos selecionados e devidamente preparados, que realizará espetáculos em temporadas regulares em todos os teatros da municipalidade, com ingressos gratuitos aos industriários. A estréia do conjunto dar-se-á no I Festival do Teatro Amador do Estado de São Paulo, no próximo dia 30 de janeiro, no Teatro João Caetano, com as peças: *Viagem Feliz* de Thornton Wilder e o *Homem de Flor na Boca* de L. Pirandello. Posteriormente haverá uma pequena temporada para os industriários. O novo conjunto terá finalidades distintas dos grupos mantidos pelo Serviço de Teatro do Sesi, que é a realização de espetáculos nos Clubes e Indústrias. Sua principal finalidade será levar ao teatro, esse mesmo público para assistir a espetáculos artísticos e educativos, de nível mais elevado. O novo conjunto terá como diretor artístico o Sr. Osmar Rodrigues Cruz.

QUANDO HOUVE O I FESTIVAL DE TEATRO AMADOR NO Teatro João Caetano, em 1958, nós fizemos ainda dentro dos Grupos Dramáticos, os espetáculos *Amar e Curar-se* do Thornton Wilder, *O Homem de Flor na Boca* de Pirandello, num espetáculo só. Foi o embrião do TPS, montamos o espetáculo e saiu "bonitinho", o Eduardo Curado dirigiu *Amar e Curar-se* e eu dirigi *O Homem de Flor na Boca*. Foi um espetáculo que agradou muito, *Amar e Curar-se* é uma peça muito bonita. É a história de uma velha atriz que orienta uma menina que está estudando balé, a peça gira mais ou menos sobre isso. *O Homem de Flor na Boca* é mais conhecida. Estou falando dessas peças, porque depois é que nós resolvemos fazer o

Teatro Experimental de um conjunto dos grupos dramáticos e montar uma peça que foi *A Torre em Concurso* que era com ingressos gratuitos. Mas não era isso que fazia o sucesso do TPS, o sucesso do TPS é porque as peças agradavam. Como não era um repertório didático, era *A Torre em Concurso*, fez sucesso, só que o pessoal dirigente do Sesi não assistiu. Mas foi tanto entusiasmo pela *A Torre em Concurso* que eu consegui do diretor da Divisão, que tirasse do Devizate uma verba, para montar uma outra peça que foi *O Fazedor de Chuva* de Richard Nash. Eu tinha visto o filme, tinha adorado, apesar de não gostar da Katharine Hepburn. Mas fui atrás do Teatro Municipal, nesse tempo o prefeito era o Ademar de Barros, não era difícil conseguir o Teatro Municipal. Bastava, como tudo hoje, não tanto dinheiro quanto custa um voto na Câmara, mas uma verbinha para ajudar a empurrar a data... enfim, consegui o Teatro Municipal, mas o Chico Giaccheri, ou melhor, Francisco Giaccheri, trabalhava na peça e fez o cenário lá no Municipal. Nós montamos com 400.000,00 (quatrocentos mil cruzeiros) na época, não sei quanto valem hoje. Foi um sucesso tremendo. Sucesso de crítica, sucesso de tudo. Tinha fila no Municipal, os ingressos não davam. O sucesso foi tão grande, que nós repetimos a temporada, fizemos por mais quinze dias, e depois mais quinze dias. Então montei *A Pequena da Província* de Clifford Odets. Depois a *Beata Maria do Egito* de Rachel de Queiroz. Os Grupos Dramáticos estavam parados, porque o Sesi estava decidido a parar com o teatro. Eu consegui do Nagib Elchmer o Teatro Leopoldo Fróis para fazer uma retrospectiva: o *Fazedor de Chuva*, a *Beata* e a *Pequena da Província* aproveitando o giratório que havia lá. Consegui, mas os grupos dramáticos ainda alguns funcionavam, por exemplo, os que funcionavam nas empresas, esses ficaram ainda com os ensaiadores, mas aqueles que não eram das empresas, nós terminamos, agora distribuíamos convites nas empresas, a "filipeta". Mas a temporada no Leopoldo Fróis foi muito boa. Lotava toda a noite. Foi enfim uma temporada. Nessa ocasião, por volta de setembro de 1961, a Comissão Estadual de Teatro em reunião registra em ata a importância do Sesi continuar oferecendo espetáculos de nível, gratuitamente, visando a popularização do teatro, sugerindo nessa mesma ocasião que o Sesi proporcionasse ao T.E.S. uma casa de espetáculos fixa para poder trabalhar e atender o enorme público que já acorria para assistir aos espetáculos. Essa sugestão foi encaminhada por Alfredo Mesquita, presidente em exercício da Comissão, ao então diretor-superintendente do Sesi que era Mário F. di Piero, só que o Sesi decidiu acabar com o teatro. Não queria mais teatro. Eles não gostam de teatro! Eles estão sempre falando que vai acabar o teatro, sempre... até hoje. Então eles iam acabar com os grupos dramáticos, iam mandar todo mundo embora. O diretor da Divisão de Contabilidade que era meu amigo, fez a mesma escola que eu, falou para mim: — "Olha, Osmar, eu vou te dar um aviso, estou com todas as folhas de demissão do seu pessoal na mão, você fica preparado porque o superintendente quer acabar com o teatro". E aí fizemos a última peça do TES no Leopoldo Fróis, que foi *A Beata Maria do Egito* no ano de 1961. Queriam mandar a gente embora.

Fiquei nove anos com o "plano" em baixo do braço. Um pouco antes dessa crise, já havia provado que o teatro dava certo. No último espetáculo do *Fazedor de Chuva* no Teatro Municipal a fila para entrar na sala dava volta no quarteirão, quando o Prefeito Ademar de Barros chegou mandou que as portas fossem abertas e o público adentrou o teatro, o que foi muito bonito. Pois é, o prefeito foi assistir, o governador, o secretário da Cultura foram assistir e nenhum diretor do Sesi foi. Meu pai, que era amigo do Gaspar Gasparian, eu conhecia a filha e o filho dele, o Fernando das temporadas que a gente fazia em Santos, foi comigo lá conversar sobre o fato de acabarem com o teatro, ele disse: — "Osmar, agüenta um pouquinho mais que vem eleição e essa turma do Devizate vai cair fora". Meu pai e eu saímos mais aliviados e ficamos esperando. O Raphael Noschese foi quem ganhou e como superintendente ele colocou o Paulo Correia, no Conselho o José Ermírio de Moraes, Mário Amato, que eram pessoas que gostavam de teatro. O Devizate, por outro lado, nem tinha superintendente, mais tarde ele pôs um, que era fabricante de macarrão. E lá fui eu falar do plano com o Paulo Correia. Ele me pediu que pusesse por escrito, foi o que fiz e entreguei a ele. Um dia ele me chamou e falou: — "Não vou fazer como o outro — não li e não gostei — eu li e gostei e além de tudo você tem sorte, porque tem dois conselheiros que gostam de teatro e o plano foi aprovado. Pode procurar teatro".

Teatro Popular do Sesi — TPS

Era o nascimento do Teatro Popular do Sesi. Levei alguns meses até conseguir o Teatro Maria Della Costa (TMDC). Eu já havia percorrido todos os teatros; os que tinham sido teatros e estavam fechados, tudo, tudo, não conseguia um para alugar. O TMDC foi alugado, graças ao Sandro Polônio, que eu já conhecia desde os tempos dos Comediantes. Aproveito aqui para contar uma coisa que foi muito engraçada. Nós, nos tempos de estudante, fomos fazer comparsaria na peça *Rainha Morta*, no final da peça o D. Pedro, que era interpretado pelo Sandro, subia correndo do proscênio da orquestra para o palco gritando "Inês, Inês, Inês"... Ele usava um bigode postiço e a Inês, que era a Maria Della Costa usava um véu e estava morta. Os dois na época estavam namorando, ele lasca um beijo na Maria, a música de fundo era do Sibelius, uma beleza, pois a música acabou, o Jardel Filho esparramado no chão e ouvimos o Sandro dizendo que tinha perdido o bigode no véu. D. Pedro estava sem o bigode! E saiu com o véu da Maria cobrindo a boca. A gente ria, alguém gritou para fechar o pano. Foi a salvação, o pano fechou, não sei se a platéia percebeu. Saiu uma briga! O Ziembinski, que fazia o rei, ficou que nem bobo olhando, se não fosse o Miroel Silveira segurar o Ziembinski, acho que o Sandro ia apanhar muito aquele dia. Mas foi muito divertido. A comparsaria era eu, Agostinho Martins Pereira, Geraldo de Barros, Antunes Filho. Todo mundo fazia.

O Sandro ia viajar com uma peça que estava em cartaz para Portugal e disse que alugava o teatro para mim, desde que eu pagasse as despesas do teatro, mais o aluguel. Levei a proposta para o Sesi, o Conselho aprovou, e aluguei o Maria Della Costa. Então comecei a procurar uma peça para estrear, queria uma peça brasileira e ao mesmo tempo de autor bom. Tinha lido há tempos atrás *Cidade Assassinada* de Antônio Callado. Como isso foi em 1962, não teve problema, pois o Callado era comunista. Montamos a peça, tudo correu direitinho. A censura proibiu para dezoito anos, porque o Callado colocou o João Ramalho abraçando muito a filha, então a censura achou que não podia contar essas coisas do João Ramalho. E é verdade isso, ele era amante da filha. A justificativa para proibição foi essa, dele ficar abraçando muito a filha. O *Fazedor de Chuva* que eu havia feito antes, também a censura proibiu, porque os dois dormiam uma noite num barracão e não eram casados, então a censura achou que menor não podia assistir. Aliás o Décio, na crítica dele, fala sobre isso. Ele levou a filha dele e a filha não pôde entrar. Ele teve de voltar. A censura no Brasil foi mais violenta que a Inquisição e a censura dessa época então, que veio do Estado Novo, que não só censurava, mas torturava, o que se repetirá futuramente, conforme for narrando as minhas loucuras no teatro espero remeter-me ao assunto sempre.

Mas o nome "Teatro Popular do Sesi" veio porque eu tinha um amigo de saudosa memória que era o Delmiro Gonçalves, que quando podia metia o pau nas minhas peças, mas quando não metia o pau, elogiava bastante. Ele dirigia nessa época no *Estado de S. Paulo* o "Suplemento Feminino" e fez uma grande reportagem sobre a *Cidade As-*

sassinada, o nome da reportagem era: "Teatro Popular no Maria Della Costa". Pensei, gosto tanto de tudo o que é popular. Vou pôr "Teatro Popular do Sesi". Fiz uma carta para a diretoria do Sesi, eles aprovaram e ficou "Teatro Popular do Sesi". Lá, não é só pôr o nome. Tem de ir para contabilidade, pôr no orçamento, para pôr o item Teatro Popular do Sesi, para ter uma verba. Mas eu lutara nove anos para conseguir isso com o plano embaixo do braço, lutando contra gente que não gostava de teatro. Também, depois que entrou esse pessoal do Raphael Noschese, os conselheiros, não houve mais luta, houve conservação do que havia sido conseguido, mas não houve mais luta, a não ser uma coisa ou outra. O tempo dos Grupos Dramáticos foi muito difícil e o Sesi tinha naquela época, curso de balé, coral, tinha bastante coisa e quando começou o Teatro Popular do Sesi acabou tudo. Mandaram todos embora, iam mandar a gente, mas mandaram esse pessoal que o Devizate havia posto lá dentro. Quando o Teatro Popular do Sesi completou dez anos, fiz um artigo para o programa que se chama UM SONHO QUE VIROU REALIDADE, e foi mesmo, foi um sonho. Ele foi baseado no Teatro Nacional Popular da França e no Piccolo Teatro de Milão, e o Piccolo não tinha tendências a popular. Era um grupo estável, que tinha subvenção. O teatro do Jean Vilar era também subvencionado, mas tinha características de teatro popular com um repertório aberto, ele não tinha preferência por autores, apesar de politicamente ser totalmente de extrema esquerda, ele e o Gérard Philipe, que foi presidente do sindicato dos atores, e era um comunista de verdade. O Teatro Popular do Sesi, é bom que se explique uma coisa, logicamente não ia admitir que o repertório tivesse qualquer coisa que ferisse o regime capitalista, pois quem o patrocina é a indústria. O Jean Vilar saiu do TNP quando ele montou Brecht, foi quando o tiraram de lá, é verdade que o ministro da Cultura era reacionário na época, mas ele caiu fora por causa disso, apesar de na França todo mundo ter liberdade de montar o que quer. Dentro do Sesi não havia censura, mas eu não era idiota, ainda não sou, mas eu não era idiota de montar uma peça que fosse atingir os industriais. Quando fiz a Chiquinha Gonzaga, queria convidar o Luiz Alberto de Abreu para fazer uma peça sobre a Anita Garibaldi e levantei isso. O Paulo Correia e o Noschese já tinham saído do Sesi, era o Mário Amato o superintendente que era um amigo meu, mas não falei da Anita Garibaldi para ele, falei para um conselheiro, ele disse: "não faz não, não faz a Anita Garibaldi não. Nós vamos ter problema e é melhor não montar". Tá bom, eu não montei e montei *Feitiço* do Oduvaldo Vianna. O Mário Amato ficou entusiasmado de montar o *Feitiço* — "é a peça do limão!" E aonde eu ia, diziam: "Ah! Você vai montar a peça do limão!, A peça do limão?" Pô, o pessoal do Sesi lembrava do Oduvaldo Vianna. Aliás um grande autor. Então, no Teatro Popular do Sesi não se podia deixar transparecer, eu acho que muita gente não entendia isso. Valia muito mais a pena eu fazer o Teatro Popular do Sesi, do que fechar o Teatro Popular do Sesi. Acho que isso é importante, porque esse negócio de bancar o herói, num país em que o padeiro é reacionário, o sapateiro é reacionário, a mãe do sapateiro é reacionária, o operário é reacionário... Eu me lembro da revolta dos estudantes em 1968 na França, que fizeram uma greve. Foi um movimento generalizado com apoio dos operários, por maior participação nas decisões políticas, que acabou resultando nas reformas educacionais, foi só o governo aumentar o salário dos operários e lá estavam os estudantes apanhando na rua sozinhos. Então você não pode bancar o herói numa terra que tem por tradição o reacionarismo. É muito difícil muito complicado, e o trabalho está justamente aí, porque acabei fazendo um trabalho muito revolucionário, mais do que se tivesse montado um Brecht, que foi o de formar culturalmente um público.

A minha campanha foi justamente por isso. O TPS tinha uma vantagem, as peças agradavam muito e o público era um público muito diversificado, analfabetos que nunca tinham ido ao teatro, pessoas que pensavam que era cinema e acontece que o teatro apresentado era do agrado desse grande público. O meu plano era criar platéias novas, difundir o teatro no meio operário. Os grupos dramáticos não formavam platéia era uma coisa entre familiares, coisa de clube. O TPS era para um público maior. O ingresso gratuito, aliás eu sou de opinião que tudo, cultura, educação tem de ser de graça, fora isso é bobagem insistir. Num país capitalista como o nosso, com pretensões a capitalista, em que o lucro é sempre o que se visa, não sei como consegui durante tantos anos manter o teatro de graça, porque a tendência era cobrar. Cada vez que trocava a presidência começava a notícia: o teatro precisa cobrar ingresso, precisa cobrar e não cobrou até hoje. Eu saí, mudou diretor, mudou presidente e até hoje não cobraram, porque a hora que cobrar, também não vai mais ninguém, eu tenho certeza disso. A não ser que se faça novamente *Feitiço, Manhãs de Sol*, aí vai, aí vai gente outra vez. Também consegui mudar a idéia, que existe na cultura brasileira, de que o que é de graça não presta, o próprio Sesi também pensava assim. Sofremos uma campanha muito grande com esse negócio de ser de graça, por ser o Sesi uma entidade de direita, a crítica e a imprensa de um modo geral sempre nos deixavam de "escanteio". Da parte das outras companhias, elas achavam que sendo de graça, podia tirar o público do teatro comercial, mas ficou provado que não, ao contrário, formou público para o teatro comercial. Essa foi a idéia do teatro que vingou. Sabe, é difícil quando você planta uma idéia e ela dá certo. Agora, eu tinha tanta certeza que ia dar certo, que foi por isso que eu fiquei batalhando nove anos feito um idiota. Foram mais, trinta, quarenta anos batalhando. Trinta e três no TPS. Até botaram o meu nome na sala "Sala Osmar Rodrigues Cruz". Quanto ao fator que me levou à aposentadoria, acho que não foi uma coisa imediata mas um plano, porque eles achavam que eu não podia continuar sozinho dirigindo as peças. Por várias vezes tentei também contratar outros diretores, mas o Paulo Correia não queria. Ele tinha um diretor que dirigia de graça, porque ele ia pagar outro? Agora, quando o Mário Amato designou o novo diretor regional, amigo, muito simpático! Ele começou a fazer uma campanha para o pessoal se aposentar, aqueles que já tinham tempo de serviço. Esse diretor era o Amorim, que tinha um plano, eu me aposentando ele faria modificações no teatro, que foram feitas realmente quando eu me aposentei. Porque ele falou que não ia mexer no teatro enquanto eu lá estivesse. E eu me aposentei porque esse "senhor" fez uma ordem de serviço propondo um incentivo financeiro para quem o fizesse, mas avisou que havia uma data fixa para o seu cumprimento, quem não aderisse, até a data proposta, não receberia tal incentivo, enfim, um ultimato. Diante das necessidades financeiras pelas quais atravessamos, aceitei com a condição de ser contratado autônomo, como coordenador da Divisão de Difusão Cultural onde permaneci até perto dos setenta anos, quando mais uma vez apareceu um motivo para me mandarem embora, tendo como esteio legal a aposentadoria compulsória. Quando eu saí, colocaram qualquer um lá, suponho que tenha sido o Hugo Barreto que pediu para o Francisco Medeiros executar um plano, que foi aprovado e posto em execução, só que o Francisco Medeiros logo depois foi embora, deixando no lugar a Maria Lúcia Pereira, que também foi embora e pelo menos até este momento, ninguém da área teatral está responsável pelo TPS. Mas voltando ao novo plano, que de novidade trouxe a contratação de diretores de fora, não deixaram que o Medeiros dirigisse, eles queriam diretores de *nome*, porque o que há é o seguinte: o que eles querem é projeção na imprensa, coisa que o teatro não teve nem mais nem menos, depois da reforma, em matéria de divulgação na imprensa até piorou de lá para cá. Eles erraram na avaliação, acharam que com a mudança, haveria um oba-oba, que não aconteceu. O teatro era muito mais divulgado na imprensa na minha época, porque os jornalistas e críticos da época acompanharam a luta que foi a criação do TPS e entendiam as limitações impostas. Eles não percebem que a entidade não goza de simpatia por sua origem. O público que freqüentava o TPS é que divulgava o Sesi, de onde se conclui, que o TPS fez a divulgação do Sesi e não o Sesi divulgou o TPS. O Sesi patrocinou e foi compensado porque passou a ser conhecido através do TPS. As pessoas conheciam o prédio da Paulista, como o Teatro do Sesi. As pessoas chegavam a achar logo no início do Teatro, quando chegavam para assistir ao espetáculo e não podiam entrar por causa da lotação esgotada, que o Sesi era uma pessoa e indignadas elas queriam falar com o Sr. Sesi, para ver se dava para entrar.

O Teatro Popular do Sesi vai levar muito tempo da nossa narrativa. Eu queria deixar claro que aquele plano que eu levava debaixo do braço deu certo. Fizemos outra peça que lotou bastante que foi *Noites Brancas*, mas aí já é outra coisa. O que nós encontramos desde o início foi uma reação muito grande por parte da crítica, da imprensa. Mas mesmo assim, saíam notícias e críticas sobre os nossos espetáculos. Claro, que nem todas foram boas, porque havia pessoas com tendência de esquerda que malhavam, porque achavam que tínhamos de fazer um teatro atuante politicamente. Logo depois que estreou o TPS veio o golpe de 64, nós já estávamos fazendo a segunda peça. Ninguém podia escrever nada esquerdizante. Era uma ditadura, copiada do Getúlio, pois ele deixou raízes, até hoje encontramos pessoas da ditadura Getúlio Vargas, estão velhinhas mas estão aí. A cada época que estoura uma ditadura de direita no Brasil, eles vêm mais aperfeiçoados. Uma coisa que me chamou muita atenção foi um documentário que eu vi na televisão da ditadura do Vargas, eles tinham meios de torturas terríveis, uma delas era bater com o cassetete dos policiais na sola do pé, que deve doer muito, e foi uma coisa que nós vimos em Diadema, não deixa marca, mas deve doer muito, deve doer por vários dias, o cara não pode calçar o sapato, imagine! Isso prova que ficaram resquícios da prática de tortura no Brasil, tanto é que se tortura até hoje. O cara que é pego por roubo, assassinato, para confessar é torturado, eles dizem que não, só que se eles não confessarem, levam "palmadinhas" no pé. Então foi um período difícil. Para nós no Sesi não foi tanto, por causa do nosso repertório. Mas nós levamos Dostoiévski que era russo, a Rússia naquele tempo se chamava União Soviética. Eu já tinha montado a *Cidade Assassinada*, pela montagem dessa peça, já devia ter sido chamado por ter montado Antônio Callado. Se respondesse que era porque ele é um bom escritor, apanhava: se dissesse que ele era uma boa pessoa, apanhava e se dissesse a verdade matavam.

Para atenuar eu montei o Marivaux, mas tinha que escolher a peça com cuidado, porque havia censura que ia assistir ao espetáculo e era uma coisa terrível, terrível, terrível. Quem passou por isso sabe o que é. As mulheres ficavam na platéia, geralmente eram duas, acabou o censor, geralmente eram mulheres, elas assistiam à peça e ao final ou sorriam ou iam embora. O elenco, todo mundo ficava num nervosismo, pior que estréia. Esse espetáculo era dado em sessão especial para as censoras, a censura exigia exclusividade. Era um espetáculo completo, em geral num dia de semana, em horário impróprio, onde éramos submetidos à aprovação das duas censoras. Isso prejudicava o cotidiano dos atores, dos técnicos, havia muito gasto de luz e outros que não estavam programados. A censura não acabou com a dramaturgia brasileira, os dramaturgos como Plínio Marcos, Guarnieri se viravam, escreviam por metáfora, então o teatro se tornou muito ativo, acabou a ditadura, eles pararam de escrever um pouco, acho que cansaram de puxar pela imaginação e não saiu mais tanta coisa.

O que nós tínhamos de problema seriíssimo é que a cada ano tinha que procurar teatro, acabava o contrato o teatro era alugado e como o teatro-sede própria do TPS só foi inaugurado no prédio da Fiesp em 1977, não dava para ficar tranqüilo, alugando ora o Maria Della Costa, ora o Aliança Francesa. Aliás no Aliança Francesa aconteceu uma coisa muito interessante, consegui alugar o teatro por uns meses, o diretor-geral da Aliança chamou-me e ofereceu-me o teatro permanentemente, mas como o diretor do teatro era meu amigo, não aceitei, porque ele ia perder a função lá dentro da Aliança, ficava um negócio meio cafajeste pegar o teatro e ele ter de sair, porque ele ia fazer o que lá, ele era quem dirigia as peças, dirigia o teatro, ele contratava, foi ele quem arrumou para eu ir para lá. O diretor-geral da Aliança não gostou muito, achou muito chato eu não aceitar a oferta, mas ficaria muito ruim eu encarar o Jean-Luc, era o primeiro nome dele, depois como é que ia ficar, tinha de passar por ele e virar a cara, não dá, se dentro da Aliança ele era funcionário. Esse foi um dos episódios interessantes. Da Aliança, eu fui para o Leopoldo Fróis. No Leopoldo Fróis ficamos um mês. Já tinha trabalhado lá no tempo do Nagib Elchmer e o teatro estava do mesmo jeito, todo podre, mais tarde derrubaram o Teatro Leopoldo Fróis, eles diziam que iam fazer uma reforma, pois derrubaram-no para fazer um teatro luxuoso, bonito, só que não tem nada lá na praça! No Leopoldo Fróis ficamos um tempinho, o superintendente do Sesi chegou para mim e disse se eu não queria ir para o Teatro de Arte Israelita Brasileiro (Taib), que era um teatro que estava fechado. O Taib foi um teatro que eu ajudei a construir, dávamos contribuição para o pessoal, que era "gente do peito". Então fui falar com a diretoria, eles aceitaram, pagávamos um bom aluguel, as despesas do teatro, limpeza, era tudo por nossa conta. Fizemos umas filipetas, com o mapa das ruas para chegar lá no Taib. Mas, na estréia no Taib! Eu quebrei o nariz porque as portas de entrada do teatro eram de vidro e tinha tanta gente na estréia, que saí correndo do palco, passei pelo corredor paralelo à platéia, subi as escadas em direção à porta de entrada e quando eu cheguei lá em cima fui para porta principal que estava cheia de gente e não vi que estava fechada. Eu lasquei uma trombada com o nariz no vidro da porta, foi uma loucura o que saiu de sangue. Eu que já sou propenso a pôr sangue pelo nariz! Mas foi uma beleza a estréia no Taib com *Manhãs de Sol*. Nessa peça, trabalhava o ator Manuel Durães, que tinha feito a peça em 1921. Veio para São Paulo o Oduvaldo Vianna que era amigo do Manuel Durães e foi uma beleza a estréia, o elenco era muito bom. No Taib, eles tinham um salão de festas em cima da platéia e quando eles davam festa, era uma barulheira, não podia proibir o pessoal, era um clube com associados e não podiam interromper a festa, era uma luta, mas eles procuraram amenizar o barulho, colocaram borracha nas cadeiras, mas sabe, judeu quando dá festa é festa mesmo. Eles não dão festa como brasileiro, que dá porrada, sai bebedeira, não, eles dão festa para se divertir e era o que eles faziam.

Mas chegou uma época que nós fazíamos paralelamente ao teatro, teatro infantil e a criançada acabou com as cadeiras do Taib. Fazer teatro infantil é quebrar as cadeiras do teatro. Eles queriam que o Sesi renovasse as cadeiras, mas ficava um dinheirão, pois tinham quatrocentas quase quinhentas cadeiras, havia platéia e balcão. O Sesi concordou em renovar, mas nós saímos de lá. O Sandro estava fazendo *Depois da Queda* e ele foi para o Leopoldo Fróis fazer a peça, então me perguntou se eu queria ficar com o teatro, mais que depressa aceitei, saí do Taib e fui para o Maria Della Costa. Fiquei no Taib até *Um Grito de Liberdade*, aí montei uma peça, que foi *Caiu o Ministério*, já no Teatro Maria Della Costa. Fui então falar com o Hugo Schlesinger, para ele me alugar o Teatro Brasileiro de Comédia (TBC), ele também queria que eu ficasse para sempre no TBC. Alugou-me o TBC com o Teatro de Arte, em baixo, o que foi ótimo, porque eu podia fazer espetáculo dos alunos lá. E no TBC também era bom, aliás, onde íamos era uma loucura de público, ia tanta gente, ia gente para o teatro infantil também, que era feito no Teatro de Arte durante o dia e de noite quando havia espetáculo com os alunos. Enfim, era um movimento contínuo no teatro. Tentei fazer um acordo com o Hugo Schlesinger para ficarmos mais tempo com o teatro ou do Sesi comprar o prédio do TBC, mas ele queria muito dinheiro, a dona do prédio queria muito dinheiro. Falou em Sesi, querem muito dinheiro, aí não deu, depois não dava para comprar mais, porque já tinha sido iniciada a construção do prédio da Avenida Paulista, onde estava incluída a construção do teatro. Se bem que o Sesi se tivesse três teatros, os três lotavam.

Começou então a construção do teatro, que levou por volta de oito anos para ser concluída, nunca ficava pronta. No fim o superintendente falou para mim: — "olha, Osmar faz uma coisa, vai lá para o teatro e faz uma peça, senão eles não acabam esse teatro". Tanto que o teatro foi inaugurado e o público para entrar passava por aquele saguão imenso, que tem antes da descida para a platéia entre tapumes, que era a passagem do público; era uma briga danada, porque às vezes os operários ficavam trabalhando até mais tarde. O Taib deu trabalho por causa disso, mas o teatro da Paulista no início deu mais trabalho porque sempre tinha alguém martelando, eu até ficava suando frio, quando alguém começava a martelar de noite, saía todo mundo correndo para descobrir onde era e mandar parar. Era uma loucura, era uma loucura!

Normas e conceitos de Teatro Popular

TEATRO POPULAR NO MUNDO ESTÁ DIVIDIDO EM DOIS LAdos: o Teatro Popular feito para as massas, teatro aberto a todas as correntes e o político, feito como meio de propagação doutrinária.

Outro aspecto é que o Teatro Popular não é um feito que possa valorizar-se exclusivamente do ponto de vista estético. Apesar de que, por um lado, é uma manifestação artística e por outro, é um fenômeno social. A rigor poderia se dizer, que o teatro em si, qualquer que seja sua natureza, se compõe de dois aspectos: o estético e o social. Entretanto, é inegável que a forma bifrontal é particularmente importante e essencial no Teatro Popular, pelo menos no tipo de Teatro Popular que nos interessa. Podemos, então, afirmar que essa qualidade é inerente à arte dramática. Por isso, é necessário e fundamental precisar esses conceitos, para evitar equívocos, colocar-se de acordo sobre o significado da palavra. Quando se diz "Teatro Popular", se faz referência a um fenômeno muito determinado que amadureceu na cultura moderna, que pode circunscrever-se historicamente, estruturando uma forma que é peculiar e que de nenhum modo deve confundir-se com outras formas de espetáculo disseminadas através dos séculos, algumas vigentes em nossos dias e que se classificam como "populares". Num sentido amplo, foram populares: o teatro grego, as representações medievais, a Commedia Dell'Arte, antes de ser adotada nas cortes européias, os saltimbancos, os teatros de feira, o teatro elisabetano, e nos nossos dias, até pouco tempo, a "Revista". Esse Teatro Popular, sem dúvida, satisfez as duas faces que abordamos, a estética e a social, próprias do teatro em geral, e do Popular em especial, com uma eficácia espontânea (especialmente na Grécia, onde, por legislação, os trabalhadores ganhavam um dia de trabalho, para assistir aos festivais dramáticos) uma exigência natural por parte do povo.

Na sociedade moderna, a partir do século XVII, o teatro passou a ser "funcional", para uma certa elite, deixando de ser uma manifestação direta da coletividade, isso em virtude de ser realizado em recintos fechados e pouco acessíveis à população. Cada vez mais as estruturas sociais foram se complicando tornando o problema teatral popular, mais difícil de realizar-se. Pelo menos para aqueles que buscam seus fins utilitários e de especulação, a tarefa é mais árdua, incerta. O difícil nisso tudo é interessar o público, e para isso é necessária uma linguagem teatral apta a falar a toda espécie de espectadores: um repertório, que seja imediato e claro, universal se possível, ou pelo menos aberto. Essa é uma tarefa difícil, numa sociedade como a nossa, onde é raro o interesse e o hábito artístico.

Os problemas que surgem ao se implantar um teatro popular são vários, afora os problemas administrativos e de ordem prática, há, aqueles que se propõem dar a vida aos teatros populares: deve um teatro popular ser realizado "pelo" ou "para" o povo? Em outras palavras: deve ser um teatro de amadores (como foi o medieval) ou profissional? (como foi o elisabetano). Houve durante o século passado manifestações dos dois tipos, entretanto prevaleceu o profissional, portanto, o teatro "para" o povo.

Outro problema: o repertório. Em que medida condescender com o gosto predominante? Muitos acreditam que para realizar um teatro popular, basta abaixar o preço, outros, que bastaria levar os espetáculos a bairros e interior. Acreditamos que tanto uma política como outra devem ser levadas em conta, apesar de, isoladamente, não resolverem o problema.

Um espetáculo tipicamente elitista, de implicações vanguardistas, não se torna popular por se cobrar preços baixos e por ser representado em subúrbios.

Vamos tentar colocar, então, quais as soluções para esse problema:

A massa popular, se vê contrariada ao ter que ir ao teatro que fica distante de sua casa, além de quatro a dez quilômetros. Não sendo o teatro essencial para o seu lazer, e sim um artigo de luxo, ela não vai ao teatro. Assim, temos que interessá-la, para que esse ato se transforme em *necessidade*. Temos que despertar seu interesse, fazendo com que possa freqüentar o teatro sem ônus, criando, assim, o hábito de sair de casa, para assistir teatro. Uma coisa é certa, o povo gosta de teatro, fatores alheios a sua vontade é que impedem de freqüentá-lo.

Temos certeza, que milhares de espectadores de diferentes camadas têm freqüentado o Teatro Popular do Sesi, o problema a nós imposto é o de despertar esse gosto latente que existe na alma popular. Algumas questões podem ser colocadas, como: que as salas de espetáculos têm de ser de fácil acesso, unindo o público, em lugar de separá-lo; baratear o ingresso, ou torná-lo gratuito se for possível, atingindo a todos, sem distinção; promover os espetáculos, não só com propaganda, mas motivando o trabalhador no seu local de trabalho, com convites, cartazes, etc.; sendo o Teatro Popular um teatro aberto a todos, temos que apresentar obras importantes e de qualidade. O Teatro Popular tem que ter sempre o caráter de uma cerimonia ou de uma festa. Não se pense, que seja apenas uma manifestação festiva, não, terá que ser austera e proveitosa. Austera, porque o Teatro Popular deve encarar os temas fundamentais da vida humana, e proveitosa, porque, através do rito teatral, o homem tem possibilidade de encontrar-se mais plenamente e fortalecer o sentimento de humanidade que o agrega aos demais.

Sabemos que o repertório é o grande problema enfrentado pelo Teatro Popular, e é fundamental. Ele tem que calar na alma desse público, tem que falar a ele, tem que ser um repertório eclético. As experiências já realizadas e que deram certo, são as do Teatro Elisabetano, Teatro Nacional Popular (TNP), de Jean Vilar e o Teatro Popular do Sesi. Peças em sua maioria do passado, não quer dizer que se abandonem os problemas do homem de hoje. São clássicos, portanto falam aos homens de todas as épocas.

Também não quer dizer que obras contemporâneas não se adaptem ao Teatro Popular, apenas elas são raras ou, então, estão por demais longe de uma proposta popular.

Entre as teorias de Teatro Popular, que exige um teatro eminentemente político, apenas didático, e uma experiência que leva milhares de pessoas ao teatro, é claro que ficamos com a segunda.

Está provado que o teatro dirigido, de pregação doutrinária, não alcança a grande massa. O didático deve estar mesclado com o prazer, com o divertimento, e aí, poderá interessar. Ao Teatro Popular, não se pode negar as duas experiências. Apesar de algumas críticas, principalmente quanto à palavra "popular", que parece exclusiva de determinados grupos elitistas, presos a experiências estéticas ou vanguardistas, que nunca atingiram o povo.

Teatro Popular tem que ser universal, e não exclusivo de uma classe, mas de todas as classes sociais. Ao Teatro Popular não compete reformar a sociedade, quando muito pode participar desta reforma. A reforma deve ser feita por políticos, sociólogos, etc. O Teatro Popular deve aceitar o público popular, tal qual ele é. E no público popular há de tudo, até pessoas que não pertencem ao povo. Ao Teatro Popular não interessa a classe social em números porcentuais, o que interessa é medir o número de pessoas que nunca tinham ido ao teatro. Não basta escrever algo destinado ao povo, para interessá-lo. Temos que procurar, com dignidade, falar das suas aspirações, seu prazer, enfim da sua vida, só então, chegaremos, talvez, a interessá-lo. O público popular é tão espontâneo, que não aceita mistificações. Ele acredita, quando compreende e sente. É puro, mas não ingênuo e, acima de tudo, maravilhoso.

Terminando essas conceituações, podemos afirmar que o Teatro Popular deve educar divertindo, como classificou Brecht.

Vamos concluir, acrescentando um trecho do livro *Le Théâtre du Peuple*, de Romain Rolland, escrito em 1903 e que se enquadra perfeitamente, guardadas as proporções de época, ao teatro Popular do Sesi. Teórico, Rolland influenciou Jean Vilar, o criador do T.N.P. na França, que indiretamente chegou até nós.

Vamos às sábias palavras de Rolland: *A primeira condição de um teatro popular é a de ser lazer, relaxante.* Que por princípio faça bem, e sirva de repouso físico e mental para o trabalhador cansado por sua jornada. Este é um trabalho para os arquitetos do teatro do futuro, os quais deverão cuidar a fim de que os lugares baratos não tenham más acomodações. Também no que toca aos autores, devem cuidar que suas obras irradiem alegria e não tristeza ou tédio.

O teatro deve ser uma fonte de energia, é a segunda lei. A obrigação de evitar o que esmaga e deprime pode ser negativa; é necessária a contrapartida para restabelecer o equilíbrio sustentar e exaltar a alma. Que o teatro, divertindo o povo, o deixe mais apto para exercer suas funções no dia seguinte. Pessoas simples e puras, não terão por outro lado, alegria completa, sem ação. Que o teatro seja um banho de ação. Que o povo encontre no seu autor um bom companheiro de jornada, atento, jovial, se necessário, heróico, que possa apoiar-se em seu braço, e cujo bom humor lhe faça esquecer o peso de sua trajetória.

O teatro deve ser uma luz para a inteligência. Deve contribuir para iluminar a escuridão do cérebro, cheio de dúvidas. A propósito, chamamos a atenção contra a tendência dos artistas em acreditar que todas as suas idéias são boas para o público: não se trata de distanciá-lo para não pensar. O pensamento do trabalhador se acha freqüentemente em repouso, enquanto seu corpo trabalha: é útil que se exercite; e aos poucos que se provoque o desejo e prove dele, o resultado será um prazer, como o é, para o homem forte, o exercício que relaxa os seus músculos entorpecidos, por uma prolongada imobilidade. Que se lhe ensine a ver e julgar por si mesmo, as coisas e os homens.

A alegria, a força e a inteligência: eis as três condições capitais para um teatro popular. Quanto às intenções morais que se queira juntar, às lições de bondade, e de solidariedade social, não se preocupem. Só o fato de um teatro permanente, de elevadas emoções comuns e repetidas por um tempo, cria um laço fraternal entre os espectadores...

A grande tarefa reside em fazer entrar mais ar, mais claridade, mais ordem no caos das almas. Já é o bastante colocá-lo em estado de pensar e trabalhar. Não pensemos e nem trabalhemos por eles. O Teatro Popular deve evitar dois excessos opostos que lhe são inerentes: a pedagogia moral, e o diletantismo indiferente que a todo o custo quer impor-se e divertir o povo...

Crie um teatro que transborde alegria e estado de graça. "Alegria, recurso poderoso da natureza eterna: a alegria que move as engrenagens do relógio dos mundos... a alegria que faz girar as esferas nos espaços... a alegria que faz nascer as flores das sementes e os sóis do firmamento". (ORC)

Capítulo 5
UM SONHO QUE VIROU REALIDADE

A Torre em Concurso

AINDA UTILIZÁVAMOS CENÁRIO ALUGADO, SÓ QUE DESSA vez não era da Casa Teatral, era do Teatro Municipal, o Giaccheri foi quem montou, a peça se passa numa praça e trata de um assunto muito interessante que é a eleição. Podemos ver que, desde o Império, o Brasil se preocupava com o "negócio" da eleição. Joaquim Manuel de Macedo que foi um romancista ilustre, como se costuma dizer, era muito crítico, por isso mostra o roubo de urnas, a 'sacanagem" que existe numa eleição. Na peça tem dois partidos, o vermelho e o amarelo, então o eleitorado todo vem votar. Chega uma determinada hora, que um deles rouba a urna e foge, os dois engenheiros ingleses que estão no Brasil são dois picaretas, eles resolvem descobrir onde foi parar a urna. A igreja, quando é feita a eleição, é um prédio inacabado, então os engenheiros apresentam um projeto para a igreja ser erguida. Tem um romance entre o rapaz e a moça, o rapaz é engenheiro formado no Rio de Janeiro e ele é contra esses dois vigaristas ingleses, então eles fazem uma eleição para ver quem ganha dos dois, para levantar a torre. Um dos ingleses vence, mas como eles estão mancomunados, os dois vencem. Mas é muito interessante a trama, porque o rapaz briga, ele quer construir, porque ele é o engenheiro nacional. Então o Joaquim Manuel de Macedo faz uma defesa do homem brasileiro, porque na época do Macedo não era o americano que dominava o Brasil, era o inglês, tudo era inglês, a Inglaterra é que mandava aqui. Aliás o França Júnior tem também peças sobre ingleses, *Caiu o Ministério* e *Tipos da Atualidade*. Macedo fazia muito essa crítica do inglês querendo dominar as coisas que aconteciam por aqui. A peça foi feita com amadores, no Teatro João Caetano, com figurinos da Casa Teatral, que tinha figurinos, cenários, móveis, a peça não tinha móveis tinha só figurino. Era tradicional a Casa Teatral em São Paulo, o Santini comprava roupas, móveis, de companhias que estavam para fechar, ele já ficava "de boca" lá para comprar os figurinos, os móveis.

A peça fez sucesso, foi um espetáculo divertido, nós fizemos duas noites, se não me engano, porque naquela época o teatro amador fazia um, dois espetáculos, porque não havia casa de espetáculo, não tinha dinheiro como hoje, que o amador só faz espetáculo para Festival. Começou a ferver a idéia de montar outros espetáculos. Mas *A Torre em Concurso* foi um marco no Teatro Popular do Sesi, foi o início de tudo. E quem começou tudo isso foi o Joaquim Manuel de Macedo que é um ótimo autor dramático e cômico, ele tem também uma outra peça muito engraçada chamada o *Fantasma Branco* que nós levamos num dos grupos dramáticos, dirigida pelo Alessandro Memmo, de saudosa memória.

Com essa peça do Joaquim Manuel de Macedo iniciamos as atividades teatrais como conseqüência lógica do Curso de Introdução ao Teatro, os melhores alunos formavam o elenco ao mesmo tempo que trouxe alguns elementos que já possuíam experiência de outros cursos anteriormente realizados. A peça congregava uns sessenta elementos dos quais mais da metade eram figurantes. Escolhi o nome de Teatro Experimental do Sesi, à semelhança do Pequeno Teatro Popular francês. E assim nasceu o TES com o qual tínhamos ambição de apresentar espetáculos com alto nível artístico e com isso atrair o público operário ao teatro, incutindo-lhe o gosto para esse gênero de recreação e divulgação cultural. Estreamos no Teatro João Caetano à Rua Borges Lagoa, na Vila Clementino em agosto de 1959. Os jornais da época deram uma grande cobertura, reconhecendo a iniciativa como muito importante, uma vez que com um elenco-padrão procurávamos realizar espetáculos de maior nível artístico, oferecidos gratuitamente ao trabalhador. O Miroel Silveira, que Deus o tenha, fez a crítica do espetáculo em sua coluna.

Correio Paulistano — por Miroel Silveira — 28/8/1959

A TORRE EM CONCURSO

O teatro do Sesi, que há vários anos funciona utilizando diversos grupos cênicos, acaba de constituir um conjunto mais ambicioso, principalmente quanto ao repertório, o "Teatro Experimental do Sesi", sob a direção de Osmar Rodrigues Cruz. Acabamos de assistir, no Teatro João Caetano, o espetáculo inaugural desse elenco, que apresentou a peça de Joaquim Manuel de Macedo, *A Torre em Concurso*. O texto, pitoresco conduzido com bastante elegância e graça em seu desenvolvimento, pede uma encenação ambiciosa em seus recursos materiais, pelo menos, coisa com que evidentemente um grupo amador, mesmo subvencionado por uma entidade como o Sesi, não poderá contar. Assim mesmo, dentro dos limites próprios ao amadorismo, a encenação dispõe de boa qualidade material, embora utilizando cenários e alguns trajes de aluguel. O que vale ressaltar, no entanto, não são esses aspectos exteriores que certamente melhorarão quando o Sesi puder consagrar ao elenco maior apoio financeiro. O interessante é verificar o entusiasmo dos componentes do elenco, não só entre os primeiros atores como também entre os que fazem papéis secundários e até figuração, já que o texto comporta 17 personagens e número apreciável de comparsaria, inclusive uma bandinha provinciana, que dá aos acontecimentos do vilarejo aquela ambientação auditiva tão característica e pitoresca. Não convém destacar nomes, já que se trata de um valioso trabalho de equipe, bastante uno como compreensão geral e como execução, tendo o diretor Osmar Rodrigues Cruz, ainda, obtendo boa dinamização das cenas coletivas, sempre tão difíceis de encontrarem seu ritmo exato.

Referências sobre a peça

Joaquim Manuel de Macedo é, sem dúvida, dentre todos os escritores brasileiros que escreveram para o teatro, o que melhor soube descrever os costumes e transportá-los em diálogos cômicos e burlescos. Seus biógrafos são unânimes em afirmar que foi Macedo um autêntico autor teatral, apesar dos inúmeros romances que escreveu. Sua veia cômica, mais do que em poesias e romances, se evidenciou nas comédias. Macedo pertencia à escola romântico-realista e durante trinta anos se manteve popular e lido. Era um escritor que se dirigia ao gosto do público, não procurava mudá-lo. Eis por que suas peças não perderam a atualidade e dentro de sua linha é insuperável. Ele não penetrava a fundo nos seus personagens, mas sabia tratá-los e fazê-los correr pela história, mantendo uma realidade atuante. Heron de Alencar em *A Literatura no Brasil*, assim define o estilo de Macedo: "O realismo de Macedo é próprio do Romantismo, particularmente do romance romântico, uma de cujas variantes — a que foi por ele adotada — se alimenta sempre do conflito entre as românticas aspirações sentimentais das personagens e a realidade imediata". Embora tendo uma visão romântico-realista e crítica do seu meio, não se prendia em examinar fatos, em que o mal era uma necessidade, sobre isto escreveu Antônio Cândido: "Se já houve quem dissesse que o mal é necessário, para Macedo ele é apenas provisório. Em sua obra tudo se explica, resolve e perdoa, como era gosto romântico. Escritor das famílias, timbra nas amenidades finais, que reconciliam a vida e o semelhante. O vício é privação momentânea da virtude; mesmo a pobreza é uma suspensão da abastança. A maldade é passageira, o bem definitivo; eis a moral dos seus livros. Nunca escritor reduziu tanto a psicologia à moral e esta ao catecismo". Essa a moral e a linha literária de Macedo. Sempre influenciado pelo teatro, ele conseguiu popularidade no romance. Mas era o teatro a sua verdadeira vocação. Comediógrafo inato, sua obra no gênero pertence em linha reta à tradição de Martins Pena, sendo, às vezes, superior ao criador da comédia nacional. Seu teatro constitui também uma autêntica crônica da época, seus personagens são tipos que vivem no espaço e no tempo. O teatro brasileiro na época de Macedo floresceu com autores e atores nacionais. Assim como no romance, Macedo também foi um pioneiro na dramaturgia de costumes brasileiros. José Veríssimo que tanto o criticou escreveu a respeito de sua vocação para o teatro de costumes: "Na comédia achava ele melhor, em um mundo mais natural, mais espontâneo e que lhe é mais familiar e conhecido que o dos seus dramas. [...]. Demasiado românticos de assunto, excessivamente romanescos de composição e estilo, falham mais os seus dramas do que as suas comédias na representação que presumem ser da nossa vida. [...]. O teatro romântico na comédia popular de Pena, de Macedo, de Alencar e de autores de menor nome, deu da sociedade do tempo uma cópia em suma, exata". De sua extensa obra é *A Torre em Concurso* a obra-prima, em composição, em forma e em técnica. É uma perfeita comédia de costumes brasileiros, composta dentro daquela linha humorístico-burlesca de nossos autores populares, e podemos considerá-la como uma das mais bem acabadas de nosso reduzido repertório. Focalizando problemas políticos e sociais, Macedo não fere ninguém, apenas realça o ridículo em que certas pessoas se colocam ao pretender atingir seus fins, sem escolher bem os meios. A peça trata da construção de uma torre para a igreja; a fim de alcançar esse propósito os meios são escolhidos de maneira errada e ridícula, surgindo daí toda a trama, satírica e farsesca. Ao se encenar uma peça como essa, não seria possível tentar fazer dos atores autômatos, mas é preciso deixá-los viver a situação criada pelo autor. Abordando problema nosso e sendo os personagens escritos e compostos apenas exteriormente, não é difícil para o ator compreendê-los. A dificuldade maior está justamente em obter a coordenação das situações apresentadas na peça, em dar-lhes uma seqüência natural e, se possível, realista, não um realismo autêntico, mas uma mostra da realidade, característica da própria peça. Sempre achamos que trabalhando com elementos principiantes, o que se deve procurar é a espontaneidade e não a demonstração de que se está pretendendo criar diversos tipos psicológicos. Todavia, bem mais difícil conseguir simplicidade do que um certo rebuscamento nas cenas e na interpretação. Dos intérpretes de *A Torre em Concurso*, excetuando-se uns cinco ou seis atores vindos de cursos anteriores, os demais são elementos do nosso último curso de teatro do Sesi e que ora estréiam no palco. Sabemos quanto é árdua a tarefa de pôr em prática idéias e conceitos teóricos sobre uma peça. É justamente este o trabalho do encenador. Procuramos não criar novas situações e movimentações para mostrar o texto. Deixamos que o texto fale por si. O diretor pode dar cor, finura, pode realçar certos trechos da obra, mas nunca introduzir idéias novas. Com a apresentação do Grupo de Teatro Experimental do Sesi, procuramos preencher uma lacuna, e demonstrar que aos dados das três dezenas de grupos dramáticos, mantidos pelo Sesi, há um grupo que pode servir de escola. Assim, ao invés de levarmos espetáculos até o público, em clubes e indústrias, como o fazemos comumente, esse público virá uma vez ou outra a um teatro para assistir a um espetáculo realizado com maior apuro, em condições que vários locais onde nos apresentamos não permitem. A todos o meu muito obrigado. Divirtam-se. (ORC)

O Fazedor de Chuva

FOI UMA PEÇA QUE TINHA TODOS OS INGREDIENTES PARA um teatro popular. Também, o elenco era muito afinado. Quem definiu bem a peça foi o Décio de Almeida Prado numa crítica. Ele foi assistir à peça com a filha menor, porque a censura, proibiu a peça para dezoito anos, porque o personagem feminino que era filha do dono da fazenda, se entrega ao aventureiro fazedor de chuva, com sua permissão, em um paiol dessa fazenda. Era uma cena lírica, romântica, poética que sugeria o ato, nada era explicitado. Mesmo assim, a censura foi para dezoito anos e não estávamos ainda na ditadura. Na crítica da peça que foi muito bonita, ele chega a comentar sobre a censura. Foi uma das peças mais interessantes do Teatro Experimental.

Referências sobre a peça

Após as explicações dadas pelo autor no pequeno prefácio que fez para a obra, pouco nos resta dizer. Porém, nunca são demais alguns esclarecimentos sobre a interpretação que se possa dar, quer em relação às exigências do texto, quer em relação ao que o autor recomenda. O autor dá mais atenção à parte exterior de montagem da peça, preocupando-se poucas vezes com o comportamento dos personagens, ponto em que o diretor encontra maiores problemas. Richard Nash não é um autor de grande projeção no cenário mundial e mesmo americano; conhecemos, de sua autoria, a peça que hora apresentamos e uma nova comédia estreada em Nova York, no ano passado. Seu estilo é o romântico-cômico, mas no fundo é um bom poeta dramático. A peça em cartaz é uma mensagem de otimismo e amor, de amor ao próximo, de crença e de fé — mensagem que vem de Starbuck, o fazedor de chuva. Ele não é real, é um sonho, conquista nosso afeto, faz com que acreditemos nele, em sua fé, uma ponte de ilusão que leva a um mundo mais feliz. Ele não é bandoleiro ou mistificador, como querem alguns; é sincero em sua busca do irreal, e procura mesmo fazer com que chova. Ele é uma esperança que chega àquela família angustiada pela seca e, mais ainda, pelo desejo de casar sua única filha. Essa desventurada Lizzie era, de certo modo, uma pequena excelente, que, entretanto, somente com a chegada desse aventureiro, vem encontrar paz e segurança espiritual. Ela escolheu, talvez, o caminho mais certo para o encontro do seu próprio eu, e seu procedimento pouco chega a nos interessar. Assim a peça não trata do problema da seca no Velho Oeste dos Estados Unidos, é apenas uma comédia romântica, cuja história nos dá coragem para enfrentar nossos próprios problemas.

O Serviço de Teatro do Sesi, depois de modificar suas atividades normais — ensaios e espetáculos para operários, diretamente nos seus locais de trabalho — entrou em novo campo em prol da cultura e recreação do trabalhador, criando o T.E.S. Em princípio de 1958, o Sesi promoveu um "Curso de Introdução ao Teatro", com a finalidade de apurar as qualidades artísticas dos elementos inscritos, preparando-os talvez para uma futura vida artística. Foi quando congregamos os melhores elementos desse curso para a formação de um elenco-padrão, que pudesse arcar com as responsabilidades de um teatro de arte. E já no início de 1959 entrava em fase de organização o "Teatro Experimental do Sesi". Os grupos orientados e mantidos pelo Sesi são formados, em sua totalidade, por trabalhadores industriais, dos mais variados níveis intelectuais. Sem seleção prévia, todos os elementos que nos procuram são aproveitados. Daí advém que, apesar de atingirmos plenamente nossa função de educação social junto ao amador e à platéia de operários, as encenações e as peças não são de todo satisfatórias, do ponto de vista artístico. Contando com vasto repertório, com autores como Artur Azevedo, Ernâni Fornari, Gastão Tojeiro, Oduvaldo Vianna, Labiche, Pirandello, Tchekhov e outros, há cerca de trinta elementos amadores, que o Serviço de Teatro da entidade está dirigindo e orientando sendo que o teatro do Sesi vai diretamente a platéias industriárias, levando espetáculos aos seus clubes de bairros afastados e aos seus grêmios de fábricas. O "Teatro Experimental do Sesi", de categoria mais elevada, veio preencher uma lacuna, pois tem por escopo a apresentação de espetáculos de nível artístico mais elevado. Realizando temporadas gratuitas em teatro, dá, assim, maior oportunidade ao público operário de assistir bons espetáculos, incutindo-lhes ao mesmo tempo o amor a esse gênero de recreação e divulgação cultural. Procurará ainda o Teatro Experimental do Sesi, através de suas atividades, criar um estilo de representação brasileiro, colaborando para o desenvolvimento da arte teatral em nossa terra. (ORC)

Crítica — *Estado de S. Paulo,* **por Décio de Almeida Prado — 2/4/1960**

O que há de melhor no espetáculo apresentado durante alguns dias no Municipal pelo Teatro Experimental do Sesi (e que provavelmente voltará ainda à cena) é uma certa modéstia de propósitos, uma certa proporção entre fins e meios, entre os objetivos e os resultados efetivamente alcançados. Nenhuma qualidade excepcional em nenhum setor mas uma soma altamente meritória de qualidades medianas. A peça de Richard Nash, que mereceu a honra de ser traduzida por Manuel Bandeira, desenvolve uma idéia que é muito constante no moderno teatro americano: a realidade não é suportável se não a recebemos com um pouco de fantasia. Não é preciso que o fazedor de chuva faça realmente chover. Pode ser até um visionário, quase um charlatão (mas o visionário e o charlatão não estarão porventura próximos do poeta e do artista?). Para que as suas extravagantes promessas dêem frutos, basta que, em plena seca, negando a realidade, ele garanta que vai chover, levando-nos por um momento a acreditar na existência de um universo benigno e simpático aos homens. Esse é o mais difícil milagre — que a chuva venha a cair não passa afinal de mais uma prova de que Deus só ajuda aqueles que crêem porque é absurdo. Richard Nash não tem a fantasia de um Giraudoux, nem mesmo a imaginação de um William Saroyan. O seu gosto pelo extraordinário contenta-se, se pensarmos bem, com limites modestos, ajustando-se sem dificuldades às dimensões do palco. Mas revela, não há dúvida, uma certa sabedoria: a de não querer ser mais do que é. Lidando com personagens voluntariamente convencionais, fazendo tudo terminar em casamento, dá à comédia uma tonalidade rósea, de romance de mocinha, que, em vez de diminuir, realça a graça e a simplicidade da fábula que escreveu. Por seu lado, a direção de Osmar Rodrigues Cruz assenta-se sobre aqueles princípios que têm sido a salvação de inúmeros espetáculos de amadores: um texto fácil, comunicativo, à altura dos atores, uma boa distribuição de papéis e, quanto ao mais, sobretudo naturalidade. Dentro desse esquema, a representação indiscutivelmente funciona. Os cenários — de autoria de Francisco Giaccheri — estão cuidados, a marcação é exata, as personagens esboçam-se perante o público com suficiente nitidez, interpretados por Nize Pires da Silva, Ednei Giovenazzi o único desempenho em que transparece o esforço do diretor, Jorge Ferreira da Silva, Alexandre de Almeida, Francisco Curcio (talvez com possibilidades de tentar o profissional), Paulo César da Silva e Francisco Giaccheri. O Teatro Experimental do Sesi não cobra entrada. Dirigindo-se de preferência a operários e comerciários, distribui gratuitamente, com antecedência, todos os ingressos, política que, além de abarrotar o teatro, garante aos seus atores a colaboração de um público extremamente espontâneo em suas reações. Teatro popular, em suma, não no sentido heróico e revolucionário que a palavra assumiu nos últimos quarenta anos, mas no sentido tradicional, de espetáculo que se dirige ao grande público, trazendo ao convívio do palco camadas sociais ainda virgens e inexploradas pelo teatro. Dissemos ou deixamos adivinhar — que o espetáculo não contêm nenhum elemento de surpresa. Esquecemos um, mais do que de surpresa, de genuíno espanto: o fato da peça ter sido proibida para menores de dezoito anos. Não pela censura teatral, acrescente-se logo, mas pelo Juizado de Menores, que ultimamente vem se constituindo na verdadeira censura em São Paulo. Ninguém nega a esse órgão o direito e o dever de defender a infância. Mas os senhores que compõem o conselho do Juizado para tais assuntos não podem ignorar que cada cargo, cada função comporta o perigo das deformações profissionais. Se o cachimbo entorta a boca, é bem provável que o lápis vermelho crie a volúpia de cortar, de mutilar os textos alheios. A censura, propriamente dita, já tem bastante idade e bastante experiência para resistir, na maioria das vezes, a tais pruridos. Salvo algumas exceções, o seu critério tem sido o de uma louvável liberdade. Já os assessores do Juizado parecem chegar à lição com toda a paciência do cristão-novo. Não sabemos se se trata de provar autoridade, de ser mais realista do que o rei, ou de demonstrar argúcia. Lá está o texto, o inimigo, com as suas insídias, os seus embustes e emboscadas. Cabe ao censor triunfar sobre ele, desencavando-lhe as malícias ocultas, expondo à luz do sol as suas podridões encobertas e os seus intuitos malignos. No caso do *Fazedor de Chuva* a tarefa não foi difícil: pois não passa uma moça solteira algumas horas da noite no quarto de um rapaz? É possível imaginar maior imoralidade? É verdade que na peça eles nada fazem além de conversar e se beijar. Mas aí é que está a cilada: e as cenas entre um quadro e outro, entre o princípio e o fim da conversa, omitidos vergonhosamente pelo autor? Haverá coisa mais escabrosa do que semelhante omissão? Ora acontece que, na teoria da literatura, nós críticos, aprendemos humildemente que trecho algum pode ser compreendido fora do seu contexto, inclusive histórico. Cada escola, cada gênero, cada período tem suas regras, seus padrões. O Juizado não estaria talvez errado em suas maliciosas suposições quanto ao que se teria passado a portas fechadas, se Richard Nash fosse um dramaturgo naturalista, não vendo no homem e na mulher senão o macho e a fêmea. Mas a peça não é esse drama. Não somos nós que o afirmamos, é o autor, e no próprio programa do espetáculo, ao aconselhar o encenador: "Não se deve esquecer por um momento sequer que se trata de um romance"; "A este respeito deve haver, sem contudo fugir à realidade, uma espécie de beleza romântica nas relações entre todos os personagens"; "Se o diretor puder ver tudo isto romanticamente — como Lizzie o vê"; etc., etc. Não alegaremos, portanto, em defesa da peça, que Lizzie, na manhã seguinte à famosa noite, não hesita em aceitar a mão de outro homem, sem dar mostras de qualquer perturbação moral (que desavergonhada!, terá concluído o censor). Nem que seu pai sabia que ela lá estava, sem ver qualquer mal nisso (mas que libertino!). Não alegaremos nada, não daremos nenhuma importância a nenhum pormenor deste tipo, porque a peça, toda ela coloca-se voluntariamente em outro plano. O fazedor de chuva, se é que o Juizado não percebeu, não é propriamente um homem, que possa fazer mal às mocinhas. É um mito. É um símbolo da poesia e do lirismo, da vida plena e confiante. É o grão de loucura necessário a todo homem. Por isso não chega a ter nome, por isso não sabemos de onde vem e para onde vai. O que Lizzie busca ao seu lado não é uma satisfação carnal mas uma satisfação psicológica profunda: ter a certeza — ou a ilusão, se quiserem — de que não é feia, de que pode ser desejada por alguém. O beijo é a prova de sua maturidade como mulher: pela primeira vez ela acredita em si mesma, em sua própria feminilidade. E por que o autor exige que ela vá, resolutamente, ao quarto do rapaz? Porque o obstáculo a vencer é a má-fé dos outros, são os preconceitos, é o medo, a prudência e a sabedoria excessiva, tudo que nos tolhe e inibe, reduzindo-nos a uma concepção mesquinha, pobre, pouco generosa da vida e das relações humanas. Que a peça haja sido censurada e julgada exatamente por esse tipo de mentalidade seca e puritana que pretende combater — eis o maior paradoxo de todo o episódio. Parece que os milagres de compreensão, os fazedores de chuva, tão freqüentes em cena, são bem mais raros aqui fora — principalmente entre os censores.

Crítica — *Correio Paulistano*, por Miroel Silveira — 4/2/1961

FAZEDOR DE CHUVA

O Teatro Experimental do Sesi está adquirindo um bom nível profissional — é o que se pode deduzir da representação de *O Fazedor de Chuva* no Teatro Municipal. Numa época em que alguns elencos profissionais resolvem apresentar espetáculos amadorísticos, é bastante animador verificar que um elenco, formado inicialmente sob o signo de amadorismo e da experiência, lentamente adquiriu tarimba e já consegue dar a sua atual encenação aquele ar indefinível de acabamento, que misteriosamente separa os espetáculos adultos dos que são feitos por principiantes. Evidentemente, isso não quer dizer que se trate de um espetáculo perfeito sob qualquer sentido, ao contrário, os defeitos existem, existem mas não comprometem a integridade do conjunto. A peça de Richard Nash vem a ser uma fábula quase quadrada, em que se opõe valores antagônicos — o bem e o mal, o certo e o errado, representados principalmente por duas concepções de vida diferentes que formam a permanente qualidade do psiquismo norte-americano: o espírito de aventura do pioneirismo que desbravou o Oeste, e o sentido puritano e conservador da população sedentária da Nova Inglaterra. Num primarismo a branco e preto, a fábula quase não tem matizes, motivo pelo qual somente intérpretes extraordinariamente ricos interiormente poderão acrescentá-la de valores artísticos e humanos maiores. Dentro do gabarito a que podem atingir, os intérpretes do Teatro Experimental do Sesi fazem o possível para convencer e tornam-se simpáticos, pelo esforço honesto, realizado sob a orientação de Osmar Rodrigues Cruz. Evitando sobrecarregar os atores com inalcançáveis complexidades, a direção de Osmar tem a virtude de sua linearidade, não pecando por excesso de ambição e sabendo manter-se numa linha recomendável de discrição. Nize Pires da Silva domina amplamente sua personagem à qual consegue dar vibração e calor. Francisco Giaccheri, Jorge Ferreira da Silva, Francisco Curcio em bom nível seguidos de perto por Alexandre de Almeida e Paulo César da Silva. Ednei Giovenazzi embora tenha desembaraço e faça o papel do protagonista com toda a desenvoltura exterior que ele requer, não chega porém ao ponto desejado — que é o de fascinar um pouco, e entontecer, tanto Lizzie quanto a platéia, por sua simpatia pessoal e por um poder de convicção dentro do absurdo que necessita, ser avassalante. Os cenários de Francisco Giaccheri são excelentes. Notei que a tradução de Manuel Bandeira, em geral boa, não conseguiu encontrar a linguagem de ligação entre os diálogos poéticos e os terra-a-terra, e que contém um engano inacreditável quando diz "machucá-la" em vez de "magoá-la" (em inglês "to hurt her"). Acreditamos que esteja sendo cumprida a tarefa popularizadora do Teatro Experimental do Sesi, pois observamos que o Teatro Municipal estava lotado por um público que participava ativamente do espetáculo, acompanhado-o com simpatia e interesse.

A Pequena da Província

QUE TAMBÉM FOI MONTADA NO TEATRO MUNICIPAL, mais uma luta para conseguir o teatro. Essa peça é uma das mais originais do Clifford Odets. A história do ator alcoólatra, que tem na mulher a bengala. Só que a impressão é que ela é quem o leva a beber, quando é exatamente o contrário, ela tenta tirá-lo do vício, o apóia, etc. O cenário é um teatro. Ela trata do relacionamento humano, muito bem-feita, muito bem dialogada, aliás como todas as peças desse autor, que é um grande autor. Acho que ela merecia uma nova montagem aqui em São Paulo. Com essa montagem, eu queria demonstrar que havia possibilidade de se fazer um grupo-padrão, com artistas de categoria. Essa peça não teve a repercussão do *Fazedor de Chuva*. O cenário era de dois andares, que corria sobre rodas, para deixar o palco vazio para as cenas que se passavam no próprio palco, isso distanciava o público da trama, da estória. A peça, praticamente intimista, se diluía naquele imenso palco do Teatro Municipal, com um cenário que estava afastado da primeira fila em quase vinte metros. O Décio em sua crítica afirma que a peça, não o espetáculo, não era própria para o teatro popular. Não sei... é tão difícil definir o que é popular e o que não é. O Plínio Marcos é que dizia bem: "se agrada é popular, se não agrada, não é popular". Mas ela agradou o público, tanto que repetimos essas peças no Teatro Leopoldo Fróis. Eu acho que ela seria popular se tivesse sido feita como foi no Leopoldo Fróis, com palco giratório, de um lado as cenas do camarim e quando era no palco, o cenário era girado. Aí ela atingia o público, não havia grande distância entre o palco e o público. Nós alugamos o Leopoldo Fróis em 1962 mais ou menos, para fazer uma temporada com as três peças que nós havíamos inaugurado o Teatro Experimental do Sesi.

Referências sobre a peça

O Teatro Experimental do Sesi inicia sua terceira temporada. Cada vez nos convencemos mais de que o teatro, quando procuramos realizá-lo bem, encontra por parte do público uma boa acolhida. Disto já tivemos prova aqui, neste mesmo local, com o *Fazedor de Chuva*. A experiência bem-sucedida encorajou-nos a prosseguir na jornada. O TES foi criado para aqueles que não têm oportunidade de freqüentar as nossas casas de espetáculo. A estes é que o Sesi se preocupa em dar, ao lado do seu vasto campo de assistência social, uma parte recreativa e artística, com o objetivo de integrar perfeitamente o trabalhador na sociedade, para que possa desfrutar de todas as suas vantagens. Um dos recursos utilizados é o Teatro. Promovemos perto de quarenta espetáculos de teatro por mês, com grupos dramáticos localizados em comunidades industriárias, realizando aí e nos teatros municipais nossas representações. Da necessidade de criar um grupo do mais alto nível artístico, representando peças inéditas com elenco escolhido, surgiu o T.E.S., e assim se vem orientando. Este novo espetáculo compreende uma das melhores peças do teatro moderno e um de seus maiores autores. *A Pequena da Província* e Clifford Odets significam para nós um passo mais sério e difícil dentro da nossa empresa. Tanto peça como autor apresentam dificuldades para sua montagem e para aqueles que a assistem. O que hoje apresentamos é um texto sério, sobre problemas humanos e emocionais que nos afligem. Odets é um autor que estrutura seus personagens de maneira subjetiva. Não se pode deixar de notar claramente a influência de Tchekhov, exercida, aliás, sobre quase todos os autores contemporâneos. *A Pequena da Província* sofreu essa influência, pois nela Odets demonstra seu gosto em desenhar psicologicamente os fracassos e as frustrações dos incapazes de realizar seus sonhos, como é o caso do nosso infeliz Frank Elgin. É um drama de características realísticas e poéticas, é uma história humana, que nos interessa profundamente; apesar de sua "problemática" a ação desenvolve-se com naturalidade. A peça nos convence pelos altos dotes de Odets. Talvez poucos autores demonstraram conhecer minuciosamente o mundo dos pequenos e humildes como ele. Seus personagens têm vida própria na cena, que seu talento lhe dá, através de diálogos vigorosos, dramáticos e às vezes humorísticos. O humor de Odets, pouquíssimas vezes rebuscado ou fictício, surge naturalmente do personagem. Através do amor, da liberdade de expressão e da revolta, seus tipos se transformam — numa conversão, que se assemelha, por intensidade, ao sentimento religioso — o que os leva à completa realização de si mesmos. Este é o característico do movimento de renovação da década de 30, e explica toda a importância de Odets. Ele é um autor realista no sentido moderno, isto é, de um realismo poético; portanto suas cenas devem sugerir uma realidade para formação de um ambiente que determine o desenvolvimento e compreensão da ação da peça. Assim, a situação cenográfica se resume em determinar os momentos exteriores, para facilitar a expressão interior dos personagens. O espaço normal do palco não fornece requisitos para uma montagem de todas as cenas em conjunto, e um cenário sintético ou um cenário de apenas sugestão poderiam fazer com que os personagens se sentissem muito isolados dentro do seu mundo. Por isso escolheu-se a solução da construção das cenas para que a ação material estivesse em plena relação com o mundo interior dos personagens. Parece ser esta a solução mais lógica para as peças do famoso autor. Suas obras necessitam de ambiente, que dê a impressão de que as paredes, se não falam, pelo menos escutam e sentem, e fazem-se sentir aos que dentro delas vivem. Em nenhuma das cenas, a não ser a última, sentimos um pouco de alívio. Nas outras tudo é carregado e tenso. Assim procuramos trazer ao palco todas as intenções do autor. Só nos resta saber se o trabalho, o estudo e o carinho com que nos lançamos na empreitada conseguiram alcançar esse objetivo. Essa foi sempre a finalidade do teatro e principalmente de um teatro comercial. Nossos esforços visaram respeitar e traduzir, dentro de nossas possibilidades, um autor que tanto tem feito pelo Teatro. (ORC)

A Beata Maria do Egito

ESSA PEÇA DE RACHEL DE QUEIROZ É EXCELENTE. ACHO que não acertei em cheio na peça, porque a fiz muito dramática, muito tensa, agora à distância podemos ver melhor e perceber. Deveria ser mais branda, mais suave, porque no fundo ela é uma estória de amor. O carcereiro se apaixona pela beata que está presa e daí se desenvolve toda a ação da peça. Ela não podia ter sido feita de uma forma tensa, não, ela tinha de ser mais suave, como um poema lírico, porque a Beata é uma lenda que a Rachel transcreveu da Santa Maria Egipcíaca que havia no Nordeste. Acho uma grande peça. O *Lampião*, da Rachel, já não é uma peça tão boa quanto a *Beata*. A *Beata* é melhor e foi sucesso. Ela agradou o público.

Referências sobre a peça

No Cariri, belíssima e fértil zona do estado do Ceará implantou-se um dos maiores movimentos religiosos, políticos, sociais e militares da nossa história, quando — após sua ordenação, em 1870, para lá rumou o Padre Cícero Romão Batista, instalando-se na cidade de Juazeiro. O misticismo, quando aliado à sede de poderio e de domínio, gera o fanatismo que alimentou a fama de santo do Padre Cícero, levando seus romeiros, beatas, cangaceiros, roceiros — a se armarem e lutarem até derrubar o Governo Estadual, sob a chefia do General Franco Rabelo, em 1914. Ao redor do Padre Cícero, após os primeiros supostos milagres realizados na Igreja da Mãe das Dores, no Juazeiro, com a Beata Maria de Araújo, logo no início de sua permanência como pároco da cidade, juntaram-se homens e mulheres de toda a espécie, vindos de todo o estado e mesmo de outras regiões do país. Juazeiro tornou-se, assim, no início deste século, o maior centro do cangaço e quase todos os famosos cangaceiros do

Norte e do Nordeste cerraram fileiras ao lado do Padre. "O fanático pode tornar-se com facilidade um revolucionário..." Assim eram os romeiros do Padre Cícero, assim é a nossa *Beata Maria do Egito*. Só o fanatismo elevado à máxima potência pode gerar tanto vigor e união e chegar a derrubar um governo estadual. O ataque das forças estaduais, a 17 de dezembro de 1913, citado no decorrer da peça, quase pega desprevenida a população de Juazeiro. Porém, todos os habitantes, cerca de 20.000 pessoas — mulheres, homens e crianças — trabalharam do dia 14 até o dia 16 de madrugada, cavando ao redor da cidade um valado de nove quilômetros de extensão, com dois metros de altura e dois de largura. Esse valado foi a maior defesa de Juazeiro, levando à derrota o Governo do Ceará. A União também colaborou com a sua derrota, apoiando indiretamente o Padre Cícero e seu amigo o Deputado Floro Bartolomeu, pois o pobre Coronel Franco Rabelo fazia oposição ao Governo Federal, então liderado pelo Senador Pinheiro Machado. Esse é o quadro em que se desenrola a ação da nossa peça. *A Beata Maria do Egito* não é uma peça de característica épica; os fatos históricos servem apenas de moldura. A verdadeira trama da obra é uma história de amor, não tanto trágica, mas romântica e poética. A autora, em linguagem cheia de encanto, transforma a luta dos fanáticos do Padre Cícero em balada amarga e bela, em luta do amor contra tudo e que existe envolvendo os personagens, mesma realidade dos fatos históricos. A Beata, desejando levar seus adeptos para lutarem ao lado do Padre enfrenta um tenente da polícia estadual que a encarcera, mas termina apaixonando-se por ela. Mas o que poderia ser o amor de um tenente-delegado do interior do Ceará por uma beata do Padre Cícero? Figura essa que nos faz lembrar a descrição da bela personagem de Jorge Amado, a Rosa Palmeirão: "Rosa Palmeirão tem navalha na saia, tem brinco no ouvido e punhal no peito. Não tem medo de rabo de arraia, Rosa Palmeirão tem corpo bem feito". A Beata Maria do Egito não tem punhal nem brinco, tem uma cruz no corpo perfeito, e muita coragem, muita força guerreira, acima de tudo fanatismo. O amor do tenente por tal mulher só poderia conduzir um homem à desgraça, pois ela ama só a Deus, ela tem fé nele, que acredita seu dono, ela é veículo da fala dos santos. Desencadeia-se a luta entre os dois: o tenente cumprindo seu dever mas traído pelos sentimentos, a beata, presa pelo fanatismo religioso, tudo concede para alcançar seu fim. *A Beata Maria do Egito* é um belíssimo trabalho poético, e os diálogos de uma síntese dramática perfeita, não contém nenhum momento supérfluo. A linguagem é clara e bela. Dos personagens, que através da ação podemos visualizar perfeitamente, podemos sentir os ímpetos e os desejos. A fibra intransigente. Eles podem ser colocados ao lado de tantas outras figuras do Teatro. São verídicos dentro da realidade teatral e vivem um momento de autenticidade histórica. Embora apresentando vários problemas — o místico, o político, o social — é o problema amoroso que transparece em primeiro plano e como escreveu Sábato Magaldi: "*A Beata Maria do Egito* é sobretudo uma bonita história de amor". (ORC)

Crítica — *Diário de São Paulo* — por Oscar Nimitz — 4/7/1961

A BEATA MARIA DO EGITO

A Beata Maria do Egito personagem principal da peça do mesmo nome escrita por Rachel de Queiroz, aparece como uma das figuras mais curiosas da nossa dramaturgia. Vinda do seio do povo, é autêntica como ele. O teatro brasileiro atravessa no momento uma fase em que se dá grande ênfase ao "popular". Emprega-se essas palavras com várias acepções. É popular, no sentido de saborosa observação do povo, o teatro de Suassuna. É popular o teatro de Abílio Pereira de Almeida, que há pouco, na peça *Em Moeda Corrente do País* mostrou-se capaz de interessar o público por uma situação dramática. São populares, no sentido político, as experiências do Teatro de Arena, culminando com a peça *A Semente*. Popular, no sentido mais genuíno, é esta Beata, surgindo vestida de freira, e ao mesmo tempo que solta frases piedosas e ergue as mãos em prece, arregimenta peregrinos para guerrear ao lado do Padre Cícero. Misto de santa e de louca, ouvindo vozes que a aproximam de uma doente mental, atormentada pelo desejo de luta e pela pregação religiosa, a Beata colhida ao vivo nas pequenas cidades cearenses, demonstra a pujança que pode ter o teatro, cujas raízes repousam de fato no quadro social brasileiro. Maria do Egito, transportada da barca e do barqueiro de Santa Maria Egipcíaca para o Nordeste, surge como a mais autêntica personagem tirada dentre os simples. Calcada na realidade, assume outras dimensões. Representa o próprio espírito do povo. A mistura de religiosidade e superstição, tão comuns em nossa gente, faz parte de sua pessoa. O misticismo do brasileiro transparece nos quatro únicos personagens da peça; cada um, a seu modo, enfrenta o problema do sobrenatural. O Coronel Chico Lopes, chefe político do local, integra-se menos no problema: preocupa-o mais a manutenção do posto. Cabo Lucas representa o homem comum, cuja crença irrompe diante da presença da santa. O Tenente aparece como porta-voz do raciocínio e da razão, o único que procura conhecer a verdade e que, por isso mesmo, acaba sendo destruído. A Beata, famosa pelos milagres, conhecida como agitadora do povo, encarna o fanatismo e todas as conseqüências deste. Esta figura de mulher presta-se a uma série de análises. Do ângulo psicológico, é a menina enjeitada em casa de religiosos, crescendo sem pai e sem mãe, adotando o dever sagrado como causa única da existência. Mas Maria do Egito vai além da fiel, que assiste à missa e acredita nos mandamentos. Junto com o rosário pode usar o punhal. E fé, para ela, só a fé que envolve seu padrinho, o poderoso Padre Cícero, do Juazeiro, e os estranhos romeiros que o seguem. A Beata pertence ao quadro agitado da época, tanto político como social. Aproxima-se mais de uma combatente. Como diz o Tenente em uma de suas falas, propondo admiravelmente o problema: afinal de contas, que é a jovem? Santa? Louca? Mistificadora? Ou a mistura das três? Psiquiatricamente, poderia ser uma doente, paranóide, dominada por idéias de grandeza, com mania religiosa e falta de senso crítico e moral. Entrega-se ao Tenente apaixonado antepondo ao corpo aquilo que julga ser a fé, na esperança que a libertem para cumprir a missão. Seu procedimento revela perda das proporções reais dos acontecimentos. Mas ao lado da bem-aventurada ou doida, Maria do Egito é mulher; para o Tenente, só a mulher de tranças compridas, perturbadora, que lhe concede uma noite e depois, misteriosamente, recusa-se a admitir o amor. Acima de tudo, com esta obra Rachel de Queiroz compõe um esplêndido estudo sobre a mentalidade popular, focalizando o prisma religioso com inusitada grandeza e poético vigor. A peça funciona dramaticamente; e é preciso realçar a linguagem, cuidada, literária e ao mesmo tempo, compreensível e coerente. Os diálogos provam que se pode usar a língua corretamente, sem perder o senso popular e as características teatrais. Merece louvor a iniciativa do diretor Osmar Rodrigues Cruz que escolheu a peça para o Teatro Experimental do Sesi. Dentro do nível amador, o espetáculo em si é bastante bom. Salientam-se Wanda Orsi como a Beata, embora lhe falte a transcendência que deve ter o papel; e a sinceridade interpretativa de Ednei Giovenazzi, que apresenta qualidades de ator.

Depoimento de Hamilton Saraiva

"Conheci o Osmar no Palácio Mauá, era lá o Sesi nos tempos dos grupos dramáticos. Eu trabalhava na Guarda Civil de São Paulo, e por diversas vezes eu saía de uniforme e o pessoal de teatro tinha o maior preconceito por causa disso e o Osmar nunca teve, recebia-me sempre do mesmo jeito, seja com farda ou roupa civil, porque ele sentia que eu era um homem de teatro e a farda era apenas uma contingência. Nosso grupo amador necessitava de um diretor, fomos requisitar um ao Osmar e fomos prontamente atendidos. Aliás foi por essa época que ele convidou-me para atuar na *Torre em Concurso*, mas eu já dirigia o meu grupo e não pude aceitar o convite. Não tínhamos nada sobre técnica teatral nessa época e o Osmar lançou seu livro que chegou para nos orientar. O TPS abriu muitas oportunidades para que o próprio mundo da indústria participasse da vida teatral no estado de São Paulo.

"O trabalho de direção do Osmar, tanto no TPS como fora dele, como *Dois na Gangorra*, sempre foi profícuo. Minha opinião é de que a montagem da *Falecida* respondeu muito bem ao espírito do Nelson Rodrigues, como ao próprio espírito do Rio de Janeiro e eu como carioca posso afirmar isso. Como professor universitário sempre mandava meus alunos assistirem aos espetáculos do TPS a fim de fazerem relatórios, pois além de freqüentarem uma boa sala, tinham contato com um espetáculo muito bem cuidado e de uma parte instrumental impecável.

"Quando o Osmar saiu do TPS, eles acharam que era hora de fazer coisas novas e eu não sei se essas coisas novas surtiram efeito, porque uma companhia estável como nos moldes que ele criou, é muito importante para o Brasil, pois essa prática não existe e eles acabaram com tudo! Novas idéias, mudanças, desconfio disso, pois se um trabalho funciona sob a direção de alguém, por que não conservá-lo? Acredito que o Osmar ainda não foi reconhecido suficientemente pelo grande trabalho que fez. Isso é Brasil, onde só há ostentação e não qualidade."

E COM ESSAS TRÊS PEÇAS, NÓS FIZEMOS UMA TEMPORA-
da de dois, três meses no Leopoldo Fróis, aproveitando o giratório que o Nagib Elchmer havia montado para o Pequeno Teatro de Comédia. Alugamos o Leopoldo Fróis dele, através de um contrato com a Prefeitura. Foi na época da *Beata Maria do Egito* que o Sesi achou que devia acabar com o teatro, os grupos dramáticos não estavam extintos ainda, mas não funcionavam muito. O Teatro Experimental catalisou todo o recurso humano que o Sesi possuía para teatro, mas eles resolveram acabar com tudo isso. Havia um superin-

tendente, que já mencionei, sempre que eu estava quase conseguindo uma ajuda de custo para os atores, eles mandavam cancelar a temporada, iam mandar todo mundo embora, coisas que essas entidades têm, porque o problema deles é de alcance. Quando eles não entendem uma coisa, como a que eu me propunha, como não queriam sustentar essa modalidade artística, eles simplesmente acabam e mandam todo mundo embora. Eu tinha mais de dez anos no Sesi, junto com a minha assistente Elizabeth Ribeiro, todos os ensaiadores que cuidavam dos Grupos Dramáticos, todos eles iam ser mandados embora, tanto que eu fiquei um certo tempo procurando trabalho, certo que ia ser mandado embora também. Foi quando o Antunes me convidou para fazer Televisão no Canal 9 TV Excelsior.

Loucuras de Verão

MAS ANTES DESSE FATO ACONTECER, MONTAMOS *Loucuras de Verão*, uma peça do Richard Nash, o mesmo autor do *Fazedor de Chuva*, com a tradução do Manuel Bandeira, isso logo depois de terminar a temporada da *Beata* quando o Sesi acabou com o teatro. Bem, como o teatro ainda estava com o Nagib e ele não ia usá-lo, por motivos óbvios resolvi formar uma companhia que se chamou "Teatro de Comédia de São Paulo", era uma nova companhia mas não um novo elenco, era uma nova denominação de um conjunto que vinha há quatro anos trabalhando seriamente no extinto TES, só que nessa companhia cobrávamos ingresso.

Não se pode negar a Nash qualidades básicas para um comediógrafo. Essa peça é romântica, realista, cheia de fantasia, ao mesmo tempo alegre e dramática, mas foi malfeita, ela não tinha o calor do *Fazedor de Chuva*, falo da montagem, alguns atores não preenchiam a necessidade dos personagens, então o espetáculo fracassou, de público, de crítica, de tudo. Foi feita numa hora de desespero, que aliás é o nome de uma peça que ainda não foi montada em São Paulo, *Horas de Desespero*, uma belíssima peça, e é na hora do desespero que você não consegue fazer nada e eu estraguei a peça. Queimou a peça, porque não foi ninguém, ninguém viu, foi isso.

Depoimento de Oswaldo Mendes

"Quando começamos a fazer teatro amador, no início dos anos 60 e quando vínhamos para São Paulo, eu sou de Marília, íamos ao

Sesi, que ficava na Praça Dom José Gaspar, e conseguíamos algumas coisas lá: textos, algumas publicações, tudo mimeografado. Hoje tudo bem, você vai a uma biblioteca e encontra algumas coisas, mas no início dos anos 60 não tinha nada que falasse sobre expressão corporal, cenografia, iluminação, tinham textos que mostravam até como você montava uma luz, isso tudo foi inventado pelo Osmar. Eu lembro que a consulta era muito simples, chegávamos e sempre tinha um funcionário que nos colocava a vontade: — «o que você está procurando?»... «que tipo de peça?»... «qual o texto que você quer fazer»? Tinham as apostilas, que eu tenho algumas ainda! Acho que conheci o Osmar assim e nasceu um respeito muito grande por ele, da minha parte, até porque faz parte da minha formação, porque, queira ou não, o gosto pelo teatro também passou pelo TPS e até a informação. Essas apostilas nós líamos com avidez, porque não havia publicações e as que existiam eram muito caras para nós. Ainda hoje o livro é caro. As peças do TPS, por exemplo *Caprichos do Amor* de Marivaux, eu tenho até hoje o texto que eu consegui lá! Como você poderia ter uma biblioteca de teatro num grupo amador se não fosse por esse caminho?

"Mas a geração dos anos 60, a nossa geração, foi muito privilegiada. Tínhamos informação de todos os lados, quer dizer, da mesma forma que você tinha o Arena se formando, você tinha toda uma geração de diretores se formando, o Oficina, você tinha o TPS, você tinha várias coisas acontecendo. Acho injusto lembrar da década de 50 e 60 e não se lembrar do TPS! Geralmente você lembra o Oficina, o Arena que tinham uma função política e até mesmo estética, numa discussão de um teatro brasileiro, de uma dramaturgia brasileira, de um estilo de representação brasileira, mas você tinha o TPS que dava acesso, por exemplo, eu aprendi e conheci Marivaux no TPS. Os clássicos como Molière já eram representados, o Arena havia feito o *Tartufo,* mas *O Avarento* do TPS me marcou. O TPS era formador, até pela característica que o Osmar imprimiu, de fazer um teatro meio na linha do Jean Vilar que monta os clássicos, o TPS fazia isso. Nem o Arena, nem o Oficina estavam preocupados em fazer esse tipo de dramaturgia e é isso o que eu acho importante reconhecer. Porque tinha todo um teatro que era político, que tinha uma função muito forte na época, mas se você tivesse só aquilo e não tivesse alguém dando a base também, você ficaria com uma lacuna. Por isso digo que a minha geração foi privilegiada, porque tínhamos essa diversidade. Talvez até achássemos que o TPS ao invés de montar *O Milagre de Annie Sullivan* pudesse ter feito um Górki ou um

Brecht na época... Mas da mesma forma que o Paulo Mendonça chorou no *Milagre*, eu chorei e todo mundo chorou, porque era um espetáculo muito bonito, então dava para ver o teatro nas suas múltiplas faces. O teatro não tem um rosto só. O fenômeno é uma coisa só, quer dizer o ser humano diante de outro ser humano, mas as caras que ele adquire são muitas. E o TPS era um desses rostos, talvez muito forte na formação, digo isso porque tanto o Arena como o Oficina também se preocupavam com a formação, mas era no sentido político. Queríamos mudar o mundo, acreditávamos que era possível mudar o mundo. Hoje essa geração que aí está não acredita que é possível mudar, nem a sua vidinha. Nós não, acreditávamos que podíamos mudar nossa vidinha e mudar a sociedade, mudar tudo! Agora é injusto, nessa avaliação que se faz, mesmo dos anos 60, falar dos diretores dessa época e não colocar dois nomes no devido lugar: José Renato e Osmar Cruz. Sempre que se fala dessa época começa se falando do Antunes Filho, do Flávio Rangel, do Zé Celso, do Augusto Boal, falam do Arena e esquecem do José Renato. Pois o Arena só existia porque tinha o José Renato que foi o fundador. Eu acho que o Osmar está nessa mesma base dos diretores que nascem nos anos 50 e fazem sua trajetória, cada um com seu perfil. Tanto o Osmar como o José Renato, como o Ademar Guerra são pessoas que não têm *lobby* na imprensa. Vocês são pessoas modestas, simples, de gestos pequenos, de voz pausada, calma. Isso tem muito a ver com o temperamento e com a ética também. Porque hoje se fala muito desse pessoal que faz *marketing* pessoal como o Ulysses Cruz, o Vilella, mas na época também faziam e eram pessoas ligadas a partido político e a grupos políticos bem definidos, mas nem o Osmar, nem o José Renato, nem o Ademar eram. Podiam ser até amigos, conviverem, mas não eram pessoas de grupos, como o Plínio Marcos também não era.

"O tempo é sempre uma boa referência, porque você olha e olha melhor e se você imaginar que o TPS levou o Plínio Marcos para fazer Noel Rosa naquela época, foi um ato político, independente do fato de ser Noel Rosa, de ser uma peça sem o caráter político de bandeira, mas o fato de o Osmar escolher o Plínio indicava uma postura política naquele momento que era extremamente perigoso. Hoje as pessoas falam : — «ah, mas era Noel Rosa!» É, mas vai fazer isso na época, fosse falar que você ia fazer Plínio Marcos independentemente da qualidade do texto dele ou não, só o nome dele ou não, só o nome dele já era perigoso.

"Tudo bem, está no momento de reformulação, de tentar buscar novos caminhos, é importante. Agora, você não pode construir uma história nova, se você abandona a história que você viveu. Meu depoimento é basicamente isso, você não pode jogar fora sua história de vida. Uma entidade é como uma pessoa, eu não posso hoje resolver ser diferente achando que eu vou cortar o meu cabelo diferente, que eu vou usar uma roupa diferente, vou botar um brinco na orelha, no nariz ou na boca, eu vou ser outra pessoa. Eu não sou outra pessoa, eu tenho uma história comigo. É a mesma coisa que eu disse em relação ao TPS, você pode fazer o que quiser, porque a vida oferece todos os caminhos e todas as possibilidades, mas o que você não pode é ignorar a sua história, que é a sua própria identidade, e o que identifica o TPS é sua história. Acho que a hora que você abandona sua história de vida, que foram várias décadas, três, quatro décadas, você não pode deixar de recolher as lições positivas e também as negativas, acertos e erros. Acho que uma das funções do TPS, que eu já ressaltei, é a função formadora, porque o TPS não tem que concorrer para disputar prêmio no final do ano, pois sua função não é essa. Vai ganhar, não vai ganhar, isso é brilhareco, é vaidade, e a hora que você põe a vaidade na frente das coisas, o seu trabalho deixa de ter sentido, ele não interessa mais, porque o que interessa é o resultado. É a velha história entre vocação e carreira, entre profissão e carreira, você escolhe uma profissão, você não escolhe uma carreira. As pessoas que escolhem uma carreira estão equivocadas, se você preza a profissão, sua vocação, a carreira vai ser resultado, conseqüência, você vai ganhar prêmio, ou não vai ganhar, vai ser reconhecido ou não, mas o que interessa é o seu trabalho. Acho que foi essa a filosofia desenvolvida no período do Osmar. Acho que no fundo ele deve ter uma magoazinha de não ter tido em alguns momentos o reconhecimento que merecia, é humano e compreensível, pois ele sabe melhor do que ninguém os espetáculos bons, mas é uma magoazinha que se desfaz no sentido maior do trabalho que ele desenvolvia, e o trabalho é *importante*. Ter aquelas novecentas pessoas apinhadas vendo Marivaux, vendo um clássico ou vendo um Noel Rosa, era mais importante do que meia dúzia de críticos, de pessoas brilhantes ou não, dizendo quem merece a medalhinha, quem não merece."

Cidade Assassinada

MAS VOLTANDO AO SESI, EU QUERIA ESTREAR A NOVA fase do teatro com um texto nacional. Nós ainda não tínhamos entrado na ditadura, bem, na verdade eu não sei, porque no Brasil é tão difícil distinguir quando tem democracia ou quando tem ditadura, pois a censura é sempre a mesma coisa, por exemplo, eu escolhi *Cidade Assassinada* do Antônio Callado, que foi proibida para dezoito anos porque o pai, na peça não tem isso, mas o pai tem certas liberdades com a filha, então a censura proibiu para dezoito anos, porque não era a história oficial. A história verdadeira é essa: o João Ramalho vivia com a filha, que é o personagem central da peça. Mas eu consegui, graças ao Sandro, o Teatro Maria Della Costa, fizemos a *Cidade Assassinada* com cenários do Clovis Garcia, que foi o nosso primeiro grande cenógrafo dessa fase nova. Acho que a proibição etária foi mais como vingança contra o Antônio Callado, porque ele era um homem totalmente de esquerda e todo mundo falava: "você vai montar o Antônio Callado?, você é louco!" Só que a peça de teatro não faz pregação política, é um peça histórica e eu queria montar uma peça histórica, mas justamente a censura proibiu para dezoito anos, sabe o que eu fiz depois?, todas as peças que montava eu proibia para dezoito anos, na ditadura, fora da ditadura, o censor dava para não sei quanto e eu sempre proibia para dezoito anos, não entrava menor e não tinha problema, porque num teatro que não é pago, entra muita gente que não está interessada em só ver teatro, está interessada em bagunçar e, na realidade, não dá para expulsar, pois não se pode fazer nada porque a pessoa sai dali e vai direto para a delegacia. Foi o que aconteceu com um guarda, numa das peças que nós fizemos, ele pegou um menino que estava bagunçando, deu uma bolachada nele, ele saiu de lá, foi à delegacia e deu parte do guarda e o guarda foi suspenso. Então é dezoito anos, não tem dezoito anos não entra. E acalmou um pouco a parte de molecagem.

Mas a *Cidade Assassinada* é um choque entre João Ramalho e José de Anchieta. O João Ramalho não quer sair de Santo André, porque foi ele quem criou a cidade e o Anchieta vai lá para fazer com que ele saia para transformar Santo André em outro tipo de cidade, acho que era um pouco também por causa do relacionamento dele com a filha, pois acho que a Igreja também reprovava. Mas ele era um personagem forte na realidade e na peça também. O único problema é que entra índio na peça e peça que entra índio é fogo, você não sabe como (des)vestir os índios, você não sabe como tratar, e essa peça ainda foi feita com móveis, adereços, roupas da Casa Teatral, porque não tinha ainda verba específica. Fizemos o cenário, era um cenário sintético, bonito, com dois praticáveis, um de cada lado do palco, no meio a casa do João Ramalho, nas laterais, eram feitas as cenas subseqüentes. Foi uma peça que agradou, a mim agradava muito, apesar de não ter um elenco de primeira categoria, tinham dois, três atores bons que sustentavam a peça, a qual, por si só, tinha um vigor muito grande. Daí eu fui ver o resultado dentro do Sesi e todos tinham gostado, acharam interessante. Nessa época eu lutava para conseguir melhores condições para o grupo, para poder apresentar espetáculos artisticamente melhores, tanto na produção como no trabalho de interpretação. Ao final de 62 eu consigo que o Sesi contrate o elenco e os atores passam a receber ordenados.

Referências sobre a peça

A HISTÓRIA DE UMA CIDADE

A peça de Antônio Callado consegue esse milagre da literatura dramática: transpôs o fato histórico sem distorcê-lo, faze-lo drama e história, usando os elementos teatrais que a mesma fornece. Ao focalizar a transposição da Vila de Santo André da Borda do Campo, para São Paulo de Piratininga, mudança essa conseguida pelos jesuítas, com anuência do Governador-Geral Mem de Sá, criou-se em 1560, um choque entre as forças ramalhistas de Santo André e as jesuíticas do Colégio de Piratininga. A luta de João Ramalho para manter os foros e pelourinho que com tanto esforço e tempo ele conseguiu implantar, criou em torno dele uma auréola de desbravador e colonizador, que de fato foi. Esse é o tema principal de nossa peça. Depois da mudança de Santo André para São Paulo, Ramalho abandonou tudo e foi morar isolado de todos até a sua morte em 1580 mais ou menos. Homem de quase cem anos de idade, "andava nove léguas a pé antes de jantar", dominava a todos os índios da região e viveu com Bartira, filha de Tibiriçá, durante quarenta anos. Ramalho foi um homem que serviu a todos e a tudo, porém, para manter sua vila, negociava índios, conjuntamente com Antônio Rodrigues, permitia a poligamia e nunca foi muito amigo dos jesuítas, porque estes quase sempre procuravam colocar os habitantes da sua Santo André no caminho da religião e da civilização. Tudo isso e mais algumas referências históricas a peça apresenta. Apenas no final o autor, ao fazer João Ramalho desaparecer, resolveu de maneira dramática a história, pois ao perder de vista sua vila o velho Ramalho abandonou a tudo e a todos. A peça possuindo tanta veracidade histórica, mesmo assim permite a sua realização cenicamente, sob a forma dramática e épica conjuntamente. A peça é quase uma epopéia. A fusão desses elementos teatrais às vezes dá colorido e maior força, para melhor compreensão do texto. Não nos servimos de teorias para a encenação, apenas usamos aquilo que o teatro nos permite usar e o resultado poderá não agradar a muitos, mas temos a certeza que foi a melhor maneira de realizar o espetáculo que concebemos. Nossa maior preocupação é fazer um espetáculo que atinja as camadas populares não afeitas ao teatro, ao mesmo tempo dando-lhes algo um pouco acima daquilo que realisticamente o teatro da televisão, ou mesmo alguns espetáculos que porventura assistiram, lhes tenham ficado na memória. Nossa missão não é a de fazer só arte pela arte, mas de educar artisticamente um público, trazê-lo ao teatro, dar-lhe aquela elevação moral e cultural que só um teatro bem-feito e bem realizado é capaz de fazer. Um velho plano concretiza-se. Uma casa de espetáculos para uma longa temporada para um público novo. Isso o Sesi com seus atuais dirigentes, nos proporcionaram, oxalá tudo seja feito para o bem comum da nossa obra educativa. A esses senhores, os nossos agradecimentos, temos certeza que o nosso trabalho será a maneira mais completa de demonstrar nosso reconhecimento e o reconhecimento do próprio teatro. Também a Sandro Polônio e Maria Della Costa, que compreendendo o sentido educacional do Teatro Experimental do Sesi, cedeu-nos por todo o tempo de sua ausência o seu belíssimo teatro. A todos o nosso reconhecimento. Antes de terminar, gostaríamos de esclarecer um trecho importante da peça que é o auto de Anchieta, representado por indígenas civilizados. Ou faríamos uma representação estilizada o que estaria em desacordo com a peça ou daríamos um caráter bem primitivo à representação, como de fato deveria ter sido feito naquela época, escolhemos esse caminho. Todos os atores do auto o representam como se fosse uma peça de colégio em festa de fim de ano. (ORC)

Trechos de Crítica — *A Nação* — por Clovis Garcia — 28/9/1963

O Teatro Experimental do Sesi, sob a direção de Osmar Cruz, vem, de forma continuada, realizando um trabalho de divulgação do teatro como forma de culturização dos trabalhadores. As peças escolhidas procuram um equilíbrio entre o nível artístico e a sua acessibilidade por parte de um público que não está habituado ao espetáculo teatral. É uma forma de teatro popular que, se não é comprometido, pelo menos se utiliza honestamente desse meio de expressão artística como força de democratizar a cultura. Agora, com a locação do Teatro Maria Della Costa por um longo prazo, Osmar

Cruz pretende desenvolver suas atividades, ampliando sua experiência. E, para essa nova fase, escolheu a peça de Antônio Callado, *Cidade Assassinada*, escrita para concurso do IV Centenário de São Paulo. A figura histórica de João Ramalho, cercada de lendas e as lutas pelo predomínio no planalto entre a vila fundada por esse desbravador, a antiga Santo André da Borda do Campo e o novo povoado erigido pelos jesuítas em torno do Colégio de São Paulo, são elementos de marcada teatralidade, atingindo mesmo o nível da tragédia, no sentido clássico. Antônio Callado compreendeu essa importância do tema, dando à sua peça um sentido épico e, alterando o fato histórico, fez João Ramalho morrer juntamente com sua vila, para ser respeitada a dimensão trágica. A peça existe em função do personagem central, opondo sua vontade contra tudo e contra todos, até ser destruído pela força do destino. Nesse sentido, *Cidade Assassinada* atinge o nível clássico da tragédia. O que lhe tira uma força maior é a indecisão entre o épico e o lírico, a intenção de quebrar a tensão com cenas poético-românticas, que resultam numa certa descontinuidade no impacto trágico. Essa descontinuidade mais se acentuou na encenação de Osmar Cruz, que não contava com atores capazes de sustentar as cenas líricas num tom elevado. A concepção geral do espetáculo, porém, está acertada e não temos dúvida de que, com um elenco de maior força dramática, o trabalho do diretor obteria um melhor resultado. Assim mesmo, deve ser louvado o efeito épico conseguido nas cenas centrais, inclusive no segundo quadro do terceiro ato, cuja dramaticidade beira o melodrama, que a habilidade do diretor, auxiliada pelo principal interprete, conseguiu evitar. [...]. Um espetáculo semiprofissional mas que atinge, pelos valores da peça, pela concepção do diretor e pela interpretação do principal ator, um nível superior a muito espetáculo profissional que se apresenta por aí, com muita pretensão.

Trechos de crítica — *A Gazeta* — por Oliveira Ribeiro Neto — 30/9/1963

Indubitavelmente *Cidade Assassinada*, peça que está sendo levada pelo Teatro Experimental do Sesi no Teatro Maria Della Costa, cumpre para o público a sua finalidade de cultura e diversão. Baseada em um dos episódios mais importantes da história de São Paulo, quando por ordem do governo-geral de Mem de Sá, em 1560, foi extinto o burgo ramalhista de Santo André para fortalecer a implantação e a defesa de São Paulo de Piratininga, esse drama de

Antônio Callado apresenta com finalidade e visos históricos os acontecimentos, com exceção apenas da morte de João Ramalho, que no drama foi apressada de vinte anos, pois o grande patriarca, primeiro pai branco dos paulistas, ainda sobreviveu duas décadas à remoção do pelourinho de Santo André para a cidadezinha jesuítica de Piratininga, e até chegou a ser o seu grande defensor em 1562, quando os tamoios confederados a cercaram e ameaçaram arrasar. Mesmo essa morte prematura, entretanto, é explicável como símbolo da destruição de Santo André e a função exercida por seu fundador. A direção da peça, de Osmar Cruz, foi feita com bom conhecimento da época e do meio, em função da apresentação dos quadros, notando-se a singela representação de um auto anchietano como deveria ter sido feito pelos índios e mamelucos naqueles meados de 1500. Nesse ponto é curiosa a resistência do diretor da peça à fácil tentação de desvestir os índios de *Cidade Assassinada* que aparecem vestidos como os colonos paulistas da ocasião e não se preocuparam com maquilagens para mudar de raça. Os arranjos cênicos são de Clovis Garcia, (muito bons), apresentando um cenário praticável em que só se vê a esquadria do corte da casa de João Ramalho, delimitando-lhe o ambiente. Para esses cenários é preciso combinar bem com os interpretes onde estariam as portas e janelas, para que eles não entrem ou saiam e não olhem a paisagem pelos lados em que deveria haver parede. Esse é um ponto que Osmar Rodrigues Cruz precisa rever com os seus dirigidos. Os sinos que se ouvem em alguns pontos da peça, simbolizando o aprestamento bélico do burgo ramalhista, deveria também ser modificado para um som mais simples, de sino mais aflito e solitário, diferente do afinado dobre dos carrilhões de uma grande catedral. O elenco do Teatro Experimental do Sesi representa de forma elogiável [...]. *Cidade Assassinada* constitui espetáculo de valor cultural, que merece ser visto e aplaudido por todos.

Noites Brancas

ASSIM QUE PUDE COMECEI A PROCURAR A PEÇA SEGUINte. E me falaram que a Bertha Zemel tinha uma adaptação de *Noites Brancas* do Dostoiévski. Fui falar com ela, fomos ao apartamento dela, a Nize e eu. Achei interessante a idéia dela fazer, é claro. Bertha é uma grande atriz, ela tem uns trejeitos, mas é uma boa atriz. Ela fez a Nastenka, o Odavlas Petti fez o Wladimir. No cinema foi feito pela Maria Schell e o Marcello Mastroianni, como *A Pequena da Província* foi feita no cinema, com a Grace Kelly, que ganhou o "Oscar", por aí se vê como o personagem era interessante, aos cinéfilos o filme chama-se *Amar É Sofrer* e não tem nada a ver com a peça. Mas *Noites Brancas* foi feita com o cenário do Clovis Garcia. Começou aí, efetivamente, a longa caminhada do TPS.

Referências sobre a peça

Noites Brancas faz parte do Dostoiévski mais jovem, porém não menos atormentado. *Noites Brancas* foi a última coisa que escreveu antes de ir para o presídio em Omsk. Encontrava-se em São Petersburgo, local da verdadeira noites brancas. Aí na sua cidade querida escreve essa história. Como pintor da vida humana, Dostoiévski não esquece nunca o elemento psicológico introspectivo, apesar de não deixar de lado a sua força ao colher os caracteres nas suas manifestações exteriores. Ettore Lo Gatto na sua excelente *História da Literatura Russa* escreve: "É característica a este respeito na obra dostoievskiana a absoluta falta de elementos da natureza, tão representada pela maioria dos escritores realistas, comparáveis pela altura artística. A individualidade humana impõe-se a Dostoiévski, com demasiada força para que ele sinta a necessidade de a apoiar a elementos exteriores, estranhos a ela no momento da manifestação. Pela mesma razão faltam nas suas características as partes expositivas, que tantos escritores realistas julgam indispensáveis, e predomina pelo contrário o diálogo considerado pelo escritor mais próprio para revelar as personalidades individuais dos seus heróis; obcecados pelo próprio autor, pela necessidade de se revelar e buscando por isso afanosamente a própria expressão. Daqui resulta certa fadiga para o leitor comum das obras de Dostoiévski, e a necessidade de orientar o próprio espírito, porque o anel mágico que mantém unido o mundo exterior ao mundo interior não se quebra ou não se revela como um simples meio técnico de domínio das misteriosas forças dinâmicas de que os homens e os acontecimentos estão possuídos. Contrário em geral ao teatro e aos seus artifícios, Dostoiévski surge-nos como o mais teatral dos escritores russos; não foi sem razão que Ivanov definiu o romance de Dostoiévski como uma "tragédia", quer do ponto de vista da sua condução para uma solução trágica, para a "catarsis", quer dos meios desta condução. Também as partes narrativas com a sua estranha secura e aridez confirmam tal interpretação, correspondendo em certo sentido às explanativas, que não têm outro fim senão o de dar aos heróis a possibilidade de se exprimirem em diálogo". Toda essa forma intrínseca e extrínseca do Dostoiévski encontra-se na adaptação de Bertha Zemel. Humildemente ela transpõe para o palco a novela, sem distorcê-la, conservando todo o diálogo e as intenções do autor, dando-lhe forma teatral. *Noites Brancas* é quase um poema dramático. A pureza de seus personagens, a compreensão, a mensagem de amor e ternura, justifica a sua montagem pelo Teatro Popular do Sesi. Após um drama histórico, quase didático, fazia-se necessário uma peça que apresentasse problema diferente. Sendo nosso programa a apresentação de um teatro educativo, *Noites Brancas* sem ser uma peça didática, traz uma mensagem educativa através do estilo de Dostoiévski, escritor da mais pura linhagem literária, mantendo a origem religiosa a que sempre esteve presente em sua obra, através de seus personagens. (ORC)

Trechos de crítica — *O Estado de S. Paulo* — por Décio de Almeida Prado — 6/3/1964

Três adaptações quase sucessivas, duas cinematográficas (a russa e a de Visconti) e esta teatral, vem demonstrar que a velha e romântica novela de Dostoiévski ainda tem alguma coisa a revelar ao espectador moderno, ainda que seja, simplesmente, trazer aos seus ouvidos ecos de uma melodia outrora familiar e agora já quase esquecida. *Noites Brancas*, com efeito, é uma história paradigmática, exemplar, fundindo numa ação simples toda uma série de mitos populares do romantismo em sua face que poderíamos chamar de angélica, em oposição à satânica: o jovem sonhador, solitário e incompreendido, a revelação súbita do amor através da mulher que é a sua alma gêmea, a efusão sentimental, a esperança da felicidade e a separação trágica — o encontro perfeito dera-se demasiado tarde. Tudo parece emanar da magia de algumas noites de primavera, como se as próprias personagens fossem produto do devaneio e o romance de amor não passasse de uma dessas imagens fugidias da felicidade que fabricamos para nós mesmos, sabendo embora que não podem ter qualquer correspondência no mundo real. É uma fantasia típica da adolescência, um sonhar acordado — mas nem por isso menos significativa ou cativante. A encenação do Teatro Popular do Sesi, estreada anteontem no Teatro Maria Della Costa, fica a meio caminho entre o amadorismo, de onde o grupo provém e o profissionalismo, para o qual se dirige. Daí, paradoxalmente, boa parte do seu inegável encanto. Fosse outra a história, menos baseada na força da imaginação, e talvez exigíssemos, do texto e do espetáculo, maior dose de técnica artesanal. Mas o faz-de-conta deste Dostoiévski quase lírico casa-se bem com o caráter por vezes primitivo da encenação, no bom sentido em que a palavra é empregada em pintura, de obra que se comunica a nós pela simplicidade e ingenuidade de tom. Tanto a adaptação de Bertha Zemel como a direção de Osmar Rodrigues Cruz tiveram a sabedoria de não desejarem ser espertas demais, criando uma atmosfera de inocência humana e artística que, sem nos levar a uma realização estética acabada, faz o suficiente para que possamos compreender e sentir o sabor da novela. [...]. Cenário de Clovis Garcia, aproveitando com inteligência as soluções mais atuais do teatro moderno.

Golpe militar (Revolução?) de 1964

ACONTECEU UM FATO MUITO TRÁGICO PARA NÓS BRASIleiros que foi o golpe militar de 1964, que o pessoal da direita gosta de chamar de Revolução de 1964. O Governo João Goulart que vinha tentando dar força à esquerda, com o comunismo que estava batalhando nas ruas, incomodou, como era natural, a burguesia, essa burguesia aliada ao poder econômico e mais uma parte da Igreja reacionária, se aliaram e montaram a Revolução de 64. Foi uma revolução de direita, o exército controlado pelo poder econômico, e como o exército é uma instituição anticomunista por tradição, aderiu à revolução e o Brasil viveu uma ditadura militar que durou vinte anos. Nós que estávamos no Sesi, nada sofremos porque o Sesi é uma instituição burguesa, reacionária, então a censura da polícia não incomodou. Mas o teatro foi extremamente prejudicado, inúmeras peças foram proibidas, pessoas foram presas, torturadas, foi uma fase tão difícil para o Brasil, porque não havia liberdade de jeito nenhum, qualquer peça que tivesse qualquer implicação política a censura proibia. Em 1964 todo mundo pensava que o Presidente Castelo ia tomar o poder, limpar e prender aqueles que eles achavam que eram indigestos para eles e só. Mas não foi assim, a coisa durou. O mais triste que aconteceu foi o AI 5, prenderam e torturaram muita gente, muita gente morreu torturada, maior exemplo disso foi o Vladimir Herzog que mataram e depois disseram que ele tinha se suicidado, quer dizer, foi muito triste, muito triste. Aliás, toda a ditadura é triste, no Estado Novo, fez mártires de todo o lado, o golpe de 64, também, e muitos que apoiaram a "revolução", tiveram de sair de fininho do país, porque a eles também queriam pegar. A gente tem idéia que quando fazem uma revolução dessa é para acabar com a corrupção, mas não é verdade, a verdade é que eles querem tomar o poder. A esquerda estava incomodando demais à burguesia, aos militares, à Igreja reacionária, então resolveram fazer essa "revolução" que torturou e matou gente.

A temporada de *Noites Brancas* ia bem, nessa época o José Celso, no Oficina, estava montando a peça do Górki, mas não foi muito incomodado, não. Ele foi mais incomodado depois, no *Rei da Vela*, que foi o mimo do Teatro Oficina. *Noites Brancas* prosseguia sua temporada normalmente, o movimento político era muito forte, muito efervescente, faziam-se reuniões. A censura proibia peças que tivessem tema político ou que enfocassem problema social. Os autores de teatro escreviam pensando que fosse melhorar um dia, mas levaram vinte anos, mais de vinte anos. O que acontece é que censura sempre há, porque se você faz uma coisa que não agrada à maioria, eles entram com Mandado de Segurança e pronto.

A temporada de *Noites Brancas* foi o primeiro passo para a implantação do Teatro Popular do Sesi, pois teve 84.000 espectadores. É que o texto é de uma poesia, é de uma beleza, além de tudo, tem um apelo popular enorme, enorme. Ela foi feita num cenário sintetizado, com praticáveis à direita e à esquerda, o centro era neutro para cenas de rua. A peça tem dois personagens e um terceiro que entra no fim, posteriormente, o Edgard Gurgel Aranha fez uma adaptação para viagem, porque essa adaptação da Bertha Zemel tinha muita gente. Ele fez uma adaptação só com três personagens para podermos viajar. Também fez um sucesso muito grande no interior. Aí, acabou o contrato com o Maria Della Costa e vamos procurar teatro! A minha intenção era não parar o teatro, não ficar sem teatro, não ficar sem funcionar. Eu tinha medo de que se parássemos, não fôssemos voltar muito cedo não, se bem que as coisas no Sesi corressem normalmente, apesar da situação deplorável de vivermos na ditadura, mais do que nunca precisava dar continuidade ao teatro, então escolhi uma peça que é uma jóia.

Caprichos do Amor e do Acaso

É DE MARIVAUX, COM TRADUÇÃO DE EDUARDO MANUEL Curado. Nós não tínhamos lugar para ensaiar, então pedimos emprestado a sala de ensaios do TBC e lá ensaiamos dois, três meses, tinha de entregar o teatro para o Sandro, pois ele ia voltar a fazer espetáculo no seu teatro. Por fim consegui o Teatro Aliança Francesa, montamos o cenário que foi feito praticamente lá, o Clovis Garcia foi quem desenhou o cenário, o Jarbas Lotto o construiu, ele foi todo pintado à mão no estilo do século XVIII por uma pessoa do Teatro Municipal. Nessa história o criado fica no lugar do patrão e o patrão no lugar do criado. Imagine isso na época do Marivaux que sentia a necessidade de escrever um texto que tivesse essa linguagem. Nós procuramos fazer a peça que era clássica, classicamente e funcionou muito bem. Ficou provado que autor clássico é popular, o que enchia o Teatro Aliança Francesa, o público ria muito. Um elenco ótimo, que tinha tudo para agradar e agradava. Nós ficamos no Aliança Francesa por muito tempo, até o diretor cultural da Aliança queria que ficássemos no teatro permanentemente. Mas fui à procura de teatro novamente, porque como eu não aceitei, eles iam ceder para outra companhia. Terminei a temporada no Leopoldo Fróis, que ainda não tinha sido demolido, era um teatro bom, agradável, já tinha trabalhado lá com o Teatro Experimental. Foi uma boa temporada a do *Caprichos do Amor*. Recebi um prêmio da APCT, pela popularização do teatro à frente do Teatro Popular do Sesi, um prêmio pelo qual tenho muito carinho, porque foi o primeiro que eu ganhei no Sesi. Havia ganho como amador, mas profissionalmente não. O Sandro queria fazer *Depois da Queda* no Leopoldo Fróis, por que eu não sei, ele tinha o teatro dele, mas ele quis ir para o Leopoldo Fróis e ele me alugou o teatro novamente.

Referências sobre a peça

Marivaux e Os Caprichos

Quando, em janeiro de 1730, os comediantes italianos representaram pela primeira vez *Os Caprichos do Amor e do Acaso*, não poderiam imaginar que a peça seria o maior sucesso de Marivaux na Comédia Francesa, e que seria considerada mais tarde uma das obras-primas do Teatro Francês, inspirando os melhores autores da cena dramática desse país como Musset, Giraudoux, etc. Ao escolher os cômicos italianos para apresentar suas peças, Marivaux tinha como principal motivo os seus gestos naturais, as suas expressões, e a sua perfeita dicção, pois eram os italianos atores natos. Trazendo para a França a Commedia Dell'Arte no século XVI, ali permaneceram durante dois séculos. Representavam com sotaque mas em francês, criando uma galeria de tipos que alimentavam todos os teatros de feira, até sua instalação no Hôtel de Bourgogne no século

XVIII. Essa *troupe* nova, brilhante e genial, possuía os melhores atores da época dentro daquela espontaneidade e naturalidade que tanto Marivaux exigia de seus atores. Foi com ele que os italianos largaram a improvisação, pois, desejosos de textos franceses, fizeram de Marivaux seu autor preferido e durante trinta anos tanto um como o outro caminharam juntos. Marivaux não deseja exprimir no palco as paixões, e não procurou ridicularizar seu tempo como Molière. Seu assunto foi o amor, e o seu nascimento dentro dos seus personagens. Ele demonstra neles toda a escala amorosa desde o surgir ameno e inquieto, as alegrias, os desejos e o seu florir. Não quer isso dizer que esses temas sejam leves. Não são bate-boca inútil ou conversa inconseqüente sobre o amor, mas um amor sensual, forte e profundo. "A elegância de estilo, a fantasia dos personagens não deve negar-nos, o debate do herói e da heroína não é um jogo de coqueteria, mas a procura de um assentimento potente que os unirá, para uma vida comum de deveres, de vida diária e de descanso", escreveu Giraudoux. O mundo criado por Marivaux não foge à realidade, suas cenas são trechos de um mundo real. As mulheres de Marivaux não são simples ingênuas. Elas são emotivas, e isso elas dizem com bastante realismo. Tanta audácia assim necessitaria de um teatro de vanguarda da época, e esse era a Comédia Italiana. Não ficou muito tempo preso às máscaras da comédia improvisada, apenas Arlequim sobrou. Através desses atores ele dizia mais objetivamente o que pensava sobre o mundo. Pensou-se durante muito tempo que o teatro de Marivaux era só feito de conversas amorosas sem conseqüências, onde a preciosidade escondia a ausência de sentimentos. É injusto dar a ele uma superficialidade, que apenas os que desconhecem sua obra e sua influência, lhe dão. Ele descreve sentimentos vivos, às vezes cheio de dor, às vezes deliciosos. A hesitação amorosa não é para ele nenhuma brincadeira. É uma luta entre o pudor e o desejo. A maneira delicada de escrever, não ofende nunca, comove sempre. *Os Caprichos* é a síntese desse seu pensamento. A peça é leve, na aparência dócil, mas profunda, seus personagens são vivos, atuantes, apesar da fantasia que os envolve. É a análise do amor em todo o seu quadro de sentimentos, e como ele se apodera de um coração, vencendo todos os obstáculos. É Marivaux um autêntico sucessor de Racine. *Caprichos do Amor e do Acaso* é a sua melhor comédia. Todo o seu teatro favorito é de disfarce, e essa peça é o que mais e melhor o representa. Seus personagens escolhem não mostrar o que são: o criado no lugar do patrão a camareira no lugar da patroa, podem dizer o que sentem sem o disfarce convencional da sociedade. O personagem sem disfarce não diz o que pensa do outro. Ao contrário, disfarçado poderá dizer e observar melhor seus companheiros. O patrão como criado e a patroa como criada apaixonam-se e ele promete casamento apesar de julgá-la criada. Tema duas vezes ousado, primeiro pela sensualidade depois pelo aspecto social que reinava na época, cheia de preconceitos de classe. Tudo isso dito num estilo delicado e inimitável. Os personagens dessa comédia não são colocados em cena, analisando seu amor como fogosa paixão, mas sim com ternura quando eles tomam consciência do sentimento que os une. Eles não entregam seus corações sem incertezas, inquietações, sobressaltos, receios, inconfessos ciúmes. É em torno de suas emoções que gira a trama. Jovens, ainda não de todo adultos, mostram estranho conhecimento dos corações, desconfiança inquietante em relação à vida. Toda essa gama de emoções e situações, Marivaux desenvolve num estilo precioso, tons esbatidos, vocabulário escolhido, manejo sutil da frase, delicados retoques. É a primeira vez que se encena Marivaux em português nos nossos palcos, tarefa difícil à qual o TPS se entregou de corpo e alma. A procura em transmitir esse gênio foi a maior preocupação nossa, e talvez nisso resida o maior valor deste espetáculo: a divulgação de um dos melhores e mais perfeitos dramaturgos de todo o teatro universal. (ORC)

Trechos de crítica — *O Estado de S. Paulo* — por Décio de Almeida Prado — 15/11/1964

Representar Marivaux em português — não cremos que a idéia tenha alguma vez ocorrido a qualquer de nossas companhias amadoras ou mesmo profissionais. Marivaux com sua fina e sutil dialética do amor, com seus engenhosos "distinguo" sentimentais, liga-se de tal modo ao século XVIII francês que não o imaginamos em outra língua. O Teatro Popular do Sesi ousou fazer a experiência — e não nos desiludiu. Não diremos que se trata de uma revelação: nem a cenografia de Clovis Garcia nem a direção de Osmar Rodrigues Cruz desejam renovar, oferecer uma versão inesperada e perturbadora de uma fisionomia já definida artisticamente. Mas ambos são homens de teatro competentes e de bom senso, que sabem o que estão fazendo, jamais se permitindo a liberdade de passar a terreno em que não possam pisar com toda a segurança. [...]. A peça inclui assim o público na contradança, ao fazer os personagens assumirem no palco a posição de atores ou de espectadores, introduzindo várias representações menores dentro da grande representação que nos é oferecida. Poderíamos imaginar o mesmo enredo em ritmo de "commedia dell'arte", com uma troca frenética de máscaras entre os atores, não fosse a gravidade, sobre a aparente despreocupação, com que Marivaux trata estas frágeis questões de amor. Fez bem a Aliança Francesa ao acolher no seu agradabilíssimo teatro da Rua General Jardim este espetáculo que não desmerece a cultura de seu país. E melhor ainda andou o Sesi, continuando a prestigiar o "Teatro Popular" que sob a criteriosa direção de Osmar Rodrigues Cruz, vai se firmando cada dia mais dentro do panorama do teatro paulista. Sesi, ninguém ignora, significa Serviço Social da Indústria. Mas, ao oferecer gratuitamente a dezenas de milhares de pessoas espetáculos como *Caprichos do Amor e do Acaso*, está indo além do muito que o seu nome promete, prestando um inestimável serviço social — e cultural — a toda a cidade de São Paulo.

Trechos de crítica — *A Gazeta* — por Oliveira Ribeiro Neto — 19/11/1964

MARIVAUX EM PORTUGUÊS

É no Teatro Aliança Francesa, à Rua General Jardim, que o Teatro Popular do Sesi está apresentando em português *Caprichos do Amor e do Acaso*, de Marivaux, como foi traduzida por Eduardo Manuel Curado. Trata-se de ótima tradução, de quem domina bem o francês e a nossa língua, e assim pôde transpor com exatidão e naturalidade as sutilezas que constituem os diálogos do célebre teatrólogo setecentista, sutilezas tão típicas que consagram até um estilo literário com denominação especial. Sem dúvida, no transcorrer do espetáculo notamos, que nas falas dos personagens certas discordâncias na conjugação do verbo e no uso dos pronomes (como por exemplo, nas falas de Sílvia, Lisette e Dorante, o uso do infinito pessoal reflexivo na terceira pessoa do singular (se) quando o verbo vinha na segunda pessoa do plural), mas atribuímos isso a distração dos atores, pouco acostumados ao cerimonioso tratamento de vós, e não erro do tradutor. A peça foi apresentada sob a direção de Osmar Rodrigues Cruz a quem devemos já vários espetáculos do Teatro Popular do Sesi, encenados com seriedade e precisão. E nessa mesma linha está *Caprichos do Amor e do Acaso*, montada e dirigida com muita atenção aos detalhes e ao significado dos personagens. Talvez se possa considerar a figura de Pasquim exageradamente caricatural, mas é preciso não esquecer que Marivaux adotou esse personagem dos palcos italianos, adaptação do Arlequim da Commedia Dell'Arte ou do vêneto Goldoni, seu festejado contemporâneo. O próprio entrecho de *Caprichos do Amor e do Acaso* é goldoniano, com os seus criados sabidos e falantes tomando o lugar dos patrões nobres. [...]. O cenário de Clovis Garcia é discreto e sem maiores compromissos, no gênero clássico de gabinete. A indumentária da peça foi bem cuidada, com as suas cabeleiras brancas, as suas saias-balão e as suas casacas bordadas, da época de Luís XV.

Trechos de Crítica — *Folha de S.Paulo* — por Carvalhaes — 14/11/1964

Sempre que se for julgar uma encenação do Teatro Popular do Sesi, será preciso distingui-la das demais representações em curso. Ao passo que as outras vivem do teatro, as do Sesi procuram servir ao teatro. Nada se cobra ao público — a não ser, é claro, o seu aplauso. Faz-se intensa campanha de divulgação do bom teatro e procura-se dar a um público em sua maior parte ainda não iniciado o melhor espetáculo possível na mais confortável casa teatral. [...]. A direção de Osmar Rodrigues Cruz é exata, não resvalando pelas improbidades oriundas não se sabe se da ignorância ou ma-fé, vistas ultimamente em certas adaptações de clássicos. [...]. A seriedade e a vontade que o elenco do Sesi tem de fazer bom teatro, um teatro sério, que nem coteja o gosto da moda nem comete infidelidade ao autor, é muitas vezes maior que os meios de que dispõe. Ainda não estou convencido que a melhor maneira seja oferecer todo este esforço sem retribuição, por menor que ela seja. Não sei ainda se o público não está sendo mal-acostumado, quando se lhe convida a ver teatro de graça. Brasileiro é louco por vantagens, por exceções, pelas coisas oferecidas grátis. Acostumá-lo ao teatro é missão das mais nobres e urgentes. Fazê-lo pagar por isto, ainda que pouco, será a complementação da obra.

A Sapateira Prodigiosa

EU FUI PARA O TEATRO MARIA DELLA COSTA E ESCOLHI *A Sapateira Prodigiosa*, do meu querido García Lorca. A tradução era do Cabral de Melo Neto e a coreografia era de Paula Martins. Essa peça não foi a melhor coisa que eu fiz na minha vida, nem a pior. O próprio García Lorca, com a Barraca, fazendo teatro pela Espanha, não fazia as peças dele, fazia os clássicos espanhóis: Lope de Vega, Calderón. Quando eu fiz *A Sapateira Prodigiosa*, achei que o tema era popular, só que popular para espanhol, pouco tinha a dizer para o povão brasileiro. É uma peça poética, e querendo aproximá-la mais da nossa platéia, coloquei dança, música, canto, só que não acertei. Não fez muito sucesso, para falar a verdade fez bem pouco. Não tivemos muitos espectadores e por isso saiu logo de cartaz. Os críticos se dividiram apontando, de acordo com o ponto de vista deles, acertos e falhas no espetáculo.

Referências sobre a peça

Federico García Lorca, o poeta e teatrólogo mais famoso da moderna literatura espanhola nasceu em Fuente Vaqueros, localidade próxima de Granada, em 5 de junho de 1899. Seu pai era fazendeiro e sua mãe professora. A ela García Lorca deve seu gosto pela leitura e pela poesia. Dessa infância no interior Federico conservou a lembrança dos cantos populares que deveria utilizar mais tarde em sua obra teatral, seu pai destinava-o a estudar Direito, mas ele preferiu as Letras, e durante os seus estudos em Granada começou a escrever, aprender música e desenho. Nessa época descobre e apaixona-se pelo Século de Ouro Espanhol e pelo Romantismo. Em 1917 aparece sua primeira obra publicada, *Impressões e Viagens*, escrita após uma longa viagem pela Espanha. Em 1919 muda-se para Madri onde leva a vida alegre dos estudantes, freqüentando toda a juventude intelectual de então: Salvador Dalí, Luis Buñuel, Bergamín, Alberti, etc. Em 1920 é montada em Barcelona a sua primeira peça, *O Malefício da Mariposa*, em 21 publica seu *Livro de Poesias*. Ao mesmo tempo monta espetáculos de marionetes dos quais desenha os cenários e cujo acompanhamento ao piano é feito por Manuel de Falla. Em 27 apresenta seu primeiro drama, *Mariana Piñeda*, com cenários de Salvador Dalí. Inicia-se na vida do poeta uma fase de produções incessantes, *Poemas do Canto Profundo*, *Primeiras Canções* a farsa *Amor de Perlimpim e Belisa em Seu Jardim*, *Romancero Gitano* publicado em 28 quando Lorca viajava para Nova York onde se instala por longo tempo na Universidade de Colúmbia. Aí produz *O Poeta em Nova York*. Em Cuba, para onde viaja pouco tempo depois, escreve duas peças pouco conhecidas e surrealistas, *O Público* e *Quando Cinco Anos Passaram*. Neste mesmo ano Lorca retorna à Espanha e dedica-se inteiramente ao teatro. *A Sapateira Prodigiosa* é muito bem acolhida e em 31 Federico García Lorca recebe a direção de "La Barca" um grupo de teatro ambulante. As condições de trabalho lembram a dos tempos antigos e Lorca diretor alterna as peças de Lope de Vega, Calderón e Tirso de Molina com suas próprias peças. Sua inspiração é toda do Século de Ouro Espanhol e ele se proclama sucessor e discípulo daquele teatro de inspiração folclórica. Suas peças daquela época são: *Bodas de Sangue*, *Yerma* e em 35 *Dona Rosita, Solteira*, retratos profundos da sensibilidade dramática espanhola. Após uma temporada em Buenos Aires publica *Canto por Ignacio Sánchez Mejías* e completa *A Casa de Bernarda Alba*, uma de suas peças de maior ressonância, nesta mesma época inicia uma peça que permanecerá inacabada *A Destruição de Sodoma*. Em julho de 1936 Federico García Lorca morre assassinado em Granada, aos 37 anos de idade. Numa montagem de *A Sapateira Prodigiosa* procura-se sempre a síntese de todos os componentes do espetáculo: o verbo dramático, o verbo poético, música, dança, canto e movimentos de conjunto. Esta forma exterior no tratamento do texto de Lorca tem como objetivo uma melhor penetração no público popular. Ao lado dessa forma exterior existe na peça de Lorca, o que é o principal, uma autêntica reprodução dos sentimentos da alma feminina espanhola com os costumes e as tradições andalusas, em forma poética, poesia essa que se torna um elemento de ação. De acordo com o pensamento de Lorca os recursos exteriores utilizados na peça são apenas acessórios: o que mais importa é transmitir a alma feminina da sapateira em relação a tudo o que a cerca. Principalmente seu velho marido. Isso será claro no texto de Lorca sendo o primeiro ato todo ele levado para o tom da farsa com elementos de dança, canto, principalmente desfile grotesco dos personagens que cercam a Sapateira. Já no segundo ato a peça adquire maior dramaticidade, e aí então é que surge toda a poesia do teatro lorquiano. Procurando um tom médio entre a comédia e o drama, a encenação deu aos personagens uma existência real, apesar de colocados num clima grotesco. Apenas a Sapateira e o Sapateiro é que vivem no palco seus sentimentos verdadeiros. Desde as vizinhas da Sapateira aos clientes do futuro bar, que rodeiam a figura da Sapateira, todos são elementos para desenvolver o caráter e a figura de uma das mais perfeitas personagens do teatro lorquiano. Para caracterizar toda a forma exterior do espetáculo e dar clima total à encenação, procura-se aliar a dança andalusa, o canto, a guitarra, e assim formar um quadro onde os sentimentos dos dois personagens formassem um contraste entre a forma brilhante e espetacular e o caráter íntimo dos dois personagens centrais. A atual montagem de *A Sapateira Prodigiosa* talvez se encontre próximo do chamado teatro total que era o principal objetivo de Federico García Lorca. Não podemos nos esquecer que *A Sapateira* de Lorca foi sugerida pelo balé *O Chapéu de Três Bicos* de Alarcón e Falla e tem como fonte Lope de Vega que representa o teatro espanhol do Século de Ouro. (ORC)

Trechos de crítica — *O Estado de S. Paulo* — por Décio de Almeida Prado — 20/6/1965

Continua o Teatro Popular do Sesi na admirável missão a que se voltou. Oferecer ao público as melhores peças do repertório universal, sem nada pedir em troca. Depois de Dostoiévski, Marivaux. Depois de Marivaux, García Lorca — e sempre gratuitamente. Seríamos quase levados a concluir contra a evidência dos fatos: "too good to be true". *A Sapateira Prodigiosa*, entretanto, sem desmerecer, baixa de nível em relação a *Caprichos do Amor*. Não só por culpa dos atores ou da direção, mas do próprio passar dos anos, de *Yerma* e *Bodas de Sangue* até *A Casa de Bernarda Alba*. De qualquer forma, não é difícil reconhecer nesta obra de juventude os grandes temas de todo o seu teatro: o texto, que é de um Lorca ainda imaturo tecnicamente, sem a maestria que foi adquirindo da mulher só, abandonada pelo marido ou solteira, sem proteção todo-poderosa do homem, indispensável material e espiritualmente nas sociedades patriarcais; os desencontros entre marido e mulher; a frivolidade e volubilidade femininas; a honra conjugal, encarada como um valor absoluto; a bisbilhotice típica da vida provinciana (e o próprio Lorca deve ter sentido em torno de sua vida particular com esse coro babujento dos vizinhos que retratou de modo tão cruel nesta sua "farsa violenta"); o choque entre o impulso vital, que leva a "zapaterrilla" a cantar, a namoriscar, a rir, sem ver nisso nada de mal, e as exigências de uma moral particularmente severa no que diz respeito às relações entre os dois sexos. A imagem final que nos fica é a mesma das outras peças: a imagem de uma Espanha dilacerada entre a sensualidade e o puritanismo, ambos igualmente aguçados e dominadores. A maneira da peça é de uma lenda popular, como essas histórias contadas por cegos nas feiras, meio, aliás, de que se serve o "zapatero" para averiguar a fidelidade de sua "zapatera". Não falta ao enredo, como se vê, nem mesmo o estratagema mais comum em tais narrativas: o marido que volta disfarçado para pôr à prova a honestidade da mulher, injustamente suspeitada. A história da peça é um pouco de uma megera não domada: o homem descobre que a felicidade conjugal consiste afinal em fechar os ouvidos aos mexericos, aceitando a esposa tal como é, agreste e amorosa, leviana e honrada. Ora este enredo propositadamente ingênuo, quase de teatro de títere, não se completa no palco sem uma qualidade esquiva: a poesia. [...]. A direção de Osmar Rodrigues Cruz parece-nos falhar em dois pontos importantes: na compreensão do papel principal e na conjunção do texto com a dança, no final do primeiro ato. Não há dúvida de que a música, o canto, o bailado, podem ser incorporados com vantagem à peça mas seria preciso que houvesse realmente integração dramática e não simples justaposição, como aconteceu. Bonitos o cenário de Clovis Garcia e os figurinos de Campello Neto, dando, em conjunto, aquela sensação extraordinária, ao mesmo tempo de simplicidade e de riqueza de colorido, que é a tonalidade exata para o teatro de García Lorca. O espetáculo, que ocupa o Teatro Maria Della Costa, está de resto muito bem cuidado materialmente, podendo ser apresentado, perante qualquer público.

Trecho de crítica — *Diário Popular* — por Horácio Andrade — 22/6/1965

A Sapateira Prodigiosa é uma peça da juventude de García Lorca e bem indicada pela simplicidade de sua fabulação, para um teatro como é o do Sesi. Osmar Rodrigues Cruz, que é o diretor do conjunto, juntou aos seus amadores um grupo de artistas profissionais e, com isso, inegavelmente melhorou o espetáculo. A comédia foi bem escolhida porque entre cenas singelas, de um meio plebeu, capta muita poesia e um fio de moralidade de que se não deve perder de vista. [...].

Trecho de crítica — *A Gazeta* — por Oliveira Ribeiro Neto — 22/6/1965

[...] o espetáculo é que deve atrair o público uma vez que escolhido com conhecimento integral da psicologia da gente comum ao qual é destinado — *A Sapateira Prodigiosa* agrada por ser uma comédia ligeira, alegre, com muito espírito espanhol, de fácil execução e rápida compreensão, que o teatro do Sesi encenou com capricho e cor local, com cenas ao som de guitarra e taconeios andaluzes de bom efeito popular [...].

O ALBERTO D'AVERSA, NO *DIÁRIO DE SÃO PAULO* DE
23/6/1965, além de "descer a lenha" no espetáculo, aproveita para fazer um discurso contra nossa iniciativa, contestando o "Popular" do TPS e pergunta "Popular, por quê? Por que não paga ingresso? [sic] Pela difusão do teatro?" Ele achava que o grupo gozava de regalias, pois o fato de se apresentar sempre nas melhores casas de espetáculo tirava dos demais grupos, a oportunidade de exibir-se, já que a preferência era dada ao Sesi, também porque suas peças ficavam por muito tempo em cartaz. Mais tarde ele entendeu o que pretendíamos com o TPS e manifestou isso em várias outras críticas. Pois é, D'Aversa não gostou da encenação e tinha razão porque eu também não gostava.

Depoimento de Clovis Garcia

"Fui cenógrafo do TPS em sete espetáculos durante oito anos. Mas tudo começou no teatro amador, onde conheci o Osmar. Depois, ele convidou-me para fazer o primeiro cenário para o primeiro espetáculo profissional do TPS, que foi *Cidade Assassinada* em 1963. Eu havia descoberto o Appia e apliquei-o totalmente!

"Na *Sapateira* fiz o cenário, mas o mérito do resultado positivo foi a união com o trabalho de concepção de luz do Osmar, que valorizou muito todo o visual do espetáculo. Mas o trabalho do cenógrafo é esse mesmo, estar produzindo junto ao diretor para obtenção do melhor resultado e o Osmar sempre apoiou minhas iniciativas, que por vezes foram ousadas com em *Intriga e Amor*, onde utilizei um cenário construtivista, já que o tema da peça é social, embora fosse um Schiller!

"Sempre gostei de trabalhar junto com o diretor, desde as leituras de mesa e isso sempre foi possível no TPS com o Osmar. Acredito ter mantido com ele uma boa sintonia."

O Avarento

DEPOIS DA *SAPATEIRA*, EU RESOLVI MONTAR UM MOLIÈ-
re. Acho que é redundância dizer que ele é popular, pois fazia as peças para agradar o grande público. *O Avarento*, para quem enxerga do ângulo do Harpagão, que é o avarento, a peça é um drama, mas essa é uma das peças mas bem-feitas de Molière, tanto que ela é feita sempre. Nós fizemos *O Avarento* com cenários do

Clovis Garcia e foi um sucesso enorme. Ia fazer uma outra no lugar de *O Avarento*, que era *A Falecida* de Nelson Rodrigues, mas fiquei com medo da censura proibir a peça, que não deixassem fazer, se bem que o Nelson Rodrigues era pró-golpe, não tinha nada contra, mas assim mesmo achei que a censura não ia permitir. Fiz assim *O Avarento* numa montagem em estilo clássico, se bem que procuramos uma abertura diferente para ela fazendo "externas", que ela não tem, não tinha pelo menos, mas depois que o Planchon veio para cá, com o Molière dele, vimos que nada tem problema. O que eram essas externas: cada personagem que chegava em vez de entrar pelo fundo, entrava pela frente, como se estivesse chegando pelo jardim, batia à porta, era atendido, entrava.

A temporada foi bem, foi uma das peças que mais me deu prazer de fazer. Molière sempre dá prazer de fazer. Adorei fazer Molière! Parece simples, mas não é. Ele é dificílimo, mas veio enriquecer o repertório do TPS que já vinha obtendo repercussão popular crescente desde *Cidade Assassinada*. A prova disso foram os questionários distribuídos à entrada do teatro que comprovaram, através das respostas, a enorme popularidade de nossas peças.

Referência sobre a peça

O Avarento está na fase intermediária na obra de Molière, entre a farsa e a comédia dramática, entre *Preciosas Ridículas* e o *Tartufo*. Pode não ser uma peça completa, mas ela é alinhavada por um gigante. Molière inspirou-se em diversas obras, desde Plauto a Boisrobert, e de todas, ele tirou algo, principalmente da *Aulária* de Plauto, mas foi apenas inspiração. A originalidade do tratamento é característica de Molière e seu Harpagão não é o pobre Euclião de Plauto.

A sua peça não é uma brincadeira inconseqüente, se bem possua a influência da comédia latina, seu personagem principal é trágico, aquele trágico que nos faz rir. Ele vive diante de uma família, de criados, de falsos amigos, que o odeiam. Vive fechado em seu círculo e dali não sai. Além de seu vício — a avareza, somente o amor consegue removê-lo desse círculo.

É justamente o pano de fundo onde se desenrola a trama, um fundo rosa para uma frente negra.

A encenação procurou antes de tudo realçar os dois lados da peça: o rosa e o negro. Se rimos de Harpagão, isso não quer dizer que ele seja cômico. Rimos do ridículo e do grotesco das coisas que ele faz pelo dinheiro. Mas ele em si, no seu íntimo, é trágico. Sua angústia, seu medo e desespero são verdadeiros e sérios. Apenas a situação em que está é que nos faz rir.

Para colocar esse ser real, ao lado de outros, torna-se necessário que o trabalho de interpretação esteja assente sobre um certo clima realístico, não realista no sentido histórico, mas numa autenticidade de intenções.

O espetáculo parecerá, e essa é nossa intenção, um quadro vivo, como viva era a "Commedia Dell'Arte", como vivos eram os "Comédiens du Roi". Um texto, em que a verdade humana e psicológica tem um poder enorme, só pode ser tratado com muita sinceridade simples e verdadeira.

Isso não quer dizer fuga às tradições, quer do trabalho latino, quer da cena francesa.

As pancadarias, as fugas, as correrias estão contrabalançadas quer no texto quer no espetáculo à farsa latina e ao drama burguês francês. O vício de Harpagão, que o envenena cada vez mais, evolui num quadro onde cada um procura tirar partido em benefício próprio. Todos estão, contra ele, ele está contra todos. Com isso sua família vai-se desagregando. Rimos porque queremos rir. No fundo o amargo vício de Harpagão leva-o várias vezes a um trágico fim, porém Molière com seu gênio cômico, introduz lances impregnados da comédia latina dando uma atmosfera de graça e fazendo um final feliz.

Seus personagens não são abstratos, eles são franceses do século XVII, Harpagão é inseparável do meio em que vive. Se vive isolado é por sua culpa.

A encenação seguiu para isso a velha frase de Charles Dullin, "Representar a peça, aí está a única tradição na qual eu creio".

Isso é o que foi procurado. Para deixar o texto mais fluente é que se criou as várias zonas cênicas, onde se vê o jardim, a rua e a porta de entrada e o salão da casa do Harpagão. A peça corre melhor, e os personagens encontram um ambiente mais lógico para funcionar do que a cena única.

Procurando conservar todo o espírito de Molière, colocou-se num tablado, os seus personagens verdadeiros, aí eles evoluem, cremos sempre evoluíram. Esquecer o tablado latino, numa peça que o conserva tanto, seria fugir não à tradição, mas ao verdadeiro sentido da obra. A sua seriedade contrapõe-se à alegria da velha comédia de feira, o tragicômico é a grande arma de Molière nas suas peças mais sérias, onde sempre procurou retratar a alma humana: "Quando vocês pintarem os homens, é preciso que pintem de acordo com a realidade; queremos que esses retratos pareçam com o verdadeiro e vocês nada terão feito se não fizerem reconhecer as pessoas do seu século".

Temos que acrescentar que os espetáculos do Teatro Popular do Sesi têm uma função educativa, e nunca poderia fugir a certas normas que iriam prejudicar a compreensão da maioria. Assim é que, mesmo fugindo às tradições, sempre deixamos a lembrança delas.

Neste, como em todos os seus outros espetáculos, além de sua função de entretenimento, parece-nos o Teatro Popular do Sesi cumprir uma missão importante: a de dar oportunidade a jovens atores a que iniciem suas carreiras. Por isso esse ar simpático de teatro profissional e de teatro jovem que têm os seus espetáculos. (ORC)

Trechos de crítica — *O Estado de S. Paulo* — por João Marschnner — 29/1/1966

O AVARENTO PELO TEATRO DO SESI

O melhor mérito da montagem preparada por Osmar Rodrigues Cruz de *O Avarento*, de Molière, parece-nos uma certa tranqüilidade fluente que deixa bem caracterizada, de parte do encenador, um profundo respeito a um autor clássico. O animador do Teatro Popular do Sesi demonstrou confiar na graça inerente ao texto de um autor tricentenário não se preocupando em entremeá-lo com "achados", "marcações brilhantes", "interpretações modernas", "adaptações para a nossa época e nosso mundo". Já se pode notar isso na escolha da tradução que, não procurando transformar a linguagem molièresca num linguajar brasileiro de 1966, conserva certo sabor arcaizante, certos maneirismos a coadunar-se com os maneirismos da gesticulação elegante dos personagens.

Vista sob esse aspecto, a atual apresentação de *O Avarento* coloca-nos diante de um espetáculo que não é uma transposição para nossa época de uma problemática que é sempre atual — a dos grandes clássicos quase sempre o é — nem um exumar de uma época histórica, uma tentativa de teatro-arqueológico que busca fazer viver uma época. Na concepção de seu diretor, *O Avarento* é uma fantasia que busca encantar um público simples, sem sofisticação, capaz de rir de situações humorísticas mesmo convencionais — melhor, talvez, seria dizer tradicionais — isso sem buscar efeitos pirotécnicos.

Agiu acertadamente o diretor, pois que considerou as naturais limitações impostas não apenas por um elenco, mas por toda a conjuntura do teatro nacional. O nosso é um teatro sem grande galeria de tipos. Geralmente faltam-nos atores adequados a certos papéis. Não temos, em todo um conjunto de atores surgidos desde a reforma do nosso teatro em tempos de TBC, um só caso de "jeune premier" convincente; não temos, graças a uma formação escolar deficitária, a notícia de um só curso que conseguisse formar atores adequados a papéis clássicos; não temos, em suma, tradição de alta-comédia; não temos um passado de gente que vestia gibões e punhos de renda. Um ou outro caso de elegância maneirista na interpretação deste ou daquele papel, que já vimos, foi sempre o produto de um talento natural e espontâneo, jamais o resultado de um método de trabalho. E por mais talento que este ou aquele ator tenha demonstrado nunca passaram eles de uma pálida cópia de uma arte de representar que, na Europa, os séculos desenvolveram.

"Sejamos pois simples", é o que parece ter pensado o encenador do Teatro Popular do Sesi ao iniciar os seus trabalhos, uma premissa que já seguira em espetáculo anterior, quando dirigira Marivaux. [...].

Trecho de crítica — *Jornal da Tarde* **— por Sábato Magaldi — 17/1/1966**

MUITO BEM LEVADO *AVARENTO* NÃO COBRA INGRESSO

[...]. O importante trabalho do Teatro Popular do Sesi é que ele oferece espetáculos aos industriários sem concessões à vulgaridade e ao mau gosto. Muita gente ainda pensa que, para interessar aos trabalhadores, não se deve sair da chanchada ou do melodrama. Osmar Rodrigues Cruz, diretor do Grupo, acreditou que poderia proporcionar valor educativo. A fonte escolhida foi a certa: os clássicos, que souberam reunir popularidade e grande arte. Com esse espírito, começou no sábado, no Teatro Maria Della Costa, a carreira de *O Avarento*, peça de Molière (1622-1673).

[...]. O cenário de Clovis Garcia, baseado em gravuras antigas e plasticamente bonito, poderia retratar melhor uma casa de avarento. Os figurinos de Odilon Nogueira não foram imaginados com o mesmo gosto.

Trecho de crítica — *Diário Popular* **— por Horácio de Almeida — 30/1/1966**

O AVARENTO DE MOLIÈRE NO TMDC

O Teatro Popular do Sesi está levando a efeito, no Teatro Maria Della Costa, à Rua Paim, mais uma temporada, em prosseguimento ao seu programa de irradiação da cultura a todas as camadas.

[...]. O diretor do conjunto sr. Osmar Rodrigues Cruz, está se revelando, cada vez mais, um ótimo condutor para o teatro que objetiva: o popular. Seus últimos espetáculos foram excelentes e o de agora sobrepujou-os. Molière é, sem dúvida, um inesgotável veio para o gênero. [...].

Trecho de crítica — *A Gazeta* — por Oliveira Ribeiro Neto — 25/2/1966

[...]. Entre os espetáculos apresentados até agora pelo Teatro Popular do Sesi, no seu incansável e benemérito afã de popularização do teatro, sob a orientação de Osmar Rodrigues Cruz, o de melhor direção parece-nos o atualmente montado no Teatro Maria Della Costa. [...].

Trecho de crítica — *City News* — autoria desconhecida — 20/2/1966

[...]. O espetáculo ressalta claramente que a direção de Osmar Rodrigues Cruz seguiu a linha simples e direta, servindo ao texto com elogiável compreensão de que devia transmiti-lo sem apegar-se aos "achados" e outras novidades que tais. Cada intérprete se desimcumbe do papel sem apegar-se a estilos rebuscados, de modo que as cenas fluem em perfeita comunicabilidade com a platéia. [...].

Trecho de crítica — *Diário da Noite* — por Alberto D'Aversa — 3/2/1966

[...]. Achamos que os méritos da direção se manifestaram num respeito ao espírito do texto — excessivo demais, a meu ver — numa simplicidade de marcação — que é virtude e não demérito — no exato ritmo de certos diálogos cômicos, na individualização diferenciante das várias personagens; [...].

Manhãs de Sol

BOM, DEPOIS DE *O AVARENTO* O SANDRO PEDIU NOVAmente o teatro, era um pingue-pongue danado, saía de um, entrava em outro! Então, fui procurar teatro e o superintendente do Sesi, que era o Paulo Correia, disse: — "por que você não aluga o Taib, o teatro está fechado, é certo que ele é meio fora de mão, mas faz lá uma publicidade, dizendo onde fica o teatro e pronto". Então, começou a preocupação de alugar o Taib. Conseguimos alugá-lo por um longo tempo e lá eu só poderia fazer o que tinha certeza que fosse sucesso. Fui buscar na imaginação, lá em baixo, o Oduvaldo Vianna, que ainda estava vivo. Oduvaldo Vianna e *Manhãs de Sol*.

Escolhi *Manhãs de Sol* para inaugurar a temporada do Taib, foi um tiro certo, aliás essas peças brasileiras no estilo de Oduvaldo Vianna são sucesso garantido. *Manhãs de Sol* reuniu um elenco de veteranos, como o Manuel Durães, que tinha feito a peça em 1921, como também gente nova. Aliás, ele achava que a peça fazia mais sucesso que no tempo dele, lógico, porque é como as peças de Molière, não morrem nunca, pois elas são, para nós brasileiros, eternas. Nós vamos transcrever a crítica do Décio de Almeida Prado, para ele a montagem foi um tiro certo no alvo. A crítica é um tratado sobre o quintal, já que a peça se passa num quintal e na vida do brasileiro era o local onde as pessoas da família passavam grande parte do dia e parece que até hoje ele tem importância no interior e em alguns bairros periféricos de São Paulo.

É uma das peças mais originais daquela época, ela foi sempre um sucesso, lembro-me que assisti com o Emílio Russo.

É uma história de uma família do interior, aliás ele é especialista nisso, ele tem *A Casa do Tio Pedro*, *O Homem que Nasceu Duas Vezes*, depois futuramente *Amor, Canção da Felicidade*, mas *Manhãs de Sol* é uma das melhores peças do seu repertório. Os cenários eram do Clovis Garcia, que era o cenógrafo oficial do TPS nessa época, as casas eram sobre rodas, que entravam e saíam; a peça tem três atos e no terceiro ato mudava o cenário, mas demorava muito porque não tinha coxia no Taib e não tinha onde esconder os carros. Mas foi um sucesso tremendo, um sucesso que eu não esperava, porque nós estávamos iniciando a temporada num teatro que não ia ninguém, de repente nós fizemos a "filipeta" e como ia gente, vocês nem podem calcular. Eu gostava do cenário, ele estava muito integrado na peça. O Clovis acertou no cenário, como eu acertei no elenco. Eu tive a felicidade de colocar o Manuel Durães, por sugestão do Oduvaldo Vianna, ele fazia um preto velho com cem anos, não falava nada, só falava — "oi sinhá... oi sinhá", mas quando ele entrava era um sussurro na platéia, as pessoas o reconheciam do rádio-teatro que ele fazia na Record. Tinha também a Banda do Genésio Arruda que emprestava um colorido todo especial ao espetáculo. A peça gira em torno de uma família, que mora no interior, e uns rapazes que vêm de São Paulo passar férias na cidade e se hospedam na casa vizinha de duas meninas que se apaixonam por eles. A peça está cheia de frases engraçadas e situações cômicas. Quando eu a assisti pela primeira vez tinha uns treze ou catorze anos, foi em Campinas e eu adorei a peça. Nunca mais a esqueci, quando fui para o Taib queria uma peça nacional com a certeza de que faria sucesso. Eu não podia fracassar, porque aí seria o fim. Mas fez sucesso e não só essa, no Taib fiz vários sucessos. Mas o inesperado de *Manhãs de Sol* foi a reação da platéia e como dizia o Manuel Durães: "o público ri mais hoje, do que na época que eu fiz a peça". E devia ser mesmo, porque quando eu vi não riam tanto, mas nesta montagem o público ria que era uma coisa de louco, durante a peça inteirinha. A peça é água-com-açúcar, não tem proposição política, como outras do Oduvaldo Vianna, não enfoca a desigualdade social do Brasil daquela época. Mas como a peça se passa em Guararema, nós fomos todos para lá, o elenco foi conhecer Guararema, tirou fotografia no coreto da praça principal de lá, num trem desativado da época. Guararema é uma cidade pequenininha, que guardava os ares da época em que a peça foi escrita. Ela é cortada pelo rio Paraíba, muito bonito, agora deve estar poluído como todos no Brasil, só o Amazonas não está poluído, mas vão poluir, tenho certeza, é uma coisa que não me desanima. A nossa ida para Guararema foi muito boa no sentido de ambientar a peça. Ela fica a beira da Via Dutra a uns 45 minutos de São Paulo. Nunca perguntei ao Oduvaldo porque ele ambientou a peça em Guararema. Nós o hospedamos no Hotel Excelsior, naquela época ele estava saudável, o relações públicas, que pusemos para ele, disse que o Oduvaldo bebeu todo o uísque do hotel. Como bom comunista, ele bebia bastante uísque, mas bebia também por causa do coração, ele tinha um problema, tanto que morreu do coração. Na estréia da peça, ele fez questão de apresentar o Manuel Durães, como "o negro velho" e fez um discurso sobre o ator Manuel Durães e sua atuação na primeira montagem. Essa peça foi levada na Argentina e fez sucesso lá também. Aqui quando ele montou a primeira vez foi com a Abigail Maia, que foi a atriz mais famosa do teatro brasileiro, aliás ele foi casado com ela, foi na época do Trianon, em que ele, Viggiani e Viriato Correia se juntaram para fazer uma Cia. Brasileira de Comédias de autores nacionais. Eu assisti com vários elencos, em Campinas foi com Emílio Russo que eu acho a melhor. Na estréia da peça, a Edite de Morais que era irmã da Dulcina e que foi também mulher do Durães, fazia uma das meninas, a Dulcina fez também e ela veio assistir à nossa montagem. Como peça nacional ela é muito boa, não se iguala a *Onde Canta o Sabiá*, que não é tão engraçada quanto *Manhãs de Sol*, mas precisa de um elenco de primeira também. Na *Manhãs de Sol*, nós tivemos sorte, porque todos do elenco eram atores tarimbados.

Referências sobre a peça

Na montagem de *Manhãs de Sol* não se procurou fazer uma crítica nem à época, nem ao próprio texto, procurou-se, isso sim, transmitir o melhor possível as intenções do autor, buscando apenas acrescentar-lhes uma visão mais atual de seus personagens. Oduvaldo Vianna é o melhor autor brasileiro da década de 20 a 30, escritor de excelentes diálogos, é admirável a naturalidade conseguida no linguajar de seus personagens, teatrólogo de perfeita carpintaria teatral e introdutor, na dramaturgia brasileira, de um comportamento e de um falar tipicamente nosso, usando até então, ninguém tinha feito, o "tu" e o "você", uso tão comum na nossa maneira de falar, ele é, sem dúvida, um dos expoentes da nossa literatura dramática.

De seu teatro, que podemos dividir em duas fases, a regionalista e a urbana, preferimos a primeira na qual se inclui *Manhãs de Sol*. Com simplicidade e um tom bem brasileiro Oduvaldo oferece-nos um panorama bem vivo e real do nosso interior em toda a sua ingenuidade, à medida que faz, discretamente, crítica aos costumes e usos que o *modus vivendi* do brasileiro enraizou.

Manhãs de Sol é um retrato romântico da vida de Guararema, cidade plantada no Vale do Paraíba e cortada pelo rio do mesmo nome.

Através do texto com simplicidade e sem maiores pretensões procurou o autor fazer um retrato dos problemas que surgem na vida da juventude do interior.

Não há em *Manhãs de Sol* pretensões a grande texto como há na montagem; a peça foge totalmente à linha vaudevillesca de Gastão Tojeiro, Armando Gonzaga, Raul Pederneiras, Paulo Orlando e outros da mesma época, sendo Oduvaldo Vianna quem praticamente iniciou nesse século o movimento nacionalista do teatro, vindo diretamente de Martins Pena, e só esse motivo já o torna credor de todos os elogios.

Não pretendeu a atual montagem fazer caricatura dos personagens, obrigando os atores a andar aos pulinhos numa imitação do cinema mudo, mas procurou por outro lado realçar determinados aspectos psicológicos dos caracteres de cada um, não pretendendo carregá-los de intenções que Vianna não lhes quis dar. Houve, entretanto, tentativa de dar uma visão atual à peça, principalmente no que diz respeito às cenas cômicas e melodramáticas, todas realizadas numa procura de lhes dar uma visão mais irônica, real e objetiva. De uma coisa estamos certos, procuramos respeitar Oduvaldo Vianna o mais possível, isto feito, estaremos satisfeitos. (ORC)

Trechos de crítica — *O Estado de S. Paulo* — por Décio de Almeida Prado — 1/9/1966

Havia sol, havia manhãs naquele tempo! A comédia de Oduvaldo Vianna estreou-se há quarenta anos mas, quanto à evolução dos costumes, a passagem do tempo pode ser contada em dobro, e, quanto ao desenvolvimento do teatro, em triplo ou quádruplo. Como mudaram ambos: o Brasil e o teatro!

Sem televisão, sem rádio, com o cinema confinado às *matineés* de domingo, a infância perdurava praticamente até a adolescência: as mocinhas de *Manhãs de Sol* acham natural alternar o namoro com a corda de pular, indecisas ainda entre as brincadeiras infantis e a atração representada pelos rapazes mais velhos da vizinhança. O próprio namoro era de certa forma um prolongamento dos jogos, uma levadeza excitante feita às escondidas dos mais velhos, pitos maternos — em suma, a passagem insensível da infância à adolescência, a educação sentimental, tal como poderia ocorrer no Brasil provinciano e feliz de 1921. As personagens são também clássicas na ficção nacional, desde *A Moreninha*. O médico, o estudante de direito (duas profissões liberais mais valorizadas socialmente), as mocinhas ingênuas (uma das quais é aquele conhecidíssimo produto da severa educação antiga: "a manteiga derretida", preste a debulhar-se em lágrimas ao menor pretexto), a mãe-de-família que move a casa a poder de ameaças e gritos, julgando que punir é educar, o moleque tratado, meio como empregado, meio como filho, apanhando conseqüentemente em dobro, numa e noutra qualidade, e, para completar o quadro do ponto de vista moral, a presença de uma freira maternal e compreensiva para os dramas do amor, simbolizando a sabedoria divina em contraste com a agitação e a frivolidade mundanas (o convento ainda era a única alternativa para os namoros malsucedidos).

A graça foi o que menos envelheceu na peça: talvez ingênua mas tão brasileira como um baú, pintado de cor-de-rosa. Não o diálogo tradicional do palco, herdado de Portugal e da França, mas a nossa conversinha caseira e familiar, de fundo de quintal, intraduzível para o estrangeiro, uma brincadeira perpétua em que nunca ninguém está realmente falando sério. Oduvaldo Vianna tinha o senso do teatro, como jogo, improvisação, palavra puxa palavra.

Em compensação, a parte sentimental, amorosa, dramática, que explode no terceiro ato, envelheceu como um mau filme de 1925, e da mesma maneira, não falta nem mesmo o acompanhamento da *Rêverie* de Schumann. O que nos faz mal nesses momentos, não é tanto a candidez do texto como a sua insuportável esperteza, os efeitos premeditados, a luz que baixa no palco à medida que a mocinha abre o coração ferido à madre superiora. Não propriamente o sentimentalismo, a pieguice, mas a sábia exploração de um e de outro, prenunciando já, em Oduvaldo Vianna, o futuro e exímio escritor de radionovelas. Se ele contasse mais com a inexperiência e menos com a carpintaria, se permanecesse mais atento ao Vale do Paraíba (Guararema é o local da peça), à realidade chã de que partira, e menos com hábitos emocionais da platéia, teria feito com certeza uma obra de outra importância em nosso teatro e que estava ao seu alcance realizar.

O Teatro Popular do Sesi, agora instalado por um ano no Taib, mantém-se amador pelos objetivos: oferecer gratuitamente espetáculos a todas as classes sociais. Mas vai-se tornando cada vez mais profissional não só pelos atores que emprega como pelo próprio nível técnico e artístico já alcançado. [...].

O cuidado com que o espetáculo foi preparado salienta-se pelo fato de dois pequenos papéis terem sido entregues a atores como Marina Freire e Manuel Durães, este, aliás, repetindo a sua criação na estréia da peça em 1921. Durães apesar dos anos, continua em forma, modesto e dedicado ao texto como sempre.

Cenários de Clovis Garcia, com as mesmas características da direção de Osmar Rodrigues Cruz: sem pretender inovar, sem buscar a originalidade, mas com a segurança de quem conhece o terreno em que está pisando.

Trechos de crítica — *Jornal da Tarde* — por Sábato Magaldi — 31/8/1966

É sempre elogiável a idéia de reviver o repertório brasileiro do passado. Grande parte do desinteresse pelo teatro nacional se deve ao desconhecimento da nossa literatura dramática. Se as melhores obras, a partir de Martins Pena e Gonçalves de Magalhães, fossem sistematicamente representadas, haveria um acervo cultural, ajudando os novos a abrir caminho. [...].

Conhecendo a desambição do texto, Osmar Rodrigues Cruz procurou fazer uma montagem sóbria e digna. Desse ponto de vista o espetáculo funciona e dosa com habilidade, sentimentalismo e comicidade. O elenco foi escolhido entre os atores mais indicados para os papéis. [...].

Figurinos corretos de Renato Dobal e cuidadosos cenários de Clovis Garcia completam o nível apreciável da produção.

Trechos de crítica — *Diário Popular* — por Horácio de Andrade — 1.º/9/1966

O Teatro Popular do Sesi, em prosseguimento a suas atividades, apresentou anteontem, no Teatro Taib, à Rua 3 Rios, 252, a comédia *Manhãs de Sol* de Oduvaldo Vianna, sob a direção de Osmar Rodrigues Cruz.

O original foi lançado no Rio em 1921 e, em seguida, apresentado nesta Capital, tendo como protagonistas Abigail Maia, Apolônia Pinto, Graziela Diniz, além de outros, como o estreante de então, Procópio Ferreira. [...].

A edição apresentada pelo Teatro do Sesi, embora deixando algo a desejar da primitiva, revela, sem dúvida, um esforço singular e uma homenagem ímpar ao seu autor, que esteve presente na estréia. [...].

Sem contar o velho "mestre Domingos" revivido pelo seu criador, o ator Manuel Durães que, entre regougos, consegue o mesmo êxito de então, num papel que ele fez há mais de quarenta e cinco anos. [...]. [Todos] levam o espetáculo a bom termo, sendo demoradamente aplaudidos pelo grande público que enchia o teatro.

[...]. Em suma: o espetáculo é interessante, sugestivo, e merece ser visto, pelo seu enredo e pelo que representa na história do nosso teatro.

Texto popular, linguagem acessível e... sucesso!

O Milagre de Annie Sullivan

Escolhi o *O Milagre de Annie Sullivan* e dei para o R. Magalhães Júnior traduzir. Com essa peça eu já estava completando a minha décima segunda direção no TPS. Escolhi montar *O Milagre de Annie Sullivan* pela perfeita composição dramática da peça, William Gibson, o autor, fez uma história biografada, baseada em fatos reais vividos pela família Keller e sua filha Helen.

William Gibson não foi dramaturgo de muitas peças, assim mesmo é considerado um dos maiores vultos da dramaturgia moderna americana. O texto foi escrito inicialmente para a televisão em 1957 e ganhou o prêmio Sylvania, no palco ela foi levada em 1959 com enorme sucesso e passou a ser encenada em diversos países do mundo. Foi adaptada para o cinema e ganhou alguns dos principais prêmios da crítica. A peça tem muita força dramática, é baseada em um fato real que é a história de Helen Keller, cega, surda e muda e sua professora Annie Sullivan.

Na época procuramos a Fundação do Livro do Cego, que, por intermédio da professora Nice Saraiva, nos abriu as portas para pesquisar o assunto convivendo com os deficientes visuais. Esse laboratório foi feito para dar uma caracterização perfeita aos personagens, visto ser Helen cega, surda e muda.

A menina para atuar como a personagem Helen, foi escolhida através de um teste, ao qual participaram várias candidatas, profissionais, amadoras, sem experiência alguma. A escolhida deveria ter um tipo franzino adequado à personagem e também, que demonstrasse algum talento. Foi feita a escolha e quem ganhou foi uma menina sem experiência alguma em teatro. Comecei um trabalho com ela que durou dois meses de ensaios, pois queria conseguir um resultado de comportamento verdadeiro, não uma simples representação, mas quase como um teatro-verdade. Para tanto, eu vedava os seus olhos fazendo com que ela caminhasse pelo cenário, entre os móveis, abrindo e fechando portas, subindo e descendo escadas. Ao mesmo tempo, a fim de provocar-lhe reações instintivas, jogava objetos em todas as direções, inclusive nela, como forma de despertar-lhe reações próprias de uma deficiente visual e auditiva como a personagem. Deu certo. O elenco era muito bom, o espetáculo era lindo! Elizabeth Ribeiro cuidou do cenário e dos figurinos. A receptividade do texto por parte do público foi excelente, eles se emocionavam, vibravam, o espetáculo ficou dois anos em cartaz em São Paulo, houve várias substituições, porém sem prejuízo do espetáculo. Com essa peça inauguramos o grupo itinerante, que foi mais uma contribuição do TPS para irradiar cultura pelo interior do estado de São Paulo. Foi também a reconciliação com alguns críticos, que até aquele momento se mostravam resistentes ao

TPS. Lembro-me que nessa época o *O Estado de S. Paulo* tinha como críticos o Delmiro Gonçalves que fazia um comentário crítico que saía no dia seguinte à estréia e o Décio de Almeida Prado, que por outro lado fazia uma crítica mais elaborada, mais detalhada, que demorava mais tempo para sair, mas valia a pena esperar.

Referências sobre a peça

Dois elementos básicos nos levaram à escolha desta peça para a presente encenação — sua perfeita composição dramática e o fato de William Gibson ter retratado de maneira fiel e verdadeira todos os acontecimentos ocorridos no primeiro mês em que Annie Sullivan se encontrou com Helen Keller.

Cena por cena, a peça põe o espectador em contato com os fatos reais ocorridos na mansão dos Kellers, onde Annie conseguiu seu milagre.

Partindo desse contexto histórico, não procurando interpretá-lo, mas sim, colocar com a maior realidade seus conflitos, Gibson deu-nos uma peça biográfica, altamente vigorosa e emocionante.

O conhecido ensaísta John Gassner escreveu: "O conflito entre a mestra e a aluna é empolgante. *O Milagre de Annie Sullivan* é, de modo geral, impressionante como teatro".

A encenação de um texto, com as características desse, só poderá, obrigatoriamente, realçar o seu motivo dramático central: o conflito Annie-Helen, tal como se deu em 1887, dando, é claro, uma mais vigorosa dimensão àquilo que a vida das duas teve de mais dramático.

Desses conflitos Annie-Helen e Annie-família Keller, ou seja, de um lado o selvagem embrutecido caráter da menina, apoiado pelo conservadorismo familiar e de outro, a total mudança do *modus vivendi* de Helen por parte da professora, nascem os pontos básicos da encenação e a força dramática do texto.

Força dramática, que é apoiada na realidade da vida, pois os personagens não são fictícios, eles existiram e viveram o conflito que a peça mostra, o conflito de uma família que possui uma criança cega, surda e muda, um pequeno animal selvagem, e que procura um método para disciplina-la, método que surge através da vontade férrea e da decisão de uma professora.

E é isso que procuram demonstrar este espetáculo e este texto: a luta do ser humano para vencer o destino, a vontade de alcançar através da educação o fim desejado e o resultado dessa luta árdua mas positiva.

E aí está Helen Keller, com os seus 87 anos, a nos ensinar o quanto vale lutar por aquilo que almejamos. Não se trata aqui de ficção, mas da realidade, fatos verídicos cujo relato só poderá ser útil ao ser humano, embora ainda existam pessoas que tenham medo ou vergonha de os encarar.

O Teatro Popular do Sesi sente-se orgulhoso de apresentar a seu público um espetáculo onde são retratadas as duas personalidades femininas mais importantes do nosso século: Helen Keller e Annie Sullivan. (ORC)

Trechos de crítica — *O Estado de S. Paulo* — por Delmiro Gonçalves — 2/8/1967

O MILAGRE DE OSMAR NO SESI

Peças do tipo de *O Milagre de Annie Sullivan* têm a vantagem de pegar o público pelo gasganete desde a saída. Todos sabem que se trata de um fato real, de um caso onde a vontade e a tenacidade humana conseguiram se sobrepor a todas as adversidades. Partindo daí, basta um bom conhecedor das técnicas teatrais (o que é fácil encontrar nos Estados Unidos) para que a receita se transforme num bom prato, bem-feito, bem servido e condimentado ao gosto das platéias que se comovem facilmente. Mas a história de Helen Keller e de sua professora, Annie Sullivan, é preciso que se diga, é extraordinária e mais séria do que a peça que William Gibson escreveu partindo da realidade. De qualquer maneira a peça está aí, no Taib, e é dela, ou melhor, do espetáculo, que nos cumpre falar.

Para nós o milagre, no caso é única e absolutamente devido a Osmar Rodrigues Cruz, encenador do Teatro Popular do Sesi, auxiliado pela cenografia e figurinos de Elizabeth Ribeiro. [...].

Osmar Rodrigues Cruz encenou *O Milagre* no estilo correto do realismo, preocupando-se com todos os detalhes da montagem. Foram concebidos com bom gosto o cenário e os figurinos de Elizabeth Ribeiro. Modesto, alheio a qualquer demagogia, o responsável pelo Teatro Popular do Sesi fez de seu grupo uma realidade significativa no panorama teatral de São Paulo, oferecendo um bom espetáculo, de graça, o milagre que Osmar realizou foi o de, jogando com um elenco grande, de valores desiguais, apresentar um espetáculo ótimo, em que nenhum dos intérpretes destoa e no qual se sente o pulso de um diretor que soube pensar e realizar uma encenação, sem descambar para o pieguismo, que era fácil, em se tratando do texto em questão.

[...].

Enfim, um espetáculo que nos mostra um Osmar Rodrigues Cruz em plena maturidade como encenador.

Trechos de crítica — *Jornal da Tarde* — por Sábato Magaldi — 2/8/1967

Se até nas melhores produções do Teatro Popular do Sesi havia um resquício de amadorismo, é de justiça afirmar que, em *O Milagre de Annie Sullivan*, cartaz do Teatro Taib, o nível passa a ser de uma companhia profissional. O espetáculo guarda uma dignidade e uma justeza que falam à emoção do espectador, sem cair no melodramático e no fácil efeito lacrimogêneo.

A peça de William Gibson tem a virtude e os defeitos do gênero — o comercial de fins edificantes. As psicologias são sumárias, aprendidas nos manuais "ao alcance de todos". Tudo o que há de convencional e primário na caracterização dos livros de Dramaturgia o autor maneja com habilidade, mantendo o público permanentemente preso ao desenrolar da história. A vantagem do que ele se beneficiou vem dos próprios acontecimentos dramatizados, que trazem o prestígio da realidade. Há uma obstinação aparentada ao desafio à divindade na luta de Annie Sullivan para que Helen Keller, cega, surda e muda se comunique com o mundo. E tem um impacto honesto a mudança desse quase animal à condição humana, através da descoberta da linguagem.

[...]. A homogeneidade do elenco oferece o indispensável apoio para que se mantenha o equilíbrio do desempenho e não desagrada o estereótipo dos papéis. [...]. E inscreveu seu nome, em definitivo, entre os encenadores brasileiros que se deve obrigatoriamente citar.

Trechos de crítica — *Folha de S.Paulo* — por Paulo Mendonça — 3/8/1967

O MILAGRE DE ANNIE SULLIVAN

Com *O Milagre de Annie Sullivan*, o Teatro Popular do Sesi, dirigido por Osmar Rodrigues Cruz, atinge esplendidamente sua maturidade profissional e artística, acrescentando mais uma realização de alto nível a esta excelente temporada de 1967. E os elogios feitos condicionalmente, às vezes, com tantas reservas, a encenações anteriores desse conjunto, brotam desta feita espontâneos e entusiásticos.

A peça de William Gibson, provavelmente por relatar história verdadeira e profundamente tocante, fascina desde logo o espectador, sacudindo-lhe os nervos e a sensibilidade. A recuperação da pequena Helen Keller — cega, surda e muda, verdadeiro animalzinho feroz — conseguida pela inteligência, pela vontade férrea e pela dedicação sem limites de Annie Sullivan, constitui obra de criação humana no mais nobre sentido do termo. E poucos momentos, no teatro, serão mais terríveis, por exemplo do que a luta entre Annie e Helen, no segundo ato; poucos terão mais poder de comunicação e envolvimento do que aquele em que Helen, ao cabo do mais doloroso dos aprendizados, emerge afinal das trevas, estabelece contato com o mundo exterior e inicia, assim, a sua vida como pessoa verdadeira.

William Gibson arma dramaticamente o seu texto com segurança técnica e perfeita dosagem emocional, logrando alguns efeitos de rendimento avassalador. O público aplaude mais de uma vez em cena aberta e, a julgar por mim e pelo que vi à minha volta, não foram poucos os nós na garganta e os olhos embaçados de lágrimas.

O espetáculo tem três grandes vencedores, o primeiro dos quais é o diretor Osmar Rodrigues Cruz. O salto que deu a seus últimos trabalhos para cá é surpreendente. *O Milagre de Annie Sullivan* mostra-o amadurecido, com pulso firme, dominando a substância do texto e os múltiplos elementos da sua formação cênica, [...].

O Milagre de Annie Sullivan é um espetáculo que não pode ser perdido por quem acompanha o teatro em São Paulo. Não creio que a peça de William Gibson, em seus aspectos essenciais, tenha sido levada muito melhor em qualquer outro lugar.

Trechos de crítica — *O Estado de S. Paulo* — por Décio de Almeida Prado — 13/8/1967

O MILAGRE DE ANNIE SULLIVAN

O Milagre de Annie Sullivan transborda de bons sentimentos. Imaginem essa história, parece que feita de encomenda para ser contada pelas "Seleções": Uma menina cega e surda, salva pela dedicação de uma professora incomparável. O milagre de William Gibson foi ter escrito com esse material, assim gotejante de possibilidades patéticas, assim impregnado do mais invencível otimismo norte-americano, uma peça sóbria e dramática, que nos prende e chega até a nos comover.

Não que seja uma obra-prima literária. Os seus aspectos mais exteriores, tudo o que diz respeito à vida da família Keller — o germe de incompreensão entre pai e filho, a relação reticente entre madrasta-enteado, o ciúme do irmão mais velho em relação à irmãzinha em torno da qual gravita a atividade da casa — é psicologia elementar expressa em termos dramáticos também elementares, de acordo com as técnicas determinadas pelos numerosos abecês da dramaturgia existentes no mercado. É a cópia já apagada, feita a carbono, de dezenas de outras peças e filmes similares.

A história de Helen Keller e Annie Sullivan, entretanto, possui um núcleo de realidade, duro, consistente, capaz de resistir a qualquer tentativa de edulcoração que o texto de William Gibson sabe respeitar. Quando as duas se encontram como aluna e professora, Helen Keller tem sete anos (a intérprete brasileira aparenta o dobro da idade sem com isso comprometer o alcance da peça). Mas é como se tivesse muito menos, dada a circunstância de não ouvir e não enxergar nada. É egocêntrica, imperiosa, caprichosa, como uma criança mimada de dois ou três anos, com defeitos de personalidade que não abrandarão com a passagem do tempo: ninguém ousa contrariá-la. O que verdadeiramente a isola do mundo dos adultos, o que a torna irresponsável como um pequeno animal selvagem, não é a cegueira ou a surdez: é a piedade com que os outros a contemplam. A primeira dificuldade de Annie Sullivan é impor-lhe disciplina, submetê-la às regras da vida diária, deixando de considerá-la uma irremediável exceção. Não se trata de vencer a menina pelo amor, pelo carinho, que isto ela já recebe até demais, mas de apelar para a razão, de reintegrá-la na normalidade, de dar objetividade às suas relações humanas, de torná-la suscetível ao castigo como qualquer outra criança. A melhor arma de Annie Sullivan é essa severidade, essa dureza com os outros e consigo mesma, que o orfanato, a sua infância também áspera e cruel, lhe ensinaram. Ela não tem dó de Helen Keller porque nunca teve oportunidade de ter dó de si própria. A pieguice é assim expulsa das relações dessa estranha mestra e essa estranha discípula que formam o núcleo dramático da peça.

Até aqui estamos no terreno da educação das crianças anormais. É interessante, por nos revelar fatos menos conhecidos, por se referir a acontecimentos afastados da nossa experiência habitual porém sem significação mais extensa do que a visita a uma clínica especializada. A parte mais profunda e comovente vem a seguir, é a luta para chegar até a inteligência sem passar pelos órgãos dos sentidos

— os olhos e os ouvidos — de maior receptividade intelectual. Annie Sullivan pede a Helen Keller que aprenda a pensar sem o auxílio das palavras, que se eleve até o conceito através de meios de comunicação tão rústicos como o tato. A peça transcende dessa forma os dados individuais, fazendo-nos participar, por assim dizer, da penosa ascensão do homem em direção ao pensamento abstrato. Quando a primeira palavra é finalmente comunicada e recebida ("água", de tão longa tradição no pensamento humano), temos a impressão de que o triunfo não é de Annie Sullivan e de Helen Keller, mas de todos nós, de toda a humanidade, como se tivéssemos presenciado algo assim como a descoberta do fogo, um desses passos rudimentares e cruciais que deram início à caminhada do homem.

William Gibson atendo-se a este lado documentário contando com a própria realidade para lhe fornecer a substância dramática do texto, acaba por contar uma história que nos toca por remontar ao que possuímos de mais básico e primitivo: a necessidade de comunicação.

Também ascensional, como a peça, é a trajetória do Teatro Popular do Sesi, como atestam, melhor do que qualquer consideração, alguns números impressos no programa: 1.500 espectadores para sua primeira peça, 112.000 para a última. A finalidade do conjunto é dupla: social, ao oferecer espetáculos gratuitos a quem não está em condições de poder pagá-los, e artística, por achar que a platéia operária merece teatro da melhor qualidade. Schiller, Tchekhov, Shakespeare, Musset, serão as próximas estréias, numa política de aproximação entre teatro clássico e teatro popular que parece diretamente inspirada na experiência de Jean Vilar à frente do Teatro Nacional Popular.

O crescimento do Teatro Popular do Sesi acompanhou de perto a evolução do seu diretor, Osmar Rodrigues Cruz, o mais modesto e, em muitos sentidos, o mais seguro dos nossos encenadores. Sem pretender inovar ou renovar, contentando-se em seguir o que lhe dita o bom senso e uma já longa prática de palco (o que não significa que lhe faltem leitura ou conhecimento teóricos), vai estabelecendo aos poucos um padrão de regularidade capaz de competir sem desvantagem com as nossas melhores companhias profissionais.

[...].

Os cenários e figurinos de Elizabeth Ribeiro, sem serem brilhantes, funcionam a contento.

Crítica — *Diário de São Paulo* — por Alberto D'Aversa
— 22/9/1967

O TEATRO POPULAR DO SESI (1)

São Paulo, notoriamente, não ama o teatro. Com seus cinco milhões de habitantes alimenta, com dificuldade, cinco teatros de prosa, média recorde de um teatro para cada milhão de pessoas. O fenômeno merece ser estudado e meditado.

Por que o paulistano se desinteressa tão ostensivamente pelo teatro?

Existem causas remotas e próximas, ou melhor, causas de ordem universal e outras de ordem particular, que devemos analisar realisticamente. A mais importante de todas deriva diretamente do fato de ter o teatro perdido a liderança entre as várias formas de espetáculo. Cada época tem uma modalidade de espetáculo que lhe é própria, porque expressa claramente os interesses de sua cultura, seja como confirmação, seja como invenção (e as formas tornam-se áulicas e revolucionárias ao mesmo tempo; ver Ésquilo, Shakespeare, Lope, etc.); a forma mais própria da nossa época não é o teatro mas o cinema e agora, recentissimamente, a televisão. Com isso não queremos dizer que o teatro esteja condenado a desaparecer; constatamos simplesmente que outras formas de espetáculo são, neste momento, mais importantes socialmente como reconhecimento quantitativo, lembram, possivelmente, algo já visto mas não é cópia porque se fundem e justificam no clima geral do espetáculo.

Teatro implica sempre uma tradição que, em última análise, quer dizer cultura. E São Paulo é uma cidade sem tradição e sem cultura; sem tradição porque as velhas classes hegemônicas não souberam resistir ao assalto dos novos conquistadores, violentos, egoístas e desrespeitosos, conscientes da força e da potência derivadas dos benefícios econômicos; e sem cultura por falta, quase absoluta, de interesse pelos valores do espírito, que necessitam a constante atenção de uma "paidéia", espontaneamente escolhida e livremente praticada. É por esse motivo que, por exemplo, o Rio de Janeiro tem um público de teatro: porque tem tradição e cultura, tem um estilo e uma voz inconfundível, tem, sobretudo, uma literatura (notaram como São Paulo não tem escritores que, como Joyce para Dublin, Svevo para Trieste ou Moravia para Roma, falem com interesse desta anônima cidade?). E é também por esse motivo que São Paulo prefere, para satisfazer seus interesses lúdicos, o cinema e a televisão, artes novas sem tradição e, freqüentissimamente, sem cultura.

Fala-se, também, e muito, de crise econômica. O argumento não é válido porque os cinemas, os teatros de cantores, os restaurantes, enfim, os lugares de fácil e agradável entretenimento estão constantemente repletos de gente; os teatros de prosa, quando apresentam produções de alguma forma excepcionais, estão lotados e uma feira industrial pode-se dar ao luxo de trazer para o Ibirapuera as grandes vedetes da alta costura internacional com um orçamento que daria para sustentar cinco teatros estáveis com repertório de arte.

Teatro, em São Paulo, não é hábito, é moda; não é costume, é esnobismo. Não temos um público mas espectadores, não temos teatro mas (até em suas mais nobres intenções) circo; e quem pode exibir mais animais na pista mais enche a sala. Um êxito, quando orgíaco, não supera, numa temporada, cem mil pessoas. Teatro implica educação e aqui vivemos de informação, implica amor e aqui nos satisfazemos com contatos.

E o Sesi, o que tem a ver com isso tudo? Qual é sua posição neste quadro clínico? Por que nos solicitou essas observações?

Simplesmente porque é um organismo que se preocupa em formar espectadores, que se esforça para instaurar um hábito e uma tradição, porque, para valorização do teatro como manifestação de cultura, está empenhado em uma obra de EDUCAÇÃO.

Trechos de crítica — *Jornal do Comércio* — por Stanislavski da Silva (Orozimbo Luiz Giraldi) — 8/5/1968

O MILAGRE DE ANNIE SULLIVAN

Em São Paulo, perguntei a algumas pessoas conhecidas porque não iam assistir O Milagre de Annie Sullivan, peça encenada pelo Sesi, levada ao povo, com entrada franca. Responderam-me que não gostavam de teatro amador. Quase fiquei furioso. Mas, contendo-me, informei: — Sabem quem é a atriz que faz o papel principal? É Berta Zemel, a melhor atriz entre as melhores de São Paulo. E acrescentei: não tem nada de amador. O Sesi é um Grupo de Teatro Profissional, quem patrocina é o Serviço Social da Indústria. Mas para me informar melhor indaguei: Vocês têm assistido muito teatro amador? Numa resposta dessas de se fechar o assunto responderam-me: — Não, nunca fomos a teatro. Depois dessa, não disse mais nada. Bem, então hoje todo mundo vai ao teatro. E fomos em caravana. No percurso era fácil de se notar a insatisfação de muitos. Ir ao teatro, que coisa chata. Mas logo estávamos todos na platéia do Teatro de Arte Israelita Brasileiro. O pano abriu e o espetáculo começou. Terminado o primeiro ato perguntei: — Estão gostando? Uma mocinha que estava ao meu lado, estudante do primeiro normal, sem palavras, fez um gesto de extrema admiração. Bem, terminada a representação, deixei que falassem. Todos afirmavam: Que coisa linda! Que espetáculo maravilhoso! Como trabalha Bertha Zemel! E a menina, que faz o papel de Helen Keller, como representa! Que peça bonita!... etc. Provei assim, mais uma vez, o quanto nosso povo é subdesenvolvido. Não gosta de teatro. Pudera, não vai ao teatro, não sabe o que é teatro! Quando vai fica gostando, acha maravilhoso.

É assim o teatro do Sesi. Faz teatro para o povo. Não cobra nada. Teatro feito para educar o povo, para instruir. E diga-se com justiça, o melhor teatro do Brasil. Contrata os melhores artistas. [...].

A direção da peça é de Osmar Rodrigues Cruz, um dos melhores diretores do teatro paulistano. Cenários e figurinos primorosos de Elizabeth Ribeiro.

O Milagre de Annie Sullivan é a história verdadeira da mundialmente conhecida, cega, surda e muda Helen Keller, que num verdadeiro milagre de extraordinária força de vontade da professora de cegos, ex-cega, Annie Sullivan, consegue sair do seu mundo de trevas sem som e sem palavras para conhecer o entendimento das coisas através da comunicação pelas palavras escritas pelas mãos. Sua educadora Annie Sullivan penetra em seu mundo interior pelo método reprovado pela família, através da violência física, tocando-a animalmente. Helen Keller vive, até seus sete anos, num mundo uterino, e daí por diante, pela tenacidade de Sullivan vem a ser a extraordinária mulher americana que o mundo inteiro admira.

O autor do texto é o conhecido dramaturgo nova-iorquino, William Gibson. Gibson, que fez ainda outras peças: *Teia de Aranha, Dois na Gangorra, Dinny e as Feiticeiras*.

Para quem gosta de teatro e mesmo para quem pensa que não gosta, recomendo, quando for a São Paulo, veja no Teatro de Arte Israelita Brasileiro, a peça *O Milagre de Annie Sullivan*.

Trechos de crítica — *Diário de S. Paulo* — **por Alberto D'Aversa — 23/9/1967**

O MILAGRE DE ANNIE SULLIVAN (2)

O atual cartaz do Teatro Popular do Sesi, *O Milagre de Annie Sullivan*, de William Gibson, é mais uma das agradáveis surpresas da temporada paulista: um texto digno, uma direção perfeita, interpretações ótimas e uma revelação, a jovem atriz Reny de Oliveira, autenticamente excepcional.

Conhecíamos o texto e confessamos que não morríamos de amores por essa estória, extraída diretamente da vida, preocupada em biografar um momento nevrálgico de duas existências admiráveis e tendente, secretamente, a fazer pressão sobre as glândulas lacrimais do próximo. Mas esse texto medíocre (porém habilmente estruturado e teatralmente válido), positivo nas intenções e de imediata comunicação, forneceu excelente ocasião a uma direção que soube valorizar todas as indicações do autor numa dimensão de dignidade cênica à altura das melhores manifestações do atual teatro brasileiro. A peça, que podia facilmente cair no mais patético dos dramalhões, vive, graças à inteligente direção de Osmar Rodrigues Cruz, numa constante tensão dramática baseada na precisão do ritmo e na eficácia das interpretações, psicologicamente escavadas em profundidade.

[...].

O cenário e os figurinos são de Elizabeth Ribeiro e funcionam, ambos, perfeitamente; lembram, possivelmente, algo já visto mas não são cópia porque se fundem e justificam no clima geral do espetáculo.

Desta vez o Sesi está de parabéns: o espetáculo de Osmar Rodrigues Cruz tem uma dignidade que muitos elencos, de ambições maiores, não possuem.

Editorial — *Folha de S. Paulo* — 2/8/1967

TEATRO

Reconhecida a importância do teatro como agente de criação e divulgação de cultura, além da sua função social como entretenimento, é patente a necessidade do estímulo governamental à arte dramática, ainda mais num país como o Brasil, onde vão longe de ser ideais as condições de sobrevivência material das atividades artísticas e intelectuais.

Já foi dito e repetido que o teatro, no Sul urbanizado, vem representando há anos papel equivalente ao chamado romance do Nordeste, nos anos 30, na tomada de consciência dos problemas nacionais e no debate das diferentes soluções propostas. Daí o prestígio que adquiriu, sobretudo junto aos moços, alargando-lhes os horizontes e aprimorando-lhes o gosto. Não há escola que não tenha hoje o seu grupo teatral, nem cidade do interior onde não se formem conjuntos amadores, quase todos empenhados em encenar textos de bom nível.

Quanto aos profissionais, o corrente ano em São Paulo, está sendo francamente de vacas gordas, com espetáculos de qualidade superior e grande aceitação popular, como é o caso de *Marat-Sade*, de *Arena Conta Tiradentes*, de *O Milagre de Annie Sullivan*, bem como de peças menos ambiciosas, mas nem por isso inferiores, como *Isso Devia Ser Proibido*, *Black-out*, *O Estranho Casal*, *O Versátil M. Sloane*. A temporada, verdade seja dita, é excelente.

Espanta, pois, em tal quadro, que insistam uns poucos em falar de falência iminente do teatro paulista. E mais: que responsabilidade tem a crítica por essa situação imaginária. Dos espetáculos acima citados — a quase totalidade dos que estão atualmente em cartaz — todos foram elogiados pelos críticos paulistas, alguns entusiasticamente. E esses elogios, acentue-se, correspondem ao sentimento do público, que vem prestigiando os verdadeiros bons trabalhos dos nossos artistas.

Não procedem tampouco as alegações de que a televisão está fazendo concorrência prejudicial ao teatro. Pelo contrário, as indicações são de que a TV, desenvolvendo o interesse pelas representações dramáticas, leva mais espectadores aos teatros, projetando as figuras dos melhores intérpretes e despertando a curiosidade pelos melhores textos. Desse tipo de competição, aliás, já se falou muito quando apareceu o cinema — dizia-se que ia matar o teatro — e nada de semelhante ocorreu.

Não se pretende aqui, evidentemente, pintar um panorama róseo da realidade teatral em São Paulo ou sugerir que se possa dispensar o auxílio oficial. O que se quer é colocar as coisas nos seus devidos lugares, sem distorções emocionais e outras, e principalmente alertar contra uma certa atitude "filhotista" em que se fixaram alguns dos nossos profissionais. Para estes, cabe ao governo financiar o teatro e, faltando esse apoio, a culpa de malogros artísticos é atribuída às autoridades consideradas omissas. Ora, confusões dessa natureza não iludem mais ninguém: se uma peça é mal escolhida e mal encenada, a responsabilidade é do profissional que assim procedeu, não dos críticos que registram o fato ou do governo que deu mais ou menos verbas.

O que cumpre estabelecer é uma política oficial criteriosa, que estimule as boas iniciativas e que não somente facilite, mas exija, bons resultados artísticos. Investimentos e não donativos. A Comissão Estadual de Teatro está em boas mãos, sendo portanto de esperar que, havendo recursos, estes serão bem aplicados.

Diário do Executivo — São Paulo — 4/8/1967

Requeremos à Mesa, nos termos regimentais, fique consignado nos Anais desta Assembléia um voto de júbilo e de congratulações para com o Serviço Social da Indústria pelos êxitos, cada vez mais crescentes, do seu Teatro Popular, o qual oferece a encenação de excelentes peças, em espetáculos gratuitos, para os trabalhadores. Dirigido por Osmar Rodrigues Cruz, cujo devotamento é elogiável e contando com artistas nacionais do mais alto gabarito, o Teatro Popular do Sesi leva cultura ao povo, valoriza o nosso artista e propicia a operários e suas famílias a freqüência a espetáculos teatrais que não estão, pelos preços atualmente cobrados, ao alcance da bolsa do nosso trabalhador. Requeremos, também, que do inteiro teor deste Requerimento, seja dado conhecimento à direção do Serviço Social da Indústria, na pessoa de seu dirigente maior, o industrial João De Nigris (Sala das Sessões, 2 de agosto de 1967 — Wadih Helu, Aguinaldo de Carvalho Jr., Roberto Gebara, Salvador Julianelli, Conceição da Costa Neves, Jamil Dualibi, Lopes Ferraz, Ruy Silva, Avalone Júnior, Mário Telles, Alex Freua Netto).

A Gazeta Esportiva — 23/9/1968

CONCURSO "ANNIE SULLIVAN DÁ PRÊMIOS A VOCÊ"
O Teatro Popular do Sesi instituiu um concurso destinado ao trabalhador. Trata-se, sem dúvida nenhuma, de fato inédito entre os trabalhadores, esse concurso "Annie Sullivan Dá Prêmios a Você", pois cada um dos premiados em literatura, pintura e música, ganhará NCr$ 3.000,00. O trabalho de literatura compreende um ensaio de duas a cinco laudas, datilografadas, sobre o tema da peça *O Milagre de Annie Sullivan* de William Gibson, em cartaz no Teatro Taib. O concorrente deverá apresentar um trabalho inédito: uma crônica, uma crítica ou um ensaio literário. Quanto à pintura será também na mesma base, um quadro onde deverá transparecer todo o mundo de Annie Sullivan e Helen Keller focalizando os momentos desenvolvidos pela peça. A música deverá ser erudita ou popular, devendo o concorrente apresentar as partituras e, se possível, a gravação em fita ou disco de uma composição musical, tendo como

motivo a história do texto de William Gibson. Com isso pretende o Teatro Popular do Sesi dar aos seus freqüentadores uma motivação, além daquela de simples espectador, e fazê-lo reagir, artisticamente, através de outras artes ligadas ao teatro, dando uma feição estética a uma maneira de ver o espetáculo. O Teatro Popular do Sesi receberá em sua sede à Praça D. José Gaspar, 30, 8.º andar, sala 89, até 30 de novembro do corrente ano, as obras destinadas ao concurso. Esse certame terá, não só, a vantagem de despertar o interesse pela peça, mas, também, verificar o interesse dos trabalhadores por outras artes, ligadas às comunicações culturais. No mundo de hoje, a arte deixou de ser um privilégio de uma minoria, para atingir um número muito maior de interessados. Mas esse interesse fica, apenas, restrito ao campo do espectador, que aprecia, mas não participa. Há, portanto, necessidade de motivar as pessoas menos afetas a essas manifestações artísticas, estimulando-as através de prêmios.

Condições para participar do concurso: 1) O Teatro Popular do Sesi realizará um concurso literário e artístico em comemoração ao primeiro aniversário da peça *O Milagre de Annie Sullivan* em cartaz no Teatro Taib; 2) O concurso será dividido em três categorias: ensaio literário, pintura e música sobre o tema da peça; 3) Para concorrer o candidato deverá ser beneficiário do Sesi: trabalhador da indústria, pesca, comunicações e transportes; 4) O candidato deverá concorrer somente em uma categoria.

Trechos de artigo — Revista *Manchete* — por R. Magalhães Júnior — 4/5/1968

Em São Paulo existe uma companhia que não é como as outras. Ela não se baseia na popularidade de grandes nomes do teatro. O importante é o espetáculo. E mais importante que o espetáculo é a platéia. Porque o espetáculo serve de prêmio a uma platéia de homens e mulheres de mãos calejadas no trabalho das grandes indústrias paulistas. Chama-se Teatro Popular do Sesi e o seu palco é o Taib. A primeira dessas siglas eu sei o que significa: Serviço Social da Indústria. A segunda ignoro, como decerto a ignorará a totalidade dos espectadores que lá vão. Mas o que importa é o fato de que todos os trabalhadores paulistas estão aprendendo o caminho do Taib. Em julho, esse teatro encenou a peça *O Milagre de Annie Sullivan*, de William Gibson, que o Rio vira no Teatro Copacabana, mas São Paulo ainda não conhecia. Peça com quinze artistas, que teve

120 ensaios e foi dada, em suas primeiras récitas, a partir de julho do ano passado, para os operários da Light, do Moinho Santista, da Sanbra e Refinaria de Milho Brazil. Vista pela crítica naquele mesmo mês, mereceu louvores. Continua em cena com casas cheias, já no décimo mês de representação. E agora a principal intérprete, Bertha Zemel, acaba de ser premiada, em São Paulo, como a melhor atriz de 1967, por seu papel em *O Milagre de Annie Sullivan*. Significa isso que o Teatro Popular do Sesi está dando às platéias operárias teatro do melhor, com artistas da melhor categoria [...]. Cartazes são colocados nas fábricas e as indústrias é que distribuem os ingressos a seus trabalhadores e funcionários, representando os primeiros 70% das platéias. É, na verdade, uma iniciativa única no Brasil. Tão boa que devia deixar de ser única. Pois, se o Serviço Social da Indústria tem âmbito nacional, sua ação deve ser levada a outros centros industriais importantes, como por exemplo o do Rio de Janeiro, onde poderia existir um teatro também permanente, permutando as suas encenações de sucesso com o de São Paulo. Os operários da Rio Light, da Bangu, da Souza Cruz, da Ipiranga, da Central e dos estaleiros navais gostariam também de merecer, aqui, os mesmos benefícios culturais e artísticos.

Folha de S.Paulo — **Entrevista a Ivo Zanini — 6/11/1967**

TEATRO POPULAR: CULTURA PARA O POVO

"Uma coisa que muito se fala e pouco se conhece", é assim que o diretor Osmar Rodrigues Cruz define o Teatro Popular no Brasil. Mas seu entusiasmo foi reforçado, e muito neste ano, quando conseguiu uma vitória extraordinária com a montagem, ainda em cartaz, de *O Milagre de Annie Sullivan*.

Durante meses ensaiou a peça de William Gibson para o Teatro Popular do Sesi, onde se encontra há cerca de dez anos. Dirigiu dezenas de obras, mas praticamente só agora alcança uma posição de destaque. Prefere, contudo, não se afastar do tema proposto: "Para nós Teatro Popular é aquele que leva ao grande público peças do repertório universal e nacional de fácil compreensão, para que esse público encontre não só prazer, entretenimento, mas o apuro de seu gosto artístico. Fazemos teatro, por essa razão, para a massa trabalhadora, para gente que vem da periferia, de bairros distantes. E esperamos não nos afastar dessa linha, que tem sido básica nas vitórias até aqui alcançadas".

Osmar, que foi o primeiro a dirigir o Grande Teatro Tupi, por volta de 1950, diz que Teatro Popular é teatro que alcança as grandes camadas da população, elevando o seu nível cultural. Diz que há diferença entre popular e popularesco: "O primeiro está acima do vulgar, pobre ou medíocre, enquanto o outro nada mais significa, em teatro, do que levar o público àquilo que ele espera encontrar, sem depuramento artístico, sem qualquer dose de cultura".

"A televisão" — salienta — "dá ao público aquele espetáculo cru, que não exige do mesmo nada além do que ver e ouvir, sem usar a imaginação ou sua capacidade intelectual. Uma montagem popular exige do público participação, imaginação, esforço mental, uma série de dotes que faz com que o espectador saia do espetáculo com alguma coisa mais do que entrou. Assim eram os espetáculos na Grécia clássica, na Roma antiga, na Idade Média, no Renascimento, etc.".

Encontrar público. Para Osmar, o Teatro Popular no Brasil exige características diferentes dos outros países, a começar pelo fato de que o nosso povo não aceitaria ou não estaria em condições de um repertório elevado e difícil. "A maior preocupação aqui é encontrar o público. Aliás, a nosso ver, o verdadeiro problema de um Teatro Popular é trazer esse público para o teatro. Possuindo público, praticamente qualquer movimento teatral com bom repertório estará realizando um teatro popular. Pode ser épico, dramático, social ou político. A razão de ser popular está proporcionado diretamente à existência de grande público. Mas, perguntamos: quais os movimentos que alcançaram esse objetivo primordial? Talvez um pouco os «Comediantes», mas na verdade frutificaram apenas o Pequeno Teatro Popular com Emílio Fontana, seu fundador, e depois Líbero Ripoli Filho, e atualmente o Sesi".

Repertório e política. Osmar está certo que muita gente pensa que teatro popular é só repertório e então montam peças que pensam serem populares, porque o homem dito popular, explica, não gosta ou não conhece o Teatro; não está acostumado a pagar teatro e não vai a ele. A classe burguesa que pode pagar, tem em seu meio alguns que gostam de teatro, mas não aconselha ninguém a ir, por quê, não se sabe. E o diretor do TPS menciona: "Foi o que aconteceu com a época social do TBC que, infelizmente, não conseguiu êxito. Todos desejam popularizar o teatro, mas o povo não participa como devia. O que seria possível, talvez, era tentar levar esses espetáculos aos centros populares da capital, mas quem afirma que o povo quer teatro em barraco, caminhão ou ao ar livre, mal acomodado, engana-se. De nossa parte estamos satisfeitos pelo que conseguimos até aqui, isto é, despertar contínuo interesse pelos nossos espetáculos nas camadas mais desfavorecidas de nossa população. Já foi um grande passo, que pretendemos alargar com o passar do tempo".

Dedicação. Sua luta maior foi sempre a de levar um teatro eminentemente popular ao grande público. E desde que profissionalizou o TPS, a qualidade dos espetáculos tem melhorado, culminando neste ano com a peça que emociona São Paulo, *O Milagre de Annie Sullivan*. Um dos orgulhos de Osmar é que até agora, em oito anos de atividades ininterruptas, a encenação de uma dúzia de peças resultou em quase 1.300 espetáculos, já vistos por cerca de 600.000 pessoas, o que considera uma vitória em nosso país, tendo em conta tratar-se o TPS de um organismo de alcance puramente popular.

Depoimento de Otávia Maria Borges

"Comecei a trabalhar no TPS como secretária do Sr. Osmar Rodrigues Cruz em dezembro de 1969, quando estava em cartaz um dos maiores sucessos que foi *O Milagre de Annie Sullivan*, espetáculo detentor de vários prêmios, mas, sobretudo, acredito ter sido uma das montagens que ajudou a elevar o conceito do TPS em toda a mídia, senti que o TPS passou a ser mais importante, o que coincidiu com o início do Teatro Itinerante pelo interior do estado, expandindo ainda mais sua área de atuação. E teve início, também nesse período, uma luta bastante árdua por uma sede própria.

"Sempre cuidei da parte burocrática, da parte dos «valores», entendendo ser necessária uma cota acessível para os orçamentos das montagens, porém tendo cuidado diante da estrutura financiadora que é o Sesi. Mas a relação do Sr. Osmar com a entidade Sesi sempre foi muito facilitada por sua própria formação acadêmica e por sua formação artística o que sempre despertou muito respeito por parte dos dirigentes, bem como facilitava o trânsito pela burocracia, própria de uma entidade como o Sesi, mas como o teatro possui uma estrutura diferente, este deveria se adequar àquela burocracia. Mesmo assim as dificuldades foram muitas. Dentro da Fiesp, a cada triênio ocorre a mudança de dirigentes e conseqüentemente a mudança de objetivos. Quando o dirigente é voltado para as artes, o caminho sempre fica mais suave. Na gestão do Dr. Paulo de Castro Correia, que é um homem voltado às artes, embora seja médico, o tratamento dado ao TPS sempre foi diferenciado, foi realmente uma parceria muito importante.

"Logo que entrei no TPS o Sr. Osmar era chefe da Subdivisão e logo após o primeiro Prêmio Molière recebido, o teatro conquistou o *status* de Divisão, houve também o início do teatro infantil. Foi uma mudança de estrutura administrativa, mas foi também uma época de crescimento, de reconhecimento, do trabalho empreendido pelo Sr. Osmar, pela alta direção da casa, o que deu mais autonomia a ele, pois o cargo de chefe de Subdivisão sempre tem de responder a um diretor, porém o cargo de diretor de Divisão tem acesso direto ao superintendente, o que, conseqüentemente, proporciona maior poder de decisão.

"Foi com o Sr. Osmar que aprendi tudo o que sei sobre teatro, pois eu vinha de uma área administrativa e tive de saber uni-la à área teatral. Com esse trabalho tive a oportunidade de ter nas mãos a carteira de trabalho de muita gente que hoje é "global" e que na época estava em princípio de carreira. Hoje, quando assisto TV e vejo aqueles mesmos artistas contando sua vida e nunca mencionando a passagem que fizeram pelo TPS, às vezes atores e atrizes que lá permaneceram por várias temporadas sem nem sequer mencionar o nome do Sr. Osmar... Talvez eles não mencionem por preconceito, parece ser negativo ter trabalhado num teatro gratuito, popular, o que não soa como um grande trabalho, de qualidade; acredito que eles confundam popular com popularesco, ainda!

"Atualmente, mesmo com as mudanças da política cultural e direcionamento do TPS, após a saída do Sr. Osmar, o público ainda se mantém fiel, pois é impossível mudar isso, o TPS foi alicerçado em bases muito sólidas, é intocável. Pode haver uma diminuição de público por vezes, mas ele permanece a cada montagem e permanecerá, pois a história do TPS é uma história vitoriosa. Para gerir o TPS precisa ser um artista, um grande artista, mas precisa estar disposto a ser um administrador e o Sr. Osmar reúne essas duas qualidades, por isso sua criação foi vitoriosa e também por isso a sua permanência na entidade foi tão longa."

DESDE 1966 VÁRIOS DIRETORES BRASILEIROS CONCORREram ao Saci e em 1967 concorreram uns onze, e eu estava entre eles. Os prêmios de direção já não ficavam só em mãos de diretores estrangeiros. Nessa época o Carlos Vergueiro, que era o diretor artístico da nova televisão Cultura que estava nascendo, convidou-me para dirigir teatro lá, num projeto que visava apresentar peças brasileiras, mas não deu certo por falta de verbas. Em 1968 acontecia a peça *Primeira Feira Paulista de Opinião* quando os atores resolveram num encontro, no Teatro Ruth Escobar, devolver os troféus "Saci" que ganharam do jornal *O Estado de S. Paulo* por causa de um editorial em defesa da censura.

Em 1969 Cacilda sofre uma hemorragia cerebral durante a representação da peça *Esperando Godot*. É internada imediatamente e passa por uma cirurgia. Todos tínhamos esperança da sua recuperação, ficamos em vigília no hospital, torcendo, rezando, apreensivos por ela. Mas ela veio a falecer para a nossa imensa tristeza.

Intriga e Amor

É UMA PEÇA MARAVILHOSA DE FRIEDRICH SCHILLER, É um Romeu e Julieta alemão. A tradução é de Oswaldo Barreto. Os cenários e figurinos foram de Clovis Garcia, eu quis que os cenários fossem sintéticos, era uma montagem, como disse o Sábato, à Jean Vilar. Em princípio queria a Regina Duarte e o Rodrigo Santiago, para interpretar o par romântico, só que a Regina Duarte foi para o Rio, então contratei dois outros atores. O par romântico não era o ideal, pois seria necessário que eles envolvessem o público, mas isso não aconteceu. Uma noite o Jairo Arco e Flexa estava em cena e na mudança de uma cena para outra a luz apagava, foi quando jogaram um ovo no palco, o Jairo quase desce para a platéia em busca do tal sujeito. A peça não foi sucesso, assim mesmo ficou sete meses em cartaz. Tínhamos saído do *Milagre*, com o teatro superlotado e de repente cai o público e esse caos começou na estréia que já não estava lotada. O espetáculo não saiu como eu queria e ainda tivemos problemas com a saída da Sônia Oiticica, convidamos então a Yara Amaral para substitui-la, que era uma grande atriz e serviu ao papel muito bem num estilo diferente daquele da Sônia. As críticas foram favoráveis e desfavoráveis, não agradou no geral, uma vez que era uma montagem alicerçada no ator e por isso não funcionou — pelas desigualdades no elenco, enfim o nosso público também não gostou.

Referências sobre a peça

Goethe disse a Eckermann que o domínio criador de Schiller se situava no reino do ideal; submetia a vida, a sua pessoa e a criação poética à paixão de uma moralidade suprema que significava liberdade, dignidade e grandeza. A idéia de liberdade percorre todas as obras de Schiller e vai tomando formas sucessivamente diferentes à medida que a sua cultura progredia e ele próprio se modificava. Na juventude preocupou-o a liberdade no aspecto físico, o que se reflete nessa obra, e mais tarde, a liberdade ideal. O seu caráter era o do grande homem de ação que impõe à realidade a lei de sua vontade, animado por um entusiasmo exigente e ousado. O seu elemento era a atividade pensante apoiada numa ética de incondicional livre-arbítrio e autonomia moral; o imperativo ético radicava-se num puro humanismo e na consciência religiosa. A liberdade moral foi a vivência religiosa fundamental da sua existência; essa liberdade atestava o poder criador do espírito que triunfava luminosamente sobre as incertezas e condicionamentos da realidade material. Schiller, no seu avanço impetuoso e rico de tensões dramáticas, constantemente se defrontou com decisões radicais. O ideal humanista do Iluminismo adquiriu no seu caso *ressaibos* (= indícios, ranços, ressentimento, mau sabor) trágicos pela dramática tensão da vontade, pelo esforço que requer indomável energia. Schiller aspirava ao bem porque conhecia o mal e as trevas por própria experiência interior. Uma intensa ambição impelira-o quando jovem, como ele próprio confessou, para "a grandeza, às posições de relevo e influência no mundo e para a imortalidade da fama". O apaixonado idealismo moral levou o poeta na sua maturidade a curvar-se, durante longos anos de sofrimento e doença, ao jugo penoso do cumprimento do dever em relação à sua obra. Schiller representa a consumação do surto heróico-espiritual do idealismo alemão e o seu reverso subjetivo. Quase parece paradoxal que este trágico e solitário tivesse tido olhos para os desejos do público e por fim gozasse da máxima popularidade. O público do século XIX, para o qual Schiller foi uma espécie de poeta para as horas dominicais de exaltação patriótico-moral, mal se apercebeu, contudo, do radicalismo deste espírito revolucionário.

Intriga e Amor é o reflexo amargo desses primeiros anos como autor. Reflete uma realidade, condicionada ao ideal de uma existência, livre de preconceitos e que provocou uma exaltação nos jovens e do público quando da estréia da peça.

A dramaturgia de Schiller situa-se na dimensão espiritual de uma humanidade trágica que, embora consciente do fracasso a que o destino inexoravelmente condena o homem, lhe infunde a força necessária para que no sofrimento manifeste dignidade e grandeza. Nesta tragédia de Schiller, que é um poema cujo tema é a sublimidade do homem, que arranca de si a capacidade de participar no reino do ideal em cujo firmamento brilham os valores eternos de ordem ética e metafísica. Realismo e idealismo não são apenas antinomias, condicionam-se mutuamente, interpenetram-se, constituem a realidade, o campo de batalha onde o homem é simultaneamente vencido e vencedor; para Schiller a tragédia representava não somente a manifestação dos terríveis conflitos da vida mas, acima de tudo, a experiência de acesso a um mundo melhor. Em 1797, escrevia a Goethe: "É preciso incomodar as pessoas, arremessá-las para fora dos seus quadros de vida confortável, fazê-las estremecer e surpreenderem-se. Das duas uma, ou a poesia deverá parecer-lhes gênio ou fantasma. Só assim acreditarão na existência da poesia e terão respeito pelos poetas".

Em *Intriga e Amor* modela o assunto, as figuras e a realidade para mostrar como deveriam ser idealmente. Não pretende focar a necessidade natural e o desenvolvimento orgânico! Nessa peça o seu tema é a luta constante entre a idéia e a realidade. Os dois jovens de seu drama são heróis e paradigmas, encarnações do homem espiritual para além do tempo e das nacionalidades. A profundeza religiosa de seu ideal humano era, de resto, muito diferente do otimismo moralista e estético do iluminismo. Entre a liberdade e a sujeição aos sentidos, o homem não podia ter uma opção voluntária, qualquer coação exterior era desprezível. Assim, para além da realidade instável e falível há uma redenção no puro reino do espírito que não é a misericórdia no sentido cristão. É uma realização plena do homem, conseguida unicamente pelo seu esforço e sacrifício. Na liberdade do homem em relação a si próprio reside a sua dignidade, permanente conquista heróica na luta travada contra a fatalidade da condição terrena. Schiller viveu um conflito íntimo de intensidade dramática, dilacerado pelas contraditórias solicitações da vontade e do sentimento, da luta e do idílio, da paixão e da lógica, da fantasia e do intelecto, do pessimismo e da teodicéia, mas sempre foi o paradigma do que ele próprio definiu como poeta "sentimental" que demanda fervorosamente a realidade total, a unidade e a forma; o seu subjetivismo anseia pelo complemento da realidade objetiva, condição necessária para uma realização completa, na encenação da peça.

A vida de Schiller foi um processo constante e infatigável de auto-educação; de cada vez que atingia a meta logo outra se propunha, sujeita sempre ao imperativo das supremas exigências. Este desejo de ascensão era alimentado por um fervor de sentimento capaz do mais sublime entusiasmo e disposto ao sacrifício, outro modo de suprema potenciação. Esta aspiração de absoluta grandeza humana, quer no heroísmo moral, quer no crime, e a concepção da *nemesis* que restabelece a justiça universal, revelou-lhe o destino trágico que no drama é representado como o símbolo da existência.

A intriga vence o amor, apenas na aparência, pois o resultado é que no fim todos sofrem e o que resta é o valor da mensagem.

O espetáculo procura, não através de elementos exteriores, mas, somente, dos atores, a compreensão da obra, mostrando esse mundo caótico e sem moral onde os homens são colocados como vermes e não são dotados de uma ética existencial.

O tratamento psicológico dado aos personagens é feito como se eles existissem hoje. O par, dito romântico, tem física e psicologicamente comportamento atual, assim também os outros personagens e tudo é visto como se fosse um drama da nossa época. Isso prova o alcance universal da obra de Schiller.

A montagem não procurou qualquer intenção de estilo e de tradição; a preocupação primordial da encenação foi contornar da melhor maneira a retórica de Schiller, não que ela não seja válida, mas acreditamo-la dispensável às platéias de hoje. A fórmula usada foi o realismo na representação dos atores, colocados num ambiente neutro, apenas vestidos para lembrar a época. O despojamento da decoração é proposital e procura realçar o valor intrínseco do texto porque, na verdade, os personagens são melhores que a própria história que representam.

A técnica do autor, em criar situações no confronto de caracteres, é tão precisa, que basta o essencial para se compreender a idéia que domina a ação. Não deixa de ser uma experiência, pois tratando-se de um texto que exige do público uma participação crítica, nada mais certo do que lembrá-lo sempre, que se encontra no teatro vendo uma tragédia do século XVIII, mas que pertence também a outros séculos, até ao da era espacial, e que intriga e amor não são privilégios de uma determinada época, mas sim elementos intrínsecos do próprio homem. (ORC)

Trechos de crítica — *Jornal da Tarde* — por Sábato Magaldi — 19/9/1969

Foi muito feliz o diretor Osmar Rodrigues Cruz ao escolher para o elenco do Teatro Popular do Sesi a peça *Intriga e Amor* cartaz do teatro Taib, oferecido gratuitamente aos industriários e ao público em geral. O "drama burguês" de Schiller, tem todos os ingredientes para divulgar o teatro, como proposta artística de valor.

O tema do amor que não conhece fronteiras das classes sociais e dos impedimentos de qualquer natureza conserva até hoje o segredo de apaixonar as platéias e sugerir emoções sinceras. [...]. Nessa montagem Osmar Cruz aderiu francamente à maneira dos teatros populares europeus, sobretudo ao antigo TNP de Jean Vilar. [...]. A encenação voltada para o ator foi grandemente comprometida pelas desigualdades do elenco. Sabe-se como é difícil encontrar, entre nós, intérpretes para os textos clássicos. Mas o próprio Teatro do Sesi, desse ponto de vista, já havia alcançado um rendimento mais homogêneo em *Caprichos do Amor e do Acaso*. [...].

Trechos de crítica — *O São Paulo* — por Alípio Nascimento — 28/9/1969

Obra do jovem Friedrich Schiller, considerado com injustiça, depois de J. W. Goethe, o segundo poeta nacional da Alemanha, ora em cartaz no Taib na encenação do Teatro Popular do Sesi, *Intriga e Amor* (*Kabale und Liebe*) não consegue superar a sua condição histórica de peça romântica de fins do século XVIII.

Somente o esforço do tradutor e adaptador Oswaldo Barreto Filho em reduzir os cinco atos originais a apenas dois, atenuou realmente a retórica envelhecida do grande dramaturgo, apesar de, no texto, persistirem ainda inúmeras frases rebuscadas. Assim mesmo, a peça de Schiller marcou época, quando do seu aparecimento no cenário teatral alemão, por se constituir no primeiro "drama burguês" de valor e possuidor de todos os elementos para a vulgarização de um teatro popular: uma "história de amor, conflito de classes sociais, um *frisson* de fatalismo envolvendo as personagens, marcadas pela corrupção de costumes e o arbítrio da nobreza do Principado de Marbach".

A dicotomia intriga política-paixão amorosa culmina com a vitória da primeira. O que se depreende pelo remate dado à obra em questão. [...]. À margem do espetáculo dito, é apresentado um filme elaborado por A. Carvalhaes como preâmbulo a *Intriga e Amor*, através do qual procura-se mostrar qual era a posição histórica da época em que viveu Schiller, qual o quadro político reinante entre a Alemanha e o resto da Europa, bem como o estágio evolutivo das idéias filosóficas, literárias e artísticas em relação ao Romantismo alemão, de modo que a montagem fílmica dá à platéia não iniciada como é o Teatro Popular do Sesi (trabalhadores em geral e industriários em particular) uma idéia aproximada do movimento que recebeu o nome de "Sturm und Drang" — tempestade e ímpeto. [...].

Memórias de um Sargento de Milícias

COM *MEMÓRIAS* DE MANUEL ANTÔNIO DE ALMEIDA começou a fase nacional de autores antigos. Esse romance é muito bom, um dos melhores da literatura brasileira, já havia uma adaptação para o teatro, de Millôr Fernandes. Então fui até o Rio de Janeiro negociar a peça com ele, mas ele queria muito dinheiro para ceder a adaptação. Então fizemos a adaptação do Francisco Pereira da Silva que já tinha sido montada no Rio de Janeiro na Comédia Nacional. Demos o cenário para o Bassano Vaccarini, que fez um cenário interessante, bonitinho. Nesse espetáculo Marilena Ansaldi fez uma coreografia para o final da peça. Correu bem o espetáculo e agradou ao público. Tinha um elenco muito bom com atores que sabiam fazer comédia como o Gibe no papel do Sargento. O Francisco Pereira da Silva veio do Rio para assistir e gostou muito do espetáculo. Essa peça é uma comédia engraçada, a montagem era praticamente realista, com lances de "commedia dell'arte".

Referências sobre a peça

UM BRASIL PITORESCO E POPULAR
A natureza popular das *Memórias* é um dos principais fundamentos da sua encenação; Leonardo não é como definiram muitos dos seus comentaristas um pícaro, mas um malandro de marca. Para confirmar podemos transcrever um trecho do estudo feito por Antonio Candido: "Digamos então que Leonardo não é um pícaro, saído da tradição espanhola; mas sim o primeiro grande malandro que entra na novelística brasileira, vindo de uma tradição quase folclórica e correspondendo, mais do que se costuma dizer, a certa atmosfera cômica e popularesca do seu tempo, no Brasil".

Essa foi também nossa análise crítica, ao ler e ao encenar o texto; realmente, Manuel Antônio de Almeida e Francisco Pereira da Silva não têm esse tratamento malandro, só com Leonardo, todos na peça têm seus atos de malandragem. Tanto que, mesmo aqueles que obedecem à ordem social, fogem dela quando sentem necessidade de defender-se ou de procurar seus interesses.

Partindo desses princípios, é que nós erguemos a encenação; não há na estória, rigidez, verossimilhança, conduta lógica dos personagens, eles agem a seu bel-prazer, de acordo com as circunstâncias, mas dentro de um realismo espontâneo, cotidiano, brasileiro.

Por serem os personagens apenas tipos de uma sociedade, principalmente de uma, onde a sua condição de vida é precária, mais espontâneas são as suas reações, violentas, exageradas e às vezes cômicas.

Há na verdade, certo exagero, no realismo utilizado, mas justamente para reforçar certos traços ou situações.

Esse Leonardo safado, atrapalhado, apanhando e batendo, mas sobretudo amando, nos faz lembrar o Tom Jones de Tony Richardson.

Há uma desordem ordenada, calculada. O livro e a adaptação têm todas essas características, e o espetáculo procurou nessa tradição pitoresca e popular a sua maneira de ser.

Os recursos de representação utilizados são todos tradicionalmente dos nossos diversos espetáculos populares, unidos para dar a projeção dos tipos de romance, numa mescla do real e do irreal.

Antonio Candido, no seu interessantíssimo estudo já citado, termina: "Na limpidez transparente de seu universo sem culpa, entrevemos o contorno de uma terra sem males definitivos ou irremediáveis, regida por uma encantadora mentalidade moral. Lá não se trabalha, não se passa necessidade, tudo se remedeia. Na sociedade parasitária e indolente, que era dos homens livres do Brasil, de então, haveria muito disto, graças à brutalidade do trabalho escravo, que o autor elide junto com outras formas de violência. Mas como ele visa ao tipo e ao paradigma, nós vislumbramos através das situações sociais concretas uma espécie de mundo arquétipo da lenda, onde o realismo é contrabalançado por elementos brandamente fabulosos: nascimento venturoso «numes tutelares», dragões, escamoteação da ordem econômica, indivisibilidade da cronologia, ilogicidade das relações. Por isso, tomemos com reserva a idéia de que as *Memórias* são um panorama documentário do Brasil joanino; e depois de ter sugerido que são antes a sua anatomia espectral, muito mais totalizadora, não pensemos nada e deixemo-nos embalar por essa fábula realista composta em tempo de «Allegro Vivace»".

Nada melhor para definir o que é o nosso espetáculo, é um "Allegro Vivace". Não houve preocupação histórica ou de reprodução da vida no tempo do rei, se há é mera coincidência, às vezes proposital. (ORC)

Trecho de entrevista — *Diário de São Paulo* — a Hilton Viana — 31/5/1970

No momento, uma peça faz sucesso em São Paulo e é comentada em todos os setores. Embora os ingressos sejam gratuitos — como sempre acontece nas montagens do Teatro Popular do Sesi — a procura de ingressos tem sido fora do comum. Estamos falando de *Memórias de um Sargento de Milícias*, de Manuel Antônio de Almeida. A adaptação não foi de Millôr Fernandes como o diretor Osmar Rodrigues Cruz pretendia, mas sim de Francisco Pereira da Silva. Será que a encenação perdeu com a não-montagem do texto de Millôr? Preferimos ouvir o próprio diretor, uma das pessoas mais conscientes e talentosas que colaboram com o teatro paulista.

"A maior preocupação do teatro é o sucesso. Entretanto, é uma coisa difícil de se conseguir. Todos se preocupam com isso. Graças aos 25 anos de teatro, tenho o bom senso para procurar textos de sucesso. Não só no Teatro Popular do Sesi, mas fora dele: *A Moreninha*, *Dois na Gangorra*, foram peças que fizeram enorme sucesso de público e crítica. No Teatro Popular do Sesi *O Milagre de Annie Sullivan*, *Noites Brancas*, *Caprichos do Amor*, *Manhãs de Sol* e outras.

"Mas nenhuma alcançou tão rapidamente o público e o atingiu e interessou de maneira rapidíssima como *As Memórias de um Sargento de Milícias*.

"O espetáculo do Teatro Popular do Sesi realmente tem colocações que o público de hoje aceita. O texto adaptado e como toda adaptação perde um pouco o sabor do original, apesar de Francisco Pereira da Silva ter feito um milagre. Mas todas as colocações são tradicionais (a adaptação data de 1956), por isso é que o espetáculo vai um pouco mais longe e atinge em cheio o alvo, graças aos achados introduzidos na encenação.

"A base da comédia é a comunicação com o público, e isso é indiscutível no espetáculo, ele é tão vibrante que no final do segundo ato e da peça a platéia permanece rindo e comentando o tempo todo.

"Nunca vi em todos esses anos de teatro tamanha participação platéia-palco.

"*As Memórias de um Sargento de Milícias* para educar, e interessar, necessitava de uma encenação que, sem fugir à estória, desse uma idéia moderna do pensamento do autor. Aliás o que é mais difícil de fazer, do que inventar mil e uma coisas: mudar as intenções, colocar nus, elevadores, trapézios, projeções, chacoalhar o público. Mas isto está tão fora de moda que não creio que funcione hoje em dia."

Aconselho os interessados que leiam a peça e depois assistam ao espetáculo, e verão o que está feito no palco do Taib.

"Eu nunca poderia dar a essa platéia «gato por lebre». De uma coisa estou certo, a recompensa veio logo: em quinze dias, quase dez mil espectadores.

"Não houve uma pessoa que saísse do Teatro que não recomendasse o espetáculo, e espero que o sucesso permaneça durante muito tempo. Merecem os atores, os técnicos, o velho «Maneco» de Almeida.

"Nesse espetáculo eu desejo demonstrar como se pode atualizar um texto antigo, sem precisar deturpá-lo, fazendo com que tanto velhos como a juventude o entendam." [...].

Trechos de crítica — *O Estado de S. Paulo* — por Sérgio Viotti — 7/6/1970

O BOM SARGENTO LEONARDO

Para voltar a tocar na mesma tecla, no teatro nacional, existe um vazio tristonho no que se refere aos autores do século passado. Da morte de Martins Fontes até o aparecimento de *Vestido de Noiva* de Nelson Rodrigues alastra-se um século de desolação teatral. Claro que houve, aqui e ali, algumas ilhotas afoitas erguendo suas cabeças frágeis acima da linha das águas desabitadas. Forma-se um arquipélago teatral. As peças não chegam a criar uma unidade histórico-dramática, isoladas em si mesmas, com suas qualidades e defeitos avivados pelo próprio isolamento da criação esporádica.

Nenhuma solução para o que, obviamente, não tem solução, pode ser apresentada. Se não existe uma dramaturgia tradicional, não se pode inventar uma, ou importar peças da mesma língua da mãe-pátria (o que os americanos não hesitaram fazer no passado; hesitam agora). Porém se não há solução, há, parece-me, pelo menos um caminho que pode ser seguido: adaptar. Se a nossa literatura continua sendo de uma riqueza invejável, por que não arrancar dela as peças de teatro que não foram escritas? Poderá não ser a mais nobre das soluções. Certamente não é a ideal. Mas o gato caçador, na ausência de um cão que falte poderá suprir o nosso teatro com alguma coisa que ele não tem.

Francisco Pereira da Silva, que o Nordeste deu ao Rio de Janeiro, é um autor para quem o regionalismo e as ambiências sociais da pequena burguesia não tem mistérios. Os reflexos deste conhecimento de causas podem ser encontrados facilmente nas suas peças (algumas premiadas) as quais, infelizmente, não chegam a São Paulo.

Pode-se lamentar que ao se conservar demasiadamente fiel ao original de Manuel Antônio de Almeida, Francisco Pereira da Silva tenha perdido várias oportunidades de dinamizar a peça e libertá-la de uma fórmula que o obrigou a manter a si e aos seus personagens amarrados à pracinha carioca do tempo em que havia reis por estas bandas, mesmo assim (e não fui correndo reler o original de Antônio de Almeida para criar idéias de como deveria ser a adaptação, preferindo aceitá-la, ou não, pelo que é) ele conseguiu dar aos atores e ao diretor um punhado de tipos dos mais gostosos, de uma brasilidade facilmente identificável. Aí estão dois pontos básicos para dar a atores facilidade de criação imediata e a espectadores possibilidade de identificação total. Ambos foram explorados com o máximo rendimento. Sem mensagem e sem pretensões, teatro ingênuo, a adaptação tem a qualidade de preservar uma atmosfera sem pretender projetá-la no presente nosso, dentro de uma visão crítica inaceitável aqui. Claro: não é teatro agora. É teatro ontem do mais puro. O que o salva é a pureza. Quem não gosta, pior. Não se pode querer que o mundo de Manuel Antônio de Almeida mude no que não é só porque não existe mais. Mundo-museu, concordo. Mas quem, senão o Teatro Popular do Sesi, poderia dar-se ao luxo de recriá-lo?

A questão aqui é outra: O TPS é o único (vejam bem: o único) teatro regular e totalmente subvencionado que existe no Brasil. Gratuito. Com uma folha de serviços e espectadores das mais respeitáveis (e invejável). A sua função primeira é dar teatro popular, *i.e.*, acessível, a um público que desconhece teatro, não tem "posição" tomada diante do fenômeno cultural e que, em sua quase totalidade, só viu teatro pela primeira vez quando ganhou entrada do Sesi. Assim, por que esperar, em lugar do Sargento Leonardo, o *Baal* de Brecht? O TPS, sem pretender concorrer com o teatro puramente comercial (e a vanguarda é comercial porque precisa de dinheiro para sobreviver) alimenta com teatro fácil um público que não tem poder aquisitivo para freqüentar outros teatros paulistas. Se a esse público se der o "último grito" europeu ou americano ele deixará de ir ao teatro. O curioso é que entre quase um milhão de espectadores que o TPS já teve desde sua criação há uma ausência total de burgueses médios que freqüentam os outros teatros. O mesmo motivo que faz o brasileiro desconfiar do lugar mais barato ao fundo da platéia (se bem que pague por ele quando a peça vem de algum além-mar!) faz com que desconfie do ingresso gratuito do Sesi. O burguês, via de regra, não será encontrado na platéia do Taib. O que é uma pena. Se ele soubesse o que estava perdendo, teria ido antes. Se avaliar o que está perdendo, irá agora ver o Sargento Leonardo em suas peripécias amorosas, nos tempos em que o Rio de Janeiro era vice-realmente pacata.

Eu cá por mim, prefiro mil vezes ver uma peça nossa do que um mau Goldoni, Marivaux ou Sheridan. E prefiro a quadratura do Sargento pelo que é do que pelo espetáculo pra-frentista que poderia ser. Prefiro porque vi bons atores alastrando alegria de ser brasileiramente autênticos num palco autenticamente popular. Osmar Rodrigues Cruz conseguiu a meia dúzia ideal de primeiros atores para seis divertidos primeiros papéis de comédia. [...].

Aí esta: um Sargento simples, alegre, divertido, colorido, bem musicado, cheio de ação e marotices. Um Liolá bem feito me teria dado o mesmo prazer. Uma única tristeza: que os burgueses motorizados continuem desconfiando e não se dêem o prazer de conhecer de perto o que vai por aquela pracinha carioca dos tempos dos reis.

Trecho de crítica — *O São Paulo* — por Alípio Rocha Marcelino — 6/6/1970

Memórias de um Sargento de Milícias

[...]. Não há dúvida que o Teatro Popular do Sesi, com a atual encenação das *Memórias*, na adaptação de Francisco Pereira da Silva feita do romance homônimo de Manuel Antônio de Almeida, está fadado a alcançar boa receptividade do público trabalhador e ainda marcar época na história cênica paulista. E isso se deve, principalmente, ao criterioso senso da escolha de um típico texto brasileiro, em segundo lugar, à excelente seleção dos integrantes do elenco agora dirigido por Osmar Rodrigues Cruz — um encenador de grandes recursos, que encontrou nesta Direção a melhor forma, após a tão bem-sucedida do *O Milagre de Annie Sullivan*. [...].

Curiosidade

O jornal *A Gazeta* de 10/2/1971 comenta um divertido jogo de futebol entre elencos, cujo título é: "Sargento de Milícias brigou com Balbina de Iansã"

Pela primeira vez na história do futebol brasileiro um jogo começou antes da hora marcada, e antes da chegada do juiz da Federação. Mas é que se tratava de um jogo completamente diferente dos outros. Dois elencos de São Paulo, dos teatros mais famosos desta Capital, defrontavam-se para disputar o cobiçadíssimo troféu Osmar Rodrigues Cruz, reservado aos melhores do futebol do teatro paulista. Os dois times a encontrarem-se eram os de "O Sargento de Milícias", e o de "Balbina de Iansã" liderado pelo autor do espetáculo Plínio Marcos.

O encontro se deu no campo da Vidrobrás, na Lapa, e o jogo tinha seu início marcado para as 21 horas, mas quem chegou na hora chegou atrasado pois os dois times impacientes para mostrarem seus talentos artísticos em outro campo, escolheram o Campos como juiz. Campos apareceu para tratar do jogo com os "Rapazes da Banda" e viu-se promovido à função de juiz. Sem bandeirinha, mas também não tinha risca nem lua no chão. Campos apitou o jogo com grande classe e estilo, apesar de vestir bermudas, uma camisa esporte e um par de chinelos. Correr foi o mais difícil, por isso quando os jogadores iam muito longe e ele não enxergava mais, simplesmente, apitava e mandava recomeçar tudo do centro do gramado. Gramado este que a chuva da tarde havia transformado em verdadeiro ringue de patinação.

Os artistas e técnicos do Sesi envergavam uniforme azul, com meias brancas, e os do São Pedro uniforme branco distintivo e meias vermelhas. As duas torcidas formadas, quase que exclusivamente, de mulheres, sustentaram corajosamente os dois tempos. E cansaram tanto quanto os rapazes.

Infelizmente o time do Plínio não estava num bom dia, e os meninos do Sesi não perdoaram uma visível falta de preparo dos colegas. Sob a regência de Jovelty Archangelo, ao mesmo tempo técnico, capitão da equipe e preparador físico do conjunto, a rapaziada, que apesar de contar com alguns elementos acima de trinta anos, me-receu o apelido pelo empenho que demonstrou para defender as cores do Teatro Popular do Sesi que venceu pelo escore de 8 a 1.

Como se tratava de amadores o juiz permitiu que houvesse muitas substituições e quem cansava saía e era imediatamente substituído por outro. Ao todo dezessete elementos jogaram em cada time. As maiores figuras do Sesi foram, além do já citado Jovelty, e do Gibe que brincou muito com os adversários, os técnicos. Pedro foi um goleiro brilhantíssimo, levou apenas um gol que ninguém viu como entrou. Nino foi o estrelo do grupo. Luciano e Lourival, da administração, deram grande vigor ao time. Reche, ator, foi quem abriu a contagem, só que ninguém lembrou de marcar a hora do feito glorioso.

Notável a atuação de Plínio Marcos que não acertou muito na bola, vingou-se à maneira que lhe é peculiar, e quase parte para as vias de fato com o técnico de sua própria equipe.

A turma do "Iansã", apesar de todas as macumbas e catimbas, teve que se inclinar diante da superioridade do elenco do Sesi. Prometeram que haveria uma vingança terrível no próximo encontro, e desde já a imprensa está convidada para assistir a um grande jogo acompanhado de grandes badalações dos elencos femininos.

Nas arquibancadas os participantes mais calorosos e ruidosos foram Silvana Lopes, Nize Silva, Ruthinéa de Moraes, Ezequiel Neves, Adolfo Machado de um lado e Walderez de Barros, Wanda Kosmos, do outro, o Antônio do São Pedro distribuía reconfortante para a turma dele. O que não adiantou nada. Uma das torcedoras mais entusiasmadas foi sem dúvida, Lurdes Boranga, esposa do Zé do Taib que saiu machucado no primeiro tempo.

A festa terminou num bar do Paraíso com os principais organizadores festejando ruidosamente. As pazes foram feitas em volta dos chopes e dos sorvetes, e só falta marcar o próximo encontro.

Senhora

COM ADAPTAÇÃO DE SÉRGIO VIOTTI, *SENHORA*, DE JOSÉ de Alencar foi, até aquele momento, a mais ambiciosa montagem do Teatro Popular do Sesi. Foram 32 figurinos, concebidos e executados por Ninette Van Vuchelen. As roupas eram uma réplica quase fiel dos trajes de 1870, dos sapatos aos chapéus, incluindo bolsinhas, luvas, tudo. O cenário do Túlio Costa era despojado, em planos limitados por luz para dar maior relevo às interpretações. Era um espetáculo dentro do espetáculo, pela sua beleza e riqueza. Nunca se pode duvidar da penetração dos autores clássicos junto ao público, eles ficaram na história porque conheciam o seu gosto. *Senhora* e as *Memórias* são exemplos disso. *Senhora* é um dos romances mais lidos no Brasil. Ao escolher o texto de José de Alencar para encenar, minha preocupação era dar aos espectadores do Teatro Popular do Sesi uma das obras mais importantes da nossa literatura, escolhi oferecer um espetáculo sem pretensões de vanguarda, mas de verdadeira penetração popular. A peça agradou o público e fez sucesso de crítica, foi quando o Apolinário e eu nos reconciliamos. Eu tinha brigado com ele e cheguei a proibi-lo de assistir às minhas peças, mas ele foi assistir escondido e só fiquei sabendo disso quando saiu a sua crítica que foi muito boa, ele entendeu a proposta do espetáculo, a finalidade de unir cultura e lazer na formação de um público que jamais havia pisado num teatro. O Apolinário era uma excelente pessoa, mas como crítico não só ele mas alguns outros custaram a enxergar e entender os meios que usei para essa "catequese". A intelectualidade brasileira, assim como os políticos e os empresários, não conhecem o nosso povo. O repertório do TPS procurava atrair o público sem humilhá-lo por sua ignorância e isso eu consegui a duras penas; compreendido por uns, quase execrado por outros, mas sabendo que estava na meta certa, porque o público estava lá, participando, aprendendo e cada vez exigindo mais. E *Senhora* foi mais um sucesso de público. Tinha um bom elenco e eu gostei de tê-la montado.

Referências sobre a peça

SENHORA, OU A COMPRA DA FELICIDADE?
Senhora é, sem dúvida nenhuma, uma das obras mais inspiradas de José de Alencar e da literatura brasileira. O romancista incluiu essa obra entre seus romances urbanos e fez nela uma violenta crítica à sociedade carioca da época, retratando seus costumes e vícios. Tudo em *Senhora* gira em torno do dinheiro. A vingança de Aurélia e a submissão de Fernando são frutos do dinheiro. Em tudo a adaptação de Sérgio Viotti foi fiel.

Na nossa encenação fomos um pouco além, quisemos dar aos protagonistas, e mesmo aos outros personagens, uma visão atual, pois o que falta em Alencar, e que não é culpa dele, mas da escola literária do seu tempo, é o mundo interior desses personagens, isso é que foi proposto no espetáculo.

De maneira alguma Aurélia poderia atravessar todo o ano do seu casamento sem sofrer qualquer alteração de consciência e mesmo emotiva. Principalmente ao verificar que a trama por ela urdida vai-se desintegrando aos poucos. Se o temperamento leviano e utilitarista de Fernando se modifica diante das condições impostas por Aurélia, numa reação violenta; ela para não se trair sucumbe, e os dois caminham em sentido oposto. Isso é o que nós iremos demonstrar. Num mundo em que procuramos, dia a dia, descobrir o íntimo do ser humano, não seria possível que uma personagem que teve uma infância pobre, e que tornou-se rica, dominadora e cheia de excentricidade, ao tomar consciência que todo o esquema de vingança armado por ela se desmorona, ficasse impassível. A indiferença de Fernando faz Aurélia sentir o ridículo que ela mesma criou, gerando em si um desequilíbrio, fazendo, com isso, o marido adquirir um equilíbrio que lhe faltava antes.

Apesar de todo o romantismo de Alencar, os seus romances urbanos tinham uma feição realista, por isso o que importa é que a história nos dê a mesma imagem que deve ter dado aos leitores da época.

Hoje não podemos aceitar a idéia de que o amor possa estar acima da consciência, como à primeira vista o romance apresenta. Alencar faz a crítica, mas no fim os dois se beijam. Cremos que agora é melhor o público decidir se vale ou não a pena aos dois continuarem juntos, se há condições para isso. (ORC)

Trecho de crítica — *Diário de São Paulo* — por Hilton Viana — 1.º/8/1971

É muito grande a responsabilidade de Osmar Cruz no momento da escolha dos textos que devem ser incluídos no repertório do Teatro Popular do Sesi. Seu elenco irá se dirigir a um público que está sendo preparado e alguns que pela primeira vez assistem a uma representação teatral. As últimas encenações provam que o diretor conhece o seu público: *O Milagre de Annie Sullivan* — uma das peças que arrebatou prêmios — e *Memórias de um Sargento de Milícias*, dizem bem. O Teatro Popular do Sesi já recebeu elogios oficiais da Associação Paulista de Críticos Teatrais e nada foi mais justo. Não cobrando ingressos e, distribuindo convites com antecedência nas indústrias, seu público é garantido. Mas, se os espetáculos não atingissem esse mesmo público, ele não compareceria ao teatro. Diariamente há filas enormes e nos fins de semana faltam lugares no Teatro Israelita Brasileiro. Os que estão habituados, os freqüentadores das produções das montagens do Sesi, por certo estão notando a diferença de estilos de representação de gênero de espetáculos de peça para peça. Se em *O Milagre de Annie Sullivan* foi apresentado um espetáculo realista, num cenário que poderíamos chamar de estilizado, em *As Memórias de um Sargento de Milícias*, o público assistiu uma comédia farsesca num cenário realista. Em *Senhora*, o diretor preferiu abolir os 25 cenários e utilizou planos. Mas compensou a falta do cenário com os bonitos e funcionais figurinos de Ninette Van Vuchelen. Podemos dizer sem susto que *Senhora*, é um espetáculo de texto, de interpretações. Assistimos a versão que Bibi Ferreira apresentou em 1956 no ex-teatro São Paulo (?) e lembramo-nos que a encenação era totalmente apoiada em estilo realista. A versão de Sérgio Viotti deu-se muito bem com a direção de Osmar. Se os intérpretes não possuem um cenário e acessórios em cena para apoiar suas criações, tem o texto, que passa completamente para a platéia. [...].

Trechos de crítica — *Última Hora* — por João Apolinário — 4/8/1971

APROVEITE. É DE GRAÇA. VEJA SENHORA, UM BOM XESPETÁCULO

Há mil razões, todas maravilhosas, para aplaudir este espetáculo que o povo pode ver no Teatro Popular do Sesi (Rua Três Rios, 252, sem pagar nada). E se me dão licença os mercenários do teatro, vou aplaudir de pé todos os que fazem de *Senhora* uma prova provada de que estão certos aqueles que defendem a necessidade de um teatro brasileiro popular.

Em seguida, um aplauso muito intencional para Osmar Rodrigues Cruz, não só como diretor desta encenação, mas sobretudo por ter sabido usar os recursos do Serviço Social da Indústria no sentido que devia e pela primeira vez aplica com total objetividade didática e cultural, em função do público em formação de que também dispõe aos milhares.

Chamo agora a vossa atenção para Sérgio Viotti: ele provou com esta adaptação do romance de José de Alencar, *Senhora*, ao povo que o teatro brasileiro que devemos poder alcançar com boas adaptações como a sua, um alto nível catalisador no desenvolvimento da formação de espectadores, sintonizando neles todo um repertório estudado em sucessivos graus de revelação cultural que utiliza não só as peças existentes, mas a nossa literatura de ficção, adaptada inteligentemente, não apenas para adultos, mas também para os estudantes secundários.

Exatamente a proposta que já foi feita pela Comissão Estadual de Teatro, da qual o Sesi dá este primeiro passo e magnífico exemplo.

Exemplo ainda mais significativo, o quanto Osmar Rodrigues Cruz soube reunir uma equipe de rigorosa capacidade profissional e com ela realizar uma encenação cujo mérito está em alcançar o nível artístico que teria se se tratasse de uma exploração comercial, o que prova que o diretor sabe que deve ao povo, a quem oferece gratuitamente o resultado do seu trabalho e dos recursos do Sesi, o máximo do desenvolvimento que é possível atingir-se entre nós em espetáculos do gênero, sem que se subestime o mínimo detalhe.

Está nesse caso, por exemplo, a concepção dos cenários e figurinos, aparentemente contraditórios, mas a meu ver certos na sua justaposição realista e impressionista, com o objetivo igualmente certo de apoiar o ator a exprimir, essencialmente, a expressão verbal, resultado último da adaptação do romance para a qual havia necessidade de se criar um lugar dramático, um local generalizado, de ação múltipla, por vezes quase simultânea, aqui suprindo a falta orgânica da carpintaria, impossível de dar a um texto que não nasceu para o teatro.

E Túlio Costa, o cenógrafo foi muito feliz, mas Ninette Van Vuchelen muito mais, caracterizando os figurinos em uso na sociedade carioca do Segundo Reinado não só de uma leveza de bom gosto, mas ainda mais no equilíbrio das cores, permitindo a fusão plástica com a luz, cuja distribuição visava só o essencial para sugerir o lugar dramático e a emoção, o que aliás foi conseguido plenamente.

O estilo de representação, obrigado a impor-se no sentido de uma convincente e consistente expressão verbal, teria de ser indiscutivelmente naturalista, como é, embora realizado melhor por uns do que por outros intérpretes, isto se exigíssemos deles mais do que podem dar. O que dão, porém, é eficiente, claro e uma nítida substância da idéia ou tema do romance feito peça [...] todos a final merecendo aplausos e, em nome do espectador mais comum, o nosso agradecimento.

Desculpem se ainda não foi desta vez que fizemos o comentário popular que também devemos aos espectadores de *Senhora*, mas não resistimos ao entusiasmo de somente saudar todos os que colaboraram com o Sesi para dar ao público o teatro que ele precisa.

Trechos de crítica — *Folha da Tarde* — por Paulo Lara — 10/8/1971

É bem provável que os intelectuais que forem assistir *Senhora* farão aquele olhar de desprezo. E no final com inflexão de desdém dirão enfaticamente: "A pecinha é boazinha!" Mas a verdade é que, quando as cortinas se fecharam no final do segundo ato, duas senhoras, ao meu lado levantaram-se aplaudindo freneticamente e gritando: "Bravos!" E muita gente aderiu àquelas duas senhoras. Isso aconteceu numa sessão normal de domingo no Taib onde está sendo apresentada *Senhora*, adaptação de Sérgio Viotti da obra romântica do mesmo título, de José de Alencar. Como explicar isso então? É o velho problema de sempre: os intelectuais minoria absoluta no gigante subdesenvolvido desejam a qualquer forma exigir um salto para o qual o público não está preparado ainda. Assim, com espírito lúcido e com os pés no chão, o Sesi produziu mais um espetáculo que pode desagradar a alguns, mas que agradará a muitos, porque contamina o público com seu enredo cuidado, para não cair no melodramático. Sim, porque o trabalho do adaptador Sérgio Viotti consegue anular o açucarado e cansativo que a obra de Alencar contém na forma original do romance. [...].

Senhora, o levantamento de uma época, mostra dos costumes brasileiros que a direção de Osmar Rodrigues Cruz ousou expor com análise crítica [...].

Digam o que disserem, não deixem de ir ver o espetáculo. Não entre no cordão dos "não vi, não gostei". O trabalho é feito com seriedade, tem qualidades e vai deixá-lo espantado com a poderosa comunicação que exerce sobre o público.

Comentário — revista *Manchete* — por Gilberto Tumscitz — 12/12/1972

Desde 1959 que o diretor Osmar Rodrigues Cruz vem levando teatro ao povo, mas ao povo mesmo, em São Paulo. A experiência do Sesi, que chega a contar com mais de 300.000 espectadores para certas montagens, está provando que teatro não é, necessariamente, uma arte de elite. Apresentando, sem cobrar ingresso, espetáculos de acordo com os padrões estéticos e as possibilidades de apreensão das grandes platéias, Osmar conquista cada vez mais público. Agora, numa adaptação de Sérgio Viotti, está levando *Senhora*, de José de Alencar. No elenco Sebastião Campos, Arlete Montenegro, Ruthinéa de Moraes, cartazes da tevê paulista. É comovente sentir a vibração de uma platéia humilde. Todos esses anos de trabalho no Sesi deram a Osmar cancha suficiente para controlar as emoções da massa. Ele já foi capaz de fazer a platéia se gratificar com Marivaux. Vendo *Senhora*, a gente volta no tempo e imagina o que não devia ser o teatro nas épocas em que a arte mantinha suas características populares. A gente pensa em Molière percorrendo o interior da França, pensa na platéia que se entregava ao *Cid*, de Corneille, como hoje se vê *O Homem Que Deve Morrer* pela televisão. Comovente mesmo, uma ida ao Sesi. Na saída, conversei com uma senhora vizinha de poltrona. Estava sozinha, era lavadeira. Velha freqüentadora do teatro. Suas peças preferidas *Noites Brancas*, *O Milagre de Annie Sullivan* e, agora, *Senhora*. Alencar, Gibson, e

Dostoiévski... Diz ela que o único defeito do Sesi é que as peças demoram demais a estrear. Queria uma montagem por semana. Pergunto se ela não gosta de cinema: não vai nunca, "é muito caro". Faltou coragem de perguntar se algum dia ela já foi a algum outro teatro.

Um Grito de Liberdade

ERA A VIDA DE D. PEDRO I, PEDI AO SÉRGIO VIOTTI, QUE já tinha sido muito feliz na adaptação de *Senhora*, que escrevesse uma peça sobre a vida de D. Pedro I, em comemoração ao sesquicentenário da Independência. O Sérgio soube contornar as dificuldades de escrever uma peça histórica. Construída dentro da técnica brechtiana, tem sua ação baseada no épico. Os atores não representam seus personagens psicologicamente, não buscam uma identificação com eles, mas apenas procuram mostrá-los e quase sempre criticá-los. Não procurei determinar locais, ou criar quadros, esteticamente construídos para iludir o público. A representação era "fria", dentro dos limites exigidos pela técnica da narrativa épica. A encenação mostra D. Pedro I como um homem simples, fruto de sua educação, de seu meio, do seu ambiente social. Ao seu temperamento fogoso, contrapõe-se um ser cheio de dúvidas e fugas. Não me preocupei com uma reconstituição arqueológica de Pedro I, mas uma visão moderna, para que o público o sentisse como ser humano e não como uma estátua em praça pública. Procurei evitar situações falsamente heróicas, seguindo o esquema épico. Foi um trabalho difícil, pois não é fácil empregar essa técnica no teatro brasileiro, porém quis tentá-la para o nosso público. A peça passa-se durante um ensaio em que a história de D. Pedro I vai surgindo, é o teatro dentro do teatro, que os teóricos chamam de "metateatro", essa forma facilita o interesse do público que adora ver como é feito o jogo teatral e suas regras. A peça do Sérgio tinha um fino humor, que fazia o público rir entre algumas cenas, atenuando assim os muitos episódios históricos postos em cena. O cenário era despojado, só com adereços que subiam e desciam, como uma rede na casa da Marquesa de Santos. Era musicada, canções eram cantadas em coro, a Zezé Motta cantava também, com uma linda voz. A peça foi feita meio à Jean Vilar e agradou, prendia o público. Não teve superlotação, ano do sesquicentenário, havia tanta programação por todos os meios de comunicação sobre a Independência que acho que ninguém agüentava mais. Ficou seis meses em cartaz, o que é pouco tempo para os padrões do TPS. Mas aconteceu um fato que tenho de relatar: o Comandante do 2.º Exército pediu ao De Nigris para que o elenco fosse representar um trecho da peça num quartel-general aqui em São Paulo, só que alguns atores contratados eram também contratados da TV Tupi e estavam fazendo uma novela dirigida pelo Vietri, e ele não queria liberar os atores porque tinha gravação marcada para aquele dia; foi uma correria, no fim deu tudo certo e escolhemos algumas cenas e, à revelia, lá fomos nós, ajudar nas comemorações, até parece piada do dia da Independência. Mas antes disso o comandante ficou sabendo que o Vietri não liberaria os atores e alguém ouviu ele dizer "se ele não sabia da existência do AI 5." Pois é, estávamos em plena ditadura militar e o AI 5 tinha acabado de sair e nós lá, por causa do convite aceito pelo presidente da Federação da Indústria. Foi terrível. A encenação saiu uma droga, feita no pátio do quartel, sem condições, ninguém ouvia nada. Mas a temporada no Taib foi bem.

Referências sobre a peça

O Teatro Popular do Sesi irá apresentar *Um Grito de Liberdade*, uma peça sobre a vida de D. Pedro I e escrita por Sérgio Viotti.

Uma peça histórica é sempre difícil de se escrever, primeiro por causa dos personagens que são muitos e depois porque os acontecimentos históricos têm de ser dramatizados dentro de uma lógica dramatúrgica. Escrever para o Teatro é uma das técnicas mais difíceis, exige do autor a síntese dos temas em questão, pois os fatos devem acontecer à vista do público e, através de um diálogo claro e preciso, imagine-se então, uma vida narrada no palco e, ainda por cima, de uma personagem histórica como D. Pedro I.

Consciente dessa enorme dificuldade Sérgio Viotti optou que a ação da peça se passasse durante um ensaio de teatro e durante este vão-se representando quadros da vida do primeiro imperador do Brasil. Interrompe-se o ensaio para explicar o que vem depois ou o que já aconteceu e volta-se novamente a representar. Essa é a forma dramática, a maneira de expor e contar o que se quer. Qual porém o conteúdo dessa história? Pedro I não foi uma figura muito discutida pelos historiadores, todos têm muitos pontos em comum sobre sua vida. Muitos fatos dessa vida são por demais conhecidos, como os das figuras que o cercavam. O que nos interessava era o D. Pedro homem em suas contradições íntimas, em sua vida emocional, isso é que nossa peça irá mostrar.

Aos 23 anos Regente, aos 24 Imperador, aos 31 Rei de Portugal.

Poucos personagens do século XIX merecem uma análise profunda, enternecida e sentimental como D. Pedro I.

"Quantos nascendo de um trono tiveram a fortuna desse príncipe estouvado de guiar multidões como um demagogo, libertá-los como um patriarca benévolo, e entender-lhes o destino como um profeta?" pergunta Pedro Calmon, no seu livro sobre ele. É verdade, quantos tiveram, em tão pouco tempo, tantos feitos importantes, quer no Brasil, quer na Europa. Essa vida toda é dramatizada na peça de Viotti. Um homem, acima de tudo, que amava o povo de sua terra adotiva, que lutava na rua de uma nação que não era sua, mas que ele incorporava na sua existência.

Sem base filosófica ou política não tinha a lógica do comportamento de administrador, mas era um instintivo, e dentro do seu raciocínio anárquico ele conseguiu dinamizar uma nação e levá-la a sua independência.

Esta peça foi escolhida para ser encenada pelo Teatro Popular do Sesi dentro dos festejos comemorativos do Sesquicentenário da Independência do Brasil. Essa nossa produção receberá todos os cuidados que uma encenação dessa importância exige. Para tanto foram contratados atores conhecidos do público paulista e um cenógrafo muito talentoso e conceituado que se encarregarão de dar todo o tratamento que o assunto focalizado merece.

O Teatro Popular do Sesi tem um fim educativo, talvez possa utilizar como meio a recreação, o divertimento, mas seu objetivo é a educação das platéias adultas e infantis do meio operário paulista, quer da capital quer do interior.

A meta do Teatro Popular do Sesi não é um lazer imposto, obrigatório, mas facultativo, pois não se leva o trabalhador ao teatro, distribuem-se convites, e ele vai se quiser. Essa concepção tornou o Teatro Popular do Sesi uma manifestação popular. Seus freqüentadores assistem aos espetáculos espontaneamente e podemos garantir que eles são muitos e em cada mês aumenta consideravelmente seu número. (ORC)

Trechos de algumas críticas

O Estado de S. Paulo — **por Mariangela Alves de Lima — 6/9/1972**

[...]. Um Grito de Liberdade expõe para o público o desenvolvimento interno de um espetáculo teatral. Com muita simplicidade, pede ao público que complete a história. Não há cavalos em cena. Os cavalos imaginários podem perfeitamente ser preenchidos pelo espectador. Isso para quem acredita que cavalo é indispensável. Caso contrário, o espetáculo teatral pode ser tomado como um resultado de um trabalho cotidiano e paciente de bons profissionais.

Na encenação Osmar Rodrigues Cruz procurou realizar esse didatismo do texto. Todas as limitações de espaço e tempo são resolvidas através da narração direta e dos recursos de iluminação. Um trabalho claro, despojado de recursos cênicos. [...].

Jornal da Tarde — por Sábato Magaldi — 22/9/1972

As limitações previamente impostas a qualquer tipo de trabalho artístico sobre a Independência deixam pouca margem para uma visão que fuja do convencionalismo. Esse problema reduz, sem dúvida, o alcance de *Um Grito de liberdade* (A Vida de D. Pedro I), cartaz do Teatro Popular do Sesi no Teatro Taib. [...].

Ainda assim, vê-se que o autor Sérgio Viotti, de um lado, e o encenador Osmar Rodrigues Cruz, do outro, tentaram escapar das patriotadas fáceis, que deveriam certamente povoar o Ano do Sesquicentenário. Em comparação com as manifestações hollywoodianas do cinema indígena, o espetáculo teatral é de uma dignidade exemplar. [...].

A direção de Osmar Rodrigues Cruz contribui para que ressaltem os aspectos positivos. Em nenhum momento ele cedeu à facilidade da composição heróica. Não há hinos cívicos a comprometer o andamento da ação. [...].

Folha de S.Paulo — por Fausto Fuser — 27/9/1972

O espectador tem no palco um ensaio teatral que é a própria peça. Essa a solução de Sérgio Viotti ao escrever *Um Grito de Liberdade* para o Teatro Popular do Sesi. E o público do único teatro paulista subvencionado, e realmente popular, reage muito bem diante das situações de uma vida profissional que desconhece, mas adivinha, divertido. [...].

É o despojamento de que se serve o encenador que faz de *Um Grito de Liberdade* apesar de tudo, um espetáculo positivo, despido de conotações patrióticas simplistas e que, a final, poderá levar seu público a julgar seus heróis.

Última Hora — por João Apolinário — 28/9/1972

Deve ter sido muito difícil a Sérgio Viotti vencer a primeira grande dificuldade que o texto *Um Grito de Liberdade*, que você poderá ver no Teatro de Arte Israelita Brasileiro (Taib), oferecia a quem quisesse biografar a vida e a época histórica de D.Pedro I e da Independência do Brasil.

As distorções e os preconceitos existentes em relação a essa figura apaixonante de homem que em tão curta vida foi rei de dois povos, tornaria difícil repor, com a necessária autenticidade histórica, essa aventura humana excepcional, só por si merecedora de ganhar a dignidade teatral.

Outras dificuldades o autor de *Um Grito de Liberdade* soube contornar, realizando um texto carpinteirado com maestria. Selecionando as cenas capitais da biografia e da história e usando a linguagem própria, fluente e convincente, para que os personagens à volta dos quais se desenvolve a ação, vivam com aquela plenitude existencial indispensável à veracidade dos fatos indiscutíveis que teria de respeitar, como fez.

A idéia de propor a narrativa partindo da simultânea criação do espetáculo, com os atores representando-se e interpretando ao mesmo tempo os personagens, é, além de muito, didático, uma colocação inteligente, quebrando o lado mágico e teatral da história e oferecendo a outra face, a face crítica, ao espectador. Essa aparente quebra ou essa dualidade entre uma pretensa realidade (os atores ensaiando) e uma pretensa ficção (os personagens históricos vivendo a história) resultou, a meu ver, permitindo a encenação de Osmar Rodrigues Cruz uma totalidade de informações, coerentemente desenvolvidas pela via mais perfeita de comunicação que é, afinal, o teatro sem teatralidade, o teatro despojado, direto, concreto, sem sofismas. Em suma: a simplicidade. Em tudo: os praticáveis, os figurinos, as marcações, em tudo Osmar Rodrigues Cruz obteve uma perfeita sintonia, um acabamento a que a luz e a música põem o toque final de encenação simples e ao mesmo tempo perfeita que nestes anos todos o vimos realizar.

Essa simplicidade custa um preço, desperta incompreensões, permite preconceitos, falsos, naturalmente, como por exemplo a atitude cultural que não leva em conta o público para quem *Um Grito de Liberdade* foi realizado.

E, no entanto, é nessa simplicidade que devemos mais elogios a Sérgio Viotti e a Osmar Rodrigues Cruz. E ao elenco, todo ele integrado nessa dimensão popular sem concessões, espontânea sem esforço, artística sem trair o nível que o bom teatro se deve e nos deve. [...] enfim, todos me parecem cumprir essa ordem geral de simplicidade que faz do espetáculo um divertimento fácil, fluente, ao mesmo tempo que informa sobre a personalidade e a época que pretende marcar, no teatro paulista, o Sesquicentenário da Independência do Brasil.

TPS 10 anos!

Caiu o Ministério

CAIU O MINISTÉRIO DE FRANÇA JÚNIOR FOI ESCOLHIDA para comemorar os dez anos de profissionalização do TPS, continuando a programação de textos brasileiros. Eu estava entre *Como Se Fazia um Deputado* e *Caiu o Ministério*, optei por esta porque contém todos os elementos que a fazem uma das peças mais importantes daquela época. Autor de peças de costumes, engraçado, sagaz como crítico social e político, França Júnior enfoca nessa peça o empreguismo, hoje o chamado "nepotismo", a corrupção, defeitos políticos até hoje praticados no Brasil. Nós estávamos ainda no regime militar, mas a censura não incomodou, achava que eram histórias de outros tempos. Atualizei o linguajar e reforcei um pouco a comédia, fiz o espetáculo dentro de um estilo satirizante, queria que o público se divertisse, mas sem deixar de lado a crítica ao sistema político da época, e o resultado foi de momentos hilariantes. Escolhi um elenco de atores criadores de tipos, que pudessem fazer até caricatura, eles tinham total integração com o público.

O espetáculo ficou bom, engraçado e fez muito sucesso. Escolhi o Túlio Costa para fazer os cenários que deveriam ser bonitos e críticos. Ninette Van Vuchelen desenhou mais de cinqüenta figurinos que, além de bonitos, deveriam ajudar na crítica aos personagens. Foi feita também uma trilha musical, apesar de a peça não ser uma comédia musical, havia alguns trechos com música que eu eliminei porque no elenco alguns atores não cantavam. Foi uma das montagens mais ambiciosas do TPS e permaneceu por um ano e meio em cartaz. Como não tínhamos ainda sede própria, mudávamos de teatro de tempos em tempos, em 1974 saímos do Teatro Maria Della Costa e fomos para o Teatro Brasileiro de Comédia e o público foi atrás. Essa está entre as peças de maior sucesso do TPS.

A crítica, como de costume, falou bem e mal, mas no início da temporada a mídia deu toda a cobertura.

Neste ano foi publicado nos Estados Unidos o livro *Popular Theater for Social Change in Latin America* pela University of California em Los Angeles, tendo como editor Gerardo Luzuriaga, que dedica um capítulo ao Teatro Popular do Sesi de São Paulo. Estávamos comemorando o décimo aniversário e o sonho já havia virado realidade.

Um Sonho que Virou Realidade

Há dez anos, neste mesmo teatro um sonho transformou-se em realidade. Um sonho que durava, também, há quase dez anos. Esse sonho era transformar o teatro, que havia dentro do Serviço Social da Indústria, num organismo forte, irradiador de prazer e cultura, enfim um Teatro Popular para uma massa não afeita a esse tipo de manifestação.

Em fins de 1962 apareceram alguns homens de grande visão, homens fundamentalmente da indústria, mas que tinham também a responsabilidade de um Serviço Social.

Pois bem, esses senhores, hoje encabeçados pelo Sr. Theobaldo De Nigris, seus companheiros do Conselho Regional do Sesi, e a Superintendência do Sesi, acreditaram num plano, num trabalho, num ideal e transformaram o Teatro Popular do Sesi, num exemplo de como, sem visar interesses, dar ao trabalhador um pouco daquilo, que ele nunca poderia ter por várias questões, principalmente por falta de hábito, de poder aquisitivo (o teatro é um divertimento caro) enfim, por uma vasta série de fatores.

Posso afirmar com a maior satisfação que o Teatro Popular do Sesi sempre mereceu desses senhores, a maior atenção, o carinho de quem vê um filho crescer. Não acredito que haja no mundo exemplos parecidos. No nosso país o caso é segundo me parece, o único.

Depois de dez anos é justo que se saiba, e principalmente, este nosso grande público, que esses senhores são os responsáveis, pois acreditaram em nós, como nós acreditamos neles.

Um dia, na história do nosso teatro, se poderá constatar que alguns senhores, respeitáveis homens de negócios, tornaram realidade um sonho, porque viram que o homem só pode acreditar na vida, no trabalho e no progresso, quando ele se instrui, adquire bons hábitos, e o Teatro é o grande meio. Eles acreditaram e com isso escreveram uma página do Teatro Paulista.

O Teatro Popular do Sesi agradece a todos os que contribuíram para o seu desenvolvimento e sua fixação, desde o humilde servidor até a mais alta administração. Isolados, os homens são uma partícula, unidos formam uma comunidade. (ORC)

O QUE É VERDADE

Referências sobre a peça

UMA SÁTIRA AOS COSTUMES

O tratamento dado por França Júnior a *Caiu o Ministério* é de uma sátira, apesar dele intitular a peça de uma comédia de costumes. Ninguém na peça deixa de sofrer a impiedosa crítica do autor, ele não perdoa nada, todos são negativos e assim ele consegue o seu fim, demonstrar toda a política de empreguismo, a influência feminina nos negócios de Estado, a ambição desenfreada dos politiqueiros, o ridículo daqueles que chegam ao poder sem ter a mínima capacidade para isso.

Partindo de seu diálogo vivo, enxuto, onde a carpintaria teatral é perfeita, nós nos sentimos levados a carregar traços dos personagens, aumentando-lhes o ridículo e a mudar certos vocábulos ou expressões, hoje em dia completamente obsoletos, ao grande público.

Claro que uma sátira de 1882 não possui os mesmos efeitos hoje em dia. A nossa principal tarefa foi procurar trazê-la aos olhos de um público contemporâneo, conservando-lhe, porém, as idéias básicas.

França Júnior é não só um gozador mas principalmente um crítico violento. Daí partirmos para a sátira.

As *gags*, o *non sense* de determinadas situações, a introdução e o final, foram encenados para demonstrar que tudo se repete, enquanto não se modificarem os homens.

O realismo do texto é um realismo crítico, portanto, nunca a realidade simplesmente mas a sua distorção, para assim atingir a crítica dessa realidade.

Para Brito, nomeado presidente do Conselho, a fraqueza é dramática. A família não pensa em dar-lhe apoio na posição em que se encontra, mas apenas usufruir dessa posição, não para trabalhar em benefício coletivo, mas apenas para aproveitar o que essa posição pode dar-lhes.

Cada personagem representa uma parte da sociedade, cada cena é um *flash* crítico dessa mesma sociedade.

Na atualização dessa peça brasileira, a linha que mais se coaduna é a velha tradição da "chanchada" nacional. Usamos porém esse termo, no bom sentido, naquilo que pode ser aproveitado para transpor, em termos de encenação, o texto de França Júnior.

Querer unificar uma peça que tem em cada cena um sentido, em cada personagem uma característica, ora realista ora absurda, às vezes ridícula, é querer abandonar o humor desordenado mas agudo, do autor.

O que nos pareceu o ideal, é que o todo nos mostra a anarquia reinante naqueles infelizes que objetivavam seus problemas existenciais, apenas na ambição de alcançar posições onde não poderiam estar.

Perdoem-me os saudosistas, os puristas, mas tenho certeza de que França Júnior não se preocupava com estilos, modismos e outros "ismos"; lendo suas peças (as que existem publicadas) sentimos que a sua preocupação era crítica, grotesca, e para isso usava o que lhe parecia melhor.

Nós conhecemos a sua obra publicada, há mais de vinte e cinco anos. *Caiu o Ministério* e *Como Se Fazia um Deputado* sempre estiveram em nossa intenção de encenar. Optamos pela primeira, por ser mais popular e mais interessante, tanto assim que há quase vinte anos indicamos e fornecemos o texto para uma montagem no grupo da Caixa Econômica Federal e, naquela época, Teatro Brasileiro era tido como uma coisa inexistente.

Seria ridículo querermos ser o dono dos textos nacionais, mas fomos um dos primeiros a redescobrir e encenar *O Amor por Anexins*, *Uma Véspera de Reis* e *O Badejo*, de Artur Azevedo, *As Guerras do Alecrim e da Manjerona*, de Antônio José, *A Torre em Concurso* e *O Primo da Califórnia*, de Joaquim Manuel de Macedo, *As Mulheres Não Querem Almas*, de Paulo Gonçalves, *As Doutoras*, de França Júnior, *Manhãs de Sol*, de Oduvaldo Vianna. Naqueles tempos (48 e 50) não havia o mesmo interesse de hoje. O Teatro de Arena na década de 50 a 60 é que começou a despertar esse interesse pela dramaturgia nacional com José Renato montando *Eles Não Usam Black-Tie*, de Guarnieri, aí começaram a se interessar pelo texto nacional, aqueles que até então, não tinham muita simpatia pelo autor brasileiro.

Profissionalmente, ninguém teria a audácia, naquela época, de montar uma *Capital Federal* ou *Caiu o Ministério*. Como vocês podem ver, os critérios mudaram. Tudo é uma questão de tempo. Muitos textos nacionais antigos continuam obras de museu, ressuscitá-los é uma obrigação, principalmente daqueles que amam o nosso Teatro.

Aí está França, pronto para ser visto, quer se goste, quer não se goste, ele é muito bom e nós temos a certeza de o estarmos servindo da melhor maneira. Podem tocar as trombetas, meus amigos, quem sabe, sabe quem não sabe, não sabe. (ORC)

Trecho de crítica — *O Estado de S. Paulo* — por Clovis Garcia — 18/3/1973

[...]. Um espetáculo do TPS traz à tona toda a problemática do teatro popular, a adequação das encenações a um tipo específico de público, e a dificuldade de encontrar o justo limite das concessões a um tipo específico de público desabituado ao teatro e de nível cultural limitado e até onde se pode chegar para obter a elevação desse nível. Osmar Rodrigues Cruz conhece bem o público a que se dirige e procura obter a justa medida. [...].

A escolha da peça não poderia ser mais feliz, pois está entre as melhores comédias de França Júnior. A sua estrutura cênica garante um bom rendimento, o desfile de personagens, todos numa linha intensamente satírica, mantém o interesse e a comicidade. Apesar do texto ter quase um século de existência, pois estreou em 1882, muito da crítica de costumes e da sátira política permanece válido até hoje. A liberdade adotada pelo diretor, de modernizar alguns diálogos, principalmente com a substituição de termos de gíria, torna o texto ainda bastante comunicativo para uma platéia atual.

A direção de Osmar Rodrigues Cruz enriqueceu o espetáculo com música e coreografia, o que, com a concepção geral da linha de farsa, resulta numa encenação alegre e divertida. [...]. Mas todos parecem representar com alegria, como se estivessem se divertindo, o que se transmite ao espectador.

Trecho de crítica — revista *Desfile* — por Oswaldo Mendes — março/1973

Voltando a ocupar um teatro que sempre gozou a preferência de uma platéia tradicional, se quiserem chamar assim, o Teatro Maria Della Costa, deixando o modesto e fora-de-mão (para o público rotineiro) Teatro de Arte Israelita Brasileiro, o Teatro Popular do Sesi, em São Paulo, prepara-se para comemorar neste 73 o seu décimo ano de atividades profissionais. O diretor Osmar Rodrigues Cruz, que acumulou nesses dez anos a honra de encenar todos os espetáculos do Sesi, escolheu para a comemoração uma peça brasileira do século passado, escrita por um autor de nítidas implicações políticas (advogado e comentarista político no seu tempo): França Júnior. A comédia *Caiu o Ministério* uma evidente crítica aos nossos costumes políticos das últimas décadas de mil e oitocentos mantém-se ainda hoje como um dos primeiros documentos do início de uma dramaturgia brasileira voltada para uma realidade menos particular de hábitos e dramas domésticos. Essa preocupação com o social e o político deu a França Júnior uma posição de importância entre os nossos autores de teatro, e seu nome ficará obrigatoriamente incluído em qualquer história que se escreva de nossa dramaturgia. [...].

Comentário — *Última Hora* — por João Apolinário — 20/3/1973

Teatro Popular do Sesi

Entre uma sessão e outra, entrar e sair do teatro repleto de público, como acontece no TMDC, onde o Teatro Popular do Sesi está apresentando *Caiu o Ministério*, de França Júnior, é a primeira alegria de quem tem por dever profissional entrar e sair dos teatros da cidade como se fosse a velórios, obrigado a fazer parte das carpideiras desse cadáver sempre adiado.

Alegria, não só por verificar que afinal está bem vivo esse morto monumental que se chama teatro, mas alegria maior pela certeza que o TPS nos dá que, depois de dez anos de trabalho, o caminho a percorrer para que o teatro viva é justamente esse: dar ao público espetáculos que estejam em sintonia com a *mass-media*, introduzindo na sensibilidade dominante os elementos culturais e didáticos que, lenta e seguramente, vão sendo assimilados, como o TPS tem feito, por milhares de espectadores.

Se, durante dez anos de atividade do TPS, seu exemplo tivesse sido generalizado, o estágio cultural do público seria bem diferente. Quer aquele que freqüenta gratuitamente os espetáculos do Sesi, quer aquele que tem condições de pagar o teatro que ainda hoje se consome. Isso não excluiria, evidentemente, que manifestações mais elevadas ou experiências mais ousadas não tivessem também seu público, numa ascensão que seria natural, como natural será admitir-se que entre os espectadores do Sesi uma alta percentagem tenha evoluído não só cultural, mas economicamente, para exigências maiores.

Por isso achamos que estes dez anos de atividade do Sesi, dirigido por Osmar Rodrigues Cruz, merece louvores, principalmente por ter atuado na captação do público, dando-lhe não apenas espetáculos gratuitos, mas sobretudo o teatro que ele estava apto a receber.

Serviço social que se distingue da engrenagem comercial e que o Governo tinha obrigação de ampliar, se estivesse verdadeiramente interessado na popularização do teatro.

Pode argumentar-se, em relação ao Sesi, que nem sempre seu repertório tem sido orientado no sentido mais eficaz, mas não deixa dúvidas que, depois de um início hesitante, Osmar Rodrigues Cruz, responsável pelo teatro do Sesi, tem sabido nos últimos anos sintonizar com esse público que ele criou e está desenvolvendo aos milhares, numa obra que já é notável.

Foi justamente a partir do momento em que o Sesi passou a adaptar textos brasileiros ou a representá-los como linha de coerência de sua atuação cultural que passamos também a salientar o seu trabalho da importância que realmente está assumindo na formação de um público, à revelia do qual, a maior das companhias brasileiras teima em fazer teatro de consumo de privilegiados e para auto-satisfação dos nossos profissionais, a quem o Governo dá a esmola das subvenções, sob o equívoco denominador de "popularização do teatro".

Há mil peças e mil formas de generalizar o que o Sesi, isoladamente, tem feito pelo público, em teoria constituído por industriários, mas na verdade muito mais amplo, todo — ou quase todo — de frágil poder aquisitivo. Daí o ingresso gratuito. E ainda bem.

O que ninguém saberá é até que ponto esse mesmo espectador do Sesi se tem transferido para o teatro comercial e menos virá a saber jamais até que ponto existiria hoje um público consumidor pagante se o exemplo do Sesi, repito, tivesse sido adotado há dez anos por quem tinha o dever de fazê-lo, como tem o dever de dar instrução escolar gratuita ou dar os serviços sociais indispensáveis à normal existência da comunidade.

Mas, num país de culturas transplantadas, chega a ser coerente que o consumo cultural seja apenas para as classes dominantes.

Fiquemos por aqui que o tema é inesgotável. Falta o comentário do espetáculo que está em cartaz no Teatro Maria Della Costa. Falaremos de *Caiu o Ministério*, a seguir.

Trecho de crítica — *Última Hora* — por João Apolinário — 21/3/1973

Sucesso do Sesi no TMDC

A escolha de *Caiu o Ministério*, de França Júnior, na continuidade do repertório que ao Teatro Popular do Sesi se impõe, dentro dos objetivos que as suas últimas encenações claramente demonstram, é o primeiro ponto positivo do espetáculo em cartaz no Teatro Maria Della Costa.

O segundo está na apurada produção realizada sem concessões, nitidamente profissional, garantindo, assim, não apenas uma afirmação artística ao nível geral do nosso teatro, mas a certeza de que, mesmo sendo um produto para dar, o Teatro Popular do Sesi o faz com pleno respeito ao seu público.

Esses são, aliás, os limites que parecem nortear os responsáveis pelo TPS, particularmente Osmar Rodrigues Cruz, cuja insistência em dirigir todos os espetáculos do Sesi me parece justificada no fato, notório, de alcançar cada vez uma maior comunicação com a platéia formada por espectadores, na sua maioria, naturalmente criados através das sucessivas encenações que lhe foram oferecidas pelo Sesi.

Essa vantagem de Osmar R. Cruz está bem nítida quando ele realiza trabalhos para outras platéias, onde não obtém os resultados que, sobretudo nos últimos espetáculos do Sesi, o compensam da aparente contradição de fazer grande sucesso de público e só raramente, no plano comercial, fazer sucesso de bilheteria.

É muito clara a sintonia que Osmar R. Cruz alcança com esse determinado público, justamente pela coerência em dar-lhe, através do Sesi, o que ele hoje sabe estar de acordo com o estágio cultural desse espectador.

Daí, a escolha de *Caiu o Ministério* ser o primeiro ponto positivo, não só por tratar-se de um texto brasileiro desenterrado da poeira das bibliotecas para o palco (o que só por si já seria meritório), mas ainda por se tratar de uma sátira que ganhou maior atualidade na medida em que não se limita a reconstituir uma dada época dos nossos costumes, mas flagrantemente propõe a crítica a protótipos ainda vivos da nossa psicologia social. O texto de França Júnior tem outros méritos (carpintaria perfeita, linguagem fluente, teatralidade intrínseca), mas esses bastam para provar duas coisas básicas: o teatro brasileiro existe e, o que é mais importante, um público cada dia mais apto a conhecê-lo e a amar o teatro, também. É tudo uma questão de dar-lhe o que ele está habilitado receber e esperar que evolua, que cresça nos dois sentidos mais urgentes: o hábito cultural e o poder aquisitivo que integre esse hábito nas suas necessidades. […].

Trechos de crítica — *Folha de S.Paulo* — por Fausto Fuser — 21/3/1973

Alegria no palco tem dez anos

A existência do Teatro Popular do Sesi e seu trabalho contínuo há dez anos, levando espetáculos de inegável cuidado artístico a uma faixa de público impossibilitada de pagar os preços do teatro comercial, por si só, já é motivo para atrair as simpatias de quantos se interessam por suas atividades teatrais. A coerência de seu repertório e sua perfeita adaptação aos fins buscados não podem ser negados e se não encontramos nele peças que traduzam inquietação estética, justifica-se a sua posição, quando mais não fosse, apenas no reflexo que atinge tantos milhares de espectadores da Capital e do interior.

Caiu o Ministério hoje pode ser observado com muita distância: a realidade política de França Júnior e a nossa não apresentam um mínimo denominador comum. Isto permitiu ao diretor Osmar Rodrigues Cruz fazer de uma comédia de costumes uma farsa com dosagem livre de temperos.

[...].

O Teatro Popular do Sesi reúne em suas apresentações um público menos sofisticado mas que nem por isso deixa de discernir a qualidade dos espetáculos que há uma década a entidade oferece. A contribuição que desta forma o Sesi tem prestado ao nosso teatro não tem preço. *Caiu o Ministério*, que pelo sucesso inicial provavelmente será a única peça de festejo do décimo aniversário do TPS não deixa de ser uma reafirmação positiva do valor da iniciativa.

Trechos de crítica — *O São Paulo* — por A. R. Marcelino — 24 a 31/3/1973

[...]. Sob todos os pontos de vista ainda hoje é oportuna a apresentação cênica dessa sátira aos costumes políticos do século XIX, em fins da Monarquia, ou seja, no ano de 1882, distante apenas sete anos da proclamação da República. Inclusive a obra de França Júnior, ao lado da análise dos hábitos plenos de ridículo e dos costumes sociais e políticos de seu tempo vistos à luz da sátira mordaz possui um grande domínio de carpintaria teatral, que a recomenda, portanto, à encenação. E foi sob essa condição que o diretor Osmar Rodrigues Cruz se atirou à imensa tarefa de montá-la no palco do

Teatro Maria Della Costa. O cuidado com que se esmerou em seu trabalho, tendo em vista a existência de 23 intérpretes em cena (alguns com dois ou três papéis diferentes), recomenda o espetáculo do TPS a todos os industriários e aficionados do teatro, de maneira indistinta. Mesmo porque os ingressos são gratuitos condição *sui generis* em nossa cidade, o que vai de encontro à chamada democratização cultural inclusive para um divertimento caro como é hoje em dia, o teatro.

Mas o que se destaca nessa realização do Serviço Social da Indústria além da boa direção de Osmar são os cenários de Túlio Costa, dentro do estilo teatralista, os figurinos inspirados na época, elaborados por Ninette Van Vuchelen, a coreografia de Roberto Azevedo e a música de Ibanez Filho. [...].

Em última análise, trata-se de um espetáculo teatral bastante comunicativo, mantendo do começo ao fim a sua linha de comicidade contagiante embora às vezes descambe para a "chanchada" e o grotesco. Talvez por causa dessa concepção da montagem de *Caiu o Ministério* é provável uma citação incondicional por parte do público trabalhador de São Paulo, e daí resultar num dos maiores êxitos do Teatro Popular do Sesi, em seus dez anos de atividades.

Entrevista — *Folha da Tarde* — coluna "No Teatro" — por Paulo Lara — 11/7/1973

VOCÊ TEM UMA SOLUÇÃO PARA A CRISE DO TEATRO? — III

Osmar Rodrigues Cruz é o diretor do Teatro Popular do Sesi desde a sua fundação, há dez anos. Seu trabalho de popularização de teatro tem dado significativos resultados. Suas montagens, além de ficarem muitos meses em cartaz, conseguem obter um público sempre acima dos cinqüenta mil espectadores. Para provar isso, seu último trabalho encontra-se em cartaz no Maria Della Costa. É a comédia de França Júnior — *Caiu o Ministério* — que já ultrapassou os trinta mil espectadores e continua sempre com a lotação esgotada. Vejam o que ele tem a dizer sobre a atual crise de público que afeta a maioria dos teatros paulistas.

"A crise pela qual passa o teatro em São Paulo nunca deixou de existir, pelo menos nestes últimos anos: ora mais acentuada, ora menos. Mas, atualmente, essa crise não deixa de ser conseqüência de uma falta de planejamento no que diz respeito à popularização do teatro. Sendo uma arte cara para o nosso poder aquisitivo, ela deixa de fazer parte do hábito do paulistano e a elite que vai ao teatro, hoje em dia, só comparece àqueles espetáculos que lhe interessa ver. Não é como em certas capitais da Europa ou nos Estados Unidos onde o público assiste a tudo. Um teatro, como é feito aqui, quanto mais tempo passa, mais distanciado vai ficando do grande público.

"O que precisa ser feito é habituar esse público, alheio às casas de espetáculos, a comparecer. Mas como? Através de uma programação a longo prazo, pois a curto prazo tem-se tentado, pelas subvenções, temporadas populares mas que nunca atingem a vinte mil pessoas. Então, está provado que isso não tem alcance nem relevo.

"A necessidade é de se equacionar o problema da crise teatral, realisticamente, a longo prazo, e isso não se pode exigir do empresário que tem que manter uma companhia. O teatro é caro para quem vê e para quem o faz.

"Cabe então, aos poderes públicos, talvez unidos — Prefeitura, Estado e União — amparar o teatro. Uma campanha de popularização seria feita usando: 1) Um repertório nacional de linguagem popular que se comunique de imediato com a massa; 2) Subvenção ampla para que se possa cobrar um quarto do valor do ingresso atualmente; 3) Ampla promoção do teatro, das peças e elenco, junto a essa massa; 4) Paralelamente aos espetáculos, criar estímulos para que o público não veja no teatro uma arte de elite, mas uma manifestação comum: associações, exibições de filmes de peças, exposições e principalmente material didático sobre as apresentações.

"«O teatro tem que ser pedagógico e divertimento ao mesmo tempo» — como diz Brecht. Não se pode esquecer nunca que, antes de tudo, ele tem que interessar, fazer o público sentir prazer em estar no teatro. O esquema apresentado pode ser feito por duas, três até seis empresas se revezando entre a Capital e o Interior. O teatro não pode ser um serviço público executado por particulares.

"Para esse esquema, claro que haveria problemas. Um deles: a quem se daria essa tarefa? Concorrência. E quem ficasse de fora resistiria? Essa pergunta foi feita, há mais de seis anos, quando, como membro da Comissão Estadual de Teatro, apresentamos ao então secretário do Governo um plano de popularização. E a resposta dada foi: «Ou se salva o teatro ou tentemos salvar meia dúzia de empresários e o teatro continuará em crise». É o que está acontecendo. E nem precisa dizer que aquele plano não foi executado. Isso de distribuir uma quantia entre muitos nunca irá resolver esse problema.

"O Sr. Ministro da Educação, mostrou-se interessado em destinar uma soma bastante razoável para solucionar a crise. Se ela for dividida com as empresas do Rio e São Paulo, não vai adiantar nada. E o que é pior: o teatro continuará em crise, pois a solução do problema não está em «subvenção», mas sim em «popularização». Quando trezentas mil pessoas forem ao teatro — cinco por cento da população da Capital — não haverá necessidade de subvenções, nem crises, e todos poderão viver bem do teatro. Mas, para isso, é urgente um plano lógico no qual o repertório escolhido atenda, pelo menos inicialmente, às exigências do público. Mas o espetáculo popular não pode ser vinculado à exigências estéticas de vanguarda, deve se ater a uma «comunicação» que atinja a maioria do povo". *(continua amanhã)*

Você tem uma solução para o teatro? — IV — continuação — 12/3/1973
"É necessária uma intervenção direta no teatro"

"Aos que discordam de uma intervenção direta no teatro, temos a lembrar que a Comissão Estadual de Teatro existe há mais de vinte anos e até hoje não conseguiu solucionar os problemas da crise do teatro, justamente porque as verbas são divididas de tal maneira que, em alguns casos, nem chegam a cobrir a folha dos atores na fase de ensaios.

"Criada uma seleção de qualidade, é dar a esses uma dotação que realmente possibilite que entrem num verdadeiro esquema de popularização. Os que ficarem de fora continuarão reclamando, mas ou se resolve o problema máximo do teatro, ou os menores. E faço minhas as palavras de Jean Vilar, quando lhe foi entregue a direção do Teatro Nacional Popular em Paris: «Há certa inquietude por uma pretensa concorrência desleal com referência aos preços muito baixos cobrados por nós. Concorrência? Com quem? Não com o teatro. Ao contrário do que acontece muito freqüentemente, é que em razão do preço modesto de nossas poltronas, o TNP ganha para o teatro espectadores que não têm meios de conhecê-lo. Uma vez que esses espectadores tenham adquirido o hábito de ir ao teatro, farão, sem dúvida, no futuro, um sacrifício e o teatro se beneficiará com isso».

"Isso de dizer que o teatro está morto é conversa de quem não gosta de sua profissão. O teatro está tão vivo que quando o espetáculo interessa, o público briga para entrar no teatro. O que talvez esteja morta é a vontade de se violentar um pouco e ir até onde o povo espera que o teatro chegue. O estágio artístico-cultural da platéia brasileira exige espetáculos nos quais ele sinta vibrar a sua própria capacidade de entendimento, onde ele possa criticar, discutir, enfim, compreender o que vê. Depois, o teatro tem que aparentar um divertimento que não se assemelhe aos outros meios de comunicação. Só assim ele poderá interessar.

"Resumindo, o problema do teatro seria resolvido com: 1) Repertório condicionado a quem se dirige, porém variado e em evolução constante. O bom autor de teatro sempre é popular. Exemplo: Plínio Marcos e Guarnieri. 2) Artisticamente bem acabado: elenco, montagem, técnica, etc. 3) Preços mais do que acessíveis à massa. 5) Sem problemas de ordem econômica (subvencionado). 6) Popular, comunicação direta, sem falsas pretensões estéticas. 7) Não poderá nunca estar a serviço de vaidades ou ser especificamente pedagógico. Antes, tem que divertir, preencher as horas de lazer. Isso não quer dizer que culturalmente seja de baixo nível. 8) Tem que ser um serviço público, útil, necessário e sem demagogia.

"Não se pode esquecer que o consumidor vai ao teatro depois de horas de trabalho. Há necessidade de fazê-lo relaxar, sentir prazer estético, emocional, tomar conhecimento que aquelas horas foram importantes para seu bem-estar físico e psicológico: esse, podem crer, é mais um conquistado para o teatro."

FUI CONVIDADO A OPINAR JUNTAMENTE COM ADEMAR Guerra, Gianfrancesco Guarnieri e Plínio Marcos, cada qual dando sua visão a respeito do teatro popular, em reportagem que também contou com um depoimento exclusivo de Roger Planchon, quando da sua apresentação no Teatro Municipal de São Paulo com *Tartufo* de Molière pelo TNP.

Trecho de reportagem-debate — *Última Hora* — por Neide Martins, Lenita Outsuka e Oswaldo Mendes — 29/7/1973

TEATRO POPULAR: RENASCIMENTO OU SUICÍDIO?
Osmar R. Cruz: o operário vai ao teatro
Osmar Rodrigues Cruz *(diretor do Teatro Popular do Sesi há dez anos)*

"Planchon é um sujeito de elite. O teatro que ele faz é de intelectual para intelectual. Falta a Planchon o conhecimento da massa. O seu conceito de teatro popular é completamente diferente do de Jean Vilar, que o antecedeu no TNP. Por isso a sua decepção, quando diz que não atingiu o operário ou que não ganhou público para o teatro. Planchon tem conceitos burgueses. A Orgon, por exemplo, o personagem principal de *Tartufo*, ele emprestou uma homossexualidade inconsciente. Isso para mim é um conceito burguês. *Tartufo* de Molière, também é um espetáculo para a burguesia.

"Planchon transformou *Tartufo* num drama. Eliminando a comédia que existe no *Tartufo*, ele elimina exatamente o espetáculo popular. Claro que isso não invalida o valor do seu teatro. Mas acredito que o fato dele não compreender este detalhe está fazendo com que ele sofra esse impacto de desilusão. Por isso o povo não vai ao espetáculo de Planchon (segundo ele mesmo).

"Planchon não assimilou a experiência de Jean Vilar que, por exemplo, tinha um teatro de 2.400 lugares e chegou a levar 380 representações do *Cid* de Corneille. Claro que ele utilizava elementos que permitiam este sucesso. Ele tinha como ator principal Gérard Philipe, ator de fácil comunicação com o público (quando ele pisava o palco todo mundo ficava encantado). Além disso, Jean Vilar despojava o espetáculo de qualquer conexão intelectual. Para concluir, os espetáculos eram vendidos aos sindicatos que se encarregavam de levar os operários ao TNP. Existia uma máquina funcionando. *D. Juan*, por exemplo, de Molière, foi um sucesso espetacular porque Jean Vilar não eliminava o lado cômico do texto.

"Planchon se diz discípulo de Brecht. Mas Brecht é popular na Alemanha. Acredito que Planchon esteja vivendo um grande equívoco. O operário vai ao teatro desde que seja motivado para isso. Aqui em São Paulo eles vão ao teatro. A experiência do Sesi prova isso. Eu comecei levando textos de importância na literatura dramática. Uns fizeram sucesso, outros não. Depois compreendi que o elemento popular é que faz sucesso, ou seja, um espetáculo com texto popular, linguagem acessível e não um espetáculo com implicações intelectuais. O nosso espetáculo atual, *Caiu o Ministério*, de França Júnior, lota diariamente. É uma peça crítica mas apresentada de forma compreensível ao *trabalhador* (eu prefiro usar este termo ao de *operário*). Tanto é sucesso que estamos tratando de aumentar o número de cadeiras do TMDC.

"Se o local da apresentação é importante? Claro que é. Acho um erro levar espetáculos populares às fábricas. Fiz isso durante muito tempo e não deu resultado. Por vários motivos: o trabalhador confunde o espetáculo com trabalho. Ele não sai da rotina. Acaba ficando comodista. O teatro deve cumprir a sua função social: promover o indivíduo ao mesmo tempo servir como diversão. Levar teatro popular num ambiente sem boas acomodações já é um tipo de nivelamento que o trabalhador sente. A ascensão ao capital é uma ambição de todos. E o operário também gosta de se sentir num ambiente de luxo. O espetáculo para a grande massa também deve ser tecnicamente perfeito, porque é esta a única parte que o não intelectual pode criticar um pouco.

"Acho Planchon pessimista demais e adotando uma posição intelectual. Ele não sabe absolutamente escolher a peça para o operário. Quando ele diz que é discípulo de Brecht deveria lembrar que Brecht recomenda: o teatro tem que instruir mas divertir também. Discordo sobre um outro ponto de vista dele, quando diz que o operário só aceita aquilo que mostra a sua realidade. Então porque ele montou *Tartufo*?

O teatro político não dá para entrar. Ele se torna chato. Tem que se mesclar coisas. Se se montar Górki, por exemplo, todo mundo vai, porque ele tem uma linguagem popular. O operário precisa ser conscientizado através de uma linguagem popular. A encenação de *Tartufo* é maravilhosa só que não tem ligação nenhuma popular. O espectador não pode sentir que está sendo educado. O sujeito se conscientiza por ele mesmo.

"Concordo com Planchon num detalhe: a solução para o teatro em todo o mundo é o «milagre grego». É alguém pagar para o operário ir. Popularizava o teatro e elevaria o nível intelectual."

Reportagem — *Última Hora* — por João Apolinário — 7/9/1973

SESI: 10 ANOS DE EXPERIÊNCIA DE TEATRO POPULAR

O Teatro Popular do Sesi comemora este ano dez anos de atividades. De 1963 até hoje, o caminho percorrido pelo Sesi, sob a direção de Osmar Rodrigues Cruz, é a única experiência conseqüente e de fato concreta realizada em favor do teatro popular brasileiro. É importante, por isso, que se conheçam os resultados obtidos pelo Sesi.

Obtivemos de Osmar R. Cruz as provas definitivas de tal experiência e vamos revelá-las aqui em reforço da posição que há anos defendemos sobre a necessidade do Estado patrocinar companhias de teatro popular, em vez de subvencionar um teatro comercial, feito por profissionais que apenas se interessam em defender o seu salário ou realizar um trabalho que lhes dê satisfação artística e prestígio junto ao público que, por mais absurdo que pareça, na maior parte dos casos não tem nível cultural para se interessar pelos espetáculos ou, o que é pior, tem poder econômico que tornaria desnecessárias as subvenções, se fizessem para esse público o teatro que ele merece.

Há, assim, uma dupla incongruência: o Estado paga para que os profissionais façam teatro; os profissionais fazem teatro para quem pode pagá-lo, embora quase sempre não o entenda.

Quem lucra com tal absurdo? Ninguém, se considerarmos que a sobrevivência profissional dos artistas poderia ser obtida com mais dignidade se eles fizessem teatro para o povo. Ou talvez ganhem certos empresários, que recebem subvenções para espetáculos de grande sucesso e maior faturamento, espetáculos exclusivamente comerciais.

O povo prova que o teatro está vivo.

A maioria dos argumentos dos empresários que fazem do teatro um meio de vida, um comércio, ou um privilégio cultural, são facilmente anulados pelas provas concretas que o Sesi apresenta como resultado destes dez anos de experiência de teatro popular.

Afirma o diretor do Sesi: "a experiência nos demonstrou que o povo e, em particular, o trabalhador gosta de teatro e vai ao teatro desde que motivado. De fato, o hábito de freqüentar o teatro não existe na massa. Mesmo gratuito, ele desconfia que o teatro exige preparo intelectual e o uso de vestimenta sóbria (gravata e paletó). Há necessidade que alguns rompam a barreira. Aí, então, eles mesmos fazem a promoção do espetáculo junto a seus colegas. Descobrem quem o teatro é, uma apresentação que se entende, se gosta e, mais ainda, que é feita por seres vivos".

"O ingresso grátis é a grande motivação e podemos afirmar" — diz Osmar R. Cruz — "que após assistirem um espetáculo gratuito que lhe agrade, em grande parte esse público irá a outros teatros, pagando, precisam apenas ter a certeza que não vão pagar muito e que vão gostar. O repertório é básico para a sustentação do hábito e de nada vale o espetáculo ser grátis se a peça não agradar. Esse repertório deve ser fundamentalmente brasileiro, isto porque a linguagem, a história, os personagens são de fácil identificação. Entretanto, se o nível artístico e profissional for baixo, esse público dificilmente aceita o espetáculo. Um exemplo: *Intriga e Amor*, de Schiller ficou seis meses em cartaz com média de duzentas pessoas diárias; *Senhora*, de José de Alencar, adaptação de S. Viotti, ficou um ano, com média de quatrocentas pessoas".

Entre outras perguntas e respostas ao inquérito que fizemos junto do diretor do Sesi, que mais tarde comentaremos, atentem em mais estas afirmações irrefutáveis:

"Centenas de ônibus chegam ao Teatro Maria Della Costa. Da Refinaria de Capuava ou de Osasco ou de São Roque, enfim, de todos os pontos da cidade, com gente humilde, povo, gente que anda na rua, gente que entra no TMDC, assiste, ri, aplaude, critica. O que será mais importante do que fazer teatro para essa gente? Não se trata de demagogia: os guardas, os bombeiros, os comissários de menores, todos colaboram na entrada do público, que sempre é muito. É realmente comovente quando se pode desvendar um mundo, que estava escondido dentro de cada um desses indivíduos, esse mundo que é o do teatro.

"Dizer que o trabalhador não vai ao teatro é uma mentira, dizer que não gosta, é piada. O que acontece é que alguém tem que pagar para que o povo vá ao teatro.

"Outra importante motivação: temos de dar boas acomodações ao público, mesmo que as entradas sejam grátis. O grande público sente-se prestigiado se lhe dermos um local em que haja um mínimo de condições para que possa assistir o espetáculo com conforto.

"O teatro tem uma saída" — afirma Osmar R. Cruz – "é o teatro popular, teatro feito com bons profissionais, acessível ao povo. O homem traz em si certas características étnicas que conserva e o teatro foi criado pelo homem — dificilmente desaparecerá. Tivéssemos muitos teatros de portas abertas e tudo seria mais fácil no futuro." Voltaremos ao assunto.

Coluna — *Última Hora* — "Plínio Marcos Conta" — 10/9/1973

PASSAR A GRANA? QUAL? É GRÁTIS!

O Teatro do Sesi, que atualmente ocupa a casa de espetáculos da Maria Della Costa, onde apresenta *Caiu o Ministério*, com Marcos Plonka, Cláudio Corrêa e Castro, Nize Silva e outros, vive lotado, apesar de muito empresário andar chiando que existe crise teatral. Porém (e sempre tem um porém), o espetáculo do Sesi é grátis. Ninguém paga nada. O Sesi distribui uns vales entre os operários e esses vales são trocados na bilheteria do teatro pelos ingressos. Mas, deixa isso de lado. O que quero contar e o que pesa na balança é que o espetáculo do Sesi, dirigido por Osmar Rodrigues Cruz, é bom, se fosse ruim não iria ninguém. Tem coisa (o teatro é uma delas), que quando é chato, até de graça é caro. Mas, não é o caso do Sesi, que com elenco de primeira faz e acontece diante de platéias entusiasmadas.

Vai daí que, na bilheteria do Teatro Maria Della Costa, forma fila de gente que quer trocar vale por ingresso e assistir a *Caiu o Ministério*. E foi na fila de fregueses do Teatro do Sesi que um ladrão assaltante se ligou. Meteu a botuca gorda no pesqueiro do Osmar e loguinho ficou com idéia de jerico. Esperou o público todo se acomodar, se aproximou da bilheteria e meteu a arma no guichê, dando as ordens:

"Passa a grana e bico calado, se não te arrebito."

A assombrada bilheteira ficou pálida de espanto e se sentiu no papo da aranha. Tremeu nas bases com medo de explicar pro abafador de mão grande que o espetáculo era de graça e o bruto pensar que era grupo, cascata. Foi preciso o assaltante apertar de novo:

"A grana, moça! A grana, se não te desgraça!"

Gaguejando de assobiar, piscar o olho e bater o pé a bilheteira deu o serviço. Contou a história dos vales que eram trocados pelos ingressos. Aí, certa de que iria tomar chumbo na fuça, a bilheteira escutou o ladrão escarrar regra:

"É isso aí. O povão gosta de teatro. Só não vai porque é caro. Bota de graça ou barato, que lota toda hora."

E sem mais quás-quás-quás, o ladrão guardou a arma e se mandou de pinote pela Avenida Nove de Julho. Falou o gaturama e eu registrei. Aqui e pra vida. Lá no Teatro de Arte, estou cobrando preço popular pro *show Histórias das Quebradas do Mundaréu*. Por essas e outras, estou legal de público.

Completamos dez anos de existência, atingindo 300.000 espectadores, só com *Caiu o Ministério*. Isso demonstrava que tínhamos conseguido plantar o espetáculo popular, atraindo gente e ao mesmo tempo afirmando o teatro como necessidade cultural. Quando iniciamos a proposta de formação de público tentamos diversas formas para fazê-lo chegar ao teatro. Chegamos a distribuir milhares de convites gratuitos para trazer um público que podemos chamar de normal. Nessa primeira década estávamos distribuindo apenas 10% desses convites e ficávamos com casas lotadas. As pessoas já estavam habituadas a freqüentar nosso teatro, ao receberem um convite respondiam imediatamente, levando outras pessoas. Só a gratuidade não basta para o sucesso. A propaganda boca a boca era feita por eles, porque conheciam nossas produções e vinham em busca de prazer e conhecimento. Quando o público não aceita o espetáculo, deixa de divulgá-lo e nem sequer redistribui os convites que venha ter em mãos. O público tem critérios de avaliação próprios e muito bem definidos. As manifestações da platéia popular são diferentes das de um público comum.

No início de 1974, mudamos novamente de teatro. Saímos do TMDC e fomos para o TBC, nosso contrato tinha acabado e o Sandro e a Maria tinham vendido a casa para o governo do estado. Mesmo com a mudança de endereço, o sucesso continuou.

Leonor de Mendonça

É CONSIDERADA A MELHOR PEÇA DO TEATRO BRASILEIRO E realmente é a grande peça do teatro brasileiro. Eu fiz uma pequena adaptação, alguns cortes, porque era muito grande. O Gonçalves Dias tem outras peças que não têm a mesma qualidade de *Leonor de Mendonça*. Ele escreveu três, quatro peças e ficou nisso, o que foi uma pena. Mas essa peça tem um conteúdo dramático muito grande, ela apresenta uma história de amor. Nós fizemos uma montagem simplista, como diz o Clovis Garcia. Não tinham móveis, nada. A peça tem várias cenas, que se desenrolavam num lugar só. Tinha um círculo no meio do cenário com uma bancada em volta usada para sentar. Tinha uma porta de entrada no centro do palco que se abria para o centro desse círculo. Essa porta, feita pelo Arquimedes Ribeiro era uma obra-prima. *Leonor de Mendonça* é uma peça difícil, mas a nossa montagem não tinha qualquer preocupação com estilo, escola ou proposta arcaica. Amenizamos a linguagem que era a do século XIX.

O resultado foi dos melhores, o público torcia, ria, isso para mim prova que a peça tinha uma linguagem popular que atingia esse público, portanto se comunicava com esse público. O comportamento espontâneo do nosso público raramente foi entendido pelos intelectuais de plantão.

Fizemos uma avaliação através de 490 questionários que foram distribuídos ao público e obtivemos um resultado muito significativo. Os resultados avaliados deram a proporção da penetração que o Teatro Popular do Sesi estava atingindo. Nosso público estava composto de 72% de trabalhadores, 17% de estudantes, 3% de funcionários públicos, 1% sem profissão definida.

Do porcentual relativo aos trabalhadores que é a faixa que mais interessava, 46% nunca assistiram a teatro, 38% assistiram a outros espetáculos depois de terem ido ao TPS e 16% eram compostos de freqüentadores habituais de teatro.

A meta de dar teatro para o povo de graça, buscando seu desenvolvimento cultural, nesses anos experimentais, ainda não tinha sido atingida plenamente, mas os índices apontavam que já atingíamos em número de espectadores e de permanência em cartaz, um número jamais alcançado.

Referências sobre a peça

Leonor de Mendonça é um drama que reúne características moderníssimas e certas conotações sociais e psíquicas semelhantes ao mundo conturbado de hoje: porque os três personagens centrais apresentam sérios problemas psicológicos: de superação do passado (Duque), de indecisão e conservação (Leonor), de afirmação (Alcoforado).

Tudo isso, mais o comportamento e sentimento brutos, o ambiente feudal, cria o ideal para a apresentação da peça, ainda longe do barroco renascentista, mas dando dessa forma um quadro social bem mais claro.

Entre o barroco e a simplicidade trágica da Idade Média, preferimos localizar *Leonor de Mendonça* nesta última, como um canto de desespero, uma luta contra a morte imposta como castigo. Para nós, sua realidade transforma-se numa realidade crítica. Assim pensava Gonçalves Dias quando diz no prefácio do drama: "É a fatalidade cá da terra que eu quis descrever, aquela fatalidade que nada tem de Deus e tudo dos homens, que é filha das circunstâncias e que dimana todos os nossos hábitos de civilização: aquela fatalidade, enfim, que faz com que o homem pratique tal crime porque vive em tal tempo, nestas ou naquelas circunstâncias".

Assim nos propusemos a dar conotações para que o público pudesse se identificar com os fatos, dando a cada cena ou personagem um sentido atual e crítico.

Leonor de Mendonça é, como escreveu Ruggero Jacobbi, "Música, elegia, canto de uma condição humana, humilhada e perdida". Quando essa condição chega ao fim, nem o mais submisso escravo aceita a ordem do senhor absoluto. A injustiça provoca o fim dos falsos valores. A ordem estabelecida perde sua posição e deixa de ser cumprida. No uso indiscriminado do poder o Duque não encontra quem execute suas determinações e age só.

Se o homem é produto do seu meio, da sua época, esta peça é tão atual como qualquer outro texto contemporâneo, porque apresenta fatos e acontecimentos que são de todas as épocas, quer no ângulo social, como no psicológico. O choque não é de paixões mas sim de posições.

A procura da realidade de cada personagem, seu relacionamento com o meio, suas contradições e relações com o universo do homem moderno, os problemas existenciais, tudo isso, se constituiu no grande objetivo da criação do espetáculo.

Ao se tentar uma realidade — não como cópia — mas como verdade em relação ao que se compreende e se quer expressar, há um caminho árduo de encontros e desencontros, mas as conclusões apresentadas foram realizadas à luz do comportamento do homem atual diante de seu mundo social e moral.

Apesar de ser uma obra romântica, ela se encontra muito mais próxima do realismo crítico dos nossos dias. E nisso está sua grandeza como obra dramática.

Não se procure ver, na encenação, um espetáculo barroco, de lances românticos, o que poderia dar uma visão distorcida da idéia fundamental da peça que é a "fatalidade cá da terra". Nada melhor que o clima medieval, rústico, violento e despojado para transmitir seu intenso conflito.

Esta *Leonor de Mendonça* se desenvolve como numa arena onde os três protagonistas buscam ou fogem da morte, onde na luta travada sempre vencem os mais fortes, porque estes detêm o poder da força. A nossa "Leonor" com o "infeliz Alcoforado" serão meros alvos certeiros, ambos vítimas de um poder sem limites. (ORC)

Trechos de crítica — *Jornal da Tarde* **— por Sábato Magaldi — 15/10/1974**

Osmar Rodrigues Cruz realiza em *Leonor de Mendonça*, oferecida de graça, no TBC, sua encenação mais ousada e por isso mais eficaz artisticamente. Algumas contradições entre o tratamento que ele deu ao desempenho e a linguagem do drama de Gonçalves Dias ainda não estão resolvidas, mas a carreira do espetáculo deve encarregar-se de trazer o tom e o tempo justos.

[…]. Talvez *Leonor de Mendonça* não represente para o público o mesmo apelo dos cartazes anteriores do Teatro Popular do Sesi. Por outro lado, é possível que a direção do elenco nunca tenha andado tão certa ao escolher, a esta altura do trabalho, a peça de Gonçalves Dias.

Leonor de Mendonça é, de longe, o melhor drama brasileiro do século XIX e um grupo de teatro popular honra a sua missão ao montá-lo para um grande público.

Trechos de crítica — *O Estado de S. Paulo* — por Clovis Garcia — 16/10/1974

A primeira grande satisfação que um espetáculo do Sesi nos dá, para quem realmente ama o Teatro, é entrar numa casa lotada, nestes tempos de crise teatral, com espectadores na sua maioria pertencentes à classe de menor renda, muitos dos quais assistindo pela primeira vez uma encenação. É verdade que o ingresso é gratuito mas este fato está a demonstrar que, basicamente, o problema da proclamada falta de público teatral em São Paulo é o financeiro. Acrescente-se a perfeita organização promocional das encenações e temos o por quê do Sesi conseguir atingir espectadores de classes de menor nível cultural e baixa renda, num trabalho de onze anos de divulgação teatral que, combatido algumas vezes e geralmente incompreendido, é um exemplo, é um exemplo concreto ainda não devidamente avaliado, de como se pode fazer teatro em São Paulo.

Numa escolha de repertório que considere o valor cultural dos textos e o público ao qual se destina a montagem, a encenação de *Leonor de Mendonça* de Gonçalves Dias está perfeitamente justificada.

[...]. A direção de Osmar Rodrigues Cruz tem todas as qualidades para tornar a peça acessível ao público, num linha despojada, sem estilizações, de atualização cênica do texto.

Trechos de crítica — *O São Paulo* — por Alípio R. Marcelino — 31/10/1974

[...]. Dentre todas as montagens do TPS ao longo destes onze anos, através de um repertório diversificado [...] é sem dúvida nenhuma a de *Leonor de Mendonça*, de Gonçalves Dias, aquela que, a meu ver, melhor preenche a sua finalidade educativa, aprimora o gosto do público e exerce a sua função de entretenimento e passatempo. E isto à mercê do alto nível literário do texto, da excelência e homogeneidade das interpretações e, principalmente, como resultado da opção na direção de Osmar Rodrigues Cruz. Esta opção se traduz, indubitavelmente, na sua concepção do espetáculo; diante de um texto de natureza romântica, que beirando ao estilo clássico, portanto um texto essencialmente ultra-romântico no fundo e na forma, o encenador em apreço procurou romper essas limitações e, com sucesso, conseguiu dar à sua *mise-en-scène* uma nova dimensão. Com isto, ganhou sobremaneira a obra de Gonçalves Dias. [...].

Trechos de crítica — *Jornal do Brasil* — por Ian Michalski — 5/11/1974

Até que ponto a tragédia romântica de Gonçalves Dias pode ser considerada como matéria-prima adequada para quem se propõe, hoje em dia, a fazer teatro para um público eminentemente popular, como é o caso do Teatro do Sesi? A enorme fila que eu encontrei na porta do teatro, e as notícias que tive da lotação esgotada em todas as sessões, parecem insinuar uma resposta significativa, embora a gratuidade dos ingressos constitua é claro, um fator que não pode ser desprezado.

Para transmitir o conteúdo da tragédia — provavelmente a mais bela e completa de todo o acervo clássico nacional — numa linguagem capaz de ser assimilada por esse público popular, o diretor Osmar Rodrigues Cruz procurou realizar um espetáculo moderno, pelo menos sob dois aspectos importantes: os três personagens centrais foram manifestamente estudados à luz dos conceitos atuais da psicologia, e assumem um comportamento coerente com a tipologia dentro da qual foram enquadrados a partir desses conceitos; o texto está sendo dito pelos atores, na medida do possível, de uma maneira coloquial, sem dar qualquer ênfase ou arrebatamento poético, mas também sem submeter a linguagem do poeta a qualquer adaptação ou atualização.

[...]. Por mais que se possa discutir certas peculiaridades da política cultural do Teatro do Sesi, e mesmo a qualidade das realizações de Osmar Rodrigues Cruz (entre as quais *Leonor de Mendonça* é certamente uma das melhores), é impossível deixar de reconhecer o resultado que o movimento vem obtendo no seu trabalho de popularização do teatro e conquista de novas platéias. Seu último espetáculo *Caiu o Ministério* saiu de cartaz com casas cheias, após um ano e meio de carreira. Agora, a obra mais representativa do nosso romantismo teatral será também vista, numa encenação honesta, por milhares de pessoas que sem o Teatro do Sesi dificilmente encontrariam o caminho das bilheterias. Isto já justificaria a iniciativa, que está agora no seu décimo segundo ano de existência, e caminhando para acolher o seu espectador n.º 3.000.000.

Enquanto *Leonor de Mendonça* estava sendo encenada na Capital, tínhamos mais dois elencos percorrendo o interior com duas comédias, o *Médico à Força* de Molière e o *Barão da Cotia* de França Júnior. Em 1975 estive na Europa, por conta do "Prêmio Molière" recebido em 1973 e aproveitei para ver teatro e, claro, ir a todas as livrarias, se possível!

Nesse mesmo ano precisamente no dia 22/10/75 gravei um depoimento para o Serviço Nacional de Teatro, entrevistado por Antunes Filho, Plínio Marcos, Juca de Oliveira, Ilka Zanotto e Sérgio Viotti.

O Noviço

A ESCOLHA DE *O NOVIÇO*, PRENDEU-SE A DUAS RAZÕES de importância: por ser a melhor obra de Martins Pena e por existir nela um ponto de sintonia com as entonações populares, ponto básico para o trabalho que eu vinha desenvolvendo há tantos anos.

Não tinha intenção de mostrar o texto apenas nas limitações de uma comédia de costumes, preferi um tom de crítica. O próprio Martins Pena que era um retratista fiel do *modus vivendi* e um crítico sutil e agressivo dos erros que predominavam na vida carioca por volta de 1830, conseguiu com sua extensa obra dramática "uma edificação social baseada em princípios do respeito ao comportamento do homem em seu meio ambiente".

O Noviço gira em torno de um homem casado com uma viúva de posses que quer afastar os parentes e o filho, enfim todos aqueles que pudessem ser herdeiros dela, colocando-os num convento, para melhor usufruir da fortuna dela. Como ele já era casado no Ceará e lá tinha metido a mão no dinheiro da primeira mulher dizendo que ia empregá-lo no Uruguai, ela acaba descobrindo que ele vive no Rio e vem atrás dele para tomar satisfações. É uma peça que é difícil de fazer porque pode ir para a chanchada ou para a farsa. As situações, os personagens cômicos, o burlesco sobre o ridículo, provocavam gargalhadas na platéia, acho que até hoje provocariam.

A construção do teatro da Avenida Paulista já estava em fase adiantada, o que previa que a próxima montagem seria lá.

Trechos de algumas críticas

O Estado de S. Paulo — por Clovis Garcia — 31/1/1976

[...]. Osmar Rodrigues Cruz forçou a mão ao dirigir *O Noviço* no aspecto de farsa, numa linha quase circense. [...]. De qualquer modo, o espetáculo funciona em bom ritmo, fazendo o público, que o diretor conhece muito bem, rir continuamente. A introdução do sotaque em dois personagens, na Nordestina e no Mestre de Noviços, foi também um bom achado da direção.

O São Paulo — por Alípio R. Marcelino — 31/1/1976

[...] observa-se que a direção de Osmar Rodrigues Cruz tem a força da verdade que soube transmitir a cada um dos dirigidos, ou seja, o senso de medida que pode caracterizar fielmente uma boa comédia de costumes brasileiros como é, no caso, *O Noviço* de Martins Pena.

Diário da Noite — por Hilton Viana — 2/2/1976

[...] Osmar Rodrigues Cruz nos apresenta — além de engraçado — um espetáculo de nível, como poucas companhias que se dedicam ao teatro comercial poderiam fazê-lo.

Jornal da Tarde — por Sábato Magaldi — 6/2/1976

Se *O Noviço* que o teatro Popular do Sesi tivesse sido montado nos tempos do TBC, todo o mundo o julgaria de um exagero inconcebível. Hoje em dia é possível pensar que o espetáculo, que por coincidência está em cartaz no mesmo Teatro Brasileiro de Comédia, restabelece o fio da nossa velha farsa, e a esse título deve ser visto com outros olhos.

[...] Osmar Rodrigues Cruz fez uma leitura atual do texto, deslocando para os corredores da platéia o intérprete da personagem que em certa cena é o porta-voz do autor, no seu discurso contra os erros na escolha das profissões. Na linha adotada, o espetáculo mostra um eficiente apuro profissional.

[...]. Não há dúvida de que o Teatro Popular do Sesi cumpriu uma elevada missão didática, mesmo se, tendo de falar a muita gente, ele temeu não ser compreendido por meio de outros recursos.

[...]. Pelo que realizou e pelo que promete, o Teatro Popular do Sesi merece todo apoio.

Revista *Veja* — por Jairo Arco e Flexa — 4/2/1976

[...]. Em seus treze anos de existência, o conjunto profissional do Teatro Popular do Sesi de São Paulo, responsável pela atual montagem de *O Noviço*, revelou-se de inestimável valia para divulgação dessa arte. Como seus espetáculos são gratuitos, permitiu a um incontável número de pessoas o primeiro contato com o teatro. Além disso, mantendo seus atores sob contrato por longos períodos, o grupo desempenha um papel decisivo no mercado de trabalho dos intérpretes. Em suas encenações, o diretor Osmar Rodrigues Cruz atém-se à saudável máxima de que aos atores convém dar liberdade em cena. Como resultado em uma comédia como *O Noviço* são os intérpretes mais experimentados que se sobressaem.

Gazeta do Oeste — por Jota Arantes — 14/2/1976

[...] Osmar Rodrigues Cruz, seu diretor, tem agido acertadamente na escolha do repertório do grupo sempre levando em conta o nível de seus espectadores. Isso, nos parece, não significa baixar o nível até onde se encontra a compreensão e o gosto popular, mas sim realizar uma obra artística de alto nível e ao alcance do povo. E isso se torna ainda mais importante quando sabemos que o Sesi é o único grupo a se preocupar com a apresentação sistemática de uma dramaturgia nacional do século passado.

[...]. *O Noviço* como a maioria das peças de Martins Pena, caricatura os costumes e a política oitocentista utilizando-se muitas vezes de tons fortes e com adjetivos certos. Osmar Rodrigues Cruz andou acertadamente ao carregar ainda mais alguns subtons de tal forma que a comédia martiniana se transformasse numa farsa de costumes que desperta a todo o momento o riso da platéia.

A muitos, certamente, acorrerá contestar esta leitura do texto de Martins Pena, objetando carecer o espetáculo de sutileza, de sofisticação ou mesmo de um certo requinte estético a que nossas platéias pós TBC já se acostumaram. Mas como o espetáculo não é dirigido a este sofisticado público e sim a humildes trabalhadores acostumados às novelas e às palhaçadas dos Trapalhões, a grosseria de certos momentos do espetáculo, grosseria esta característica de farsa, soa sofisticada aos ouvidos desacostumados dos espectadores do Sesi. Um trabalho mais sutil talvez os deixasse indiferentes ou ficasse fora de suas mentes.

[...]. Conclusão: uma farsa de costumes do século muito engraçada, seja qual for a platéia, com excelentes intérpretes e diretor. [...].

Entrevista à revista *Ligação* – 1976

Não é de hoje que se diz que teatro é coisa para rico. Afinal de contas, quem é que pode pagar ingressos a quarenta ou cinqüenta cruzeiros sabendo-se que quem vai ao teatro nunca vai sozinho?

O Teatro Popular do Sesi foi criado em 63, mas somente de doze anos para cá é que foi estruturado em termos profissionais. Um repertório cuidadosamente escolhido, atores de alto nível e, principalmente, ingressos gratuitos, são os elementos que se conjugam na tarefa de levar cultura e entreter as mais variadas classes sociais de São Paulo. Nestes últimos doze anos para cá mais de dois milhões e meio de pessoas assistiram os espetáculos teatrais do Sesi. Osmar Rodrigues Cruz, diretor das dezessete peças encenadas pelo Sesi, fala sobre essa experiência:

"A diferença entre o teatro comum — freqüentado pelas elites — e o teatro popular, começa pela escolha do repertório, já que o teatro popular tem apenas compromisso com o público mais simples, enquanto o tradicional tem a obrigação de escolher uma peça que faça sucesso. O teatro popular leva uma série de vantagens, por ter mais facilidade em levar a platéia ao teatro, por escolher um repertório mais acessível e por utilizar um elenco com determinadas características relativas àquela platéia.

"O público do teatro popular" — continua Osmar Rodrigues — "tem preferência por coisas mais relacionadas com o cotidiano. Assim, preferem a comédia e o teatro nacional. O drama encontra dificuldade, bem como o repertório estrangeiro, por dificultar sua identificação com o público. A participação dessa platéia do teatro popular é bem mais espontânea: ela é mais barulhenta e conversa mais livremente, participando muito e criticando muito menos, se bem que a crítica é mais objetiva (o deboche claro ou o abandono do teatro), ao contrário da platéia do teatro tradicional. O comportamento é muito mais solto, não se prendendo a determinadas regras das camadas mais cultas."

Até o final do ano deverá ser inaugurado o teatro próprio do Sesi, na Av. Paulista. De acordo com Rodrigues o Teatro Popular do Sesi entrará em outra fase, em que serão apresentadas peças de autores nacionais contemporâneos, após a apresentação de clássicos do teatro brasileiro antigo. Atualmente o Teatro Popular do Sesi conta com dois núcleos: o que fica permanentemente em São Paulo e um grupo itinerante, que se apresenta por diversas cidades do interior.

Para Osmar Rodrigues Cruz, o Teatro Popular do Sesi é mais do que um veículo de cultura e lazer: é um serviço de assistência social. "As pessoas que vêm aqui são pessoas humildes, pedreiros, operários, os tipos mais simples da cidade. Se o ingresso fosse cobrado, mesmo que fosse 5 cruzeiros, essas pessoas deixariam de vir. Têm pessoas que vêm duas, cinco, dez vezes seguidas e, se não viessem aqui, não iriam para lugar algum, provavelmente ficariam perambulando por aí."

TPS — O Teatro da Paulista

A PROPOSTA DE UM TEATRO PRÓPRIO FOI DO DR. PAULO Correia, a Fiesp iria construir um prédio e poderia também incluir nele um teatro para dar continuidade ao trabalho de popularização que vínhamos desenvolvendo, com a vantagem de não precisar mais alugar teatros.

O Rino Levi organizou uma comissão para colaborar na elaboração do projeto, da qual eu participei. Ele chamou o Aldo Calvo, mas acabou não dando muito certo porque o Aldo queria importar material, e isso era desnecessário. Sugeri e fui buscar o experiente cenotécnico Arquimedes Ribeiro, que coordenou a construção do palco.

No projeto original o teatro ficava na frente do prédio da Fiesp e as portas de entrada davam diretamente na Avenida Paulista. O Conselho nessa época, segundo consta, não gostou por achar impróprio. O projeto foi mudado e a porta de entrada passou para o fundo do saguão de entrada do prédio, um pouco abaixo do nível da calçada da Avenida Paulista, ficando assim às escondidas de quem por ali transitava.

Hoje o recém-inaugurado Centro Cultural Fiesp está lá na fachada do imponente prédio da Indústria Paulista!

Quando nos mudamos para a nova casa, em 1976, o teatro estava inacabado. Por volta de março de 1977 já estávamos ensaiando a peça que inauguraria o teatro. Na estréia o público teve de passar por entre os tapumes da construção porque o saguão de entrada ainda não estava pronto. As dependências internas estavam em fase final, e o teatro foi a primeira coisa a funcionar no prédio da Fiesp que levou nove anos para ficar pronto.

As dependências do teatro, palco, platéia, camarins, salas de ensaio, marcenaria, rouparia, etc. oferecem muito conforto. E agora tínhamos espaço suficiente para ampliar as atividades culturais.

Noel Rosa — O Poeta da Vila e Seus Amores

AINDA NO TBC QUANDO O DR. PAULO CORREIA, superintendente do Sesi, me aconselhou a mudar, eu tinha acabado de fazer uma estatística junto ao público, cujo resultado já foi mencionado e como nossa montagem anterior havia sido de uma peça brasileira do século passado, queria estrear a nova sala com um texto brasileiro de um autor contemporâneo, que fosse inédito. Havia muitos personagens nacionais que eu gostaria de sugerir como tema de uma peça, então lembrei-me que o Plínio Marcos havia me dito certa vez ter um esboço de uma peça sobre Noel Rosa, compositor, falecido há quarenta anos, e que mereceria ser lembrado num musical. Ora, ninguém melhor do que Plínio Marcos, autor inteiramente ligado às nossas raízes de cultura popular para escrever.

Estávamos em plena ditadura militar, Plínio estava proibido pela censura, tinha sido mandado embora do jornal e como vivia de direitos autorais a sua situação não era a das melhores.

Quando me decidi por ele, tive de vencer uma batalha no Sesi. Ninguém queria se arriscar com um autor que estava no *index* militar e só conseguimos contratá-lo porque o Theobaldo De Nigris, presidente da Fiesp à época, assinou o contrato.

O Plínio deu um trabalho para entregar o texto! Cada vez que o cobrava, lá vinha uma desculpa, e o tempo passando. Finalmente me trouxe o texto, sem pretensões críticas, apenas evocando a época e os traços pessoais do Noel, misturando realidade e fantasia como nos carnavais das décadas de 1930 a 1940. Sem ser uma reprodução histórica da época de Vila Isabel ou da Lapa da década de 1930, focava episódios da vida desse compositor popular, sua vida atormentada, seus amores frustrados, terminando com sua morte e seu enterro. Pedi para que ele mudasse esse final, por ser um final muito triste para um musical. Ele concordou e mudou.

Durante os ensaios era uma barulheira danada de construção. Não tinha um minuto de trégua, era dia e noite, madrugada, feriados, sábados, domingos aquela martelação. Foi dureza!

Chamei o Flávio Império para fazer os cenários; ele já havia recusado um convite meu, para o cenário de *Moreninha,* se desculpou à época dizendo que a peça não fazia o seu gênero. E ele veio executar os cenários e os figurinos do *Noel.* Pedi a ele que pensasse num cenário sintético e que para unir as cenas precisávamos de elementos que se movimentassem subindo, descendo para unir e dar mais dinâmica às cenas. E ele criou coisas incríveis. O cenário era muito bonito. Com um texto enxuto, um bom elenco, belas músicas, atores cantando e dançando bem, o resultado foi um belo espetáculo musical.

Mas havia uma senhora chamada censura! Éramos obrigados a dar uma sessão especial para os censores, representados por dois ou três funcionários "muito competentes", que tinham poderes fabulosos, cujo menor deles era o de censurar por faixa etária e aí proibiram a peça para dezoito anos, uma peça leve que não tinha nada que não pudesse ser visto por uma criança de cinco anos. Só que tinha sido escrita por Plínio Marcos e isso foi o suficiente para a proibição.

Com censura e tudo, a peça foi um sucesso o público saía do teatro cantarolando as músicas do Noel. A peça terminava numa apoteose, o elenco todo entrava em cena cantando a música *Fita Amarela* e nesse momento o Flávio fazia cair do urdimento fitas amarelas e então entrava a música *Até Amanhã* com todo o elenco cantado e dançando, o pano ia fechando e o público aplaudia em pé. O cartaz da peça foi feito também pelo Flávio e ficou lindíssimo.

Ficamos muito tempo em cartaz, ficaríamos muito mais se alguns atores centrais não tivessem sido substituídos por terem outros compromissos contratuais, e o espetáculo ficou desarticulado. E assim mesmo saímos com casa cheia.

A construção do prédio da Fiesp continuou e durante muito tempo agüentamos o barulho, tendo de correr daqui para lá pedindo silêncio durante o espetáculo. Foi duro.

Flávio Império continuou conosco nos outros espetáculos, porque sempre nos entendemos muito bem.

Uma noite o Procópio Ferreira foi assistir à peça junto com o filho, ficou tão emocionado que chegou a chorar, contou ter conhecido pessoalmente o Noel. Antes de iniciarmos, anunciamos ao público que ele estava presente na platéia e a sua importância no teatro brasileiro. Foi uma festa, o público se levantou e o aplaudiu carinhosamente, foi comovente. Ao final do espetáculo, ele subiu ao palco elogiou muito o espetáculo e tirou algumas fotografias ao lado do elenco.

Trechos — artigo não publicado de Plínio Marcos para o programa da peça *O Poeta da Vila*

Foi num tempo em que todas as portas do mercado de trabalho se fechavam para mim (e talvez por causa disso) que o Osmar Rodrigues Cruz me chamou para escrever um musical sobre a vida de Noel Rosa, musical que serviria para inaugurar o teatro do Sesi. A princípio eu tive medo. Medo de que a escolha do meu nome viesse trazer problemas para o Osmar. E que esses problemas pudessem estragar o grande sonho de tantos anos de profissão desse colega, sonho que se caracterizaria ao ser inaugurada a casa de espetáculos do Sesi.

Mas resolvi que seria melhor dar logo uma decisão. Pedi uma grana para pesquisa, o que possibilitaria logo saber se a direção do Sesi topava ou não. Durinho, esperei a resposta ansioso. Se viesse um não, tudo bem. Continuaria trabalhando de camelô, me fechava em copas e deixaria o Osmar à vontade para escolher outro autor. Ser perseguido não me cansava e nem nunca vai me cansar. Mas, já estava constrangido de me envolver em brigas e prejudicar colegas que tentavam me ajudar, como o Mino Carta, no caso da *Veja*, que se demitiu de seu cargo por não poder me manter na revista. Ou como o Ademar Guerra, que não pôde fazer uma peça sobre a vida de São Francisco de Assis, no Canal 2, só porque eu estava no elenco. Também estava farto de ver gente boa e amiga ficar constrangida por não poder entrar em rolo, por muitos motivos. Pela luz que me ilumina, não queria de maneira nenhuma prejudicar mais ninguém, envolvendo-os por tabela no perereco que naquele momento cabia a mim escorar, sempre com o apoio de Walderez e de muitos amigos, dos estudantes, do teatro, dos jornalistas, mas sem permitir que se fechassem tribunas por mim, que só vou morrer no fim da fita. Porém (e sempre tem um porém), loguinho o Osmar me telefonava dizendo para eu passar no banco e pegar a grana da pesquisa. Fui correndo, e não era para pesquisar que eu precisava de dinheiro. De dinheiro, eu precisava para feira. Pesquisa sobre o compositor Noel Rosa fiz por telefone. Liguei para o meu chapa José Tinhorão, um dos mais importantes historiadores da música popular brasileira e no dia seguinte estava soterrado de recortes de jornal, discos, publicações do tempo do Poeta da Vila e sobre sua vida. Pensei que seria mole. Pensei. Mas pensando morreu um burro.

Foi só eu me encontrar com o Nelson Tomada, que ajudava o irmão Domingos a fazer o equipamento de luz do novo teatro e escutar dele que levaria uns dois anos para inauguração da nova casa de espetáculos, para eu me acomodar. Acreditava que, com o material fornecido pelo Tinhorão, ia ser uma sopa escancarar a vida do poeta Noel.

Deixei o tempo andar, e de repente o Osmar estava em cima pedindo a peça. Eu continuava duro e, para ganhar tempo, pedi mais dinheiro. Há bens que vêm para males. O dinheiro saiu e também saiu um contrato que estipulava o dia em que eu tinha que entregar a peça. E eu nem tinha idéia. Comecei a ler os velhos recortes de jornal do arquivo do Tinhorão e não sentia nenhum embalo. O Osmar me via, falava da peça, eu dava desculpas, contava algumas passagens que tinha lido sobre a vida do poeta e desconversava. [...]. Mas o Osmar, impaciente, me cobrava a peça. O dia da entrega, estabelecido no contrato, já havia vencido. Eu me escondia do Osmar. Ficava chato. Para ganhar tempo, escrevi um rascunho da peça. Chamei o Osmar, a Nize e o Cattan para ouvirem a leitura. A Walderez, de vergonha do texto, não quis escutar. Os três chegaram alegres e ficaram mudos, pasmados, sem saber o que dizer diante de tal lixo. Eu, depois que eles foram embora preocupados, ri muito da cara de susto do Osmar. A Nize e o Cattan começaram a falar em tirar férias. E eu continuava lendo e relendo os jornais velhos, sem encontrar embalo. A Walderez bronqueava porque eu não falava mais em Noel. Um dia, conversei sobre tudo isso com o Lau Barbeiro, o Fígaro do Salão Grená, meu amigo e confidente. E ele só disse que a Walderez tinha que fazer a peça, nem que fosse na marra. Eu também achei isso e dei-lhe um aperto. Ela relutava. O Osmar telefonou, foi ela quem atendeu. Ele fez o convite mais uma vez para ela fazer a peça. Ela ficou balançada. Aí, eu já sabia que ela faria. Sabe, estréia com Walderez no palco defendendo meu texto, é um grande dia. Repleto de entusiasmo, sentei-me às 19 horas de um domingo e à meia-noite, já estava carteando a marra nos botecos. Não tinha escrito uma peça, mas um roteiro para musical. Um roteiro que eu achava lindo, que tinha certeza que daria um belo espetáculo. A Walderez leu e gostou, Tinhorão leu e amou, mais gente foi lendo e achando bom. O Osmar leu e gostou, a Nize leu e gostou. Daí para frente era com eles. E o Osmar foi escolhendo o elenco. Para maior alegria vários grandes atores escolhidos e, entre eles, alguns muito ligados ao meu teatro: assistente de direção, Paulo Lara, companheiro de teatro amador em Santos; Benjamim Cattan, diretor de *Dois Perdidos Numa Noite Suja*; Péricles Faviano, da *Balbina de Iansã*; Elias Gleizer, de *Homens de Papel*; Silvio Modesto, da *Balbina*, dos Pagodeiros, do "Humor Grosso e Maldito"; cenários do meu ídolo de primeiros tempos em São Paulo, Flávio Império; direção musical de Caetano Zamma.

Desde 71 que não vejo um texto meu de verdade no palco. Desde 71 que não vejo minha Dereca no palco defendendo texto meu. Essa estréia é uma festa. Tomara que seja brilhante, muito brilhante, que seja retumbante festa de trinta anos de luta do Osmar no teatro, que seja brilhante esse momento histórico do teatro, que é a inauguração do único teatro que não cobra entrada no Brasil. Para mim, basta a noite de estréia para me ver compensado por ter escolhido essa dura e maravilhosa profissão.

Trechos de reportagem — *Última Hora* — 26/5/1977 — por Oswaldo Mendes

O Teatro do Sesi em casa própria

Depois de catorze anos apresentando espetáculos dentro de uma diretriz popular, em vários teatros alugados da cidade, em bairros e cidades do interior, o Sesi inaugura a sua tão sonhada casa própria. Um teatro no número 1.313 da Avenida Paulista com capacidade para 453 espectadores, equipamentos modernos e tudo o mais que ofereça à nossa única companhia popular de teatro, mantida pelo Serviço Social da Indústria, um local permanente para o seu trabalho. [...].

Aprendendo com a prática

Enquanto muitas discussões são alimentadas em torno do que deve caracterizar um teatro popular — discussões que são sempre importantes e necessárias o fato é que o Sesi tem preferido exercitar um conceito. Não lhe têm faltado nesses catorze anos, aplausos apaixonados e críticas severas. As críticas, muitas vezes, têm nascido de imperativos muito mais conceituais, exigindo uma postura definida ou definitiva, do sentido popular que o Sesi empresta ao seu trabalho.

Mas parece também evidente que, nesses catorze anos, os espetáculos montados pelo Sesi têm procurado mais é facilitar o acesso ao teatro de camadas economicamente impossibilitadas de uma freqüência maior aos veículos de formação artística e cultural. Buscando sempre um repertório que se ajustasse ao objetivo de facilitar o acesso popular, dentro de várias faixas etárias, o Teatro Popular do Sesi tem, nos últimos anos, voltado sua atenção para a dramaturgia brasileira, encenando desde França Júnior a Gonçalves Dias, chegando agora ao contemporâneo Plínio Marcos.

Portanto, não parece ser o caso de se cobrar do Sesi posturas formais ou conceituais. O seu trabalho tem um sentido que pode, e está sendo útil na quebra de barreiras que, faz tempo, vem impedindo que o teatro consiga falar às platéias mais amplas, e, certamente, mais carentes de informações culturais e artísticas.

Coluna — Plínio Marcos — *Folha de S.Paulo* — 11/6/1977

O POETA DA VILA (E DO BRASIL)

Eu tentei fazer um musical brasileiro. Ou melhor dizendo, tentei escrever um roteiro para um musical bem brasileiro. E acho que consegui, pelos resultados do espetáculo dirigido por Osmar Rodrigues Cruz, com cenários de Flávio Império e com um elenco de atores, cantores, músicos e bailarinos, de primeiríssima qualidade. E digo que consegui pela reação do público que tem superlotado o teatro todas as noites e pela opinião de gente que realmente entende de musicais e que não vai ao teatro com preconceitos e nem quer impor aos artistas uma ditadura que o obrigue a escrever peças sempre num único estilo. Mas deixa isso para lá.

O que quero dizer e o que pesa na balança é que, quando o Osmar Rodrigues Cruz me convidou para escrever a vida do Noel Rosa para o Teatro Popular do Sesi, estava evidente que, tratando-se do grande compositor, só poderia ser um musical. E eu comecei logo a pensar em fazer alguma coisa bem brasileira.

O grande espetáculo musical brasileiro é sem dúvida a escola de samba. Apoiado na estrutura das escolas de samba, comecei a armar o enredo da vida do poeta da vila, como se fosse para um grande desfile. Botei a Ala das Mulheres da Lapa, Ala dos Sujos, Ala do Tango de Cabaré, Ala dos Boêmios de Botequim, Ala dos Fenianos. Depois botei os destaques. Porém (e sempre tem um porém), como o espetáculo não era para sambistas desfilarem na rua e, sim, para atores interpretarem num palco, fiz a ligação das alas com textos tirados de depoimentos de pessoas que conviveram, com o Noel e dele mesmo a jornais que encontrei nos arquivos de um dos maiores historiadores da música popular, que é José Ramos Tinhorão. Aí, fiquei um pouco em dúvida com a estrutura que bolei.

Ficava meio esquema de teatro de revista, meio enredo de escola de samba.

Mas, como os dois gêneros têm lá suas coincidências, agi como se age nos dois casos. Entreguei o roteiro para o diretor. Como entregaria o enredo para os diretores de carnaval de uma escola. Chamei de roteiro, não porque achasse menor esse gênero. Mas porque era realmente apenas um roteiro para um espetáculo musical. E foi certo disso que entreguei ao Osmar, sem maiores comentários e sem teorizar.

Ele aprovou o roteiro e chamou o Flávio Império para fazer os cenários e figurinos. Esse de saída não gostou do roteiro. Mas eu nem discuti com ele. Sabia que ele ia ao Rio de Janeiro ver desfile de escola de samba e apostei na sua sensibilidade. Ganhei. O Flávio voltou entusiasmado. Criando muito. Não sei se consciente ou inconscientemente, criando como se fosse botar um carnaval na rua. E nesse ponto, justiça se faça ao Osmar Rodrigues Cruz. Ele é lindo. Quem trabalha com ele só não cria livremente por incompetência. E nesse espetáculo o Osmar funcionava como um verdadeiro diretor de carnaval de escola de samba. Ia organizando as alas à medida que a escola ia se armando e ele sentia a necessidade de harmonia. Foi ótimo. É o grande responsável pelo sucesso do espetáculo que até ouso chamar de criação coletiva.

Sucesso atestado pelo público que superlota todas as noites o teatro e aplaude delirantemente e em pé no final do espetáculo. Sucesso também atestado por quem é de escola de samba, como o Marco Aurélio Jangada, um dos maiores entendidos no assunto em todo o Brasil, pelo Geraldo Talismã, pelo Juarez da Cruz da Mocidade Alegre, por alguns membros da ala dos compositores do Vai-Vai, que até escolheram como enredo da sua escola a Vida de Noel Rosa. E também pela opinião de gente que está no meio dos espetáculos musicais, como Fernando Faro e Zé Ramos Tinhorão.

Agora é claro que, quando se tenta nacionalizar e popularizar a cultura no Brasil, se encontra muita oposição. Não é fácil.

Já desde os tempos de Leopoldo Fróis essas coisas davam muita polêmica e os intelectuais elitistas tentavam bloquear. Ainda outra noite no Giggeto, o genial Procópio Ferreira me contava o que foi a luta do magnífico homem de teatro Leopoldo Fróis para acabar com o sotaque de português nos palcos brasileiros.

Sotaque português em ator brasileiro hoje parece o máximo da cafonice. Mas na época do grande Leopoldo era o fino.

Para todos menos para o genial Leopoldo Fróis, que, além de grande homem de teatro, era um grande patriota e via que esse sotaque era elitismo imposto pelos colonialistas e aceito pelos intelectuais frágeis e bajuladores e que afastava o homem comum do teatro. O Leopoldo Fróis achava que o ator brasileiro devia se abrasileirar para falar como vizinho do homem comum, para ser reconhecido pelo homem comum. Ninguém hoje em sã consciência vai negar a razão do Leopoldo Fróis. Mesmo porque ele ganhou a parada. Porém (e sempre tem um porém), na época o Leopoldo Fróis sofreu muito.

Os críticos, sempre ligados à cultura oficial, conseguiram, com campanhas sistemáticas e com o auxílio de colegas de teatro do genial ator, colegas medíocres e fofoqueiros, afastá-lo da Comédia

Nacional. O Leopoldo Fróis sofreu mais que a mãe do porco-espinho na hora do parto.

Mas acabou impondo seu ponto de vista. Porque o Público, único válido e grande juiz do artista, lhe deu razão. Assim como o público que lota todas as noites o Teatro Popular do Sesi está dando-nos razão, embora alguns críticos de jornais e de revistas estejam contra. Eles não conseguem desvincular-se dos padrões artísticos e culturais importados quando analisam um espetáculo brasileiro com origens na cultura popular.

Crítica — *Folha de S.Paulo* — por Yacoff — 10/7/1977

NO PAÍS DE NOEL ROSA

Somos tão massificados por subprodutos estrangeiros de péssima qualidade (aos de qualidade, portos abertos), que quando nos deparamos com um trabalho voltado para as nossas coisas, escrito habilidosamente por Plínio Marcos, dirigido primorosamente por Osmar Rodrigues Cruz e com ágil e deslumbrante cenário de Flávio Império, acontece isso que vocês estão vendo: farta distribuição de adjetivos.

Há o que criticar no espetáculo levado no excelente recém-inaugurado teatro do Sesi? Talvez haja. Recuso-me, porém, a enxergar. Basta pequena e eficaz dose de Brasil, alegre para embriagar meu senso crítico.

Experimente você também o saboroso gostinho do verde-amarelo. Vá ver *O Poeta da Vila e Seus Amores*. Ao sair do teatro, não ligue o rádio. Vá para casa dormir com a agradável sensação de ter estado no Brasil.

Trechos de crítica — revista *IstoÉ* — por Cecília Prada — 15/6/1977

VIDA ETERNA

Não é só quem nasce na Vila que nem sequer vacila ao abraçar o samba, é o estudante, o operário, o soldado, a dona-de-casa, o jornalista, o sisudo professor, a velha de óculos, a mocinha de fala fina, o rapaz que tosse lá no canto: é a multidão que faz filas às portas do Teatro Popular do Sesi, em São Paulo, para assistir — de graça — a *O Poeta da Vila e Seus Amores*, espetáculo de Plínio Marcos sobre a vida e a obra de Noel Rosa. E brilhantemente dirigido por Osmar Rodrigues Cruz.

Porque o samba, a multidão e outras bossas são coisas nossas. É essa multidão, bem-amada e bem-cantada pelos dois poetas — Noel e Plínio, que se levanta entusiasmada no final para aplaudir e extravasar a energia que conteve o tempo todo para não participar do samba, não cantar em voz alta as letras amadas e decorados em todo o Brasil.

Com extrema leveza e felicidade, Plínio soube alinhavar os episódios da vida do poeta e suas composições, fugindo completamente do didatismo que o gênero poderia acarretar. Foi ajudado nisso pela versatilidade do elenco, discreto e homogêneo, [...].

Retrato do Brasil. Simples e despretensioso, *O Poeta da Vila e Seus Amores* revela, entretanto, riqueza de cenários e figurinos. E um cuidado cênico que, de tão raro em nossos palcos, merece comentário [...].

[...]. Mais do que a vida e a obra do Noel Rosa, o espetáculo do Sesi é uma reconstituição do ambiente da boêmia carioca dos anos 30, a Lapa, a Vila, seus tipos, sua vitalidade. Em sentido amplo, um retrato do Brasil.

Destoa, nesse harmônico e bem cuidado espetáculo, apenas um elemento: o óbvio ululante da "subida" de Noel, içado por cabos, para significar sua glória como compositor. Detalhe de pouca importância.

Sono das criancinhas. Mas destoa muito mais, como não poderia deixar de ser, a nota dada pela Censura ao vedar o espetáculo aos menores de dezoito anos. Deveríamos talvez fazê-la ouvir ou ver, se é que a enigmática senhora dispõe de ouvidos e olhos, que os nossos adolescentes, privados de um excelente espetáculo, no qual tomariam conhecimento da obra de um artista que hoje é parte integrante de nosso acervo cultural, estarão condenados a entupir-se cada vez mais de Kojak, James West, Police Woman e famílias biônicas.

Será que não foram os amores comuns e discretos de Noel que espantaram a pudica senhora? Ou, mais realisticamente, será que a proibição se deve à menção do nome tantas vezes maldito, o de Plínio Marcos? Um *slogan* feito pela nossa máquina oficial de propaganda costumava dizer, há alguns anos, que "teatro era cultura".

A veneranda Senhora não parece ter tomado nenhum conhecimento dele até hoje.

Trechos de crítica — *O São Paulo* — por Luis Elmerich — 17 a 24/1977

NOEL ROSA NUMA BELA EVOCAÇÃO

São Paulo conta com um novo teatro, o do Sesi, na Avenida Paulista, com 450 confortáveis poltronas, perfeita visibilidade e acústica, além de modernas instalações técnicas no que se relaciona a fatores cênicos, de iluminação, etc. Ótima idéia de Osmar Rodrigues

Cruz, dinâmico diretor do Teatro Popular do Sesi, em aproveitar o 40.º aniversário da morte de Noel Rosa, figura das mais importantes da música popular brasileira, para montar como espetáculo inaugural *O Poeta da Vila e Seus Amores*, e incumbir para o respectivo libreto um *expert* do teatro nacional contemporâneo — Plínio Marcos. Numa alusão ao tema, antes de iniciar-se o espetáculo, vêem-se ao redor do palco as efígies iluminadas de conhecidos expoentes da música popular: Maria Bethânia, Roberto Paiva, Francisco Alves, Aracy de Almeida, Marília Batista, Nelson Gonçalves, Wilson Batista e Maysa.

Numa eficiente ambientação cênica, simples, porém funcional, no palco decorrem cenas típicas do Rio de Janeiro da década de 30, ilustrando a atmosfera boêmia da Lapa, o carnaval autêntico e não sofisticado, etc. Participam nada menos que trinta elementos, além do Regional do Evandro, composto de cinco músicos (violão, cavaquinho, bandolim, flauta e percussão). As músicas mais conhecidas de Noel Rosa, na maioria sambas, são interpretadas em solos, em coro ou danças. Evidentemente não pode faltar as duas cantoras que foram as mais importantes intérpretes das obras do trovador da Vila Isabel. [...] atores, cantores e bailarinos ao mesmo tempo — prendendo a atenção do público "ao vivo", isto é, sem arrastar o fio do microfone atrás de si. [...]. O trágico final, "Sem Choro nem Vela", traduz de forma expressiva os pressentimentos da prematura morte de Noel, cantado, a seguir, pelo conjunto inteiro, fechando o espetáculo com chave de ouro.

Para os responsáveis pela direção do Sesi, o novo teatro será a casa de arte e cultura do trabalhador e sua família, o símbolo de tudo que a entidade pretende: que a indústria não seja apenas o suporte da produção nacional, mas, a exemplo do que acontece nos países mais desenvolvidos, colabore direta e francamente na formação da mentalidade cultural e artística do povo.

Trechos de crítica — *Folha de S.Paulo* — por Jefferson del Rios — 22/6/1977

COM VOCÊS, NOVAMENTE O POETA NOEL

Todas as noites — no grande palco do Teatro Popular do Sesi — um homem frágil e genial ressurge aos olhos encantados de seus admiradores: Noel Rosa. Parecia impossível refazer, quarenta anos após a morte do compositor, o mundo em que viveu e que a imaginação do povo romantizou.

E no entanto o fenômeno ocorre.

O espetáculo *O Poeta da Vila e Seus Amores* concentra elementos-chave da ilusão teatral para levar ao espectador a visão retrospectiva da existência agitada de Noel. Não houve intenção analítica. A proposta é a de apenas mostrar uma das mais queridas figuras da música popular brasileira. Ao final do espetáculo, quando o teatro inteiro aplaude emocionalmente, torna-se evidente que Noel viajou no tempo e na memória para esta breve reaparição.

Há um clima poético a cada minuto que resulta da inspiração sincronizada de Plínio Marcos (texto), Osmar Rodrigues Cruz (direção), Flávio Império (concepção visual: cenários, figurinos, cores e adereços. [...]. Sobre esta base sólida atua um elenco dramático e musical empenhado.

Osmar Rodrigues Cruz materializou numa representação despojada a vida suburbana e musical do personagem. Flávio Império deu-lhe a dimensão visual na junção da realidade com a fantasia. O toque final é a música executada pelo Regional do Evandro.

O resultado é grandioso, embora paradoxalmente simples. O compromisso do espetáculo é com a clareza da obra e da figura retratadas. Toda a humanidade boêmia, sambista e melancólica do poeta derrama-se no palco. Só isto, ou melhor: tudo isto.

[...]. O teatro também vive de emoções fortes. É o que acontece, em grau elevado, quando o elenco avança cantando "Fita Amarela". Os que contribuem para o encanto diário de *O Poeta da Vila* cumprem com brilho a missão.

Trechos de crítica — *O Estado de S. Paulo* — por Ilka Marinho Zanotto — 30/6/1977

UMA FESTA DIGNA DA POESIA DE NOEL ROSA

Para comemorar os quarenta anos da morte de Noel Rosa, Osmar Rodrigues Cruz organizou uma festa digna do Poeta da Vila: inaugurou o ultramoderno e confortável Teatro do Sesi, na Avenida Paulista, com um espetáculo lindo, envolvente e singelo como a própria música do compositor. [...]. *O Poeta da Vila e Seus Amores*, com altíssima carga de apelo popular, coloca-se como exemplo a contestação àqueles que prejulgam o gosto das plateias e inundam nossos palcos com as pornochanchadas teatrais numa imitação servil das cinematográficas e visando um êxito duvidoso de bilheteria. [...].

O POETA DA VILA AGRADOU AO PÚBLICO E À MAIORIA dos críticos, e recebeu vários prêmios no ano de 1977:

APCA — *Melhor Ator* — Ewerton de Castro
APCA — *Menção Especial* — **Osmar Rodrigues Cruz**, pela inauguração da sede própria do Teatro Popular do Sesi na Avenida Paulista
Molière — *Melhor Diretor* — **Osmar Rodrigues Cruz**
Molière — *Melhor Cenografia* — Flávio Império

Esses prêmios foram significativos, mas os aplausos diários, esses sim, premiavam a todos os integrantes do espetáculo.

Com *O Poeta da Vila* em cartaz, em setembro de 1978, completamos quinze anos. A nossa meta de implantar o teatro popular, trazendo o trabalhador ao teatro, oferecendo um repertório de alto nível nacional e clássico popularizando cada vez mais o teatro brasileiro continuava e nessa luta o caminho percorrido mostrava que a peça brasileira, o clássico adaptado na sua linguagem, fazia sucesso. O repertório do TPS proporcionava a comunicação com o público popular.

Novas atividades foram sendo incluídas, contribuindo ainda mais na formação cultural e artística do trabalhador: às terças-feiras, dia de folga da companhia, oferecíamos um programa de música clássica e popular alternadamente numa semana e noutra. Foi criada uma galeria de arte, próxima ao saguão do teatro, que passou a promover exposições periódicas e o público, antes do espetáculo, tinha acesso às mostras. O público do TPS já ia espontaneamente à bilheteria do teatro retirar os ingressos para assistir às peças e às demais atividades.

31 anos de direção

A Falecida

QUANDO ESCOLHI A *A FALECIDA*, NELSON E EU COMEçamos a nos telefonar. Expliquei que as peças encenadas pelo Sesi têm um público enorme vindo das camadas sociais mais baixas da população. Ele ficou entusiasmado, principalmente quando soube que o teatro tinha mais de quatrocentos lugares, acabou autorizando a montagem e quando anunciou no Rio que sua peça seria encenada aqui em São Paulo pelo TPS, soltou mais uma das suas frases: "A falecida não vai morrer nunca!" Reclamou também que a peça ainda não tinha sido levada como ele queria e de todas as montagens feitas a que mais gostou foi a do Antunes Filho, e que mal podia esperar para assistir a nossa. Prometeu vir a São Paulo para a estréia e sentar-se na primeira fila, esperando, desta vez, ver o seu texto bem representado, porque confiava na minha direção. Ele não vinha a São Paulo há muito tempo, mas queria conhecer o meu trabalho, o teatro que não cobrava ingressos e que tinha como público o povo.

A Falecida junto com *Beijo no Asfalto* fazem parte da série de peças urbanas, as chamadas "tragédias cariocas", que não chega a ser um teatro de costumes, porque o Nelson não é chegado a detalhes da vida urbana, preferindo jogar mais com os sentimentos. *A Falecida* não tem cenário, mas pedi ao Flávio Império que fizesse um que fosse leve servindo apenas de apoio. Ele fez um cenário genial em madeira crua, com transparência, usando o palco todo, situando as diferentes cenas. Os ensaios correram normalmente, com um bom elenco, então resolvemos testar a peça com o público e fizemos alguns ensaios abertos.

O Sábato Magaldi sugeriu que o Sesi trouxesse o Nelson para São Paulo e ele veio a convite com sua esposa, a irmã, uma enfermeira que ficaram hospedados no Caesar Park. Fazia muito frio aqui em São Paulo, estávamos em pleno inverno, o que é uma verdadeira tortura para quem vem do Rio, e o Nelson não estava muito bem de saúde, estava tomando um monte de remédios!

À noite fizemos uma apresentação só para ele, que se sentou na terceira fila. Antes de começar eu disse a ele: "Agora Nelson, é com você". Só fiquei sabendo sua opinião ao final da peça, porque fundi os dois atos da peça em um, portanto não havia intervalo. Ao final ele se levantou e disse: "Parabéns, senhor Cecil B. de Mille", e continuou fazendo elogios à encenação, aos atores e até gostou da inclusão do cenário. Na noite seguinte estreamos oficialmente, ele voltou a assistir e participou do coquetel oferecido aos convidados.

No dia seguinte, Nelson, Plínio Marcos, Nize, eu fomos convidados a almoçar em casa de Sábato e Edla. O encapotado Nelson estava sentado na sala envidraçada, de onde se podia ver a piscina, olhando o jardim da casa bonita e aconchegante, comentou: "Você está como queria... Sábato!"

As tiradas do Nelson são inesquecíveis. Na estréia ele fez questão de subir ao palco para cumprimentar os atores, porém, quando de volta à platéia, o contra-regra já havia tirado a escada e ele teve de descer a altura aproximada de uns cinqüenta centímetros, apoiado em algumas pessoas olhou para baixo, deu o passo e disse: "Que abiiiiiismo...!" e voltou para a platéia. *A Falecida* deixou boas lembranças.

As peças do Nelson mexem com sentimentos que em geral as pessoas não gostam de ver expostos. *A Falecida* não foi um grande sucesso de público, mas manteve uma boa média, ficou um ano e meio em cartaz e durante esse tempo o Nelson me telefonava quase todas as noites, interessado em saber como a sua peça vinha sendo recebida pelo público, se o espetáculo tinha corrido bem, depois chamava a Nize ao telefone e carinhoso recomendava: "como está a minha musa?... não esqueça o patético".

Em dezembro estávamos em Campos do Jordão quando soubemos que ele havia falecido. Então começou uma febre de Nelson, muitas peças suas foram montadas. Antes de sua morte parece que ninguém queria se arriscar com um autor que foi chamado de reacionário, mas tenho para mim que o motivo maior era o medo que ele "descesse o pau" nas montagens.

Quando eu estava começando a fazer teatro, uma das suas peças que mais me impressionou foi o *Vestido de Noiva*, depois foi publicada *A Mulher sem Pecado*, sempre gostei muito das peças do Nelson. Ele se foi, mas sua obra ficou. Conhecê-lo pessoalmente foi muito bom, deixou muita saudade.

Só que o caminho percorrido para conseguir montar a peça, não foi fácil. O superintendente do Sesi ao ler a peça não gostou. Eu já sabia que a peça iria ser discutida pelos conselheiros do Sesi e tinha de arrumar uma maneira de convencê-los a aprovarem a escolha. Eu sabia que estava sendo preparado um almoço para comemorar o primeiro aniversário do *Poeta da Vila*, então convidei Plínio Marcos, Sábato Magaldi, que estava como secretário da Cultura do município, jornalistas, entre eles, Fausto Fuser crítico da *Folha*, Ilka M. Zanotto crítica do *Estadão*, Paulo Lara da *Folha da Tarde*. Durante esses almoços são comuns os discursos e o Dr. Paulo Correia, superintendente do Sesi, foi o primeiro a discursar expondo aos conselheiros presentes a proposta de montar *A Falecida* que a seu ver tinha um argumento muito pesado e brincou a respeito da menção que se faz no texto à personagem (oculta) Glorinha ter um câncer no seio, que é o motivo da personagem central se sentir vingada. Ele, um cirurgião plástico, achava essa colocação de muito mau gosto. Todos riram da sua ironia, o que deu oportunidade aos presentes de exporem suas opiniões elogiosas em defesa da peça.

O Sábato, conhecedor da obra do Nelson, defendeu muito bem e o conselho acabou aprovando por unanimidade a escolha. Contei esse episódio para que se conheça que, numa entidade como a do Sesi, ter aprovação unânime não é fácil, cabia sempre a mim escolher, mas tinha de agir com muita habilidade, pois muitas vezes nem com habilidade conseguia fazer o texto que eu havia escolhido.

Referências sobre a peça

Montar Nelson Rodrigues é quase a mesma sensação de estar entrando no mundo dos clássicos.

Escolher este texto foi propositadamente uma opção, objetivando o público popular por se tratar de um tema bem perto da vida cotidiana, de suas neuroses, de suas angústias, de suas aspirações e revolta. *A Falecida* é um marco na obra do autor. Com a peça ele abandona em seus personagens o lado mítico, subconsciente, para trazê-los à "vida como ela é". Nessa peça Nelson coloca seu personagem do lado do avesso.

Ela deseja uma vida melhor, um marido melhor. Frustrada socialmente e amorosamente a personagem encontra realização no sexo. Ilude-se, mas seus preconceitos moralistas a fazem percorrer vários caminhos para se purgar. Eros e Tânatos novamente em cena. Ela procura a morte para se vingar, para brilhar junto àquelas pessoas que a acham "uma qualquer".

A montagem por isso joga com os dois elementos bases da peça: o sexo-amor e a morte. Simbolizados no cenário pela casa do casal e a funerária. Assim, também o patético e o cômico se mesclam.

Na *Vida Como Ela É* esses elementos sempre estão juntos. O caminho em busca da morte não leva Zulmira a profundas reflexões nem abatimento. Ela vai ao encontro da morte como se estivesse renascendo. Ela acha que é a única saída. E por sorte uma doença a salva da vida.

Soluções cenográficas foram dadas à peça, para sublinhar, realçar e ambientar certas passagens do texto.

Mas o cenário tem a forma da coisa por fazer, da improvisação. É um cenário que gostaria de ser cenário. É a classe média, sempre à procura da ascensão social. Não só econômica, mas culturalmente. Zulmira inveja sua prima "porque ela tem classe pra chuchu".

A Falecida é uma homenagem ao maior autor brasileiro. O único que conseguiu construir uma obra. Nós vamos embora. Nelson Rodrigues será eterno. (ORC)

Trecho de entrevista — Nelson Rodrigues — *Shopping City News* **— 22/7/1979**

[...]. E a montagem paulista de Osmar Rodrigues Cruz?
— Excelente. Osmar é muito criativo. E só tenho elogios a sua encenação. Senão nem teria vindo do Rio. Todo mundo sabe que estou muito doente, só vim porque se trata de *A Falecida* e porque uma médica e minha mulher me acompanharam.

Trecho de crítica — *Jornal da Tarde* **— por Sábato Magaldi — 26/7/1979**

O TEATRO DE NELSON RODRIGUES, NO MELHOR ESTILO. ADMIRÁVEL.
[...]. *A Falecida* é, sem dúvida, a melhor encenação de Osmar Cruz. Formado na escola vinda de Jacques Copeau, segundo a qual o diretor ter por missão servir ao dramaturgo, Osmar poderia ser criticado, ao longo dos anos, por excessiva timidez. Longe de mim advogar para o encenador a audácia que às vezes beira a gratuidade. Mas é importante que o responsável pelo espetáculo, que une sob a sua batuta a peça, o elenco, a cenografia e os outros elementos, imprima ao conjunto uma personalidade que não se confunde com as demais. Osmar sempre pareceu temeroso de deixar uma marca pessoal, que outros pudessem julgar como tentativa de sobrepor-se ao autor. Em *A Falecida*, há absoluta fidelidade ao espírito de Nelson Rodrigues e ao mesmo tempo o espetáculo flui com uma liberdade que é do diretor. Não se falseia uma intenção da obra e há uma linguagem autônoma do palco, inclusive na cena final, em que se fecha a cortina e Tuninho chora, diante dela, enquanto estão projetadas no pano as imagens do enterro de Zulmira. Um efeito do desfecho de *Vestido de Noiva* se reproduz aqui, sem tornar-se um pálido reflexo, mas encontrando, em termos semelhantes, o universo do dramaturgo. Sente-se, na montagem, o carinho compreensivo do encenador e sua identificação com o texto.
O Teatro Popular do Sesi mostrou, em primeiro lugar, um painel histórico da dramaturgia brasileira, e se volta agora para a produção contemporânea. Não houve propósito, deliberadamente didático, mas um profundo amor pelo teatro nacional, de que, aliás, Osmar Cruz é um dos poucos e reais conhecedores. A nova fase do TPS cria obrigações sérias com a coletividade, a que a

escolha de um repertório bom e conseqüente deve responder, depois do acerto dos nomes de Plínio Marcos e Nelson Rodrigues.

Trecho de crítica — *Folha de S.Paulo* — por Jefferson del Rios — 28/7/1979

FALECIDA, DE NELSON, MUITO BEM COMPORTADA
[...]. O diretor Osmar Rodrigues Cruz demonstra uma qualidade importante: o domínio permanente sobre um elenco numeroso, cenas quase simultâneas e no ritmo próximo do cinematográfico. Jamais se poderá acusar o seu trabalho de monótono. A montagem, além disso, tem um ótimo enquadramento visual (cenários de Flávio Império) que, felizmente, não obedece às limitadoras indicações do original (que pede cena vazia, poucos objetos para sugerir os diversos ambientes) e acompanha a grandiloqüência natural da peça.

Trecho de crítica — revista *Visão* — por Carlos Ernesto de Godoy — 6/8/1979

EXCEÇÃO À REGRA
[...]. A leitura de Osmar Cruz é explícita, sem ser convencional. Para o seu trabalho, teve ele o bom senso de escolher, uma outra vez, a colaboração de Flávio Império, um dos poucos cenógrafos do país que sabem criar espaços cênicos e não se limitam a mera decoração. Servida, pois, por uma cenografia funcional e cuja simplicidade aparente não elimina um certo expressionismo nos contornos, a direção se sente à vontade para manter o ritmo ágil que uma peça desse tipo exige.
Um espetáculo, enfim, que traz algum alento à temporada paulista, arrastada pelo mau gosto e as loas costumeiras da crítica complacente.

Trecho de crítica — *Diário da Noite* — por Hilton Viana — 9/8/1979

NO SESI, UMA EXCELENTE VERSÃO DE *A FALECIDA*
[...]. Poderíamos dizer que a direção de Osmar Rodrigues Cruz é, por assim dizer, a continuidade do que já vem fazendo frente ao Teatro Popular do Sesi. Osmar já nos deu trabalhos memoráveis, premiados inclusive, mas é aqui em *A Falecida* que surge pleno, utilizando como poucas vezes fez, sua capacidade de criação.

Trechos de crítica — *O Estado de S. Paulo* — por Mariangela Alves de Lima — 11/8/1979

O PALCO, POR DIREITO, ARENA DE PAIXÕES

Das múltiplas abordagens que a obra de Nelson Rodrigues pode suscitar, o diretor Osmar Rodrigues Cruz escolheu apenas uma: a exegese de uma paixão. Uma escolha que, embora excludente, funciona admiravelmente para revelar outros conteúdos menos contrastados pela encenação.

[...]. Diante de um dramaturgo que normalmente excita ou inibe em excesso os seus intérpretes, a solução de Osmar Rodrigues Cruz é um verdadeiro ovo de Colombo. Adotando uma interpretação despretensiosa (e ao mesmo tempo fiel) da obra, o espetáculo recupera para o presente as inovações e minimiza certos golpes de efeitos que poderiam fascinar numa leitura mais superficial. Todos os traços exagerados adquirem um direito inegável à existência cênica não porque sejam "teatrais" mas porque o palco é, por direito de nascimento, a arena das paixões humanas. E das paixões não é lícito exigir a polidez.

Trechos de crítica — revista *Veja* — por Jairo Arco e Flexa — 8/1979

VIDA ETERNA.
UMA EXCELENTE MONTAGEM DE
NELSON RODRIGUES

Há um ritual depois que terminam as sessões de *A Falecida*, de Nelson Rodrigues (Teatro Popular do Sesi, São Paulo). Seu diretor, Osmar Rodrigues Cruz, desde a noite seguinte à estréia, já se habituou a receber, mal chega em casa, um telefonema interurbano. É o autor que, ansioso, liga do Rio de Janeiro. Todas as noites como se fosse um principiante, Nelson Rodrigues, que fará 67 anos neste mês, faz as mesmas perguntas, a que Osmar dá invariavelmente as mesmas respostas. "Sim, o espetáculo correu muito bem. O teatro estava lotado. O público aplaudiu bastante". Mais alguns minutos de conversa e Nelson Rodrigues desliga satisfeito — não sem antes lembrar a Nize Silva, intérprete do papel-título e mulher de Osmar, para "ter muito cuidado com o patético".

"A primeira vez que Nelson me disse isso fiquei confusa", admite a atriz, "mas acho que consegui o que ele queria." Nelson Rodrigues também pensa assim: assistiu ao ensaio geral, à estréia e antes de voltar ao Rio de Janeiro fez questão de dizer que estava entusiasmado com a encenação e com o desempenho de Nize.

O melhor autor do teatro brasileiro tinha bons motivos para se alegrar, pois essa montagem de *A Falecida* está plenamente à altura do magnífico texto, encenado pela primeira vez em 1953 e que ele classifica de "tragédia carioca".

[...]. Nelson Rodrigues dividiu a peça em três atos e pediu que a cenografia se limitasse ao mínimo de elementos materiais. Entretanto, Osmar Cruz não apenas montou o texto sem interrupção como encomendou uma elaborada cenografia a Flávio Império. Longe de desvirtuar as intenções do autor, a solução reforça a unidade da peça, enriquecendo-a ainda com plasticidade quase cinematográfica — o espectador é levado num interesse crescente até o momento do clímax correspondente ao fim do segundo ato quando ocorre a inevitável morte de Zulmira.

[...]. *A Falecida*, como todas as montagens do Teatro Popular do Sesi, grupo profissional criado em 1963, é apresentada de graça: a entidade envia convites diretamente às indústrias e coloca ingressos à disposição dos interessados na bilheteria. De longe, trata-se do melhor trabalho do grupo, e da atriz principal, Nize Silva. Uma encenação à altura do seu autor, Nelson Rodrigues.

Coluna "Esportes" — *O Globo* — por Nelson Rodrigues — 1/9/1979

[...].
2. Claro, que por causa do sucesso de *A Falecida*, eu me tornei amigo e como irmão de São Paulo. Estou sendo levado, todos os dias, no Teatro Popular do Sesi. Minha heroína, minha Duse é Nize Silva, tragicamente linda. O diretor, magistral diretor, é Osmar Rodrigues Cruz. E São Paulo me tem tratado de uma maneira deslumbrante.

Entrevista coletiva concedida por Nelson Rodrigues no TPS

Nelson você foi, e ainda é, acusado de ter abandonado um estilo próprio quando passou a escrever peças do gênero de *A Falecida*. Alguns o acusam inclusive de "perda de criatividade". O que você acha disso?

— A minha obra sofreu uma mudança a partir de *Álbum de Família*. Quando passei a me aprofundar nos grandes temas escolhidos, sem prejuízo da linha humorística e patética, paralelas em minha obra.

Essa mudança partiu de você, da mudança do homem Nelson Rodrigues ou de fatos exteriores?

— Foi provocado pelo meu instinto de dramaturgo. Sou um homem fascinado pelas grandes paixões do homem.

O que significou *A Falecida* para você, como dramaturgo?

— *A Falecida* foi a peça de estréia da comédia brasileira, no Serviço Nacional de Teatro. Foi levada pela primeira vez no Teatro Municipal. Teve sucesso de crítica e de público.

Como você escreveu a peça. Em quanto tempo?

— Quando escrevo, escolho o tema e depois amadureço a história, o que me toma mais tempo. Depois é só escrever. Eu me dedico totalmente ao trabalho e concluo a peça em cerca de vinte dias. *A Falecida* eu escrevi em vinte e seis dias.

Quando você escreve qual sua maior preocupação? Você se preocupa de alguma forma com o público.

— A minha maneira de atingir o público é não pensando nele. Se você o corteja ele não dá pelota. Se você o ignora ele sobe pelas paredes como lagartixa profissional. Só muito depois, na estréia da peça, eu começo a desconfiar da existência de uma entidade chamada público. Acho uma vergonha dizer que se escreve para o público (por Elke Lopes Muniz).

ENTRE AS INÚMERAS ESTRÉIAS HAVIDAS NO ANO 1979, fomos indicados pelo Serviço Nacional de Teatro ao Troféu Mambembe, nas seguintes categorias: direção, atriz, cenografia e grupo.

Prêmios
APCA — *Personalidade Atriz* — Nize Silva
APCA — *Personalidade Diretor* — **Osmar Rodrigues Cruz**
APCA — Menção Especial pela montagem de *A Falecida*
Mambembe — *Melhor Cenografia* — Flávio Império

Professor Osmar (por Nize Silva)

Osmar, meu professor no "Curso de Atores para o Cinema" do Museu de Arte, convidou-me para fazer teatro no Sesi; ao aceitar o seu convite não poderia supor o quanto minha carreira estaria ligada à trajetória do TPS em todas as suas fases, desde a primeira peça do TES (Teatro Experimental do Sesi), a *Torre em Concurso*, de J. M. Macedo até *Confusão na Cidade* de Goldoni, trinta anos depois. Sinto-me recompensada por ter participado da única companhia brasileira, cujo projeto de popularização do teatro logrou êxito.

Lembro-me de como foi emocionante ver uma enorme massa popular se comprimindo junto às portas do Teatro Municipal, quando da apresentação de *O Fazedor de Chuva* do Richard Nash. Os funcionários do teatro temerosos recomendavam que as portas do teatro fossem abertas mais cedo, temendo pelo pior. Do camarim onde estávamos ouvíamos a correria em busca dos melhores lugares. Quando a cortina abriu a casa estava lotada, lotada de gente que vinha pela primeira vez assistir a uma peça teatral e que pela primeira vez entrou num teatro até então freqüentado pela elite paulistana. Nessa noite percebi que se o Osmar conseguisse levar adiante o seu projeto, teria sucesso.

Não foi sem luta, força de vontade, entrega, que o TPS obteve o reconhecimento, da própria entidade e da crítica. Teria talvez a Fiesp construído um teatro se não fosse pelo sucesso que o TPS vinha obtendo em salas alugadas?

Impossível por isso dissociar o TPS do homem. Pelo seu poder de persuasão conseguiu convencer a direção da Fiesp a subvencionar o teatro, sem que com isso se tornasse um palanque político em favor de idéias dessa entidade. Para formar o repertório do TPS Osmar foi buscar nos autores clássicos, nos contemporâneos, nacionais ou estrangeiros, o melhor para o público a que se destinava. Mesmo no regime militar que obteve o apoio dos patrocinadores do TPS, razão pela qual poderia sofrer interferência na escolha do repertório, chamou Plínio Marcos, autor perseguido pelo regime de exceção, para escrever *Noel Rosa*, um musical, de encenação lindíssima que alcançou um tremendo sucesso.

Prazer era o que ele sentia ao dirigir uma nova peça. Quando esta entrava em cartaz, assistia a alguns espetáculos até apurá-los. Depois durante toda a temporada em que as peças permaneciam em cartaz, não assistia mais, mas ouvia!... de sua sala, onde mandou que instalassem uma caixa de som. Era assim que controlava os atores.

Até hoje me pergunto como conseguia administrar todas as funções que exercia, sim, porque além de Diretor Artístico, administrava o Teatro e ainda dirigia uma Divisão de Divulgação. Não é à toa que morava praticamente no teatro, de segunda a segunda a qualquer hora do dia ou da noite era encontrado nas dependências do teatro. Acumulou um colosso de férias.

Esse entusiasmo foi me envolvendo de tal forma, que mesmo quando não estava na peça em cartaz, ia quase toda noite ao teatro. Desse convívio, meu professor, meu diretor, tornou-se em 1974, meu marido. Continuei minha carreira no Sesi, das vinte e cinco peças do seu repertório, devo ter participado de umas vinte. Para aqueles que sempre acharam que como esposa do diretor eu tinha privilégios, enganaram-se, nunca fui tão cobrada, nunca tanto foi exigido de mim depois de casados.

O TPS oferecia aos atores e técnicos as melhores condições de trabalho, o que atraía o interesse de toda a classe, até daqueles, que nas mesas dos restaurantes criticavam o TPS, mas eram vistos nos corredores do teatro quando corria que nova peça seria montada.

O saudoso Arquimedes era a maior escola viva para o maquinista iniciante. Ensinou muita gente a trabalhar. Osmar administrava tão bem os gastos, de forma a não permitir ultrapassar o limite de sua verba. A cada nova peça, os materiais usados eram reciclados, com isso os custos da produção baixavam. Havia na companhia o espírito de equipe. A dissolução do TPS, depois de sua saída, acabou com a única companhia estável, que formou não só atores, como técnicos. Aposentaram Osmar, usando a lei que estabelece idade limite para isso. Supondo ser esse um motivo, então por que não mantiveram o que foi por ele criado? Quem teria influenciado os novos dirigentes da Fiesp, que provavelmente desconhecendo a trajetória do TPS foram influenciados a mudar? Ou talvez não tenham achado ninguém competente para substituí-lo. Por inveja? Ou simplesmente por ignorância? Esta seria a resposta mais aproximada: preservar não é estilo nosso, destruir sim, mesmo que não se tenha nada melhor para ocupar aquele espaço.

A memória do TPS estará preservada neste livro. No prédio que abrigou parte dessa história, restaram o nome escolhido por Osmar para o teatro — *Teatro Popular do Sesi*, o seu nome dado à sala em sua homenagem, na gestão do Sr. Mário Amato, e o ingresso gratuito pelo qual Osmar sempre batalhou. Se também não forem preservados, não tem importância, a história lhe fará justiça, pois nas palavras do Sr. Mário Amato quando dos vinte e cinco anos do TPS:

[...]. *"O TPS conquistou um público numeroso e fiel e o respeito da crítica, a partir de um selecionado repertório, que alterna a apresentação de grandes textos clássicos com importantes trabalhos de autores nacionais, oferecendo [...] trabalho de qualidade a cerca de oito milhões de es-*

pectadores numa coerente missão de educação. Temos, sem dúvida, boas razões para comemorar o aniversário daquela que é, hoje, a mais antiga companhia de teatro do Brasil em permanente atividade."

O Santo Milagroso

DEZEMBRO, FÉRIAS COLETIVAS DA COMPANHIA, FUI PARA Campos do Jordão levando comigo alguns textos, entre eles *O Santo Milagroso*, que assisti no Teatro de Arena, quando tinha apenas um ato. Lembro-me que nessa ocasião cheguei a comentar com o Lauro que o argumento era ótimo e que ele deveria pensar em desenvolvê-lo.

A segunda versão, em três atos, foi dirigida pelo Walmor Chagas no Teatro Cacilda Becker em 1963, e fez muito sucesso. Por ter um carinho todo especial por essa peça do Lauro César Muniz, decidi montá-la, dando continuidade à política de encenar textos nacionais de autores contemporâneos.

A minha montagem seguiu uma linha próxima da comédia de costumes com a preocupação de manter o realismo crítico, que tornava íntima a relação texto/público.

Os personagens, figuras do cotidiano das cidades brasileiras do interior, um padre católico e um pastor protestante, procuram aumentar cada qual a sua maneira o número dos seus fiéis. Rivais que, às escondidas de todos, se freqüentam para jogar xadrez na sacristia da igreja católica, por pouco não são descobertos juntos. Buscam então uma saída e, por sugestão do padre, o pastor tem de se fingir de imagem de santo, que supostamente acabava de chegar à sacristia. A peça é muito engraçada, a partir daí torna-se hilariante. Dessa situação inusitada, os dois vêem a oportunidade para explorar a crença dos fiéis juntos, numa ligação que o Lauro chama de "safada", arquitetam o plano.

O cenário de Irenio Maia dava o clima das pequenas cidades do interior. Uma ponte atravessando um riacho ligava as duas margens, tendo de um lado a casa do pastor e do outro a igreja do padre. O Arquimedes caprichou nos detalhes desse cenário levando um "tempão" para aprontá-lo.

O Santo Milagroso foi, como *Manhãs de Sol*, dois fenômenos de sucesso que ficaram em cartaz por muito tempo. O *Santo* ficou por dois anos e meio, não dava para encerrar a temporada com casas lotadas, tendo algumas noites chegado a novecentas pessoas sentadas nos corredores e em pé. Chegamos a ter de deixar as portas da platéia abertas, para o povo ver pessoalmente que a lotação estava esgotada, eles queriam entrar de qualquer jeito e quando viam ser impossível voltavam no dia seguinte, chegando bem mais cedo ao teatro, horas antes da marcada para o único espetáculo da noite.

A peça foi feita num estilo realista e o texto tornava íntima a relação com o público. O Lauro aparecia sempre que podia para ver a reação da platéia e ficava abismado, o público ria a peça inteirinha, era uma gargalhada só. Nem o Lauro sabia, quando a escreveu, que ela era tão engraçada. Apesar de o elenco ser numeroso, ninguém foi substituído. Eu coloquei uma população dentro da cidade usando os atores da peça anterior, além dos novos contratados. Com aqueles armei uma procissão que ficou muito engraçada.

O Lauro mudou a linha de suas peças, para mim *O Santo* é um clássico do teatro brasileiro que se iguala às peças da década de 1920, às do França Júnior, Martins Pena. Como *Feitiço* e *Manhãs de Sol, O Santo Milagroso* ainda hoje faz sucesso, essas peças jamais envelhecem porque o público se identifica com elas e riem hoje do mesmo jeito como quando foram escritas. São os nós dramáticos do Molière, do teatro clássico que não falham nunca. Do Lauro, a *Infidelidade ao Alcance de Todos* também foi sucesso, ficou anos em cartaz.

Gostei de ter escolhido e dirigido essa peça, gostei mais ainda por ela ter alcançado o sucesso que alcançou, o Lauro é merecedor.

O sucesso obtido nas peças do TPS firmam a minha tese na qual uma comunicação de massa se obtém por meio de uma linguagem popular e da educação artística, que ajuda no desenvolvimento das camadas menos favorecidas.

Na noite da estréia do *Santo* saímos do teatro e fomos jantar num restaurante famoso chamado "Carreta", que ficava na Rua Pamplona. E conversando, falei de uma antiga aspiração, fazer a vida da Chiquinha Gonzaga. Aproveitando a presença de Maria Adelaide Amaral, perguntei se ela gostaria de escrever um texto especialmente para o TPS, ela me respondeu que iria estudar, precisaria se documentar, mas que achava que escreveria.

Trecho de crítica — *O Estado de S. Paulo* — por Ilka Marinho Zanotto — 8/4/1981

TEATRO RETORNA A SUA FUNÇÃO QUASE ESQUECIDA: DIVERTIR

[...]. No Sesi, Osmar Rodrigues Cruz, afirma-se como diretor preciso e criativo que explodiu em *O Poeta da Vila*, confirmou-se em *A Falecida* e agora dá ao texto de Lauro César Muniz, o tratamento definitivo, ultrapassando de tal maneira as encenações anteriores que é como se somente hoje o verdadeiro *Santo Milagroso* houvesse vindo à luz. Não há réplica, movimento, intenção (primeira ou segunda), ação ou reação dessa história trepidantemente concebida que não seja explorada até a sua máxima potencialidade. Tudo é forte, fluente e veraz no texto de Lauro César e no espetáculo de Osmar Cruz. Tão vivo e contundente como são perenes os mecanismos de mistificação habilmente explorados por alguns em detrimento de muitos e tão inteligente e bem-humoradamente descritos pelo autor. O fascínio maior do espetáculo decorre da contraposição eficaz de um clima idílico criado a partir da pacatez sonhada de uma vida interiorana perdida nos confins dos tempos e dos lugares, e do movimento acelerado das ambições de todos os naipes que impulsionam a trama.

Trecho de crítica — *Diário da Noite* — por Hilton Viana — 21/4/1981

A ARTE E SUA GENTE

[...]. *O Santo Milagroso* de Lauro César Muniz que, embora escrita em 1963, pode-se considerá-la atual, justamente porque retrata o cotidiano, os conflitos, o dia-a-dia da população de uma cidadezinha do Interior. De início, com o avanço da televisão, poderíamos dizer que a ação, os conflitos estão distantes da nossa realidade, tanto quanto os dezessete anos que nos separam do teatro. Mas na verdade a religião, os preconceitos, o coronelismo, ainda estão bem vivos no Interior, principalmente em Minas, Paraná, Rio Grande do Sul e interior de São Paulo. E é nesse sentido que a peça de Lauro César Muniz é atual e portanto atinge o público em cheio. E Osmar Rodrigues Cruz, ao dirigi-la, justifica por que escolheu o texto. Procurou tirar, através do comportamento das personagens e das marcações que imprimiu ao espetáculo, o máximo de partido cômico. O resultado não poderia ser melhor. O público é atingido em cheio, tendo reações incríveis como se estivesse diante de um filme de pastelão, onde as cenas fossem se sucedendo num crescente. Se era isso o que Osmar Rodrigues Cruz desejava, que é o que acreditamos, atingiu a meta em cheio.

Trechos de crítica — *Gazeta da Vila Prudente* — por Othoniel Fonseca Motta — 8/5/1981

Muito oportuna a remontagem desta peça, apresentada pela primeira vez em 1963 pela companhia de Cacilda Becker com relativo sucesso.

[...]. Esta nova versão de *O Santo Milagroso* é um tanto diferente da primeira e, é preciso dizer, bem melhor.

O diretor deste e dos últimos espetáculos do TPS, Osmar Rodrigues Cruz, conseguiu estabelecer um padrão altamente recomendável para suas montagens. Tratando-se de um teatro dirigido ao povo em geral, freqüentado por pessoas que raramente ou mesmo nunca estiveram antes numa casa de espetáculos dessa natureza, sem cobrar ingressos, o TPS poderia resvalar para o popularesco ou para um acomodamento pernicioso, com espetáculos relaxados ou que revelassem alguma espécie de má vontade.

Mas o que ocorre é exatamente o oposto: tudo é feito com um grande carinho e alta dose de talento.

O público por sua vez reage da melhor forma possível, lotando a sala diariamente, participando com alegria do espetáculo e aplaudindo de pé, no final. Na saída os comentários que se ouve são os mais elogiosos, o que é altamente compensador.

Chiquinha Gonzaga

Maria Adelaide Amaral trouxe-me o texto lá por abril de 1983, em setembro estreamos. Ela pesquisou tanto com a Edinha Diniz, que a peça levava no mínimo quatro horas, então disse a ela que o texto precisava de uns cortes e ela concordou, com isso a peça ficou mais enxuta. Eu imaginei e esperava por um musical de sabor brasileiro com o *know-how* da Broadway. Não foi bem isso que eu recebi da Adelaide. Em termos de dramaturgia era um texto inconvencional, contendo 124 personagens, o que exigia a organização de um cronograma para que 32 atores pudessem ser encaixados no espetáculo de forma que cada um interpretasse o maior número de personagens possível. Para isso fizemos um cronograma ordenando as seqüências e armamos um esquema nos bastidores para coordenar as entradas e saídas de cena. Com tantos personagens, a coxia transformou-se num segundo espetáculo, várias camareiras vestiam os atores organizando as roupas e inúmeros adereços para que as trocas se dessem num tempo mínimo, pois essa engrenagem tinha que ser perfeita. Com tudo isso, o Flávio fez um cenário que avançava pelas laterais da platéia, com dois patamares em forma de balcão. No palco, deveriam entrar uns carros especialmente construídos para representarem cenários como a Rua D'Ouvidor. Eu não achei muito boa essa proposta do Flávio não, nem ele. Depois de prontos e testados, os tais carros acabaram sendo aproveitados em outras cenas, às quais serviram lindamente, como, por exemplo, dando a idéia de um navio, ou compondo cenas como a da Abolição. O Flávio era de uma criatividade inesgotável. Ele também desenhou os figurinos da peça, e aqui aconteceu um fato pitoresco: ele não estava satisfeito com o desenho, com o tecido de uma das roupas da Chiquinha, só faltava esse vestido que ele não definia nunca. Um dia, a costureira foi levar as roupas para o Flávio ver, mas o que ele viu mesmo foi a solução do problema do tal vestido encrencado, olhando para o vestido que ela usava, disse: "eu quero esse vestido!" Ela, como todos por perto, achou que ele estava brincando. Não estava e não teve dúvidas, confiscou o vestido da costureira, transformou, e vestiu na Chiquinha. E ficou lindo!

Ele tinha um método de trabalho que envolvia tudo e a todos, as pessoas ajudavam na confecção de adereços e o que mais fosse preciso, à volta dele sempre tinha um exército de pessoas.

Como solução para linguagem cênica o espetáculo se apoiava numa variante do "sistema curinga" de Augusto Boal. Demoramos mais de um mês para descobrir como colocar o espetáculo funcionando. No começo foi difícil, mas no dia em que descobrimos, pudemos relaxar e ensaiar. Procurei um caminho menos complicado que foi o de superpor as cem cenas do texto, na base de *flash*. O trabalho foi voltado no sentido de obter a clareza necessária para revelar a trajetória da personagem, fugindo sempre do discurso pedagógico, porque o público quando percebe que você está querendo ensinar, vai embora. Ao juntarmos ao texto, coreografia, visual, música, dança, o resultado foi aquela magia da revista brasileira e acabou dando certo. Eu gostei do texto, ele tinha tudo para agradar, por isso assumi esse desafio. Numa companhia profissional, como foi o TPS, os problemas se resolviam porque contávamos com técnicos capazes e interessados. Essa peça teve o empenho de todos quantos estavam envolvidos nela e obteve enorme sucesso tanto quanto foram sucessos o *Santo Milagroso* e o *Milagre de Annie Sullivan*.

E foi por isso mesmo que a Globo apareceu no teatro, com a equipe do "Fantástico". Um dos diretores do programa veio falar comigo, queria gravar a peça inteira, depois do espetáculo daquela noite. Por se tratar de um trabalho extra, reuni os atores para que decidissem junto à equipe da Globo, uma vez que por contrato com o TPS não eram obrigados. Decidiram então que poderiam gravar, desde que a Globo pagasse cachê. Como não quiseram pagar, os atores e técnicos disseram não. Essa atitude pegou de surpresa a equipe e os diretores presentes, que saíram do teatro indignados, prometendo que não dariam mais nenhuma notícia do espetáculo. Não só deram, como usaram a idéia em minissérie, fazendo a vida da Chiquinha Gonzaga quinze anos depois. Esse ocorrido engraçado no teatro foi comentado nos jornais.

Reportagem — *Folha da Tarde* — coluna "No Ar..." de Ferreira Neto — 17/2/1984

"VESTINDO A POSE GLOBAL..."

E sem qualquer sensibilidade, a equipe do "Fantástico" tentou uma gravação da peça *Chiquinha Gonzaga*. E chegaram naquela de tudo ou nada, ou seja, ao invés dos trechos mais interessantes, eles pretendiam gravar o espetáculo inteirinho. Evidentemente, não teve negócio. Walcir Carrasco, na *Folha de S.Paulo* de 12/2/84, comenta em um trecho de sua coluna: "A equipe do «Fantástico» resolveu gravar o musical *Chiquinha Gonzaga*, em cartaz no teatro do Sesi. Chegou ao teatro com carros, câmeras, pronta para entrar em ação. Para surpresa dos atores, porém, a equipe explicou que estava interessada em gravar a peça toda. Imediatamente, os atores protestaram. Nesse caso, queriam créditos, contratos e cachês. Explicou a equipe que não podia oferecer nada disso. Mas que aparecer no "Fantástico" era, por si mesmo, uma promoção tão grande que valia a pena para qualquer ator. Irritados, os atores declinaram desse sucesso. A equipe saiu, sem conseguir entender como tem gente que pode dizer «não» à Globo...".

O ESPETÁCULO ACABOU RECEBENDO DEZ PRÊMIOS E VÁrias indicações. Quando completou um ano em cartaz, o Sesi ofereceu um coquetel comemorativo.

O espetáculo foi agraciado com os seguintes prêmios:

Inacen — Troféu Mec — Melhor Espetáculo do Ano

Inacen — Prêmio Mambembe — *Melhor Cenógrafo* — Flávio Império

APCA — *Grande Prêmio* — **Osmar Rodrigues Cruz** pelos vinte anos do Sesi

APCA — *Atriz* — Regina Braga
APCA — *Diretor Musical* — Oswaldo Sperandio
Apetesp — *Melhor Cenógrafo* — Flávio Império
Apetesp — *Melhor Figurinista* — Flávio Império
Apetesp — *Melhor Direção Musical* — Oswaldo Sperandio
Molière — *Melhor Autora* — Maria Adelaide Amaral
Molière — *Melhor Atriz* — Regina Braga

Esse premiado espetáculo fez 505 apresentações, alcançando um público de 303.577 espectadores. A prioridade em permitir às classes menos favorecidas o acesso ao teatro, com ingressos gratuitos, vinha se mantendo nesses vinte anos. E o que eu pude observar durante esse período, é que as pessoas saíam felizes do teatro, sentindo-se estimuladas, relaxadas, porque além de um divertimento o TPS estava contribuindo para o seu aprimoramento cultural.

O sucesso obtido em São Paulo com o Teatro Popular levou o então presidente da Federação das Indústrias do Pará, Senador Gabriel Hermes Filho, a se interessar pelo projeto desenvolvido em São Paulo e convidou-me para um contato com artistas de Belém, para falar sobre o TPS e orientar num trabalho voltado para o incremento do teatro na área do Sesi de lá.

O interesse do senador em promover arte e cultura para ser levada ao trabalhador paraense, era uma atitude rara em todo o país, considerando que poucos são os homens de empresa ou mesmo políticos que se interessam em oferecer, gratuitamente, arte, cultura e lazer ao povo.

Num país onde o poder público quase não faz nada nesse setor, seria muito interessante que os demais Sesi Regionais usassem o que foi feito em São Paulo, aproveitando ao máximo as potencialidades artísticas desse País afora. Mas, ao que tudo indica, a coisa não foi adiante porque um projeto de tal monta necessita de pessoas que militem no setor artístico e se dediquem com afinco nessa primeira etapa em que o empresário se dispõe a colaborar.

Trecho de crítica — revista *Veja* — por João Cândido Galvão — 10/9/1983

Viva Chiquinha
[...]. A direção de Osmar Rodrigues Cruz transmite toda a efer-

vescência do personagem e da época — marcada por escândalos como a introdução, por Chiquinha, em salões considerados respeitáveis, de ritmos como o maxixe e de instrumentos como o violão, ambos antes classificados como de uso exclusivo das classes baixas. O visual do espetáculo, a cargo de Flávio Império, proporciona uma ambientação deslumbrante aos episódios dos tempos do Império e da República Velha. E, se alguns papéis se ressentem da pouca experiência de seus intérpretes, em momento algum isso prejudica o resultado final.

Trecho de crítica — *Tribuna de São Paulo* — por Hilda de Araújo — 16/9/1983

[...]. Osmar Rodrigues Cruz conseguiu com sua direção resultados muito bons, com um elenco homogêneo, sem estrelas. São 32 atores em cena, representando vários personagens, o que sem dúvida dá ao espetáculo muita agilidade e obriga o espectador a prestar mais atenção, depois que percebe o uso desse recurso.

Na platéia o que se observa durante a representação é a surpresa de muita gente ao descobrir que certas músicas são muito mais antigas do que se imagina. Mas no final, quando todo o elenco se reúne na escola de samba para cantar o delicioso "Ô Abre Alas", com a qual ela cria a música própria para o carnaval, todo o mundo vibra.

Trecho de crítica — *Jornal da Tarde* — por Sábato Magaldi — 17/9/1983

CHIQUINHA GONZAGA: HOMENAGEM NA MEDIDA EXATA
[...]. Imagino as dificuldades do Diretor Osmar Rodrigues Cruz e do cenógrafo Flávio Império para ordenar no palco esse universo complexo de personagens e situações. A distribuição dos papéis pelos trinta e dois atores foi concebida com indiscutível acerto e a ampliação do espaço em pavimentos laterais deu à área interpretativa a flexibilidade que ela exigia. Não se perde um minuto na mudança de ambientes tratados sempre com o personalíssimo talento de Flávio Império.

20 DE SETEMBRO DE 1983 FOI O DIA ESCOLHIDO PARA festejar os *20 anos do Teatro Popular do Sesi*. O programa comemorativo contou com uma audição da pianista Cla-

ra Sverner, interpretando peças de Chiquinha Gonzaga. Décio de Almeida Prado fez uma conferência que infelizmente não posso transcrever porque a gravação está totalmente inaudível e o original ficou perdido, como perdidos ficaram outros importantes documentos, quando da minha saída do teatro. Fizemos uma exposição de fotos de todas as nossas produções, os artistas e técnicos que estavam na companhia desde sua fundação, foram agraciados com uma das belas gravuras de Flávio Império. Organizamos uma revista comemorativa *Teatro Popular do Sesi — 20 Anos*, que ilustrou com fotos e trechos de críticas toda a trajetória do TPS desde a sua fundação, bem como depoimentos de alguns profissionais de teatro sobre o TPS:

Revista comemorativa — *20 Anos de TPS* — Introdução por Ilka Marinho Zanotto

Quando se tenta falar de Teatro Popular do Sesi, é inevitável a menção de Osmar Rodrigues Cruz o "pai da criança". Embora os recursos materiais provenham do Serviço Social da Indústria do Estado de São Paulo, não existisse Osmar, inexistiria o TPS. Essa afirmação detém o consenso geral, principalmente entre os que amamos e/ou fazemos teatro no País.

Por isso ao ser-me encomendada a introdução à revista de comemoração dos 20 Anos do Teatro do Sesi, tarefa que muito me honrou, procurei de imediato desentranhar de seu diretor o "como", "porque" e "onde" dessa obra extraordinária. Extraordinária pelos números absolutamente inéditos de espectadores envolvidos e, de uma certa maneira, "ganhos" para o teatro, pois na sua maioria industriários que o desconheciam por completo; extraordinária pela continuidade de ação — vinte anos ininterruptos de realizações, recorde brasileiro e quiçá mundial, em se tratando de teatro popular.

Entrevistando o artífice desse milagre, no subsolo espaçoso e superorganizado do belíssimo teatro inaugurado há cinco anos, enquanto em minha cabeça *flashes* de alguns dos espetáculos favoritos enovelam-se às teorias várias sobre o assunto — mormente as de Vilar, Planchon e Brecht — e aos discursos explicativos de muitos atores modernos — tive a certeza do alcance da frase de Flávio Império: "Osmar é um diretor que faz questão de não ter carisma". Com a simplicidade e modéstia que lhe são peculiares, escondia-se constantemente atrás das realizações do TPS de maneira a que toda e qualquer pergunta esbarrasse no biombo da história das encenações, como se desvinculadas fossem do itinerário de seu diretor. Verdade que essa história fala por si só da obstinação e do ideal de um menino que, na década de 30, organizava espetáculos na garagem de sua casa pondo em cena as relações familiares; isso ainda antes de que o pai, viúvo de pouco, tomasse o garoto pela mão e o conduzisse, infalivelmente nos domingos à noite, ao "São Paulo", ao "Santana", ao "Colombo" e ao "Cassino Antártica", no Anhangabaú, onde Beatriz Costa e Oscarito, entre outros, exibiam um repertório inexpressivo tematicamente, mas com montagens de forte apelo popular. Osmar admite hoje que data daí sua vocação para fazer teatro para o grande público. Anos mais tarde, em 50, já à testa do grupo amador do Centro Acadêmico Horácio Berlinck, impressionado pelas temporadas de Jouvet, de Barrault e de "Os Comediantes" — (com Ziembinski trabalharia como figurante) — Osmar, como crítico do *Diário do Comércio e Indústria* investiria contra essa modalidade de teatro tal como ainda a praticavam Eva Todor e Jaime Costa (severidade da qual hoje se arrepende)... Modalidade que ele reincorporou, dependurando-a, já na década de 60, quando intencionalmente reintroduziu na direção de algumas farsas brasileiras o cunho quase "chanchadista" dos espetáculos pré-TBC, irritando certos críticos (entre os quais me incluo), mas angariando o público que muito bem conhecia. Essa, talvez, seja a maior qualidade desse diretor *sui-generis*, a par da obstinação e da capacidade de trabalho: o respeito ao público de massa aliado a um profundo conhecimento de suas preferências. Somente assim se explica a persistência numa linha de direção direta, simples e clara como vem seguindo, quase sem exceção nos trinta anos de teatro que atravessou incólume às tempestades inovadoras das décadas de 60 a 70. Críticos como Alberto D'Aversa, João Apolinário e Fausto Fuser souberam detectar o alcance dessa "teimosia" de Osmar em ignorar as conquistas de vanguarda que, se incorporadas aos trabalhos do Sesi, talvez lhe houvessem valido encômios dos intelectuais, mas, com certeza, teriam afugentado um público conquistado palmo a palmo.

Não que suas encenações fossem desprovidas de qualidade; feitas sempre com grande apuro técnico, em produções bem cuidadas e valendo-se de atores convidados excelentes e famosos, todas elas, a partir de *Cidade Assassinada*, de Callado, em 63, mantiveram o nível exigido de um trabalho profissional. E atestaram, na prudência deliberada de seu ideário estético, a compreensão exata do que seja um verdadeiro teatro popular: indissociável do público ao qual se dirige — o público urbano de uma São Paulo operária —, ao qual urge falar em linguagem acessível, com a sabedoria que Sócrates usava ao conversar com Menon — não evitando a fala, mas propondo "maieuticamente" as questões de modo a extrair do interlocutor toda a sua potencialidade... Proposta sábia que se adequa ao teatro em geral, como diz Ortega y Gasset em *Idea del Teatro*, "não foram os gênios poéticos — pelo menos enquanto exclusivamente poetas — que puseram ou mantiveram em forma o Teatro. Isto seria uma torpe abstração. Por teatro de Ésquilo, de Shakespeare, de Calderón, entenda-se também e inseparavelmente, junto com suas obras poéticas, os atores que as representaram, a cena em que foram executadas e *o público que as presenciou*" (grifo meu).

Não correspondesse a poesia desses autores aos anseios do seu povo, não fossem suas obras espelho do tempo, não estivesse a moralidade de sua fábula ao alcance da compreensão dos contemporâneos e, certamente, eles pregariam no deserto. Esta vocação de "João Batista", indispensável para o progresso das artes cênicas, tem seu *habitat* natural nas produções de vanguarda, destinadas a uma elite intelectual. Impensável, porém, sua aceitação pelo público que prestigia as realizações do Sesi. Osmar Rodrigues Cruz tem como paradigma o teatro aberto para o grande público preconizado por Vilar, exigente quanto à qualidade mas sem se fechar em torno de qualquer ideologia; um teatro como estudo da alma humana... "no momento em que você mostra o homem como ele é, já está tudo lá" (ORC). "Sem outro fim que de levar as mais belas obras ao maior público possível" como diria Vilar em *Chroniques Romanesques*. Sem didatismos inócuos. "Esse didatismo é demagógico... Quanto mais desejo que minhas criações convençam o público, mais me distancio dele" (op. cit.). Teatro feito com paciência e obstinação de quem executa uma tarefa inadiável — franciscanamente colocando pedra sobre pedra, sem o estardalhaço de programas inexeqüíveis ou de manifestos demolidores. Entendendo o Teatro, antes de tudo, como desempenhando "a função essencial de lazer, do divertimento e da festa. E se, às vezes, ele é remédio, usando venenos violentos, deve ser um remédio salvador. Deve antes de tudo alegrar-nos" (Jean Vilar).

Ainda como Vilar, ORC ostenta uma fidelidade ululante ao seu público: "muitos me perguntaram sobre o elo que nos une. Pois bem... é essa fidelidade, essa teimosia de trabalhar para as classes trabalhadoras e aí está, há muito tempo, o público que corresponde com a mesma fidelidade" (Vilar, op. cit.). Dessa postura estética ao longo de vinte anos, sem um hiato sequer, brotou a continuidade exemplar da trajetória do TPS que familiarizou um público recorde em termos de Brasil — (cinco milhões de espectadores em São Paulo e no interior) — com autores da relevância de Marivaux, Molière, García Lorca, Gil Vicente, Schiller, Gonçalves Dias, Martins Pena, Nelson Rodrigues, Plínio Marcos, entre muitíssimos outros. Cabe-lhe como uma luva essa definição de Gasset: "Continuar não é permanecer no passado nem sequer enquistar-se no presente, mas sim mobilizar-se, ir além, inovar, porém renunciando ao salto sem partir do nada; antes fincando os calcanhares no passado, deslanchar a partir do presente e *pari passu*, um pé atrás outro à frente, pôr-se em marcha, caminhar, avançar...".

Cautelosamente, ORC soube introduzir o grande público no convívio de obras significativas, certo de que os clássicos, falando uma linguagem universal, seriam compreendidos, desde que levados de forma linear, isto é, dando passagem às obras para que falassem por si. Sua postura deliberada foi então e sempre a de um artesão que monta o espetáculo para servir primordialmente à comunhão do autor com o público; fundamental para o tipo de trabalho que se propôs realizar no âmbito de um teatro popular, essa modéstia não impediu de criar alguns espetáculos mais logrados em termos absolutos, já montados em São Paulo como *O Milagre de Annie Sullivan*, *O Poeta da Vila e Seus Amores*, *A Falecida* e *O Santo Milagroso*. Mesmo os críticos que lhe cobravam maior ousadia nas encenações, renderam-se ante a excelência dessas montagens.

Constitui experiência altamente estimulante sentir a vibração entusiasta da platéia do Sesi, daqueles espectadores de "mãos calejadas" como deles disse Magalhães Jr., totalmente diversos dos freqüentadores dos teatros convencionais do Bexiga ou do *off*-Bexiga. Fica claro que para ORC, "ainda mais importante que o espetáculo é a platéia à qual ele se dirige". Dessa honestidade de propósitos e dessa fidelidade visceral resulta o segredo do sucesso absoluto do TPS.

Não se explicam apenas as entradas gratuitas — (São Paulo vem prodigalizando-se graciosamente em "eventos culturais" para poucos) — nem o eficiente sistema de veiculação adotado...

Se agora, depois de abrir alas para Chiquinha Gonzaga, Osmar já se declara partidário de uma proposta experimental entre as quatro paredes do TPS é porque ele realmente sentiu que o Teatro e seu público adquiriram maturidade suficiente para tentar o salto qualitativo...

Paulatinamente, sem deitar falação, esgueirando-se entre os bastidores como a evitar a luz dos refletores, providenciando desde o funcionamento do cadeado do portão dos fundos até a encomenda do texto aos nossos melhores dramaturgos, conciliando os impossíveis — (por exemplo, Plínio Marcos escrevendo para uma entidade patronal) — superando crises, atraindo colaboradores geniais — (e está aí Flávio Império que não me deixa mentir) —, harmonizando elencos estáveis na convivência com astros e estrelas convidados, e, sobretudo, trabalhando dia a dia, o dia todo e todos os dias, com assustadora dedicação e entranhado amor — (é a palavra que ele mais repete quando fala de Teatro) — Osmar Rodrigues Cruz, à sua revelia, já faz parte da história do teatro brasileiro.

Considerações de alguns profissionais — revista *20 Anos*

"Num país como o nosso onde a cultura é um privilégio de elites econômicas o Teatro Popular do Sesi representa a única alternativa séria para a democratização da arte, sobretudo entre os operários.

"A verdadeira importância do Teatro do Sesi será avaliada mais tarde quando se tornar possível um balanço sobre aqueles que de fato trabalharam no sentido de tornar viável um teatro efetivamente popular." (Juca de Oliveira)

"O que mais me fascina é a inexistência de discriminação de classe que o preço, no teatro comercial, inevitavelmente provoca. Nada é mais empolgante para um autor do que ver sua peça assistida e discutida. Mantendo um repertório de autores brasileiros contemporâneos, o TPS não está proporcionando apenas diversão e lazer; está levando o seu grande público a uma reflexão sobre a história do País, sem proselitismo demagógico e sem falsa patriotada." (Lauro César Muniz)

"O Teatro Popular do Sesi é o que há de mais importante não só do ponto de vista do teatro mas a sua função de levar teatro à classe trabalhadora. Parabéns para o Sesi e para o Osmar." (Antunes Filho)

"Acho o Teatro Popular do Sesi um dos movimentos mais dignos em termos culturais neste País. O Brasil só se vai dar conta disso, da importância cultural desse movimento, mais tarde porque esse procedimento faz parte da história. O Teatro do Sesi em São Paulo é um todo que une autores, atores e técnicos funcionando como um monobloco, faz parte da história do Teatro do Brasil." (Ruthinéa de Moraes)

Trechos de crítica — revista *Visão* — por Carmelinda Guimarães — 26/9/1983

PERSONAGEM PERFEITO

Osmar Rodrigues Cruz não poderia encontrar melhor personagem do que Chiquinha Gonzaga para montar um musical e, assim, comemorar os vinte anos do Teatro Popular do Sesi, que dirige. Figura revolucionária como mulher, musicista pioneira, Chiquinha é um personagem fascinante.

Maria Adelaide Amaral — que escreveu o texto por encomenda do diretor do Sesi —, não deixou perder-se em um único aspecto histórico da vida e do meio de Chiquinha, analisando-a num contexto político e social riquíssimo. Nada escapa ao sentido de observação da dramaturga habituada a tratar o universo feminino e a classe média brasileira. Para realizar *Chiquinha Gonzaga, Ó Abre Alas*, Maria Adelaide apoiou-se em farto material de pesquisa acumulado por Edna Diniz, que há seis anos investiga a vida da compositora e maestrina brasileira.

[...]. Que personagem, que figura histórica! Só por apresentá-la ao grande público, Osmar mereceria todos os cumprimentos. Ao escolher duas mulheres capazes de levar adiante a mensagem de força de Chiquinha, seu mérito fica completo. As falhas existem na montagem. O espetáculo poderia ser perfeito e não é. A justificativa, porém, aparece na primeira cena: fazer teatro, agora, é tão difícil como era para Chiquinha Gonzaga, no século passado.

Trechos de crítica — *O Estado de S. Paulo* — por Clovis Garcia — 30/9/1983

TEXTO BEM ESTRUTURADO E JUSTIÇA PARA CHIQUINHA

Um musical brasileiro, tendo como figura central a compositora popular Chiquinha Gonzaga foi a escolha do Teatro Popular do Sesi para a grande montagem comemorativa do seu vigésimo aniversário como teatro profissional. Vinte anos em que grandes encenações, muitas premiadas, foram oferecidas aos industriários, num trabalho de difusão cultural extraordinário. Nós, que participamos como cenógrafos da primeira montagem, *Cidade Assassinada*, em 1963, não podíamos deixar de nos associar às comemorações de uma atividade que se prolonga, com continuidade, por duas décadas, fato excepcional no panorama teatral brasileiro.

[...]. Mas, além disso, o diretor Osmar Rodrigues Cruz, cercou-se de todas as garantias, optando, até mesmo, por fazer um grande espetáculo, com trinta e dois atores em cena, música ao vivo e dezenas de mudanças de cenário. Naturalmente, a música teria de ser escolhida dentre a fecunda e numerosa produção de Chiquinha, mas a direção musical foi entregue ao competente e premiado Oswaldo Sperandio e a execução, ao Regional do Evandro, com este no bandolim e mais Luizinho, Pinheiro, Dodô, Gerson, Zequinha e Silvio Modesto. O resultado não poderia ser melhor.

Trechos de crítica — *Folha de S.Paulo* — por Jefferson del Rios — 10/10/1983

Lua e festa para Dona Chiquinha

Havia lua no céu da cidade numa noite destas igualzinha à lua de fantasia que Flávio Império inventou para este espetáculo belíssimo que comemora os vinte anos do Teatro Popular do Sesi. Quem saía do teatro/cenário encontrava no espaço incerto de São Paulo a sugestão poética do palco. Todos felizes depois de aplaudir de pé a ótima encenação que Osmar Rodrigues Cruz fez do emocionado e colorido texto de Maria Adelaide Amaral sobre a obra e, principalmente, as idéias e a vida da compositora e maestrina Chiquinha Gonzaga.

A já tediosa discussão sobre o que viria a ser um musical brasileiro pode ser resolvida de jeito simples: basta ver *Ó Abre Alas*. Está tudo lá: música, gente dançando, cantando, representando situações ora cômicas, ora dramáticas, um certo ritmo contínuo e contagiante de bom humor e nostalgia. Figurinos bonitos, mulheres bonitas, cenários bonitos, músicas bonitas, coreografia impecável (Umberto da Silva e Ana Maria Mondini). Requintado, grandioso e, ao mesmo tempo, espontâneo, ligeiro, leve, leve. Acontecimento teatral envolvente, instante de bom profissionalismo, proposta bem-sucedida de teatro sintonizado com profundos sentimentos populares.

[...]. Osmar Rodrigues Cruz — com a magia das cores e das formas de Flávio Império — faz um espetáculo de grandes massas no palco, uma multidão de trinta e dois intérpretes, impossível aqui especificar cada trabalho. [...]. Assim, a festa se consuma. Beleza na temporada.

Nos vinte anos do TPS, atingimos 5.167.836 espectadores, número extraordinário, para o teatro no Brasil. Fizemos cinqüenta montagens, incluindo capital, interior, e teatro infantil. Nesse panorama, fracasso para nós era uma peça ficar em cartaz por seis ou sete meses atingindo um público de cinqüenta mil pessoas. O TPS, pela repercussão que vinha alcançando, ia muito bem. Nessa altura, havia muita gente que pretendia fazer campanha contra, abordando questões como os ingressos gratuitos; o fato de eu estar à frente do TPS; o fato de possuirmos um elenco estável. Esses viam minha estabilidade como um privilégio, talvez desconhecendo, ou preferindo ignorar, que entrei no Sesi através de um concurso que buscava um candidato ao cargo de diretor. Um projeto dessa natureza só podia ser tocado com dedicação total e exclusiva. E foi assim, na dura tarefa de ter que acumular cargos: diretor de divisão, administrador de teatro, diretor artístico, o que tomava todo o meu tempo, o dia todo, pois ia da manhã até depois do espetáculo, quando o último empregado saía e eu fechava as portas do teatro para reabri-la no dia seguinte, não havia sábados, domingos, feriados, nem férias. Mas tudo isso não era sacrifício, era amor de pai para filho. Sei que o cemitério está cheio de pessoas insubstituíveis... por isso mesmo, cheguei a convidar outros diretores para novas montagens, que ao se depararem com as diretrizes traçadas pela entidade, como entre outras coisas, não admitir furo em orçamentos preestabelecidos, tendo de trabalhar sob minha supervisão, que diretor se sujeitaria a ter seu trabalho supervisionado? Eu tampouco me sentiria à vontade nessa função, pois um artista tem de ter liberdade total para criar.

O Rei do Riso

Eu queria fazer uma peça sobre o Francisco Correia Vasques, ator que viveu no final do século XIX (1839-1892). Esse artista, de grande significado para o teatro nacional, ficou esquecido deixando de ocupar o lugar de destaque que merecia; aluno de João Caetano e respeitadíssimo por Artur Azevedo, outro nome de importância do teatro do século passado, foi um grande cômico, que colocava o público em primeiro lugar.

Percebendo que o espetáculo não estava agradando, improvisava e, graças a sua verve cômica, foi muitas vezes ovacionado e condenado pela crítica, que naquela época, como ainda hoje, mostrava preconceito à comédia nacional, preferindo valorizar o drama europeu das companhias estrangeiras que se apresentavam em algumas temporadas no Brasil.

Artur Azevedo escreveu uma crônica sobre o Vasques, cujo trecho fiz constar do programa da peça:

"O Vasques (Ao correr da Pena).

"[...]. Quantas scenas comicas, tragicas e dramaticas foram por elle representadas na proppia Alfandega para a platéia improvisada ali. Muitas vezes um fardo era uma montanha, ou um throno, conforme requeresse a encenação.

"[...]. Em 1869 recebeu o talento do Vasques honrosa consagração: um abraço da mais esplendida organização artística do mundo; Ristori. Formou-se depois a empreza Heller, e o Jardim de Flora chrismou-se em Phenix Dramatica. Dahi por diante, sabem todos qual tem sido a existência artistica de Francisco Corrêa Vasques: nas mágicas, parodias e operetas, alli representadas, tem revelado o grande actor o mesmo talento que manifestára em peças de diverso genero.

"[...]. O Vasques deve limitar-se a fazer rir e sempre fazer rir. É a sua missão neste mundo. Muitas vezes o seu espírito deve sentir-se opprimido em presença dessa obrigação generosa e difficil, mas — que importa? — É fazer rir!... É fazer rir!... Vejam o entusiasmo que causam sempre as suas cenas comicas! A cada phrase, a cada gesto, toda sala prorrompe em applausos freneticos e gargalhadas, que são a prolongação de outras. Sujeitos há que, nas galerias, fazem prodigios de equilibrio, preferindo, a não applaudir, o riso de um trambolhão formidando. Muitos atiram os chapéus ao palco, o que sempre comove o artista e dá certo prazer aos Srs. Alvaro de Armada & C. e outros chapeleiros. O espaço de que disponho não permite fazer um trabalho completo: mas compprometo-me a escrever mais tarde um livro, a biografia de Francisco Corrêa Vasques; hei de então estudal-o deverás como actor, como auctor e como homem de espirito, que o é [...].

"Arthur Azevedo, Rio, 26 de Junho de 1879."

E aqui me lembro de um pensamento de Romain Rolland sobre teatro popular escrito em 1900: "A primeira condição de um teatro popular é ser um alívio relaxante... Que o teatro seja uma fonte de energia... Que o teatro seja pois um banho de ação... Que se ensine ao público a ver e julgar com clareza as coisas, aos homens e a si mesmo".

Foi a característica popular do ator que me fez encomendar a peça ao Luiz Alberto de Abreu, que não conhecia o Vasques antes de ser convidado por mim. Eu reuni uma grande quantidade de material sobre ele, entreguei para Abreu e ele fez uma belíssima peça, com diálogos e cenas muito bonitas, é uma peça importante dentro do repertório nacional. O cenário do Flávio Império era uma beleza. Um cenário realista, contendo elementos vazados, coisas do Flávio. Era um cenário cheio de detalhe: no palco do lado esquerdo do espectador, um belo bar detalhadamente reconstituído, que era uma jóia!; do lado direito ficava a casa do Vasques, o centro do palco servia a vários cenários diferentes. Ele cuidou de cada objeto, chegou até a trazer coisas da sua casa para usar em cena. Os figurinos eram de muito bom gosto, tanto o cenário como os trajes desenhados por Flávio evocavam uma época, sem preocupação de uma reprodução fiel. O espetáculo era muito bonito e eu fiz uma bela iluminação. Em cena, dezesseis atores e a música de Oswaldo Sperandio. O sucesso não foi estrondoso, mas fez sucesso.

Nesses anos todos à frente do TPS percebi por experiência que histórias que acabam em tragédia, como é o caso desta, cujo protagonista morre, não agrada muito ao público popular, que sai do teatro deprimido, triste e acaba não fazendo tanta propaganda, como quando a peça termina mais alegremente.

Tivemos também alguns problemas de ordem interna envolvendo os atores, o que deixou um certo clima desagradável. Mas o espetáculo foi do meu agrado.

Referências sobre a peça

A COMÉDIA POPULAR NO PALCO

A comédia popular no Brasil, desde Martins Pena, foi sempre considerada um gênero inferior. Haja vista que João Caetano nunca representou uma peça do nosso primeiro comediógrafo. Macedo, Alencar escreveram comédias mas não do gênero popular como as de Pena. Esse encontro foi realmente se dar mais tarde com Artur Azevedo e França Júnior. Isso falando de autores. Os atores já existiam em maior número: Machado Careca, Brandão, o popularíssimo Xisto Baía, Areas, Martins e muitos outros. Porém no gênero cômico uma figura realmente se impôs: Francisco Correia Vasques, o Vasques, como era conhecido. Nos últimos trinta anos do século passado Vasques imperou como o ator de grande penetração popular. Ele foi jornalista, autor, empresário, mas o que ele amava e dominava mesmo era representar. Cômico, engraçado, ou seja lá o que for, Vasques era uma personalidade ímpar no cenário teatral brasileiro da época. Poucas pessoas hoje ligadas ao teatro nacional sabem do seu valor e da sua popularidade. Foi grande amigo de Artur Azevedo. O Vasques, seja por gratidão, seja por amor aos seus ideais, lutou muito até conseguir erguer uma estátua a João Caetano, seu primeiro empresário. É uma homenagem a esse querido ídolo do passado que o TPS revive através do texto de Luiz Alberto de Abreu. Claro que não se trata de uma biografia, uma obra histórica, mas de um levantamento da comédia nacional e da sua importância na formação do teatro brasileiro. Uma comédia que fala da comédia e de seu grande criador cênico. Um texto moderno sobre aqueles que fizeram história. Não como personagens de museu, mas como gente que pensa e que age. Faltou ao nosso teatro, nesses últimos anos, a lembrança das coisas que foram feitas pelos pioneiros da cena nacional, cada um na sua época: João Caetano, Vasques, Leopoldo Fróis, Apolônia Pinto, Abigail Maia, Procópio Ferreira, Jaime Costa e muitos outros, enfim, toda essa gente que foi sendo esquecida.

Se há ainda alguém interessado, não em exaltar, mas em estudar essas pessoas, são poucos. Por isso, o TPS escolheu como o tema dessa montagem o Vasques. Não para contar sua história, mas para contar o seu valor e a sua arte. (ORC)

Trechos de crítica — *Jornal da Tarde* — Por Sábato Magaldi — 24/5/1985

O REI DO RISO, O AMOR AO TEATRO BRASILEIRO

Felicíssima idéia teve Osmar Rodrigues Cruz ao encomendar a Luiz Alberto de Abreu, autor de *Bella Ciao*, uma peça sobre Francisco Correia Vasques, nosso maior intérprete cômico do século passado. *O Rei do Riso*, em cartaz no Teatro Popular do Sesi, recupera para a platéia não só uma figura de cativante personalidade, amada pelo povo, mas um momento fundamental do palco brasileiro.

A iniciativa partiria mesmo de Osmar, um dos poucos encenadores, que dominam profundamente o nosso teatro. Não conheço outro tão amorosamente preso aos valores do passado, tendo trazido à cena Macedo, Alencar, Oduvaldo Vianna, Manuel Antônio de Almeida (na adaptação de Francisco Pereira da Silva, recentemente falecido) e França Júnior, além dos contemporâneos, Plínio Marcos,

Nelson Rodrigues, Lauro César Muniz e Maria Adelaide Amaral. O espetáculo revela a necessária intimidade com os bastidores da evolução dramática.

Tanto Osmar como Luiz Alberto se debruçaram carinhosamente sobre a bibliografia disponível, extraindo dela os ensinamentos mais aproveitáveis na montagem. Não se trata de uma reconstituição biográfica de Vasques, o que, em certa medida, teria resultado pitoresco. Por meio da personagem centralizadora do ator, levanta-se um painel do teatro carioca, portanto da capital do Império e dos primeiros anos da República, na segunda metade do século XIX.

[...]. Encontra-se em *O Rei do Riso* o mesmo preito que levou Correia Vasques a erguer a estátua em homenagem ao mestre e amigo João Caetano. Dramaturgo e encenador identificaram-se com o tema escolhido. Um dos mais bonitos quadros do espetáculo é aquele em que Vasques, já condenado pela doença, entra feito um "ratoneiro" no Teatro São Pedro e se deixa tomar pelas reminiscências de João Caetano, com ele contracenando, cada qual na sua maneira.

[...]. Osmar conseguiu reunir um elenco estável em que há intérpretes para os mais diferentes *emplois*.

[...]. Senhor de cada pormenor mobilizado, Osmar Rodrigues Cruz dirige *O Rei do Riso* com inteligência e sensibilidade. A dinâmica, às vezes, poderia ser mais ágil e nervosa. Agrada-me especialmente, no espetáculo, o grande amor que ele demonstra pelo teatro brasileiro.

Trechos de crítica — revista *Visão* — por Fausto Fuser — 5/6/1985

APLAUSOS E VAIAS AO *REI DO RISO*

O Teatro do Sesi. Ao completar vinte e um anos, o Teatro Popular mantido pelo Serviço Social da Indústria, em São Paulo, é a nossa mais antiga companhia profissional, com um repertório de alto nível e que permite o trânsito livre a autores das mais diversas tendências da dramaturgia universal e brasileira.

[...].

Diretor e elenco. Artista metódico, competentíssimo, que cultiva como ourives o sabor dos detalhes e do tempo de ação dos seus espetáculos, Osmar Rodrigues Cruz realizou no Teatro Popular do Sesi, que ajudou a criar, o melhor de sua carreira de diretor. *O Rei do Riso* é um dos seus mais ambiciosos espetáculos e um dos que melhor atingiu suas propostas.

Trechos de crítica — *Folha de S.Paulo* **— 6/6/1985**
(sem registro de autor)

[...]. Numa encenação menos ambiciosa do que o texto, Osmar Rodrigues Cruz, concebeu um espetáculo limpo, eficiente, que prima, sobretudo, pela exata pontuação narrativa. Além da beleza plástica da cenografia de Flávio Império.

Acertadamente recorrendo às grandes figuras de nosso passado cultural [...] o Teatro Popular está mantendo uma linha coerente de repertório, de cunho eminentemente cultural de grande profissionalismo artístico, que não se pauta nas inovações estéticas, mas pela manutenção da qualidade tradicional, que nenhum empresário particular está interessado em bancar.

Trechos de artigo — *O Estado de S. Paulo* **— por Ilka Marinho Zanotto — 21/10/1985**

O vigésimo segundo aniversário do Teatro Popular do Sesi constitui fato inédito no Brasil. Pela primeira vez um grupo que atinge sem hiatos tal longevidade, tendo no seu ativo quarenta e quatro peças levadas a seis milhões de espectadores da Capital e no Interior. A platéia apinhada em *O Rei do Riso* quarta-feira à noite, dia de lotação magra, em geral, nos outros teatros, evidencia o sucesso da iniciativa de Osmar Rodrigues Cruz, que consegue atrair, entra ano, sai ano, ondas ininterruptas de espectadores. Ainda desta vez depois de *Noel Rosa* e *Chiquinha Gonzaga*, resgata-se no palco uma personalidade artística brasileira: o maior comediante do século XIX, o ator Vasques, ressuscita, por obra e arte do belíssimo texto de Luiz Alberto de Abreu (*Foi Bom, Meu Bem?*, *Cala Boca já Morreu*, *Sai da Frente que Atrás Vem Gente*, *Bella Ciao*) — assim como toda uma época, a transição do Império à República na ex-Capital Federal.

Fruto do entranhado amor e do profundo estudo que Osmar Cruz dedica ao teatro brasileiro, é sua a mais completa coleção de livros referentes ao nosso palco, *O Rei do Riso* engasta-se no importantíssimo levantamento que o Sesi vem realizando ao longo desses vinte e dois anos, levando à cena de Macedo a Plínio Marcos, de José de Alencar a Lauro César Muniz, de Oduvaldo Vianna a Maria Adelaide Amaral, de Manuel Antônio de Almeida e França Júnior a Nelson Rodrigues e Luiz Alberto de Abreu. O trabalho de ourivesaria, paciente, dedicado, silencioso, que o encenador desenvolveu nessas décadas, devidamente apoiado pela Fiesp, fato que permite aos espetáculos serem gratuitos, levou o Sesi a contar hoje com um elenco permanente de primeira linha, com inegável resultado artístico, adveniente de uma convivência pautada pela seriedade, disciplina, entusiasmo e coesão. Osmar Cruz soube reunir à sua volta artistas da maior significação, atores, autores, compositores, músicos, coreógrafos, cenógrafos, figurinistas, iluminadores, cenotécnicos. Esse dom de catalisador fez com que tivesse como companheiro assíduo de jornada o imenso Flávio Império — com que outro adjetivo qualificar esse iluminado homem de teatro, talvez a estrela mais linda das tantas que ele semeou nos seus cenários mágicos? Foi ele o responsável pelo encanto visual e pela coesão arquitetônica dos cenários de *O Poeta da Vila*, de *Chiquinha Gonzaga* e agora, de *O Rei do Riso*.

Império sabia como ninguém valorizar o espaço do palco, multiplicando-o, projetando-o, dando-lhe profundidades insuspeitas, arrancando poesia dos detalhes corriqueiros através do uso insólito das luzes das cores, rasgando-o sempre ao fundo — sua marca registrada — para dar lugar à invasão de nesgas de azul, de estrelas e da lua.

Como "Macunaíma", certamente ele hoje faz parte de uma constelação tremelicante no campo vasto dos céus...

Coerentemente, seu último cenário é povoado pelos fantasmas redivivos de criaturas que são um testemunho do amor ao teatro: "Vasques" e "João Caetano" contracenam desvinculados do tempo, num palco de um teatro vazio. Esse quadro eletrizante do texto de Luiz Alberto de Abreu constitui-se em uma das homenagens mais felizes já feitas à arte do palco. O autor soube dosar eficientemente as informações necessárias à apreensão de um mural tão vasto, colhendo nas malhas dos diálogos brilhantes e espontâneos a vida fervilhante do teatro carioca do fim do século. Arrancou do fundo do tempo, banhando-as de humor e de *pathos*, as figuras simpaticíssimas de Francisco Vasques, da atriz Isabel, mulher do ator, de Artur Azevedo, de João Caetano e de outros intimamente ligados à ação dramática: citando Pirandello, ele lançou mão com grande acerto do recurso do teatro dentro do teatro, criando inclusive um prepotente diretor de cena [...] que sentado na platéia, tenta interferir no andamento da ação.

Osmar Cruz deu estrutura firme à multiplicidade de cenas, dirigindo cada uma com precisão e arte habituais.

Muito Barulho por Nada

DEPOIS DE OITO ANOS SEGUIDOS ENCENANDO APENAS autores nacionais, decidi montar um texto clássico e o escolhido foi *Muito Barulho por Nada*, de William Shakespeare, autor que ainda não tinha feito ao longo da minha carreira. Shakespeare é mais conhecido pelas suas tragédias apesar de ter escrito várias comédias como: *Se Quiserdes, Noite de Reis, Megera Domada*. Para muitos críticos, um ou outro ensaísta ou historiador, essa comédia não é posta entre as melhores do autor. A opção por essa peça foi principalmente por ser uma comédia pouco conhecida no Brasil e de grande apelo popular, porque gira em torno de dois casamentos, sentimentos humanos e intrigas. O meu objetivo era o de "testar" o público frente a um texto clássico, se a resposta fosse boa indicaria um acréscimo a tudo o que vínhamos fazendo, além do prazer de estar trabalhando com um texto do maior autor do teatro inglês, sem a intenção de fazer um clássico inglês. Fiz uma direção livre, reforçando a comédia, já que Shakespeare não é muito bom em comédia, entretanto o público popular desde o tempo dele continua o mesmo até hoje; as pessoas falam na platéia, saem para ir ao banheiro e a repetição das falas, comum ao teatro shakespeariano, prestava-se exatamente a isso, não deixando que o espectador perdesse o fio da história. A tradução foi entregue a José Rubens Siqueira, que procurou trazer a peça para o referencial brasileiro, porém sem trair o autor. Esse seria o espetáculo que o Flávio iria adorar fazer o cenário, só que infelizmente esse grande artista plástico e homem de teatro já havia falecido. Convidamos então Zecarlos de Andrade para executar o cenário e os figurinos, pedi que ele fizesse uns praticáveis que deixassem a frente do palco livre, o cenário poderia ter sido um só, mas ele insistiu em colocar elementos que desciam, adereços de cenografia que simbolizavam, palácio, floresta, etc... o que facilitou o entendimento para o público, mantendo a proposta do referencial brasileiro. As roupas de época davam um colorido aos praticáveis em madeira natural.

O resultado obtido foi de uma comédia de tom leve, solta, mas algumas cenas, pelo estilo de representação dos atores, ficaram um pouco chanchadas, não a chanchada grosseira. Na verdade, eu queria chanchada mesmo, no bom sentido, aquele de forçar o riso, como na cena da prisão em que os personagens são circenses, mas a peça não tem essa conotação. Muita gente gostou, a imprensa foi muito favorável. Shakespeare é Shakespeare, Molière é Molière, você faz esses autores e sempre dá certo, só não dá se forem feitos muito malfeitos, ou se se fugir muito do texto, aí é perigoso. O espetáculo não ficou chato, mas como o texto era muito comprido, cortamos um pouco nas falas, porém a peça em si não foi cortada.

Referências sobre a peça

SHAKESPEARE, UM AUTOR POPULAR

Foi no início do nosso século que William Poel redescobriu o Teatro Elisabetano, e a real importância de Shakespeare, transformado nos séculos XVIII e XIX em autor inacessível e complexo. Com o estudo de Poel ficou claro que o teatro shakespeariano foi — e é — um teatro essencialmente popular.

Hoje em dia cada diretor monta suas peças, à imagem que tem do autor. Ao resolver montar *Muito Barulho por Nada*, partimos da idéia principal do teatro da época elisabetana, mas sem referências históricas ou arqueológicas. A partir da tradução de Rubens Siqueira, nessa montagem tivemos a preocupação de plantar o espetáculo com a mesma visão que Shakespeare tinha do ser humano. Quando se trata de comédia o que predomina em seu teatro é o amor, alegria de viver. Os personagens não são títeres clássicos, mas gente de carne e osso que joga, briga e faz as pazes. Por isso colocamos em cena Innogen, mulher de Leonato, personagem que existiu na primeira edição de *Muito Barulho Por Nada* e desapareceu somente em 1632, após a morte de Shakespeare. Nossa representação a traz de volta como personagem, uma experiência que deve ter acontecido na primeira representação da peça. Isso não quer dizer que estamos levantando um dado histórico, mas sim mais um elemento cômico, que devia ser a idéia de Shakespeare, ao criar e colocar em cena essa personagem. Pela mesma razão, o cenário é quase abstrato. Lembrando que as peças eram escritas para um palco neutro.

Nosso espetáculo não tem paredes que circundem suas ações, elas são livres como era a maneira de escrever do bardo de Stratford.

Buscando os valores do seu teatro, descobrimos hoje em dia, sem preconceito, que em cena aberta o ideal do autor e seu teatro, o homem — e seu universo — é o mais importante, com suas angústias e seus sonhos. Seu mundo de comédia não tem limite interno: não existem barreiras drásticas, nem as divergências existentes o dividem: todos os afetos e paixões humanas têm igual direito de cidadania em todos os tempos e regiões.

Foi Peter Brook quem deixou muito claro, ao dizer: "Ao descobrir cada vez mais profundamente os valores do seu teatro, prestamos igualmente um grande serviço a nossa época. Porque o teatro que buscamos e necessitamos tão desesperadamente, é também o teatro elisabetano: uma encruzilhada onde o ritualista e o cômico, o épico e o popular, o cerebral e o vulgar, o refinado e o rústico podem se encontrar, sem se mesclarem, como na própria vida. Houve uma época em que existiu um teatro dessa categoria: não há razão para que não exista de novo e para que a barreira levantada pelo homem, entre o antigo e o moderno, entre o erudito e o homem de rua, desapareça".

Logicamente o trabalho de direção partiu do texto, sem levar em consideração qualquer preocupação estilística. Com exercícios paralelos procurou-se a expressão cênica exata do sentido de cada cena, desde a procura do mundo shakespeariano que envolvia o fim do feudalismo, encarado de maneira simplista pelo teatro elisabetano. Não houve preocupações realistas, mas o que interessava no trabalho de preparação era encontrar o mundo da peça.

Shakespeare nos levou a procurar não só o significado poético e cênico do enredo, mas acima de tudo a correlação existente entre os personagens, seu espaço e seu significado existencial dentro da peça.

Partindo dessa premissa o que se procurou fazer foi dar um tratamento a Shakespeare que tornasse seu universo claro ao grande público. *Muito Barulho Por Nada* é um jogo. E o exercício do jogo teatral nos deu a satisfação de penetrar no mundo encantado desse grande autor e de levá-lo ao nosso público. (ORC)

Pela montagem da peça, o TPS mereceu do então presidente da Fiesp, Luiz Eulálio Vidigal, a apreciação, que consta do programa da peça e que tenho prazer em transcrever:

"Os vinte e três anos de atividade do Teatro Popular do Sesi ratificam a meta básica da Entidade, proposta desde a sua criação: a valorização do homem, através de um trabalho que proporcione ao industriário a possibilidade de seu aprimoramento cultural.

"Ao longo desses anos, seu Teatro Popular ganhou várias salas de espetáculos e conquistou um fiel e crescente público, além do respeito da crítica, através da encenação de importantes peças nacionais e do repertório clássico.

"O Departamento Regional de São Paulo vê, assim, no Teatro Popular do Sesi um valioso instrumento de manutenção da paz social, disseminando cultura e propiciando lazer sadio ao trabalhador da indústria, confirmando a proposta do Sesi de promoção do trabalhador, preocupação permanente que tem gerado todas as nossas ações. No ano em que o Sesi comemora seus quarenta anos de existência, nada melhor do que oferecer ao público *Muito Barulho Por Nada*, uma das comédias de William Shakespeare, sem dúvida o maior gênio do teatro de todos os tempos."

Trechos de crítica — *Jornal da Tarde* — por Alberto Guzik — 11/7/1986

UMA BRILHANTE COMÉDIA DE SHAKESPEARE. PARA SE VER COM GENUÍNO PRAZER

[...]. A encenação de Osmar Rodrigues Cruz parte do pressuposto de que a obra shakespeariana tem como alvo a diversão popular. O trabalho todo foi orientado para a busca de uma certa rudeza, de uma vitalidade que não dispensa um toque de desbragamento. O recurso funciona quase sempre, embora soe forçado em certas passagens.

[...]. O público encanta-se com as pequenas surpresas teatrais que povoam a marcação e deixa-se levar pela alegre celebração da arte cênica proveniente do palco. Não se trata de uma leitura revolucionária ou inovadora de Shakespeare, mas a montagem dá ao texto uma interpretação plausível, realizada com solidez e competência.

Com *Muito Barulho Por Nada*, o Teatro Popular do Sesi continua a cumprir a função pela qual foi criado há vinte e três anos. É uma equipe sólida, e o trabalho que realiza, sério e conseqüente. O método dá resultado. Pela intensidade com que o público se entregava à representação de *Muito Barulho* no último domingo, pode-se vaticinar uma longa carreira para a comédia de William Shakespeare.

Trecho de crítica — revista *IstoÉ* — por Maria Lúcia Candeias — 16/7/1986

HUMOR REVIGORADO

Shakespeare (1564-1616), um dos maiores dramaturgos de todos os tempos, misturava o trágico e o cômico, o belo e o grotesco, a poesia e a linguagem vulgar. Nesta excelente tradução (José Rubens Siqueira) observa-se a fidelidade ao texto original e atualização do discurso cotidiano, revigorando a graça dessa comédia tão divertida do autor de *Romeu e Julieta*. A inteligente direção de Osmar Rodrigues Cruz é a melhor de sua carreira. Procura reinstaurar o palco elisabetano — uma poltrona bastava para o inglês renascentista imaginar o interior de um palácio — sem esquecer a comunicação com o público. Com um mínimo de elementos possível, a belíssima cenografia (Zecarlos de Andrade) surege com clareza os diversos ambientes. [...].

Trechos de crítica — revista *Visão* — por Carlos Cardoso — 16/7/1986

UM SHAKESPEARE PARA MULTIDÕES
MUITO BARULHO... NO MELHOR ESTILO POPULAR PADRÃO **TPS**

O Teatro Popular do Sesi — TPS — é uma das instituições paulistas de cultura mais admiráveis. Existe há vinte e três anos, já atraiu um público de milhões de pessoas, dispõe de ótima sala de espetáculos e mantém dois elencos fixos de atores profissionais [...]. Para incontáveis brasileiros, proporcionou a única experiência de teatro de sua vida. E, certamente, para muitos significa uma possibilidade de festa para os olhos e espírito a que se vai várias vezes por ano, mesmo que a peça não mude.

Seu público em grande maioria fica encantado com os aparatos e truques cênicos, gosta de rir das trapalhadas, vibra ouvindo música que freqüentam e também reclamam do teatro pago, nada exigente, crédulo, basbaque. Mas um dos muitos méritos do TPS está em que faz questão de manter um altíssimo padrão para essa platéia. Sem deixar de adaptar-se ao gosto dela e mesmo cultivá-lo. Alguns dos excelentes atores que compõem o elenco da capital já incorporaram tão visceralmente o estilo "teatro popular" que o revelam nos mínimos gestos e olhares, obtendo com isso efeitos de infalível eficácia.

Delicioso. Pois agora esse estilo está aplicado a uma comédia de Shakespeare de maior comunicação popular, um alegre jogo de enganos que em sua riqueza não deixa de incluir sugestões sérias, sombrias e homicidas. Havia razão para temer que o popular do TPS não casasse com o de Shakespeare e resultasse numa sucessão de barulhos para nada, empenhada demais em cortejar o riso ingênuo. Enfim, o mito da criação genial sempre inspira um receio de profanação. Profanação não houve e o que se tem é um espetáculo delicioso do TPS, dos melhores que já fez. Um Shakespeare para as multidões, cheio de trapalhadas, mas num limite que não invade o mau gosto.

[...]. Um bonito espetáculo do TPS, um trabalho talentoso de Osmar Rodrigues Cruz, que simplificou Shakespeare sem tirar-lhe a grandeza. Neste mundo que se diz que nada é grátis, eis uma coisa preciosa que é.

Eu pretendia ao final da carreira dessa peça voltar ao esquema de encomendar textos sobre personalidades brasileiras e já tinha em mente Anita Garibaldi. Reuni um vasto material sobre essa mulher que se tornou companheira de Giuseppe Garibaldi líder italiano que depois de liderar uma conspiração malsucedida em Gênova fugiu para o Brasil e aqui ficou por doze anos, lutando nas tropas revolucionárias farroupilhas em Santa Catarina. Conheceu Anita, moça simples e casada, que apaixonada por ele abandonou a família para tornar-se uma guerrilheira. Eu iria convidar o Luiz Alberto de Abreu para escrever. Essa personagem merecia ser revelada por sua atuação na luta, pela paixão por Giuseppe, que a levou junto com ele quando voltou para a Itália onde ela morreu. Entretanto, no Sesi não gostaram muito da idéia não, porque ela era uma guerrilheira.

Feitiço

A escolha então foi *Feitiço* do Oduvaldo Vianna, isso depois de uma discussão com o Mário Amato e o novo superintendente do Sesi, Wilson Sampaio. O Mário Amato queria o *Feitiço*, os conselheiros do Sesi também e no fundo até eu, por considerar que o Oduvaldo Vianna está entre os autores mais importantes do nosso teatro, afinal foi ele o primeiro a usar em cena uma linguagem bem brasileira, num tempo em que o nosso teatro era colonizado fazendo questão de seguir o que era usado em Portugal e na França.

Oduvaldo, paulistano inconformado com a pronúncia lisboeta usada no teatro brasileiro, fundou com Abigail Maia, Viriato Correia e N. Viggiani, uma companhia na qual usou uma nova linguagem em seus espetáculos.

Sempre gostei dessa peça, assisti a uma montagem do *Feitiço* feita pelo Procópio Ferreira, e era muito engraçada. Eu a considero uma obra-prima da comédia, ela é perfeita e é a primeira que foge ao regionalismo dos primeiros trabalhos de Oduvaldo Vianna, tive muito prazer em remontá-la, mesmo porque eu próprio já a havia montado no tempo de estudante.

Pela segunda vez o TPS oferecia ao público uma peça do Oduvaldo Vianna, já falecido pelos idos de 1972.

Feitiço teve de sofrer pequenas atualizações, afinal o público não entenderia certos referenciais da década de 1930, mas quase tudo permaneceu intacto como no original. Trata-se de uma comédia conjugal, onde o ciúme é a tônica na história dos recém-casados burgueses Nini-Dagoberto, com a intervenção de D. Mariquinhas, a avó de Nini, que ensina à neta uma infalível receita de "apertar um limão" na mão, quando o ciúme batesse, e com esse limão é restaurada a paz familiar. A trama bem urdida funciona entre nós, mas acredito que também funcionaria em qualquer, lugar, país ou época.

No TPS, a montagem mereceu o cuidado das demais produções. Os cenários e os figurinos de Zecarlos de Andrade eram funcionais e muito bonitos. Um bom elenco, que estreou com Roberto Azevedo no papel principal, mas que infelizmente veio a falecer durante a temporada sendo substituído por Luiz Carlos Parreiras.

No original essa peça tem três atos que eu transformei em um, entremeando as passagens de tempo com *slides*, indicando a data em que a cena estava acontecendo, isso ajudou um pouco os atores que quase não tinham tempo para as trocas de roupas. Era uma correria nos bastidores!... mas acabou dando certo.

O público se identificou demais com a história, nem poderia ser diferente uma vez que se reconheciam nesses personagens.

Na noite de estréia, como era costume estarem presentes pessoas da Fiesp, aconteceu um fato que surpreendeu muita gente. Na platéia, nesse dia, estavam o então presidente Luiz Eulálio Vidigal, Mário Amato e vários outros, o espetáculo corria normalmente, quando numa das cenas começou a pegar fogo em um refletor, fato que só aconteceu porque "o cabeça-dura" do eletricista usou celofane em vez de gelatina, que com o calor da luz esquentou demais e pegou fogo, no celofane, não no refletor.

Foi um susto danado, mas sem maiores conseqüências, pois foi prontamente controlado pelos técnicos. Só que um dos diretores da Phillips, presente ao espetáculo, ficou tão preocupado que acabou mandando um técnico fazer um levantamento da parte elétrica do palco. Mas tudo estava em ordem, como sempre esteve.

A temporada de *Feitiço* foi um sucesso e nem poderia ser diferente. Um autor que sempre se interessou em escrever diálogos simples, fluentes, de comunicação direta com a platéia, que atingia todas as camadas sociais, só podia ser muito bem recebido e foi.

Trechos de crítica — *Jornal da Tarde* — por Alberto Guzik — 3/10/1987

A BOA GARGALHADA QUE RESISTE A TUDO.
FEITIÇO TRAZ DE VOLTA AOS PALCOS O HUMOR VIGOROSO DE ODUVALDO VIANNA PAI

[...]. A encenação de Osmar Rodrigues Cruz transformou *Feitiço* num espetáculo de um só ato, de cerca de cem minutos. As ligações de cena são breves, a montagem flui num ritmo ideal. Osmar não permite aos atores que exagerem, mas concede-lhes margem suficiente de improvisação.

[...]. *Feitiço* é uma das melhores montagens cômicas da temporada.

Trechos de crítica — *Shopping News* — por Carmelinda Guimarães — 4/10/1987

FEITIÇO AO ALCANCE DE TODO MUNDO

Você gosta de teatro? Então venha assistir a uma peça excelente, que vai diverti-lo muito, num teatro confortável, com atores de primeira linha e com ingresso gratuito! É o trabalho do diretor Osmar Rodrigues Cruz, há quase trinta anos engajado com o Teatro Popular do Sesi.

Convencido de que o preço do ingresso afastava os espectadores do teatro, criou uma companhia estável comprometida com formas populares de espetáculo, patrocinado pelo Serviço Social da Indústria.

Seu último trabalho está excepcional. É das melhores comédias em cartaz neste momento.

[...]. A montagem, é atual e sofisticada, utiliza todos os recursos do teatro de hoje, perfeita na reconstituição da época, nos cenários e figurinos, cuidados nos detalhes.

Osmar é um excelente diretor de comédias brasileiras, um mestre neste campo. Já provou sua habilidade anteriormente, dirigindo um memorável *Caiu o Ministério*, de França Júnior, e comprova com *Feitiço*.

[...]. Uma peça para ser recomendada sem restrições, para quem procura no teatro o divertimento ou a discussão. Os primeiros vão distrair-se com a comédia, os outros encontrarão no texto, de uma carpintaria extraordinária, uma verdadeira lição de como escrever um bom teatro.

Um trabalho de um autor engajado com a problemática política, social e cultural de seu País. Um homem perseguido e exilado pelo Estado Novo, que deixou marcada sua contribuição cultural dentro da história do teatro brasileiro.

É um prazer ver o teatro de Oduvaldo Vianna ressuscitado com tanto brilho e dignidade.

Trechos de crítica — revista *Manchete* — por Luiz Izrael Febrot — 5/12/1987

FEITIÇO POPULAR

Diz-se que o povo não gosta de teatro. No entanto o Teatro Popular do Sesi, na Avenida Paulista, lota totalmente de quarta a domingo e o público popular aplaude o espetáculo com vibração e alegria.

Atualmente está em cartaz *Feitiço* de Oduvaldo Vianna (pai), uma comédia de costumes escrita em 1931. Sua forma e idéia são clássicas — os sentimentos eternos, no caso, o ciúme. Mas esta primeira idéia é sobrepujada por outra que significa esforço, persistência e racionalidade, sob forma inicial de *feitiço*, que a protagonista revela ser apenas mero pretexto para encobrir um ato voluntário de autoeducação. Tudo isso expresso por personagens e ambiente brasileiros (carioca), da alta burguesia, e especialmente através da linguagem e vocábulos nacionais.

[...]. A encenação de Osmar Rodrigues Cruz cria um espetáculo alegre, divertido e belo, respeitando não só o tempo, mas mantendo-se fiel a certo maneirismo de interpretação da época, notadamente os exageros e vigorosa sublinhação dos caracteres. Deveria apenas ser menos explícito e acreditar que o público pode compreender falas e situações mais sutis, aprimorando, assim, o gosto popular.

Trechos de crítica — revista *Visão* — por Luiz Carlos Cardoso — 21/10/1987

FEITIÇO FEITO PARA ENCANTAR.
COMÉDIA DE ODUVALDO VIANNA COM A MARCA DO TEATRO DO SESI

Mais ou menos a cada ano e meio, quando o Teatro Popular do Sesi, de São Paulo, estréia um espetáculo novo, o primeiro impulso que se tem ao comentá-lo é de repetir a abertura usada para o comentário do anterior. Ou seja, falar na bela instituição paulista que é o TPS, capaz de proporcionar a muita gente que nunca viu teatro a oportunidade de corrigir essa deficiência em condições de raro privilégio. Porque o teatro popular, tal como faz o Sesi, é uma festa requintada, a coisa grátis mais luxuosa que as artes & espetáculos oferecem na maior cidade do país. O único risco que esse perfeito acabamento apresenta é o que, a partir dele, tudo o mais pareça pobre e parco.

O tema é ingênuo e a dramaturgia de Oduvado Vianna tem lances toscos. Claramente se percebe, por exemplo, quando ele prepara uma situação: Dona Mariquinhas anuncia intempestiva seus dotes de feiticeira e é fácil antecipar que será logo convocada para exercê-los. A comédia demora a deslanchar, detém-se numa pesada armação e depois repete truques de *vaudeville* até o limite, ou além dele, em que podem render.

Mas tudo isso são ranhetices de crítico. *Feitiço* tal como o apresenta o Teatro do Sesi, é delicioso — e não apenas porque assim o fizeram a experiência do diretor Osmar Rodrigues Cruz e a verve do elenco. O próprio texto tem uma elaboração de hábil carpinteiro que justifica sua retomada nestes dias em que os ciumentos apertam outras coisas em vez de limão. Para a atual dramaturgia não deixa de constituir também uma lição: é bem escrito como literatura de palco, com uma elegância de linguagem e um pitoresco aqui bem preservados. O bom gosto da montagem fez de *Feitiço* uma alegria que até insinua a safadeza sem nunca permitir-se a grossura.

[...]. O povo paulista vai encontrar o encanto do teatro neste espetáculo do Sesi que é menos pirotécnico mas igualmente e altamente prazeroso.

Onde Canta o Sabiá

ONDE CANTA O SABIÁ DE GASTÃO TOJEIRO ERA UMA PEÇA adequada para comemorar as bodas de prata da profissionalização do grupo. A peça se passa na década de 20, é um retrato simples dos tipos cariocas do subúrbio: um funcionário público, o chefe da estação, o músico amador, a empregada namoradeira, rapazes e moças românticas, e um personagem que representa bem o "esnobe", figura até hoje conhecida entre nós, que, por ter ido a Europa, volta desprezando tudo o que é nosso. É uma peça que fala de um tempo no qual se vivia a vida, onde as pessoas eram funcionárias públicas ou trabalhavam no comércio do café, que a corrida pelo ouro era num ritmo menos acelerado, onde crise econômica, poluição, violência eram assuntos desconhecidos. Hoje sobrevivemos. *Onde Canta o Sabiá* vale por revelar um outro Brasil. Ao escolher um texto, observo se a linguagem é acessível se o tema agrada, se é popular. A leitura da peça precisa ser compreensível. Os críticos podiam até achar que as minhas montagens deveriam ter mais ousadia artística, que devíamos desafiar a inteligência do público. Mas desconhecem a realidade brasileira, de uma massa semi-alfabetizada ou na sua maioria analfabeta. Só quem sentiu de perto o povo brasileiro, sabe até onde ir sem ultrapassar a sua capacidade de entendimento, evitando assim humilhá-lo. Minha proposta sempre foi a de democratizar o teatro. O maior prazer da minha vida era ver o teatro sempre cheio, e estando sempre cheio era porque estávamos falando a linguagem do povo para o qual foi pensado esse teatro. Entendo que o resultado que busquei foi obtido. Com *Onde Canta o Sabiá* completamos vinte e cinco anos e a sensação era a de um filho com quem você convive, que dá trabalho, traz problemas, muitas vezes chateia, mas que é sempre gratificante vê-lo crescendo. *Onde Canta o Sabiá* não foi bem de crítica, mas o Sabiá cantou para o povo.

Trechos de crítica — *A Tribuna de Santos* — por Carmelinda Guimarães — 2/10/1988

[...]. O Teatro Popular do Sesi foi buscar uma comédia de Gastão Tojeiro, de 1921, para comemorar seus vinte e cinco anos de atividades, e criou um espetáculo adorável com *Onde Canta o Sabiá*.

[...]. Osmar Rodrigues Cruz que tem recuperado para a cena os clássicos do teatro brasileiro, mas como homem comprometido com o grande público do Teatro Popular do Sesi, ele tem feito esta recuperação utilizando peças que fizeram grandes sucessos populares. Foi o caso de *Feitiço* de Oduvaldo Vianna, e agora de *Sabiá*, de Gastão Tojeiro, que na época de sua primeira encenação atingiu duzentas representações.

A montagem atual está destinada a atingir o mesmo sucesso. Direção precisa de Osmar Rodrigues Cruz, cenografia adequada de Zecarlos de Andrade.

[...]. "Um sabiá que canta, mostrando que as aves que lá gorjeiam, não gorjeiam como aqui..." A peça salvou uma temporada, exaltou um autor e consagrou definitivamente no conceito do público valores novos da cena nacional, como Procópio Ferreira, Artur de Oliveira, Manuel Durães, Abigail Maia, Apolônia Pinto. Atores como Nestório Lips, por exemplo, nunca mais puderam gozar de oportunidade semelhante para merecer tão fartos aplausos do público. Viriato e Oduvaldo, à vista do grande sucesso da peça, resolveram elevar para cinqüenta mil-réis os direitos autorais, que eram habitualmente de vinte mil-réis por sessão. Gastão não aceitou. Era muito, afinal, depois de alguma relutância, concordou em receber trinta mil-réis por sessão. Dois meses depois da retirada do cartaz, a peça voltava à cena, para fazer o público retornar ao velho "Trianon".

25 anos de Teatro Popular do Sesi

AS "BODAS DE PRATA" DO TPS FORAM FESTEJADAS COM UM coquetel apenas para convidados. Publicamos uma revista na qual fiz um histórico desses anos em que estive à frente da única companhia estável do País. Ilustramos com fotos de todas as peças montadas desde sua profissionalização. Alguns representantes da imprensa e da classe teatral deram sua visão do TPS em pequenos depoimentos, e Sérgio Viotti escreveu um artigo, assim como eu.

Revista comemorativa — 25 *Anos de TPS* — 20/9/1988

TEATRO POPULAR DO SESI — SUA HISTÓRIA E OBJETIVOS
Teatro Popular é para nós no Brasil alguma coisa de que muito se fala e pouco se conhece. O Teatro Popular é, principalmente, levar ao grande público peças de repertório universal e de acessibilidade fácil, para que esse público encontre não só prazer, entretenimento, mas o apuro do seu gosto artístico.

Popular, nesse caso, não quer dizer vulgar, pobre ou medíocre. Popular quer dizer um teatro que alcance as grandes camadas da população elevando o seu *nível cultural*. Aí está a diferença entre popular e popularesco. Este último nada mais é do que levar ao público aquilo que ele espera encontrar, sem acabamento artístico, sem qualquer dose de cultura. A televisão nada mais faz do que um artesanato popularesco. Dá ao público aquele espetáculo cru, que não exige nada além de ver e ouvir, sem usar a imaginação ou sua capacidade intelectual.

Um espetáculo popular exige do público participação, imaginação, esforço mental e uma série de dotes que fazem com que o espectador saia do espetáculo com alguma coisa a mais do que quando entrou.

Assim eram os espetáculos na Grécia clássica, na Roma antiga, na Idade Média, no Renascimento e a commedia dell'arte. Sempre foram espetáculos de elevado nível cultural, que atingiam o público totalmente. Apesar de possuir cada um deles suas peculiaridades, de um modo geral, todas as classes sociais assistiam às suas representações.

Não se pode negar o sentido popular dessas apresentações.

Depois, com o desaparecimento da commedia dell'arte, que durou duzentos anos, o teatro não teve a mesma penetração daquelas fases áureas da sua história.

Teatro Popular caracteriza-se por ser destinado à grande massa de público. Pode-se lhe dar um cunho didático, político ou social. Todavia, para que ele exista, há sempre a necessidade premente da participação do grande público. A tentativa de se fazer um teatro engajado, de orientação política ou social, por si só não significa nem caracteriza o popular. Para isso, terá que haver a participação da massa popular.

Essa tem sido a grande luta de todos os que procuram, nessa fórmula de teatro, encontrar participação do povo.

Desde o início do século XX, a França se preocupou com o Teatro Popular. Romain Rolland elaborou toda a base teórica e alguma prática; porém, o programa encontrou plena realização na ação forte e decidida de Firmin Gémier, o fundador do "Teatro Nacional Popular" da França, em 1920.

Depois de sua morte, esse teatro, que seguiu a linha de todo o esquema do teatro grego, latino, medieval e renascentista, sofreu um período de estagnação. Depois da última guerra mundial, voltou com novo vigor e teve uma ressonância muito grande em todo o mundo, graças à ação competente e à honestidade artística de Jean Vilar.

Teatro Nacional Popular, hoje sob a direção de Roger Planchon, Patrice Chéreau e Antoine Vitez, é um exemplo exato do Teatro Popular como forma de realização. Sua grande sala de espetáculos em Paris e nas províncias, seu estilo de montagem e seu repertório formam um todo harmonioso e único no cenário teatral do mundo.

Abrangendo o repertório universal, o "Teatro Nacional" viajou o mundo todo.

Em outros países, tentou-se essa forma de teatro, mas nenhum movimento teve a força do "Teatro Nacional Popular" e conseguiu alcançar as grandes platéias de seu país.

Jean Vilar, mesmo assim, teve em seus espetáculos pagos uma média de trezentas a quatrocentas pessoas. Coisa, aliás, não muito significativa, em se tratando de um teatro subvencionado e que vendia ingressos a um quarto do valor do preço comum. Somente quando os sindicatos adquiriam os ingressos e, em sessões especiais, os operários iam gratuitamente ver seus espetáculos é que os 2.400 lugares eram tomados.

Aqui em nossa terra, também pelos anos de 1915 a 1920, Itália Fausta, tentou com Gomes Cardim o "Teatro da Natureza", pretendendo popularizar o teatro dando espetáculos ao ar livre, com textos clássicos.

As experiências deram bom resultado de público, mas morreram por falta de auxílio.

Nada se sabe além, de Itália Fausta e posteriormente Renato Viana, com sua "Batalha da Quimera", de algum movimento no passado que tivesse um pouco das características de "popular".

Muita coisa se tentou, mas de prático nada se conseguiu.

O Teatro Popular, aqui no Brasil, exige características diferentes dos outros países. Culturalmente, o nosso povo não aceitaria um repertório muito elevado e difícil. Por isso não se concretizou o que se procurava no passado.

A maior preocupação de um Teatro Popular aqui é encontrar o público. Aliás, a nosso ver, o verdadeiro problema é trazer esse público para o teatro.

Possuindo público, qualquer movimento teatral, com um bom repertório, estará realizando um teatro popular. Pode ser ele épico, dramático, social e político. A razão de ser popular está diretamente relacionada à existência de um grande público. Perguntamos quais os movimentos que alcançaram esse objetivo primordial? Talvez um pouco os Comediantes. Esse foi, porém, mais um movimento estético. Na verdade, lembramos apenas do Pequeno Teatro Popular com Emílio Fontana, seu fundador, seguido de Libero Ripoli, e atualmente o Teatro Popular do Sesi. Esses tiveram afluência, em grande escala, de uma parte da população não afeita às representações teatrais.

É essa, então, a fórmula do Teatro Popular no Brasil: conquistar um público novo, pois o existente é muito reduzido. E nestes últimos vinte e cinco anos somente o Teatro Popular do Sesi tem conseguido isto.

O que acontece é que muita gente pensa que Teatro Popular é só repertório: montam peças que pensam serem populares, porque são de conteúdo social, e pronto. Mas acontece que o homem dito popular não gosta ou não conhece teatro. Não está acostumado a pagar teatro e não vai mesmo.

Procura-se a fórmula de fazer Teatro Popular à Jean Vilar, Planchon, Brecht, etc. Mas o público freqüentador de teatro não quer saber de tal repertório, e o que se viu foi um total abandono do teatro. Todos desejam popularizá-lo, mas o povo não participa como devia.

Talvez fosse possível tentar levar esses espetáculos aos centros populares da capital, mas quem afirma que o povo quer um teatro em barraco, caminhão ou ao ar livre, mal-acomodado, quando o cinema, mais barato, tem as condições mínimas para se assistir a um filme, ou a televisão em sua própria casa lhe proporciona lazer gratuito?

O Teatro Popular do Sesi

Em 1946, o mundo emergia de um pós-guerra que havia deixado rescaldos e dificuldades em todos os países. O Brasil também pagou seu tributo, não só na participação ativa, como nas conseqüências que o pós-guerra gerou nas classes menos favorecidas. Foi nessa contingência que o Governo Federal atribuiu à Confederação Nacional da Indústria o encargo de criar, organizar e dirigir o Sesi, por meio de recursos advindos da indústria. As metas básicas do Sesi, instituídas por regulamento e fielmente cumpridos no decurso desses anos: "Estudar, planejar e executar medidas que contribuam diretamente para o bem-estar social do trabalhador e se traduzam na valorização da pessoa do trabalhador, na promoção de seu bem-estar social, no desenvolvimento do espírito de solidariedade, na elevação da produtividade industrial e melhoria geral do padrão de vida. Em todos os seus setores, e em especial naqueles que têm como base fundamental a educação, o Sesi vem desenvolvendo o máximo de seus esforços para atingir a meta de valorização do homem".

O homem anseia por se tornar um ser "total". Não lhe basta ser um indivíduo isolado, anseia por uma plenitude que sente e tenta alcançar. Uma plenitude que lhe é fraudada pela individualidade. Ele busca um mundo no qual seja participante e quer relacionar-se com algo que extrapole seu "Eu". A arte é o meio essencial e indispensável para essa união do indivíduo com o todo, pois reflete a infinita capacidade humana para associação e para a circulação de experiências e idéias.

A Divisão de Promoção Social, consciente de sua responsabilidade no desenvolvimento das atividades do Sesi e integrada no conceito de tentar dar ao trabalhador a abertura necessária para o engajamento de sua existência num mundo no qual ele cresça e se desenvolva — não isolado mas associado —, vem utilizando o teatro e atividades culturais paralelas para atingir estas finalidades, cujo alcance social é incalculável.

O Teatro Popular do Sesi defende e desenvolve a tese de um encontro, de uma comunicação de massa obtida pela linguagem popular, acreditando, assim, ativar um processo no desenvolvimento cultural das camadas menos favorecidas que se constituem, ainda, na maior parte da população brasileira.

O Teatro Popular do Sesi foi criado com esta missão: manter um diálogo vivo, criativo, com a grande população do parque industrial de São Paulo, procurando ser um elo primordial na comunicação da cultura, na divulgação das idéias e na promoção do lazer.

Ele se propõe a estimular a avidez da inteligência e iniciar o povo no prazer pelo misticismo do teatro. Nossas platéias precisam não apenas saber, mas participar do processo criativo da obra de arte. Nosso público precisa aprender a sentir no teatro a satisfação e alegria experimentada pelo inventor e descobridor do invento, e descobrir o triunfo vivido pelo intérprete. Um pouco de tudo isso o Teatro Popular do Sesi tem comunicado.

A história do Teatro Popular do Sesi remonta aos idos de 1948, logo após a criação da própria entidade. As atividades se iniciaram com características puramente de lazer. Um teatro com operários para operários no qual o Sesi selecionava a peça, designava o ensaiador que distribuía os papéis e promovia os ensaios. As apresentações eram feitas na própria fábrica ou em Sociedades de Amigos de Bairro. Esta fase não atingiu os propósitos do Sesi, pois se restringia a um pequeno número de espectadores e nem sempre recebia tratamento adequado. Mesmo assim, com o correr do tempo, atingiu o elevado número de oitenta grupos em funcionamento na Capital e Interior, sem penetração popular, além de não apresentar espetáculos com acabamento artístico satisfatório porque eram amadores.

Em 1959, formava-se um grupo de teatro amador que, recebendo apoio da entidade, passou a montar peças de valor literário indiscutível, apresentando-as nos teatros de bairros, pertencentes à Prefeitura de São Paulo. Nasceu então em fase experimental, o *Teatro*

Experimental do Sesi que fez sua estréia em novembro daquele ano com *A Torre em Concurso* de Joaquim Manuel de Macedo. Sucederam-se mais três montagens que antecederam a profissionalização do grupo; um teatro com amadores, que mesmo nesse caso não tinha possibilidade de fazer temporadas longas.

Pretendia a Divisão de Promoção Social, sem esmorecimento, fazer do teatro a mensagem viva de cultura para o povo. Iniciou-se assim, em 1963, a fase realmente importante: criou-se O TEATRO POPULAR DO SESI (TPS). Para tanto, formou-se uma atividade teatral profissional, sem esquecer as proposições culturais que fornecessem, ao mesmo tempo, arte, educação e lazer, que falassem diretamente ao nosso espectador e lhe permitissem uma vida comunitária da qual ele (o espectador) se sentia marginalizado, e se integrasse, na medida do possível, no mundo cultural da cidade e despertasse de uma apatia para um anseio maior de uma vida mais ampla e realizada. Cuidou-se, especialmente, da escolha de cada texto a ser encenado: textos esses selecionados entre os mais importantes que existem na dramaturgia mundial e nacional.

A forma de encenação foi outra preocupação do Sesi nas suas montagens, utilizando uma linguagem teatral que, por suas características, se aproximasse de um público que, na maioria das vezes, assistia pela primeira vez a uma peça teatral. Atores de grande comunicabilidade foram sempre usados em modernos processos de divulgação, de ano a ano mais aperfeiçoados, trouxeram ao teatro um número de espectadores sem paralelo no mundo e que jamais tinham freqüentado um espetáculo teatral.

Para melhor atender a esse público, montou-se um grupo intinerante e nunca se deixou de lado a promoção, ou seja, a divulgação interna dos espetáculos. É também importante manter essa máquina sempre funcionando.

A popularização do teatro é uma tarefa na qual se precisa acreditar e não pode durar quinze dias num ano, mas o ano todo. Temos que dar ao público um trabalho artisticamente acabado, que ele entenda, viva, participe e critique.

A experiência em São Paulo e no Interior pôde, sem dúvida, servir de base para qualquer trabalho futuro. A experiência deu certo. Isso já é uma verdade. Existe um público de, aproximadamente, sete milhões de espectadores, nesses anos de atividades, entre Capital e Interior.

Nossa filosofia, porém, é dar ao trabalhador, que vai ao teatro, além de divertimento e instrução, fazendo-o participar comunitariamente do espetáculo, o conhecimento de um autor importante da cultura nacional ou clássica.

Assim, o Teatro Popular do Sesi trouxe ao teatro pessoas que nunca tinham visto um espetáculo teatral, habituando-as a freqüentar suas temporadas, onde estavam Molière, Lorca, Marivaux, Dostoiévski, e ultimamente nesses doze anos autores nacionais contemporâneos como Plínio Marcos, Nelson Rodrigues, Lauro César Muniz, Maria Adelaide Amaral, Luiz Alberto de Abreu e por último Oduvaldo Vianna. Gente, que segundo dados estatísticos, nas apresentações do Teatro Popular do Sesi, vem da periferia da cidade, de todos os lados, para assistir às suas realizações.

Teatro Popular não precisa necessariamente ser político, mas, acima de tudo, arte e cultura. Outros fatores poderão surgir, mas *o que importa é agradar, é transmitir um pouco de elevação cultural ao povo.*

Para isso, basta verificar o repertório do Teatro Nacional Popular da França. É o mais eclético possível.

Teatro, principalmente popular, é quando existem, na platéia, poucas cadeiras vazias e muitas cheias. O resto é invenção de quem faz teatro, porque ainda não arranjou outra coisa para fazer.

Ao assumir a direção do TPS, procuramos três condições básicas: um público de massa, um repertório de alta cultura, uma arte de cena liberta e exigente.

Baseados nas conclusões de Jean Vilar: "Pensamos que deve se entender por teatro popular, um teatro aberto a todos, sem nenhuma restrição. Trata-se antes de tudo, de apresentar as mais belas obras".

Num teatro popular, ainda outra coisa importante é deixar o autor falar, sem traí-lo. E é ainda o mestre Vilar quem diz: "A última palavra é a que vale. O poeta tem sempre a última palavra. Ele caminha para um mundo diferente, sente que alguém quer lhe dar alguma coisa sem lhe pedir nada de volta. Ele vê o mundo melhor".

O importante é fazer um teatro que represente o pensamento daqueles que assistem, insistir em modificar essas fórmulas é pregar no vazio. Nem por isso deixamos de lado a qualidade artística de nossas apresentações. Entretanto, muito resta a fazer. Estamos no início de nossa meta. Conseguimos estabelecer uma idéia, uma experiência. Talvez, numa segunda etapa, já tenhamos possibilidades estéticas mais ativas. O caminho na conquista de público popular é difícil, porque somos os únicos. Um dia seremos muitos.

Assim o Teatro Popular do Sesi tem conseguido unir todas as classes sociais numa mesma sala de espetáculos, provando que o teatro elimina barreiras sociais e demonstrando que ele não é só divertimento, mas uma imperiosa necessidade de contribuir para elevação cultural do trabalhador. Não cobrando ingressos, cria o hábito do trabalhador ir ao teatro e de viver em comunidade. Esta foi uma conquista do TPS e uma prova de que a massa gosta de teatro. Basta dar-lhe oportunidade. Além disso, trabalhamos com atores profissionais de primeira linha (conhecidos no teatro, na televisão e noutros meios de comunicação) para facilitar o entrosamento Teatro-Platéia. Mais ainda, uma atenção especial à programação das temporadas e sua promoção têm conseguido manter um público extraordinariamente numeroso, mantendo um repertório de alto nível, nacional e clássico.

Criou e mantém um *Grupo Intinerante*, que se apresenta com enorme sucesso nas cidades do interior do estado. Este foi outro elemento que levou o TPS ao importante estágio em que se encontra com o Teatro Popular do Sesi em Santo André, Ermelino Matarazzo, Osasco, São Bernardo, Santos e Sorocaba. No sentido de atender as maiores concentrações de indústriários da periferia de São Paulo, mantém-se, como o elenco intinerante, apresentações nesses locais antes de viajar para outras cidades do Interior. O Teatro Infantil, com sua missão de educar e desenvolver os filhos dos beneficiários, apresenta-se de forma intinerante, cumprindo sua programação junto aos Centros Educacionais do Sesi, completando a educação artística dos escolares, atualmente em fase de restruturação, não está se apresentando.

Cerca nossos espetáculos de atividades paralelas ao teatro: artes plásticas, literatura, música, tudo enfim, que possa dar ao público *motivação para elevação espiritual e cultural*.

Em 1977, iniciou-se o ciclo de autores contemporâneos com a encenação da peça *O Poeta da Vila e Seus Amores*, de Plínio Marcos e, em seguida, *A Falecida* de Nelson Rodrigues. Estes são dois dos maiores autores da dramaturgia contemporânea brasileira. De 1981 a 1983, o TPS encenou *O Santo Milagroso*, de Lauro César Muniz que, em mais de dois anos de temporada, foi visto por mais de 600.000 espectadores. Em meados de 1983, estreou *Chiquinha Gonzaga, Ó Abre Alas*, texto de Maria Adelaide Amaral que, em mais de um ano e meio, teve aproximadamente 300.000 espectadores. E, em 1985, Luiz Alberto de Abreu escreveu para a companhia *O Rei do Riso* que permaneceu em cartaz quase dez meses com 126.000 espectadores.

Como parte das comemorações dos quarenta anos do Serviço Social da Indústria, estreou, em junho de 1987, *Muito Barulho por Nada*, uma das mais importantes comédias do genial William Shakespeare que, mais uma vez, recebeu elogios da crítica especializada e teve enorme afluência de público. E desde de setembro de 1987, o TPS apresenta mais um clássico, desta vez brasileiro, *Feitiço*, uma das comédias mais representativas da obra do genial Oduvaldo Vianna, um marco da história do teatro genuinamente nacional. E, mais uma vez, o público vem respondendo em massa.

A partir de 1977, os espetáculos do TPS vêm sendo apresentados em sua própria casa de espetáculos na Avenida Paulista, o que nos parece fundamental. Aqui continuamos nosso trabalho, perseguindo as nossas metas, desenvolvendo e criando novas formas de comunicação da cultura na divulgação de idéias e na promoção do lazer, procurando sempre dar ao nosso beneficiário oportunidade de seu desenvolvimento sociocultural, criando no próprio Teatro outras atividades artístico-culturais.

Ampliando ainda mais suas possibilidades culturais, o Sesi vem desenvolvendo atividades no campo da música erudita e popular.

Tendo iniciado com aulas esparsas, formação de bandinhas infantis e corais em Centros Sociais e Educacionais espalhados por toda a Capital, e que atingiam apenas algumas dezenas de beneficiários, vem, nestes últimos anos, promovendo temporadas de concertos com as melhores personalidades da nossa música erudita. Desenvolvidos sobre planos preestabelecidos, estes concertos levaram aos seus espectadores uma verdadeira história da música, pois cada temporada mostrava fases musicais, seus mais importantes compositores e suas principais obras. Parte delas era narrada por alguns de nossos melhores atores e executados por intérpretes excepcionais da música nacional e internacional

Em 1977, nova fase se iniciou. Às terças-feiras, foram promovidos concertos e recitais para os beneficiários do Sesi, iniciando-se com um panorama da música erudita pelo piano. Grandes concertistas têm se apresentado, com resultados extremamente animadores.

A seguir, fez-se um ano com programação única e exclusivamente de compositores brasileiros. Atualmente, a *programação musical das terças-feiras no TPS* alterna apresentações de *música erudita e popular* e dedica alguns meses do ano exclusivamente a cantores solistas em início de carreira.

Por considerar que a preparação do ator é uma tarefa imprescindível e complexa, sejam eles amadores ou profissionais, desde

1957, o TPS criou um curso com duração de oito meses que atraiu 52 profissionais e 554 amadores, estes últimos selecionados por meio de testes para a formação de uma classe de trinta alunos, intitulada *Estúdio de Atores*. Para comprovar praticamente os resultados dos conhecimentos teóricos ministrados no curso, foi feita uma montagem de *Beijo no Asfalto*, de Nelson Rodrigues que, ao mesmo tempo, serviu também de teste ao público sesiano diante de uma obra de maior dificuldade de compreensão. Desde então o Estúdio de Atores do TPS vem funcionando regularmente e já produziu *Chapéu de Sebo*, de Francisco Pereira da Silva, *O Cárcere Secreto*, criada especialmente por José Rubens Siqueira — baseada na vida de Antônio José da Silva, o Judeu — e *A Prevalença do Destino*, também de José Rubens Siqueira, escrita a partir de pesquisas realizadas pelos alunos do Estúdio de Atores sobre o fenômeno do cangaço.

Estes espetáculos são oferecidos ao público nos teatros do Sesi na periferia de São Paulo. O Sesi tem, também, em seu programa a realização de cursos para cenotécnico e iluminador.

Ao lado destes cursos, foram organizados vários *Ciclos de Conferências*, durante as temporadas do TPS. Dentre os ciclos organizados, destacaram-se o dedicado à obra de França Júnior, realizado na Faculdade de Filosofia da Universidade de São Paulo e o dedicado a Gonçalves Dias e à literatura brasileira do século XIX. Entre os conferencistas que têm colaborado com estas realizações, destacamos os seguintes nomes: Décio de Almeida Prado, Sábato Magaldi, Paulo Francis, Flávio Rangel, Alberto Guzik e Célia Berretini.

Além das conferências, procurando sempre abordar todas as manifestações artísticas, foram realizados concursos de artes plásticas.

No IV Centenário da Cidade de São Paulo, foi realizado um *Concurso de Artes Plásticas*, abrangendo pintura, escultura e desenho. Durante a temporada da peça *O Milagre de Annie Sullivan*, o concurso "Annie Sullivan Dá Prêmio a Você" teve como objetivo motivador não só o hábito do teatro, mas também desenvolver nas indústrias outras artes a ele ligadas: a literatura, a pintura e a música. Os melhores trabalhos apresentados foram expostos no saguão do salão promocional da entidade.

Em virtude do grande sucesso alcançado, organizou-se outro, "Concurso de Peças Nacionais do Teatro Popular do Sesi", que teve como finalidade premiar peças nacionais cujo assunto focalizasse qualquer momento da nossa história. O texto premiado foi *Maria Quitéria*, que focaliza as lutas na Bahia pela Independência do Brasil, cuja autora, Violeta de Martins Ribeiro, desconhecida nos meios teatrais, revelou-se uma excelente escritora.

A partir de 1981, mais uma atividade regular veio ampliar as opções de lazer e contato com o teatro oferecido pelo TPS: o *Ciclo de Leituras Dramáticas*.

Numa primeira fase, as leituras eram interpretadas pelo elenco estável do TPS. Assim, o público teve a oportunidade de conhecer obras de significativa importância que não estão publicadas em língua portuguesa e também peças de autores esquecidos de nossa dramaturgia, que dificilmente seriam encenadas nos dias de hoje. É o caso de *O Desejo Agarrado Pelo Rabo*, de Pablo Picasso, cuja leitura fez parte das comemorações do centenário de seu nascimento, *Mimosa*, de Leopoldo Fróis, *O Micróbio do Amor*, de Bastos Tigre e *A Casa Fechada*, de Roberto Gomes. Todos eles figuras de destaque do nosso cenário teatral e que comemoram cem anos de nascimento.

Durante a temporada de *O Rei do Riso*, de Luiz Alberto de Abreu, peça que resgatava a memória de Francisco Correia Vasques, dramaturgo e certamente um dos maiores cômicos que o Brasil já conheceu, foram realizadas as leituras de *O Tribofe* e *A Honra de um Taverneiro*, duas de suas mais importantes obras.

Ainda na área de cursos, merece destaque especial o *Curso para Monitores Teatrais*, iniciativa destinada especificamente a trabalhadores na indústria.

O objetivo básico é instrumentalizar indivíduos interessados em criar, coordenar e desenvolver atividades de lazer cultural junto aos seus companheiros de trabalho e dentro da própria indústria.

A partir da década de 60, o teatro para crianças no Brasil teve um grande desenvolvimento. Se há vinte anos era uma atividade quase inexistente, é hoje uma opção de lazer cultural e entretenimento que conta com um público significativo e um grande número de artistas especializados na área. Além disso, é patente, nos dias de hoje, no mundo inteiro, a contribuição que o teatro pode dar ao desenvolvimento da criança e a eficácia da aplicação de técnicas teatrais no processo educacional.

Por essas razões, a partir de 1987, o TPS instalou *Núcleos de Artes Cênicas* em todas as unidades do Sesi da Grande São Paulo e do Interior, que dispõem de uma sala de espetáculos. Estes núcleos se subdividem em duas áreas distintas:

Núcleo de Artes Cênicas para Crianças e Adolescentes — este projeto é dedicado a todas as crianças e adolescentes que estudam nas escolas mantidas pelo Sesi. Coordenados por orientadores especializados e divididos em duas faixas etárias, de sete a onze anos e de onze a catorze anos. Os Núcleos têm por finalidade desenvolver as potencialidades da criança com técnicas teatrais que, comprovadamente, podem auxiliar na educação global do estudante. Já estão em funcionamento os Núcleos de Artes Cênicas para crianças e adolescentes em Vila Leopoldina, Ermelino Matarazzo, Osasco, Santo André, Santos e Sorocaba, todos com uma média de duzentos participantes por Núcleo.

Núcleo de Artes Cênicas para Adultos — mais um incentivo ao movimento de teatro amador, este projeto tem por finalidade, antes de mais nada, estimular o movimento de teatro amador, pela concessão dos espaços teatrais pertencentes ao Sesi para apresentação regular e contínua de espetáculos teatrais. Já estão em pleno funcionamento os Núcleos de Sorocaba e Osasco, com sessões regulares de quarta a domingo, atendendo a inúmeros grupos destas regiões. Tanto as temporadas teatrais como as apresentações de música erudita e popular, realizadas às segundas e terças-feiras, vêm recebendo grande acolhida por parte do público.

Vinte e cinco anos de lutas, erros e acertos, de apoio total do Sesi e seus dirigentes e, o mais importante, uma idéia transformada em sonho que se tornou realidade logo no início. *Uma experiência única em nossa terra.*

Nesses vinte e cinco anos, muita coisa se fez para o povo de São Paulo, no que diz respeito à arte do teatro: criaram-se novos espectadores e chegamos a ter uma corrente enorme de amigos desconhecidos, mas assíduos, carentes de um lugar sadio.

Tudo isso é muito emocionante e bastante gratificante. (ORC)

Trechos de artigo — Revista comemorativa 25 *Anos TPS* — por Sérgio Viotti

O Teatro Popular do Sesi é caso ímpar no panorama brasileiro. Caso raro, mesmo, na listagem dos grupos estáveis não subvencionados pelo Estado, no resto do mundo. Seus vinte e cinco anos de atividade ininterrupta, em São Paulo, o tornam, sem dúvida, o único (isto sem contar outros dezenove anos com atividades paralelas de espetáculos itinerantes e de teatro infantil).

O Teatro Popular do Sesi tornou-se, assim o único onde foi e continua sendo possível assistir às peças que, seguramente, jamais seriam apresentadas, por outras companhias.

[...]. Vendo o Teatro Popular do Sesi em atividade desde 1977, na sua magnífica casa de espetáculos própria, tendemos a esquecer que, antes desta, apresentou-se em outras salas pela Capital, sem jamais perder o impulso que o comandava, a tenacidade que o mantinha coeso, e o espírito que o conservava vivo. Havia um homem vigilante e atento, seguindo-o. Ele insiste que a sua importância em relação ao grupo não é tanto quanto se lhe pretende dar, mas é indiscutível que toda realização deste tipo é, quase sempre, produto de um ideal que move um empenho, e por detrás de um e outro sempre existe alguém.

Assim, não é possível dissociar o Teatro Popular do Sesi de Osmar Rodrigues Cruz. Não fossem a sua tenacidade e determinação, sem deixar de lado aquela parcela básica de amor insistente, o Teatro Popular do Sesi não seria o que é, como é, e tampouco teria alcançado a posição que ocupa no teatro brasileiro. Claro que lhe foram dadas as ferramentas para lançar os alicerces; as armas para entrar na luta. Ele as recebeu, fez uso delas e foi avante, enfrentando os mesmos, às vezes imensos, problemas que os diretores de companhias subvencionadas no mundo inteiro teriam de enfrentar. Não basta um subsídio sem quem o transforme em criatividade, em coerência com os seus objetivos básicos e essenciais. O que ele se propunha a fazer, fez: criar um teatro de qualidade que pudesse ser visto e apreciado pelo grande público, não aquele grande público pagante que determina a freqüência flutuante do teatro comercial, mas o seu público maior, para o qual o Teatro Popular do Sesi se tornaria um hábito pessoal, que o teatro é dele. Pode ser que pela sua natureza não comercial muitos espectadores de certos segmentos da população não tenham assistido às montagens do Teatro Popular do Sesi. Sempre que isso acontece, ou vier a acontecer, o grande perdedor foi quem deixou de participar dessa magnífica aventura pelos caminhos do teatro adentro.

Não podemos recuar diante do espantoso fato consumado: a longevidade criativa do Teatro Popular do Sesi, e só podemos desejar ardentemente que a entidade que tornou possível esta longa sobrevivência a mantenha no futuro remoto, sempre em plena atividade.

Que o Teatro Popular do Sesi não se limite a ser memória dos homens de empresa dispostos a apoiar o sonho e a aplicação de um homem de teatro, mas que continue sendo apoio vivo e atuante ao Teatro e ao público que gosta dele. Afinal, há sete milhões de espectadores como comprovação da bem-querença.

Ao longo destes anos, sinto que o Teatro Popular do Sesi adquiriu as dimensões, ao mesmo tempo amplas e concentradas, de um ser humano, e muitos dos que dele se aproximaram podem afirmar, sem receio de erro ou excesso: foi um privilégio conhecê-lo, trabalhar com ele e ser seu amigo.

Depoimentos — revista comemorativa 25 *Anos* TPS

"Não consigo separar o Teatro Popular do Sesi da figura de Osmar Rodrigues Cruz. Penso que a Companhia conseguiu, através da visão serena de seu diretor artístico, um equilíbrio entre a ampliação do público e a qualidade. Dirigindo-se a um público imenso o Teatro Popular do Sesi nunca barateou o seu repertório, nunca pôs em cena obras menores. Faz espetáculos que oferecem muito ao público mas que, ao mesmo tempo, exigem muito desse público. Dentro do teatro brasileiro é um acontecimento tão singular que, mesmo depois de 25 anos, é ainda uma aventura." (Mariangela Alves de Lima)

"Vinte e cinco anos de Teatro Popular do Sesi só podem encher de alegria o teatro paulista e brasileiro. Um trabalho inédito de popularização do teatro e que não tem medido esforço para brindar seu público com texto da melhor qualidade, como os de Plínio Marcos, Maria Adelaide e tantos outros. Para mim, impossível não lembrar a participação de Flávio Império, em seus últimos anos de vida, que encontrou em Osmar e no Sesi os aliados perfeitos para poder extroverter toda a sua genialidade. Parabéns Osmar, Nize, todos." (Fauzi Arap)

"O Teatro Popular do Sesi nesses vinte e cinco anos, mais que um exemplo de continuidade e seriedade de trabalho, tornou-se um patrimônio de nossa cultura tão parca de patrimônios quanto efêmera em iniciativas. Vinte e cinco anos de contínuo sucesso em significativas montagens são marco em nossa história teatral e uma necessidade que esse trabalho perdure para o futuro. Ao Osmar, idealizador e diretor do Teatro Popular do Sesi, nossa admiração por tão longa e vitoriosa obra. E o nosso reconhecimento e a nossa amizade." (Luiz Alberto de Abreu)

"A trajetória do Teatro Popular do Sesi é ímpar no panorama do teatro brasileiro. Não há grupo que tenha sobrexistido tanto tempo com resultado tão luminoso. Louve-se o descortino da entidade ao patrociná-lo e o talento e a tenacidade de Osmar Rodrigues Cruz em dirigi-lo sem derrotas." (Ilka Marinho Zanotto)

"Com o tempo, cresce para mim a imagem do Teatro Popular do Sesi. Modesto, quase tímido, não desejando revolucionar nada, ele impôs aos poucos a presença da História da Dramaturgia Brasileira, mais do que outro elenco, em qualquer momento. E vasto público popular tem acesso, de graça, a essa conquista cultural. Tudo se deve — é bom lembrar — ao paciente e obstinado amor de Osmar Rodrigues Cruz pelo palco, sobretudo pelos nossos muitas vezes esquecidos valores artísticos." (Sábato Magaldi)

"Sempre que se estudar com seriedade a cultura deste país, por força teremos de reconhecer no Teatro Popular do Sesi a única experiência eficaz na busca de um teatro verdadeiramente voltado para o trabalhador. Aquilo que a Lei Sarney propicia hoje, ou seja, a aplicação de recursos da iniciativa privada em projetos artísticos graças à contrapartida de benefícios fiscais, o Sesi já vem fazendo há vinte e cinco anos. Sob a direção de Osmar Rodrigues Cruz, um sacerdote do tablado com quem o teatro brasileiro contraiu uma dívida inesgotável, o Sesi há quase três décadas oferece gratuitamente ao trabalhador um teatro de excepcional qualidade. E o que é mais notável — incondicionalmente, sem nenhuma troca de vantagens fiscais. PARABÉNS!" (Juca de Oliveira)

"Ao longo de décadas, o Teatro Popular do Sesi tem sido em São Paulo um modelo de persistência e boas realizações. Sob o pulso firme de Osmar Rodrigues Cruz, a Companhia tem perseguido uma política que alterna, no repertório, textos importantes da dramaturgia nacional e internacional. As encenações são sempre bem cuidadas e, dirigindo-se a um público através da entrada gratuita, o conjunto de Osmar tem certamente trabalhado muito no sentido de formar público para o teatro." (Alberto Guzik)

"O Teatro Popular do Sesi cumpriu com muito sucesso, nestes vinte e cinco anos, sua função de fornecer ao industriário uma importante parcela de sua produção cultural." (Edelcio Mostaço)

"O Teatro Popular do Sesi sobrevive a todas as vanguardas e a todos os modismos que passa pelos nossos palcos, graças à consciência de Serviço Social que empresta aos seus espetáculos. Um teatro feito para servir. E que o faz com um alto sentido de profissionalismo, de acabamento técnico e artístico. Num país de tão frágeis tradições teatrais, o Sesi tem sido uma escola formadora de novas platéias, um abrigo generoso da cultura brasileira, uma oficina permanente de experimentação. Pena que este país tenha somente um Teatro Popular do Sesi." (Oswaldo Mendes)

"O trabalho de Osmar Rodrigues Cruz frente ao Teatro Popular do Sesi foi e é um empreendimento pioneiro e fundamental para o desenvolvimento da sociedade brasileira — isso para aqueles que sabem que sem Arte e sem Cultura uma civilização estagna, regride." (Antunes Filho)

Confusão na Cidade

CARLO GOLDONI, COMEDIÓGRAFO REFORMADOR DO TEATRO italiano, foi combatido pela crítica conservadora da época porque abandonou seu trabalho na commedia dell'arte e passou a escrever peças de conteúdo social e crítico. As confusões são a tônica de suas comédias, caso do *Arlecchino* em que o criado arma mil situações com seus patrões, como também no *Le Baruffe Chiozzotte* ou *Confusão na Cidade*, como foi traduzida, em que a confusão é armada pelas mulheres. Goldoni retratou com fidelidade a vida dos italianos de várias regiões em sua época.

Escolhi essa peça por ser excelente e porque Goldoni provou ser um autor de grande sucesso popular. *Confusão na Cidade* se passa numa pequena cidade da Itália, chamada Chioggia, onde as mulheres são rendeiras e os homens pescadores que ficam meses em alto mar. Enquanto os maridos estão na pesca, as mulheres reunidas se ocupam na feitura de rendas e de intrigas. Quando chegam os maridos as brigas tomam tal dimensão que se faz necessária a intervenção de uma autoridade da cidade para tentar apaziguar as partes envolvidas. O bonito da peça é retratar uma Itália regional. Giorgio Strehler montou essa peça na Itália.

Infelizmente, o espetáculo não saiu como eu queria. O elenco era bom na sua maioria, mas faltou experiência em comédia clássica, alguns não conseguiram render o necessário e isso prejudicou um pouco o espetáculo. José Rubens Siqueira traduziu, fez o cenário e os figurinos. No nosso espetáculo o barco dos pescadores que voltavam para casa entrava em cena, no original essa chegada era fora de cena.

O barco entrando ao fundo do cenário dava um efeito muito bonito. As casas do vilarejo eram vazadas, o que dava leveza ao cenário. Com a entrada do barco dos pescadores em cena, puxamos a "cena do interrogatório" para frente do palco, usando um elemento que era praticamente um painel de tapeçaria, plasticamente muito bonito e que isolava o cenário da vila.

Essa peça não é muito conhecida, por ter sido escrita em dialeto vêneto, portanto de difícil entendimento; apesar disso, não encontrei ninguém que admitisse desconhecê-la. O José Rubens quebrou a cabeça para traduzir, teve que ler várias edições. Na Itália deve haver edições em romano, mas eu não encontrei.

Apesar de não ter saído o espetáculo que eu pretendia, funcionou e agradou muito a quem se destinava — o público.

Trechos de crítica — *Jornal da Tarde* — por Alberto Guzik — 21/2/1990

UM GOLDONI INÉDITO E HILARIANTE.
EM *BRIGAS NA CIDADE*, UMA CORRETA, EMBORA UM POUCO FRIA, MONTAGEM DO TEATRO POPULAR DO SESI.

Com o nome de *Confusão na Cidade* esse importante trabalho de Goldoni, até hoje inédito em São Paulo, está no Teatro Popular do Sesi, em tradução muito boa de José Rubens. A montagem, dirigida pelo Osmar Rodrigues Cruz, entrou em cartaz no início de janeiro, quase às escondidas. Pois só pela importância de se oferecer ao público um Goldoni de primeira água, o espetáculo deveria ter sido mais divulgado. E ainda que a encenação não seja particularmente inspirada, exibe a correção e seriedade características do Teatro Popular do Sesi, que em 93 vai comemorar três décadas de atividade. Os cenários e figurinos, também assinados por José Rubens Siqueira, são eficientes. O dispositivo cênico ajuda a montagem a correr com a fluidez necessária.

A produção foi levantada com o capricho costumeiro do Teatro do Sesi. O espetáculo de Osmar Rodrigues poderia ter mais brilho. Mesmo assim, faz gargalhar a platéia que lota a confortável sala da Avenida Paulista. Um elenco adequado é responsável também por tal facilidade de comunicação.

[...]. Mas a ressalva não pode impedir o reconhecimento de que se trata de um espetáculo correto, que atinge os objetivos a que se propõe. E a que o público do Sesi assiste com prazer.

A peça a seguir já estava escolhida: *Escola de Maridos*, peça responsável pela guinada na carreira de Molière.

Confusão na Cidade ainda estava em cartaz quando começaram os rumores de que as coisas iam mudar dentro do Sesi. A temporada terminou, os contratos como de costume foram rescindidos até que formássemos o elenco da nova peça.

Pela primeira vez em quarenta anos dedicados ao Sesi e especialmente ao TPS, ao qual me dediquei como pai devotado, tive de ser inesperadamente internado num hospital para operar a próstata. O Francisco Medeiros (Chico), que era meu assistente, formou o elenco, contratou novos atores e ficou resolvido que o Celso Ribeiro, meu assistente de cena, começaria a preparar os atores, fazendo leitura, análise de texto e eu iria supervisionando, enquanto não tivesse alta. Demorei a me restabelecer, nesse meio tempo o elenco entrou num pequeno atrito com meu assistente e eu ia sendo colocado a par de tudo pelo Chico. Ficou claro que eu não poderia dirigir essa peça, o Chico não quis, restava o José Rubens, que acabou dirigindo. Eu estava profundamente chateado com tudo que eu via se armando à minha volta. E as coisas não iriam parar por aí.

Foi apresentado pelo diretor regional do Sesi, ainda na gestão do Mário Amato, um prêmio incentivo a quem participasse do plano de "aposentadoria voluntária". Era pegar ou largar uma "vantagem" que pouco interessava no meu caso, pois estava longe da aposentadoria compulsória. Imaginei ingenuamente que iria morrer trabalhando no TPS que sentimentalmente considerava como meu. Então o Carlos C. Amorim ofereceu a mim e mais outros poucos sesianos, um "Contrato de Coordenador" como autônomo, que no meu caso vigoraria da seguinte maneira: um contrato de três anos em que não havendo denúncia de nenhuma das partes se renovaria por mais um ano e assim sucessivamente. Então pedi minha aposentadoria e assinei o novo contrato. O Francisco Medeiros, que já estava respondendo por mim na minha ausência, ficou definitivamente no meu lugar. Em seguida, fomos informados oralmente, que não poderíamos dirigir.

Foi então convocada uma reunião com alguns representantes da classe teatral em que estavam presentes entre outros Fernanda Montenegro, Eduardo Tolentino, Maria Lúcia Pereira, Gianni Ratto, Oswaldo Mendes, Renato Borghi, Sérgio Mamberti, Nelson de Sá, Mariangela Alves de Lima, Jefferson Del Rios, Naum Alves de Souza, Martha Góes, Gabriel Vilella, Bri Fiocca, Antônio Abujamra, Aimar Labaki, Alberto Guzik e do Sesi estavam Francisco Medeiros, José Felício Castellano,

José Rubens Siqueira, para que se manifestassem a respeito do rumo a ser seguido a partir daquele momento. Claro que a nova medida a ser adotada estava mais do que decidida, a pretensa "oitiva" de "ilustres representantes da classe teatral" serviria apenas para atrair a mídia, para lançar os novos projetos e pouco a pouco novas medidas foram sendo tomadas visando modificar toda a estrutura do TPS: começaram proibindo o Medeiros e eu de dirigirmos, queriam trazer diretores de fora, dissolveram a única companhia estável do Brasil há trinta anos. Eu continuei como coordenador de coisa nenhuma por mais três anos. O Medeiros sentiu muita pressão com as mudanças e não agüentou, tanto que deixou o Sesi, uma pena, poderia ter feito um belo trabalho lá, no seu lugar nomearam Maria Lúcia Pereira.

Bom, a estréia de *Escola de Maridos* foi marcada para o dia em que o TPS completava trinta anos. Antes da peça houve um ato solene, em que o presidente da Fiesp, Mário Amato, discursou concedendo o meu nome à sala de espetáculos do TPS. Depois do espetáculo, ofereceram um coquetel aos presentes.

Discurso de Mário Amato
Inauguração "Sala Osmar Rodrigues Cruz" — TPS 30 Anos — 6/4/1992

O motivo que nos une aqui hoje é a vontade de prestar uma justa homenagem. O homenageado desta noite é o homem que durante quarenta anos dirigiu os grupos teatrais desta casa, que ao longo desse tempo soube lhe reconhecer o talento e a capacidade de trabalho.

Neste e em muitos outros palcos, a cada vez que se levantaram as cortinas, saíram engrandecidos o teatro brasileiro, o Sesi e, através dele, o empresário de São Paulo.

Sucesso foi sempre um personagem presente na vida de Osmar Rodrigues Cruz, dificilmente o Brasil teria tido um melhor economista do que homem de teatro, caso Osmar, aluno da Faculdade de Ciências Econômicas de São Paulo na primeira metade dos anos 40, não houvesse encontrado sua verdadeira vocação, ao reunir os colegas para uma primeira experiência teatral. Muitos foram os momentos de consagração, desde então, na sua trajetória. Seu gênio foi reconhecido pelo extraordinário Nelson Rodrigues, que elogiou a montagem de Osmar Rodrigues Cruz da peça *A Falecida*, garantindo-lhe que havia sido um dos melhores trabalhos já produzidos a partir de sua obra. Em 1969, Osmar conquistou todos os principais prêmios de teatro, entre eles o "Molière", que voltaria a ganhar em mais duas outras oportunidades.

Não haverá exagero em se afirmar que o empresariado deve a Osmar Rodrigues Cruz o reconhecimento a boa parte da sua ação no campo da cultura. O Sesi, uma entidade mantida e administrada pela indústria, converteu-se nas últimas décadas, pelo trabalho de Osmar, numa importante base de sustentação e revigoramento da atividade teatral em nosso estado. [Grifo nosso.]

São provas disso, não apenas o elenco estável e um itinerante que o Sesi mantém, mas também o apoio que a entidade oferece ao surgimento de grupos teatrais amadores em suas unidades instaladas pelo estado afora, sem esquecer desta sala modelar de espetáculos em que nos encontramos nesta noite, onde, através de ingressos distribuídos gratuitamente à população, muitos trabalhadores têm seu primeiro contato com os textos teatrais.

É importante frisar que se trata de apoio a uma atividade que aguça os sentidos da cidadania, já que o teatro ajuda as pessoas a melhor entender o mundo à sua volta. [Grifo nosso.] Por isso mesmo podemos dizer que esse apoio confirma, uma vez mais, a disposição dos empresários de contribuir para o amadurecimento de uma sociedade viva e participativa.

Todo esse trabalho se deve a Osmar Rodrigues Cruz, que durante essas quase quatro décadas dedicou toda a sua capacidade à construção de uma obra que hoje merece o reconhecimento, não apenas dos empresários que a tornaram possível, mas de toda a classe teatral, que tem em Osmar Rodrigues Cruz um exemplo de dedicação, talento e amor ao teatro.

EM SEGUIDA VIERAM AS ELEIÇÕES NA FIESP, CARLOS Moreira Ferreira foi eleito, imprimindo uma nova orientação técnica e artística ao teatro, assessorado por alguns pretensos entendidos. Medidas radicais eram cada vez mais freqüentes. O Francisco Medeiros foi embora, uma vez que não podia mais dirigir, o que foi uma pena, porque poderia ter feito um belo trabalho. Para o seu lugar foi nomeada a Maria Lúcia Pereira.

Fiquei como cordenador durante três anos, quando veio uma ordem acabando com esses cargos. Soube que a Maria Lúcia Pereira segurou o que pôde essa ordem, se negando transmiti-la a mim. Fui então chamado pelo superintendente do Sesi, José Felício Castellano, que me deu a notícia da extinção desse cargo. Eu me recusei a assinar a rescisão contratual, porque havia um artigo que garantia a permanência do contratado por depois do aviso, por mais três meses. Quando esse prazo terminou saí pela porta dos fundos, e de costas para o Sesi, e pensava como é fácil acabar com o que foi construído, como foi difícil construir e me dispus a nunca mais pôr os pés naquelas dependências.

É difícil romper laços afetivos. Veio a tristeza, a depressão, o diabetes e um câncer. Eu não conseguia superar a dor de deixar o que sentia que era meu, minha criação, minha extensão, pela simples razão de ter conseguido, tendo partindo de um sonho, levar ao TPS uma grande massa de trabalhadores que ao freqüentá-lo puderam crescer social e intelectualmente. A luta foi árdua, mas os resultados desses trinta anos de TPS deram frutos e foram colhidos, está na história para sempre, o que virá depois só o tempo poderá avaliar.

O TPS Itinerante

O Milagre de Annie Sullivan

ESSA IDÉIA DE VIAGEM, NASCEU POR ACASO. NO TEMPO do Paulo Correia eu tinha a intenção de fazer um grupo para viajar, mas a despesa era muito grande, o De Nigris era o presidente na época e a peça que estava em cartaz mexeu com todo mundo, era o *Milagre*, e ele quis levar para a Convenção da Fiesp em Campinas, só que precisava fazer um novo cenário, ele autorizou e foi o começo de tudo.

A partir daí fomos levando outras montagens, adaptamos *Noites Brancas*, levamos *Caprichos do Amor*, com outro elenco. Viajar era muito bom, eu achava muito bom e viajei bastante com o *Milagre*, com *Noites Brancas*, era cansativo, viajava de carro por quase todas as cidades do estado. Mais tarde algumas foram feitas de avião, o que era melhor, você vai para Ribeirão Preto, por exemplo, em quarenta e cinco minutos. Araçatuba, Presidente Prudente, fiz tudo por rodovia. O elenco ia de ônibus leito. Algumas fizemos por trem, as que tinham trem-leito. Bauru, por exemplo, fizemos de trem, era cansativo, porque fazíamos essas cidades aos fins de semana, em algumas de sexta a domingo, e voltávamos para São Paulo no domingo depois da sessão da noite e recomeçávamos viagem logo na quinta ou sexta, dependendo da cidade.

Em Campinas montamos a peça num auditório de um colégio, que não tinha a mínima condição, foi uma loucura, mas gostaram. Não havia ainda o Teatro Castro Mendes, havia o Municipal, mas não sei por que não foi feito lá. Mas a idéia primeira das viagens era levar as peças que fossem feitas aqui em São Paulo para o Interior.

Trechos de entrevista — *Diário de São Paulo* — a Hilton Viana — 28/12/1969

"[…]. Estamos realmente levando teatro para o povo. Para mim é uma experiência nova. Ainda não conhecia o público do interior do estado. Enquanto um elenco permanece aqui em São Paulo no Teatro Israelita Brasileiro, apresentando *Intriga e Amor*, de Schiller, o outro conjunto viaja pelo interior levando *O Milagre de Annie Sullivan*. […]. Estreamos no interior no dia 19 de setembro em Sorocaba, no Cine Santa Rosália. Lá permanecemos três dias como fazemos em todas as cidades. Fomos assistidos por 2.700 pessoas. Tanto para mim como para o elenco a receptividade foi além da expectativa. Para se ter uma idéia, tivemos que voltar em Sorocaba nos dias 5, 6 e 7 de dezembro. […]. Depois de Sorocaba, já visitamos as seguintes cidades: Jundiaí, São Carlos, São José do Rio Preto, Marília, Rio Claro, Botucatu, Limeira, Araçatuba, Presidente Prudente, Bauru, São José dos Campos e na semana passada São Caetano do Sul. No interior já fomos assistidos por mais de 37.000 pessoas. […]. Dez anos separam o enorme sucesso de *O Milagre de Annie Sullivan* do primeiro espetáculo do TPS, *A Torre em Concurso*, […] essa realização do Sesi é uma demonstração do interesse que a classe industrial está dispensando à educação do operário. Educação indireta mas eficaz, proporcionada pela recreação artística e cultural."

Trechos de crítica — *Diário de Bauru* — por Mestre Cyrilo — 2/12/1969

O Milagre de Annie Sullivan
Já falei sobre a obra meritória do Sesi trazendo bom teatro para o povo. Iniciativa que deve ser imitada por quem de direito não só para prestigiar o teatro brasileiro como também para desenvolver o gosto artístico teatral entre a nossa gente. O teatro é escola, cultura e arte. Com as atividades cinematográficas e televisões restringem-se as do teatro somente nas capitais, o que não dá ensejo ao interior de assisti-lo por vários motivos já enunciados. Agora não é da peça que falarei. Nem de seu autor. Ambos estão perfeitamente descri-

tos, claramente, em termos compreensíveis à mediana inteligência para assimilar a essência do memorável tema, e o talento de Gibson, no folheto distribuído aos espectadores à entrada do clube.

Desejo expender o meu fraco entender artístico sobre o desempenho dramático dos componentes do elenco dirigido por Osmar Rodrigues Cruz. Mas falar sobre o desempenho, a interpretação, dos lances, dos conflitos tecidos com habilidade pelo autor da visão do acontecimento humano, será pretensão descabida de um modesto cronista do interior. Mas é difícil conter esse desejo diante do espetáculo. Assistindo o trabalho dos pupilos de Osmar, ouvindo-se a ligação dos termos na seqüência da história a gente sente-se empolgado, extasiado, sensibilizado, emocionado, tendo à frente dos seus olhos não uma fantasia teatral, um enredo imaginado por um talento especulador, um romance de transes sociais, mas a pura realidade da vida, tão perfeito, harmônico e ajustado ao texto o trabalho do afinadíssimo elenco que nada deixou a desejar. [...]. Três noitadas maravilhosas, extraordinárias, notáveis, dignas dos seus promotores e da cidade cujo povo lotou as dependências do amplo salão de festas do Bauru Tênis Clube, aplaudindo de pé os atores ao encerrar das cortinas do palco.

A deficiência do nosso palco, infelizmente, obriga a gente criar na imaginação um local específico para a ação de um trecho do enredo, como no caso do parque no final, tirando de certa maneira o brilhantismo essencial do milagre que começava a surgir.

O povo gosta do que é bom. E com a presença em massa ao Bauru Tênis Clube para assistir *O Milagre de Annie Sullivan* está provado que precisamos de um edifício próprio para o nosso Teatro Municipal para acolher as boas companhias do gênero artístico que, como escola que é, ajuda na educação e cultura do povo. Já é tempo e já está mesmo tardando a consecução desse ideal bauruense.

Trechos de crítica — *Jornal da Cidade* (Jundiaí) — por Seckler Machado Filho — 1.º/10/1969

O MILAGRE VISTO POR 1.200 PESSOAS

[...]. A peça esteve por dois anos em cartaz nos melhores teatros da capital. O elenco é do Teatro Popular do Sesi, com direção de Osmar Rodrigues Cruz, uma capacidade. Melhor que nós podem dizer as 2.100 pessoas que assistiram essa extraordinária peça levada à cena na sexta, no sábado e no domingo, lá no Politeama.

Um teatro adulto para um público adulto. Tecnicamente montada e representada por uma das melhores equipes do teatro profissional de São Paulo, *O Milagre* aconteceu, e de forma magnífica. Naquele Politeama literalmente tomado pelo público, pôde-se ver o nosso grande teatro brasileiro dar um verdadeiro *show* de interpretação. Analisar um a um os personagens seria desnecessário, pois a interpretação segura e eficiente de cada um deu ao espetáculo o seu alto nível. O Teatro Popular do Sesi não apenas justificou em Jundiaí o seu grande cartaz. Simplesmente ratificou, confirmou a sua liderança absoluta. Sua linha correta de cena e interpretação é qualquer coisa de notável. [...]. Sentimos a falta de um teatro, enfrentamos grandes problemas, mas o que nos anima é saber que o nosso povo gosta de teatro, sabe apreciar, e deixa de comparecer somente quando não há teatro.

Jornal do Sesi — **por Osmar Rodrigues Cruz** — **6/1970**

O Teatro Popular do Sesi possui onze anos de existência, porém foi há sete anos que ele se tornou uma companhia profissional, no qual desde o primeiro ator até o último técnico, todos são contratados e remunerados, o que permite que seus espetáculos possam ser oferecidos, ao público trabalhador, dentro das melhores condições técnicas e artísticas.

Essa orientação visa um objetivo: a educação artística do trabalhador, que assistindo os espetáculos do Teatro Popular do Sesi ocupa suas horas de lazer da melhor maneira possível. Desde o início de suas atividades, mais de um milhão de pessoas se beneficiaram com eles. Na história do teatro brasileiro esse fato e sua realização talvez sejam inéditas. Nunca houve uma forma tão eficiente de promoção social, através do teatro. Esse é um acontecimento que no futuro será avaliado, nós não podemos no presente, dar-lhe maior significado do que já tem, uma vez que a perspectiva histórica virá com o futuro.

Mas no momento atual, além de representar um movimento que encontrou aceitação total por parte do público, ele começa a fazer parte integrante do teatro paulista.

Hoje o teatro do Sesi é aguardado pelos espectadores com ansiedade, demonstrada por cartas, telefonemas e procura de ingressos.

O resultado é que, com a objetividade e o discernimento da alta administração do Sesi, o seu Teatro Popular, hoje, possui dois elencos profissionais, um na Capital, outro em excursão pelo Interior.

Podemos garantir que, de todas as formas que realizamos nestes últimos anos para apresentação de um teatro para o trabalhador, essa foi a mais exata: atores, técnicos, diretores, todos profissionais unidos para realizarem um trabalho sério, para que o trabalhador tenha o direito de assistir bom teatro sem ônus para sua bolsa, e o resultado aí está.

O Milagre de Annie Sullivan foi um dos maiores êxitos que assistimos nestes anos de teatro: na Capital dois anos e três meses em cartaz, e no Interior sete meses. Nunca esperávamos que as cidades interioranas tivessem tanto interesse pelo teatro.

Parecia que nossa missão tinha atingido o máximo. Entretanto, podemos adiantar que, agora, é que ela está começando, pois manter esse trabalho, aperfeiçoá-lo, desenvolvê-lo é a finalidade daqueles que construíram e apoiaram o Teatro Popular do Sesi.

Noites Brancas

PEDI AO EDGARD GURGEL ARANHA UMA ADAPTAÇÃO DA peça, porque a adaptação de São Paulo tinha um cenário muito complicado com três ou quatro espaços, então o Arquimedes Ribeiro criou um cenário mais prático para a viagem e o Edgard reduziu os personagens para três atores. Essa peça fez muito sucesso, a história é muito bonita e o espetáculo resultou muito agradável. Junto à crítica do interior ela alcançou uma receptividade muito grande, viajamos com a peça durante muito tempo, é uma pena que não tenhamos recuperado nenhuma crítica da peça no interior. Em São Caetano aconteceu muita encrenca por conta de uma molecada disposta a acabar com o espetáculo, infelizmente tivemos de fechar o teatro e chamar a polícia.

O Primo da Califórnia

AQUI EU MUDEI OS CRITÉRIOS, NÃO TÍNHAMOS MONTAgens em São Paulo que pudessem viajar facilmente mesmo se adaptadas, uma vez que envolviam elenco numeroso. Então escolhi e adaptei, conservando o espírito da peça, *O Primo da Califórnia*, do Joaquim Manuel de Macedo, que é uma comédia já adaptada pelo autor de uma outra comédia francesa, ela é muito engraçada, muito boa. Tinha uma desvantagem que era a necessidade de dois cenários, mas no interior eu podia dar intervalo, em São

Paulo tive de encerrar com essa história de intervalo por conta de os assentos não serem numerados, então os espectadores se levantavam para o intervalo e quando voltavam era aquele alvoroço para encontrar o lugar certo e atrasava o início do segundo ato. Levamos essa peça em Santo André, mas não voltei a São Caetano.

Nessa montagem não utilizamos os versos musicados que Macedo colocou nos finais de algumas cenas, primeiro por ser uma peça de costumes e a música finalizando determinadas cenas tiraria essa característica. Segundo, não seria uma comédia musical, por não ter estrutura para isso. Sendo assim apenas modernizamos a peça, no que diz respeito aos personagens, como por exemplo o herói e a heroína não formam o par romântico, mas sim, um homem e uma mulher que sofrem os problemas da vida e reagem como todos reagiriam hoje. Adriano, o galã, assim, é mais um anti-herói. Um infeliz sem saber como se livrar dessa infelicidade. A heroína que no original é a jovem pura e romântica, passa a ser a mulher pragmática, autoritária e precisamente a que soluciona os problemas. Enfim, o matriarcado instalado. Essa colocação evita a pieguice e dá uma visão atual às palavras de Macedo. Fizemos a peça dentro da tradição da comédia brasileira da década de 1930 a 1940. Usamos toda a temática chanchada sem, é claro, descambar para o exagero.

Trechos de crítica — *Jornal de Piracicaba* — por Leandro Guerrini — 10/8/1972

O Primo da Califórnia

No excelente auditório do Centro Acadêmico "Luiz de Queiroz", não vamos afirmar ser o melhor auditório da cidade, tivemos a presença do festejado Teatro Popular do Sesi. A nova, sem ser nova, é importante, porque o Teatro Popular do Sesi é uma organização de notáveis méritos, incontestavelmente, isso porque não espera pelo povo — leva-lhe teatro instrutivo à festa dos olhos, de mão beijada. Confere. Procura levar às massas, dentro do recado didático-cênico, um teatro comunicativo, eloqüente, compreensivo, formal. Nada de aberrações, de choques, de teatro para uma elite acacianamente intelectualizada ou para uma camada de esnobes com fumaças de supercivilização.

[...]. Tal teatro penetra facilmente no coração, sem revérberos estrambólicos, justificando belamente o adjetivo do título. [...]. *O Primo da Califórnia* é peça leve, digerível, sem nenhuma pretensão novidadeira, dentro do panorama palquista atual. Retrata flagrantes da vida carioca, de época imperial — uns apanhados precisos, pitorescos, vivos e incisivos. [...]. Em resumo, um espetáculo insinuante, alegre, feliz, que merece voltar a Piracicaba, como prometeu um dos participantes do grupo, antes de abrir-se o velário. Interpretação a inteiro contento, sem nome de artista a destacar. Todos num plano homogêneo e equilibrado. Cenário bem funcional e guarda-roupa caprichado. Gostamos e muito da direção, precisa e de muita inteligência.

Médico à Força

ESSA PEÇA ACHO MUITO INTERESSANTE, NELA MOLIÈRE FAZ uma crítica à medicina, é uma peça leve. Dei os figurinos para a Ninette Van Vuchelen e o cenário para o Túlio Costa, que era um praticável onde entravam telões, numa espécie de cortinas. Esse espetáculo foi produzido com todo o capricho, pois foi escolhida para comemorar os trezentos anos do nascimento de Molière. A escolha da peça vinha ligada à intenção de fazer uma temporada em São Paulo também. A sede própria do TPS em 1974 estava em construção e a construtora resolveu dar uma churrascada, nós estávamos em temporada no TBC com *Leonor de Mendonça* e *O Médico* tinha um cenário de fácil montagem, então fizemos o espetáculo para os operários que estavam trabalhando na construção do prédio e do teatro. O palco e a platéia estavam no concreto ainda, não havia camarim, nada, as laterais do palco estavam semifechadas, tanto que os moradores de um prédio ao lado da entrada lateral do palco puderam assistir ao espetáculo de suas janelas. Foi o primeiro espetáculo que o teatro teve num precário palco, de uma platéia mais precária ainda e que seria a nova sala de espetáculos do TPS. Depois do espetáculo, veio a churrascada. Nós já estávamos viajando com a peça desde 1973 e trouxemos para essa empreitada em 1974. O teatro levou nove anos para ser construído... só foi inaugurado mesmo em 1977. Essa peça ficou viajando por dois anos e meio, fez temporada um mês no TBC, na mudança de uma peça para outra da capital, onde estávamos ensaiando *Leonor de Mendonça* e saindo do TBC voltou a viajar. As platéias do interior são ótimas. Nessa época o TPS já estava em atividade há dez anos. Nós fizemos também uma temporada em Santo André, porque quando montávamos uma peça inédita fazíamos uma temporada lá para deixar a peça bem afinada. Depois do *Milagre* o maior sucesso de viagem foi *O Médico*. A receptividade no interior das nossas peças foi impressionante. Fizemos uma apresentação ao ar livre no Jardim da Luz e fomos a Ilha Solteira numa apresentação especial dentre tantos lugares que visitamos. A Prefeitura organizou um programa de Expansão Cultural — teatro, dança, música, literatura — em dezembro de 1973 e entraram várias peças: *Bodas de Sangue*, do García Lorca, feita pela Maria Della Costa, *Queda da Bastilha*, criação coletiva do Teatro São Pedro, *Adeus Fadas e Bruxas*, do Ciambroni e o *Médico à Força*, do TPS. Todas com ingresso pago, menos nós. No Teatro Municipal correu bem. O problema é que a peça foi feita dentro de um praticável para caber em qualquer espaço nas cidades, então tudo era meio limitado.

Em Ilha Comprida, aonde fomos com a peça, contavam, nessa época, que na barragem havia operários enterrados lá, que caíam durante a obra e não tinha como recuperar os corpos. Foi no tempo da ditadura e ninguém dava satisfação, muito menos cuidar da segurança de operários.

Referências sobre a peça

DEZ ANOS DE TEATRO POPULAR DO SESI E TREZENTOS DE MOLIÈRE

Ao completar dez anos de atividades como grupo profissional o Teatro Popular do Sesi resolveu montar, para as suas viagens pelo interior do estado, com o seu elenco itinerante, a peça de Molière *O Médico à Força*.

A escolha deste autor prendeu-se ao fato que este ano o mundo inteiro comemora o tricentenário da morte do grande comediógrafo francês. A importância de Molière na dramaturgia é tamanha que hoje já não se pode encará-lo como autor de determinado país, mas sim como um escritor universal. Suas peças são representadas nos mais afastados pontos do mundo porque ele alcançou uma profundidade, uma verdade em seus tipos e caracteres que fazem com que as suas peças descrevam gente e situações que seriam as mesmas em qualquer parte, desde que existissem seres humanos. Se tirarmos as roupas e algumas poucas expressões, teremos diante de nós, em qualquer texto de Molière, um retrato da sociedade em que vivemos. E quando um escritor consegue isto, através das suas obras, ele merece o nome de gênio.

Por isso, nada mais oportuno do que a montagem de uma peça de Molière para se festejar o décimo aniversário do Teatro Popular do Sesi. E entre todas as suas peças a escolha recaiu sobre uma das suas mais famosas farsas: *O Médico à Força*. Embora escrita às pressas para substituir *O Misantropo* que não estava indo muito bem de bilheteria, trata-se, sem dúvida, de uma das melhores farsas de Molière. É a mais representada pela Comédie Française e o sucesso que conheceu na sua estréia em 1666 continua o mesmo até hoje. Deve-se à sua inigualável comicidade, Molière gostava tanto desta farsa despretensiosa que ele próprio a reprisou sempre que pôde.

Nela, Molière coloca mais uma vez em cena o personagem de Sganarello, bastante modificado, menos personagem da commedia dell'arte e muito mais o camponês francês. Ele é ávido, beberrão, mentiroso, debochado, sempre com a resposta pronta, soltando piadas nas horas mais impróprias, grosseiro e no entanto extremamente ágil, vivo e simpático. Em torno deste personagem central Molière colocou: Martinha, a esposa camponesa, ciumenta e rabugenta, Geronte o velho burguês, rico e obtuso, Jacqueline a ama-de-leite esperta, viva, bonita — bem na tradição das criadas da época que mandavam na casa e representavam toda a alegria de viver, Valério e Lucas os dois criados vivos e malandros e mais Lucinda e Leandro, os eternos apaixonados românticos que provocam toda a trama que levará Sganarello a desempenhar as funções de médico.

Antes de tudo *O Médico à Força* é uma farsa, e neste gênero é, sem dúvida, uma das mais perfeitas do autor. Mistura de gêneros e de tons, em volta de uma boa brincadeira, a farsa é o encontro ideal da fantasia, da imaginação e da liberdade de expressão. E é neste espírito que a montagem do Sesi pretendeu recriar a peça. A roupagem do espetáculo está bem dentro das regras do gênero, mistura de farsa medieval, revista e recriada por Molière, com todos os achados da commedia dell'arte. Um simples praticável (como Molière armava nas suas representações pelo interior da França, nas feiras, ou nos jardins dos inúmeros castelos do rei Luís XIV onde a sua companhia se apresentava para abrilhantar as festas do seu grande protetor e amigo) com três cortinas ao fundo para indicar onde se passa a ação. Essas cortinas são desenhadas e pintadas por Túlio Costa. As roupas estilizadas, alegres e coloridas idealizadas e executadas por Ninette Van Vuchelen lembram a época e evocam, mais ainda, as roupas que Molière usava em seus espetáculos.

A direção do espetáculo procurou imprimir um ritmo que destacasse bem a comicidade das situações criadas por Molière e mostrasse com clareza as intenções do autor. Não houve preocupação de destacar a atualidade do autor pois ela surge do próprio texto. Montar Molière pareceu-nos um dever para um teatro como o Teatro Popular do Sesi porque a farsa permanece próxima do povo e é muito mais acessível ao riso universal.

O Teatro Popular do Sesi que mostrou tudo o que há de melhor na dramaturgia mundial não podia deixar de apresentar um texto do grande comediógrafo francês para o seu público do Interior, e a época melhor pareceu-nos agora quando o Teatro Popular do Sesi festeja o seu décimo aniversário e o mundo inteiro comemora os trezentos anos do falecimento de Molière. (ORC)

Consta no programa da peça uma página do diário de Lagrange, galã romântico do elenco permanente de Molière. Lagrange acumulava as funções de ator e de administrador da companhia:

"Neste dia, após a representação, por volta das 10 horas da noite, o senhor Molière faleceu em sua casa da Rua Richelieu, após ter representado *O Doente Imaginário* passando bastante mal. Atacado de resfriado, complicado de bronquites, que lhe havia provocado uma tosse muito forte, fez tanto esforço para cuspir que provocou o rompimento de uma veia do corpo e ele não sobreviveu mais que meia hora ou três quartos de horas após o rompimento da veia. Seu corpo está enterrado no cemitério São José, da paróquia de Santo Eustáquio. Lá tem um túmulo com uma altura de meio metro acima do chão. Na desordem em que a Companhia se encontrou após essa perda irreparável, o Rei achou por bem juntar os atores que a compunham aos comediantes do Hôtel de Bourgogne." Assim nasceu a Comédie Française.

Crítica — *Última Hora* — por João Apolinário — 3/1/1974

O Sesi e os prêmios, o Municipal e o povo

O último espetáculo teatral apresentado em São Paulo, como estréia na Capital, aconteceu no Teatro Municipal, pela primeira vez aberto a um "programa de expansão cultural da Prefeitura" dirigido a todas as camadas de público, sobretudo às de menos poder aquisitivo.

Mais: o espetáculo em causa — *O Médico à Força*, de Molière — foi apresentado gratuitamente pelo Teatro Popular do Sesi, a única entidade existente no estado de São Paulo que promove uma atividade sistemática nesse sentido, apresentando já há dez anos teatro gratuito, de intenções populares e culturais do mais alto significado.

Tanto a abertura do Municipal, quanto o programa da Prefeitura e o aniversário do Teatro Popular do Sesi são acontecimentos da temporada agora finda que merecem comentários separados, o que faremos oportunamente.

Hoje o interesse maior está no comentário ao espetáculo propriamente dito, rodado durante nove meses de 1973 pelo interior do estado, com apresentações em cerca de quarenta cidades, num total de 166 espetáculos para 132.800 espectadores, segundo os números constantes do relatório assinado pelo diretor do TPS, Osmar Rodrigues Cruz.

E aqui cabe já uma sugestão: por que é que o TPS não faz a apresentação da sua companhia itinerante na Capital, antes ou pouco depois da estréia no Interior? É que, assim, a crítica teria oportunidade de vê-lo e incluí-lo nas suas premiações, coisa que, por exemplo, não aconteceu (nem poderia acontecer) na votação da APCA verificada no último dia 27 de dezembro, três dias antes de *O Médico à Força* ser exibido no Municipal.

E o espetáculo, a meu ver, reforçaria a importância do TPS, sobretudo se fossem revelados os números de sua extraordinária atividade cultural e popular que, não obstante mereceu dos associados da APCA uma "Menção Especial" pelo décimo aniversário de suas atividades e como incentivo para que continue sua obra de popularização do teatro.

Quem sabe se lendo os números extraordinariamente significativos da atividade do Sesi e vendo este espetáculo, os votantes não achariam boas razões para meditar na importância de um prêmio que consagrasse não apenas o trabalho do Sesi, mas os próprios votantes?

Enfim, deixemos — repito — o comentário sobre as atividades tão relevantes do TPS e analisemos a causa de tantos e tão veementes aplausos do público que lotou o Teatro Municipal de São Paulo, encantado com a farsa do velho e sempre vivo Molière, em homenagem do qual, neste tricentésimo aniversário de sua morte, o Teatro Popular do Sesi montou *O Médico à Força*.

Trechos de crítica — *O Estado de S. Paulo* — por Clovis Garcia — 9/7/1974

Médico à Força revela a atualidade de Molière

As comemorações do tricentenário da morte de Molière tiveram pouca atenção por parte dos realizadores teatrais brasileiros. [...].

Agora, o Teatro Popular do Sesi traz sua montagem para São Paulo, estreando no TBC (e a propósito, que tristeza as condições de decadência do edifício que foi o centro teatral brasileiro). Continua, assim, no seu meritório objetivo de facilitar aos trabalhadores o acesso ao Teatro, que por suas condições econômicas e não sendo industrializável, tem sido uma arte de elite. Chegando a atingir, com uma única montagem, cerca de 500.000 espectadores, o Teatro do Sesi conquistou o direito ao título que ostenta em seu nome, e que somente aqueles de curta visão, presos a intransigentes preconceitos e limitadas concepções auto-suficientes, poderiam negar.

Médico à Força, inspirada num *fabliau* medieval do século XII, é uma comédia na linha da "commedia dell'arte" que Molière aprendera a admirar desde seus primeiros contatos com Tibério Fiorilli, o Scaramuccia, e que lhe revelara a importância do cômico para não somente divertir o povo mas, também, como arma de crítica. Com o personagem Sganarello, que Molière criara desde 1660, que ele mesmo interpretava e que utilizou em tantas outras comédias, *Médico à Força* retoma a sátira aos médicos, presente desde seus primeiros *soggettos* escritos, ainda, na província até sua criação final, *O Doente Imaginário*, em cuja representação se sentiria mal e morreria. Mas, também, outros temas habituais de Molière, e de toda comédia de intriga da época, como o casamento por interesse, a falta de visão burguesa, a esperteza do camponês, o domínio dos criados e a força do amor, são aflorados nessa comédia. O mais importante, porém, é a extraordinariamente eficiente estrutura da peça, que funciona ainda hoje no seu principal sentido, o de fazer rir.

A direção de Osmar Rodrigues Cruz se ateve a esse objetivo precipuamente. O ritmo intenso, as marcações imaginosas, a linha caricata dos personagens, obtêm um riso contínuo da platéia, que se diverte sem um momento de descanso.

O elenco, depois de catorze meses de apresentações no Interior (parece que houve apenas uma ou duas substituições) está inteiramente à vontade nos papéis, obtendo um grande efeito cômico, de linha popular. [...].

Excelente, na sua simplicidade, o cenário de Túlio Costa, com as cortinas pintadas na forma de gravuras, ainda que a terceira, mostrando a habitual perspectiva de uma rua da "commedia dell'arte" não seja fiel ao local da ação. Também ótimos, no seu colorido, os figurinos de Ninette Van Vuchelen, especialmente a variação da roupa de Sganarello inspirada no retrato de Molière, por Simonin, exatamente representando esse personagem.

O Barão da Cotia

França Júnior batizara como *Tipos da Atualidade* ou o *Barão da Cotia*, nós usamos o *Barão*. Foi um espetáculo agradável, que divertiu muito o pessoal do Interior, ficou um mês em Santo André, num teatro do conjunto do Sesi, que tinha como inconveniência ficar ao lado de uma quadra de basquete, foi o primeiro teatro que o Sesi construiu, depois vários conjuntos tiveram vários teatros, onde, dentro do esquema que eu havia adotado de fazer um mês em Santo André e depois viajar, fizemos espetáculos já com a peça bem "afinadinha".

A peça durante a temporada sofreu substituição, saiu o Renato Consorte, entrou o Gibe. Lógico que são dois estilos diferentes de representação. A peça foi feita como Comédia de Costumes, não tem implicação nenhuma a não ser com a introdução de umas *gags* cômicas, que não havia na peça, eu encaixei e funcionavam muito bem. Fomos viajar e a peça fez 227 espetáculos pelo Interior, com 118.005 espectadores. No Interior dá muito público porque os locais de apresentação são muito amplos.

Entrevista — *Última Hora* — coluna "Espetáculo Off" — 14/9/1974

Só o povo pode salvar o teatro

[...]. Quais os resultados do Grupo Itinerante?

— O Grupo Itinerante viaja por todo o interior paulista há mais de cinco anos com os melhores resultados possíveis. Sendo que o ingresso gratuito cria condições e facilidades na conquista de um novo público não habituado ao teatro. Existem cidades em que a influência de público tem sido tão grande que nos obriga a voltar duas a três vezes.

[...]. Quais as camadas que o Teatro Popular do Sesi atinge?

— Principalmente as populares e de trabalhadores, metas principais do nosso plano de ação cultural, além das classes B e A em sua minoria. Sendo um Teatro Popular, é claro que nosso objetivo é atingir cada vez mais o povo em sua maioria através de espetáculos de nível.

[...]. Qual o critério da escolha do repertório?

— Basicamente textos nacionais ou clássicos, porque estes falam mais diretamente ao grande público. Além disso os espetáculos são sempre realizados sem implicações intelectuais apesar de serem tratados artisticamente com muito cuidado.

[...]. Há diferença de reações entre o público da Capital e do Interior, diante de um espetáculo?

— Diante do grande público as reações são iguais em todos os lugares, sempre espontâneas, isso em termos do público popular, principalmente diante de uma comédia. Posso garantir que, na maioria das cidades, deixam até a novela para ver o nosso teatro. O que significa uma vitória.

O que mais tem impressionado no público popular?

— A espontaneidade. A sua crença no teatro e o prazer com que eles recebem e se entregam ao espetáculo. A ingenuidade crítica com que assistem os espetáculos é espantosa. A uma situação falsa ou proposta ilusória segue-se uma reação espontânea correspondente; ou aprovam participando ou saem da platéia sem qualquer acanhamento. Como já conhecemos seu comportamento, procuramos sempre dizer-lhes coisas dentro de determinados padrões, sem falsas interpretações. E temos sido felizes. Por isso nosso teatro tem onze anos de ascensão junto ao *grande público popular, o único que poderá salvar o teatro. Acreditem ou não, só sob o aspecto arte popular, poderá um dia o teatro ter o lugar que merece: o de participação direta na educação social e cultural de nosso povo.*

[...]. Qual o gênero de peças que consegue obter maior sucesso?

— Tanto as nacionais como as clássicas, porque ambas falam diretamente, numa linguagem popular, a esse público sem tentar iludi-lo. Esse não é só o grande fator positivo do Teatro Popular do Sesi, mas de todo o teatro. No mundo também Planchon, mesmo, chegou a essa conclusão. Temas nacionais ou os clássicos adaptados à linguagem atual. Fora disso é tentar no vazio. A verdadeira arte é a que fala ao povo, ele é que sedimenta a estrutura daquilo que realmente irá interessar.

A Mosqueta

É UMA PEÇA DO ÂNGELO BEOLCO, QUE EU ADAPTEI E O Alexandro Memmo dirigiu. Ele também dirigiu *Desgraças de Uma Criança*, do Martins Pena. Essas e o *Caprichos do Amor*, que eu dirigi em São Paulo, quando viajou o Ruy Nogueira, que tinha trabalhado na peça aqui na Capital, dirigiu o elenco de viagem, para eu poder descansar um pouco, porque eram muitas peças para dirigir. *A Mosqueta* foi para Manaus, para aquele belíssimo teatro de Manaus, onde tinha uma cena que se passava à noite e havia morcegos no teatro, o Gibe usava um escudo na peça e ficava espantando os morcegos em cena! Mas fez um sucesso, uma coisa terrível, tinha fila que dava voltas no teatro! O teatro está muito bem localizado, é belíssimo e agora deve estar melhor ainda porque foi reformado. Um teatro feito no tempo da borracha, que foi inaugurado com uma ópera italiana. A viagem foi agradável, se bem que Manaus é uma cidade árida, faz um calor, tinha tanta barata de noite na rua! Cheguei no aeroporto de Manaus, senti aquele calor, queria voltar, foi o Marcos Plonka que não me deixou! Foi ele quem arrumou essa viagem, uma empresa e o Governo do estado patrocinaram a nossa ida, nos levaram no barco do governador para conhecer o rio Amazonas e o encontro das águas do rio Negro com o Amazonas. Foi um espetáculo inesquecível, o rio Amazonas é deslumbrante. Apesar de sofrer um pouco no hotel por causa dos insetos, eu gostei muito, pois fomos muito bem recebidos, demos entrevista na televisão Tupi que tinha uma sucursal lá. Eu viajei durante um bom tempo com algumas peças mas, administrando e dirigindo o teatro da Paulista, ficou mais difícil fazer essas viagens com tanta freqüência, era muito trabalho por aqui.

Guerras do Alecrim e da Manjerona

ESSA PEÇA EU JÁ TINHA FEITO EM 1954, NA CAIXA ECOnômica, foi sucesso, ganhei prêmio. Eu adoro o Antônio José da Silva, acredito que, depois do Gil Vicente em língua portuguesa, ele é o maior autor. E considero o Antônio José brasileiro, porque ele nasceu no Brasil. O Cândido Jucá fez uma tese sobre a brasilidade do Antônio José da Silva.

Ele tem muita coisa nossa, como o modo de falar por exemplo, pois ele foi embora daqui com oito anos. Antônio José da Silva, o Judeu, escreveu várias comédias, escolhi *Guerras do Alecrim e da Manjerona* para montar com os alunos do curso do TPS, assim como já havia montado com esses alunos o *Beijo no Asfalto*, do Nelson Rodrigues. Como a montagem da peça não tinha compromisso com uma interpretação realista, pois era uma farsa, deu para fazer, tinha um pouco de sacanagem..., a Ilka Zannotto o-d-i-o-u! Mas o espetáculo fez sucesso e a platéia ria muito.

Tratando-se de uma montagem que foge ao convencional, julguei mais adequado um elenco jovem para que o resultado ganhasse em juventude e alegria. Além disso, era pensamento do TPS, sempre que possível, oferecer oportunidade de trabalho e um campo de prática profissional a elementos saídos dos nossos cursos e de outros, com a mesma preocupação de formar atores conscientes.

Referências sobre a peça

Ao nos propormos encenar as *Guerras do Alecrim e da Manjerona* as primeiras dificuldades que se colocaram foram sua linguagem e árias. Quanto a primeira simplificamos a maneira de dizer atualizando um pouco o texto, quanto às segundas, foram eliminadas. Isso porque consideramos as *Guerras* mais uma comédia do que propriamente um musical: sua estrutura é formalmente teatral. Antônio José, o autor, escreveu uma comédia de costumes e nós a transformamos numa "commedia dell'arte". Da mesma forma que o velho pavilhão circense caminhando de cidade em cidade, assim também é o Teatro Popular do Sesi. Isso não quer significar também que, por isso, a montagem tenha sofrido limitações. Ao contrário. Como proposta é uma peça que vive de situações. E para alguma coisa assim nada mais coerente que o tratamento liberal do circo ainda enraizado nas populações distantes dos grandes centros que é para onde as *Guerras* se destina.

Popular é uma palavra, muitas vezes, mal empregada entre nós. Em teatro, não se traduz por vulgar, pobre ou medíocre. Mas com pretensões a atingir as camadas populares em seus próprios níveis de entendimento. Não confundir, entretanto com popularesco que, aí sim, seria uma forma artística sem acabamento ou qualquer dose cultural. Assim como a televisão brasileira de hoje que, na maioria das vezes, dá ao público aquilo que ele espera encontrar, sem qualquer tipo de exigência intelectual.

O TPS mantém sob rígida vigilância o desenvolvimento de seu trabalho de popularização do teatro. Periodicamente faz passar junto ao público um questionário que visa situar a ressonância de suas montagens junto à platéia e um fundamento para a concretização efetiva da mesma. *O resultado em números desse trabalho implantado há treze anos mostra o perfil do freqüentador do TPS: 72% trabalhadores; 17% estudantes; 4% professores; 3% funcionários públicos. Do porcentual relativo aos trabalhadores — que é o mais importante ao TPS — 46% nunca assistiram teatro, 38% assistem a outros espetáculos depois de terem tomado um primeiro contato com o teatro através do TPS e 16% freqüentam teatro habitualmente.*

Guerras do Alecrim e da Manjerona foi apresentada diversas vezes em fins do século passado no Recreio Dramático, no Rio, para uma platéia que incluía nomes como de Machado de Assis, Artur Azevedo, Visconde de Taunay e outras destacadas figuras do mundo literário brasileiro do fim do romantismo e início do realismo. Por ocasião do segundo centenário da morte de Antônio José da Silva (1939), sua obra máxima volta a ser encenada no Teatro Ginástico (Rio). Em 1957, o Serviço Nacional de Teatro também escolhia esse mesmo texto para figurar no repertório da Companhia Dramática Nacional. Esses acontecimentos atualizam as *Guerras do Alecrim e da Manjerona*, de Antônio José da Silva: uma peça que resiste mais de duzentos anos se converte num clássico. Aclamado como autor português em Portugal, no Brasil, que lhe serviu de berço, Antônio José da Silva é considerado brasileiro. Seu nome, inclusive, foi escolhido como patrono da cadeira de sócios correspondentes da Academia Brasileira de Letras. (ORC)

Trocas e Trapaças

O NOME ORIGINAL É *TROCAS E BALDROCAS*, DE AMÉRICO Azevedo, irmão do Artur Azevedo. Eu adaptei a peça porque a linguagem era arcaica. O cenário e figurinos feitos pelo Zecarlos de Andrade eram *art déco* passava-se na década de 1920. Eu adorei fazer essa peça, ela é muito engraçada, muito bem-feita, é uma comédia romântica. Procurei fazer a peça dentro de um espírito realista porque ela comportava isso, foi um espetáculo muito agradável, com umas *gags* que funcionavam, ficou um espetáculo bem popular.

Referências sobre a peça

A peça *Trocas e Trapaças*, da qual mudamos o nome de *Baldrocas* por *Trapaças*, por ser o termo mais compreensível nos dias de hoje; além dessa alteração de palavras, mudamos, também, a época de 1880 para a década de vinte a trinta, por se prestar muito ao gênero da peça, que aborda a técnica do *vaudeville* francês do fim do século e que atingiu a década de vinte.

Certamente Américo Azevedo, deve ter-se inspirado nesse gênero tão comum em nossos palcos, mesmo em São Luís, e daí escreveu a peça, toda ela calçada na técnica vaudevillesca, mas guardando o sabor dos costumes brasileiros. Muito de longe, também, ela contém alguns personagens e situações da comédia clássica francesa, Molière e posteriormente Marivaux. Aliás a comédia de Américo Azevedo faz lembrar muito de perto *Le Jeux de l'Amour e du Hasard* e *Les Fausses Confidences*, de Marivaux.

Américo Azevedo viveu numa época de grande atividade do Teatro Brasileiro, surgem os grandes dramaturgos, escrevendo, adaptando e traduzindo, não só as primeiras peças da escola naturalista, que se caracteriza pela modificação da forma de interpretação, substituição dos trajes, os gibões deram lugar às casacas, maior cuidado cênico. Na França, Jacques Offenbach leva para o palco a opereta que completa a ópera cômica ou o chamado *vaudeville*. No Brasil os autores lançam a Revista. Foi pouco depois desta época que Américo Azevedo escreveu *Trocas e Baldrocas* utilizando da técnica do *vaudeville* e situações do classicismo francês, se foi intencional ou não, o valor da obra permaneceu, é uma comédia digna de ocupar um lugar ao lado das peças de seu irmão Artur, ou daqueles que se lhe seguiram, França Júnior, Coelho Neto, Gastão Tojeiro, e outros efetivamente, Américo Azevedo está muito mais próximo de Gastão Tojeiro do que de seus contemporâneos.

É de lamentar que sua obra não teve a divulgação que merecia, esta peça nos veio por acaso em um lote de peças antigas sobre Teatro Brasileiro. É possível que se dispuséssemos do conjunto de suas obras poderíamos dar uma visão mais segura de sua vocação de comediógrafo, *Trocas e Trapaças* é uma excelente mostra.

A atual encenação, optando pela década de vinte, não alterou o texto, a não ser na atualização da gíria e certas expressões hoje completamente ininteligíveis. Não se carregou nas tintas, nem se forçou situações ou se procurou desvirtuar as características essenciais de seus personagens, deu-lhes, isto sim, uma visão um pouco mais atual. Ao colocá-la na época escolhida ela faz lembrar os "anos loucos", com seu aparente descompromisso com a vida.

A peça, apesar de ter sido escrita em época anterior (1881), tem toda a característica da época posterior a sua elaboração. Faz parte da dramaturgia da época áurea do Teatro Brasileiro. (ORC)

Madalena Seduzida e Abandonada

MONTEI ESSA PEÇA SÓ PARA SANTO ANDRÉ, COLOCAR *Trocas e Trapaças* lá me deixou entusiasmado, ela ficou um ano em cartaz. A *Madalena* era um monólogo do Ronaldo Ciambroni. Fizemos 71 espetáculos em Santo André, porque o teatro do Sesi em Santo André estava numa praça, onde virou lugar de drogado, assaltante e o público deixou de freqüentar o teatro por falta de segurança.

Coitado do Isidoro

PEÇA DO SEBASTIÃO DE ALMEIDA, QUE ERA IRMÃO DO ABÍlio Pereira de Almeida. Eu a concebi na base do teatro meio farsesco, mas não agradou, não.

Em 1983 o TPS completava vinte anos, e, por isso, para o programa dessa peça eu fiz um pequeno artigo falando da Divisão de Promoção Social e a missão do TPS:

> A Divisão de Promoção Social, consciente de sua responsabili-dade no desenvolvimento das atividades do Sesi e integrada no conceito de tentar dar ao trabalhador a abertura necessária para o engajamento de sua existência num mundo no qual ele cresça e se desenvolva — não isolado, mas associado — vem utilizando o teatro e atividades culturais paralelas para atingir estas finalidades, cujo alcance social é incalculável.
>
> O Teatro Popular do Sesi defende e desenvolve a tese do encontro de uma comunicação de massa obtida através da linguagem popular, acreditando, assim, ativar um processo no desenvolvimento cultural das camadas menos favorecidas que se constituem, ainda, na maior parte da população brasileira.
>
> O Teatro Popular do Sesi foi criado com esta missão: manter um diálogo vivo, criativo, com a grande população do parque industrial de São Paulo, procurando ser um elo primordial na comunicação da cultura, na divulgação das idéias e na ocupação do lazer.
>
> Os propósitos do Teatro Popular do Sesi buscam tornar realidade as palavras de Brecht: "Nosso teatro precisa estimular a avidez da inteligência e instruir o povo no prazer de mudar de realidade. Nossas platéias precisam não apenas saber que Prometeu foi libertado mas, também, precisam familiarizar-se com o prazer de libertá-lo. Nosso público precisa aprender a sentir no teatro toda satisfação e a alegria experimentada pelo inventor e descobridor do invento e descobrir o triunfo vivido pelo libertador". Um pouco de tudo isso o Teatro Popular do Sesi tem comunicado.

Senhora

PEDI AO SÉRGIO VIOTTI PARA QUE FIZESSE UMA ADAPTAção da peça para viagem. O cenário era sintético, a interpretação era realista, com cenários do Túlio Costa e figurinos da Ninette. Era uma produção requintada e quando é assim faz sucesso. Fizemos 424 espetáculos.

Nós escolhemos essa montagem porque acreditávamos que a inauguração do Teatro Armando Pannunzio do Sesi de Sorocaba deveria ser marcada com a apresentação de um clássico, que veio com uma linguagem atualizada trazendo no seu enredo o amor, o dinheiro e a traição o que agradou o público de todo o Interior nas apresentações que aconteceram durante um ano e meio. O Teatro tem esse nome porque nas décadas de 1950 e 1960, atendendo ao pedido de Armando Pannunzio, na época delegado da entidade, desenvolvi a criação do Grupo de Artes Dramáticas do Sesi.

O Caso da Casa

PEDI PARA O JOSÉ RUBENS SIQUEIRA ADAPTAR TRÊS CONtos do Machado de Assis. O espetáculo ficou bonito. Foi a última direção que eu fiz para viagem e por isso não há material sobre a peça.

O Tipo Brasileiro

ESSA PEÇA DO FRANÇA JÚNIOR MONTEI QUANDO JÁ EStava aposentado e contratado como coordenador. Foi um estouro. Paralelamente montei *A Árvore que Andava*, do Oscar Von Pfuhl, "eles" deixaram que eu dirigisse, eram peças para viagem, não tinham de pagar diretor, então interessava, mas gostei de ter dirigido, porque é uma peça muito interessante. É uma miniatura de *Caiu o Ministério*.

Outras atividades do TPS

O TEATRO INFANTIL FOI FEITO DE 1969 A 1978, FORAM dez peças dirigidas pelo Eduardo Manuel Curado. Esse teatro deixou de ser feito com a morte dele.

Foram diversos os cursos no TPS. O primeiro teve Ruggero Jacobbi dando aula de História do Teatro e também o Flávio Rangel.

O primeiro *Curso de Formação de Atores* foi feito com intuito de criar o Teatro Experimental, concluído o curso os alunos que mais se destacaram passaram a fazer parte da primeira peça do Teatro Experimental, que foi *A Torre em Concurso*. Junto com esses alunos eu coloquei também os que faziam o curso de atores para cinema do MASP, foi daí que veio a Nize Silva, alguns alunos da Caixa Econômica que também haviam feito curso comigo lá. A seleção dos atores foi feita por teste de leitura de um texto e improvisação de uma cena. Havia 180 inscritos. A idéia de fazer o primeiro curso no Sesi nasceu da necessidade de formar gente para fazer teatro amador, pois havia gente muito ruim e no Sesi não dava para fazer com os operários.

O problema com os cursos do TPS, depois da Regulamentação da Profissão de Ator, é que os alunos não podiam ser aproveitados em montagens profissionais porque o curso não profissionalizava, então era difícil manter alunos. Assim mesmo eu fiz o *Alienista*, do Machado de Assis, o Chiquinho fez o *Judeu*, uma história que o José Rubens escreveu, o *Chapéu de Sebo*, do Francisco Pereira da Silva, com coreografia da Luiza Rodrigues. Aí o curso foi perdendo o interesse, mas os primeiros foram ótimos. Nesses cursos como no do Museu de Arte, para atores de cinema, eu usei o método do Stanislávski, do Actor's Studio, porque é realista, intimista.

Sempre adotei o método do Stanislávski com variações, que o Lee Strasberg adaptou para o Actor's. O Brecht não destruiu o Stanislávski, ele usava um outro método de interpretação, mas usava o Stanislávski também porque ele não jogava só com a emoção. Ele tem seis livros, só publicaram três, ele jogava com o corpo, com a cabeça, com a fala. No meu livro eu cito o José Antônio Muniz, que escreveu um livro — *A Arte de Dizer*, com um exemplo que o Stanislávski dá no livro onde ele fala sobre dicção. O mesmo tipo de exemplo dado para salientar na frase a palavra de valor. É que o José Antônio Muniz tirou isso do Paul Vernau, que tem um livro sobre a arte de dizer também. Mas como o Stanislávski tinha formação francesa, deve ter tirado do Paul Vernau, ele não cita, nem o Antônio Muniz, mas eu conclui isso. Valia a pena fazer um estudo comparativo, daria até uma boa tese. Esse livro do José Antônio Muniz é raro...

Quando eu comecei a fazer teatro, nem se falava em Stanislávski aqui no Brasil. Tinha uma livraria na Avenida São João, ia quase toda a noite, iam também o Geraldo de Barros, o Agostinho Martins Pereira, isso no tempo da Faculdade, ficava lá "fuçando", tinha o Oswaldo Sampaio, que era cineasta, o Agostinho também gostava de cinema, foi lá que eu encontrei um livro chamado *Criadores do Teatro Moderno*, da Galina Tolmacheva, uma tradução argentina do russo, e foi assim que eu fiquei conhecendo Stanislávski. Já tinha ouvido falar do método, mas foi a primeira vez que eu li sobre o método. Depois, numa edição do Eduardo Vitorino do *Para ser Ator*, ele já citava o Stanislávski, que começava a ser difundido aqui no Brasil. Então os cursos que eu fazia eram baseados na idéia do Stanislávski. Depois eu arranjei um livro que continha exercícios tirados do método do Stanislávski, até mandei traduzir e fazia com os alunos. O Eugênio Kusnet conhecia o método e aplicava. O Teatro Oficina trabalhava usando o método. Só mais tarde, surgiu um problema, que foi o Brecht com o distanciamento. Os únicos que não seguiam o método eram o Artaud e o Brecht. Mas eles não eram diretores de ator, eram diretores de espetáculo. No *Teatro e o Seu Duplo*, o Artaud fala sobre o ator. O Jacques Copeau trabalhava com o ator na companhia dele. Ele tinha até um sítio aonde levava o elenco, usava uma parte do método, mas os franceses em geral não citam o Stanislávski, nos livros do Jean-Louis Barrault ele não cita nem uma vez, os americanos sim, que adotaram e que divulgaram e os ingleses também. Foram os cursos americanos, como Stella Adler, Actor's Studio que aplicaram. O Lee Strasberg adaptou o método para a realidade americana. O Brecht também custou a entrar no Brasil, tanto que o livro que eu escrevi em 1960 não fala em Brecht. Os diretores italianos que vieram para o Brasil também usavam o Stanislávski. O Brecht influenciou o Zé Celso, e fora daqui o Peter Brook e o Strehler, o próprio Brecht achava que Strehler era o maior diretor das peças dele. O Brecht não tem segredo, nas peças ele dá a teoria dele. E para encenar o Brecht você tem que usar um método para treinar o ator. Eu acho que o "distanciamento" é coisa tão subjetiva, acho que é uma prática e não uma teoria, que se transformou numa teoria de interpretação, porque é a quebra do realismo, isso o Antonin Artaud fazia, com a diferença que o Brecht levava para o lado social, enquanto o Artaud levava para o fantástico.

No TPS eu fazia um curso por ano, no princípio dava para contratar professores de fora, depois eu comecei a pegar professores da casa mesmo, como o Eduardo Manuel Curado, o Francisco Medeiros. Um dos cursos, foi quando nós estávamos alugando os dois teatros lá no TBC, foi no Teatro de Arte que era o teatro onde ministrávamos aula. Eu montei com os alunos o *Beijo no Asfalto*, do Nelson Rodrigues, fez muito sucesso, nós distribuíamos convite para as pessoas que iam assistir *O Noviço*, que era a peça que estava em cartaz no TPS. Quando nós fomos para o teatro da Avenida Paulista fizemos outro curso e eu montei com eles *O Chapéu de Sebo*, do Francisco Pereira da Silva.

O Estúdio do Teatro Popular do Sesi

Já foi dito várias vezes que o meio para aprender a representar é representar. Se isto fosse verdade, o meio para aprender a tocar uma sonata de Beethoven seria sentar-se ao piano e tocar uma sonata de Beethoven, sem antes estudar as notas e as escalas mais simples. A primeira tarefa do artista é dominar seu instrumento. No caso do pianista, o piano; no caso do ator, ele próprio. Somente depois de adquirir o domínio de si mesmo está o ator pronto para interpretar uma parte em uma peça. Representar um papel não significa aprender a marcação, as deixas, conhecer o palco e saber dar a réplica. Significa criar a vida interior do caráter delineado no texto. Isto inclui pensamentos, emoções, sensações, percepções e técnica. Somente quando o ator cria essa vida interior, esta corrente de sentimentos e comportamentos de outra pessoa, pode ele dizer que está representando e criando. Portanto o *Estúdio de Atores do Teatro Popular do Sesi* terá um método de desenvolver e capacitar o ator a interpretar, sem ser através de fórmulas e conceitos preestabelecidos.

Sabemos que nenhum método, entretanto, pode por si só capacitar um indivíduo a tornar-se um ator. Um ator deve ter talento. Talento é uma aptidão superior, essa superioridade é um dom e não pode ser adquirida artificialmente.

Um ator de talento é o que pode expressar em termos próprios a vida interior de outro indivíduo. Ele deve ter as qualificações de todos os outros artistas, como: elevada sensibilidade, imaginação viva e a facilidade de comentar a vida através de um dado meio. O preparo do ator deve incluir, ao lado destes dons, concentração desenvolvida, observação aguda, corpo plástico, técnica vocal perfeita, além de outros conhecimentos gerais.

Enquanto o talento não pode ser transmitido em uma sala de aula, os elementos que integram a técnica, podem. O propósito do curso é esse: fornecer um método simples de adquirir essa técnica de desenvolver o talento.

A representação é um tema inesgotável. Tem toda a fascinação da arte e toda a complexidade da ciência. Assim como um indivíduo difere do outro, a representação é um assunto que contém material discutível e sempre renovado para discussão.

No método de trabalho que iremos desenvolver no Estúdio, não defenderemos regras rígidas e fixas. Certos atores podem chegar aos mesmos resultados com métodos diversos. Alguns atores podem necessitar dessas sugestões apenas em parte. Outros podem exigir ainda maiores esclarecimentos. Resumimos para o treinamento do ator um sistema seguro que visa capacitá-lo a ser um artista sincero e inspirado.

O teatro de hoje não é mais um lugar de pura diversão, não mais se satisfaz em ser um derivativo, uma fuga para as realidades da vida. Hoje ele é fonte de saber e um meio de comunicação entre indivíduos e grupos de indivíduos. Conquanto o teatro tenha sido quase sempre uma arte de elite, a despeito dessa elite ele teve períodos ruidosos e populares e atualmente esse é o seu único caminho — *ser popular e ao mesmo tempo educar esse público.*

Para atingir a dupla finalidade do teatro atual, cada indivíduo ligado a ele não deve poupar esforços para dar o melhor de si. Não há lugar para o diletante. Participação desinteressada em uma arte de tais dimensões é sacrílega. O maior inimigo do teatro é a mediocridade.

Há necessidade de tentar colocar o teatro em bases mais científicas. Há atores ou candidatos que freqüentemente desprezam sugestões que podem ser encontradas entre as páginas de um livro. O teatro exige laboriosos e inesgotáveis esforços.

Se o Estúdio de Atores conseguir dar à mente de seus freqüentadores a enorme tarefa do ator e a necessidade de uma humildade e aplicação, terá servido ao propósito que foi criado. (ORC)

FIZEMOS TAMBÉM ALGUMAS *LEITURAS DRAMÁTICAS* dirigidas pelo Celso Ribeiro, com participação de alguns atores do TPS, apresentando os textos *A Casa Fechada*, de Roberto Gomes, *Mimosa*, de Leopoldo Fróis e *Micróbio do Amor*, do Bastos Tigre.

O curso, como já disse, não profissionalizava, então os interessados diminuíam. Nesse período eu fiz um exercício de improvisação sem palavras e o *Alienista*, do Machado de Assis, sem o personagem do alienista, os atores comentavam sobre ele, foi uma criação coletiva.

Esses cursos complementavam um "Plano" que eu fiz em 1962, 1963 das coisas que eu queria ver no teatro: Galeria de Arte e Concertos. As idéias contidas no plano foram sendo colocadas em prática aos poucos, com muito sacrifício. A última grande coisa que nós fizemos no TPS foi um plano que o Mário Amato pediu-me que fizesse de teatro infantil, mas eu criei algo melhor. Ao invés de fazer um teatro para crianças, criei os *Núcleos de Artes Cênicas* que funcionavam nos conjuntos do Sesi. Contratávamos professores que tinham especialidade em Artes Cênicas e em cada conjunto do Sesi havia um Núcleo de Artes Cênicas, que eu nem sei se ainda são mantidos, onde os professores davam aulas para alunos menores em idade de primeiro grau, antigo primário, que passavam praticamente o dia nos conjuntos, lá almoçavam, porque todos os conjuntos têm cozinhas. Essas aulas complementavam o curso primário com "educação artística" e no fim do ano eles montavam um espetáculo. Funcionou com sucesso. Em Sorocaba foi feita uma experiência com adultos da terceira idade. É óbvio que isso tudo depende do interesse na aplicação de dinheiro em projetos, às vezes não tinha dinheiro disponível. Para o Centro Cultural teve dinheiro, acho que foi uma boa idéia, era uma coisa que eu gostaria de ter feito se tivesse tido dinheiro.

O Sesi é uma entidade muito boa, quando está bem orientada. Todas as coisas que nós fizemos lá, teatro, concertos, galeria, tudo funcionou. Eu fiz lá o que podia fazer, porque é uma entidade que tem uma verba limitada, não dá para fazer tudo o que se quer. Na verdade, quando há interesse pessoal, eles arrumam dinheiro. Hoje eles financiam as montagens, que saem muito mais caras do que as orçadas por mim, pois eu visava o interesse da entidade e dentro dos padrões da época, fiz espetáculos grandiosos a custos mais do que acessíveis. Mas a política mudou.

Eu tive momentos muito bons enquanto estive lá. No final é que foi "engrossando", porque quando me puseram como coordenador, eu não fazia mais nada. Foi a recompensa. Acho que eles estavam criando uma maneira de eu sair, que veio desde a propositura de um novo rumo, em que convocaram reuniões, acredito que achavam que eu monopolizava o teatro, o que não era verdade. Eles é que não davam dinheiro para pagar ninguém. Contratei o Flávio Império pagando uma "merda". Eu tenho uma carta dele falando sobre isso. Pagávamos adiantamento para os autores a quem nós encomendávamos peças.

Essa decisão do Mário Amato e do Carlos C. Amorim, que era o diretor regional, de darem o meu nome à sala, me foi trazida pelo Francisco Medeiros, eu fiquei muito sensibilizado com isso. Então, segundo o Amorim, só mexeriam no teatro depois da minha aposentadoria, mas não foi assim, antes dos meus setenta anos me transformaram em coordenador. Quando deram um ultimato para os coordenadores darem o fora, quiseram que eu saísse antes do prazo estipulado em contrato, mas eu não saí. Depois que eu fui embora, parece que não respeitaram ninguém, haja vista o que fizeram com o Medeiros. O Chico teve de fazer esse plano, ele me mostrou tudo e eu sei como é a política do Sesi, tem que fazer, tem que fazer. Ele ficou muito atormentado. Resolveram também fazer o ingresso numerado, eu ainda estava lá como coordenador, já tinha tido experiência com o ingresso numerado, nunca deu certo, porque a platéia não lota assim num teatro popular, com ingresso numerado, principalmente num país como o nosso.

Mas também eu teria que me aposentar de qualquer jeito e pensava em deixar uma pessoa no meu lugar, como ficou o Francisco Medeiros, que era uma pessoa que estava entrosada, trabalhou vários anos comigo, conhecia muito bem todo o processo, tinha o pai no Conselho, só que ele foi embora depois. Quando ele resolveu sair, pensamos em quem colocar, então o Antônio Abujamra, que já estava lá dentro, indicou a Maria Lúcia Pereira. Essa turma que entrou no Sesi é manipulada pelo pessoal de fora, eles querem fazer o que o Sesc faz, só que o Sesc gasta, investe...

Eu queria deixar bem claro que a escolha do repertório, quando estava à frente do teatro, foi sempre feita com critério, a escolha se dava sempre levando em consideração o público a quem se dirigia. Minhas montagens não eram feitas para minha satisfação, o palco não era um campo de experiências, elas eram dirigidas para que o público as entendesse. O teatro popular tem de fazer isso. Na França eles chamam de "animador", o Jean Vilar era um animador de teatro. O TNP fazia textos de fácil entendimento, não fazia experiências, porque o público popular se afasta quando tem experiência. Por ter essa preocupação, eu recebia críticas por não ousar. Não dava para fazer, por exemplo, o *Sargento de Milícias* ou *Onde Canta o Sabiá* ousando. Vi isso com o *Sabiá* numa montagem em que a Marília Pêra era protagonista, era uma montagem bonita, só que não tinha ninguém no teatro. Essa minha postura prejudicou um pouco meu trabalho como diretor. Quando fui convidado para dirigir fora do Sesi me chamavam justamente por isso, porque eu fazia peça para agradar o público. A única peça que eu ousei, não deu certo, que foi a do Francisco Pereira da Silva, *Hans Staden*.

Eu li uma reportagem do Ronaldo Daniel, que foi ator do Oficina, diretor na Inglaterra e agora nos Estados Unidos, onde ele se declara um escravo do texto; eu sempre usei o texto como a principal obra, um pretexto para um espetáculo. Nos meus espetáculos o texto sempre foi respeitado. É uma escola de teatro, que aqui no Brasil não é muito usada. O diretor aqui, se não pega o texto e vira do avesso, acha que não dirigiu.

> **PRF3-TV** apresenta
>
> "TELE-TEATRO DAS SEGUNDAS-FEIRAS"
>
> HOJE, com a peça
>
> **"Uma tragédia florentina"**
>
> de Oscar Wilde
>
> Na interpretação de
>
> Osmar Cruz e seu Teatro de Arte
>
> INTÉRPRETES:
> NELSON ERNESTO COELHO
> ALBERTO MADUAR
> MIRIAM MARTINS
>
> Direção de TV:
> Cassiano Mendes e Heitor de Andrade
>
> **PRF3-TV**
> (Televisão das radios TUPI - DIFUSORA)

Osmar Cruz e seu Teatro de Arte. Teatro ao vivo pela televisão. Um sucesso enorme.

«O Teatro e sua Técnica»

de OSMAR RODRIGUES CRUZ

O livro que estava faltando aos amadores e a todos àqueles que fazem teatro.

Aqui transcrevemos o que diz Zora Seljan de «O GLOBO» do Rio de Janeiro, em sua secção «COLUNA DE TEATRO», que identifica realmente o valor desta obra.

Acaba Osmar Rodrigues Cruz de publicar pela Livraria Teixeira, de São Paulo, um bom trabalho intitulado «O TEATRO E SUA TÉCNICA». Êste livro, como diz o autor, não tem a pretensão de doutrinar, nem apresentar algo novo. Dirige-se aos amadores, àqueles que se iniciam na arte dramática.

Aconselhamos êste livro por ter-nos parecido honesto e feito por quem revela grande experiência de professor. Achamos que livros assim podem impulsionar o movimento teatral amador e mesmo criar teatro em lugares onde não existe curso de arte dramática.

Transcrevemos ao acaso um dos temas abordados, o de «O ATOR E O COMEDIANTE». Louis Jouvet distingue na arte de representar duas classes de intérpretes: o ator e o comediante. O ator é aquêle que interpreta um só gênero dramático, isto é, comédia ou drama. Mesmo que tenha uma bagagem técnica e cultural muito grande, ao tentar outro gênero, não consegue uma interpretação verdadeira. Cita Sarah Bernhardt o caso de Cocquelin, que tinha como maior desejo interpretar uma tragédia, todavia seu físico e sua fisionomia não o permitiam. Já o comediante, pelo dotes físicos ou naturais, é aquêle que pode com igual perícia dar a ambos os gêneros interpretações de valor.

Portanto caro leitor, depois do que disse Zora Seljan, não há necessidade de outra apresentação.

O livro tem 152 páginas, e com várias ilustrações elucidativas, e seu preço é de Cr$ 140,00.

Atendemos pelo Reembolso Postal

LIVRARIA TEIXEIRA
RUA MARCONI, 40 — CAIXA POSTAL, 258 — S. PAULO

Anúncio de *O Teatro e Sua Técnica*, edição da Livraria Teixeira.

A Torre em Concurso, de Joaquim Manuel de Macedo, Teatro Experimental do Sesi, 1959. Da esquerda para a direita, Lino Sérgio, Nize Silva, Gilda Kohler e Alexandre de Almeida. Fotógrafo anônimo.

O Fazedor de Chuva, de Richard Nash, Teatro Experimental do Sesi, 1960. Da esquerda para a direita, Alexandre de Almeida, Francisco Curcio, Nize Silva, Paulo César da Silva e Ednei Giovenazzi. Foto: Provenzano.

A Beata Maria do Egito, de Rachel de Queiroz, Teatro Experimental do Sesi, 1961. Da esquerda para a direita, Ednei Giovenazzi e Wanda Orsi. Fotógrafo anônimo.

TEATRO EXPERIMENTAL DO SESI

A CÂMARA MUNICIPAL CONGRATULA-SE COM ESSE SERVIÇO DA ENTIDADE — O QUE PRETENDE O GRUPO EXPERIMENTAL

A Câmara Municipal de São Paulo, em sessão realizada no dia 19 de junho último, consignou um voto de congratulações pela criação do Teatro Experimental do SESI, voto esse que foi assinado pelos vereadores Alfredo Trindade, Scalamandré Júnior, Agenor Monaco e William Salem. Cópia da Ata em que foi consignado o voto foi enviada ao sr. Osmar Rodrigues Cruz, chefe do Serviço de Teatro da entidade.

ESPETÁCULOS PARA O POVO

O Teatro Experimental do SESI visa realmente proporcionar espetáculos gratuitos e de alto nível cultural em pequenas temporadas nos teatros da Municipalidade para trabalhadores e o povo em geral. Um grupo de amadores, especialmente selecionados após um Curso de Introdução ao Teatro para constituírem o Teatro Experimental do SESI, apresenta peças escolhidas dando assim oportunidade aos trabalhadores e ao povo de entrar em contacto com a arte para sua elevação cultural.

Notícia de voto de congratulações da Câmara Municipal de São Paulo pela criação do Teatro Experimental do Sesi.

Cidade Assassinada, de Antônio Callado, Teatro Popular do Sesi, 1963. Da esquerda para a direita, Francisco Curcio, Nize Silva, Carlos Alberto Lomonaco, Ednei Giovenazzi, Eduardo Mamede(?) e Marcus Toledo. Foto: Sérgio Eluf.

Noites Brancas, de Dostoiévski, Teatro Popular do Sesi. 1964. Da esquerda para a direita: Bertha Zemel e Odlavas Petti. Foto: Sérgio Eluf.

Caprichos do Amor e do Acaso, de Marivaux, Teatro Popular do Sesi, 1964. Da esquerda para a direita: Nize Silva e Helena Barreto Leite. Foto: Silvestre Silva.

A Sapateira Prodigiosa, de Federico García Lorca, Teatro Popular do Sesi, 1965. Da esquerda para a direita: Nancy Martins, Cristina Maria, Nize Silva, Ruthinéa de Moraes, Edgard Gurgel Aranha, João José Pompeo, Renato Dobal e Adolfo Machado. Fotógrafo anônimo.

O Avarento, de Molière, Teatro Popular do Sesi, 1966. Da esquerda par a direita: João José Pompeo, Ruthinéa de Moraes e Nize Silva. Foto: Silvestre Silva.

Manhãs de Sol, de Oduvaldo Vianna, Teatro Popular do Sesi, 1966. Da esquerda para a direita: (primeiro plano) Nize Silva, Bertha Zemel, Ivone Hoffman e Edgard Gurgel Aranha; (segundo plano) Adolfo Machado e Geraldo Del Rey. Fotógrafo anônimo.

O Milagre de Annie Sullivan, de William Gibson, Teatro Popular do Sesi, 1967. Da esquerda para a direita: Bertha Zemel, Nize Silva e, ao centro, Reni de Oliveira. Foto: Fredi Kleemann.

Dois na Gangorra, de William Gibson, Teatro Aliança Francesa, 1968. Lilian Lemmertz e Juca de Oliveira. Foto: Fredi Kleemann.

A Moreninha, de Joaquim Manuel de Macedo, Teatro Anchieta, 1968. Da esquerda para a direita: Paulo Condini, Zezé Motta, Perry Salles, Marília Pêra e Ricardo Petraglia. Fotógrafo anônimo.

Memórias de um Sargento de Milícias, de Manuel Antônio de Almeida, Teatro Popular do Sesi, 1970. Da esquerda para a direita: Adolfo Machado, Ruthinéa de Moraes, Nize Silva, Gibe, Lúcia Mello, Bruna Fernandes, Terezinha Cubana e Benedita da Silva (na varanda). Foto: Silvestre Silva.

Senhora, de José de Alencar, Teatro Popular do Sesi, 1971. Da esquerda para a direita: Nize Silva, Arlete Montenegro e Sebastião Campos. Foto: Fredi Kleemann.

Os Amantes de Viorne, de Marguerite Duras, Teatro Aliança Francesa, 1972. Da esquerda para a direita: Sérgio Viotti, Nathalia Timberg e Geraldo Del Rey. Fotógrafo anônimo.

Um Grito de Liberdade, de Sérgio Viotti, Teatro Popular do Sesi, 1973. Cena de todo o elenco. Foto: Fredi Kleemann.

Caiu o Ministério, de França Júnior, Teatro Popular do Sesi, 1973. Foto promocional de todo o elenco. Foto: Silvestre Silva.

Leonor de Mendonça, de Gonçalves Dias, Teatro Popular do Sesi, 1974. Da esquerda para a direita: Ana Maria Dias e Nize Silva. Foto: Thereza Pinheiro.

O Noviço, de Martins Pena, Teatro Popular do Sesi, 1976. Da esquerda para a direita: Cláudio Corrêa e Castro e Nize Silva. Foto: Silvestre Silva.

O Poeta da Vila e Seus Amores, de Plínio Marcos, Teatro Popular do Sesi, 1977. Da esquerda para a direita, em primeiro plano: Benjamim Cattan, Osmar Rodrigues Cruz, Walderez de Barros, Plínio Marcos, Procópio Ferreira, Ewerton de Castro e Nize Silva. Procópio Ferreira, que fora assistir à peça com o filho, ficou tão emocionado que chegou a chorar e, ao final do espetáculo, subiu ao palco e tirou algumas fotografias com o elenco. Foto: Silvestre Silva.

A Falecida, de Nelson Rodrigues, Teatro Popular do Sesi, 1979. Todo o elenco, com Nelson Rodrigues. Foto: Silvestre Silva.

O Santo Milagroso, de Lauro César Muniz, Teatro Popular do Sesi, 1981. Da esquerda para a direita: Nize Silva e Luiz Parreiras. Foto: Silvestre Silva.

Chiquinha Gonzaga, Ó Abre Alas, de Maria Adelaide Amaral, Teatro Popular do Sesi, 1983. Coreografia final do espetáculo com todo o elenco. Foto: Silvestre Silva.

O Rei do Riso, de Luiz Alberto de Abreu, Teatro Popular do Sesi, 1985. Da esquerda para a direita: (ao fundo) Nelson Luiz, Sérgio Rossetti, Nize Silva; (em primeiro plano) Ednei Giovenazzi, Jairo Arco e Flexa, Paulo Prado, Luiz Carlos de Moraes, Miro Martinez e Lúcio de Freitas (sentado). Fotógrafo anônimo.

Muito Barulho por Nada, de William Shakespeare, Teatro Popular do Sesi, 1986. Da esquerda para a direita: (ao fundo) Luiz Carlos de Moraes e José Rubens Siqueira; (em plano médio) Zecarlos de Andrade, Margarida Moreira, Elias Gleizer, Miro Martinez e Nize Silva; (em primeiro plano) Rosamaria Pestana. Foto: Vadinho.

Feitiço, de Oduvaldo Vianna, Teatro Popular do Sesi, 1987. Da esquerda para a direita: Paulo Hesse, Nize Silva e Roberto Azevedo. Foto: Vadinho.

Putz, de Murray Schisgal, Teatro Aliança Francesa, 1970. De cima para baixo: Juca de Oliveira, Eva Wilma e Luiz Gustavo. Foto: Fredi Kleemann.

Confusão na Cidade, de Carlo Goldoni, Teatro Popular do Sesi, 1989. Da esquerda para a direita: Carlos Capeletti, Paulo Hesse, Eugênia Rodrigues Cruz, Haroldo Botta, Thais de Andrade, Luiz Carlos de Moraes, Nize Silva, Henrique Lisboa e Lúcio de Freitas. Foto: Hélio.

Capítulo 6
OUTRAS DIREÇÕES

Dois na Gangorra

FOI A SEGUNDA PEÇA QUE EU FIZ FORA DO SESI, NÃO QUE eu tivesse contrato de exclusividade com o Sesi, é que o pessoal da diretoria ficava enciumado, mas eu conversei com o Paulo Correia e deu tudo certo. Essa peça eu sempre tive vontade de fazer, só que não dava para fazer no Sesi, porque tinha que pagar *à-valoir*, é uma peça tão bonita, havia uma tradução da Tati de Moraes, mas como estava vencido o *à-valoir*, nós demos para o Linneu Dias, que foi marido da Lilian Lemmertz, traduzir. Mas, começando a história, eu estava no Taib e me apareceu o Walter Hugo Khouri, diretor de cinema, ele soube que eu tinha a preferência nos direitos da peça. Ele queria montar a peça com a Lilian Lemmertz, e perguntou se eu não queria dirigir, ela tinha dois produtores e eu topei. Fui à procura do ator, porque eles estavam com a idéia de convidar, Tarcísio Meira, Francisco Cuoco, não sei quem mais, que apesar de ótimos tinham contrato com a Globo e seria difícil para eles ficarem em São Paulo. Então, conversando com o Antunes, ele lembrou do Juca de Oliveira de quem ele era muito amigo. Eu nunca tinha trabalhado com o Juca, então Antunes e eu fomos um dia ao apartamento do Juca, já era tarde da noite, ele não estava, ou não queria atender e o Antunes ficou gritando na frente do prédio, chamando Juca de Oliveiraaaa..., ele morava na Rua General Jardim; pois tanto ele gritou, que o Juca apareceu na janela, eu já não me lembro se a gente subiu ou ele desceu, mas falamos sobre a peça e ele topou. Os produtores eram médicos, que não tinham firma, tinha de arranjar um produtor que tivesse, e eu lembrei do Joe Kantor, para dar o nome. O Khouri assistiu aos ensaios, às vezes cochilava, o que deixava o Juca louco da vida. Os produtores mesmo, não assistiam nada. A Lilian indicou o cenógrafo que era o Gilberto Vigna. O cenário era composto do apartamento dela e do apartamento dele que era um quarto alugado. Os ensaios de leitura foram feitos na casa da Lilian. Quando fomos para o teatro aconteceu um negócio tão gozado, estávamos ensaiando à tarde, pois ensaiávamos doze horas por dia, então entraram no teatro dois fiscais da DDP (Divisão de Diversões Públicas da Secretaria de Segurança de São Paulo), para fazer uma vistoria, estávamos ensaiando e eles estavam perturbando, porque iam, mediam, subiam no palco..., então eu expulsei os dois do teatro. Quando foi à noite, recebi uma intimação para comparecer na DDP da Secretaria de Segurança. A sorte é que naquela época o Felício Castellano era secretário do Governo e a minha secretária, a Otávia, ligou para ele, contando o que tinha acontecido. Ele deve ter ligado para o secretário de Segurança, mas eu tive de depor, tinha um delegado que não tinha braço, que gritou, xingou, falou, me fez fazer uma declaração que eu não tinha intenção de agredir o fiscal e ainda disse que eu tinha sorte porque tinha "cartucho", senão ele me prenderia por desacato. Eu devia ter ido com advogado, se não tivesse tido a interferência do Castellano... mas eu assinei o papel e fui embora. Mas o cara me encheu o saco.

Nessa época eu estava na Comissão Estadual de Teatro quando encontrei o Paulo Autran, que disse ter montado a peça no Rio com a Tônia, e ela quando soube que eu ia montar aqui em São Paulo, queria me oferecer *Qualquer Quarta-Feira*, no lugar do *Dois na Gangorra*, acho que ela pretendia trazer a peça para São Paulo. Mas o Paulo contou que o público que ia gostava, mas que não ia quase ninguém. Aqui foi um sucesso absoluto. O Décio de Almeida Prado, que era o presidente da CET, eu era secretário, assistiu à peça nos Estados Unidos com a Anne Bancroft e o Henry Fonda. Ele disse que era uma coisa maravilhosa, ele gostou tanto que contou ter ido até a coxia falar com ela. Contou que o cenário não era giratório, era uma gangorra, mesmo. Quando a cena era no quarto dele, o cenário vinha para frente, quando era no dela, o cenário dela vinha para frente, disse ser uma superprodução. Aqui fizemos integrado um cenário no outro. Ele gostou do nosso espetáculo, também. Eu tinha sorte com as peças que o Celi dirigiu no Rio e que lá não deram certo. Aqui lotava, só que a censura proibiu para dezoito anos. Foi no Aliança Francesa. Depois que terminou a temporada, o Altair Lima quis produzir a peça com a Lilian, mas eu não pude fazer porque estava dirigindo outra, a própria Lilian foi quem ensaiou, assim mesmo colocaram meu nome. O Joe Kantor só emprestou a firma, mas ele dava palpite, num dos ensaios, acho que já estávamos no ensaio geral, nós fomos para o Gigetto, e uma turma de teatro perguntou para o Joe "como foi o ensaio, tudo bem?", e ele respondeu com o polegar para baixo, o Juca queria matá-lo! Mas foi sucesso, a temporada correu bem, os dois atores davam-se muito bem. Ganhou prêmio. O Apolinário, que naquela época não criticava meus espetáculos, por causa de uma briga entre nós, fez uma crítica boa. O Magaldi não gosta de peça americana, como no *Milagre de Annie Sullivan*, que ele não gostou do texto porque ele acha que peça americana é peça bem-feita, acho que ele gosta de peça malfeita.

Fora do Sesi tinha que fazer peça que chamasse o público pagante, tinha de ser comercial, como o *Putz* que eu fiz mais adiante, que também foi um sucesso tremendo aqui, e no Rio deu um dinheirão, comprei até o apartamento da minha filha. O teatro dava muito dinheiro, quando era sucesso. E não tinha essa de lei favorecendo o patrocínio, como tem hoje. Hoje com patrocínio, a produção já está paga, a bilheteria é só para cobrir ordenado de ator, despesas com o teatro, etc. Essas duas peças, que eu dirigi, tinham casa lotada todo dia, no *Putz* tinha de colocar cadeira extra. *Dois na Gangorra* e o *Milagre* foram peças que muito me agradaram. O William Gibson é um grande autor, o pessoal fala..., mas é um grande autor. Se ele escreveu outras que não são tão boas, ele não precisa fazer mais, depois dessas duas, principalmente *Dois na Gangorra*, que eu acho uma obra-prima. Ensaiávamos duro até tarde e depois íamos para um restaurante que fechava tarde, ao lado do Teatro Aliança Francesa e ainda ficávamos lá falando sobre o espetáculo. Nessa época, dava para ficar na rua até tarde. São Paulo mudou muito. Eu freqüentava um restaurante português na Brigadeiro Tobias e saía andando pela cidade tarde da noite. Mesmo assim, eu cheguei a ser assaltado junto com a Nize quando estávamos no Taib fazendo *Senhora*, e foi uma surpresa, porque não era comum esse tipo de coisa, era o começo do que vemos hoje diariamente.

Em *Dois na Gangorra* uma das coisas interessantes é o diário do William Gibson sobre os ensaios da peça, ele estava estreando em teatro e quem dirigia era o Arthur Penn, que veio do Actor's Studio junto com a Anne Bancroft, eles faziam laboratório e o Henry Fonda que fazia o papel masculino ficava sentado num canto da sala de ensaio, só observando, ele não participava. A estréia foi marcada para Boston e não precisa dizer que o Henry Fonda abafou. O William Gibson resolveu aumentar o papel dele porque ele rendeu demais. Ele era da teoria que teatro tem que entrar e fazer. E foi um sucesso estrondoso. O Décio, que viu a peça, comentou que as filas davam voltas no quarteirão.

Consta do programa da peça

"OS ATORES DISCUTEM A DIREÇÃO E A CONTROVERTIDA PERSONALIDADE DO DIRETOR" (POR JUCA E LILIAN)
Osmar escapa ao padrão convencional do moderno diretor de teatro. Não constatamos durante os ensaios ataques de histeria, manifestações de impotência intelectual ou desfalecimento em face da incompreensão dos seus dirigidos.

Habituados muitas vezes a tratar com artistas-geniais-geniosos, ficamos um pouco sem graça ao constatar que o nosso diretor não passa de uma criatura apenas normal. E o incrível é que ele tinha certeza sobre o que queria. Tinha uma idéia clara quanto à peça, quanto às personagens e quanto ao que pretendia transmitir.

Isso não quer dizer que essa idéia seja correta, apenas que ele atingiu o seu (dele) objetivo.

Só uma coisa não compreendemos na sua normal personalidade. Sempre nos pareceu corriqueiro que seres humanos tivessem o direito de suspender momentaneamente seus afazeres para tomar sua refeição diária, mitigar a sede com um mísero copo d'água ou "ir lá fora" enfim. Mas Osmar acha que não. E sempre que isto acontece e é de se esperar que isto aconteça aos animais superiores — na cabeça dele se desencadeia um complexo de culpa de caráter nitidamente patológico, só aplacado pelo regime de trabalho escravo a que ele nos submeteu a fim de anestesiar seus remordimentos.

Como nosso diretor chorasse na platéia a cada ensaio de cenas dramáticas, desenvolvemos uma dúvida em nosso espírito; ou já havíamos atingido um bom nível de atuação a ponto de provocar lágrimas, ou essas manifestações se deviam à sua excessiva sensibilidade.

Nem uma coisa nem outra: simplesmente desvio do septo e uso indiscriminado de um desentupidor nasal do qual ele jamais se separa.

Apesar de tudo somos de boa constituição física. Sobrevivemos às suas enxaquecas, à sua mania de feitor de senzala, à sua tara pela perfeição, às suas fungadelas, ao seu espírito de gozador incorrigível e bem-humorado. Saímos vivos do empreendimento e tocados pela sua amizade e gentileza.

Há controvérsias, mas gente boa tá aí.

"POR QUESTÕES DE MODÉSTIA JUCA PREFERE FALAR DE LILIAN E CALAR SOBRE SI MESMO"

Que ela tinha saído de um lugar muito estranho eu percebi logo nos primeiros ensaios: com a maior naturalidade do mundo a moça dizia "trancar" no lugar de "prender", "infante" no lugar de "moleque", "taça" no lugar de "copo", "umbral" e não "batente"; até — se não me engano — ela andou usando "ânfora" no lugar de "litro". Foi quando eu soube que ela tinha nascido nas querências de Porto Alegre e tudo se esclareceu para mim. A despeito das dificuldades iniciais de comunicação sua língua é por demais exótica para as minhas limitações lingüísticas — tem sido uma beleza trabalhar com ela. Pelo menos até aqui. Só conhecia Lilian de palco: *Onde Canta o Sabiá*, *Noite de Iguana*, *Toda Donzela Tem um Pai Que É Uma Fera*, *Mary, Mary* e finalmente *Quem Tem Medo de Virgínia Woolf* com Cacilda e Walmor, quando lhe deram o "Saci" de melhor atriz coadjuvante.

A gaúcha é muito fechada, evita falar sobre si, sobre sua vida e seu ofício, mas à saca-rolha e talho de foice fui arrancando umas lascas do seu início de carreira. Diz que começou em 56 em Porto Alegre, fazendo *À Margem da Vida* no Teatro Universitário, direção de Abujamra. Devia ser gozado ver ela recitando Tennessee Williams lá na língua dela. Começou levantando prêmio *O Negrinho do Pastoreio*. Bom, um prêmio gaúcho. *O Pai*, de Strindberg, *A Bilha Quebrada*, de Kleist foram outras peças que ela andou fazendo lá pelo Sul. Por volta de 63 Walmor e Cacilda levaram a Porto Alegre *Em Moeda Corrente do País* e *Oscar*; e para realizar um bom intercâmbio cultural entre metrópole e província trouxeram Lilian na bagagem. (Intercâmbio aliás altamente desvantajoso para a província nesse caso.)

"Lemmerites" — É um apelido que eu botei nela para desbastar um pouco as consoantes de Lemmertz — que também ataca de cinema. *Corpo Ardente*, de Walter Hugo Khouri que ela filmou durante a carreira de *Virgínia Woolf* lhe deu o prêmio de melhor coadjuvante pelo INC, donde se conclui que ela tem a mania de começar esnobando. Defeito de criação? Sei lá acho que esnobismo de gaúcho, só isso. Depois veio *As Cariocas*, de Fernando de Barros. E agora anda dublando seu papel em *As Amorosas*, de Khouri, que logo estará pelos cinemas daqui e do mundo. É minha boa parceira de "buraco"; jogamos cientificamente e fazemos uma dupla absolutamente invencível. Só perdemos mesmo quando os azares da sorte se tornam azares de fato.

Tem uma filhinha por demais boneca e linda — a Júlia, Juju para todos — de quem ela se despede às noites fazendo binóculo com as mãos, olhando-se ambas nos olhos e dando-se os "beijinhos tradicionais". Uma ternura!

Lemmerites fila cigarros "Consul" e chupa compulsivamente umas bolinhas de mentol, na razão de um milhão por dia, um verdadeiro inferno. É do signo dos gêmeos, toma café sem açúcar, penteia os cabelos de dois em dois minutos, come uma tonelada de rocambole por dia e fala pelos cotovelos na sua língua. Mantém com ferocidade usos e costumes da província de onde veio e resiste com igual ferocidade às benéficas influências da civilização paulista.

"VICE-VERSA"

Juca nasceu em São Roque, é o que ele diz. Eu pensei que não nascesse gente lá. Mas vou lhe dar um crédito de confiança. Ele também me contou que quando terminou o serviço militar esteve um tanto confuso quanto ao que iria fazer. E provou isso, pois tendo cursado durante quatro anos a faculdade de direito, bandeou-se para a Escola de Arte Dramática. Claro que este curso ele completou, pois pelo jeito nasceu para isso. Pelo menos é o que indica a sua ficha técnica. Ele estreou como profissional em *A Semente*, de G. Guarnieri, no Teatro Brasileiro de Comédia. Alguém deve tê-lo convidado por engano, mas ele levou o convite a sério, e não arredou o pé de lá por muito tempo. Atrapalhou em várias peças, entre as quais *Almas Mortas*, de Gógol, *A Escada*, de Jorge Andrade, *A Morte do Caixeiro Viajante*, de A. Miller, pela qual — milagre! — ganhou o prêmio Saci como melhor coadjuvante de 62. Acho que deveríamos investigar a atribuição desse prêmio. Mas, pensando melhor, se não fora o talento mereceria pela simpatia. Em 62 resolveu dar umas voltinhas e associou-se com Guarnieri, Paulo José, Flávio Império e A. Boal, na direção do Teatro de Arena. No Arena fez *Eles Não Usam Black-Tie, O Noviço, A Mandrágora, O Melhor Juiz o Rei* e *O Filho do Cão*. Ao tempo das duas últimas peças eu já tinha emigrado dos "pagos" comprovei que afinal de contas ele tinha futuro.

Quando vi *Depois da Queda*, de A. Miller, no Teatro Maria Della

Costa me convenci que afinal de contas São Roque com seus trinta mil habitantes não é de desprezar.

Ele fez no Municipal *Júlio César*, de Shakespeare. Essa eu não vi, mas me disseram que ele era o melhor. E eu acredito. Porque depois desta eu assisti *O Estranho Casal* no Teatro Ruth Escobar e ele estava bom às pampas.

Em televisão ele também não é de todo mal. Senão ele não estaria na TV Tupi Canal 4 desde 64. Trabalhou na "TV de Vanguarda" em: *As Feiticeiras de Salém, Hamlet, Esta Noite Improvisamos* e *Em Moeda Corrente do País*. E meteu o nariz em inúmeras novelas, *Cara Suja, Gutierritos* (Oba!), *A Ré Misteriosa, A Outra, Paixão Proibida, Estrelas no Chão*.

E fez até cinema! Com Person, *O Caso dos Irmãos Naves*.

E como ele não pára quieto andou fazendo uma série de recitais na VII Bienal de São Paulo e em mais umas trinta cidades do Interior de São Paulo e outros estados. E também foi contratado várias vezes pela Comissão Estadual de Teatro para dar cursos e conferências em faculdades e na própria CET (Comissão Estadual de Teatro).

Afora tudo que foi dito acima ele é uma pessoa excelente. Tem uma disposição inesgotável para o trabalho. Vive gritando que a vida está sensacional. Faz um regime de carboidratos mas adora a comida. Vai toda segunda-feira visitar Mamã em São Roque, o que prova que é um rapaz de bons sentimentos. Desconfio que ele tem complexo de Édipo, mas segundo seu psicanalista esse problema não existe.

Mas... implica muito com a civilização gaúcha. Isto me irrita. Mas eu o perdôo porque ele é um moço muito bom.

Crítica — *O Estado de S. Paulo* — por Delmiro Gonçalves — 16/2/1968

O que faz inveja para nós paulistas nessa peça de William Gibson, *Dois na Gangorra* — que está sendo apresentada no Teatro Aliança Francesa — é a regularidade com que os telefones funcionam. Basta um dos dois protagonistas precisarem (e precisam muito) fazer uma ligação — zás-trás, já do outro lado a campainha toca e caminha tudo "sur de roulettes", como diria um conhecido meu que gosta dessas citaçõezinhas francesas.

Quanto ao resto (falamos da peça) é a história meloso-sentimental-calhorda de um advogado do interior que vai para Nova York a fim de se afirmar perante o sogro e se divorciar da esposa, e acaba topando com uma pseudobailarina, coitada, que sofre de úlcera no duodeno. Convenhamos que numa profissão como essa que exige tanto movimento físico, essa doença não é sopa. Mas a moça resiste, após algumas hemorragias (ai, que saudade da Dama das Camélias) e acaba mais ou menos curada. O diabo é que o moço, no fim, volta para a esposa.

Mas o importante nisso tudo não é a peça que, como já os leitores estão vendo, é um pastiche de muita coisa e acaba não sendo nada. O importante, repetimos, são as interpretações de Lilian Lemmertz e de Juca de Oliveira.

Após um primeiro ato meio titubeante, um pouco tatibitate, os atores vencem a parada e atingem, depois, momentos de extraordinária sinceridade que compensam o trabalho de ficar mais de duas horas ouvindo o texto medíocre do sr. Gibson.

Salvam a peça. Como também a cenografia adequada e humana de Gilberto Vigna e a direção limpa, séria e sem tapeações de Osmar Rodrigues Cruz, provando mais uma vez que, trabalhando textos lacrimogêneos, consegue em grande parte, extirpá-los da choradeira e trabalhar bem os atores sob seu comando.

Trechos de crítica — *Folha de S.Paulo* — por Paulo Mendonça — 18/2/1968

Qualquer comentário sobre esta produção de Joe Kantor, em cartaz na Aliança Francesa, tem de começar pelos excelentes desempenhos de Lilian Lemmertz e Juca de Oliveira. Questão de justiça: eles são, de longe, o que há de melhor no espetáculo. *Dois na Gangorra* é deles, brilhantemente deles.

[...]. Tudo isso, evidentemente, é mérito do diretor Osmar Rodrigues Cruz, cuja compreensão e formulação cênica da peça são marcadas pelo equilíbrio intelectual e por uma economia de efeitos que resultam eficazes. Não é um trabalho de arrojada imaginação, de superposição do encenador ao autor, mas sim um trabalho de exposição e valorização. Não creio que *Dois na Gangorra* comportasse outro tratamento e nisso está o maior elogio à objetividade e habilidade de Osmar Rodrigues Cruz.

Agora, o original de William Gibson. Não se trata, por certo, de uma expressão muito elevada de pensamento, nem de uma análise mais profunda da condição humana. É uma peça competentemente construída, como de praxe no teatro norte-americano, e que se ocupa limitadamente de um problema limitado. Claro está que esse problema é insignificante, se o confrontarmos digamos, com a guerra do Vietnã ou com as implicações da polêmica entre marxistas e estruturalistas. Mas nem por isso deixa de ser válido, na sua esfera específica, nem posso dizer que não me tocou a situação vivida por Jerry e Gittel. Apesar de algum pieguismo e de não poucos clichês, confesso que não fiquei indiferente, pelo contrário, ao encontro dos dois, às relações que estabeleceram e à maior maturidade que adquiriram na experiência de um amor sem muita sorte.

As opiniões sobre a peça poderão naturalmente variar, mas não creio que haja julgamentos divergentes sobre Lilian Lemmertz e Juca de Oliveira: só para vê-los, é obrigatório ir ao teatro da Aliança Francesa.

Crítica — *Última Hora* — por João Apolinário — 19/2/1968

O VÔO CURTO MAS CERTO DE OSMAR RODRIGUES CRUZ E O VÔO CERTO MAS LARGO DE LILIAN LEMMERTZ E JUCA DE OLIVEIRA EM *DOIS NA GANGORRA*

Na última sexta-feira a crítica foi chamada a ver mais uma peça do autor norte-americano William Gibson, *Dois na Gangorra*, que está no Teatro Aliança Francesa, com direção de Osmar Rodrigues Cruz e interpretação de Lilian Lemmertz e Juca de Oliveira.

Uma outra peça do mesmo autor, *O Milagre de Annie Sullivan*, também dirigida por este mesmo diretor, continua em cartaz no Teatro Taib, o que é raro acontecer, sobretudo se for evidente — como é — tratar-se de dois textos de significado menor no âmbito da dramaturgia universal. Há, porém, entre eles, afinidades que seduzem qualquer diretor, pois Gibson tem qualidades que interessam especialmente aos atores, e o defeito de nos propor problemas de imediata apreensão psicológica e temática. No caso deste espetáculo, o texto reduz-se a equacionar o encontro entre um homem e uma mulher, em termos de fotonovela, desenvolvendo a anedota com absoluta clareza, quer através de clichês retrospectivos, isto é, com as personagens *explicando-se* com as mesmas palavras que usam para projetarem as situações, quer solucionando o problema que gera a função, de maneira fácil e apreensível, para não dizer esperada ou convencional. Direi antes, de maneira quadrada. Aqui, mais uma vez, Gibson maneja o diálogo em progressão geométrica, que se anula, no entanto, a cada impulso, quebrado, até formar o quadrado psicológico em que sempre fecha as suas peças. Isso as torna fáceis de encenar: há que distender as linhas dessa progressão vocabular, coerentemente com os limites geométricos da quadratura, libertando os atores dentro desse "espaço" psicológico. Resulta, pois, em favor dos atores, a utilização desse material rico de efeitos cênicos, virtude que leva, inclusive, os espectadores a entrarem no jogo, esquecendo a fragilidade dos resultados. Mas se tudo isso não for colocado em cima do palco por um diretor inteligente, usando atores de recursos técnicos e talento definidos, o texto não se promove até a dignidade que Osmar Rodrigues Cruz, Lilian Lemmertz e Juca de Oliveira obtiveram com estes *Dois na Gangorra*. Imaginem aquele filme *Um Homem e Uma Mulher* sem os efeitos da câmera, de música e de fotografia e vejam o que restaria de tudo isso: a fotonovela inconseqüente e lamecha de duas vidas mais ou menos quadradas.

Pois o mérito está com Osmar Rodrigues Cruz, que soube levar o texto e os atores até aos limites de cada uma das quatro faces do quadrado. Sóbrio, rigoroso, limpo nas soluções mais fáceis, Osmar soube reproduzir no palco, desde a marcação até a escolha dos elementos cenográficos contrastantes, o clima dessas duas almas em leve combustão, negando-lhes a vulgaridade que o autor que as criou nos propôs e apoiando os atores numa série bem resolvida de motivações cênicas que demonstram a sua experiência de diretor que sabe voar curto o vôo curto. A sua chamada musical, utilizando algumas notas da famosa música do filme *Um Homem e Uma Mulher*, prova essa capacidade.

O cenário de Gilberto Vigna ajusta-se como moldura adequada para o clichê psicológco, a preto e branco, deste espetáculo.

Trechos de crítica — *Jornal da Tarde* — por Sábato Magaldi — 16/2/1968

O QUE SALVA *DOIS NA GANGORRA*, DE WILLIAM GIBSON, É A EXCELENTE INTERPRETAÇÃO DE JUCA DE OLIVEIRA E LILIAN LEMMERTZ. O TEXTO É POUCO ORIGINAL. A DIREÇÃO DE OSMAR RODRIGUES CRUZ É CORRETA.

O prazer que se pode sentir com *Dois na Gangorra*, espetáculo ontem apresentado para a crítica, no Teatro Aliança Francesa, é o da interpretação. Lilian Lemmertz e Juca de Oliveira, os dois únicos atores, oferecem ao público um excelente desempenho. Verificar que aproveitaram plenamente a oportunidade que lhes foi dada, passando com absoluta firmeza ao estrelato, justifica as esperanças que sempre infundiram aos jornalistas.

O que satisfaz no desempenho de Lilian e Juca é a precisão, o exato corte psicológico, a completa vivência stanislavskiana dos papéis. Nenhum dos dois quis fazer exibicionismo histriônico, dar *show* de versatilidade na passagem do drama à comédia, da violência à ternura. Tudo na atuação é feito com naturalidade, dentro de um sadio realismo, que certas montagens às vezes esquecem, em função de uma discutível linha brechtiana. O diretor Osmar Rodrigues Cruz acertou mais uma vez, depois da correta encenação de *O Milagre de Annie Sullivan*, naquela aparente facilidade de se esconder atrás dos intérpretes, para dar-lhes o maior relevo e a verdadeira importância. [...].

Não anima tratar do texto. A vontade que se tem é a de descartar Gibson pela piada. O diabo do homem aprendeu direitinho as lições de dramaturgia e procura impingir ao público a sua capenga habilidade. *Dois na Gangorra* é um tratamento psicanalítico razoável, porque dura apenas oito meses e custa um preço módico aos dois pacientes. Jerry busca um contato na imensa solidão de Nova York, e encontra Gittel, também solitária. Ele precisava adquirir confiança em si mesmo, depois de ter conseguido uma relativa posição, graças ao sogro. A mulher sofria as conseqüências, já que ele se afirmava na crueldade mental. Por seu turno, Gittel se consumia na vida boêmia de Greenwich Village, sem objetivo definido. O encontro faz bem a ambos. Gittel está madura para receber o homem ideal. E Jerry, curado do sogro, pode voltar à mulher, recomeçando a vida com a indispensável independência econômica. Só falta a Marcha Nupcial, para coroar essa lição de psicanálise ao alcance de todos. Se pensar muito na peça, corre-se o perigo de esquecer a qualidade do desempenho.

Trechos de crítica — *A Gazeta* — por Regina Helena — 21/2/1968

Nota da redação — Os leitores devem ter reparado que ao lado da crítica de Regina Helena vimos publicando, de algumas estréias para cá, a crítica de João da Motta. João da Motta é apenas um representante do público. Burguês, bom emprego, bem situado na vida, com mulher bonita e boa roda de amigos, freqüenta muito, sai muito, vai muito ao teatro. É exatamente o representante de uma classe que tem dinheiro para ir ao teatro. Por isso, sua opinião é tão importante quanto a opinião do crítico especializado.

Ótimas interpretações na gangorra

Dois na Gangorra é a estória de um homem e uma mulher que se encontram em Nova York. Ele está só, deixou a mulher e o divórcio está em andamento. Ela também está divorciada. E acontece o encontro. O tema da solidão já foi abordado dezenas de vezes, em livro, peças, filmes, e William Gibson também quis enfrentá-lo. Não se pode dizer que tenha feito de modo magistral, mas o fez de maneira sincera, conseguindo tocar o público com as verdades que já foram ditas por muitos, antes dele, até depois dele. O casal descrito por ele não é um casal de Albee, o drama não agride, não choca, não traumatiza. Só comove. E, talvez, comover apenas não está muito dentro da "onda", não é o que pretende a dramaturgia moderna. Daí o público mais requintado, os que freqüentam muito teatro, os mais intelectualizados saírem com uma certa frustração. Que não se justifica, porém, uma vez que a peça de WG é bem-feita, uma vez que o autor penetra bem na alma dos dois personagens, adivinha-lhes as reações e principalmente sabe que, num caso desses, a mulher acaba sempre levando a pior. Além do mais, *Dois na Gangorra* é quase que um exercício de interpretação, em que os atores devem passar do riso ao choro, da alegria à tristeza, da tranqüilidade ao desespero, da confiança à dúvida.

Osmar Cruz é o diretor. Tudo aquilo que poderia haver de piegas, de adocicado ou de escorregadio no texto (sem dúvida alguma o texto é perigoso) foi enxugado pela linha direta, firme, simples que Osmar deu ao espetáculo. Ele ajuda o autor a contar a sua estória dentro de uma linha realística muito simples e muito reta.

Os dois atores foram trabalhados no sentido de se conter em não se derramarem em pieguismo desnecessário, de viver seus dramas interiormente o mais possível.

E nisso Osmar foi ajudado pelo talento da dupla Lilian Lemmertz-Juca de Oliveira.

[...]. Bom o cenário de Gilberto Vigna.

Pela seriedade com que é apresentado, e pelas duas excelentes interpretações, *Dois na Gangorra* deve ser visto.

Gangorra é igualzinha à vida (João da Motta)

A atual peça do Teatro Aliança Francesa é ótima. Mostra dois sujeitos (um homem e uma mulher) se equilibrando na gangorra da vida (e o que é a vida, senão uma gangorra, mesmo? Às vezes a gente está por cima, às vezes por baixo) e chega a comover bastante. O problema masculino é aquele mesmo que o autor mostra: o homem está se divorciando (se desquitando, se fosse aqui no Brasil) ou ainda não está se separando e de repente encontra uma moça. Começa a ligação, o homem acaba se prendendo, tendo um pouco de pena da moça, gosta dela, sim. Mas volta para a esposa, para o lar, para aquilo que ele acha que está certo e que é a sua casa, a sua mulher, etc. No caso da peça do Aliança Francesa o rapaz tem necessidade de se realizar, de mostrar que é gente. E encontra uma jovem que o ajuda a fazer isso. Depois... bom, depois, pontapé nela! Minha mulher e a mulher do Nogueira, que foram comigo, tiveram um pouco de pena da moça. Eu também, é lógico, mas a gente tem que concordar que isso é a vida.

Quanto aos desempenhos, são ótimos. O rapaz e a moça (Juca de Oliveira e Lilian Lemmertz) dão um *show* de interpretação. Como vem a gente!

Acho que essa é uma das melhores peças que já vi até hoje e digo por que: por se aproximar tanto da vida da gente, por mostrar gente igualzinha à gente, por comover, enfim.

Artigo — *Jornal de Letras* — por Alípio Rocha Marcelino — 4/1968

EM *DOIS NA GANGORRA* DIRETOR É EVIDÊNCIA

Fato inédito e mesmo singular é o que está ocorrendo atualmente com a encenação de *Dois na Gangorra*, espetáculo dirigido por Osmar Rodrigues Cruz. Inclusive, a peça ocupa o primeiro lugar na cotação da Bolsa de Teatro (97%), numa demonstração eloqüente de sua grande aceitação pelo público. Torna-se digno de menção que, apesar de o referido espetáculo assentar cenicamente num texto sem muita vitalidade conceptiva, portanto de relativa criatividade artística, mesmo assim seu diretor conseguiu transformar a peça de William Gibson num autêntico êxito de público e de bilheteria.

Inspirado sobretudo no *background* da peça — a solidão humana — como um problema que aflige grandes centros demográficos do mundo iguais a Nova York, Osmar Rodrigues encontrou o caminho verdadeiro do sucesso teatral.

Em vista disto é que o "Caderno Paulista" do *JL* foi ouvir o responsável direto por essa façanha teatral, para que contasse o porquê de sua vitória.

— Meu trabalho teatral teve sérias dificuldades — explica Osmar Rodrigues — por ser esta peça de apenas dois personagens. Por isso mesmo houve uma série de razões para que eu conseguisse dos dois atores uma total comunicação entre si. E esta deveria ser transferida à platéia. Por sorte, a peça contou com dois grandes atores — Juca de Oliveira e Lilian Lemmertz.

— Aliás, no Brasil — prossegue Osmar — esta mesma peça já foi montada por Adolfo Celi. Tem dez anos de teatro. Muitos críticos a acharam comercial, feita para agradar o público. Nos E.U.A. foi encenada pelo Actor's Studio e obteve muito sucesso em 1957. Na apresentação norte-americana notabilizou-se o ator Henry Fonda no papel de Jerry. Entre nós, o ator Juca de Oliveira está muito bem. Deu até outra personalidade ao Jerry. Muito mais simpática.

— A peça tem por ambiente Nova York. Mas poderia se passar em qualquer outra parte do mundo. Focaliza o problema da solidão sentido profundamente pelo *partner* de Gittel. O personagem principal da peça é Gittel (uma bailarina desempregada). No entanto, William Gibson, ao rescrever a peça, depois da interpretação de Henry Fonda, deu mais ênfase a Jerry. E Juca de Oliveira, entre nós, complementou a intenção do autor, interpretando a solidão do homem dos grandes centros, que busca em aventuras amorosas afirmar-se e negar-se ao mesmo tempo.

Osmar Rodrigues consegue realmente dirigir personagens e atores. É um diretor em evidência.

Bolsa de Cinema e Teatro — *Folha de S.Paulo* — 3/1968

1.º) *Dois na Gangorra* (Aliança Francesa)
2.º) *Deus Lhe Pague* (Brasileiro de Comédia)
3.º) *O Homem do Princípio ao Fim* (Bela Vista)
4.º) *Sérgio Ricardo na Praça do Povo* (Arena)
5.º) *Navalha na Carne* (Oficina)
6.º) *O Olho Azul da Falecida* (Cacilda Becker)
7.º) *Lisístrata, a Greve do Sexo* (O Galpão)

Reportagem — *Folha de S.Paulo* — 12/2/1968

TEATROS CERRAM HOJE SUAS PORTAS EM REPÚDIO À CENSURA

A classe teatral de São Paulo, em reunião que se prolongou até a madrugada de hoje, decidiu paralisar totalmente suas atividades, até amanhã, e concentrar-se nas imediações do Teatro Municipal, em protesto contra as últimas determinações da censura federal. A medida foi tomada em solidariedade aos artistas do Rio de Janeiro, que adotaram atitude semelhante em repúdio aos cortes impostos pela censura no texto de *Um Bonde Chamado Desejo*, peça de Tennessee Williams que a atriz Maria Fernanda estava apresentando em Brasília, e à proibição da peça *Senhora da Boca do Lixo*, de Jorge Andrade, em todo o território nacional.

A concentração no Municipal terá início às 14 horas de hoje, com Procópio Ferreira à frente, e prosseguirá até a meia-noite de amanhã. Com a greve de artistas, estará suspensa, amanhã, a apresentação dos seguintes espetáculos: *Lisístrata* (Ruth Escobar); *Deus Lhe Pague* (TBC); *O Homem do Princípio ao Fim* (Bela Vista); *Navalha na Carne* (Oficina); *O Olho Azul da Falecida* (Cacilda Becker); *Sérgio Ricardo na Praça do Povo* (Arena); *Dois na Gangorra* (Aliança Francesa) e *O Milagre de Annie Sullivan* (Sesi).

Reportagem — *Diário de São Paulo* — 20/2/1968

No último sábado, os artistas da Guanabara mantiveram-se em assembléia até as 4 horas da madrugada. O motivo era o mesmo da semana passada: cobrar as promessas feitas pelo Ministro Gama e Silva. Tônia está através de um *slogan*, convidando o público a também participar do movimento, passando um telegrama ao ministro ou então ao presidente da República. Como sabemos, além das proibições que já são do conhecimento de todos, o filme *Deus e o Diabo na Terra do Sol* foi proibido no Maranhão e a Censura ameaça retirar do cartaz o espetáculo *Roda Viva*. Mas o problema mais grave que o teatro enfrenta no momento não é somente com proibições mas principalmente com a centralização da Censura Federal. Os censores não dão a mínima e os empresários ficam sem ação. Fernando Torres já gastou um dinheirão com telefonemas para Brasília e não consegue resolver nada sobre o problema da peça *A Volta ao Lar*. Provavelmente irão repetir-se os mesmos casos de *O Sonho Americano* e *Dois na Gangorra*, que, no dia da estréia, ainda não haviam chegado de Brasília. Aliás, consta que esta semana ainda o Ministro Gama e Silva, antes de mais nada, iria baixar um decreto, transformando a Censura Federal em estadual. Isto é, cada estado teria sua Censura, sem depender de Brasília.

Noites Brancas

O Grupo Opinião convidou-me para dirigir *Noites Brancas*, o cenário era do Clóvis Bueno, parecido com o da montagem do Sesi. Faziam parte desse grupo vários atores, Edgard Gurgel Aranha, Paulo Villaça, Ruthinéa de Moraes. A adaptação foi feita pelo Edgard Gurgel Aranha e foi muito boa, ele reduziu os personagens para três, o que tornou a peça "enxuta". O espetáculo ficou muito bom, o Odavlas fazia muito bem e a Débora Duarte também, mais tarde ela foi substituída pela Yara Amaral, que dera uma boa atriz e fazia também muito bem o papel. Foi com essa adaptação de texto que eu viajei com o elenco do TPS.

Referências sobre a peça

Toda essa forma intrínseca e extrínseca de Dostoiévski encontra-se na atual adaptação de Edgard Gurgel Aranha que transpôs para o palco a novela, sem distorcê-la, conservando todo o diálogo e as intenções do autor, dando-lhe forma teatral. *Noites Brancas* é quase um poema dramático.

A pureza de seus personagens, a compreensão, a mensagem de amor e ternura justificam a sua montagem.

Dostoiévski escreve *Noites Brancas* verdadeiramente banhadas no fulgor quase boreal dessas noites extraordinárias de Petersburgo, que são como uma festa de luz, na época mais tenebrosa de sua vida; quando, desesperado pelo desvio da crítica encarnada na importante figura de Bielínski, e por seu fracasso nos salões peterburgueses, se entregava ao perigoso jogo das conspirações. A época em que freqüentava a tertúlia de Pietraschévski, onde uns quantos exaltados pretendiam fazer voar com dinamite literária o trono do autocrata Nicolau I. Um biógrafo e contemporâneo do novelista Orest Miller fez notar, em sagaz exegese, que as confidências do *sonhador* a sua noiva de uma noite, respiram essência autobiográfica. Dir-se-ia que se expressam no tom reticente e cifrado dos adeptos das sociedades secretas e que o mistério a que aludem não é de pura poesia. Os sonhos de Vladimir transcendem ao erotismo juvenil e ao inocente lirismo do jovem escritor. Na verdade revelam o idealismo revolucionário de Dostoiévski.

Esses *rincões estranhos* que existem em Petersburgo, sobre os quais Vladimir fala a Nastenka, não são, segundo Miller, senão os antros onde se reúnem os niilistas de Pietraschévski. Aí não tardarão a serem surpreendidos pela polícia czarista, que os levará para a fortaleza de Pedro e Paulo, primeira etapa da Sibéria. Passando pela angústia real de um cadafalso de farsa Dostoiévski está a véspera de ser detido; anda bordejando a tragédia quando escreve *Noites Brancas*.

Essas páginas serão as últimas que ocuparão sua pena na boêmia; seu último canto em liberdade (canto de rouxinol desvelado na glória da noite branca, luminosa como a maravilha diurna, em que as ruas estão cheias de gente e há risos de mulher nos jardins da madrugada). Sua próxima obra, *Niétochka Nezvánova*, acabará de escrevê-la já na miserável fortaleza de Pedro e Paulo, enquanto os carcereiros fazem uma guarda indesejável a sua musa.

Sobre a encenação...

Ao montar *Noites Brancas* tem que se optar por duas alternativas: ou se parte para uma encenação rebuscada, cheia de fantasia e coloca-se o texto numa posição fora de todo realismo de Dostoiévski, e foi isso que fez o cinema russo, ou se adota a linha realista, interiorizada, subjetiva, fazendo com que os personagens vivam o seu drama como seres humanos. Foi isso que Visconti fez no cinema italiano. Nós ficamos com Visconti. Isso porque Dostoiévski é um autor realista, não o realismo descritivo, mas aquele que mostra os caracteres tal como ele via e sentia. A adaptação da novela seguiu esse princípio e a encenação também. Seria ridículo criar qualquer teoria nova com um texto de um autor tão importante, o mais difícil é transmiti-lo como ele é.

Georg Lukács num ensaio sobre Dostoiévski escreveu muito bem sobre esses personagens solitários e fechados em suas próprias idéias: "Em primeiro lugar, todas são ações de pessoas solitárias: pessoas que na maneira de sentir a vida, seu ambiente e a si mesmos, reduzem-se completamente aos seus próprios recursos, passando a viver introvertidamente com tal intensidade que o pensamento alheio transforma-se numa terra incógnita. Para eles, o outro existe apenas como uma potência estranha e ameaçadora que os subjuga, ou é por eles subjugado".

Assim é o *sonhador* dessas *Noites Brancas* e assim foi Dostoiévski, ainda no início da sua vida de escritor.

Vivia como sonhador na sua querida São Petersburgo, caminhava pelas suas ruas, freqüentava o grupo niilista de Pietraschévski, sonhava com um mundo só para ele.

Assim é o nosso personagem. Não só ele mas também a sua companheira que aproveitando a solidão do amigo procura encontrar seu mundo.

Mas mesmo assim essa estória tem humor, ternura e quase sempre solidão.

Dentro desse espírito a encenação só poderia se apoiar no trabalho dos atores, sem criar artifício algum que procurasse quebrar esse clima, tão característico de Dostoiévski. Não é uma encenação realista no sentido de dar ao público a realidade tal como ela é, mas transmitir a realidade desses dois seres, não o seu ambiente, mas a sua vida interior. Uma encenação despojada de qualquer elemento material a não ser aqueles essenciais à compreensão da obra.

Não vamos mostrar um novo Dostoiévski, nem adaptá-lo à realidade brasileira, ou trazê-lo à nossa época. Tanto ele, como Shakespeare, Molière, ou qualquer outro autor do mesmo nível, estão muito acima de tudo isso; a arte deles é universal e fora do tempo. Não necessita de nós para existir.

O que pretendemos fazer é transmiti-lo, servindo-o, não, servindo-se dele. Isso feito, parece-nos suficiente. A estória é simples, a adaptação é simples, a encenação é simples, espero que todos o sejam ao assisti-las. (ORC)

Trechos de crítica — *Jornal da Tarde* — **por Sábato Magaldi — 14/11/1968**

DEPOIS DE UMA PEÇA VIOLENTA, OUTRA MONTAGEM, BOA, DESTA VEZ, POESIA E AMOR

Delicadeza, ternura, sensibilidade definem *Noites Brancas*, o novo espetáculo do Grupo União no Teatro Itália. Sob todos os aspectos, a adaptação cênica da novela de Dostoiévski está no pólo oposto de *Navalha na Carne*, montagem inaugural do conjunto. Mais uma oportunidade para ver que tudo tem o seu lugar, desde que feito com rigor e propósito honesto.

Noites Brancas não é ainda o Dostoiévski de *Os Demônios* e *Os Irmãos Karamazov*. Parece uma balada, diante da composição sinfônica dos grandes romances. O leitor ou a platéia sentem de imediato, porém, a presença do ficcionista que sabe penetrar no mundo subterrâneo e extrair das personagens as notas mais íntimas e profundas. Uma poesia melancólica banha todo diálogo de Nastenka e Vladimir, os seres solitários que num momento se encontram, se reconhecem e quase se aproximam, para logo depois tomarem caminhos diferentes. Edgard Gurgel Aranha soube preservar a atmosfera do original e ao mesmo tempo deu-lhe credibilidade cênica, pondo em *flash-back* a narrativa de Nastenka sobre os seus encontros com Stepan. A peça não adquire total autonomia na linguagem do palco, mas fala ao espectador como um sofrido poema dramático.

A tarefa de Osmar Rodrigues Cruz, na encenação, foi mais a de assegurar fidelidade ao espírito da obra e fazer que desempenho e luz mantivessem o indispensável clima poético. Suas marcações são simples e espontâneas, como convém ao espetáculo, e pode-se afirmar que ele muito acertadamente desapareceu atrás dos atores.

[...]. Seria *Noites Brancas* uma encenação romântica e por isso fora da realidade atual? Ou essa reivindicação de poesia, em meio às dissonâncias do mundo de hoje, guarda um encanto secreto e tem o dom de comover-nos? A resposta afirmativa à segunda pergunta parece a verdadeira.

Crítica — *Folha de S.Paulo* — por Paulo Mendonça — 15/11/1968

NOITES BRANCAS

A principal qualidade deste novo espetáculo que o Grupo União, depois do longo sucesso de *Navalha na Carne*, está apresentando no Auditório Itália, é o conhecimento lúcido de suas limitações. A adaptação para o palco que Edgard Gurgel Aranha fez da obra de Dostoiévski não resultou — nem pretendeu resultar — numa peça que captasse todo o conteúdo do original. De *Noites Brancas*, Edgard tirou uma situação, um quadro humano tratado com percepção e gosto, embora com técnica dramática, sobretudo no primeiro ato, um tanto deficiente. Partindo de uma intenção inicial modesta, o adaptador conseguiu elaborar um texto de bom nível literário e muito equilibrado na proposição e desenvolvimento do conflito. Se a vibração propriamente teatral fosse um pouco maior, haveria condições para uma encenação realmente significativa.

Como está, *Noites Brancas* é, por certo, um trabalho menor, se bem que marcado por numerosas qualidades positivas, entre as quais a limpeza da concepção, a delicadeza do tom, uma elegância interior que por um triz não atinge o nível do verdadeiro estilo. Para tanto contribuiu decisivamente a direção honesta e direta de Osmar Rodrigues Cruz, delineando com inteligência as personagens e o desenvolvimento da ação. Corretos os desempenhos de Débora Duarte e Odavlas Petti, ambos integrados no espírito da adaptação e da montagem e criando duas figuras de muita sensibilidade.

Crítica — revista *Veja* — por Paulo Mendonça — 25/11/1968

NOITES BRANCAS

De Dostoiévski (russo, 1821-1881), adaptação para o palco de Edgard Gurgel Aranha. Depois de longo sucesso de *Navalha na Carne*, de Plínio Marcos, o Grupo União muda de gênero e lança um espetáculo romântico, delicado, embora a mensagem do texto seja pessimista: as mulheres amam quem é capaz de amá-las, não quem mais merece o seu amor. Raramente as duas coisas coincidem. Não se pense, porém, que *Noites Brancas* proponha profundas questões psicológicas ou morais. Da obra do romancista russo Dostoiévski, Edgard Gurgel Aranha tirou apenas uma situação geométrica, um triângulo amoroso a mais : o pretendente bom e tímido; o outro, inescrupuloso e oportunista; a moça, que inevitavelmente faz a pior escolha. Tudo isso sem grandes indagações ou julgamentos, numa atmosfera mais de sentimentalismo do que de sentimento. Falta ao texto uma estrutura dramática mais dinâmica, sobretudo no primeiro ato, que é quase só falação. Fosse a ação mais teatral e a elegância da direção de Osmar Rodrigues Cruz poderia ter adquirido a dimensão de um verdadeiro estilo. De qualquer forma, a encenação é inteligente e de bom gosto, com a qualidade principal de ter perfeita consciência das próprias limitações.

A Moreninha

O CLÁUDIO PETRAGLIA CONVIDOU-ME PARA DIRIGIR UM musical, *A Moreninha*, o Miroel Silveira fez a adaptação e o Cláudio fez as músicas. Havia já uma adaptação do próprio Macedo com música também. Começamos a escolher o elenco, tinha muita gente, muitos personagens. Estávamos em plena ditadura e essa peça "caía como sopa no mel". O Flávio Império foi convidado por mim para concepção do cenário e ele, com aquele jeitão, disse: "Olha Osmar eu não faço cenário para esse gênero de teatro". A escolha da peça era boa para a época de censura, sendo uma peça clássica não acarretava maiores problemas. Era uma época de acontecimentos sérios contra o teatro, como o que aconteceu com a *Roda Viva*, peça que o José Celso dirigiu, e onde o CCC (Comando de Caça aos Comunistas) invadiu o Teatro Ruth Escobar, onde eles estavam se exibindo, batendo em todo mundo. Foi uma coisa de louco! Durante os ensaios a Marília foi presa e o Cláudio Petraglia a tirou do quartel pois ele conhecia um coronel lá. Porque ela foi presa, o motivo, eu não sei, sabia na época, agora não me lembro mais. Na invasão do Teatro Oficina houve um protesto terrível da classe teatral, me lembro que, no dia seguinte, estava todo mundo no Teatro Ruth Escobar, a peça era do Chico Buarque, direção do José Celso. Dizia-se que o pessoal do CCC era o pessoal da Marinha, pois na época a Marinha era uma força de repressão muito forte. Aconteceu outra coisa terrível nessa época, que foi a briga entre o Mackenzie e a Filosofia da USP, no fim a polícia invadiu a Filosofia, porque no Mackenzie eles não punham o pé. Sobre isso a Consuelo de Castro tem uma peça, chamada *À Prova de Fogo* e que teve o título mudado para *Invasão de Bárbaros*, foi a primeira peça que ela escreveu. Ela me deu e outra vez o Khouri veio falar comigo para montar a peça e me propôs modificá-la, queria transformar os estudantes em culpados pela invasão, queria modificar o final, aquelas coisas que tem no teatro! Ela, então, foi falar comigo, desta vez ela estava só, e eu disse que o diretor para ela mostrar a peça era o José Celso, ele tem o Teatro Oficina, porque para produção independente não ia dar resultado. Ela era de esquerda na época, agora não sei, mas ela contou para o Khouri o que eu tinha sugerido e ele foi falar comigo, ficou louco da vida, eu disse que o melhor, para dirigir a peça, era mesmo o José Celso, que além de tudo tinha um teatro com características próprias de rebeldia, mas ele continuou "puto da vida" e não falou mais comigo.

Bem, voltando a *A Moreninha*, abrimos testes para formar o elenco e foi uma porção de gente, inclusive a Débora Duarte, só que ela não cantava. Eu tinha visto no Rio *Onde Canta o Sabiá*, com a direção do Paulo Afonso Grizolli, com a Marília Pêra e o Paulo Gracindo, era um espetáculo louco, louco, louco... e a Marília cantava umas músicas muito bem. Fui assistir *Roda Viva* aqui em São Paulo e lá além da Marília, conheci a Zezé Motta, que tem uma voz maravilhosa. Saímos de lá pensando nela para a mucama da Moreninha e sugeri a Marília para o papel principal, achavam que ela não tinha a idade para a personagem e eu os convenci de que tinha que ter experiência, tinha que cantar, dançar e representar, e a Marília faz tudo isso. E ficou a Marília. Para o galã pensamos em muita gente, eu não sei se foi o Nelson Penteado que era o produtor executivo, que falou no Perry Salles, ele estava fazendo um espetáculo em Santo André com a Fernanda Montenegro e o Fernando Torres, que era o *Homem do Princípio ao Fim* e eu fui assistir. O Fernando elogiou tanto o Perry Salles, acho que ele queria se livrar dele, porque o Perry era meio estourado, meio complicado! E ficou acertado, eles cediam o Perry, porque afinal logo iam terminar a temporada. O Adolfo Machado fazia o alemão, ele cantava, tinha uma voz de barítono maravilhosa. O cenário era do Flávio Phebo, pedi a ele para que fizesse um cenário móvel, para mobilidade do espetáculo, mas eu não gostei muito do cenário. Nós ensaiávamos numa casa grande na Alameda Barros, que tinha um piano num canto onde o Cláudio ensaiava as músicas, enquanto eu ensaiava o texto e a Jura Otero ensaiava as danças. Indiscutivelmente, *A Moreninha*, um dos romances mais vendidos no Brasil por causa das escolas e independente de qualquer outra coisa, faz sucesso. O Glauco Mirko Laureli mais tarde fez o filme, que copiou a peça, ele mesmo falou para mim que ia copiar o roteiro, marcação e tudo. Mais tarde ele me convidou para dirigir um filme, nem me lembro qual era, mas eu não fiz. O Glauco ia quase toda a noite assistir ao espetáculo. Mas a idéia de *A Moreninha*, do Joaquim Manuel de Macedo, é maravilhosa, eu gosto muito dele e acho que foi o primeiro romance que eu li, minha mãe tinha a coleção, tinha o Alencar, até Madame Delly. Na faculdade os colegas ficavam intrigados como eu conhecia toda essa parte da literatura brasileira, eu lia tudo, a *Escrava Isaura*, do Bernardo Guimarães, *Memórias de um Sargento de Milícias*, mal pensava eu na época que um dia ia fazer no teatro, a *Senhora*, do José de Alencar, acho que é por tudo isso, que o espetáculo saiu tão agradável, tão leve.

O D'Aversa foi uma figura muito interessante, muito importante no teatro brasileiro, os outros diretores italianos eu sempre achei uns chatos, é como ele dizia, "uns copiadores do teatro italiano", mas ele não era muito querido na crítica, mas era um excelente professor, com uma cultura muito boa, ele fez bons espetáculos como o *Panorama Visto da Ponte*, que ele dirigiu no TBC, entre outros, era um bom diretor. Ele gostou de *A Moreninha*, dizia o que eu já comentei, que dava a impressão de termos montado a peça por causa do momento político. Não foi verdade. Foi porque todos gostávamos de *A Moreninha* e ter escolhido a Marília Pêra foi melhor ainda, porque ela deu certo. Ela deu uma dimensão crítica ao personagem, não ficou uma personagem babaca, como muita gente queria, colocando uma mocinha. A Marília era moça, mas não tão moça quanto a personagem. O Sesc pôs uma pessoa que vendia espetáculos para as escolas, então em alguns dias fazíamos dois ou três espetáculos. Tirando algumas coisas que aconteceram internamente, como discussões, briga de atores, o pior de tudo aconteceu com a viagem ao Rio de Janeiro, o Flávio Phebo fez um cenário novo que era mais interessante, mas quando eu fui para o Rio, o Elias Contursi, que era o Arquimedes do Rio, ainda estava fazendo o cenário, quando eu já tinha de fazer a luz, sei que só consegui fazer a luz no dia da estréia! Não tinha assistente de direção e eu fiquei na cabine elétrica do Teatro João Caetano dando a entrada de luzes, sei que a estréia foi uma barbaridade! No histórico do Teatro Anchieta que eles publicaram, a estréia do teatro só se deu realmente com *A Moreninha*. Nessa época o Brasílio Machado Neto que era o presidente da Federação do Comércio, do Sesc e do Senac, queria levar *O Milagre de Annie Sullivan* para o Anchieta, mas era difícil porque eles cobravam ingresso, nós não, ele então disse que iria telefonar para o De Nigris, e o Paulo Correia acabou perguntando se dava para levar pelo menos por uma semana. Dá, dava, só que tinha que fazer o cenário, porque não dava para desmontar, como foi feito novo para a viagem. E por isso não fomos para o Anchieta.

A Moreninha foi para o Rio, saiu muita briga. A Marília colocou para trabalhar na peça a mãe dela, Dinorá Marzulo no lugar da Lúcia Mello e a avó no lugar da Sônia, só que a avó dela estava surda. Eu me lembro que eu tinha assistido as duas numa companhia do pai da Marília Pêra, que era o Manuel Pêra. Mas a Marília ficou tão preocupada com a avó e a mãe no espetáculo, que foi uma loucura. No Rio a peça não foi muito bem de público.

A minha porcentagem da Sbat o Cláudio Petraglia tirou no Rio de Janeiro e eu não recebi. Recebi uma parte que eu tinha posto na produção, tinha emprestado para ele e ele me pagou, teve até subvenção da CET. Ele não ganhou dinheiro com a peça, ele até que ficou meio atrapalhado, mas ele sempre foi um bom amigo. Eu acho que *A Moreninha* foi uma experiência muito boa. O momento que nós vivíamos era muito difícil, teve a revolta dos estudantes e operários na França, aqui a Filosofia com o Mackenzie, veio o AI-5. Essa época era muito dura, ditadura, Ato Institucional n.º 5, o Costa e Silva destituiu o Congresso. Mas a peça fez muito sucesso. Foi um musical alegre, gostoso, que todo mundo aplaudia. Nesse período no Sesi, eu não sofria nenhum tipo de pressão, havia um código de comportamento, que não permitia certas coisas políticas. E eu também não queria me meter, porque eu acho que ditadura num país como o nosso, como em toda a América do Sul, é terrível. Acaba com você, como aconteceu com muita gente.

Diário de São Paulo — coluna de Alberto D'Aversa — 17/01/1969

A MORENINHA (1)

Um jovem amigo meu, desses que fazem questão de praticar a revolução permanente, cuja faixa de alimentos mentais oscila monotonamente entre Sartre-Brecht-Marcuse e alguns produtos caseiros, cuja ação verbal explode durante a atividade gastronômica da classe em restaurantes de metafísica tristeza, agrediu-me, na rua, com uma rajada de perguntas:

— Você gostou da *Moreninha*?

No momento não compreendi, disse distraído:

— Qual moreninha?

— A de Osmar.

— Problema dele.

— E seu também e de toda essa crítica caduca e vendida que escreve de teatro.

Eu poderia ter retificado e entrado na zona das recíprocas xingações; não valia a pena; preferi deixar o meu jovem amigo na ilusão que crítico teatral é venal, corrupto e corruptível na secreta esperança de vir a ter, depois de vários anos de impoluta profissão, concretas propostas monetárias, ou, em casos de compreensíveis pudores da parte empresarial, ofertas de carros ou casas de campos com piscina.

Continuou:

— Você viu teatro mais alienado (aparte: notei que esse adjetivo vem sendo usado em proporção direta da alienação de quem o pronuncia; fecho a parêntese) desta *Moreninha*? Nós estamos na face oculta da terra, somos vegetais beócios, o homem está dando voltas ao redor da lua, temos os "Soyuz 4 e 5", aí, no céu e nós, aqui, estamos fazendo a *Moreninha*, pô!

— Fala com Zé, ele sabe.

— Que Zé?

— Celso.

— Mas o diretor é Osmar.

— Mas Celso, que faz *Galileu*, está na obrigação de ficar na base de lançamento dos foguetes, Osmar pode ficar em órbita. Acontece porém o contrário, não acha?

— Acho nada porque não compreendo.

Fui obrigado então a fazer um discurso extenso cuja síntese era, mais ou menos, esta:

"Uma sociedade teatral, como qualquer outra sociedade, vive e atua sobre planos diferenciados onde as convenções (ver Eliot — *Civilização e Cultura*) são feitas para serem respeitadas até pelos anticonvencionais que, como é sabido, destruindo uma convenção, automaticamente, criam um novo acordo. Ora, ninguém pode exigir um só tipo de teatro assim como não pode exigir um só tipo de consumo: deve existir um teatro de vanguarda e até um teatro de retaguarda com todos os estágios intermediários: o verdadeiramente importante é que cada um cumpra bem o seu papel, que a vigarice não seja hábito: que o teatro que afirma ser político-social não seja fascista e burguês, que o de vanguarda não seja remastigação de experiências européias de há trinta ou mais anos, que o de comédia saiba fazer rir e assim por diante. Desonesto é prometer champanha e oferecer Coca-Cola."

Osmar Rodrigues Cruz, Silveira e Petraglia nos prometeram um musical extraído de *A Moreninha* de Joaquim e, milagre!, nos deram *A Moreninha* de Joaquim: nestes momentos em que o teatro político virou hermético, covarde e oportunista, o de vanguarda renunciou totalmente à inteligência e o melodramático perdeu o conhecimento das regras do jogo e tornou-se um produto híbrido e insulso, produções como esta *Moreninha* consolam pela honestidade das intenções e a eficácia da realização. (cont.)

UMA MORENINHA NECESSÁRIA (2)
Entre todas as disciplinas parece que a sociologia foi a que herdou o incômodo patrimônio das frases-feitas e das convenções arqueológicas condenando regras inevitáveis a frases de folhinhas. Quem não escutou: "cada país tem o governo que merece"?... ou, o teatro, o cinema, o futebol, a metalúrgica que merece? etc. A obviedade da constatação berra altíssimo com voz impostada por dona Maria José de Carvalho: milagre seria, logicamente, o contrário.

Há anos que estamos pregando da necessidade de um teatro comercial dignitosamente realizado, limpamente produzido e sãmente administrado; em todas as artes existe uma produção que faz parte da *retórica* mais que da *poética* da mesma arte; no Brasil os produtos da primeira categoria são, por condicionamento histórico, mais numerosos e aceitos que os da segunda, por um Drummond ou um Guimarães Rosa quantos Jorge Amado e Zé Mauro Vasconcelos; por um Vila-Lobos e um Santoro quantos Vandré e Tom Jobim: o novo Torquemada poderia fazer uma infinita lista de cassações. Todos compreendem essas evidentes constatações, todos menos a gente de teatro e de cinema. Atualmente qualquer filme nacional de uma certa ambição é feito não mais em função do público mas em função dos vários festivais; qualquer produção de teatro não é mais feita (como queriam Aristóteles e B. Brecht para divertir e *produzir prazer*) mas para ficar na história do espetáculo mundial; os nossos diretores trabalham agora somente em função da eternidade ou da intemporalidade histórica; montar uma comédia de Abílio, por exemplo, ou de L. C. Muniz é crime de imbecilidade, opera-se somente visando uma internacionalidade vistosa e improdutiva. Todos estão esquecendo Araraquara.

Osmar Rodrigues Cruz é, até agora, o único diretor que, como Paulo Autran, conhece o público ao qual se dirige; conhecimento não determinado por irresistível vocação à mediocridade (como já foi dito) — seu anterior repertório confirma o contrário — mas pelo contato diário com uma massa que vai ao teatro exigindo determinadas satisfações.

Cansei de dizer, mas não é demais repetir: teatro é antes civilização de espetáculo e depois de textos: vale mais um *Milagre de Annie Sullivan* otimamente representado que um *Galileu Galilei* de equívocas significações, vale mais uma *Moreninha* que entretém que um Shakespeare anestésico e soporífero.

Produções como esta *Moreninha* são necessárias por criar as condições de inevitável presença de um público, de educação teatral, de didatismo mínimo e indispensável; se não existem espectadores os gênios não podem fazer os Brecht de moda, as elites desaparecem, o engano não convence mais.

E depois, quem pode afirmar que o produto comercial seja um produto fácil? Esqueceram as direções de *Quatro em um Quarto*, *Os Inimigos* e, por exemplo, a recente de *Tudo no Jardim*? (continua porque me diverte)

UMA MORENINHA CHAMADA MARÍLIA (3)

Quem nesta *Moreninha* do Joaquim, adaptada por Miroel Silveira, musicada por Cláudio Petraglia e dirigida por Osmar R. Cruz, espera ver e escutar palavras, situações e ações sobre:

a) táticas das guerrilhas na América Latina;

b) posição de Nixon a respeito da Aliança para o Progresso;

c) o Vietnã como ponto de conflito ou de equilíbrio entre as grandes potências mundiais;

d) problemas da UNE e da CBD;

e) reforma agrária;

f) incesto;

g) personagens que exercem antropofagia física ou moral;

h) posição do intelectual brasileiro frente ao Ato Institucional n.º 5;

i) ...e preocupações parecidas...

É melhor que não vá ao Teatro Anchieta porque poderia sair levemente decepcionado.

Quem, pelo contrário, quer passar duas horas de extrema amabilidade, de gostoso divertimento e de repousante descanso, pode ir sem susto porque, além do prometido, poderá encontrar coisas inesperadas de agradável surpresa...

[...]. Depois de tudo o que escrevi sobre esse espetáculo acho que, de parte minha, seria retórica burrice louvar a exata e fantástica direção de Osmar Rodrigues Cruz.

Trechos de crítica — *Última Hora* — por João Apolinário — 11/1/1969

AQUI VAI UM CONSELHO, VEJA *A MORENINHA* NO TEATRO ANCHIETA

Têm razão os autores de *A Moreninha*, comédia musical de Miroel Silveira e Cláudio Petraglia, quando afirmam que "além do caminho natural da criação dramática — a feitura de peças de pura inspiração individual — existe outra estrada importante e válida, o da adaptação de obras literárias que por sua força de expressão e permanência no tempo demonstram estarem integradas em valores maiores, ligados ao que o psiquismo nacional tem de mais profundo".

Isso mesmo acontece, aliás, em todas as literaturas e em todos os países onde o teatro reflete a sociedade onde se processa, não apenas como espetáculo, mas essencialmente como veículo de idéias de um contexto de fenômenos psicossociais representativos de uma dada realidade nacional.

Não diríamos que os adaptadores do romance de Joaquim Manuel de Macedo tenham total razão quando se servem dessa obra para nos darem este musical, pois duvidamos que *A Moreninha* mantenha atualidade na sua ingênua e frouxa substância humana, revelada através de situações e sentimentos românticos nitidamente ultrapassados, sem equivalência, portanto, com a nossa realidade.

Claro que as analogias ainda podem ser assimiladas por certa classe social subjacente à burguesia provinciana, enquistada no tempo, barroca por natureza e formação, reagindo sentimentalmente muito ainda segundo preconceitos e tradições obsoletos.

Tanto não exclui, porém, que o espetáculo que resulta do texto adaptado não tenha qualidades surpreendentes, por vezes até admiráveis, o que por si só bastaria para justificar tudo quanto fomos ver no Teatro Anchieta, na estréia para a crítica que se realizou na quinta-feira.

Surpreende e agrada tanto que, neste curto espaço, dificilmente se poderá fazer justiça a quantos contribuem para o magnífico espetáculo que *A Moreninha* acaba sendo.

Será, no entanto, no diretor Osmar Rodrigues Cruz que mais objetivamente fixaremos a impressão de agrado e surpresa que tudo quanto se passa no palco nos sugere: começando pelo ritmo das marcações, logo a partir da primeira cena, cuja unidade e multivalência com a coreografia de Jura Otero é das coisas mais interessantes que *A Moreninha* apresenta, o trabalho de Osmar se revela maduro, rigoroso, preciso, especialmente na direção de atores, onde atinge, por vezes, a mais expressiva definição do conteúdo romântico do texto. E a integração que faz das vozes na bela música de Cláudio Petraglia, muito bem orquestrada por Sandino Hohagen, sem um deslize de tempo ou de espaço; a homogeneidade plástica que deu à concepção de cada zona ótica na simultaneidade dos elementos utilizados: figurinos, mutações especiais, cenários, tudo resulta profissional, adulto, por vezes brilhante.

A interpretação merece destaque muito mais pela coerência de estilo, a juventude elegante da imposição (do gesto à voz, mesmo quando os atores cantam sem serem cantores), a suavidade da expressão corporal, a beleza cromática de todo o desenvolvimento da ação, enfim, um trabalho harmonioso, que impressiona pela simplicidade e pela competência.

[...]. Ótimo trabalho de Flávio Phebo, mais o figurinista do que o cenógrafo.

Não deixem de ver. É bom. Desopila e compensa-nos de muita coisa pretensiosa e ruim que está aí na praça.

Trecho de crítica — *Folha de S.Paulo* — por Paulo Mendonça — 16/1/1969

A MORENINHA

Embora tenha começado decididamente com o pé esquerdo (*A Última Virgem, Tudo no Jardim*), a temporada teatral de 1969 tomou jeito um pouco melhor com o terceiro lançamento do ano: *A Moreninha*, musical baseado no romance de Joaquim Manuel de Macedo. Para o espectador submetido à vulgaridade de Nelson Rodrigues e à banalidade pretensiosa de Edward Albee, foi um banho refrescante de ingenuidade.

Já não é pouco. Claro está que não caberiam, no caso, exaustivas análises do texto. *A Moreninha* é aquilo mesmo que a gente sabe: uma história sentimentalóide e piegas, para consumo de platéias pouco exigentes. Acontece que a sua transposição para o palco resultou num quadro extremamente agradável, despretensioso, cujos defeitos são perdoados por força da própria inocência com que o espetáculo do Teatro Anchieta foi concebido e executado.

A verdade é que o tempo passa, que o público é envolvido, e que no fim das contas todo o mundo volta para casa satisfeito. Não é, por certo, um gênero de peça para ser vista todas às noites, mas de vez em quando, sobretudo depois de obras como as dos srs. Rodrigues e Albee, até que sabe muito bem.

Não entremos em detalhes críticos. Basta dizer que a direção de Osmar Rodrigues Cruz limita-se a pleitear a cumplicidade dos presentes — e consegue. [...].

Trecho de crítica — *O Dia* — por Lima Netto — 12/1/1969

FALANDO DE TEATRO

[...]. São Paulo todo deve ir ao Teatro Anchieta para assistir *A Moreninha* em uma feliz adaptação do romance conhecidíssimo de Joaquim Manuel de Macedo, realizada pelo inteligente e culto Miroel Silveira de parceria com esse colosso que é Cláudio Petraglia.

Quem se saiu admiravelmente bem foi o diretor Osmar Rodrigues Cruz que não necessita de encômios. Pois é sabido que é um profissional conscencioso e que conhece bem seu metiê. As marcações foram e são impecáveis e conjugadas com a coreografia da professora Jura Otero oferecem-nos um espetáculo ótimo. A música de Cláudio Petraglia calha admiravelmente bem com o texto.

A interpretação merece de nossa parte a melhor das atenções. Houveram-se os atores com admirável senso de responsabilidade e sentiu-se aí a segurança da direção de Osmar Rodrigues Cruz.

Os figurinos de Flávio Phebo muito bem ideados e executados, ficam em destaque. Tivemos a impressão de que o figurinista superou o cenógrafo. Flávio Phebo está de parabéns.

Aliás de parabéns estamos todos nós, *A Moreninha* apresenta-se dentro de sua simplicidade romântica — para alguns, naturalmente ultrapassada — e encanta a platéia.

O responsável pela música é o musicólogo Sandino Hohagen.

É um espetáculo que agrada e que todos, todos, insistimos, devem assistir.

Hans Staden

EU QUERIA ME LEMBRAR COMO ESSA PEÇA VEIO PARAR NAS minhas mãos. Tinha ido falar com o Francisco Pereira da Silva no Rio de Janeiro para fazer no TPS *Memórias de um Sargento de Milícias* e ele me contou de uma peça que ele estava escrevendo, era a história de uma "bicha" que fez uma fantasia para um concurso de fantasias de carnaval e quando "ela" já estava pronta, não conseguia passar na porta, então teve de demolir a parede! Foi aí que ele me deu o *Hans Staden*. Lógico que a intenção era que eu fizesse no TPS, mas eu ia fazer as *Memórias*. Como o Laerte Morrone estava querendo fazer uma peça para ressuscitar o teatro dele, que não sei se existiu ou não, ele levou a peça para ler e viu que um personagem daquele valia a pena fazer. Era um elenco muito grande. O espetáculo não foi muito bem compreendido porque ele era meio adoidado. O Chico não escreveu a história verdadeira do Hans Staden, ele a usou para fazer uma comédia musicada. Era uma gozação em cima da história. Partindo disso, eu não fiz um musical como o da *Moreninha*, por exemplo, que era realista, eu parti para uma espécie de gozação. Tanto é assim, que tem uma crítica, se não me engano é do Sábato Magaldi, porque tinha uma cena do cacique que ele imitava o Chacrinha, tinha outra de "revista", onde ele diz que os originais eram melhores. Só que eu estava fazendo uma crítica sobre o original. Quando eles não querem entender, eles não entendem mesmo! Na verdade o espetáculo era uma esculhambação sobre o país da antropofagia. Os tupinambás eram antropófagos e queriam comer o Hans Staden, mas ele se adaptou à vida deles. Acho que até teve filho com uma índia. O espetáculo tinha orquestra ao vivo, com cenário de alumínio do Túlio Costa, os figurinos da Ninette, por tudo isso dá para sentir que não era uma montagem realista. Era um espetáculo colorido, divertido, cheio de piadas e bem sacana. O cenário era um pouco tropicalista, afinal era a época. Na verdade era um espetáculo de "revista" brasileira, que esculhambava muito as coisas. Tinha o personagem do Martim Afonso de Sousa feito pelo Cazarré, que era muito engraçado. Tinham cenas engraçadas, tinha canto, tinha uma música boa do Samuel Kerr, a coreógrafa era a Ruth Rachou. Eu na verdade não gostei da minha montagem, não porque achasse ela ruim, é que eu não atingi o ponto que precisava com os atores, eles não entendiam o que tinham que fazer, apesar de eu ter dito que era uma gozação em cima da gozação do Chico, que a peça não era realista, mas mesmo assim agradou muita gente. Mas o que eu queria era atingir o humor de "revista". As críticas umas foram boas, outras más. Ela não foi sucesso, não fez sucesso de público. O Hans Staden era um personagem muito moralista, ele vivia no meio dos índios e ficou tão impressionado, que acabou assimilando e participando daquele modo de vida, ele era alemão. O gozado na peça era o contraste do puritanismo dele, com a vida natural dos indígenas. O Laerte perdeu dinheiro, o pai dele era escultor, vendeu escultura do pai, para pagar as dívidas. Ele me pagou e foi um dos poucos que me pagaram. Foi uma experiência. Acho que o teatro também não ajudou muito. Ele tinha sido reformado pelo Maurício Segall, era muito grande, teve que fazer um cenário monstruoso para encher o palco, se bem que tinham muitos atores, mas ficava um pouco distante do público.

Trechos de crítica — *O Estado de S. Paulo* — por Sérgio Viotti — 20/6/1971

O título *Hans Staden no País da Antropofagia* é enganoso, pois o público, apesar da publicidade dizer tratar-se de uma comédia musical (se bem que seja, na verdade, uma comédia com músicas), poderia imaginar tratar-se de algo bem mais sério do que a realidade comprova. Outro título poderia ser *Hans Staden — as Experiências Sexuais de um Luterano em Pindorama*. Sem ser nada ofensivo, ele revelaria abertamente a natureza da comédia que Francisco Pereira da Silva escreveu inspirado muito mais naquilo que Staden não deixou documentado, do que na preciosa obra sobre os silvícolas brasileiros no século XVI.

Se pouca coisa é conhecida da vida de Staden, menos ainda sabemos nós a seu respeito. Sou da geração que leu, na infância, as suas peripécias recontadas por Monteiro Lobato, mas nunca tive ocasião de sequer folhear o relato de suas aventuras quatrocentonas (foi aprisionado pelos tupinambás em 1554!) publicadas com um dos mais longos e deliciosos títulos de que se tem notícia: "Descrição Verdadeira de um País de Selvagens Nus, Ferozes e Canibais, Situado no Novo Mundo América, Desconhecido na Terra de Hessen Antes e Depois do Nascimento de Cristo, Até Que, Há Dois Anos, Hans Staden de Homberg, em Hessen, por Sua Própria Experiência, Os Conheceu e Agora Publica, Aumentada e Melhorada Diligentemente Pela Segunda Vez". Assim, o meu contato com o Hans Staden de Francisco Pereira da Silva foi tão virginal quanto era (em parte) o próprio Staden que se viu envolvido em peripécias e malandrices profundamente contrárias à rigidez de sua formação luterana.

Isto já deve deixar perceber que o nosso Staden é visto mais ou menos pelo prisma daquele caipira ingênuo do filme *Uma Certa Casa em Chicago*, não deixando de ser menos divertido por causa disto. Aliás, toda a angulação histórica do seu contato com o Brasil é propositadamente distorcida para nos dar a impressão de que o contato entre colonizadores e silvícolas colonizados era o de um eterno festival proibitivo com sabor picante do que era, antigamente, publicado em inglês, entre capas verdes, por recatadas firmas editoras suíças.

Assim sendo, este Hans Staden visto pela Olympia Press pode ser uma surpresa para os historiadores, e um deleite para os incautos. Usando o adjetivo *gozação* com respeito positivo, não hesito em aplicá-lo à comédia de Pereira da Silva. Diz o autor que a escreveu em 66, antecipando-se assim ao irromper do tropicalismo entre nós. É, sem a menor dúvida, uma visão tropicalista de um episódio histórico e a montagem procura, de ponta a ponta, sublinhar esta característica [...].

Osmar Rodrigues Cruz não hesitou em aplicar à sua direção solturas e irreverências divertidas. E se há momentos em que a brincadeira fica hesitante é porque a própria estrutura da peça não o ajuda a avançar com a piada colorida. Mas tudo somado é um espetáculo visualmente rico, cheio de humor bem brasileiro, que talvez abra caminho para que voltemos para incidentes históricos e os transformemos em gostosas gargalhadas vividas em um teatro.

Shows

EU DIRIGI DOIS *SHOWS*. O HILTON VIANA PEDIU-ME PARA dirigir um *show* em que ele dizia poesias e a Inezita Barroso cantava. Ensaiar *show* é um negócio meio esquisito, eu fazia umas marcas para interpretação dos poemas, mas a Inezita era só a posição com o violão; num dos *shows* eu pus uma balança e o Hilton declamava em cima de uma balança e ela começava tocando piano e cantando "Róseas Flores". Noutro espetáculo a Inezita começava entrando pela platéia cantando uma música. Eu fiz uma iluminação, tanto que saiu uma crítica falando bem do espetáculo, do bom gosto que tinha o espetáculo. Era simples mas lotava. Eu fiz esses *shows* mais por amizade, porque não ganhei nada! Mas foi uma experiência, pena que não encontramos nenhuma crítica, mas o programa de *Música e Poesia do Brasil* está intacto.

Putz

O *PUTZ* TEM UMA HISTÓRIA ENGRAÇADA. NA AVENIDA Ipiranga tem uma livraria, antes de chegar na Rua Vinte e Quatro de Maio, a Livraria Ler, que era grande e tinha muito *pocket book*, eu estava olhando para ver se tinha alguma peça americana, então achei o *Luv*, que é uma expressão americana engraçada para "Love", comprei o livro, porque dando uma passada de olhos achei que devia ser interessantíssima. Liguei para Sbat para saber se a peça tinha *à-valoir* por pagar e ela me informou que a peça havia sido feita no Rio de Janeiro com o Oscarito. Eu não acho que o Oscarito, apesar de eu gostar muito dele, achá-lo excepcional, seria o ator ideal para o papel. O Alan Arkin fez na Broadoway com direção do Mike Nichols, por aí já se via que devia ser uma peça boa. Eu pedi uma cópia da tradução do Pedro Bloch, dei para o Juca de Oliveira ler, queríamos arranjar um produtor, o John Herbert se interessou e partimos para fazer a peça. Convidamos o Luiz Gustavo para fazer o Milt, o Juca fazia o Harry Berline e a Eva Wilma, a Raquel. Foi uma luta. A peça é muito difícil, ela está ligada ao teatro do absurdo, ao mesmo tempo que é uma crítica aos costumes americanos, é uma peça cheia de clichês, o amor levado ao extremo. Aqui no Brasil, tem o seguinte: os intelectuais, a crítica, a "Sorbonne" enfim, para eles sendo peça americana, comédia americana, eles não gostam. Fazendo rir, gostam menos ainda. Mas o *Putz* não é bem isso, aliás o título foi dado pelo Tatá. Os personagens têm uma vida interior muito difícil, são personagens complexos, é uma comedinha água-com-açúcar, é existencial, a luta pela existência maluca dos personagens, é que faz a peça engraçada. Você ri do ridículo das coisas levadas ao extremo. Mas foi uma das coisas mais agradáveis que eu fiz. Deu um espetáculo bom, deu dinheiro para o John Herbert, tinha lotação com cadeiras extras, e aí o John levou a pior, porque essas cadeiras extras não têm controle de bilheteria. A temporada ia de vento em popa quando o Luiz Gustavo cismou de arrumar um negócio na coluna, não estava passando bem porque tinha muita movimentação, ele saltava da ponte, caía lá em baixo, e então tivemos que substituir, mas é uma outra história. O cenário era do Túlio Costa, os figurinos como eram modernos, algumas roupas esculhambadas, outras elegantes foram compostas, só a da Eva Wilma que foi o Denner quem fez. Depois que o vestido ficou pronto, o Denner foi assistir a um ensaio com um mordomo e com uma taça de champanhe. Ele assistiu ao ensaio tomando champanhe! Ele era um amor de pessoa. A gente se divertiu bastante. O *Putz* viajou, depois da temporada em São Paulo. Quem entrou no lugar do Juca foi o Goulart de Andrade, ele fazia bem, foram para o interior, eu não acompanhei a viagem, porque antes nós fizemos numa segunda-feira em Ribeirão Preto, foi o elenco completo, depois a temporada acabou aqui, a Aliança pediu o teatro, o John achou melhor viajar. O Juca não podia ir, não sei por que, acho que foi por problema de televisão. Aí veio o Goulart de Andrade e o John Herbert fazia o papel do Luiz Gustavo.

O Luiz Gustavo é muito engraçado e o papel caía como uma luva. Depois o cinema filmou a peça, o Jack Lemmon fazia o papel do Juca, ele dava um *show*. Na Broadway foi a Nane Jackson quem fez a mulher. Eu não tenho mais o original. Nós estávamos ensaiando e a Eva Wilma ficava acompanhando os ensaios com o texto em inglês e o Juca ficava louco da vida, porque foram eles que traduziram a peça, ele e o Tatá, então o Juca disse para a Eva: "a gente não aprende a representar lendo o texto no original", ela ficou louca da vida! Eu acho que o original está com o Juca. O Tatá inventou que estava com dor na coluna e o Guarnieri entrou no lugar dele. O Guarnieri fazia bem o papel. E a temporada terminou quando a Aliança Francesa pediu o teatro. Assim mesmo saiu de cartaz com um relativo sucesso.

Referências sobre a peça

UMA DISMISTIFICAÇÃO

O prazer de ser desgraçado. O amor como motivo de exasperação. O crime e o suicídio como arma para conseguir-se amar e ser amado. Tudo isso e ainda mais Schisgal tenta ironizar, destruir.

O homem moderno, carregado de angústias e solidão é colocado por Schisgal nas situações mais absurdas, para demonstrar o que a sociedade de consumo faz dessas angústias e solidão. Através de determinados clichês, ele ridiculariza a maneira como transformam esses sentimentos ou estados emocionais em mercadoria, que se vende ou se compra, imposta pelos meios modernos de comunicação.

Putz carrega em si tudo isso, e ainda leva ao extremo todo o tipo de relação amorosa e ao atingir esse extremo passa pela faixa do real e do irreal; esse é o tema da peça de Schisgal. É uma constante defasagem do conflito sentimental, e o cômico surge entre o ser e o parecer. Filiado ao teatro do absurdo, ou ao *non sense* americano, ele não tenta fazer apenas uma comédia para rir. O riso funciona como arma desmistificadora, acrescido de que o amor não quer dizer nada hoje em dia, pois transformou-se no maior clichê da vida moderna.

No espetáculo procurou-se conduzir os atores para uma verdade emotiva, além do uso do corpo e da expressão corporal. A representação é realmente acrobática. Estudou-se os personagens a fundo, bem como os seus problemas existenciais, uma vez que os mesmos se preocupam o tempo todo com as suas existências e nunca com a essência do seu ser. Essa verdade, colocada em determinadas situações, resultam naquilo que Schisgal pretende: a deformação do sentimento amoroso. Schisgal não gosta de explicar, nem se explica. "O importante é a vitalidade dos personagens" — diz ele. Aí reside o espetáculo; o espetáculo que ama o clichê, a farsa um pouco alucinante. Surrealista à sua maneira. (ORC)

Eva, Tatá e Juca falam sobre Osmar, o diretor (Programa da peça)

Osmar é o típico diretor "Sumerhill" ou seja, o diretor da liberdade sem medo. Ele nos dá a impressão de que, finalmente, pela primeira vez em nossa carreira teatral, temos a possibilidade de fazer artisticamente aquilo que muito bem entendemos. A sua presença carinhosa e paternal nunca interferiu nas verdadeiras batalhas, atritos e xingamentos que constantemente desencadeamos sobre esta ponte (aliás não entendemos como ela ainda se mantém em pé). É provável que tais conflitos tenham provocado efeitos maléficos na sua constituição psicofísica, já tão trucidada por persistente hipocondria. Senão vejamos: no início dos ensaios ele se ministrava apenas quatro Cibalenas, duas Alka-Seltzers, três Engovs, meio tubo de descongestionante nasal, uma ampola de Metiocolin com B-12 (aplicação endovenosa), e um comprimido de Arovit por dia. Agora, na véspera da estréia, o que ele consumia de medicamentos, não consta nos manuais farmacológicos da maior drogaria da cidade. Estamos desconfiados, de que agravamos um pouco o seu estado de saúde. Como dissemos, a gente tinha a impressão de que estava fazendo o que muito bem entendia. Acontece, porém, que no exato momento em que redigimos estas despretensiosas linhas, nos assaltou o terrível pressentimento de que, pérfida e maquiavelicamente, o homem nos levou a fazer aquilo que ele muito bem entendeu! Conclusão: Somos três crianças conduzidas a esta Ponte, totalmente desamparadas. E queremos deixar bem claro que tudo aquilo que vier a ocorrer sobre o palco esta noite é de inteira e total responsabilidade de Sr. Osmar Rodrigues Cruz. E nesta nossa ciranda, ele nos transmitiu essencialmente uma coisa. Como foi bom nós quatro nos encontrarmos. Putz!!!

Trechos de crítica — *Jornal da Tarde* — por Sábato Magaldi — 21/1/1971

Putz, novo cartaz do Teatro Aliança Francesa, preenche uma função definida e sem dúvida importante: procura atrair de novo o público arredio, oferecendo-lhe um entretenimento com as necessárias garantias de agrado. Já que não há condições para romper a estrutura que regula atualmente a atividade cênica, esse é um caminho de bom senso acomodado e de eficaz luta pela sobrevivência.

[...]. Murray Schisgal, o autor, havia sido mais ambicioso em dois textos anteriores, *Os Dactilógrafos* e *O Tigre*. Embora sem acrescentarem nada ao processo da vanguarda, esses atos únicos assimilam a experiência que vai das sínteses futuristas italianas a Ionesco, encaixando-a na realidade norte-americana. O substrato é a indefectível incomunicabilidade e o desejo de comunicação, num mundo que aliena o homem. Embora estejamos cansados de peças com duas personagens, essas obras, reunidas, num espetáculo, poderiam propiciar um rendimento artístico apreciável.

Putz (*Luv*, no original) parece uma demissão das propostas anteriores. Schisgal barateia a vanguarda, suaviza o que provocaria atrito. Com as concessões sucessivas na trama, passa-se do absurdo ao inverossímil. E a mecânica do maldito *playwriting*, pelo forçado e pela repetição dos recursos, acaba por cansar. Dentro de todo o artificialismo da história, tranqüiliza-se a platéia: o amor do primeiro matrimônio é o verdadeiro, as outras inclinações esvaziam-se no efêmero.

Uma virtude da encenação de Osmar Rodrigues Cruz está em não mistificar a peça, fazendo o que ela é. Outra se refere ao resultado que obtém do elenco. A montagem, em relação aos seus trabalhos anteriores, se mostra mais flexível, aberta, movimentando os atores com liberdade.

[...]. Um bem concebido cenário de Túlio Costa ambienta a ação, numa prova de que esse gênero de peça atinge o público pelo cuidado em todos os elementos do espetáculo.

Trechos de crítica — *Folha da Tarde* — por Paulo Lara — 29/1/1971

Não perca *Putz*

Putz: não deixe de ver essa comédia, sem sentido, absurda, que está no Teatro Aliança Francesa. Pelo menos por estas razões: o texto de Murray Schisgal vai diverti-lo, as interpretações de Juca de Oliveira e Eva Wilma estão excelentes, e, até certo ponto, pela direção de Osmar Rodrigues Cruz. *Putz*, espetáculo produzido por John Herbert, deve *emplacar* fácil, fácil, porque tem todos os condimentos necessários para agradar ao grande público. De uma certa forma, o texto pode atender até ao público mais exigente. Por isso aceite o conselho: não perca *Putz*.

A dramaturgia norte-americana — depois da fase psicológica de Tennessee Williams e Arthur Miller — deu uma guinada. Enveredou por outros caminhos, procurando encontrar o público. Assim como Mart Crowley com seus *Rapazes da Banda*, Murray Schisgal abandona o interlúdio do subjetivismo das palavras para se tornar contundente e preciso. Essa busca, embora tenha o aspecto negativo da concessão, é, ao mesmo tempo, um poderoso teste, onde o autor necessita de um policiamento constante, para que o desenvolvimento não tenha o perigo de escapar dos rígidos princípios do teatro. Para muitos, isso pode ser classificado como um processo *maroto*. Assim como acender uma vela para Deus e outra para o Diabo. Não creio que seja assim. O mais acertado — parece — é que esse gênero de teatro está mais condizente com as atuais exigências de comunicação. Acredito ainda que, assim, o teatro esteja saindo do próprio casulo que construiu, para tentar uma identificação maior, mais ampla, porque isto é verdade: o teatro simplesmente elaborado para uma finalidade de satisfação de seus próprios artífices, *não dá pé, mais*. A nova dramaturgia brasileira também está sentindo isso, e têm vingado alguns resultados satisfatórios.

A direção de Osmar Rodrigues Cruz, neste *Putz*, sai da média de seus trabalhos anteriores. Sente-se, nela, um pulo mais arrojado, uma direção mais solta e descontraída, menos condicionada a limitações. Isso confere a idéia de se supor que ele está passando por um processo evolutivo em seu trabalho, o que é muito bom. A parte plástica, de responsabilidade de Túlio Costa, também se ajusta aos princípios de concepção imaginados pela direção.

[...]. Mas se você for ver *Putz* e não rir muito, ou sair do teatro afirmando que não gostou do espetáculo, dos dois um: ou está precisando de um tratamento de fígado urgente, ou é porque, mesmo sem saber, você já parou de respirar.

Trechos de crítica — *A Gazeta* — por Regina Helena — 29/1/1971

Putz, um espetáculo bem medido

O maior mérito desta montagem que acaba de estrear no Aliança Francesa, *Putz*, é que de um texto relativamente fraco o diretor Osmar Rodrigues Cruz e os atores Eva Wilma, Juca de Oliveira e Luiz Gustavo fizeram um espetáculo inteligente, claro, bem medido e engraçadíssimo.

Não endossaria todos os elogios que a crítica nova-iorquina dispensa ao autor, Murray Schisgal. Reconheço que se trata de uma comédia bem-feita, bem escritinha e que o autor sabe lidar com seus instrumentos de trabalho. *Ménage à trois* com personagens furiosamente neuróticos, tudo acontecendo no meio de uma ponte de Nova York, com humor puxado um pouco para o mórbido, *Putz*, que no original inglês se chama *Luv*, vai certamente fazer muito sucesso de público. Osmar Rodrigues Cruz, o diretor, tem neste trabalho o mérito indispensável de ter acertado em cheio em dois pontos: a medida e o tempo. Não há nada de mais ou de menos no espetáculo e note-se que era muito fácil cair no exagero e na chanchada. Osmar ficou no ponto exato. Quanto ao ritmo, é excelente. Em nenhum momento Osmar "deixou cair a peteca". O espetáculo é vivo e brilhante desde a primeira até à última cena.

[...]. *Putz* é um espetáculo gostoso da gente ver. Vai fazer uma longa carreira, temos certeza. Muito mais, repetimos, por mérito do diretor e dos atores do que do autor.

Espetáculos como *Putz* são necessários numa cidade como São Paulo, cujo público ainda não tem o hábito de ir seguidamente ao teatro, e, quando vai, prefere ver uma coisa mais leve, que o distraia e não o faça pensar demasiadamente.

Se todos os anos tivéssemos por aí uma meia dúzia de espetáculos assim, aquele público que dizem ter desaparecido do teatro por causa da fase de teatro de agressão, acabaria sendo reconquistada, e voltando.

Trechos de crítica — *O Estado de S. Paulo* — por Sérgio Viotti — 26/1/1971

A COMÉDIA GANHA LONGE

Não sei se vocês já sabem que *Putz* "estourou" (o que, no jargão teatral, significa ser um sucesso retumbante de público). É curioso que em meio à grande crise teatral que perseguiu (e persegue) tanto o teatro nacional, haja inesperados estouros. Uma análise superficial indica que estes êxitos estão intimamente ligados a peças que, sem serem grandes obras-primas da dramaturgia universal, oferecem ao grande público aquela média ideal entre entretenimento e acabamento de produção. A partir do momento em que tivermos mais da metade dos teatros paulistas encenando este tipo de teatro, a outra metade, a que se dedica à pesquisa e à vanguarda com justificado interesse, vai sair lucrando.

Víctor García encenou textos "difíceis" (Arrabal — *Cemitério de Automóveis* e Genet — *O Balcão*) transformando-os, através de uma criatividade barroca e exacerbada, em grandes estouros de bilheteria. Bruscamente (e inesperadamente) momentos da vanguarda internacional faziam boas casas. Nem por isto os autores passaram a ser olhados obliquamente com suspeita como *menores* apenas porque estavam sendo vistos pelo público. Qualquer espetáculo de exceção, quando é sucesso, deve-o a indiscutíveis qualidades de criatividade. O grande perigo é pretender que toda exceção seja válida por ser exceção; perigo maior é pretender transformar tudo que nos caia nas mãos em vanguarda cabocla para nos darmos ao luxo de constatar o avanço glorioso dos nossos teatros.

Putz não é uma peça de exceção, mas está carregada de qualidade que fazem dela uma prima das comédias comerciais (e não irmã). Murray Schisgal não é Neil Simon. Pode ser que para nós ele seja apenas mais um autor norte-americano que sabe fazer dinheiro. Para os norte-americanos, ele é um importante autor de uma dramaturgia que procura sempre aliar qualidades de vanguarda com possibilidades de sucesso. Schisgal é vanguarda porque nas suas mãos a realidade criticada, gostosamente criticada, é vista através de um prisma de absurdo. Não do absurdo pelo absurdo, mas de um absurdo, por assim dizer, visto por dentro. No original ele quase chama a peça de *Love* e não sem motivos que opta pelo *Luv*, já que não se trata de uma visão real de amor, mas de um amor conflituado entre pessoas altamente neurotizadas, insatisfeitas com o seu quinhão, sem saber o que fazer dele quando o tem. A incontrolável graça de *Putz* reside justamente na visão deformada de todos os relacionamentos humanos e Schisgal desfolha a alma humana não se fora uma florzinha romântica, mas uma imponente alcachofra deselegante.

[...]. A direção de Osmar Rodrigues Cruz escorre em meio à comicidade, sublinhando, ressaltando, inventando, com um equilíbrio raro em peças do gênero. Juntos, o diretor e o trio de atores, nos proporcionam uma das comédias mais divertidas a que tenho assistido. Por tudo isto os quatro merecem o nosso aplauso irrestrito.

Ah... eu ia me esquecendo de falar de um outro personagem que só aparece nos últimos momentos da comédia. Mas se falar, roubarei a vocês, não a maior risada da peça, mas a última. Por isso calo-me para tornar mais rica a sua experiência humorística ao assistir a *Putz*.

Putz (no Rio de Janeiro)

O Juca foi gravar no Rio de Janeiro e o Tatá também, eles acharam que deviam montar a peça lá, então falaram comigo, a Eva não foi e eles escolheram a Betty Faria para o papel. Eu consegui com o Paulo Correia, o superintendente do Sesi, para ir quarta-feira à tarde para o Rio, ensaiar de quarta a domingo e voltar na segunda pela manhã. A Betty fazia bem a peça. Naquele tempo ela estava casada com o Daniel Filho que arrumou um cachorro sensacional para o espetáculo. O programa do Rio ficou mais bem-feito, incluiu uma crítica do Walter Kerr que é um conceituadíssimo crítico norte-americano. A temporada no Rio também deu muito público. Eu fiquei num hotel que o produtor me colocou em Copacabana, acho que nem tinha estrela, passei uma noite lá e falei para o Juca, que não dava para ficar naquele hotel, ele estava em outro por conta da Globo. "Como! Isso não pode, você vai para o meu hotel, que é em Ipanema e que não tem vaga, mas eu consigo", disse-me o Juca e eu fui para lá.

O Tatá estava morando no Rio com a mulher. Nessa época eu sofria de enxaqueca, então comprei todos os comprimidos de Tonopan que encontrei nas farmácias próximas ao hotel. Mas o Teatro Aliança Francesa no Rio é um teatro legal, quando o ar-condicionado está funcionando! Quando não estava ligado, as baratas ficavam passando por lá, no palco e no pátio que tinha ao lado do teatro, quando você saía à noite, você via as baratas caminhando, era tanta barata, coisa de louco! Era época do carnaval, mas nós nem vimos o carnaval. Saíamos do teatro para o restaurante, que tinha pasteizinhos e chope, eram muito gostosos! Uma noite eu estava no restaurante com todos do elenco, eu estava morrendo de sono, o uísque que eu havia tomado me deu tanto sono. A pressão tinha caído um pouco, estava numa mesa e o Juca e o Tatá falando, falando, eu encostei a cabeça numa parede de madeira atrás da minha cadeira e o Juca me deu uma cutucada dizendo: "pode dormir sossegado, que amanhã nós te contamos o que a gente está conversando". Eu tinha acabado de comer, depois de ensaiar, depois de tomar uísque... Num outro dia fomos almoçar em São Conrado para compensar! Mas a peça fez uma boa carreira, a crítica falou bem, só o Ian Michalski, que não gostou, ele é da linha da "Sorbonne", sempre me elogiou, esteve em São Paulo, assistindo a *Leonor de Mendonça*. Mas o Walter Kerr dá a dimensão certa da peça, ele escreveu assim: "porque eu gosto de Murray Schisgal", ele tem também *O Tigre* que foi feita no Rio.

Jonny emprestou o cenário, o Arquimedes montou, eram de canos de água, para parecer com uma ponte, tinha um vão para saltar, um dos personagens caía na água, acho que foi isso que machucou a coluna do Tatá, de tanto saltar... Eu de quinze em quinze dias ia para o Rio (com as diárias pagas) para ver como estava o espetáculo, saía na sexta e voltava no domingo ou segunda de manhã. Um dia eu estava com uma bruta enxaqueca, tomei alguns Tonopan e fomos até o apartamento do Tatá, passamos num supermercado, compramos uma garrafa de uísque e fomos para lá, ficamos comendo e tomando uísque, então o Juca falou: "vamos jantar?" Descemos, quando estava no elevador eu desmaiei, eles me puseram no sofá da portaria e eu ouvia: "chama o pronto-socorro, não, não chama, chama, não chama", tinha uma história com uns biscoitos salgadinhos que eu pus no bolso, não sei por que, quando estou me lembrando disso olho e vejo um puta baratão na parede, aí eu melhorei. Levantei e disse: "ôi gente tá tudo bem", o Juca me levou até o hotel, disse para o porteiro onde ia jantar, caso eu precisasse, eu deitei, acordei bem, comi os biscoitos. Quando eu estava lá ensaiando o Juca não tinha gravação e me chamava para ir para a praia lá em Ipanema e já naquela época, a água cheirava cocô. Eles não viajaram com a peça. O Jonny na primeira temporada viajou para um monte de lugares, mas não ganhou dinheiro e eu não recebi porcentagem, nem o fixo, coloquei advogado, mas nunca ele era encontrado. Acabei não recebendo.

Trecho de artigo de programa da peça no Rio de Janeiro por Walter Kerr

Introdução a *Putz*

Pretendo escrever umas novecentas palavras a respeito do porque gosto de Murray Schisgal. Gosto de Murray Schisgal porque ele está um passo à frente da vanguarda. A vanguarda, que se supõe à frente de todo mundo, passou anos patinando seus pés doloridos sobre a terra poeirenta e inóspita, enquanto permanecia exatamente no mesmo lugar: levanta um pé, levanta outro, não avança um centímetro, mas se queixa de dor. O lugar onde se situou a vanguarda é conhecido como "À Beira". À Beira do Banco-de-Jardim, os derrotados têm sido vistos esperando Godot, esperando o amor, esperando por um mundo onde a comunicação fosse possível, esperando por alguém ou alguma coisa que os arrancasse de sua miséria. De vez em quando eles tentam se enforcar em árvores inadequadas; algumas vezes conseguem se estripar. Mas a maioria deles tem sobrevivido a se desintegrar durante algum corte de luz, pacientes candidatos ao monte de lixo.

Verifica-se sempre alguma vocação para a seguinte imagem: o homem moderno sente-se sozinho e alienado. Mas freqüentemente se verifica algo mais nessa imagem, especialmente quando a ela se acrescenta a náusea das náuseas. Nela tem havido muito de autopaixão, autodramatização e romântica autopiedade. "Vejam só como eu estou esgotado e destruído" — diz o crispado moribundo, orgulhoso de sua posição de O-Homem-Que-Tem-Sido-Mais-Mal-Tratado. O lábio inferior treme, mas os olhos estão lá em cima, procurando: "onde está o refletor que vai me focalizar como vítima? Um pouco mais perto, refletor. Tenho aqui um excelente discurso sobre os abusos que o universo silencioso mas eu não me calarei. Ouçam as minhas lamúrias, há alguma coisa, há alguma coisa — eu pergunto — tão desgraçada quanto eu?"

Eu gosto de Murray Schisgal porque ele não parou neste ponto, satisfeito em assumir o fato de que nós chegamos ao fim da linha, onde não trafegam ônibus e apenas crescem as urtigas. Schisgal não nega que as coisas andam mal e quase chegando ao fim, mas constata o ridículo que há no prazer de pintar tudo de cores negras. Se até hoje, com muito sucesso, a vanguarda explodiu os balões coloridos do otimismo barato, Murray Schisgal está preparado para espetar um alfinete nas bolhas de sabão do pessimismo barato. A despeito dos impasses sociais ou filosóficos que possam nos afrontar, o mínimo que se deve preservar é o discernimento. O discernimento pode aventurar-se ainda mais longe: pode nos revelar que a desventura tão em moda, não passa efetivamente de moda, da mesma forma que pode determinar alguns puxões de orelha; pode mostrar o quão meticulosamente profissionalizados se tornaram as nossas atitudes de desespero, o quão premeditados são os nossos pedidos de desculpas, o quão suave e docemente as balinhas de lamúrias se deslocam pelas nossas línguas irrequietas. O Discernimento pode olhar para aquele que tenta se enforcar e dizer: "Sai dessa, Nego!" [...].

Trecho de crítica — *Tribuna da Imprensa* (RJ) — por Flávio Marinho — 9/3/1976

UM *PUTZ* NEM TÃO ABSURDO

Segundo Luigi Pirandello — autor sugerido pela leitura de *Putz* de Murray Schisgal —, "não pode haver nenhuma verdade, já que a verdade varia de acordo com o indivíduo e as circunstâncias; não pode haver comunicação, pois as palavras enunciam o que parece ser e não o que realmente é; não pode haver sanidade pois sanidade exige estabilidade, o que não se encontra na condição humana". Partindo desta proposta básica, parece estar a chave da maioria das respostas às questões apresentadas pelo atual cartaz da Maison de France. Pois é dentro desta perspectiva de mensagens não definitivas, limitadas pela teoria da relatividade, que o autor monta seu texto. Onde aborda, entre outros temas, o amor, casamento, auto-piedade, desespero, suicídio ou homossexualismo. Para isso, concedeu-lhe um tratamento de algum parentesco com o Teatro do Absurdo que, no entanto, tem mais a ver com uma comédia humanística de *non sense à la* Irmãos Marx. Dentro desta ótica, o amor, por exemplo, não chega a ser definido por Schisgal; ele prefere denunciar o mau uso e o desgaste de tal sentimento nas sociedades tecnológicas que o utilizam como desculpa para insinceridade, desejo físico ou chantagem emocional. Para Schisgal, o importante é mostrar a visão destorcida do amor — vendida em livros ou filmes baratos — que o transformou numa comodidade em vez de uma verdadeira emoção. Dessa forma, o texto se desenvolve por meio de três únicos personagens que simplesmente vão jogando suas idéias, sem se preocupar em coordená-las — e talvez por isso os três dêem a impressão de beirar a insanidade. Mas apenas a impressão, já que, relembrando Pirandello, "não pode haver sanidade, pois sanidade exige estabilidade, o que não se encontra na condição humana". O maior mérito de Schisgal talvez esteja no fato de que mesmo abordando um tema dramático como a loucura contemporânea enlatada pela sociedade de consumo, *Putz* consegue se realizar como uma divertida comédia. Nela, Schisgal ironiza os lugares-comuns provocados pelo desgaste do amor, goza o *self made man* americano, o feminismo, além das patéticas situações criadas por ele mesmo. O resultado embora algo pretensioso, se não chega a ser hilariante, pelo menos não nos conduz ao universo dos bocejos.

A competente direção de Osmar Rodrigues Cruz aproveitou o potencial humorístico dos lugares-comuns do texto e partiu para farsa rasgada. Acertou no alvo quanto ao ritmo, no tom exasperado e na limpeza de desnecessários toques absurdos. [...].

Trechos de crítica — revista *Manchete* — por Wilson Cunha — 17/3/1976

O BOM HUMOR DE *PUTZ*

Na década de 60, Murray Schisgal, autor deste *Putz* (levado ao cinema como *Luv/Essa Coisa o Amor* com Jack Lemmon, Peter Falk e Elaine May) chegou a ser considerado um dos maiores nomes da nova dramaturgia americana. Uma classificação, sem dúvida, apressada, pois, como um Edward Albee, Schisgal não chegou a construir uma obra tão densa como deixavam antever este *Putz* e *Tiger* onde, partindo para o teatro de absurdo, fazia interessantes radiografias da sociedade americana. Uma nova leitura dos textos de Schisgal, cerca de dez anos após sua criação, demonstra que a obra envelheceu prematuramente: o absurdo, hoje, é muito mais crível que então. [...]. Transportando a ação para alguma coisa semelhante à ponte Rio—Niterói adensando o humor e escamoteando o *non sense*, enfatizando a irreverência e minimizando as filosofadas de Murray, eles ofereceram à direção de Osmar Rodrigues Cruz um material irresistivelmente divertido. [...].

Um espetáculo comercial, qual é a dúvida?, *Putz* cumpre o que promete: diverte. E já é muito.

Trecho de crítica — *Jornal da Tijuca* — por Nívio Pedroso — 20/3/1976

PUTZ — UMA DESPRETENSIOSA COMÉDIA QUE DIVERTE...

[...]. Acredito em *Putz*, principalmente pela dosagem certa e bem equilibrada na tradução de seu texto original, no qual Juca de Oliveira e Luiz Gustavo souberam intercalar as invocações mensageiras pretendidas, com as pausas necessárias à percepção do público, enriquecendo, desse modo, as *preparações* dos momentos de explosão humorística, que vêm exatamente nos momentos certos, mormente os provocados por pequenos palavrões, por sinal rigorosamente *bem colocados*, para não *agredir* ninguém (ao que parece, preocupação notória dos tradutores. Nota mil para eles). Conclusão: é uma boa comédia. Dá para boas gargalhadas, dado às situações incomuns dos personagens, dado a determinação do texto e do elenco para fazer rir, bem como a boa direção de Osmar Rodrigues Cruz. [...].

A Falecida Senhora Sua Mãe

Eu fiz também uma peça no circo da Nathalia Timberg, mais ou menos por essa época, eu não me lembro a data precisa e nem possuo nenhum registro em jornal, crítica ou programa da peça. O que eu me lembro é que a Nathalia e o marido fizeram um circo e queriam um espetáculo, um circo bonito, conseguiram patrocínio. Eu estava fazendo *Noites Brancas*, viajando com o Jovelty Archangelo e a Arlete Montenegro, então convidei os dois para fazer a *A Falecida Senhora Sua Mãe*, de Georges Feydeau, uma peça muito engraçada, que não precisava pagar o *à-valoir*, então montamos lá no circo, mas a montagem não saiu boa, pois ensaiamos pouco, a peça exigia pessoal de comédia mesmo, e não foi ninguém, também era longe o circo, ficava na periferia. A idéia do circo era para popularizar o teatro, tinha um palco, era bem instalado, mas precisava de dinheiro e não tinha. Ia o pessoal da vizinhança e era uma "baixaria" danada na platéia. Depois que a peça saiu, não soube mais o que aconteceu com o circo.

É Hoje

Essa peça foi uma produção conjunta, de Luiz Gustavo, Elizabeth Ribeiro e eu. Nós pegamos o Teatro Cacilda Becker que estava com o Walmor Chagas, na época. Essa peça é de Lawrence Holofcener, o título em inglês é *Before You Go*, e e nós escolhemos *É Hoje*, porque a peça trata da solidão das pessoas. É a história de um rapaz tímido, que vive só. É daquelas peças que as pessoas não gostam de criticar. O que acontece é que ela não pegou para a crítica, mas pegou para o público. A peça tem uma cena que se passa no escuro, é tão engraçado, o diálogo é tão engraçado, o público ria muito. O Tatá faz comédia espontaneamente. A Lilian era mais contida. Nos Estados Unidos eles fazem essas peças sem ficar com problema de consciência. O problema da peça é um cachorrinho. A peça começa com uma chuva danada e onde ele mora a sala dá para a rua, é quase um porão, ela se esconde da chuva em frente a essa janela, então ele a convida para descer e esperar a chuva passar na casa dele. Ela desce e tem um cachorrinho na bolsa. É um cachorrinho pequeno, e aí começa a história. Ele é muito tímido, não sabe como conversar, toma um pouco de cerveja... Nós conseguimos arrumar um cachorro que não era nenhum *chihuahua*, era um vira-lata novinho, pequenino, que era um serelepe, ele roubava a cena dos atores, caía lata de cerveja no chão, ele ficava batendo com a pata na lata e corria tanto no cenário que um dia ele escorregou e caiu do palco na platéia e quebrou uma perninha dianteira, levaram-no ao pronto-socorro canino, engessaram a perna dele e ele fez a peça com a perna engessada, aí o público não ria muito dele, porque ficava com pena. Depois, eu caí também. Eu fui descer do palco para a platéia pela escada, ela estava bamba e tombou, fui para o chão quebrei o pulso, ficamos eu e o cachorro engessados! Mas a peça não deu lucro, nós perdemos dinheiro. Tatá não queria fazer espetáculo quando não tinha muita gente, saía muita discussão por causa disso. E outros problemas com a Lilian. Eu gostava da peça, mas foi como o *Putz*, tem pessoas que não admitem, podia não ser um bom espetáculo, mas o texto é muito bom, é uma maravilha. O *Putz* remontaram, foi o filho do Guarnieri, mas esta ninguém lembra de montar, uma peça com dois atores, tem o problema do cachorrinho, que é sério, não é fácil não. O cachorro do *Putz*, por exemplo, entrava no final, era ensinado e ganhava uma nota. Esse fica com ela em cena a peça toda, os atores não gostavam muito, ele roubava a cena, fazia cocô, xixi em cena. Bom, a crítica não gosta de peça comercial, era um espetáculo agradável em que a platéia ria muito e eu gostei de fazer a peça. A Lilian era uma atriz obediente, o Luiz Gustavo era mais rebelde, mas fazia muito bem um judeuzinho do Bronx. A peça é uma comédia para divertir, eu a descobri, a Elizabeth Ribeiro leu e nós produzimos. O teatro tem um segredo, quando as coisas não correm bem nos ensaios dificilmente a peça faz sucesso, dificilmente. Eu dirigi sessenta peças, eu sei disso, fica um clima desfavorável. Uma noite o John e a Eva estavam assistindo no balcão do Teatro Cacilda Becker, que era uma jóia de teatro, e nós estávamos comentando que não tinha ninguém no teatro. E foi isso, não fez sucesso. Cancelamos alguns espetáculos porque não tinha público suficiente, não fez sucesso, apesar de ser uma boa peça. Hoje parece que transformaram a peça em musical, por isso não dá mais para montá-la.

Referências sobre a peça

UMA PEÇA PARA O VERÃO
É Hoje!... focaliza o problema da timidez e do relacionamento das pessoas que vivem na grande metrópole. Imagine-se um rapaz tímido, difícil de se comunicar, uma moça estranha, a qual nem o nome se sabe, encontram-se por acaso. Uma vez colocados um diante do outro surge um novo elemento, o cachorrinho.

O autor, ao descrever os personagens coloca como fator fundamental a sua timidez e seu descontrole na maneira de se comportar, nas atitudes e até na voz. Acrescenta ele "percebe-se que, assim mesmo, ele tem muita chance de ser bem-sucedido".

Da mulher o autor insiste em destacar, além da sua solidão, seu medo: "medo de tudo, da cidade, dos outros, da vida...".

Esses elementos dos caracteres dos personagens foram usados pelos atores como fatores essenciais para conseguir criar dois personagens de carne e osso, que vivem, sofrem e amam. Procurou-se dar profundidade aos personagens, para colocá-los, em seguida, numa série de situações confusas e embaraçosas, que provocam o riso.

Desta maneira a peça é tratada com realismo e até mesmo intimismo para despertar o interesse do espectador. Se o cômico surgir, melhor, mas neste caso será naturalmente e não forçado, e surgirá da situação criada pelo autor, não será nunca sobreposta, nem forjada através de acréscimos, mais ou menos gratuitos, ao texto que o autor propõe.

A comédia leve americana é sempre um pedaço da vida, apoiada em caracteres que por serem convencionais não deixam nunca de serem reais. Se eles vivem segundo moldes criados por uma sociedade em que vivem e contra a qual são incapazes de reagirem, mesmo sendo esmagados por ela, é porque grande parte da nossa sociedade vive, realmente, segundo critérios estabelecidos e aceitos cegamente. Da revolta tímida, ou da falta de revolta pode surgir a comédia leve. (ORC)

Pequenos Assassinatos

O JOHN HERBERT ESTEVE NOS ESTADOS UNIDOS E TROUXE uma peça do Jules Feiffer, que é cartunista lá, ele viu uma leitura da peça e disse que era muito engraçada, quer dizer ela não é engraçada, a gente ri das situações absurdas que os personagens vivem, mas no fundo é uma peça séria. Ele então convidou-me para dirigi-la, eu aceitei. Ele tinha dado para o Millôr traduzir e que fez também o cartaz. Mas o Millôr, na tradução, deu nome à família que vive a história, de família Nixon. Quando ele veio para São Paulo, nós fomos jantar no restaurante Cantina do Romeu, na Pamplona, onde discutimos os nomes dados, e ele disse que os usou, porque estava em foco o caso do Presidente Nixon. Agora, o Nixon não tinha nada a ver com a violência mostrada na peça.

Bem, o Jonny formou um elenco bom. O que tinha de estranho era a altura do Othon Bastos, que é um ator baixinho, fazendo o personagem do fotógrafo que apanhava e resistia às agressões, porque nós tínhamos a imagem do Eliot Gould, no filme que tem o mesmo nome da peça. Começamos a ensaiar no Teatro Oficina, eu não me lembro o que o Zé Celso estava fazendo fora do teatro, o grupo do Oficina estava parado e deu para o Jonny o teatro. A peça trata do problema da violência urbana, em Nova York, que na época não fazia parte da nossa realidade. O problema da violência urbana no cotidiano ainda não era experimentada em São Paulo. Aconteceu um caso, que até o Jonny usou fazendo um *poster*, colocado na entrada do teatro, que era o caso de um sujeito num jipe que acabou matando um cara com revólver, por causa de uma trombada. Mas a nossa realidade ainda era outra, você aqui podia sair tranqüilo a qualquer hora, a miséria, apesar da ditadura, não era tão grande. A única violência da época era a do regime. Nós ensaiamos muito a peça, era uma época que eu tinha enxaqueca. Ensaiamos a peça mais ou menos no método tradicional.

Mas quanto aos *Pequenos Assassinatos*, a peça não fez sucesso nos Estados Unidos, ficou pouco tempo em cartaz. O original da peça ficou com o J. Herbert onde tem um prefácio excelente do Julles Feiffer, fez sucesso em Londres que investiu na peça, o cenário era todo transparente e via-se o movimento de rua, as pessoas passando, sofrendo violência, acho que isso ajudou o sucesso. Em NY ela não fez sucesso porque você não sente a violência, você só vai sentir quando a menina é assassinada. Porque a mulher entrando com o saco de compras do supermercado furado por balas, o público até dá risada. Além do fato de eles ficarem através da janela, narrando a violência que está ocorrendo nas ruas, com sonoplastia de sirenes, tiros, e fumaça de carro que entra também pela janela. A peça começou bem, na Inglaterra ela foi montada pela Royal Shakespeare Company, depois ela foi para Londres. Tem um filme que era muito bom, dirigido pelo Alan Arkin. Como a peça é muito dialogada, aliás até a crítica falou que na peça tinham cenas melhores do que as do filme. Fez um relativo sucesso. Não era a peça para aquela época. Talvez hoje, com esse panorama violento que a gente está vivendo, ela fizesse sucesso, não sei. A peça tem um problema sério que são muitos monólogos, é o do pastor, é o do padre e acho que isso cansa um pouco o público. Devíamos ter cortado um pouco isso, mas eu naquela época não gostava de cortar e não cortei. Então teve alguns problemas com o grupo do Oficina, porque, apesar de alugado o teatro, os atores entravam à vontade no teatro durante o dia e mexiam no material de cena criando alguns problemas. Na verdade eles não queriam que a peça ficasse no teatro, porque eles achavam que essa peça não era para o Oficina. Nós estávamos lá porque na época era o único teatro desocupado. Depois vagou o Aliança Francesa, só que o Jonny não quis mais assumir a produção, ele deu cenário e roupas para os atores, que fizeram uma cooperativa e foram para lá. Na remontagem no Aliança eu fui lá para ensaiar sim, mas não deu certo. Foi uma pena, porque nos primeiros meses ela deu público, depois foi caindo, o defeito era da peça e da montagem, já que o Jonny não tinha dinheiro suficiente. Hoje mais ainda, montar uma peça com esse elenco, hoje Global! Eva Wilma, Tony Ramos, Cláudio Corrêa e Castro, Yolanda Cardoso, o Fagundes, que era quem eu queria para o personagem do fotógrafo, ele na época era magrinho, mas o Jonny disse que já tinha falado com o Othon Bastos. Não impressionava, porque ele apanha na rua, ele tira fotografia de bosta, é muito engraçado quando a menina leva-o para conhecer os pais e ele fala que é fotógrafo de bosta. A peça é violenta e cruel. Todos são neuróticos. A peça acaba com eles atirando pela janela, eu mudei um pouco o final, eles atiram nas pessoas que passam pela rua e depois sentam para jantar normalmente. É a nossa realidade, hoje. Mas você não arranja produtor hoje, para esse tipo de peça. Ela foi feita também no Rio há tempos e não foi bem. Nós tivemos críticas boas. Mas mesmo assim, aquela coisa de ser peça americana..., só que o Jules Feiffer tem nome, ele é um cartunista de primeira, e a peça é *cartoon*, eu não sou fã de *cartoon*, não entendo, computador e *cartoon* eu não entendo. Quando eu era rapazinho, gostava de ler o "Flash Gordon", "Mandrake". Revendo a crítica "Uma Sátira à Classe Média Americana" tem um artigo muito gozado que saiu no *Jornal da Tarde*: "ele descobriu uma forma muito procurada de como dirigir um sucesso por mês", é verdade, na época eu estava com diversas propostas para dirigir peças. Mas essa peça me deu muito trabalho, os atores, se bem que eles comportaram-se muito bem, gente boa, era uma peça cheia de efeitos, tinha que resolver o problema de um tiro que entrava pela janela quebrando a vidraça, que vai direto na testa da menina, o sangue que espalhava pelo rosto, que foi feito assim: com uns ovinhos de codorna vazios, recheados com sangue comprado na Farmácia Avenida, que na época fazia maquiagem e coisas como esse sangue e todo o pessoal de teatro comprava lá. O Jonny depois resolveu comprar um produto americano, que fazia mais efeito. Numa fábrica de vidro, ele conseguiu os vidros no peito, sim porque quebrava um vidro por sessão. Arrumou um revólver, que deu um trabalho danado, porque na época precisava da licença da polícia. Tiramos um dia só para ensaiar esses efeitos. Era assim: O Felipe Levi, da coxia, dava o tiro com a mão direita ao mesmo tempo que quebrava o vidro com um martelo com a mão esquerda. Ele fazia sempre junto. Mas tinha dia que ele atrasava a quebra do vidro, mas ninguém percebia porque o tiro assustava. Eu queria pôr uma luz de carro de polícia na cabine elétrica do Oficina, na época o teatro tinha um palco que o Zé tinha feito para fazer *O Rei da Vela*, e essa luz ficaria girando durante toda a peça, mas o Jonny não topou. Então eu pedi ao Arquimedes, alguém do Municipal para pintar o cenário, que era um gabinete, e sujamos, por exemplo, na janela por onde entrava a fuligem, tinha que estar com a pintura dando idéia de sujo, os cantos, enfim ficou muito bom, porém, na véspera da estréia, o Jonny vai e limpa todo o cenário. Putz! Eu briguei com ele — você não pode fazer isso! e ele se defendia dizendo que o americano era asséptico. Mas a peça pedia exatamente o contrário. Ele queria fazer uma grande comédia e a peça não é uma grande comédia. A platéia ria em determinados momentos. A peça é uma tragédia moderna. Mas voltando ao ovinho de codorna, tinha uma hora que os dois personagens, a menina e o rapaz, estão conversando e ela vai para a porta, o ovinho ficava atrás do cenário num sarrafo, ela pegava o ovinho, vinha com ele na mão, e no momento em que eles se abraçam, dá-se o tiro e ela levava a mão à testa, e o ovinho esmigalhava, espalhando o sangue, e como ele tinha uma casca muito fininha ficava uns pontinhos brancos que parecia cérebro, e ela cai, ele vai para um canto da sala se ajoelha e fica olhando o quadro. No último ato, ele está fotografando os pedaços do rosto dela.

Nesse ano de 1972 eu tinha feito: *Dois na Gangorra* e *A Moreninha*, fora do Sesi, até então pensavam que eu só podia dirigir no Sesi, e essas peças fizeram muito sucesso, e quando você faz muito sucesso, todo mundo te convida para dirigir, tinha até um convite para montar *O Panorama Visto da Ponte* que o Odavlas queria fazer no Grupo Opinião.

Referências sobre a peça — 16/2/1972

UM GRITO DE ALERTA

Pequenos Assassinatos é, sem dúvida, um grito de alerta. Jules Feiffer não pretendeu, com esta peça, dar uma solução ao problema da violência, entretanto, nenhum autor norte-americano se aprofundou tanto nos paradoxos da classe média americana, no que se refere ao assunto.

A peça é uma sátira, não porque Feiffer encare o problema como fato humorístico, o que aliás não é, mas porque ele usa a sátira para que o público possa melhor criticar os acontecimentos. O riso é a melhor forma de participação. Como ele próprio diz: "a classe média americana está enlouquecendo tradicionalmente, pois não consegue sair do labirinto da violência". Por isso, ele a apresenta através de uma família tradicional e pacífica, que, ao abrir-se o pano, já está, sem perceber, sob a pressão da máquina da violência. Com ela poderemos ver o que irá acontecer se todos, em todos os lugares, não tomarem consciência da necessidade de que a razão e o bom senso dominem o mundo.

A violência, um mal que destrói a sociedade, não nasce com o homem, e não existe por si, a não ser quando a praticamos sob múltiplas maneiras. A violência é fenômeno social, como é a justiça, a política, a economia e não é muito difícil falar nela numa época que conheceu Auschwitz, Hiroxima, Biafra e o Vietnã.

O fato de vivermos ambientados num clima cotidiano de violência levou-nos ao absurdo de que as perspectivas de uma guerra atômica não nos horrorizam mais.

A história não está regida por deuses ou pela fatalidade, ela, para nosso mal ou nosso bem, é escrita pela nossa própria ação, quer como indivíduos quer como coletividade. Se a verdade tem demonstrado que a violência, debaixo de suas várias formas, não pode ser eliminada da existência social, total ou parcialmente, a única atitude racional consiste em compreender as circunstâncias pelas quais ela se produz e fazermos todos os esforços que estejam ao nosso alcance, para dominá-la. Caso contrário vai acontecer o mesmo que aos seus personagens da peça, na visão final de Feiffer, onde ele nos dá a imagem da agressão já instalada de ambos os lados e o resultado disso é tão nítido que podemos chegar à seguinte conclusão: a violência está destruindo a sociedade, e o que faltou, ao mundo contemporâneo e industrializado, foi um pouco da visão trágica da existência para ter evitado essa explosão violenta que Feiffer retrata tão fielmente.

A família desta peça enlouquece porque não tem condições de sobrevivência. Até determinado instante ela tenta se manter pacífica, resiste a ponto de tornar o seu hábitat numa fortaleza. Motivada por mais uma série de fatores agressivos perde a razão e entra no jogo como todos que a cercam, felizes e satisfeitos, alienados.

Os personagens são todos vítimas de uma maneira ou de outra: são, violentamente, envolvidos pelo sistema desumano da vida urbana. A visão final não é uma lição, uma vingança, ou um revide. É sim, um alerta. Não podemos terminar nos destruindo uns aos outros como nos filmes *Far West*. O que é preciso, isso sim, é dar um basta, colocar o raciocínio para funcionar e procurar a gênese da violência, para não sermos alcançados tal como o final da peça. Agride-se porque a moda é agredir, isso é a conclusão da peça de Jules Feiffer. A comédia diverte, mas os tiros incomodam. Indiscutivelmente a peça foi escrita procurando demonstrar que há urgência de soluções para que não haja o caos, e que a vida moderna é uma luta constante pela sobrevivência, o que é tão bem retratado nesta fala da peça: "Eu divido meu dia em etapas. Cem mil etapas. Me levanto de manhã e penso, OK, nenhum atirador furtivo conseguiu me pegar antes do café. Vamos ver se eu consigo dar minha caminhada matinal sem ser castrado. OK, terminei minha caminhada, vamos ver se consigo chegar em casa sem que um tijolo, jogado do último andar do edifício, caia na minha cabeça. OK, estou seguro no *hall*, vamos ver se eu consigo subir no elevador sem me enfiarem uma faca no lombo. OK, consegui chegar no meu andar, vamos ver agora se, ao abrir a porta, não encontro assaltantes no corredor, OK, já estou no corredor, vamos ver agora se abro a porta e não encontro toda a família esquartejada no *living*. Cidade amaldiçoada!"

Jules Feiffer é talvez um dos mais conhecidos humoristas americanos, e seus desenhos são conhecidos em todo o mundo. Escreveu sua primeira novela, *Harry, the Rat with Women* em 1963. Depois escreveu três peças de teatro: *God Bless, The White House Murder Case* e *Little Murders* (*Pequenos Assassinatos*) e seu último trabalho foi o roteiro original do filme *Carnal Knowledge* com Mike Nichols, grande sucesso nos Estados Unidos e Europa e que virá ao Brasil com o título de *Ânsia de Amar*. Alguém perguntou a Feiffer por que ele tinha se dedicado também a escrever peças teatrais e roteiros cinematográficos, já que fazia tanto sucesso com seus *cartoons*, disse ele: "Primeiro, os *cartoons* tinham um público relativamente restrito, e, segundo, os *cartoons* começaram a ser irrestritamente aceitos pelo grande público, que pensei que estava sendo mal entendido, e então eu me dediquei a formas nas quais poderia ser melhor compreendido, diminuindo assim meu público. Não me peçam para explicar isto". (ORC)

Declaração (em entrevista) — *Última Hora* — 11/2/1972

O filme *Little Murders* exibido recentemente em São Paulo mostra a violência reinante de nossa época, onde os personagens são lineares. Na peça eu pretendo colocar mais humor negro, mais sarcasmo, mostrar mais o problema da violência. Quero deixar bem claro, ao contrário do filme, que a família representa uma classe social, a média, que está enlouquecendo aos poucos, porque é a única que não se manifesta. Sua única preocupação é a sobrevivência. Eu não quero a mensagem olho por olho, dente por dente, mas sim que a peça seja um grito de alerta. O problema é todo mundo tomar consciência do que está acontecendo à nossa volta ou então vamos acabar mesmo, um atirando no outro, para matar. Estou confiante na montagem por se tratar de um problema atualíssimo.

Entrevista — *Última Hora* — coluna "Ronda" — a Oswaldo Mendes — 24/3/1972

A VIOLÊNCIA ESTÁ AÍ

Muita gente se diverte com as manchetes sensacionalistas dos jornais "especializados" em crimes, lê com gosto as revistas do gênero, procuram filmes onde a violência impera. E tudo isso lhe parece coisa do outro planeta. Mas, segundo Osmar Rodrigues Cruz, diretor de *Pequenos Assassinatos*, esse é o perigo, a nossa convivência com a violência, e é esse o foco atingido pela peça de Jules Feiffer: "*Pequenos Assassinatos* mostra o perigo de caminharmos para a violência, individual e coletiva, em tudo. Veja a televisão: de dez programas, seis são filmes que têm mortes, crimes, assassinatos. Para se mostrar que o crime não compensa, usa-se de tantos recursos que acabam tornando o crime simpático. E o pior de tudo isso, o homem se acostumar à violência".

Há quem goste de ficar discutindo se a violência é instintiva no homem ou é fruto do meio onde se vive. Para Osmar a discussão está encerrada, porque ele é dos que definem a violência como resultado de um contexto social, e isso tentará deixar claro no seu espetáculo: "É difícil falar desse problema. Mas se a violência não tem cura, como muitos apregoam, haverá pelo menos um meio de se eliminar um pouco daquilo que a gente vê por aí. Eu procurei não fazer um espetáculo óbvio, querendo tornar claras, coisas que o texto já explicita bem. É um espetáculo realista, apesar do autor usar uma série de elementos que dão a sensação do absurdo".

Pequenos Assassinatos é o retrato da vida de uma família pacífica, respeitadora das instituições, mas que é levada à violência, que se torna um esporte. Depois da morte da filha, a família entra num processo neurótico ainda maior, fecha-se em casa colocando trancas nas portas (para Osmar Rodrigues Cruz, esta é a visão do futuro, formulada pelo autor): "Faço sentir no espetáculo, que a violência vem sempre de fora. Todos na peça são pacíficos e se agridem uns aos outros. A apatia do genro, por exemplo, é também uma forma de violência, e a maior que conheço: a violência do sujeito que se aliena, a violência da não-participação".

Osmar Rodrigues Cruz fala ainda do próximo cartaz do Teatro Oficina: "As personagens de *Pequenos Assassinatos* são traçadas dentro de um clima de humor crítico que poucas vezes se vê no teatro. O filme que se fez, baseado na peça e que muita gente assistiu, não era suficientemente engraçado para despertar o espírito crítico do espectador. Por isso acredito que o conteúdo crítico da peça é maior que o do filme".

Entrevista — *Folha de S.Paulo* — a Ibanez Filho — 29/3/1972

Quando alguém nos conta que foi assaltado, roubado, deixado nu na rua, nós não nos admiramos mais. Freqüentemente apenas comentamos que a cidade, à noite, está muito perigosa. Nem mesmo a possibilidade de uma guerra atômica consegue nos assustar. Nós a discutimos como se fosse apenas uma decisão entre outras. Estamos nos acostumando com a violência sem tomarmos consciência do absurdo da situação.

Pequenos Assassinatos é a peça mais atual dos últimos tempos. O problema da violência é extremamente contemporâneo e apesar do Feiffer declarar que a peça trata da onda de assassinatos que assolou os Estados Unidos depois da morte de Kennedy e da guerra do Vietnã mesmo para uma pessoa que não conheça estes fatos, mas vive em uma cidade, a peça tem importância. Provavelmente aqueles acontecimentos inspiraram a peça mas ela não faz nenhuma citação explícita deles. Os personagens encaram a violência da forma mais simples possível, embora cada um tenha uma reação diferente. Isso acontece porque o Feiffer escreveu cada um representando uma atitude da burguesia. A filha é pragmática (levanta de manhã com um sorriso que procura manter durante todo o dia apesar de enfrentar situações terríveis); o fotógrafo é niilista e no decorrer da peça se transforma em anarquista que, veja bem, não é político mas uma postura perante a vida. O juiz é o protótipo do conservador enquanto que a mãe representa o sistema matriarcal norte-americano (dirige a casa, faz compras, organiza tudo, etc.) O pai, além de pragmatista, é temeroso e respeitador das instituições. E o reverendo sintetiza todas as correntes existencialistas dos Estados Unidos.

O filho é totalmente desajustado como certa parte da juventude classe-média dos E.U.A. Todos os personagens são cruéis, como é cruel o próprio Feiffer. Por exemplo, o fotógrafo destrói a instituição casamento com sua atitude e diz que a cerimônia foi bonita mas um pouco adocicada. O juiz por sua vez, quando faz a apologia de Deus, mostra um Deus terrível, castigador, que atormentava sua mãe e na verdade seu objetivo alcança um final totalmente diverso: se Deus é tão terrível, terá sentido pedir a sua ajuda?

Trechos de crítica — *Jornal da Tarde* — por Sábato Magaldi — 7/4/1972

A violência é uma doença contagiosa — afirma o autor Jules Feiffer em *Pequenos Assassinatos*, atual cartaz do Teatro Oficina — e só conseguiremos combatê-la se não lhe dermos trégua, a cada momento. A menor familiaridade com a moléstia fará que ela tome conta do nosso corpo e nos transforme em perigosos agentes transmissores.

Há muitas maneiras de mostrar no palco, essa idéia, mas o autor norte-americano, bom humorista, preferiu ilustrá-la pela comicidade. Uma focalização realista se preocuparia em inventar um entrecho verossímil, em que nunca se pusesse em dúvida a passagem da causa a efeito. Feiffer se sente mais à vontade com a hipérbole, com as lentes de aumento, que na aparência sugerem o exagero e o absurdo. A partir dessa deformação, porém, as coisas serão vistas com maior nitidez a realidade.

Talvez o nosso cotidiano não pareça tão ameaçado como está, a todo instante o da família Newquist não tão numerosos os ruídos da vida lá fora, nem há um interlocutor permanente que se realize na tarefa de soprar ao telefone. Talvez não se acumulem 345 casos de crimes insolúveis, em poucos meses, para que se pense em conspiração e o policial enlouqueça. Toda essa carga, que um naturalista julgaria excessiva, serve para reforçar a noção da existência do perigo e para trazer ao primeiro plano a necessidade de afastá-lo. Expressionismo, absurdo, caricatura são instrumentos de Feiffer para um mergulho em profundidade no mundo de hoje.

Sob o prisma da estética dominante na encenação atual, Osmar Rodrigues Cruz ocupa um lugar que poderia ser confundido com saudosismo, porque ele se apaga conscientemente com o objetivo de que fale o autor. Ele nunca sobrepõe as suas invenções à exegese quase literal do texto, o que muita gente considera falta de imaginação e timidez criadora. É preciso lembrar, contudo, que as oscilações são freqüentes na história do teatro e o respeito demasiado ao texto surgiu como uma reação contra os desmandos do encenador, que agora reivindica de novo a primazia entre os elementos do espetáculo.

O importante na montagem de Osmar é que ele apreendeu perfeitamente o sentido de *Pequenos Assassinatos* e o transmite com clareza à platéia. Em que pese o brilho do filme de Alan Arkin, há pouco exibido, o espetáculo teatral funciona muito mais didaticamente para o público. Tudo se entrosa com maior organicidade e uma evolução lógica de um estado a outro, dentro da loucura.

Para se atingir o espectador, nesse caso, se deve contar com muitos bons intérpretes, e o elenco foi escolhido a dedo, o que, sem dúvida, com tanta minúcia, não é comum entre nós. O autor concede um importante monólogo a cada intérprete e, se ele não o sustentasse, o espetáculo afundaria. Nenhuma cena foi desperdiçada e, se é possível observar um certo cansaço, ele vem da estrutura monológica da peça, que poderia ser disfarçada com um ritmo mais vivo e alguns cortes.

[...]. Mesmo a cena dos figurantes, em geral tão comprometedora, consegue passar despercebida no espetáculo — mais um mérito a valorizar o teor profissional da produção de John Herbert.

Trechos de crítica — *O Globo* — por Gilberto Tumscitz — 26/4/1972

Depois de criticar com verve e mordacidade o *american way of life* em seus *cartoons*, publicados em quase todos os jornais e revistas dos Estados Unidos, Jules Feiffer passa ao teatro, onde já ocupa uma posição singular, e ao cinema, que também recebe seu talento com entusiasmo (estamos todos esperando que a Metro lance *Carnal Knowledge*). Este *Pequenos Assassinatos* (*Little Murders*), que John Herbert não hesitou em montar em São Paulo apesar do sucesso do filme de Alan Arkin, com Elliot Gould, nos coloca diante de uma família que tenta escapar ao clima de violência no âmago de cada personagem, todos eles exemplificativos da classe média americana. Uma originalidade de enfoque é que — apesar do tom geral do texto ser hiperbólico, distante portanto do realismo — o comportamento dos personagens e a dialogação (traduzida por Millôr com a eficácia habitual não poderiam ser mais naturais, o que aumenta bastante o rendimento cômico. O herói da não-violência — Ronald Chamberlain — tem a força das grandes personagens de teatro. Pena que, ao mesmo tempo em que escapa aos chavões de uma dramaturgia americana esquemática, Feiffer nos dê, também, o reverso da medalha: sua peça deixa um pouco a desejar em termos de *playwriting*, um capítulo em que, habitualmente, mesmo os americanos menos talentosos não costumam incorrer num erro que seja. No todo, uma visão poderosa, mas, no particular, cenas que poderiam muitas vezes ser enxugadas. De qualquer maneira, o resultado pode possibilitar uma montagem de grande teatralidade, o que é o caso da que está em cartaz no Teatro Oficina.

Finalmente, podemos contar com mais um bom diretor que se dispõe a fazer *passar o texto de um autor*, como o Fauzi Arap de *Navalha na Carne*, o Zé Celso dos bons tempos de *Pequenos Burgueses* ou mestre Antunes Filho. Osmar Rodrigues Cruz se coloca a serviço de Feiffer, realizando um espetáculo ao mesmo tempo sóbrio e poderoso, ao que não falta, no entanto, uma boa dose de criatividade controlada. Com discretos efeitos especiais (discretos quanto à execução, bem entendido, já que o resultado é excelente) temos algumas das cenas de muito impacto. Os cenários e figurinos acompanham esta linha de deixar passar Feiffer antes de brilhar isoladamente. É o espírito que tem dado os melhores momentos do teatro, aqui e no estrangeiro. O elenco consegue uma homogeneidade raríssima. [...]. Contrariando uma regra empresarial (só faz sucesso de público ou a peça, ou o filme), o Oficina tem estado sempre lotado e assim deve continuar por vários meses. Depois, será a vez do Rio. Já está prometido.

Trechos de crítica — *Folha de S.Paulo* — por Fausto Fuser — 2/5/1972

Jules Feiffer traz para o teatro algo de sua profissão de desenhista de humor. O *cartoon* pode ser identificado nos "auto-retratos" traçados em linhas fortes, em monólogos delineados pela mão do autor que se compraz, também em cena, em traçar figuras um pouco estranhas onde não está ausente certa humanidade.

Pequenos Assassinatos se inicia calmamente com aspectos de uma família americana comum cujos componentes são mais ou menos nossos conhecidos. As primeiras situações parecem "tiradas da vida". Não há nenhuma preocupação de originalidade naquela família pequeno-burguesa, e nas situações preliminares, tudo nos levando a crer que estamos diante de uma simples comédia de costumes. A única diferença são os ruídos violentos da grande metrópole e os tiros disparados que se ouvem da rua.

Mas os acontecimentos não ficam ao redor dos costumes e evoluem de tal forma que aqueles tiros vindos da rua assumem no final o eixo central da trama. Mas isso vem aos poucos, gradativamente.

A evolução por que passam as personagens é lenta, calma. Até o cenário sofre mudança: de início parece que não é possível tirar nem acrescentar nada àquele apartamento convencional, confortável. Mas quando as coisas começam a mudar, não param mais, e a transição é refletida no cenário também.

Estaríamos roubando ao futuro espectador o prazer da descoberta, se enumerássemos as diferentes conseqüências da introdução da violência naquele tranqüilo quadro familiar. Mas não podemos deixar de apontar o processo que leva ao desvendamento até de concepções nitidamente fascistas ocultos no regaço de pequenas fraquezas burguesas que em condições normais passariam quase despercebidas ou seriam apenas um pouco ridículas.

A violência entra na família por todos os lados, fazendo-a unir-se na prática dessa mesma violência. Não se fala aqui da violência que sofreram os mártires, os defensores de uma idéia proibida por um órgão de repressão em qualquer século. Não se trata da violência resultante de uma injustiça pessoal, resultante de um mal-entendido ocasional. É a violência praticada por toda uma sociedade a seus semelhantes, indiscriminadamente, aparentemente por razão nenhuma, pelo prazer da própria violência.

Não vivemos numa ilha paradisíaca mas numa grande cidade em que as forças responsáveis pela ordem pública têm inegável dificuldade de atuação diante da verdadeira onda de criminalidade em andamento. Onde vivemos, morrem milhares de pessoas, anualmente, de forma violenta. Na peça de Jules Feiffer, pouco ou nada pode ser feito pelo policial (e sabemos que nada fará, pouco antes de terminar a peça), mas sabemos também que o problema não é da alçada da polícia.

A solução é entregue pelo autor aos espectadores de forma sutil.

Osmar Rodrigues Cruz, o diretor do espetáculo, tudo fez para que o autor não deixasse de ser atendido eficientemente nessa sutil entrega de "solução" ao espectador. Seu trabalho consistiu em servir à peça em todos os momentos e torná-lo claro. Osmar não procurou inserir no espetáculo nada que não tivesse solicitação no texto.

Só podemos elogiar o diretor pelo acerto com que armou um espetáculo de trânsito cênico muito simples, decididamente "teatral".

Mas o acerto de solução de espetáculo nem sempre é acerto de caminho para o trabalho de cada ator, individualmente. Se o texto está assente numa plataforma "teatral", isso não significa passe-livre para interpretações "teatrais".

Osmar Cruz, se lhe podemos apontar pequena falha, inicia o espetáculo num tom por demais agitado, mais nervoso do que necessário. Apesar dos tiros que acertaram em sua sacola de compras, a dona da casa já está acostumada com eles e acreditamos que, se o início do primeiro ato fosse ainda mais calmo, mais "cotidiano", teríamos uma faixa maior para desenvolvimento.

[...]. *Pequenos Assassinatos*: é um espetáculo muito sério sob aparência cômica que certamente receberá o aplauso do público, o que bem merece pelo alto nível e correção com que se apresenta.

Jornal *Domingo* — opiniões do público em geral

"Eu fiquei apavorada, mas adoro esses espetáculos, que nos fazem pensar." (Maria do Carmo Pessoa, secretária.)

"Incrível como a gente pode rir tanto com uma comédia e sair do teatro com uma mensagem sobre um tema importante." (Márcio Cravo, advogado.)

"Que espetáculo bem-feito! Que interpretações! Que direção! Exatamente o tipo de teatro que eu gosto." (Clara Santana de Mello, dona-de-casa.)

Os Amantes de Viorne

RECEBI O CONVITE PARA DIRIGIR UMA PEÇA DA MARGUErite Duras. Autora conceituada, politicamente engajada, a peça é baseada num fato real: apareceram pedaços de um corpo de mulher em várias estações de trem. A polícia ficou intrigada e, na investigação, descobriu que os pedaços começavam a aparecer num lugar determinado, que era a estação de uma cidadezinha chamada Viorne, onde uma senhora, que vivia com o marido aposentado da estrada de ferro, era a assassina, então ela é presa. A peça não é o julgamento dela, as pessoas entendiam que era o julgamento quando na verdade era uma reportagem investigativa, o personagem que pergunta é uma espécie de repórter. A peça mostra o esfacelamento da classe média envolvendo o problema social, político, mostrado através da personagem central e a narração de sua vida com uma prima gorda, que "enche o saco" dela, era uma espécie de enteada. O tédio tomava conta da casa e ela era o pivô de tudo. Ela convivendo com aquela gorda, que come e fica andando de lá para cá; começa a ficar com raiva dela, então ela a mata e esquarteja, vai à estrada de ferro e joga os pedaços do corpo nas estações. A Elizabeth Ribeiro e o marido foram os produtores da peça, convidamos a Nathalia Timberg, o Sérgio Viotti e o Geraldo Del Rey. A peça é tão forte, que cheguei a pensar em pôr ao fundo, em vez da cortina preta, recortes de jornais, mas a autora pede um cenário neutro. Os atores permanecem sentados em duas cadeiras durante quase todo o desenrolar da peça. É uma peça para uma elite intelectual, a interpretação deles era muito boa. Foi feita no Aliança Francesa, porque o diretor, o Jean-Luc, gostava muito da peça e ele queria atores que falassem bem francês, queria dirigir a peça em francês para a colônia francesa e queria que eu dirigisse em português. Era uma boa idéia e a Nathalia, o Sérgio e o Geraldo falam bem francês, acontece que a peça não fez o sucesso de público que se esperava, por isso o Jean desistiu de fazer em francês, mas os atores foram com essa proposta. Eles foram muito elogiados em suas interpretações, tinham que segurar a platéia. Convidamos o Gilberto Tumscitz para traduzir a peça, ele é atualmente o Gilberto Braga, que escreve novela para Globo, fez uma belíssima tradução, queria levar a peça para o Rio, mas não havia mais dinheiro. A Marguerite Duras quis mostrar com a peça a podridão da classe média, o tédio em que vive. O personagem da mulher, na verdade, representa a revolta das pessoas do modo de vida da classe média. O casal da história real não pertencia à classe média, era da classe operária, ela colocou na classe média para fazer uma crítica, porque ela é comunista e queria mostrar que esse tédio ao invés de se manifestar em mudança, porque ela podia se separar dele, trabalhar, mudar de cidade, não, se transforma em patologia, ou seja num assassinato. A peça é muito violenta.

Referências sobre a peça

Os Amantes de Viorne nos dá a sensação de uma peça que não necessita de diretor. Acho mesmo que, para certas pessoas, dirigirem uma peça dessas, não exige nenhum esforço criativo. Pois bem, de todas as peças que dirigi esta é a que mais trabalho me deu. Havia necessidade de transmitir o mundo dos dois amantes, de deixar clara a idéia central da autora, sem usar artifícios ou do óbvio na encenação. O trabalho mais difícil em teatro é esse. E isso é uma conquista saborosa.

O que esses três personagens querem dizer? Apenas a história de um crime? Suas inquietações, seu relacionamento familiar? Não. *Os Amantes de Viorne* não coloca esse tipo de indagações, o que a tornaria pouco mais do que uma peça do gênero policial. Nela nós ficamos sabendo de tudo desde o início. A sua proposta é outra. É uma proposta levantada sobre uma problemática social. O interrogador representa na peça o público, a autora, a consciência popular, até a pequena burguesia, talvez mais esclarecida. Já Pierre e Claire representam essa pequena burguesia, nas suas duas facções: a tradicional e a que pretende romper certos preconceitos. Acontece que o marido tem consciência dos fatos. Mas seu espírito conservador dá uma aparente lógica ao seu comportamento. A mulher, não, na sua ânsia de sair do meio em que está colocada, intui uma busca, um caminho, porém na sua rudez de espírito, não conscientiza os problemas e daí não encontra solução. Disso a autora tira uma conclusão: essa determinada classe ou conscientiza errado ou aqueles que tentam se libertar não sabem ou não querem conscientizar certo: ficam portanto num beco sem saída.

O crime, na peça, é o que menos importa. O que importa é o relacionamento desse casal, a sua vida insuportável, a rotina, a aparência familiar, a mesa de refeições.

A incompreensão do marido e a insatisfação da mulher geram todo um conflito representativo do seu meio. Se atinarmos para a rotina da vida burguesa, podemos avaliar o quanto penoso é o caminho dessa gente que força o seu lazer, finge viver bem, mas não encontra uma motivação para existir. Todas as implicações psicológicas, psiquiátricas, cedem lugar ao sociológico. Não é Claire quem mata a prima. É uma facção da burguesia quem tenta matar outra parte da sua classe. Qualquer aparência patológica ou psicológica é conseqüência de fatos sociológicos.

A peça nos mostra todas as frustrações e desencantos dessa pequena burguesia, que não faz nada para sair de onde está.

Todos os três, cada um de per si, representam facetas dessa classe. Mesmo o interrogador deixa de participar, acomoda-se como os outros. A pobre Claire é talvez a mais lúcida, mas o meio a sufocou. Seu crime não é ter matado a prima. Seu crime é não ter procurado entender a sua angústia e o seu tédio, de onde vieram e porque. Para cada pergunta deve haver uma resposta certa. Vamos tentar responder conscientemente, racionalmente. Aí então, talvez chegaremos a entender a autodestruição da sociedade pequeno-burguesa.

Para esse trabalho usamos um método com os atores, baseado no nosso Stanislávski: a procura do objetivo e dos superobjetivos dos personagens e do que eles representam. A reconstituição de toda a vida de cada um, o seu comportamento emotivo e social, as suas verdadeiras intenções, o que buscavam como personagem e o que eles deviam transmitir e como transmitir, daí partimos para o que eles representam como fatores sociológicos. Suas inquietações, frustrações, simulações e a não-conscientização de que o resultado não é emotivo, patológico, mas sim social. Desse laboratório de pesquisa com os atores, conseguimos transpor a peça, o interrogatório, para um clima verdadeiro de perguntas e respostas, onde cada ator tem uma perfeita compreensão do significado da idéia dominante da autora. Não deixou de ser um exercício maravilhoso e excitante, principalmente por serem três atores com perfeita consciência de sua profissão. (ORC)

Trechos de crítica — *Folha de S.Paulo* — por Fausto Fuser — 27/5/1972

OS AMANTES OBRIGATÓRIOS

Os Amantes de Viorne é um espetáculo apoiado unicamente na interpretação individual dos atores. Esse depoimento de um passado vivo deve passar ao público pelo estímulo do questionante, nosso representante no drama de um assassinato.

Livrando-se da prima surda-muda, a mulher livra-se de tudo o que a oprimiu durante toda a sua vida de casada e está satisfeita porque agora a casa está abandonada, suja, e breve o mato tomará conta do jardim onde passou, sentada, inativa, mais de vinte anos.

Seu marido é pessoa desconhecida para ela, perdida que está na perseguição de fantasmas imaginários e transferindo o melhor de sua existência ao homem que poderia ser seu segundo grande amor: um vagabundo, homem inteiramente livre, de certa forma parecido com aquele que amara loucamente e por quem tentara o suicídio. O marido, feitas as contas, jamais chegou a entrar em sua vida.

Pequeno-burguês em busca de seu pequeno conforto, ele, por sua vez, jamais sequer tentou conhecer a esposa. O interesse sexual do início do matrimônio transferiu-se para encontros fortuitos com prostitutas, mas a lembrança do grande amor que sua mulher tivera por outro ainda o perturba.

Não há qualquer busca policial no espetáculo: quando ele se inicia, a mulher já está presa e já confessou o crime. Aliás, foi ela mesma que, muito simplesmente, se denunciou, apesar de estar ainda fora de suspeita. Ela não declara poucas coisas: porque matou e onde é que depositou a cabeça do cadáver. O corpo da gorda e saudável surda-muda fora cortado em pequenos pedaços e distribuído em muitos trens que seguiam para regiões e países diferentes. Para completar a reconstituição falta apenas a cabeça, mas onde está a cabeça a criminosa insiste em ocultar.

É a única maneira de despertar o interesse por seu passado, por seus pensamentos. Se ela contar onde está a cabeça, ninguém mais a ouvirá.

Um homem sentado à nossa frente conta durante todo o primeiro ato, sua vida, declara suas ambições, confessa seus erros. No segundo ato é a mulher que ocupa a mesma cadeira. Nenhum deles sequer tenta se levantar e é por isso que, no final da peça, quando a mulher vem apressada até a frente do palco para chamar o interrogador, muita força intencional fica registrada no espectador e se esboça uma solução para o mistério. Mas as luzes já estão se apagando.

Osmar Rodrigues Cruz trabalhou seus atores dentro de perspectivas psicológicas e nesse sentido seu resultado é surpreendente.

[...]. *Os Amantes de Viorne*, pelo desempenho perfeito de dois atores de altíssimo nível e uma direção inteligente, por um texto apaixonante, é espetáculo obrigatório, embora não faça nenhuma concessão para agradar através de atalhos das facilidades conhecidas.

Jogo Duplo

O SANDRO POLÔNIO CONVIDOU-ME PARA DIRIGIR, SEM A Maria Della Costa, no Teatro Cacilda Becker, escolheu o elenco, escolheu a peça, o cenário foi feito com pedaços de cenários, inclusive de *Tudo no Jardim*. *Jogo Duplo* é um ótimo texto, mas para dizer o que foi a peça, no dia da estréia a Pepita Rodrigues tem de matar um personagem em cena e o revólver falhou, então ela fez "pum... pum...", quer dizer, isso foi a peça e a temporada. O Sandro convidou a Gilmara Sanches, achando que ela levaria público, pois ela era rádio-atriz e jurada no programa do Sílvio Santos, portanto popular. Mas não dava. Tinha o falecido Osmano Cardoso, que era muito engraçado; ele sofria de asma e eles ficavam num mezanino do cenário escondidos e só se ouvia a sua bombinha. O Sandro tinha feito *Armadilha Para um Homem Só*, que havia feito um grande sucesso, mas era um elenco bom, o mesmo não aconteceu com essa peça cujo elenco não era muito bom. Obviamente as críticas foram extremamente desfavoráveis.

Referências sobre a peça

O JOGO DUPLO

O teatro de Robert Thomas tem um acabamento artesanal, uma carpintaria, que faz inveja a qualquer um. Suas peças nos obrigam a um raciocínio lógico, para armar, e dar vida a seus personagens, por que eles nunca são aquilo que sabemos deles. Esse é o maior desafio para os atores, nunca podem demonstrar aquilo que são. Ao se dirigir suas peças não podemos deixar os atores trabalharem em seus verdadeiros objetivos, mas temos que criar para cada cena uma motivação fictícia, a fim de dar verossimilhança naquilo que estão dizendo ou fazendo.

Meus amigos, creio no teatro como profissão, mas mais ainda como uma concentração onde todos participam de um jogo lúcido, onde a gente se encontra, não só para receber conceitos e idéias, mas também como uma forma de lazer simplesmente e nisto Robert Thomas fornece a fórmula e nós a executamos honestamente.

Ao se ler um romance ou ao ver um filme policial ou mesmo ao assistir a uma peça do gênero, ninguém pode imaginar o quanto é fascinante dirigir uma comédia como esta. Não é só o que o autor proporciona (e no caso Robert Thomas é um perito) são as coisas que nós temos que descobrir para valorizar certos instantes, que são pontos importantes para o desenlace de cada cena.

Nunca nos parece pouco o subtexto encontrado, o objetivo perseguido, porque eles têm que ser verdadeiros, quando a realidade é outra.

Acredito muito no gênero como comédia, como divertimento, como exercício lúdico. E *Jogo Duplo* é tudo isso. Uma pitada de mistério, outra de melodrama, muito de Feydeau, mexe-se bem num esquema artesanal e pronto temos duas horas de exercício mental.

No Teatro, aquilo que à primeira vista parece fácil é sempre o mais difícil. Daí, então, é que partimos ao encenar *Jogo Duplo*, encarando a peça como uma deliciosa comédia meio alucinada, com os fatos acontecendo ilogicamente para que no fim eles se tornem lógicos. Essa é a técnica do policial moderno: mistério e humor.

O real e o irreal parecem se fundir, numa orgia de acontecimentos, todos são culpados; a verdade, porém, é inesperada. (ORC)

Quando as Máquinas Param

EM 1979 O LUIZ GUSTAVO, QUE TINHA ESTREADO A PEÇA na primeira montagem com a Mirian Mehler, se não me engano, procurou-me para remontar *Quando as Máquinas Param*. O Plínio Marcos, autor da peça, junto a Nelson Rodrigues, é um dos melhores autores nacionais, para mim, foi por isso que eu fiz o espetáculo, acredito que *Quando as Máquinas Param* é a melhor peça dele. Ele trata do problema do desemprego, é uma peça atualíssima, além do problema social que ela enfoca, tem um componente emocional, ela tem tudo! A remontagem da peça estava destinada a viajar, então o Tatá falou com o Plínio, arrumou o cenário, foi até o Arquimedes quem montou. Nós íamos fazer num teatro em São Bernardo do Campo. Como o Tatá já tinha feito a peça, para ele ensaiar era um sacrifício porque ele já sabia tudo e a mocinha que fazia a mulher, ficava aflita, "como é que eu faço, ele não quer ensaiar", ele chegava ao ensaio quando já estava no fim, próximo à estréia, ele dizia que estava cansado e dormia na cama do cenário. Ele é muito gozado, é uma pessoa maravilhosa, como gente, como ator, mas ele já tinha feito, devia ter posto uma outra atriz que já tivesse feito também a peça, sim porque foi feita por muitas delas. O Plínio Marcos não estava mais proibido pela censura, mas ainda havia censura assistindo ao espetáculo, nós tínhamos feito o *Noel* dois anos antes. O Plínio nasceu para escrever teatro, crônica, ele é muito bom na crônica, ele tem uma peça, o *Querô*, que ele adaptou de um conto dele, ele é muito bom. Agora vai sair a obra completa dele, tomara Deus, porque ela está toda espalhada, livrinho que ele vendia nas portas do teatro. O Plínio está precisando de alguém que faça um levantamento crítico da obra dele, que até agora não foi feito. Ele foi muito perseguido na ditadura, isso tudo deveria ser levantado, pois a censura proibiu a peça *Noel Rosa* para dezoito anos só porque ele era o autor, uma peça que nada tinha que justificasse essa censura. *Quando as Máquinas Param* eu adorei fazer porque é uma peça que eu gosto muito e o Tatá fazia muito bem. Eu ia fazer o *Querô* também, mas no Sesi não dava, não iam deixar fazer.

Referências sobre a peça. Reportagem de Itamar Cunha

[...]. Sua problemática gira em torno de um casal onde o marido desempregado não encontra trabalho. A falta de dinheiro, o futebol e as novelas fazem com que o casal vá vivendo, ou melhor, sobrevivendo em total alienação diante dos fatos que o tornaram assim.

Envolvidos pelo sistema, os dois são vítimas sem alcançar a noção do verdadeiro motivo que cerca toda a realidade concreta onde estão colocados. Nesse círculo surgem outros problemas que fazem com que os personagens se conscientizem do todo social em que vivem, e a peça, que até então não passava de uma comédia, traz em seu final o gosto amargo de uma denúncia. [...].

Capítulo 7
CONVERSA DE COXIA

Myrian Muniz

TERMINADAS AS PEÇAS, EU TENHO QUE CONTAR UMAS coisas. Eu estava lendo o livro da Myrian Muniz e ela conta onde nasceu, é uma coincidência incrível, pois ela nasceu no Cambuci, na Rua Baker, que ficava meia travessa de onde eu morava, que era na Lins de Vasconcelos, depois mudei para a Teodureto Souto que é paralela. Como ela é mais moça do que eu, nunca nos encontramos, mas ela freqüentou o mesmo grupo escolar que eu freqüentei e teve a mesma professora que eu tive, D. Guaraciaba, que era uma ótima professora, mas muito severa, muito brava. Achei isso muito interessante. Ela fazia teatrinho com cartolina, cobrava palito de fósforo, como eu fazia um pouco antes na garagem, ela fazia no quintal, imagine quantas vezes a gente deve ter se cruzado depois e nem sabia quem era quem (ou quem se tornaria quem). A mãe dela também a levava para assistir teatro. É, em geral todos nós começamos assim.

Teatro do Centro Acadêmico

QUANDO EU ERA ESTUDANTE E TINHA O TEATRO DO CENtro Acadêmico, fomos participar do *Hamlet*, do Paschoal Carlos Magno, eu não entrei como ator, já tinha tido a experiência de os "Comediantes" que o Paschoal nos convidou, aliás o Miroel tinha convidado, mas valia por estar lá toda noite. Uma noite nós saímos, tinha dado uma boa renda e o pessoal tinha um cachezinho, era todo mundo estudante e nós fomos num restaurante ali na São João que se chamava Avenida, e encontramos o Oscarito, que estava jantando lá. O Oscarito era um cara excepcional, um bom cara, não era esnobe, foi um encontro muito interessante. O Paschoal era crítico no Rio então ele conhecia todo mundo, foi um jantar interessantíssimo.

Antes disso, eu havia conhecido o Ziembinski que era uma pessoa excepcional, para mim, dos diretores que eu vi e conheci, ele foi o mais interessante de todos. Um homem que gostava da arte dele. Depois ele foi ficando velho, fez televisão, mas ele ensaiava direitinho, ele foi muito bom. O que ele fez com o *Vestido de Noiva*, de Nelson Rodrigues fez estourar a renovação do teatro brasileiro.

Dias Gomes, Oswald de Andrade e o filho None

Eu estou lendo o livro do Dias Gomes, que é um autor teatral, que foi militante do Partido Comunista, tem uma peça de sucesso de que depois foi feito um filme — *O Pagador de Promessas*, que foi um sucesso estrondoso, o filme ganhou a Palma de Ouro em Cannes. Eu recebi o livro do Dias Gomes e junto recebi um livro sobre os Chatos Boys, que o Oswald de Andrade chamava assim, os integrantes da revista *Clima*, aliás um livro maravilhoso, lembrei-me de uma pessoa que foi muito meu amigo, que era filho do Oswald de Andrade, filho dele com a Kamia, ele casou tantas vezes, era o Osvaldo de Andrade Filho, acho que era o primeiro filho dele, nós o chamávamos de None. Ele foi diretor do Teatro Municipal, depois que o Ademar saiu da Prefeitura, não me lembro quem era o prefeito, foi quando veio o "Carrocello Napoletano" para uma temporada, mas como eu tinha pedido o teatro antes, o None falou para mim "não... não". Acho que era de família, o romance do pai dele *Marco Zero* fala dos italianos daqui de São Paulo de uma maneira não muito agradável. "Você não desiste do teatro, você já pagou a taxa, não vou dar para essa italianada não", ele disse.

Éramos amigos de nos encontrar na Livraria Monteiro Lobato na Avenida São João. Ele pintava. Um dia ele me levou na casa dele que era a casa do pai dele, acho que estava morando lá, ou estava viajando, porque ele viajava muito, o Oswald de Andrade. Li também nesse livro que saiu dos Chatos Boys, que o pai dele adorava teatro, fez um palco no porão da casa, porque as casas na Rua Martiniano de Carvalho onde ele morava tinham porões como todas as outras, tem até uma casa lá que agora é patrimônio histórico que era um cortiço, não era a casa dele, é claro. Então ele fez um palco, era uma maquete de palco, com urdimento com tudo, para ele escrever as peças dele, e o None, foi um grande amigo na época, ele me mostrou as pinturas uma vez. Ele era uma pessoa excepcional, um pouco diferente do pai, que era um pouco agressivo.

Vestido de Noiva em São Paulo

EU ME LEMBRO QUE NO ESPETÁCULO DO *VESTIDO DE NOIva*, quando foi feito aqui no Municipal, o Oswald de Andrade assistiu a peça num camarote, ele e Tarsila do Amaral. Ao final do espetáculo foi promovido pelo Miroel um debate sobre a peça, até veio o Nelson Rodrigues, também faziam parte alguns psiquiatras e eu me lembro bem que o Nelson disse que a peça dele não tinha nada com Freud nem com nada. E começaram a discutir Freud ortodoxo, Freud não sei o que, e ele dizia: "minha peça não tem nada a ver com isso, eu nunca estudei Freud na minha vida". Eu achava que era mentira, mas também pode ser que não, porque o Freud pegou o *Édipo Rei* e criou o complexo de Édipo, que nem foi ele quem criou, foi o Sófocles. Portanto no subconsciente o Nelson poderia ter-se baseado no Freud. Mas, no calor dos debates, o Oswald de Andrade "metia o pau" na peça, acho que um pouco de ódio, porque ninguém montava as peças dele. Bom, no decorrer dos debates, a coisa foi inflamando tanto, que de repente o Oswald de Andrade grita do camarote dele: "Olha, eu acho que o Nelson Rodrigues é o inocente do Leblon", desancou o Nelson e foi embora. Das pessoas que estavam lá, o crítico Décio, o Nicanor Miranda, nunca ninguém citou isso, quem podia falar sobre isso era o Miroel, mas ele nunca tocou nisso. Mas o Oswald arrasou o Nelson de um jeito irreverente, terrível. Eu comentei isso com o None, ele também não gostava do Nelson, achava que ele era um chato. Meu convívio com ele foi ótimo, depois ele saiu do Teatro Municipal e aos poucos fui perdendo contato com o None. Eu soube da morte dele por acaso. Aquele espetáculo dos italianos acabou sendo feito na sala azul do Teatro Odeon, na Consolação, onde eu assisti, depois foram para o Municipal, era um espetáculo maravilhoso, Ettore Gianini era o diretor, era cantado, dançado, representado, o cenário, acho, era do Gianni Ratto.

O Teatro hoje

OUTRO DIA EU LI, NUMA REVISTA DO ADERBAL FREIRE Filho, um artigo do Strehler, e ele fala justamente do caminho que o teatro tomou. Acho que o que se tenta fazer do teatro, ou seja, cada um fazer diferente do outro, ser mais original que o outro, faz com que o velho texto desapareça. O Strehler fala disso e eu concordo, as pessoas se desligaram do texto, cortam, mudam a intenção do autor, tudo para ser original e a crítica apóia, também não entendem de teatro, tem que apoiar mesmo. No Brasil, em geral, o respeito ao texto que antes era fundamental no teatro, deixou de existir. Parece que é um teatro improvisado, mas eles ensaiam, trabalham para conseguir as coisas deles, você lê entrevistas, mas é um negócio tão confuso, tão atrapalhado, não se entende. É um pouco de que em terra de cego, quem tem um olho é rei, então eles não definem o caminho que estão seguindo, ou o estilo, porque não conhecem nem estilo. No Brasil não há tradição de teatro, é esse o problema. Por isso é que o teatro popular é importante, para acostumar o público ao teatro. O Jean Vilar falava isso, fazer as pessoas gostarem de teatro. O teatro não é uma coisa nova, ele vem da Grécia, o teatro grego era uma coisa que parava a cidade para assistir aos espetáculos, como parava tudo também para as Olimpíadas. Eles tinham tradição de teatro, o teatro tinha trinta mil lugares, passavam o dia assistindo, porque de noite não havia luz para o espetáculo. E isso foi se perdendo, porque todo mundo quer ser original e com isso acaba saindo um monte de besteira. Acho complicado. Por exemplo o pessoal achava, ou acha, que teatro popular é aquele feito por gente trabalhadora, com problema de trabalhador, de reivindicação política e social, acho que pode ter um pouco disso, só não pode ser feito por gente inexperiente, porque aí o público não gosta. Eu fiz teatro amador, a gente sabe, vai a família assistir, os amigos e cada coisa que acontece, eles dão risada. O teatro popular, como a gente fez no Sesi, tinha um certo sentido de educar o público, tanto que criou um público que freqüentava todas as peças, eles iam assistir todas. E tem gente que só foi ao teatro lá. O teatro popular no Brasil não existe. O que sobrou do TPS ainda resiste um pouco, porque fizeram peças quase todas meio populares, que atingem o público, uma ou outra peça com tema que não interessava, ou malfeita, que não atingiu ao público. Quando a peça é brasileira ou um clássico até consegue atingir, a diferença é que todo mundo quer tentar fazer teatro popular, na verdade o Plínio Marcos é que tem razão, "teatro popular é aquele que dá certo". É verdade, deu certo, é popular. Se o Juca faz uma peça com sucesso que fica dois anos em cartaz, é popular, mas não no sentido de atingir uma camada mais pobre da população. São Paulo e Rio são cidades de muita gente e com dinheiro para pagar um ingresso, a classe média alta pode, porque a classe média baixa já não tem mais condições de ir ao teatro. O governo que patrocina espetáculos cujos ingressos são pagos, que eu acho ótimo porque dá emprego para a classe teatral, é que deveria atingir a camada social mais desprovida, o que não tem ocorrido. Eles fazem uma temporada em que os ingressos são vendidos mais baratos em *kombis*, coisas assim durante uma temporada, que também não resolvem o problema. Até ajuda a quem pode pagar, esperar a promoção, assim mesmo o preço dos ingressos não são muito baratos, nem nessa ocasião. O Governo é que tem condições de fazer um teatro popular. O teatro popular perdeu a vez, a falta de dinheiro, a pobreza, se não fizer como na França, o Jean Vilar por exemplo, onde o Estado financiava o TNP e não só o TNP, ele financiava várias companhias, onde se podia fazer espetáculos a preço muito baixo; o Governo não financiava tudo, digamos que o teatro normal cobrava 30 francos, ele cobrava 10 francos, sendo que o poder aquisitivo do francês é muito mais alto, o salário mínimo lá é oito, dez vezes maior que o nosso. No Brasil os governos não se interessam. Eu trabalhei na CET e tentei fazer uma companhia do estado, na época era o Abreu Sodré o governador e ele queria, tanto que ele chamou a Comissão para falar sobre isso, mas não de caráter popular não, ele queria uma companhia tipo Comédie Française, ele tinha essa mania, o Décio de Almeida Prado foi contra, ele era o presidente da Comissão nessa época. Ele achava que podia ser paternalista. Eu e alguns mais nos batemos por isso, mas a maioria composta de empresários era contra, não interessava, o interesse deles era que o estado distribuísse o dinheiro entre as companhias. E a companhia do estado não saiu e podia ser uma companhia nos moldes do Sesi, sem cobrar ingressos que é a política mantida até agora, que servisse a todos, ricos e pobres. Num ponto o Décio tinha razão, podia virar cabide de empregos. Na França o Jean Vilar que era um homem de esquerda tinha de lidar com o ministro da Cultura, que era de direita, porém ele só se indispôs com o Jean Vilar quando ele fez um dos personagens que era do governo. Aqui se o cara é de esquerda e o governo é de direita não dá. A esquerda no Brasil precisa viver, então não dá, transigem, as eleições passadas se viu. O que tem acontecido no Brasil é que as pessoas mudam de ideologia e a *ideologia é como sangue que corre no seu corpo, é sua cabeça, não pode mudar.* Não é o caso de fazer discurso político, mesmo porque as forças revolucionárias tiram do poder quem faz esse tipo de discurso, como é o caso do Jânio Quadros, ele condecorou o Che Guevara, depois mudou. O ministro atual da reforma agrária é socialista ele é do PPS, o PCB antigo, ele falou outro dia no Opinião Nacional: "eu estou de licença do partido", ele tirou licença do partido porque está fazendo parte de um governo reacionário. Ah! mas o FHC não é reacionário. Porra, não é reacionário, ele é aliado do PFL, que é a direita brasileira! Mas o ministro falou que continua socialista. E assim é no teatro, que é muito pior, porque as pessoas em geral não têm comprometimento nenhum com ideologia nenhuma, com convicção nenhuma, com ética nenhuma. Às vezes têm individualmente, mas também é da boca para fora. Porque no tempo da ditadura a classe teatral se reunia para fazer passeata, para fazer muitas coisas. A própria Cacilda Becker, que nunca entendeu de política, que nunca foi política, de repente participava, porque tinham pessoas que puxavam por ela, faziam-na participar. Ela era atriz, não tinha ideologia política definida, foi presidente da CET, mas ela seguia o que as pessoas mais influentes dentro da Comissão cantavam para ela, não que ela fosse uma idiota, uma boba, não era não, ela era muito viva, tomava mais comprimidos do que eu. Ela era uma bandeira dentro do teatro, só que as pessoas usavam essa bandeira em seus interesses. Eu sempre me dei muito bem com ela. Mas ela viveu numa época muito turbulenta e como nessa época a esquerda estava esfacelada, não tomou conta, porque se a esquerda tomasse conta dela, acabava a CET, porque o Castellano era do partido do Franco Montoro, era secretário de Governo nessa época, depois entrou o Orlando Zancaner que colocou o Jairo Arco e Flexa, eu fui embora, porque éramos contra as idéias do Zancaner que era um reacionário de primeira categoria. Mas teatro popular, ninguém se interessa, eu sei porque tentei fazer no Sesi alguma coisa, mas agora que reformaram lá, podia-se fazer muita coisa, mas não interessa a eles. O Jean Vilar fazia tudo, até piquenique, baile, ele tinha os amigos do teatro popular, que eu quis fazer no Sesi como era na época dos italianos que faziam peças, bailes, quermesses, era a Sociedade Lítero-Musical, ele fazia convescotes. A política cultural do Sesc é muito superior à do Sesi. Tudo isso depende de quem entra para tomar conta para ser presidente, a mentalidade do industrial é diferente da mentalidade do comerciário, a cabeça do industrial é mais arejada do que a do comerciante, mas é também mais reacionária. Parece que a política da Federação das Indústrias com a entrada desse rapaz mudou um pouco. Ele é mais arejado e parece sério, é de família de gente séria. Para pôr o nome TEATRO POPULAR DO SESI já foi uma luta...

Academia

EM 1992 FUI CONVIDADO A PARTICIPAR DA BANCA EXAminadora da defesa de tese de mestrado de Robson Corrêa de Camargo, não que eu fosse um acadêmico, mas exatamente por isso me honrou muito ter estado lá. Foi na Escola de Comunicações e Artes da Univesidade de São Paulo, sendo o tema da dissertação *O Teatro Popular do Sesi — Uma Trajetória Entre o Patronato e as Massas*, um trabalho excelente do Robson, tanto de enfoque do TPS, como de pesquisa minuciosa e criteriosa, tantos foram os depoimentos que dei a ele! A banca examinadora era composta do Jacó Guinsburg e do Fausto Fuser e é claro que o Robson recebeu o seu título de mestre. Vale a pena ler essa tese, pois é o primeiro estudo sobre o TPS e infelizmente não foi ainda publicada, mas encontra-se disponível na Biblioteca da ECA.

Buscando a memória (por Eugênia Rodrigues Cruz)

QUANDO MEU PAI INCUMBIU-ME DE RETIRAR SUAS "COIsas" lá do TPS, tremi de medo. Ele nunca havia me pedido nada e essa não era a tarefa que eu gostaria de fazer, porém adoro meu pai e faço tudo o que me pedir. Ao mesmo tempo, senti que cabia a mim essa tarefa e sendo assim não poderia dizer não, enfim era um daqueles momentos da vida em que temos de buscar "força extra" e enfrentar a "batalha", sabendo que no fim tudo dará certo!

Mas afinal o que eram essas "coisas"?

Cheguei ao TPS numa segunda-feira pela manhã, não havia função no teatro e eu poderia me movimentar melhor no único teatro onde trabalhei durante dezoito anos ininterruptos.

Por todos os motivos do mundo vou sempre me referir aqui às pessoas do TPS por suas funções, talvez num distanciamento preventivo, para não prejudicar alguns poucos ótimos companheiros.

Como sempre, fui muito bem recebida pela secretária da Divisão, ela mostrou-me onde estavam as "coisas" e deixou-me à vontade, para olhar por tudo onde eu achasse necessário.

Encontrei tudo aquilo que ele havia me indicado, papéis, livros, enfim coisas de uma vida inteira. E depois de alguns dias de organização, lá estavam as "coisas" todas separadas e prontas.

Pude rever muita gente do meu tempo que ainda trabalhava lá, mas não pude reconhecer o lugar, que já não era o mesmo. Andei por aqueles corredores que achava iria andar por muito tempo e via tudo mudado agora, coisa bem dessa cidade, que muda sua arquitetura em nome do novo, destruindo sua própria memória. Memória, essa palavra ficou soando na minha cabeça, onde estava a memória e a história de Osmar Rodrigues Cruz? Onde estava o arquivo pessoal dele? Fui informada por ele mesmo que seu arquivo era o do TPS, não havia outro.

Então estava decidido, eu tinha de pesquisar nesse arquivo, tirar cópias e fazer um arquivo particular de meu pai. Isso me deu muito ânimo depois dessa tarefa tão dolorosa de retirar as "coisas". Pedi licença ao diretor(a) da Divisão à época e mãos à obra.

No primeiro dia um funcionário chegou para mim e disse que achava ótimo que eu arrumasse *tudo aquilo*, pois estavam pensando em pintar a sala e não sabiam o que fazer com *tudo aquilo* (!). Ouvi isso mas não me abalei, afinal para algumas pessoas pouco afeitas, arquivo é sinônimo de papel velho. Comecei a pesquisa, porém nunca havia mexido num arquivo, mas também nesse não precisava um curso de pós-graduação, tal a desorganização em que se encontrava. Precisava selecionar tudo de importante e o que não tivesse duplicata, eu poderia tirar cópias lá mesmo na Divisão.

Parecia-me tudo muito estranho, eu para cima e para baixo com um monte de papéis imundos — porque no Brasil arquivo é sinônimo de sujeira também — tirando *xerox* de uma coisa que parecia não pertencer a eles. Já visitei vários arquivos e estão sempre muito bem cuidados, sempre com algum responsável, o que não era o caso desse.

Bem, assim mesmo prossegui, mas com duas pulgas, uma atrás de cada orelha. É óbvio que quanto mais eu me aprofundava na pesquisa, mais conhecia a carreira do meu pai, principalmente na época que eu não existia ou não tinha consciência de quem ele era no teatro brasileiro, enfim fui me envolvendo e de repente aquele era o meu trabalho, descobrindo-me até uma razoável arquivista!

Só não havia sentido para um fato, na medida em que eu ia consultando as pastas, essas eram postas em outro lugar. Sempre no dia seguinte à pesquisa eu tinha a curiosidade de checar as pastas do dia anterior, e elas não estavam lá. Perguntei a um funcionário onde estavam indo essas pastas, fingindo ter esquecido alguma pesquisa, ele me disse que elas estavam indo para o 13! O "13" era o número de um "camarim", um depósito na verdade que mais parecia locação de filme de terror, um lugar sem ventilação, um porão muito extenso, cujo teto ia diminuindo à medida que você ia avançando dentro dele, um lugar excelente para quem padece de claustrofobia. Fui até lá e qual não foi a minha surpresa ao encontrar em velhos caixotes, cheios de fungos e umidade, um acervo de textos de teatro, inúmeros programas antigos das peças do TPS, *posters*, e as pastas A-Z que eu já havia consultado. Pensei então em gritar, fazer um escândalo, um discurso sobre a memória do teatro brasileiro, mas não adiantaria, era hora de ter sangue frio e esperar. Um funcionário veio avisar-me que eu não deveria ficar tanto tempo assim lá dentro e eu saí. Perguntei o que seria feito de tudo aquilo, ele me contou que o 13 tinha de ser desativado, indo tudo aquilo para o lixo. Algumas outras pessoas confirmaram isso. Fui para casa com a certeza de que preservar aquele arquivo estava um pouco em minhas mãos, mas por hora só conseguia chorar. O que me consolava é que já havia conseguido preservar todos os recortes de jornais da época de teatro amador datados de 1940 e 50 que estavam em um enorme saco plástico guardado em um armário, quando vi as datas mais do que depressa os separei e levei-os comigo.

Uma amiga clareou minha mente confusa — eu tinha de preservar os originais de cada peça, tivessem ou não duplicatas, pois se houvesse alguém responsável pelo arquivo, e não tinha pois estava tudo desbaratado indo para o 13, esse alguém iria dar por falta e iria falar comigo, pois arquivo é uma coisa sagrada. Isso infeliz ou felizmente não aconteceu. Se hoje eles quiserem organizar um arquivo vão ter de reconhecer a incompetência.

E os textos de teatro? Um dia levei-os para uma sala de ensaio para poder separá-los, pois lá no 13 não havia espaço e alguém disse: "Hum! Você vai mexer nesse lixo!" Como ninguém objetou, pedi a um amigo que tem uma *pickup* para buscar-me no teatro, então embalei sugestivamente os textos em sacos de lixo de cem litros, colocamos tudo na *pick-up* e viemos embora, foi a última vez que pisei no TPS. Ninguém perguntou nada, ninguém deu por falta de "lixo" nenhum, porque as memórias do TPS e do criador do TPS não interessam aos hierarcas da Fiesp.

Numa tarde o "padrinho" desse livro foi até minha casa, onde estava o arquivo por ser organizado, os textos, enfim uma profusão de papéis por todos os lados. Tentei explicar-lhe o que estava fazendo e ele gostou muito, mas achava que eu deveria ir além da organização do arquivo. Então lhe contei sobre a idéia que martelava na minha cabeça de fazer um livro sobre todo esse arquivo, de forma biográfica, ele achou ótimo, meu pai e eu escrevendo juntos. Não passava pela minha cabeça que meu pai concordasse em trabalharmos juntos, mas ele aceitou a idéia, para muito orgulho meu de poder estar ao seu lado nesse trabalho tão importante à memória do teatro brasileiro. Fomos então em busca da Vitae que também nos aceitou.

Mas o TPS ainda martelava na minha cabeça, então resolvi escrever uma carta ao superintendente e depois de muito tempo ele me respondeu. Prometi a mim mesma que publicaria as duas ao final do livro, para que o leitor possa continuar tirando suas próprias conclusões, assim como foi todo o livro, que não se pretende crítico, mas informativo. Espero que os amantes do teatro acorram à Sala Osmar Rodrigues Cruz no TPS para averiguar se lá está a memória de boa parte da história do teatro paulista e se ela encontra-se preservada.

15 de dezembro de 1996
Il.mo Sr.
José Felício Castellano
D.D. Superintendente do Serviço Social da Indústria

Il.mo Sr.

Sempre ouvi falar que o Brasil não tem memória, que nós, brasileiros, não damos valor a nossa cultura e, portanto, não a preservamos. Sempre ouvi falar, nunca havia constatado tão de perto, quanto agora de minha recente pesquisa para o livro sobre Osmar Rodrigues Cruz e seu trabalho de direção teatral. Fui em busca de sua criação — O Teatro Popular do Sesi — e tive que empreender uma verdadeira "garimpagem" de um material riquíssimo, o qual deveria estar em lugar seguro, de destaque; disponível à escassa pesquisa existente no Brasil.

Neste país acostumamo-nos muito facilmente às dificuldades que nos são impostas, simplesmente aceitamos e não reclamamos de absolutamente nada, não reclamamos nem do que nos é de direito. Porém eu me considero cidadã, trabalhei durante dezoito anos no TPS, adquiri minha maioridade neste Teatro e considero o TPS um irmão mais velho. Por isso, devo relatar o que vi nestes meses todos de pesquisa.

Atualmente, o "arquivo" do TPS encontra-se numa "sala" úmida, sem ventilação, totalmente mal-acomodado, num porão, depósito de coisas inúteis e velhas, junto a movéis e sucatas. As pastas tornaram-se "Z a A", de tão confusas e mal-arrumadas. Ora, a memória do TPS é memória nacional, é memória do Teatro Brasileiro, portanto, se faz necessário preservá-la! É nosso dever conclamar que medidas sejam tomadas para esse fim. Pelo TPS passaram grandes artistas, outros, que se tornaram grandes depois dessa experiência, grandes técnicos, grandes cenógrafos, grandes autores, alcançando o reconhecimento da crítica especializada e dos meios de comunicação e o respeito da classe artística do Brasil.

Nestes meses dedicados à pesquisa, observei aqueles jovens, iniciantes na árdua carreira de ator e me perguntei — será que eles sabem que este público maravilhoso que acorre aos espetáculos foi formado pelo seu idealizador Osmar Rodrigues Cruz, um brasileiro que lutou com garra, para criar o genuíno teatro popular?

Voltando ao porão, sem ventilação, repleto de pó, perguntei-me ainda uma vez — será que ninguém percebe a necessidade da urgente preservação dessa "memória"? O porão é o caminho para o lixo, recuso-me a aceitar esse destino.

Procurei algum funcionário responsável pelo arquivo, não encontrei nenhum que assumisse essa responsabilidade, de onde deduzi que não há um arquivista. Eu só tenho a agradecer os funcionários da DDC pela solicitude e entusiasmo com que acolheram o meu trabalho.

O Sesi patrocina Cultura e Lazer, por esse motivo tenho certeza, medidas serão tomadas nesse sentido, visando oferecer aos próximos pesquisadores e interessados, subsídios para seus estudos, da mesma forma que, antes de mim, Robson Camargo utilizou esse material para sua dissertação de mestrado sobre o TPS.

O motivo dessa carta é reivindicar, como filha duas vezes do Osmar e do TPS, que sejam tomadas medidas para esse fim e, no ensejo, sugerir que na sala de espera do teatro constasse um artigo ou artigos os quais elucidassem o espectador a respeito da pessoa que dá nome à sala de espetáculo, quais os atores que passaram por aquele palco durante esses trinta anos de existência, qual o seu repertório, enfim, informação é preservação de memória.

O TPS e Osmar se confundem, essa interligação não pode ser ignorada, nem mesmo por aqueles que gostariam de ver sua obra detonada. O fato é que o TPS se descaracterizou depois da saída de Osmar. Ele criou uma bela obra, sua "dispensa" deteriorou as dependências do Teatro mas não sua obra, mesmo que não houvesse interesse da entidade em preservá-la, coisa que não acreditamos.

Gostaria de sugerir um belo artigo (existem vários, nas revistas do TPS) a ser colocado no saguão e mesmo nas dependências internas do teatro, para maior elucidação daqueles que por lá transitam e se interessam em saber quem, onde e como nasceu o TPS. Essa obra grandiosa merece o agradecimento de todos os cidadãos que dela se beneficiaram. Porta de entrada da Cultura para aqueles que excluídos da sociedade tiveram e terão por certo no TPS adquirido muitos conhecimentos e despertado interesses no campo da arte, da cultura e do lazer.

A pessoa de Osmar, meu pai, meu mestre, é para mim algo especial. Mas, como atriz, representante do meio cultural, cidadã brasileira espero seja feita justiça ao homem Osmar Rodrigues Cruz, pela sua luta em busca de um objetivo alcançado.

Sem mais, e contando com sua compreensão e interesse, apresento minhas

Cordiais Saudações.
M. Eugênia de A. Rodrigues Cruz

São Paulo, 27 de janeiro de 1997
SUP.045./97

Il.ma Sr.a
Maria Eugênia de A. Rodrigues Cruz

Prezada Senhora

Em resposta a sua carta de 15/12/96, desejamos pedir-lhe licença para o seguinte:

1) Agradecemos o seu interesse! Ele demonstra que o trabalho de Osmar Rodrigues Cruz produziu resultados, alcançou raízes que lhe permitem vencer o tempo. Seu interesse prova isso e nos entusiasma!...

2) Quanto ao fato citado, a DDS, sucessora da DDC, informa que o material de arquivo da extinta DDC encontra-se, atualmente, em lugar inadequado. Com as alterações que serão feitas nos espaços ocupados pelo teatro, galeria de arte e biblioteca, a partir de reformas que se iniciarão neste primeiro semestre, será possível instalar o arquivo dos documentos referentes às atividades culturais e artísticas do Sesi em um local adequado e de forma organizada, incluindo uma futura informatização desses dados.

3) Pessoalmente, visitamos o local e encontramos o guarda-roupa em condições.

4) Outros setores serão equacionados como relata a DDS.

5) No momento, algumas reformas se processam, no piso do palco, poltronas, etc.

Aproveitamos para lhe transmitir os nossos protestos de consideração e respeito, renovado o agradecimento por seu interesse.

Atenciosamente

José Felício Castellano (Superintendente)

Desejo somente tentar mostrar ao leitor uma busca que mudou radicalmente minha vida, transformando-me interna e externamente. Nessa busca nunca me senti sozinha e embora os agradecimentos já tenham sido feitos, gratidão nunca é demais e aqui vão alguns especiais:

A meu amado pai porque sempre cuidou de mim (e ainda cuida!) e nesse cuidado aceitou-me como co-autora em sua biografia, mostrando, mais uma vez, toda sua grandeza e generosidade; porque me transmitiu, pela sua conduta, pelo seu testemunho sempre vivo e presente o amor ao teatro.

A caríssima Nize sempre presente em todos os momentos do livro e da vida, numa parceria incomparavelmente amorosa e generosa.

Ao meu mestre José Orlando pela força e incentivo.

Ao meu orientador Prof. Dr. Clovis Garcia pela paciência e compreensão em ouvir-me falar do livro, quando eu já deveria estar falando da dissertação!

Ao padrinho desse livro e querido amigo Fernando Peixoto que sempre toma minhas loucuras como algo possível de se realizar.

A todos os meus queridos amigos sempre presentes em todos os momentos: Vadinho, Cleide, Lizette, Wellington, Fernando Milton, Nanci e Antônio.

Queria agradecer também, muito "caninamente", ao Yuri Gagárin e Charlie Chaplin que foram bons e leais companheiros nas intermináveis horas junto ao computador!

FICHAS TÉCNICAS DAS PEÇAS

TEATRO EXPERIMENTAL DO SESI

A Torre em Concurso — de Joaquim Manuel de Macedo.
Direção — Osmar Rodrigues Cruz (ORC).
Elenco — Carlos Henrique Silva, Joaquim Mário Sonetti, Lino Sérgio, Paulo César da Silva, Kaumer D. Rodrigues, Geazy Ferrero, Dan Farlys, Maria Estela Queiroz Telles, Alexandre de Almeida, Gilda Köhler, Nize Pires da Silva, Diogenes Corrêa, Waldir de Pierro, Alessandro Memmo, Antonio Ramos, Ary Calimann, Erasmo Almeida Magalhães.
Figuração e Músicos — Galvão Bueno, Osley Delamo, Ahyalon Guimarães, Antonio Prado Ferraz, Elnir Monar, Armando Fernandes, Jurandir Morais, Augusto Farizzotto, Arthur Alves, Therezinha Lima, José de Paula, Pontífice Santos, Walter O. Fernandes, Waldir O. Aguiar, Walmar Lobo, Sérgio Koheny, Alice Sukys, Argentino Paula Santos, Masaichi Ogawa, Fulvio Manzoli, Enio Corrêa, Jorge Gyöarfi, Alcides Maria Silva, Cláudio Gonsalves, José Rodrigues, Demerval Rodrigues Neves, João Roberto Garcia, Durval V. da Cruz, Vicente A. Sallotti, Torresi Filho.
Estréia — 24 de agosto de 1959.

O Fazedor de Chuva — de Richard Nash (tradução de Manuel Bandeira).
Direção — ORC.
Elenco — Francisco Giaccheri, Jorge Ferreira da Silva, Francisco Curcio, Nize Pires da Silva, Alexandre de Almeida, Paulo César da Silva, Ednei Giovenazzi.
Assistente de direção — Kaumer Diamantino Rodrigues.
Cenário — Francisco Giaccheri.
Maquilagem — Irmãos Barry.

Assistente de cena — Alessandro Memmo e Mário Sérgio Galvão Bueno.
Estréia — 23 de março de 1960.

A Pequena da Província — de Clifford Odets (tradução de Geraldo Santos).
Direção — ORC.
Elenco — Jorge Ferreira da Silva, Francisco Giaccheri, Ednei Giovenazzi, Paulo César da Silva, Vera Oliva, Francisco Curcio, Elizabeth Mariante, Kaumer D. Rodrigues.
Assistente de direção — Kaumer D. Rodrigues.
Cenário — Francisco Giaccheri.
Assistente de cena — Mário Sérgio Galvão Bueno e Alessandro Memmo.
Estréia — 14 de novembro de 1960.

A Beata Maria do Egito — de Rachel de Queiroz.
Direção — ORC.
Elenco — Ednei Giovenazzi, Francisco Giaccheri, Paulo César da Silva, Wanda Orsi.
Assistente de direção — Mário Sérgio Galvão Bueno.
Assistente de cena — Oslei Delamo.
Cenário — Francisco Giaccheri.
Estréia — 15 de junho de 1961.

Loucuras de Verão — de Richard Nash (tradução de Manuel Bandeira).
Direção — ORC.
Elenco — Jorge Ferreira da Silva, Mário Sérgio G. Bueno, Nize Pires da Silva, Elizabeth Lopes, Alexandre de Almeida, Marcos de Toledo Almeida, Yvany Guimarães, Maria Guiomar.
Assistente de direção — Paulo César da Silva.
Cenário — Francisco Giaccheri.
Contra-regra — José Carlos Martins Ferreira.
Estréia — 1.º de junho de 1962.

TEATRO POPULAR DO SESI

Cidade Assassinada — de Antônio Callado.
Direção — ORC.
Elenco — Ednei Giovenazzi, Nize Silva, Francisco Curcio, Paulo César da Silva, Eduardo Mamede, Oswaldo Costa, Paolino Raffanti, Jorge Carlos da Silva, Marcos Toledo, Antonio Carlos da Fonseca, Carlos Alberto Lomonaco, Oswaldo Costa, Eduardo Botelho, Jarbas Alves, Nivaldo Reis.
Assistente de direção — Claudino Martinuzzo.
Cenário — Clovis Garcia.
Figurinos — Alberto Nandi.
Cenotécnica — Francisco Giaccheri.
Estréia — 20 de setembro de 1963.

Noites Brancas — de Dostoiévski (primeira montagem — tradução e adaptação de Bertha Zemel).
Direção — ORC.

Elenco — Odavlas Petti, Gustavo Pinheiro, Bertha Zemel, Yvani Guimarães, Eduardo Botelho, Jorge Carlos da Silva.
Cenário — Clovis Garcia.
Assistente de direção — Claudino Martinuzzo.
Contra-regra — José Carlos Martins.
Segunda montagem — adaptação de Edgard Gurgel Aranha.
Elenco — Arlete Montenegro, Jovelty Archangelo, Marcos Toledo.
Assistente de direção — Ruy Nogueira.
Cenários e figurinos — Clóvis Bueno.
Administração — Marco Antonio.
Direção de cena — Gerônimo Cruz.
Cenotécnica — Arquimedes Ribeiro.
Iluminotécnica — Domingos Fiorini.
Contra-regra e camareira — Célia Garcia.
Estréia — 28 de fevereiro de 1964.

Caprichos de Amor e do Acaso — de Marivaux (tradução de Eduardo Manuel Curado).
Direção — ORC.
Elenco — Nize Silva, Helena Barreto Leite, João José Pompeo, Edgard Gurgel Aranha, Odavlas Petti, Ruy Nogueira.
Assistente de direção — Claudino Martinuzzo.
Cenário — Clovis Garcia.
Cenotécnica — Francisco Giaccheri.
Iluminotécnica — Manoel Ribeiro.
Contra-regra — José Carlos Martins.
Estréia — 12 de novembro de 1964.

A Sapateira Prodigiosa — texto e música de Federico García Lorca (tradução de João Cabral de Melo Neto).
Direção — ORC.
Elenco — Edgar Gurgel Aranha, Ruthinéa de Moraes, Renato Dobal, João José Pompeo, Flora Basaglia, Adolfo Machado, Roberto Giusti, Nize Silva, Cecília Rabello, Elvira Lima, Nieta Junqueira, Marcelo, Nancy Martins, Cristina Maria.
Assistente de direção — Claudino Martinuzzo.
Coreografia — Paula Martins.
Acompanhamento de guitarra — El Paco de África.
Cenário — Clovis Garcia.
Figurinos — Campello Neto.
Contra-regra — José Carlos Martins.
Estréia — 12 de junho de 1965.

O Avarento — de Molière (tradução de Otávio Mendes Cajado).
Direção — ORC.
Elenco — Maracy Mello, Jorge F. Silva, Marcos Granado, João José Pompeo, Ezequiel Neves, Arnaldo Ferrari, Ruthinéa de Moraes, Adolfo Machado, Nieta Junqueira, Haroldo Acedo, Renato Dobal, Ivone Hoffmann, Roberto Giusti, João Cândido.

Cenário — Clovis Garcia.
Figurinos — Odilon Nogueira.
Cabeleiras — Leontij Tymosczenko.
Execução de figurinos — Nieta Junqueira.
Contra-regra — José Carlos Martins.
Assistente de direção — Claudino Martinuzzo.
Iluminotécnica — Jorge Cruz Frade.
Estréia — 15 de janeiro de 1966.

Manhãs de Sol — de Oduvaldo Vianna.
Direção — ORC.
Elenco — Marina Freire, Nize Silva, Ivone Hoffmann, Adolfo Machado, Edgard Gurgel Aranha, Geraldo Del Rey, Manuel Durães, Bertha Zemel, Sônia Oiticica, João Cândido, Arnaldo Ferrari, Haroldo Acedo, Nieta Junqueira e a Banda do Genésio Arruda.
Cenário — Clovis Garcia.
Figurinos — Renato Dobal.
Estréia — 30 de agosto de 1966.

O Milagre de Annie Sullivan — de William Gibson (tradução de R. Magalhães Júnior).
Direção — ORC.
Elenco — Eraldo Rizzo, Nize Silva, Elísio de Albuquerque, Reny de Oliveira, Verinha, Antonio Carlos, Ezequiel Neves, Cecília Rabello, Marcos Granado, Bertha Zemel, Ruth de Souza, Geraldo Ventura.
Cenários e figurinos — Elizabeth Ribeiro.
Cenotécnica — Corintho Giaccheri.
Iluminotécnica — Benedito Pereira.
Execução de figurinos — Dimma Fieni e Alberto Costa.
Chapéus — Nilda Pires.
Postiços — Leontij Tymosczenko.
Fotos — Fredi Kleemann.
Diretor de cena — Sebastião Ribeiro.
Contra-regra — Haroldo Acedo.
Nota — O personagem Annie Sullivan vivido por Bertha Zemel foi substituído por Nize Silva e Lourdes de Morais. O personagem Hellen Kellen vivido por Reny de Oliveira foi substituído por Dora Castelar.
Estréia — 18 de julho de 1967.

Intriga e Amor — de Friedrich Schiller (tradução e adaptação de Oswaldo Barreto).
Direção — ORC.
Elenco — Osmano Cardoso, Eugênia Waldmann, Dora Castelar, Jacques Lagoa, Jairo Arco e Flexa, João José Pompeo, Adolfo Machado, Sônia Oiticica, Cecília Maciel, Orlando Miranda Rodrigues, Oswaldo M. Alves, Avelino Passan Mania.
Assistente de direção — Ruy Nogueira.
Cenários e figurinos — Clovis Garcia.
Assistente de direção — Alessandro Memmo.
Cenotécnica — Arquimedes Ribeiro.
Iluminotécnica — Orion de Carvalho.

Direção de cena — Claudino Martinuzzo.
Filmes — A. Carvalhaes.
Cabeleiras — Velasquez.
Execução de figurinos — Nieta Junqueira.
Fotos — Fredi Kleemann.
Contra-regra — João Laurente.
Administração — Marco Antonio.
Nota — O personagem de Lady Milford vivido por Sônia Oiticica foi substituído por Yara Amaral.
Estréia — 17 de setembro de 1969.

Memórias de um Sargento de Milícias — de Manuel Antônio de Almeida (adaptação de Francisco Pereira da Silva).
Direção — ORC.
Elenco — Adolfo Machado, Nize Silva, Ruthinéa de Moraes, Gibe, Lúcia Mello, Bruna Fernandes, Marcos Granado, João José Pompeo, Ubiratan Júnior, Silvana Lopes, Ezequiel Neves, Lino Sérgio, Siloé Pretto, Eugênia Waldmann, Libero Ripoli, Terezinha Cubana, Benedita Silva, Antônio Reche, Orlando Miranda, Ilton Silva, Paulo Celso.
Assistente de direção — Ruy Nogueira.
Direção musical — Cláudio Petraglia.
Coreografia — Marilena Ansaldi.
Cenários e figurinos — Bassano Vaccarini.
Assistente de produção — Alessandro Memmo.
Iluminotécnica — Orion de Carvalho.
Assistente de iluminotécnica — Miguel S. Soares e Pedro Luiz Boranga.
Cenotécnica — Arquimedes Ribeiro.
Diretor de cena — Claudino Martinuzzo.
Execução dos figurinos — Nieta Junqueira.
Contra-regra — João Laurente.
Administração e programa — Marco Antonio.
Estréia — 20 de maio de 1970.

Senhora — de José de Alencar (adaptação de Sérgio Viotti).
Direção — ORC.
Elenco — João José Pompeo, Sebastião Campos, Arlete Montenegro, Nize Silva, Ruthinéa de Moraes, Roberto Orosco, Carmem Silva, Eugênia Waldmann, Cecília Maciel, Elisabeth Hartmann, Marcos Toledo, Luiza Rodrigues, Adilson Wladimir, Marilena Carvalho.
Música — Célia Regina Bastos.
Cenário — Túlio Costa.
Figurinos — Ninette Van Vuchelen.
Assistente de produção — Elisabeth Ribeiro.
Cenotécnica — Arquimedes Ribeiro.
Iluminoténica — Orion de Carvalho.
Diretor de cena — Claudino Martinuzzo.
Nota — O personagem Aurélia, vivido por Arlete Montenegro, foi substituído por Nize Silva e o personagem Lisia foi depois vivido por Ivete Bonfá.
Estréia — 16 de julho de 1971.

Um Grito de Liberdade — de Sérgio Viotti.
Direção — ORC.
Elenco — Elias Gleizer, Ruy Nogueira, Ruthinéa de Moraes, Nize Silva, Antonio Fagundes, Tony Ramos, Ana Maria Dias, Dorival Carper, Elisabeth Hartmann, João José Pompeo, Marcelo Picchi, Antonio Natal, Crayton Sarzi, Cecília Maciel, Maura Arantes, Zezé Motta, Luiza Rodrigues.
Assistente de direção — Ruy Nogueira e Elisabeth Ribeiro.
Músicas — Ibanez Filho.
Arranjos musicais e clarinete — Pirahy.
Músicos — Nené (flauta em dó), Fernando (violão), Odilão (contrabaixo), Eduardo (percussão).
Coreografia — Clarrisse Abujamra.
Cenários e figurinos — Campello Neto.
Assistente de produção — Tereza de Moura Bastos.
Cenotécnica — Arquimedes Ribeiro.
Iluminotécnica — Orion de Carvalho.
Fotos — Ruy Nogueira.
Diretor de cena — Claudino Martinuzzo.
Contra-regras — João Laurente e Eustáquio de Oliveira.
Nota — Os personagens Ritinha e Libânia vividos por Zezé Motta foram substituídos por Aracy de Souza.
Estréia — 30 de agosto de 1972.

Caiu o Ministério — de França Júnior.
Direção — ORC.
Elenco — Abrahão Farc, Paulo Fabrini, Antonio Natal, Ézio Ramos, Maria Alice, Baby Rudek, Tereza Cristina, Luciane Alves, Wilma Petra, Hamilton Monteiro, Gilson Filho, Kleber Afonso, Oswaldo Ávila, Felipe Levi, Nize Silva, Maria Hilma, Olivia Camargo, Lilian Fernandes, Ana Maria Dias, Tony Ramos, Gibe, Marcos Plonka, Cláudio Corrêa e Castro, Benjamim Cattan, Carlos Silveira.
Assistente de direção — Elizabeth Ribeiro.
Música — Ibanez Filho.
Arranjos musicais — João Pirahy.
Coreografia — Roberto Azevedo.
Cenário — Túlio Costa.
Figurinos — Ninette Van Vuchelen.
Cenotécnica — Arquimedes Ribeiro.
Iluminotécnica — Walter Cello.
Assistente de produção — Tereza Moura Bastos.
Camareira — Marilena Carvalho.
Contra-regra — João Laurente.
Estréia — 10 de março de 1973.

O Médico à Força — de Molière (música de J.-B. Lully).
Direção — ORC.
Elenco — Elias Gleizer, Ana Rosa, Kleber Macedo, Mariclaire Brandt, Jovelty Archangelo, Marcos Granado, Adilson Vlademir, Sérgio Branco, Clóvis Marcos, Arlete Montenegro, Jacques Lagoa.

Assistente de direção e de produção — Elizabeth Ribeiro.
Cenário — Túlio Costa.
Figurinos e adereços — Ninette Van Vuchelen.
Cenotécnica — Arquimedes Ribeiro.
Iluminotécnica — Domingos Fiorini.
Direção de cena — Joel Jardim.
Fotos — João.
Coordenação de viagens — Marco Antonio.
Camareira — Enir.
Apresentação especiaol. Estréia — 24 de maio de 1973, em São Carlos.

Leonor de Mendonça — de Gonçalves Dias.
Direção — ORC.
Elenco — Nize Silva, Ana Maria Dias, Ewerton de Castro, Cláudio Corrêa e Castro, Abrahão Farc, Olívia Camargo, Benjamim Cattan, Felipe Levy, Maria Eugênia, Luciane Alves, Paulo Braga, Roldão Gonçalves, Antonio da Silva, Ernesto Piagno, Adalberto Graça.
Assistente de direção e produção — Elizabeth Ribeiro.
Cenários e figurinos — Ded Bourbonnais.
Cenotécnica — Arquimedes Ribeiro.
Iluminotécnica — Walter Celli.
Direção de cena — Claudino Martinuzzo.
Execução de figurinos — Marina.
Camareira — Cida.
Contra-regra — Haroldo Acedo.
Estréia — 12 de outubro de 1974.

O Noviço — de Martins Pena.
Direção — ORC.
Elenco — Cláudio Corrêa e Castro, Nize Silva, Eugênia Santacruz, Isadora de Faria, Carlos Alberto Riccelli, Benjamim Cattan, Analy Alvarez, Haroldo Acedo, Ernesto Piagno, Antonio de Andrade.
Assistente de direção e produção — Alessandro Memmo.
Cenário e figurinos — Augusto Francisco.
Cenotécnica — Arquimedes Ribeiro.
Iluminotécncia — Walter Celli.
Diretor de cena — Claudino Martinuzzo.
Camareira — Cida.
Contra-regra — Haroldo Acedo.
Estréia — 15 de janeiro de 1976.

O Poeta da Vila e Seus Amores — de Plínio Marcos.
Direção — ORC.
Elenco — Ewerton de Castro, Walderez de Barros, Bruna Fernandes, Sônia Rocha, Antonio Natal, Benjamim Cattan, Elias Gleizer, Sílvio Modesto, Péricles Flaviano, Nize Silva, Eugênia Santacruz, Analy Alvarez, Antonio de Andrade, Ana Ares, Ângela de Castro, Cacá Rezende, Jussara Amaral, Léa Cristina, Lizette Negreiros, Marilyn Lacreta, Simone Miranda, Paulo Prado, Reinaldo Rezende, Cícero Liendo, Ana

Maria Brandão. Regional do Evandro — Pinheiro (violão sete cordas), Lúcio França (cavaquinho), Arthur Athayde (flauta), Zequinha (ritmo), Evandro (bandolim).
Assistente de direção — Paulo Lara.
Coordenação musical — Caetano Zamma.
Coreografia — Carlinhos Machado.
Assistente de coreografia — Marilene Silva.
Visual — Flávio Império.
Assistente de produção — Alessandro Memmo.
Cenotécnica — Arquimedes Ribeiro.
Iluminotécnica — Domingos Fiorini.
Direção de cena e sonoplastia — Claudino Martinuzzo.
Fotos — Silvestre P. Silva.
Dados biográficos — José Ramos Tinhorão.
Contra-regra — Haroldo Acedo.
Estréia — 27 de maio de 1977.

A Falecida — de Nelson Rodrigues.
Direção — ORC.
Elenco — Nize Silva, Cleide Eunice, Cláudia Rezende, Raimundo Matos, Reinaldo Rezende, Luiz Parreiras, Paulo Prado, Ismael Rosan, Rubens Pignatari, Elias Gleizer, Antonio de Andrade, Ari Guimarães, Dinah Ribeiro, Welington Dias, Eugênia Santacruz, Marcos Granado, Rosamaria Pestana, Lizette Negreiros, Silvio Modesto, Luiz Carlos Ribeiro, Luis Carlos de Moraes.
Assistente de direção — Celso Ribeiro.
Coordenação música e som — Wagner Casabranca.
Visual — Flávio Império.
Cenotécnica — Arquimedes Ribeiro, José Dalvino Boranga, Expedito Jacinto Chalega.
Iluminotécnica — Domingos Fiorini.
Assistentes de iluminotécnica — Renato Pagliaro, Francisco Araújo Nascimento.
Assistente de produção — Alessandro Memmo.
Direção de cena — Claudino Martinuzzo.
Auxiliar de cena — Tadeu Tosta.
Fotos — Silvestre P. Silva.
Promoção — Elke Lopes Muniz.
Camareiras — Maria Aparecida dos Santos Avelino, Elvira Acedo, Benedita Bueno.
Contra-regra — Haroldo Acedo.
Diretora Adjunta da DPS — Mafalda Vicenzotto.
Estréia — 20 de julho de 1979.

O Santo Milagroso — de Lauro César Muniz.
Direção — ORC.
Elenco — Elias Gleizer, Luiz Carlos de Moraes, Nize Silva, Luis Parreiras, Rubens Pignatari, Ari Guimarães, Reinaldo Rezende, Lúcio de Freitas, Marcos Granado, Lizette Negreiros, Paulo Prado, Luiz Carlos Ribeiro, Eugênia Santacruz, Cláudia Rezende, Rosamaria Pestana, Cleide Eunice.
Assistente de direção — Celso Ribeiro.
Cenários e figurinos — Irênio Maia.
Coordenação musical — Wagner Casabranca.

Coreografia — Cláudia Resende.
Assistente de produção — Alessandro Memmo.
Cenotécnica — Arquimedes Ribeiro.
Assistente de cenotécnica — José Dalvino Boranga e Expedito Jacinto Chalega.
Iluminotécnica — Domingos Fiorini Araújo Nascimento.
Sonoplastia — Renato Pagliaro.
Técnico de cena — Tadeu Tosta.
Direção de cena — Claudino Martinuzzo.
Fotos — Silvestre P. Silva.
Cartaz — Jal.
Promoção — Elke Lopes Muniz.
Camareiras — Maria Aparecida dos Santos Avelino, Elvira Acedo, Benedita Bueno.
Contra-regra — Haroldo Acedo.
Diretora adjunta da DPS — Mafalda Vicenzotto.
Estréia — 25 de março de 1981.

Chiquinha Gonzaga, Ó Abre Alas — de Maria Adelaide Amaral (baseado em argumento e pesquisa de Edinha Diniz; músicas de Chiquinha Gonzaga).
Direção — ORC.
Elenco — (por ordem alfabética) Alberico Souza, Antonio de Andrade, Ari Guimarães, Cláudia Resende, Cleide Queiroz, Diná de Lara, Eduardo Sena, Elias Gleizer, Haroldo Acedo, Jairo Arco e Flexa, Lizette Negreiros, Lúcio de Freitas, Luiz Carlos de Moraes, Luiz Carlos Ribeiro, Luiz Parreiras, Maria Eugênia Rodrigues Cruz, Marilena Ribeiro, Miro Martinez, Nelson Luiz, Nivaldo Santana, Nize Silva, Paulo Prado, Regina Braga, Reinaldo Rezende, Ricardo Dias, Romeu de Freitas, Rosamaria Pestana, Rubens Pignatari, Sérgio Rossetti, Tadeu Tosta, Walter Cruz e Wilson Alves.
Assistente de direção — Celso Ribeiro.
Assessoria geral — Francisco Medeiros.
Visual do espetáculo e cartaz — Flávio Império.
Assistente — Cecília Cerroti.
Direção musical — Oswaldo Sperandio.
Coreografia — Umberto da Silva e Ana Maria Mondini.
Assistente de produção — Wagner Casabranca.
Cenotécnico — Arquimedes Ribeiro.
Assistente de cenotécnico — Tadeu Tosta.
Maquinistas — José Dalvino Boranga e Expedito Jacinto Chalega.
Iluminação — Domingos Fiorini.
Operador de luz — Luiz Ricardo de Oliveira.
Sonoplastia — Alfredo de Oliveira Filho.
Direção de cena — Claudino Martinuzzo.
Contra-regra — Haroldo Acedo.
Camareiras — Elvira Acedo, Catarina C. Costa Pestana, Delbides da Silva e Benedita Bueno.
Fotos — Thereza Pinheiro.
Coordenador de divulgação — Paulo Lara.
Assistente de divulgação — Theodora Ribeiro.
Participação do Regional do Evandro — Luizinho (violão sete cordas) Pinheiro (violão

base), Dodô (cavaquinho), Gerson (flauta, clarinete e saxofone), Zequinha (pandeiro), Silvio Modesto (surdo) e Evandro (bandolim).
Estréia — 8 de setembro de 1983.

O Rei do Riso — de Luiz Alberto de Abreu.
Direção — ORC.
Elenco — (por ordem alfabética) Diná de Lara, Ednei Giovenazzi, Elias Gleizer, Jairo Arco e Flexa, Lúcio de Freitas, Luiz Carlos de Moraes, Luiz Parreiras, Marcelo Coutinho, Maria Eugênia Rodrigues Cruz, Marilena Ribeiro, Miro Martinez, Nelson Luiz, Nize Silva, Paulo Prado, Rosamaria Pestana, Sérgio Rossetti.
Assistente de direção — Celso Ribeiro.
Cenografia e figurinos — Pietro Maranca.
Música e direção musical — Oswaldo Sperandio.
Assistente de produção — Alessandro Memmo.
Cenotécnica — Arquimedes Ribeiro.
Maquinista — José Dalvino Boranga, Expedito Jacinto Chalega e Dirceu Bicudo.
Pintura de cenário — Wagner Casabranca.
Iluminotécnica — Domingos Fiorini.
Operadores de luz — Luiz Ricardo de Oliveira e Walter Celli.
Operador de som — Vadinho.
Direção de cena — Claudino Martinuzzo.
Contra-regra — Haroldo Acedo.
Camareiras — Elvira Acedo, Glaucia Terezinha Alves, Débora da Silva, e Benedita Bueno.
Costureira — Haydée Morato.
Alfaiate — José Correia de Araújo.
Penteador — Marcelo Lorran.
Divulgação — Elke Lopes Muniz.
Assistentes de divulgação — Theodora Ribeiro, Vera Lúcia Fraga Guimarães.
Nota — Anamaria Barreto substituiu Diná de Lara.
Estréia — 17 de maio de 1985.

Muito Barulho por Nada — de William Shakespeare (tradução de José Rubens Siqueira).
Direção — ORC.
Elenco — (por ordem alfabética) Anamaria Barreto, Antonio Natal, Carlos Felipe, Elias Gleizer, Israel Ferez, José Rubens Siqueira, Lúcio de Freitas, Luís Carlos de Moraes, Luiz Parreiras, Marcelo Coutinho, Marco Antonio Rivani, Margarida Moreira, Maria Eugênia Rodrigues Cruz, Miro Martinez, Nelson Luiz, Nize Silva, Norival Rizzo, Oldair Soares, Paulo Prado, Péricles Flaviano, Rosamaria Pestana, Sérgio Rossetti, Zecarlos de Andrade.
Assistente de direção — Celso Ribeiro.
Cenografia e figurinos — Zecarlos de Andrade.
Músicas — Anônimo do século XIV, John Adson, Claude Gervaise, Marcelo Coutinho.
Coreografia — Ruth Rachou.
Assistente de produção — Alessandro Memmo.
Cenotécnica — Arquimedes Ribeiro.

Maquinistas — José Dalvino Boranga e Expedito Jacinto Chalega.
Aderecista — Wagner Casabranca.
Iluminotécnica — Domingos Fiorini.
Operadores de luz — Luiz Ricardo Oliveira e Walter Celli.
Operador de som — Vadinho.
Direção de cena — Claudino Martinuzzo.
Contra-regra — Haroldo Acedo.
Camareiras — Gláucia Terezinha Alves, Benedita Bueno, Nair Ribeiro, Iara Amélia Galla.
Costureira — Haydée Morato.
Divulgação — Liba Frydmann.
Assistente de divulgação — Theodora Ribeiro, Vera Lúcia Fraga Guimarães.
Estréia — 4 de julho de 1986.

Feitiço — de Oduvaldo Vianna.
Direção — ORC.
Elenco — (por ordem de entrada em cena) Maria Eugênia Rodrigues Cruz, Lúcio de Freitas, Lia de Aguiar, Anamaria Barreto, Paulo Hesse, Nize Silva, Roberto Azevedo, Luiz Parreiras, Rosamaria Pestana, Zecarlos de Andrade.
Assistente de direção — Celso Ribeiro e Marilena Ribeiro.
Cenário e figurinos — Zecarlos de Andrade.
Assistente de produção — Alessandro Memmo.
Cenotécnica — Arquimedes Ribeiro.
Maquinistas — José Dalvino Boranga e Expedito Jacinto Chalega.
Iluminotécnica — Domingos Fiorini.
Operadores de luz — Luiz Ricardo de Oliveira e Walter Celli.
Trilha sonora e operador de som — Valdemir Gonçalves.
Direção de cena — Claudino Martinuzzo.
Contra-regra — Haroldo Acedo.
Camareiras — Gláucia Terezinha Alves, Benedita Bueno, Nair Ribeiro, Iara Amélia Galla.
Assistente de promoção — Liba Frydmann.
Divulgadoras — Theodora Ribeiro e Vera Lúcia Fraga Guimarães.
Nota — O personagem Dagoberto vivido por Roberto Azevedo foi substituído por Luiz Parreiras.
Estréia — 25 de setembro de 1987.

Onde Canta o Sabiá — de Gastão Tojeiro.
Direção — ORC.
Elenco — (por ordem de entrada em cena) Luiz Parreiras, Jorge Cerruti, Clóvis Gonçalves, Ruthinéa de Moraes, Salete Fracarolli, Anamaria Barreto, Rosamaria Pestana, Maria Eugênia Rodrigues Cruz, Zecarlos de Andrade, Paulo Hesse, Lúcio Freitas, Luiz Carlos de Moraes.
Assistentes — Celso Ribeiro e Marilena Ribeiro.
Cenário e figurinos — Zecarlos de Andrade.
Assistente de produção — Alessandro Memmo.
Cenotécnica — Arquimedes Ribeiro.
Maquinistas — José Dalvino Boranga e Expedito Jacinto Chalega.

Iluminotécnica — Domingos Fiorini.
Operadores de luz — Luiz Ricardo Oliveira e Walter Celli.
Trilha sonora e operador de som — Valdemir Gonçalves.
Direção de cena — Claudino Martinuzzo.
Contra-regra — Haroldo Acedo.
Camareiras — Gláucia Terezinha Alves, Benedita Bueno, Nair Ribeiro e Iara Amélia Galla.
Assistente de promoção — Liba Frydmann.
Divulgadoras — Theodora Ribeiro e Vera Lucia Fraga Guimarães.
Assessoria geral — Francisco Medeiros.
Estréia — 27 de outubro de 1988.

Confusão na Cidade — de Carlo Goldoni (tradução de José Rubens Siqueira).
Direção — ORC.
Elenco — Thais de Andrade, Anamaria Barreto, Ruthinéa de Moraes, Nize Silva, Maria Eugênia Rodrigues Cruz, Paulo Hesse, Clóvis Gonçalves, Lúcio de Freitas, Carlos Capeletti, Zecarlos de Andrade, Haroldo Botta, Henrique Lisboa, Luiz Carlos de Moraes, Jorge Cerruti, Nilton Araújo, Clóvis Gonçalves, Nilton Araújo, Salete Fracarolli.
Assistentes — Celso Ribeiro e Marilena Ribeiro.
Cenários e figurinos — José Rubens Siqueira.
Assistente de produção — Richards Paradizzi.
Cenotécnica — Arquimedes Ribeiro.
Maquinistas — José Dalvino Boranga e Expedito Jacinto Chalega.
Eletricista — Domingos Fiorini.
Operador de luz e iluminador — Nelson Ferreira.
Operador de luz — Walter Celli.
Trilha sonora e operador de som — Valdemir Gonçalves.
Confeção de figurinos — Haidée Morato.
Direção de cena — Claudino Martinuzzo.
Contra-regra — Haroldo Acedo.
Camareiras — Benedita Bueno, Nair Ribeiro, Haydée Rodrighero e Iara Amélia Galla.
Assistente de promoção — Liba Frydmann.
Divulgadoras — Theodora Ribeiro e Vera Lúcia F. Guimarães Yanez.
Assessoria geral — Francisco Medeiros.
Nota — O personagem Titto Nane vivido por Haroldo Botta foi substituído por Clóvis Gonçalves.
Estréia — novembro de 1989.

TPS ITINERANTE

O Milagre de Annie Sullivan — de William Gibson (tradução de R. Magalhães Júnior).
Direção — ORC.
Elenco — (por ordem de entrada em cena) Haroldo Acedo, Bruna Fernandes, Líbero Ripoli Filho, Reny de Oliveira, Célia Garcia, Marcelino Buru, Ezequiel Neves, Marlene Rocha, Marcos Granado, Nize Silva, Tereza Santos.

Cenários e figurinos — Elizabeth Ribeiro.
Contra-regra — Haroldo Acedo.
Eletricista — Domingos Fiorini.
Execução de cenário — Arquimedes Ribeiro.
Alfaiate — Alberto Costa.
Guarda-roupa feminino — Dimma Fieni.
Chapéus — Nilda Pires.
Postiços — Leontij Tymosczenko.
Fotos — Fredi Kleemann.
Diretor de cena — Marco Antonio.
Estréia — 18 de setembro de 1969, em Sorocaba.

Noites Brancas — de Dostoiévski (adaptação de Edgard Gurgel Aranha).
Direção — ORC.
Elenco — Arlete Montenegro, Jovelty Archangelo e Marcos Toledo.
Cenários de figurinos — Clóvis Bueno.
Execução de cenários — Arquimedes Ribeiro.
Iluminação — Domingos Fiorini.
Diretor de cena — Gerônimo Cruz.
Estréia — 22 de maio de 1970, em Lindóia.

O Primo da Califórnia — de Joaquim Manuel de Macedo.
Direção — ORC.
Elenco — Rachel Martins, Elizabeth Gasper, Gibe, Jacques Lagoa, Marcos Granado, Fernando Benincasa, Lino Sérgio.
Cenário e execução — Arquimedes Ribeiro.
Figurinos — Ninette Van Vuchelen.
Iluminação — Domingos Fiorini.
Contra-regra — Haroldo Acedo.
Maquinista — Antonio Ferreira Neto.
Camareira — Célia Garcia.
Assistente de excursão e coordenação — Marco Antonio.
Estréia — 20 de maio de 1972, em Bauru.

O Médico à Força — de Molière (música de J.-B. Lully).
Direção — ORC.
Elenco — Elias Gleizer, Ana Rosa, Mariclaire Brandt, Jovelty Archangelo, Marcos Granado, Kleber Macedo, Sérgio Branco, Adilson Wladimir, Clóvis Marcos.
Assistente de direção e produção — Elizabeth Ribeiro.
Cenários — Túlio Costa.
Figurinos e adereços — Ninette Van Vuchelen.
Chefe maquinista — Arquimedes Ribeiro.
Iluminador — Domingos Fiorini.
Camareira — Enir.
Diretor de cena — Joel Jardim.
Fotos — João.
Assistente coordenador das viagens — Marco Antonio.
Estréia — 24 de maio de 1973, em São Carlos.

O Barão da Cotia — de França Júnior.
Direção — ORC.
Elenco — Renato Consorte, Silvana Lopes, Catita, Roberto Rocco, Breno Mascarenhas, Guiomar Pimenta, Benedita Silva.
Cenário — Ded Bourbonnais.
Eletricista — Domingos Fiorini.
Assistente de direção — Elizabeth Ribeiro.
Estréia — 30 de julho de 1974, em Santo André.

Guerras do Alecrim e da Manjerona — de Antonio José da Silva.
Direção — ORC.
Elenco — Nara Gomes, Rosamaria Pestana, Vera Mancini, Amaury Alvarez, Plínio Rigon, Rene Mauro, Wanda Leinemann, Carlos Seidl, Hilton Have.
Cenário e figurinos — Augusto Francisco.
Assistente de produção e direção — Alessandro Memmo.
Direção de cena e iluminação — Tadeu Tosta.
Camareira — Elvira Acedo.
Assistente de coordenação — Vicente Acedo.
Estréia — 30 de setembro de 1976.

Trocas e Trapaças — de Américo Azevedo.
Direção — ORC.
Elenco — Diná de Lara, Kleber Afonso, Monalisa Carvalho, Carlos Seidl, Gilson Filho, Roberto Rocco.
Cenários e figurinos — Zecarlos de Andrade.
Assistente de direção — Amaury Alvarez.
Assistente de produção — Alessandro Memmo.
Cenotécnico — Arquimedes Ribeiro.
Confecção dos figurinos — Diogo Angélica e Marina Fernandes.
Iluminação — Nelson Sorrentino.
Cabeleireiro — Itamar.
Contra-regra — Alfredo de Oliveira Filho.
Sonoplastia — Nivaldo Fideles.
Camareira — Célia Garcia.
Coordenação — Augusto Geraldini.
Nota — Monalisa Carvalho foi substituída por Carmem Mello, Gilson Filho por Amaury Alvarez. O contra-regra Alfredo de Oliveira Filho foi substituído por Zécarlos Marcondes. O iluminador Nelson Sorrentino foi substituído por Walter Celli.
Estréia — 7 de dezembro de 1978.

Madalena, Seduzida e Abandonada — de Ronaldo Ciambroni.
Direção — ORC.
Elenco — Marilena Ribeiro e mais os personagens-bonecos.
Voz — Celso Ribeiro.
Montagem e sonorização — Alfredo de Oliveira Filho.
Sonoplastia — Walter Celli.

Eletricista — Oswaldo Centurião.
Criação dos bonecos e coordenação — Wagner Casabranca.
Assistente de produção — Alessandro Memmo.
Estréia — 16 de dezembro de 1981, em Santo André.

Coitado do Isidoro — de Sebastião de Almeida (João Garrucha).
Direção — ORC.
Elenco — (por ordem de entrada em cena) Raimundo Matos, Marilena Ribeiro, Sérgio Migliaccio.
Figurinos — Raimundo Matos.
Cenário e cenotécnica — Arquimedes Ribeiro.
Iluminação e som — Walter Celli.
Camareira — Catarina Pestana.
Assistente de produção — Alessandro Memo.
Coordenação — Wagner Casabranca.
Estréia — setembro de 1983, em Santo André.

Senhora — de José de Alencar (adaptação de Sérgio Viotti).
Direção — ORC.
Elenco — Isadora de Faria, Roberto Rocco, Ruthinéa de Moraes, Mirian Lins, Jorge Cerruti, Walter Mendonça.
(sem registro da equipe técnica)
Estréia — maio de 1984.

O Caso da Casa — de Machado de Assis (adaptação de José Rubens Siqueira).
Direção — ORC.
Elenco — Israel Ferez, Israel Pinheiro, Margarida Moreira, Nara Gomes, Nivanda Santos, Sérgio Rossetti e Walter Mendonça.
(sem registro da equipe técnica)
Estréia — maio de 1988.

O Tipo Brasileiro — de França Júnior (adaptação de Cecília Macedo).
Direção — ORC.
Elenco — Ivete Bozaski, Carlos Farielo, Carlos Mani, Fausto Franco, Henriqueta Lisboa.
Assistente de direção — Jair Assumpção.
Cenografia e figurinos — José Rubens Siqueira.
Pintura dos telões — Zé Cassio Macedo Soares.
Costureira — Haydée Morato.
Maquinista — José Geraldo Marcondes.
Camareira — Sonia Favero.
Coordenador/administrador — Arthur Leopoldo e Silva.
Colaboração — Expedito J. Chalega, José D. Boranga, Nelson Ferreira, Arthur Alfredo Gaspar, Waldemar Gonçalves, Richards Paradizzi, José U. Boranga.
Divulgação — Theodora Ribeiro, Cleide A. A. Mendes.
Estréia — 1992.

INFANTIL

A Árvore que Andava — de Oscar Von Pfuhl.
Direção — ORC.
Elenco — Ivete Bozaski, Carlos Farielo, Carlos Mani, Fausto Franco, Henrique Lisboa.
Assistente de direção — Jair Assumpção.
Cenografia e figurinos — José Rubens Siqueira.
Pintura do telão — Zé Cassio Macedo Soares.
Maquinista — José Geraldo Marcondes.
Coordenador/administrador — Arthur Leopoldo e Silva.
Colaboração — Expedito J. Chalega, José D. Baronia, Nelson Ferreira, Arthur Alfredo Gaspar, Valdemir Gonçalves, Richards Parodizzi, José U. Boranga.
Estréia — 1992.

OUTRAS DIREÇÕES

Dois na Gangorra — de William Gibson (tradução de Linneu Dias).
Othon Meirelles e Leo Copstein apresentam uma produção Joe Kantor.
Direção – ORC.
Assistente de direção — Elizabeth Ribeiro.
Cenário — Gilberto Vigna.
Elenco — Juca de Oliveira e Lilian Lemmertz.
Diretor de cena — Waldemarino G. Lopes.
Contra-regra — José Carlos e Norberto Fayão.
Chefe maquinista — Jarbas Lotto.
Iluminador — Manoel Ribeiro.
Assistente de produção — Isaac Farc.
Estréia — 15 de fevereiro de 1968.

Noites Brancas — de Dostoiévski (adaptação de Edgard Gurgel Aranha).
Grupo Opinião.
Direção — ORC.
Cenários e figurinos — Clóvis Bueno.
Elenco — Débora Duarte, Odavlas Petti, Hélio Fernando.
Assistente de direção — Hélio Fernando.
Contra-regra — Walter Brandão.
Estréia — 7 de novembro de 1968.

A Moreninha — de Joaquim Manuel de Macedo (comédia musical de Miroel Silveira e Cláudio Petraglia).
Empresa Cláudio Petraglia.
Direção — ORC.
Elenco — Marília Pêra, Perry Salles, Sônia Oiticica, Adolfo Machado, Lúcia Mello, Nilson Condé, Paulo Condini, Ricardo Petraglia, Regina Viana, Iná Rodrigues, Cláudia Mello, Zezé Motta, Carlos Alberto, Gésio Amadeu.
Cenário e figurinos — Flávio Phebo.

Cenotécnico — Arquimedes Ribeiro.
Execução de figurinos — Elina.
Coreografia — Jura Otero.
Filmes — Pedro Rovai.
Efeitos especiais em filme — Roberto Miller.
Música original — Cláudio Petraglia em Orquestrações de Sandino Hohagen, gravada em Scatena Stúdios e Gravações.
Planejamento eletroacústico — Paulo Valadares.
Assistente de direção — Elizabeth Ribeiro.
Secretária de produção — Regina Guimarães.
Fotografias — Cecília Petraglia e Branca de Freitas.
Diretor de cena — Gilberto Pereira da Silva.
Produção executiva — Nelson Mattos Penteado.
Produção e direção musical — Cláudio Petraglia.
Estréia — 29 de dezembro de 1968.

Putz (primeira montagem em São Paulo) — de Murray Schisgal (tradução de Juca de Oliveira e Luís Gustavo).
Produção — John Herbert.
Direção — ORC.
Cenário — Túlio Costa.
Execução do cenário — Arquimedes Ribeiro.
Elenco — Juca de Oliveira, Luís Gustavo, Eva Wilma.
Assistente de direção e produção — José Zimmermann.
Iluminação — Manoel Ribeiro.
Direção de cena — Israel Rodrigues da Silva.
Camareira — Helena.
Administração — Luiz Proença e Marcos Antônio de Lima.
Fotos — Madalena Schwartz.
Arte e cartaz — Maitiry.
Nota — Participaram dessa montagem como substitutos os atores Gianfrancesco Guarnieri, e em viagem pelo estado de São Paulo, John Herbert e Goulart de Andrade.
Estréia — 15 de janeiro de 1971.

Hans Staden no País da Antropofagia — de Francisco Pereira da Silva.
Produção — Laerte Morrone.
Direção — ORC.
Cenário — Túlio Costa.
Figurinos — Ninette Van Vuchelen.
Coreografia — Ruth Rachou.
Música — Samuel Kerr.
Elenco — Laerte Morrone, Irina Grecco, Chico de Assis, Cazarré, Raymundo Duprat, Célia Olga, Elvira Gentil, Jacques Lagoa, Fernando Benincasa, Veronica Teijido, Sérgio Loureiro, Gilka Tanganelli, Célia Soares Paixão, Potiguar Lopes e Lígia de Paula.
Estréia — 25 de maio de 1971.

É Hoje!... — de Lawrence Holofcener (tradução de Luís Gustavo e Elizabeth Ribeiro).
Produção — Lair Cochrane.
Direção — ORC.
Cenário — Elisabeth Ribeiro.
Figurinos — Sônia Coutinho.
Elenco — Luís Gustavo, Lilian Lemmertz e o cão.
Diretor de cena — Haroldo Acedo.
Cenotécnico — Sidney Garcia Fonseca.
Eletricista — Jorge Costa.
Postiço — Pisani.
Produção executiva — Elisabeth Ribeiro.
Estréia — 8 de janeiro de 1972.

Pequenos Assassinatos — de Jules Feiffer (tradução de Millôr Fernandes).
Produção — John Herbert Produções Artísticas Ltda.
Direção — ORC.
Cenário — Sílvio Oppenheim.
Figurinos — Maria Alice Teixeira Soares.
Elenco — Yolanda Cardoso, Tony Ramos, Cláudio Corrêa e Castro, Eva Wilma, Othon Bastos, Elias Gleiser, Antonio Fagundes, Rogério Marcico, Hilda de Freitas, Felipe Levi, Maria Hilma, Roberto Nogueira, Oswaldo Campozano, Adolfina L. Silva.
Programação visual, fotos e cartaz — Fernando Lemos.
Produção executiva — José Alberto Muchachi.
Assistência de direção — Hilda Estado de Freitas.
Cenotécnica — Sidney Fonseca.
Direção de cena — Felipe Levy.
Contra-regra — Eustáquio de Oliveira.
Iluminação — Osmar Roque.
Sonoplastia — Huldemberg dos Santos.
Guarda-roupa — Eleuza.
Administração — Luiz Alberto Proença.
Consultoria jurídica — Sérgio Famá D'Antino.
Estréia — 5 de abril de 1972.

Os Amantes de Viorne — de Marguerite Duras (tradução de Gilberto Tumscitz).
Produção — Sebastião Ribeiro e Elisabeth Ribeiro.
Direção — ORC.
Elenco — (por ordem de entrada em cena) Geraldo Del Rey, Sérgio Viotti, Nathalia Timberg.
Direção de cena — Haroldo Acedo.
Estréia — 27 de abril de 1972.

Jogo Duplo — de Robert Thomas (tradução de Luis de Lima).
Produção — Sandro.
Direção — ORC.
Elenco — (por ordem de entrada) Pepita Rodrigues, Gilmara Sanches, Newton Prado, Osmano Cardoso, Vicente Acedo.

Cenário — Sandro.
Assistente de direção — Vicente Acedo.
Eletricista — Jorge da Costa.
Contra-regra — Carlos.
Estréia — 11 de janeiro de 1973.

Putz (Segunda montagem — Rio de Janeiro).
Prodef - Produções Artísticas Ltda.
Direção — ORC.
Elenco — Juca de Oliveira, Luís Gustavo e Betty Faria.
Figurinos — Franciso Fabian.
Iluminação — Renato da Silva.
Contra-regra — Luiz Brahma.
Sonoplastia — Álvaro Di Rago.
Fotos — Álvaro Di Rago.
Divulgação — Leda Borges.
Arranjos — Fernando Luiz da Costa.
Música —Terra Trio.
Capa — Publicidade Certa.
Produtor — José Alberto.
Estréia — 6 de março de 1976.

Quando as Máquinas Param — de Plínio Marcos.
Produtor — Luís Gustavo.
Direção — ORC.
Elenco — Luís Gustavo e Suzana Lakatos.
Cenografia — Heliosa Blanco.
Cenotécnica — Arquimedes Ribeiro.
Direção de cena — Cidinho Guedes.
Administração — Vilma Vicente.
Secretaria executiva — Geraldo Lemos.
Estréia — 23 de março de 1979.

SHOW

Música e Poesia do Brasil.
Direção — ORC.
Elenco — Inezita Barroso e Hilton Viana.
Estréia — 1970.

ÍNDICE ANTROPONÍMICO, DAS INSTITUIÇÕES E DAS OBRAS

A Arte de Dizer – 337
"A Arte do Drama" – 86
A Árvore que Andava – 336, 470
A Bagaceira – 15
A Barraca – 95
A Beata Maria do Egito – 106, 107, 134, 135, 136, 137, 138, 139, 347, 456
A Bilha Quebrada – 379
A Capital Federal – 217
A Carta – 59, 60
A Casa de Bernarda Alba – 158, 159
A Casa do Tio Pedro – 167
A Casa Fechada – 307, 340
A Comédia do Coração – 39
A Destruição de Sodoma – 158
"A Direção: Texto e Espetáculo" – 84, 85
A Escada – 380
A Escrava Isaura – 396
A Falecida – 162, 253, 254, 255, 256, 257, 258, 259, 260, 261, 266, 275, 304, 315, 366, 462
A Falecida Senhora Sua Mãe – 419
A Família Barret – 69
A Gazeta – 17, 146, 155, 160, 166, 201, 385, 411

A Gazeta Esportiva – 185
A História de Uma Cidade – 144
A Honra de um Taverneiro – 307
A Imprensa – 42
A Inconveniência de Ser Esposa – 64
A Literatura no Brasil – 124
"A Luta por Uma Dramaturgia" – 86
A Mandrágora – 380
À Margem da Vida – 379
A Megera Domada – 286
A Menina das Nuvens – 78
A Moreninha – 170, 198, 242, 357, 394, 395, 396, 397, 398, 399, 400, 401, 402, 403, 404, 424, 470
A Morte do Caixeiro Viajante – 380
A Mosqueta – 330
A Mulher do 24 – 69
A Mulher sem Pecado – 66, 255
A Nação – 145
A Noite – 48, 49
A Noite do Iguana – 379
A Outra – 381
A Pequena da Província – 74, 106, 131, 133, 148, 456
A Prática do Teatro – 94
A Prevalença do Destino – 306
"A Profissão do Ator" – 85

À Prova de Fogo – 395
A Rainha Morta – 20
A Ré Misteriosa – 381
"A Responsabilidade do Ator" – 85
A Sapateira Prodigiosa – 156, 157, 158, 159, 160, 161, 352, 457
A Semente – 136, 380
A Torre em Concurso – 106, 121, 122, 123, 124, 125, 138, 217, 262, 302, 318, 337, 345, 455
A Tribuna de Santos – 296
A Última Virgem – 402
A Viagem de Trenton a Caden – 88
A Vida Como Ela É – 256
A Volta ao Lar – 389
Abramo, Athos – 75, 76
Abramo, Cláudio – 75
Abramo, Lélia – 75
Abreu, Luiz Alberto de – 109, 281, 282, 283, 284, 285, 291, 303, 304, 307, 310, 369, 464
Abreu, Silvio de – 93
Abujamra, Antônio – 314, 342, 379
Abujamra, Clarisse – 460
Academia Brasileira de Letras – 333
Acedo, Elvira – 462, 463, 464, 468
Acedo, Haroldo – 457, 458, 461, 462, 463, 464, 465, 466, 467, 472
Acedo, Vicente – 468, 472, 473
Actor's Studio – 37, 377, 388
Adeus Fadas e Bruxas – 324
Adeus Mocidade – 18, 19, 24, 26, 27
Adler, Stella – 338
Adson, John – 464
Aguiar, Waldir O. – 455
Air France – 11
Alarcón, Pedro Antonio de – 159
Albee, Edward – 386, 402, 403, 418
Alberti, Rafael – 157
Álbum de Família – 260
Albuquerque, Elísio de – 458
Alencar, Heron de – 124
Alencar, José (Martiniano) de – 203, 204, 205, 206, 207, 208, 229, 281, 282, 284, 359, 396, 459, 468
Alfin, Joseph – 11
Aliança Francesa (São Paulo) – 155
Alma Forte (Il Titano) – 27

Almas d'Outro Mundo – 100
Almas Mortas – 380
Almeida, Abílio Pereira de – 136, 335, 399
Almeida, Alexandre de – 128, 131, 345, 346, 455, 456
Almeida, Aracy (Teles) de – 251
Almeida, Fernando Milton – 453
Almeida, Guilherme de (Andrade e) – 63
Almeida, Horácio – 165
Almeida, José Américo de – 15
Almeida, Manuel Antônio de – 196, 198, 199, 200, 201, 282, 284, 358, 459
Almeida, Marcos de Toledo – 349, 456, 457, 459, 467
Almeida, Sebastião de – 335, 469
Alvarez, Amaury – 468
Alvarez, Analy – 461
Alves, Arthur – 455
Alves, Francisco (de Morais) – 251
Alves, Gláucia Terezinha – 464, 465, 466
Alves, Jarbas – 456
Alves, Luciane – 460, 461
Alves, Oswaldo M. – 458
Alves, Wilson – 463
Amadeu, Gésio – 470
Amado, Jorge – 135, 399
Amadores Bandeirantes – 100
Amar e Curar-se – 88, 105
Amar É Sofrer – 148
Amaral, Jussara – 461
Amaral, Maria Adelaide – 265, 267, 270, 277, 278, 283, 284, 303, 304, 310, 368, 463
Amaral, Tarsila do – 443
Amaral, Yara – 191, 459
Amato, Mário – 12, 101, 107, 109, 111, 263, 291, 292, 314, 315, 340, 341
Amor – 167
Amor de Perlimpim – 157
Amorim, Carlos C. – 314, 341
Ana Rosa – 460, 467
Anastácio – 55
Anchieta, José de – 143, 145
Ancona, Vicente – 27

Andrade (Franco), (Aluísio) Jorge – 380, 388
Andrade Antonio de – 461, 462, 463
Andrade Filho, Oswald de – 442, 443
Andrade, (José) Oswald de (Sousa) – 442, 443
Andrade, Carlos Drummond de – 399
Andrade, Goulart de – 407, 471
Andrade, Heitor de – 72
Andrade, Horácio de – 160, 172
Andrade, Kamia de – 442
Andrade, Norma de – 14, 15, 100
Andrade, Thais de – 373, 466
Andrade, Zecarlos de – 286, 290, 292, 296, 333, 370, 464, 465, 466, 468
Angélica, Diogo – 468
Anjo Negro – 51, 52
Ansaldi, Marilena – 196, 459
Ânsia de Amar – 426
Antígone – 78
Antologia de Spoon River – 33
Antonio Carlos (ator) – 458
Antunes Filho, José Alves – xii, 27, 34, 71, 72, 73, 92, 93, 108, 139, 141, 237, 254, 276, 312, 375, 431
Apetesp – ver Prêmio Apetesp
Apolinário, João – 89, 92, 204, 206, 213, 219, 220, 228, 273, 326, 377, 382, 401
Appia, Adolphe – 161
Aranha, Edgard Gurgel – 91, 151, 321, 352, 354, 389, 390, 392, 393, 394, 457, 458, 467, 470
Aranha, Osvaldo (Euclides de Sousa) – 103
Arantes, Jota – 239
Arantes, Maura – 460
Arap, Fauzi – 310, 431
Araújo, Hilda de – 271
Araujo, José Correia de – 464
Araújo, Maria de – 134
Araújo, Nilton – 466
Archangelo, Jovelty – 202, 419, 457, 460, 467
Arco e Flexa, Jairo – 74, 75, 90, 191, 238, 259, 369, 446, 458, 463, 464

Areas, Antônio José – 281
Arena Conta Tiradentes – 184
Ares, Ana – 461
Aristóteles – 399
Arkin, Alan – 407, 422, 430
Arlequim Servo de Dois Amos (Arlecchino) – 76, 312
Armada, Álvaro de – 280
Armadilha Para um Homem Só – 437
Arnou, Garnier – 96
Arrabal, Fernando – 413
Arruda, Genésio – 167, 458
Artaud, Antonin – 338
Arthur Athayde – 462
Artigas, Eloi – 78
As Amorosas – 380
As Cariocas – 380
As Doutoras – 217
As Feiticeiras de Salém – 381
As Guerras do Alecrim e da Manjerona – 75, 76, 78, 217
As Mulheres Não Querem Almas – 35, 36, 38, 39, 40, 41, 43, 217
Assembléia Legislativa do Estado de São Paulo – 49
Assim Falou Freud – 69
Assis, (Joaquim Maria) Machado de – 56, 333, 336, 337, 340, 469
Assis, Chico de – 471
Associação Brasileira de Críticos Teatrais (ABCT) – 89, 92
Associação Brasileira de Críticos Teatrais, Seção de São Paulo – 79, 80, 92
Associação de Críticos do Brasil – 92
Associação dos Autores de Espetáculos do Estado de São Paulo (AAE) – 92, 93
Associação Paulista de Críticos de Arte (APCA) – 89, 92, 100, 253, 261, 269, 270, 327
Associação Paulista de Críticos Teatrais (APCT) – 89, 92, 100, 152, 205
Assumpção, Jair – 469, 470
Athaide, Vera – 78
Aubignac, François Hédelin, Abade d' – 94

Auditório "Roberto Simonsen" – 79
Augusto Francisco – 461, 468
Aulária – 162
Autran, Paulo – 44, 47, 376, 399
Avalone Júnior – 185
Avelino, Maria Aparecida dos Santos – 462, 463
Ávila, Oswaldo – 460
Azevedo, Américo – 333, 334, 468
Azevedo, Artur (Nabantino Gonçalves de) – 75, 100, 127, 217, 279, 280, 281, 282, 285, 333
Azevedo, Dionísio – 75
Azevedo, Roberto – 223, 292, 371, 460, 465

B
Baía, Xisto – 281
Balbina de Iansã – 245
Bancroft, Anne – 376, 377
Bandeira (Filho), Manuel (Cardoso de Sousa) – 127, 131, 139, 455, 456
Bangu (fábrica de tecidos) – 187
Baptiste – 41
Bárbara Heliodora – 91
Baronia, José D. – 470
Barrault, Jean-Louis – 41, 70, 88, 273, 338
Barreto Filho, Oswaldo – 191, 195, 458
Barreto, Anamaria – 464, 465, 466
Barreto, Hugo – 111
Barros, Ademar (Pereira) de – 17, 106, 107, 442
Barros, Fernando de – 65, 380
Barros, Geraldo de – 20, 22, 23, 30, 108, 337
Barros, Walderez de – 203, 244, 245, 365, 461
Barroso, (Inês Madalena Aranha de Lima, dita) Inezita – 406, 473
Barroso, Maurício – 54
Basaglia, Flora – 457
Bastos, Célia Regina – 459
Bastos, Othon – 422, 423, 472
Bastos, Tereza de Moura – 460
Batista (de Oliveira), Wilson – 251
Batista, Cícero Romão (Padre Cícero) – 134, 135, 136, 137

Batista, Marília (Monteiro de Barros) – 251
Baty, Gaston – 85, 86
Bauru Tênis Clube – 319
Becker, (Cacilda Becker Yaconis, dita) Cacilda – 20, 63, 64, 68, 90, 191, 267, 379, 446
Beethoven, Ludwig van – 19, 339
Before You Go – 419
Beijo no Asfalto – 38, 254, 306, 331
Belinky, Tatiana – 75
Belisa em Seu Jardim – 157
Bella Ciao – 282, 284
Benincasa, Fernando – 467, 471
Beolco, Ângelo – 330
Bergamín, José – 157
Berlinck, Horácio – 17, 18, 19, 273
Bernardes, Artur (da Silva) – 13, 14, 17, 101
Bernhardt, (Henriette Rosine Bernard, dita) Sarah – 89
Berretini, Célia – 306
Bessier, Rudolf – 69
Biar, Célia – 54
Bicudo, Dirceu – 464
Bielínski, Vissárion Grigoriévitch – 390
Bilbao, Via Copacabana – 85, 87
Black-Out – 184
Blanco, Heloisa – 473
Bloch, Pedro – 407
Boal, Augusto (Pinto) – 85, 86, 141, 268, 380
Bodas de Sangue – 158, 159, 324
Bogus, Armando – 73, 74
Boisrobert, François Le Métel, *seigneur* de – 162
Bolsa de Cinema e Teatro – 387, 388
Bolsa do Estudante Pobre, de Economia – 22, 43
Bonaparte, Napoleão I – 74
Bonfá, Ivete – 459
Bonifácio Sobrinho, José – 75
Bonita Demais – 55
Bonomi, Maria – 92
Boranga, José Dalvino – 462, 463, 464, 465, 466, 469
Boranga, José U. – 203, 469, 470
Boranga, Lurdes – 203

Boranga, Pedro Luiz – 459
Borges, Leda – 473
Borges, Otávia Maria – 189, 376
Borghi, Renato – xii, 314
Botelho, Eduardo – 456, 457
Botta, Haroldo – 373, 466
Bourbonnais, Ded – 461, 468
Bozaski, Ivete – 469, 470
Braga, Gilberto – 434
Braga, Paulo – 461
Braga, Regina – 270, 463
Bragaglia, Anton Giulio – 54
Brahma, Luiz – 473
Branco, Sérgio – 460, 467
Brandão, José Augusto Soares – 281
Brandão, Ana Maria – 461, 462,
Brandão, Walter – 470
Brando, Marlon – 91
Brandt, Mariclaire – 460, 467
Brecht, Bertolt – 88, 109, 110, 118, 141, 200, 224, 227, 228, 272, 300, 335, 337, 338, 397, 399, 400
Broadway – 407, 408
Brook, Peter – 287, 338
Bruno, Nicette – 61
Bueno, Benedita – 462, 463, 464, 465, 466
Bueno, Clóvis – 389, 457, 467, 470
Bueno, Mário Sérgio Galvão – 455, 456
Buñuel, Luis – 157
Buru, Marcelino – 466
Burza, Belini – 17

C
Caesar Park (hotel) – 254
Caetano (João Caetano dos Santos, dito) João – 94, 279, 281, 282, 283, 285
Caetano de Campos (escola) – 28, 29, 34, 100
Caiu o Ministério – 114, 122, 214, 216, 217, 219, 220, 221, 222, 223, 227, 230, 231, 236, 293, 336, 362, 460
Caixa Econômica Federal – 217
Cajado, Otávio Mendes – 457
Cala Boca já Morreu – 284
Caldas, Aycilma – 71

Caldeira Filho, João – 92
Calderón (de la Barca), Pedro – 157, 158, 274
Calimann, Ary – 455
Callado, Antônio (Carlos) – 108, 112, 143, 144, 145, 146, 147, 273, 349, 456
Calmon (Moniz de Bittencourt), Pedro – 211
Calvo, Aldo – 55, 241
Câmara Municipal de São Paulo – 49, 348
Camargo, Joracy (Schafflor) – 52, 55, 57, 58, 88, 102, 103
Camargo, Olívia – 460, 461
Camargo, Robson Corrêa de – 447, 451
Camargo, Romeu – 24
Camasio, Sandro – 18, 26
Campello Neto, Antônio Heráclito – 160, 457, 460
Campos, Sebastião – 202, 208, 459
Campozano, Oswaldo – 472
Canção da Felicidade – 167
Candeias, Maria Lúcia – 289
Candido (de Mello e Souza), Antonio – 124, 196, 197
Cândido, João – 457, 458
Canto por Ignacio Sánchez Mejías – 158
Capeletti, Carlos – 373, 466
Capricho Medieval – 78
Caprichos do Amor e do Acaso – 140, 151, 152, 155, 156, 159, 195, 198, 317, 330, 351, 457
Cara Suja – 381
Cardim, Gomes – 101, 299
Cardoso, Luiz Carlos – 290, 294
Cardoso, Osmano – 437, 458, 472
Cardoso, Sérgio (da Fonseca Matos) – 54, 63, 64, 68, 87
Cardoso, Yolanda – 423, 472
Careca, Machado – 281
Careta (revista) – 103
Carlos (contra-regra) – 473
Carlos Alberto (ator) – 470
Carlos Felipe (ator) – 464
Carlos, Manoel – 73
Carnal Knowledge – 426, 430

Carone, Felipe – 74
Carper, Dorival – 460
Carrasco, Walcir – 269
Carrero, Tônia (pseudônimo de Maria Antonieta Farias Portocarrero) – 376, 389
Carrocello Napoletano – 442
Carta, Mino – 244
Carvalhaes, A. – 104, 156, 195, 459
Carvalho Jr., Aguinaldo de – 185
Carvalho, A. C. – 54, 86
Carvalho, Maria José de – 40, 91, 399
Carvalho, Marilena – 459, 460
Carvalho, Monalisa – 468
Carvalho, Orion de – 458, 459, 460
Casa Teatral – 72, 99, 104, 121, 122, 143
Casabranca, Wagner – 462, 463, 464, 465, 469
Cassino Antártica – 15
Castelar, Dora – 458
Castellano, José Felício – 90, 314, 316, 376, 446, 450, 453
Castelo Branco, Humberto de Alencar – 150
Castro, Ângela de – 461
Castro, Cláudio Corrêa e – 230, 364, 423, 460, 461, 472
Castro, Consuelo de – 395
Castro, Ewerton de – 253, 365, 461
Catita – 468
Cattan, Benjamim – 93, 245, 365, 460, 461
Cautela com as Mulheres – 100
Cavaco, Carlos – 14
Cazarré, Darci – 404, 471
Cego de Amor – 14
Celi, Adolfo – xi, 63, 64, 376, 388
Célia Olga – 471
Celli, Walter – 460, 461, 464, 465, 466, 468, 469
Cemitério de Automóveis – 413
Cencini, Ítalo – 71
Central do Brasil (estrada de ferro) – 187
Centro Acadêmico "Horácio Berlinck" – 14, 17, 18, 20, 21, 22, 35, 43, 49, 71, 91, 100, 102, 273

Centro Acadêmico "Luiz de Queiroz" (Piracicaba) – 322
Centro Acadêmico XI de Agosto – 17, 19, 34, 35, 100
Centro Cultural Fiesp – 241
Centro de Estudos Cinematográficos (do Sesi) – 72
Centro do Professorado Paulista – 18, 19
Centurião, Oswaldo – 469
Cerroti, Cecília – 463
Cerruti, Jorge – 465, 466, 469
Chá de Sabugueiro – 41
Chacrinha (José Abelardo Barbosa de Medeiros, dito) – 404
Chagas, Walmor – 264, 379, 419
Chalega, Expedito Jacinto – 462, 463, 464, 465, 466, 469, 470
Chancerrel, Léon – 90
Chapéu de Sebo – 306, 337
Chaplin, Charlie (Charles Spencer) – 103
Chateaubriand (Bandeira de Melo), (Francisco de) Assis – 91
Chattos Boys – 442, 443
Chéreau, Patrice – 298
Chiarelli, Antonio – 99
Chico (Livraria Italiana) – 96
Chiquinha Gonzaga, Ó Abre Alas – 269, 277, 278, 285, 304, 368, 463
Ciambroni, Ronaldo – 324, 334, 468
Ciclo de Leituras Dramáticas – 307
Ciclos de Conferências – 306
Cida (camareira) – 461
Cidade Assassinada – 108, 112, 142, 143, 146, 147, 161, 162, 273, 277, 349, 456
Cine Capitólio – 14
Cine Ópera – 15
Cine Santa Rosália (Sorocaba) – 318
Cinelli, Nicolau – 79, 83
City News – 166
Civilização e Cultura – 398
Clan – 24, 26, 27, 51
Clemente, Jô – 11
Clima – 442
Clóvis Marcos (ator) – 460, 467
Clube de Teatro – 79
Cochrane, Lair – 472

Cocteau, Jean – 52
Coelho Neto, João Ernesto – 30, 32, 33, 36, 79, 82, 86, 88, 334
Coelho, Nelson Ernesto – 27, 71, 80
Coitado do Isidoro – 335, 469
Colicof, Alcina – 80
Comando de Caça aos Comunistas (CCC) – 394
Comédia do Coração – 36
Comédia Nacional – 196, 248, 249
Comédie Française – 325, 326, 445
Comédiens du Roi – 163
Comissão de Justiça do Senado – 48
Comissão Estadual de Teatro (CET) (SP) – 79, 82, 83, 90, 106, 206, 224, 225, 376, 381, 397, 445, 446
Commedia dell'arte – 16, 17, 39, 53, 55, 116, 155, 156, 163, 196, 298, 312, 328, 332
Como Se Fazia um Deputado – 214, 217
Companhia Brasileira de Comédias – 168
Companhia de Emílio Russo e Norma de Andrade – 100
Companhia Dramática Nacional – 16, 333
Companhia Emma Grammatica – 22
Companhia Eva Todor – 55, 56, 57, 60
Companhia Miramar – 14
Companhia Napoli Canta – 69
Companhia Nydia Lícia – 91
Concurso de Artes Plásticas (Sesi) – 306
Concurso de Peças Nacionais do Teatro Popular do Sesi – 306
Conde, Nilson – 470
Condini, Paulo – 357, 470
Confederação Brasileira de Desportos (CBD) – 400
Confederação Nacional da Indústria (CNI) – 300
Confusão na Cidade (Le Baruffe Chiozotte) – 312, 313, 314, 262, 373, 466
Congresso Nacional de Teatro – 79

Congresso Paulista de Teatro Amador – 78
Conjunto Coreográfico Brasileiro – 23
Consales, Fúlvio – 22
Conselho Regional de Economia – 18
Conselho Regional do Sesi – 215
Conservatório Dramático Musical de São Paulo – 26, 27, 42
Consorte, Renato – 54, 329, 468
Contursi, Elias – 396
Copeau, Jacques – 257, 338
Copstein, Leo – 470
Coquelin, Constant Benoît – 89
Cordeiro, Abílio – 84, 85
Corneille, Pierre – 208, 227
Corpo Ardente – 379
Corrêa Júnior (José Corrêa da Silva Júnior) – 42
Corrêa, Diogenes – 455
Corrêa, Enio – 455
Corrêa, José Celso Martinez – xii, 90, 141, 151, 338, 394, 395, 398, 422, 424, 431
Correia, Paulo (de Castro) – 101, 107, 109, 111, 167, 189, 241, 242, 255, 317, 375, 397, 414
Correia, Viriato (Manuel Viriato Corrêa Baima do Lago Filho) – 168, 291, 297
Correio da Manhã – 23
Correio Paulistano – 42, 81, 123, 130
Corrupção no Palácio da Justiça – 78
Costa, (Miguel Augusto Crispim da Costa Rodrigues, dito) Miguel – 13
Costa, Alberto – 458, 467
Costa, Beatriz – 273
Costa, Fernando Luiz – 473
Costa, Floro Bartolomeu da – 135
Costa, Jaime – 14, 15, 273, 282
Costa, Jorge – 472, 473
Costa, Oswaldo – 456
Costa, Túlio – 203, 207, 214, 223, 323, 325, 328, 336, 404, 407, 410, 411, 459, 460, 461, 467, 471
Cotrim, Cora Gurjão – 76
Coutinho, Marcelo – 464

481

Coutinho, Sônia – 472
Cravo, Márcio – 433
Criadores do Teatro Moderno – 338
Cristina Maria (atriz) – 352, 457
Cristofler, J. Paulo – 19
Cromwell – 86
Crosby, Bing (Harry Lillis Crosby) – 29
Crowley, Mart – 411
Cruz, Conceição Dias da – 9
Cruz, (Maria) Eugênia (de Araújo) Rodrigues – 1, 373, 447, 452, 461, 462, 463, 464, 465, 466
Cruz, Durval V. da – 455
Cruz, Francisco Rodrigues da – 7
Cruz, Gerônimo – 457, 467
Cruz, Juarez da – 248
Cruz, Osmar Rodrigues – xi, xii, xiii, 3, 5, 6, 7, 8, 9, 10, 11, 18, 19, 22, 24, 28, 31, 33, 35, 39, 40, 41, 42, 44, 46, 47, 48, 49, 74, 75, 76, 78, 80, 82, 83, 84, 85, 86, 87, 88, 91, 96, 105, 107, 115, 123, 128, 131, 137, 138, 140, 141, 145, 146, 147, 150, 154, 155, 156, 160, 161, 164, 165, 166, 171, 172, 175, 176, 177, 179, 182, 183, 185, 187, 188, 189, 190, 194, 195, 198, 201, 202, 205, 206, 208, 212, 213, 218, 219, 220, 221, 222, 223, 226, 228, 229, 230, 231, 234, 235, 236, 237, 238, 239, 240, 243, 244, 245, 247, 248, 249, 250, 251, 252, 253, 257, 258, 259, 260, 261, 262, 263, 265, 266, 267, 269, 270, 271, 272, 273, 274, 275, 276, 277, 278, 282, 283, 284, 285, 289, 290, 293, 294, 295, 296, 309, 310, 311, 312, 313, 315, 316, 319, 320, 327, 328, 365, 378, 382, 383, 384, 385, 386, 387, 388, 392, 393, 394, 397, 398, 399, 400, 401, 402, 403, 406, 409, 410, 411, 412, 413, 417, 418, 421, 426, 427, 428, 429, 430, 431, 432, 433, 436, 437, 438, 448, 450, 451, 452, 455, 456, 457, 458, 459, 460, 461, 462, 463, 464, 465, 466, 467, 468, 469, 470, 471, 472, 473
Cruz, Sebastiana Rodrigues – 8

Cruz, Ulysses – 141
Cruz, Walter – 463
Cubana, Terezinha – 358, 459
Cunha, Itamar – 439
Cunha, Tristão da (nome literário de José Maria Leitão da) – 35
Cunha, Wilson – 418
Cuoco, Francisco – 375
Curado, Eduardo Manuel – 105, 151, 155, 336, 338, 457
Curcio, Francisco – 128, 131, 346, 349, 455, 456
Curso de Atores para o Cinema – 91, 261
Curso de Formação de Atores – 337
Curso de Introdução ao Teatro – 105, 106, 122, 127
Curso de Monitores Teatrais – 86, 307
Curso Intensivo de Teatro – 86, 87

D

D'Annunzio, Gabriele – 52
D'Antino, Sérgio Fama – 472
D'Aversa, Alberto – 86, 161, 166, 180, 182, 273, 396, 397
Da Necessidade de Ser Polígamo – 64, 65
Dalí, Salvador – 157
Daniel Filho – 414
Daniel, Ronaldo – 342
Davitis, Glauco – 44
De Mille, Cecil B(lount) – 254
De Nigris, Theobaldo – 210, 215, 242, 317, 397
De Pirandello a Piolim – 37, 38
Dean, James (Byron, dito) – 91
Del Rey, Geraldo – 354, 360, 434, 458, 472
Del Rios, Jefferson – 251, 258, 278, 314
Delamo, Osley – 455, 456
Delfino, Luiz – 65
Della Costa, (Gentile Maria Marchioro, dita) Maria – 52, 67, 73, 108, 109, 145, 151, 232, 324, 437
Delly, Madame (pseudônimo de Marie Petitjean de la Rosière) – 396

Denner (Pamplona de Abreu) – 407
Departamento de Ordem Política e Social (Dops) – 19
Depois da Queda – 114, 152, 380
Descaves, Jean-Luc – 113, 434
Descrição Verdadeira de um País... – 405
Desejo – 20, 32, 91
Desfile (revista) – 218
Desgraças de Uma Criança – 330
Deus e o Diabo na Terra do Sol – 389
Deus Lhe Pague – 55, 102, 103, 388, 389
Devizate, Antônio – 104, 106, 107, 109
Diário Comércio e Indústria (DCI) – 51, 53, 55, 56, 57, 59, 60, 62, 64, 66, 67, 69, 89, 273
Diário da Noite – 21, 43, 78, 87, 166, 238, 258, 266
Diário de Bauru – 318
Diário de São Paulo – 41, 72, 80, 83, 136, 161, 180, 182, 198, 205, 318, 389, 397
Diário do Executivo – 185
Diário Popular – 160, 165, 172
Dias, Ana Maria – 363, 461
Dias, (Antônio) Gonçalves – 232, 233, 234, 235, 236, 246, 275, 306, 363, 461
Dias, Linneu – 375, 470
Dias, Ricardo – 463
Dias, Welington – 462
Diniz, Edinha – 267, 277, 463
Diniz, Graziela – 172
Diniz, Jorge – 61
Dinny e as Feiticeiras – 182
Divisão de Desenvolvimento Sociocultural, do Sesi (DDS) – 452, 453
Divisão de Difusão Cultural, do Sesi (DDC) – 451, 452
Divisão de Diversões Públicas da Secretaria de Segurança de São Paulo (DDP) – 376
Divisão de Educação do Sesi – 104
Divisão de Promoção Social (Sesi) – 301, 302, 335
Divitis, Clauco de – 68
Dobal, Renato – 172, 352, 457, 458

Dodô (Regional do Evandro) – 278, 464
Dois na Gangorra – 138, 182, 198, 356, 375, 376, 377, 381, 382, 383, 384, 385, 386, 387, 388, 389, 424, 470
Dois Perdidos Numa Noite Suja – 245
Domingo – 433
Dona Rosita – 78
Dória, Gustavo – 56, 57
Dostoiévski, Fiódor Mikhailovitch – 112, 147, 148, 149, 159, 209, 303, 350, 390, 391, 392, 393, 394, 456, 467, 470
Dualibi, Jamil – 185
Duarte, (Aryclenes Venâncio Martins, dito) Lima – 73
Duarte, Débora – 390, 393, 395, 470
Duarte, Regina (Blois) – 191
Dullin, Charles – 77, 163
Duncan, Isadora – 86
Duprat, Raymundo – 471
Durães, Manuel – 114, 167, 168, 171, 172, 297, 458
Duras, Marguerite – 360, 433, 434, 472
Dutra, Eurico Gaspar – 17, 103

E
É Hoje!... – 419, 420, 472
Eckermann, Johann Peter – 191
Édipo Rei – 443
Editora Abril – xiii
Eduardo (percussionista) – 460
El Paco de África – 457
Elchmer, Nagib – 106, 113, 138, 139
Eles Não Usam Black-Tie – 217, 380
Eleuza (camareira) – 472
Elgin, Frank – 133
Elina – 471
Eliot, Thomas Stearns – 398
Elmerich, Luis – 250
Eluf, Sérgio – 349, 350
Em Moeda Corrente do País – 136, 379, 381
Empresa Cláudio Petraglia – 470
Enir (camareira) – 461, 467
Entre Quatro Paredes – 63, 67, 68
Ernesto (Livraria Dragone) – 96

Escobar, (Maria Rute dos Santos, dita) Ruth – 90
Escola de Arte Dramática (EAD) – 28, 32, 78, 91, 380
Escola de Comércio Álvares Penteado – 23, 28, 29
Escola de Comunicações e Artes da Universidade de São Paulo – xiii, 447
Escola de Jornalismo "Cásper Líbero" – 42, 43
Escola de Maridos – 314, 315
Escola Politécnica da Universidade de São Paulo – 79
Escola Politécnica da Universidade de São Paulo – 79
Esperando Godot – 191
Ésquilo – 180, 274
Esta Noite Improvisamos – 381
Estrelas no Chão – 381
Estúdio de Atores do Teatro Popular do Sesi – 39, 306
Evandro (Regional do) – 251, 252, 462, 464

F

Fabian, Francisco – 473
Fabrini, Paulo – 460
Faculdade de Ciências Econômicas de São Paulo – 17, 18, 23, 315
Faculdade de Direito da Universidade de São Paulo – 34
Faculdade de Filosofia da Universidade de São Paulo – 34, 306, 395, 397
Fagundes (Filho), Antônio (José da Silva) – 423, 460, 472
Falcão, Maria da Glória – 32
Falk, Peter – 418
Falla, Manuel de – 157, 159
Fantasma Branco – 122
Fantástico (programa da TV Globo) – 268, 269
Farc, Abrahão – 460, 461
Farc, Isaac – 470
Faria, Betty – 414, 473
Faria, Isadora de – 461, 469
Farielo, Carlos – 469, 470
Farizzotto, Augusto – 455

Farlys, Dan – 455
Faro, Fernando – 248
Farsa de Inês Pereira – 73
Fausta (Polloni), Itália – 67, 101, 102, 299
Fávero, Sonia – 469
Faviano, Péricles – 245
Fayão, Norberto – 470
Fazedor de Chuva – 129, 130, 132, 139
Febrot, Luiz Izrael – 294
Federação das Indústrias do Estado de São Paulo (Fiesp) – 12, 101, 113, 189, 241 243, 262, 263, 270, 317, 447, 449
Federação do Comércio (SP) – 396
Federação Paulista de Amadores Teatrais (FPAT) – 34, 79, 80, 82, 83, 84, 86, 87
Federação Universitária Paulista de Esporte (Fupe) – 18
Feia – 28, 42
Feiffer, Jules – 421, 422, 423, 424, 425, 426, 427, 428, 429, 430, 431, 432, 472
Feitiço – 109, 110, 265, 291, 292, 293, 294, 295, 305, 371, 465
Ferez, Israel – 464, 469
Fernandes, Armando – 455
Fernandes, Bruna – 358, 459, 461, 466
Fernandes, Lílian – 460
Fernandes, Marina – 468
Fernandes, Millôr – 196, 198, 421, 430, 472
Fernandes, Walter O. – 455
Fernando (violonista) – 460
Ferrari, Arnaldo – 457, 458
Ferraz, Antonio Prado – 455
Ferraz, Lopes – 185
Ferreira Neto (jornalista) – 269
Ferreira Neto, Antonio (maquinista) – 467
Ferreira, (Abigail Izquierdo Ferreira, dita) Bibi – 73, 205
Ferreira, (João) Procópio – 14, 15, 41, 95, 96, 103, 172, 243, 248, 282, 291, 296, 365, 389
Ferreira, Carlos Moreira – 316

Ferreira, José Antônio Rogê – 17, 19, 34, 35, 44, 46, 47
Ferreira, José Carlos Martins – 456
Ferreira, Nelson – 466, 469, 470
Ferrero, Geazy – 455
Festival Brasileiro de Teatro Amador – 82
Festival Paulista de Teatro Amador – 78, 79
Feuilleut, Octave – 88
Feydeau, Georges – 419, 438
FHC (Fernando Henrique Cardoso) – 446
Fideles, Nivaldo – 468
Fieni, Dimma – 458, 467
Figueiredo, Guilherme (Oliveira de) – 65
Fiocca, Bri – 314
Fiorilli, Tibério – 328
Fiorini, Domingos – 457, 461, 462, 463, 464, 465, 466, 467, 468
Flaviano, Péricles – 461, 464
Foi Bom, Meu Bem? – 284
Folha da Manhã – 83
Folha da Noite – 84
Folha da Tarde – 84, 207, 223, 255, 410
Folha de S.Paulo – 91, 156, 176, 183, 212, 222, 247, 249, 251, 255, 258, 269, 278, 284, 382, 388, 392, 402, 428, 431, 436
Fonda, Henry – 376, 377, 378, 388
Fonseca, Antonio Carlos da – 456
Fonseca, Sidney Garcia – 472
Fontana, Emílio – 85, 86, 93, 105, 188, 299
Fontes, (José) Martins – 199
Força Expedicionária Brasileira (FEB) – 19
Fornari, Ernâni (Guaragna) – 127
Forner, Rachel – 78
Fracarolli, Salete – 465, 466
Frade, Jorge Cruz – 458
França Júnior, Joaquim José da – 122, 214, 216, 217, 218, 219, 221, 222, 223, 237, 246, 265, 281, 282, 284, 293, 306, 329, 334, 336, 362, 460, 468, 469
França, Lúcio – 462
França, Marlene – 91
Franceschi, Raphael – 100
Francis, (Franz Paulo da Mata Heilborn, dito) Paulo – 306
Franco, Cid – 21, 22
Franco, Fausto – 469, 470
Freire Filho, Aderbal – 444
Freire, Marina – 171, 458
Freitas, Branca de – 471
Freitas, Hilda Estado de – 472
Freitas, Lúcio de – 369, 373, 462, 463, 464, 465, 466
Freitas, Paulo Luiz de – 92
Freitas, Romeu de – 463
Freua Netto, Alex – 185
Freud, Sigmund – 443
Fróis, Leopoldo – 14, 36, 41, 248, 249, 282, 307, 340
Fronzi, César – 14
Fronzi, Renata – 14
Frydmann, Liba – 465, 466
Fundação Álvares Penteado – 91
Fundação do Livro do Cego – 173
Fundação Vitae de Artes – 1, 450
Furneau, William – 19
Fuser, Fausto – xi, xiii, 93, 212, 222, 255, 273, 283, 431, 436, 447

G

Galileu Galilei – 398, 400
Galla, Iara Amélia – 465, 466
Galon, Luiz – 72
Galon, Renato – 72
Galvão, João Cândido – 270
Garcia, Célia – 457, 466, 467, 468
Garcia, Clovis – 16, 34, 80, 92, 143, 145, 147, 148, 150, 152, 154, 156, 160, 161, 162, 165, 167, 171, 172, 191, 218, 232, 235, 237, 277, 327, 453, 456, 457, 458
Garcia, João Roberto – 455
García, Víctor – 413
Garibaldi, Anita – 109, 291
Garibaldi, Giuseppe – 291
Garrucha, João – 469
Gaspar, Arthur Alfredo – 469, 470
Gasparian, Fernando – 107
Gasparian, Gaspar – 107
Gasper, Elizabeth – 467

Gassner, John – 174
Gazeta da Vila Prudente – 267
Gazeta do Oeste – 239
Gebara, Roberto – 185
Gémier, (Firmin Tonnerre, dito) Firmin – 298
Genet, Jean – 413
Gentil, Elvira – 471
Geraldini, Augusto – 468
Gerson (Regional do Evandro) – 278, 464
Gervaise, Claude – 464
Giaccheri, Carlos – 34, 64, 71, 72, 73, 121
Giaccheri, Corintho – 458
Giaccheri, Francisco – 34, 36, 75, 76, 83, 86, 106, 121, 128, 131, 455, 456, 457
Gianini, Ettore – 444
Gibe – 196, 202, 329, 331, 459, 460, 467
Gibson, William – 173, 174, 175, 176, 177, 178, 179, 182, 185, 186, 187, 208, 319, 355, 356, 377, 378, 381, 382, 383, 384, 385, 386, 387, 388, 458, 466, 470
Gilson Filho – 460, 468
Giovanini, Luiz – 96
Giovenazzi, Ednei – 74, 128, 131, 137, 346, 347, 349, 369, 455, 456, 464
Giraudet, A. – 96
Giraudoux, Jean – 61, 128, 152, 153
Giusti, Roberto – 457
Gleizer, Elias – 245, 370, 460, 461, 462, 463, 464, 467, 472
God Bless – 426
Godoy, Carlos Ernesto de – 258
Góes, Martha – 314
Goethe, Johann Wolfgang – 191, 193, 195
Gógol, Nicolai – 380
Góis, Coriolano – 19
Golden Boy – 74
Goldoni, Carlo – 53, 55, 156, 201, 262, 312, 313, 373, 466
Gomes, (Alfredo de Freitas) Dias – 442
Gomes, Elza – 58
Gomes, Nara – 468, 469
Gomes, Roberto – 307, 340
Gonçalves, (Antônio Gonçalves Sobral, dito) Nelson – 251
Gonçalves, (Augusto de Freitas) Lopes – 80
Gonçalves, Clóvis – 465, 466,
Gonçalves, Delmiro – 81, 83, 84, 108, 174, 175, 381
Gonçalves, Paulo – 35, 36, 37, 38, 39, 40, 41, 42, 43, 52, 217
Gonçalves, Roldão – 461
Gonçalves, Valdemir (Vadinho) – 370, 371, 453, 464, 465, 466, 470
Gonçalves, Waldemar – 469
Gonsalves, Cláudio – 455
Gonzaga, (Francisca Edwiges Neves, dita) Chiquinha – 109, 265, 267, 268, 269, 271, 272, 275, 277, 278, 284, 463
Gonzaga, Armando – 99, 169
Górki, Máximo – 52, 71, 140, 151, 228
Goulart, João (Belchior Marques) – 150
Gould, Eliot – 422, 430
Gouveia, Júlio – 75
Graça, Adalberto – 461
Gracindo, (Pelópidas, dito) Paulo – 395
Granado, Marcos – 457, 458, 459, 460, 462, 466, 467
Grande Teatro Tupi – 187
Grecco, Irina – 73, 74, 471
Grêmio da Caixa Econômica Federal – 75, 76, 77
Grêmio Politécnico – 30
Grêmio Teatral da Politécnica – 79
Grêmio Teatro Amador – 80
Grimaldi, Angiolina – 21
Grizolli, Paulo Afonso – 395
Grünewald, José Orlando – 453
Grupo de Artes Dramáticas do Sesi – 336
Grupo de Teatro Amador – 80
Grupo de Teatro Cultura e Progresso – 80
Grupo de Teatro do Grêmio da Caixa Econômica Federal – 77

Grupo de Teatro Profissional – 181
Grupo de Teatro Experimental – 35, 78
Grupo Itinerante (Sesi) – 304, 329
Grupo Opinião – 389, 424, 470
Grupo Teatral Politécnico – 30, 31, 32
Grupo União – 392, 393
Grupo Universitário de Teatro – 35
Grupos Dramáticos – 105, 106, 109, 139
Guaraciaba (professora de ORC) – 441
Guarnieri, Gianfrancesco – 11, 113, 217, 226, 380, 408, 420, 471
Guedes, Cidinho – 473
Guerra, Ademar – xii, 93, 141, 226, 244
Guerras do Alecrim e da Manjerona – 331, 332, 333, 468
Guerreiro, José – 52
Guerrini, Leandro – 322
Guevara, Ernesto Che – 446
Guimarães, Ahyalon – 455
Guimarães, Ari – 462, 463
Guimarães, Bernardo Joaquim da Silva – 396
Guimarães, Carmelinda – 277, 293, 296
Guimarães, Regina – 471
Guimarães, Vera Lúcia Fraga – 464, 465, 4667
Guimarães, Yvani – 456, 457
Guinsburg, Jacó – 447
Guiomar, Maria – 456
Gumiel, Renée – 86
Gustavo (Blanco), Luiz – 372, 407, 408, 409, 411, 414, 415, 418, 419, 420, 439, 471, 472, 473
Gutierritos – 381
Guzik, Alberto – 289, 293, 306, 311, 313, 314
Gyöarfi, Jorge – 455

H
Hamburguer, Zilda – 55
Hamlet – 32, 34, 35, 43, 73, 91, 381, 441
Hans Staden no País da Antropofagia – 342, 403, 404, 405, 471

Haro, Lupércio Rodrigues – 26
Harry, the Rat with Women – 426
Hartmann, Elisabeth – 459, 460
Have, Hilton – 468
Hecker Filho, Paulo – 86
Hedda Gabler – 24
Helena – 56, 57
Helena (camareira) – 471
Hélio (fotógrafo) – 373
Hélio Fernando (assistente) – 470
Helu, Wadih – 185
Henreid, Elizabeth – 54
Hepburn, Katharine – 106
Herbert (Buckup), John – 407, 410, 415, 420, 421, 422, 423, 424, 430, 430, 471, 472
Hermes Filho, Gabriel – 270
Herzog, Vladimir – 150
Hesse, Paulo – 371, 373, 465, 466
História da Literatura Russa – 148
História em Quadrinhos com Final Feliz – 86
Histórias das Quebradas do Mundaréu – 231
Hitler, Adolf – 17
Hodos, Elizabeth – 65
Hoffmann, Ivone – 354, 457, 458
Hohagen, Sandino – 402, 403, 471
Holanda, Chico Buarque de – 394
Holofcener, Lawrence – 419, 472
Homens de Papel – 245
Hope, Bob (Leslie Townes) – 29
Horas de Desespero – 139
Hospital São Camilo – 100
Hôtel de Bourgogne – 152
Hotel Excelsior – 168
Hugo, Vítor (Maria) – 86
Huis-Clos – 62
Huxley, Aldous – 61

I
Ibanez Filho – 223, 428, 460
Ibsen, Henrik – 20, 21, 22, 23, 24, 25, 27, 29, 42, 44, 48
Idea del Teatro – 274
Ieiri, Nanci – 453
Iglezias, Luiz – 57, 59, 60
Il Bugiardo (O Mentiroso) – 53
Império, Flávio – 1, 242, 243, 245,

247, 248, 249, 252, 253, 254, 258, 260, 261, 268, 269, 270, 271, 272, 278, 281, 284, 285, 310, 341, 380, 394, 462, 463
Impressões e Viagens – 157
Infidelidade ao Alcance de Todos – 265
Instituto de Ciências e Letras – 17
Instituto Mackenzie – 395, 397
Instituto Nacional de Artes Cênicas (Inacen) – 269
Instituto Nacional do Cinema (INC) – 379
Intriga e Amor – 161, 191, 192, 193, 194, 195, 229, 318, 458
Invasão de Bárbaros – 395
Ionesco, Eugène – 410
Ipiranga (empresa) – 187
Irmãos Barry – 455
Irmãos Marx (Chico, Harpo, Groucho e Zeppo) – 417
Israel – 22
Isso Devia Ser Proibido – 184
Istoé (revista) – 249, 289
Itamar (cabeleireiro) – 468

J
Jackson, Nane - 408
Jacobbi, Ruggero – 30, 32, 55, 68, 83, 84, 85, 86, 105, 233, 337
Jal (cartunista) – 463
Jangada, Marco Aurélio – 248
Jardel Filho (Jardel Jercolis Filho, dito) – 20, 108
Jardim, Joel – 461, 467
João (fotógrafo) – 461, 467
João Batista (são) – 274
Jobim, (Antônio Carlos, dito) Tom – 399
Jogo Duplo – 437, 438, 472
John Herbert Produções Artísticas Ltda. – 472
Jonny – ver Herbert, John
Jornal da Cidade (Jundiaí) – 319
Jornal da Tarde – 165, 171, 176, 194, 212, 234, 238, 257, 271, 282, 289, 293, 313, 384, 392, 409, 423, 429
Jornal da Tijuca – 418
Jornal de Letras – 387

Jornal de Piracicaba – 322
Jornal do Brasil – 236
Jornal do Comércio – 181
Jornal do Sesi – 320
José Alberto (produtor executivo) – 473
José Carlos (contra-regra) – 470
Jouvet, Louis – 89, 90, 273
Jucá, Cândido – 331
Julianelli, Salvador – 185
Júlio César – 76, 381
Junqueira, Nieta – 457, 458, 459

K
Kander, Elizabeth – 74
Kantor, Joe – 376, 377, 382, 470
Kauffman, Arthur – 92
Keller (família) – 173, 178
Keller, Helen – 173, 174, 175, 176, 177, 178, 179, 182, 185
Kelly, Grace – 148
Kennedy, John Fitzgerald – 428
Kerr, Samuel – 404, 471
Kerr, Walter – 414, 415
Khouri, Walter Hugo – 375, 376, 379, 380, 395
Kleber Afonso – 460, 468
Kleemann, Fredi – 355, 356, 361, 372, 458, 459, 467
Kleist, Heinrich von – 379
Koheny, Sérgio – 455
Köhler, Gilda – 345, 455
Kosmos, Wanda – 203
Kubitschek (de Oliveira), Juscelino – 100
Kusnet, (Eugênio Shamanski Kusnetsoff, dito) Eugênio – 38

L
La Barca (grupo de teatro ambulante) – 158
Labaki, Aimar – 314
Labanca, João Ângelo – 43
Labiche, Eugène – 127
Lacreta, Marilyn – 461
Lagoa, Jacques – 458, 460, 467, 471
Lagrange, Charles Valet, *sieur* de – 326
Lakatos, Suzana – 473

Lampião – 134
Lara, Cecília de – 37
Lara, Diná de – 463, 464, 468
Lara, Paulo – 93, 207, 223, 245, 255, 410, 462, 463
Lasserra, Vicente – 22
Laureli, Glauco Mirko – 396
Laurente, João – 459, 460
Le Baruffe Chiozotte – ver *Confusão na Cidade*
Le Théâtre de la Jeunesse – 90
Le Théâtre du Peuple – 118
Lea Cristina (atriz) – 461
Lefèvre Neto, Eugênio – 17, 18, 20
Leinemann, Wanda – 468
Leiner, Fortuna – 32
Leiner, Moisés – 32, 77, 79, 80, 83
Leite, Edson – 75
Leite, Helena Barreto – 351, 457
Lemmertz, Júlia – 380
Lemmertz, Lilian – 356, 375, 376, 377, 378, 379, 382, 383, 384, 385, 386, 387, 388, 419, 420, 470, 472
Lemmon, Jack – 408, 418
Lemos, Fernando – 472
Lemos, Geraldo – 473
Lenormand, Henri-René – 52
Leonor de Mendonça – 232, 233, 234, 235, 236, 323, 363, 414, 461
Lessa, Elsie – 32
Levi, Felipe – 424, 460, 461, 472
Levi, Rino – 241
Lícia, (Nydia Lícia Pincherle Cardoso, dita) Nydia – 63, 68, 91
Liendo, Cícero – 461
Ligação (revista) – 240
Lima Netto (jornalista) – 403
Lima, Altair – 377
Lima, Dermival Costa – 34, 71
Lima, Elvira – 457
Lima, Luis de – 472
Lima, Marcos Antônio de – 471
Lima, Mariangela Alves de – 211, 259, 310, 314
Lima, Therezinha – 455
Lino Sérgio – 345, 455, 459, 467
Lins, Mirian – 469
Lips, Nestório – 297
Lisboa, Henrique – 373, 466, 470
Lisboa, Henriqueta – 469
Lisístrata, a Greve do Sexo – 388, 389
Little Murders – 426, 430
Livraria Brasiliense – 97
Livraria Cultura – 96
Livraria Dragone – 96
Livraria Francesa – 94, 95, 96, 97
Livraria Garnier Arnou (França) – 96
Livraria Italiana – 95, 96, 97
Livraria Ler – 406
Livraria Monteiro Lobato – 442
Livraria Parthenon – 96
Livraria Pioneira – 96
Livraria Santana (Rio de Janeiro) – 95
Livraria Teatral (França) – 96
Livraria Teixeira – 88, 93, 94, 97, 344
Livraria Triângulo – 96
Livraria Tupi – 96
Lo Gatto, Ettore – 148
Lobato, José Bento Monteiro – 405
Lobo, Walmar – 455
Lomelino, Horácio (Livraria Teixeira) – 88
Lomonaco, Carlos Alberto – 349, 456
Lopes Neto, Antônio – 453
Lopes, Elizabeth – 456
Lopes, Potiguar – 471
Lopes, Silvana – 203, 459, 468
Lopes, Vicente Ancona – 86
Lopes, Waldemarino G. – 470
Lorca, Federico García – 61, 95, 156, 157, 158, 159, 160, 275, 303, 324, 352, 457
Lorran, Marcelo – 464
Lotto, Jarbas – 152, 470
Loucuras de Verão – 139, 456
Loureiro, Sérgio – 471
Lourenção, Walter – 84, 85
Lourival (funcionário administrativo) – 202
Luciano (maquinista) – 202
Luizinho (Regional do Evandro) – 278, 463
Lukács, Georg – 391
Lully, Jean-Baptiste – 460, 467

Luv/Essa Coisa o Amor – 406, 410, 412, 413, 418
Luzuriaga, Gerardo – 215

M

Macedo, Cecília – 469
Macedo, Joaquim Manuel de – 121, 122, 123, 124, 217, 262, 281, 282, 284, 302, 321, 322, 357, 394, 396, 399, 400, 401, 402, 403, 455, 467, 470
Macedo, Kleber – 460, 467
Machado Filho, Seckler – 319
Machado Neto, Brasílio – 396
Machado, (José Gomes) Pinheiro – 135
Machado, Adolfo – 203, 352, 354, 358, 395, 457, 458, 459, 470
Machado, Antônio de Alcântara (Antônio Castilho de Alcântara Machado de Oliveira) – 37
Machado, Carlinhos – 462
Machado, Ruy Affonso – 28, 44, 47, 54, 68, 86
Maciel, Cecília – 458, 459, 460
Madalena Seduzida e Abandonada – 334, 468
Maduar, Alberto – 73
Magaldi, Sábato (Antônio) – xii, 105, 136, 165, 171, 176, 191, 194, 212, 234, 238, 254, 255, 257, 271, 282, 306, 311, 377, 384, 392, 404, 409, 429
Magalhães Júnior, Raimundo – 172, 186, 275, 458, 466
Magalhães, (Domingos José) Gonçalves de – 171
Magalhães, Erasmo Almeida – 455
Magalhães, Paulo – 28, 42
Magno, Paschoal Carlos – xii, 21, 23, 30, 34, 44, 49, 92, 442
Maia, Abigail – 168, 172, 282, 291, 297
Maia, Irenio – 264, 462
Maison de France (Rio de Janeiro) – 417
Maitiry (cartazista) – 471
Malta, Maria Quadros – 77, 78
Maluco n.º 4 – 99

Mamberti, Sérgio – 314
Mamede, Eduardo – 349, 456
Manchete – 186, 208, 294, 418
Mancini, Vera – 468
Manhãs de Sol – 14, 41, 100, 110, 114, 166, 167, 168, 169, 170, 198, 217, 264, 265, 354, 458
Mani, Carlos – 470
Mania, Avelino Passan – 458
Manzoli, Fulvio – 455
Maranca, Pietro – 464
Marat-Sade – 184
Marcelino, Alípio Rocha – 201, 222, 235, 238, 387
Marcelo (ator) – 457
Marcico, Rogério – 472
Marco Antonio (administrador) – 457, 459, 461, 467
Marco Zero – 442
Marcondes, José Geraldo – 469, 470
Marcondes, Zécarlos – 468
Marcos (de Barros), Plínio – 101, 113, 132, 141, 202, 203, 226, 230, 237, 242, 243, 246, 247, 249, 250, 251, 252, 254, 255, 258, 262, 275, 276, 282, 284, 303, 304, 310, 365, 393, 439, 445, 461, 462
Marcuse, Herbert – 397
Maria Alice (atriz) – 460
Maria Bethânia (Maria Bethânia Viana Teles Veloso, dita) – 251
Maria Cachucha – 55, 102
Maria Egipcíaca (santa) – 134, 136
Maria Fernanda – 389
Maria Hilma – 460, 472
Maria Quitéria – 306
Mariana Piñeda – 157
Mariante, Elizabeth – 456
Marina (costureira) – 461
Marinho, Flávio – 416
Marivaux, Pierre Carlet de Chamblain de – 113, 140, 142, 151, 152, 153, 154, 155, 159, 165, 201, 208, 275, 303, 334, 351, 457
Marschnner, João – 164
Martim Pescador – 85, 86
Martinez, Miro – 369, 370, 463, 464
Martins (ator) – 281
Martins, José Carlos – 457, 458

Martins, Nancy – 352, 457
Martins, Neide – 226
Martins, Paula – 156, 457
Martins, Rachel – 467
Martinuzzo, Claudino – 456, 457, 458, 459, 460, 461, 462, 463, 464, 465, 466
Mary, Mary – 379
Marzulo, Dinorá – 397
Marzutti, Folco – 95
Mascarenhas, Breno – 468
Masters, Edgar Lee – 33
Mastroianni, Marcello – 148
Matarazzo (indústrias) – 79
Matarazzo, Ermelino – 304, 308
Matos, Raimundo – 462, 469
Maugham, Somerset – 59
Mauriac, François – 102
May, Eliane – 418
Maysa (Maysa Figueira Monjardim Matarazzo, dita) – 251
Mazzarolo Neto, Luís – 32
Medeiros, Chiquinho (Francisco) – 111, 314, 315, 316, 337, 338, 341, 342, 463, 466
Mehler, Mirian – 439
Meira, Tarcísio (Magalhães Sobrinho) – 375
Meirelles, Othon – 470
Mello, Carmem – 468
Mello, Clara Santana de – 433
Mello, Cláudia – 470
Mello, Graça – 52, 61, 66, 67, 69
Mello, Lúcia – 358, 397, 459, 470
Mello, Maracy – 457
Melo Neto, João Cabral de – 156, 457
Memmo, Alessandro – 122, 330, 455, 456, 458, 459, 461, 462, 463, 464, 465, 468, 469
Memórias de um Sargento de Milícias – 196, 197, 198, 201, 203, 205, 342, 358, 396, 403, 404, 459
Memórias do Ator Santos – 95
Memórias do Cárcere – 101
Mendes, Cassiano Gabus – 72, 73
Mendes, Cleide A. A. – 469
Mendes, Oswaldo – 93, 139, 218, 226, 246, 312, 314, 427

Mendonça, Paulo – 92, 100, 141, 176, 382, 393, 402
Mendonça, Walter – 469
Menon – 274
Mesquita, Alfredo – 34, 35, 78, 92, 106
Mesquitinha (Olímpio Bastos, dito) – 14
Mestre Cyrilo (jornalista) – 318
Metro-Goldwyn-Mayer, Inc. – 430
"Meu Método de Direção Teatral" – 85, 86
Meyerhold, Vsevolod Emilievitch – 52
Michalski, Ian – 236, 414
Micróbio do Amor – 340
Migliaccio, Sérgio – 469
Miller, Arthur – 380, 411
Miller, Orest – 390
Miller, Roberto – 471
Mimosa – 307, 340
Miranda, Carlos – 91
Miranda, Nicanor – 41, 79, 80, 89, 92, 99, 103, 443
Miranda, Orlando – 459
Miranda, Simone – 461
Modesto, Silvio – 245, 278, 461, 462, 464
Moinho Santista (empresa) – 186
Molière (Jean-Baptiste Poquelin, dito) – 53, 73, 78, 140, 152, 161, 162, 163, 164, 165, 166, 167, 190, 208, 226, 227, 237, 265, 275, 286, 303, 314, 316, 323, 324, 325, 326, 327, 328, 334, 392, 457, 460, 467
Monar, Elnir – 455
Mondini, Ana Maria – 278, 463
Mônica, Laura Della – 24
Monsieur Fredy – 65
Monteil, Paul – 94
Monteiro, Hamilton – 460
Montenegro, Arlete – 208, 359, 419, 457, 459, 460, 467
Montenegro, (Arlete Pinheiro Monteiro Torres, dita) Fernanda – 395
Montoro, André Franco – 446
Moraes, José Ermírio de – 101, 107
Moraes, Luiz Carlos de – 369, 370, 373, 462, 463, 464, 465, 466

491

Moraes, Ruthinéa de – 203, 208, 277, 352, 353, 358, 389, 457, 459, 460, 465, 466, 469
Moraes, Tati de – 375
Morais, Dulcina de – 14, 15, 36, 59, 60, 61, 103, 168
Morais, Edite de – 168
Morais, Jurandir – 455
Morais, Lourdes de – 458
Morato, Haydée – 464, 465, 466, 469
Moreira, Álvaro – 59, 95
Moreira, Margarida – 370, 464, 469
Moreira, Maria Aparecida – 32
Morrone, Laerte – 404, 471
Mosca, Orival – 78
Mostaço, Edélcio – 311
Mota, Hélio – 19, 100
Motta, João da – 385, 386
Motta, Othoniel Fonseca – 267
Motta, Zezé – 209, 357, 395, 460, 470
Muchachi, José Alberto – 472
Muchon, Hermínio – 22
Muito Barulho por Nada – 286, 287, 288, 289, 290, 305, 370, 464
Mulher sem Pecado – 52
Muniz, Elke Lopes – 261, 462, 463, 464
Muniz, José Antônio – 337
Muniz, Lauro César – 264, 265, 266, 276, 283, 284, 303, 304, 367, 399, 462
Muniz, Myrian – 441
Museu Assis Chataubriand – 91
Museu de Arte de São Paulo (Masp) – 261, 337
Música e Poesia do Brasil – 406, 473
Musset, (Louis Charles) Alfred de – 73, 152, 179
Mussolini, Benito – 17

N
Nacif, Marta – 7
Nandi, Alberto – 456
Napoli Canta (companhia teatral) – 69
Nascimento, Alípio – 195
Nascimento, Domingos Fiorini Araújo – 463
Nascimento, Francisco Araújo – 462
Nash, Richard – 106, 126, 127, 128, 129, 131, 139, 262, 346, 455, 456
Nat, Lucien – 85
Natal, Antonio – 460, 461, 464
Navalha na Carne – 388, 389, 392, 393, 431
Navarro, Olga – 20, 91
Negreiros, Lizette – 453, 461, 462, 463
Negri, Suzana – 61
Neisten, José – 86
Nelson Luiz – 369, 463, 464
Nenê (flautista) – 460
Neves, Conceição da Costa – 185
Neves, Demerval Rodrigues – 455
Neves, Ezequiel – 203, 457, 458, 459, 466
Niccodemi, Dario – 14, 27, 42
Nichols, Mike – 407, 426
Nick Bar – 68
Nicolau I (Rússia) – 390
Niétochka Nezvánova – 391
Nigris, João De – 185
Nimitz, Oscar – 83, 136
Nino (maquinista) – 202
Nixon, Richard Milhous – 400, 421
Nogueira, Odilon – 165, 458
Nogueira, Roberto – 472
Nogueira, Ruy – 330, 457, 458, 459, 460
Noite de Reis – 100, 286
Noites Brancas – 112, 147, 148, 149, 151, 198, 208, 317, 321, 350, 389, 390, 391, 392, 393, 394, 419, 456, 467, 470
None – v. Andrade Filho, Oswald de
Nora (Casa de Boneca) – 24
Noschese, Raphael – 101, 107, 109
"Nota Sobre a Profissão do Ator" – 85
Nossa Cidade – 30, 31, 32, 33, 45
Núcleo de Artes Cênicas para Adultos – 307

Núcleo de Artes Cênicas para Crianças e Adolescentes – 307, 308
Núcleos de Artes Cênicas – 307, 341
Núpcias de D. João Tenório – 36

O

"Ô Abre Alas" – 271
O Acrobata - 88
O Alienista – 337, 340
O Alvarista – 29
O Amor por Anexins – 217
O Aniversário – 88
"O Ator – Diletantismo e Assenhoreamento da Arte" – 85
"O Ator e o Teatro na Vida Contemporânea" – 85
O Avarento – 140, 161, 162, 164, 165, 166, 353, 457
O Badejo – 75, 217
O Balcão – 413
O Barão da Cotia – 237, 329, 468
O Campeão – 74
O Cárcere Secreto – 306
O Caso da Casa – 336, 469
O Caso dos Irmãos Naves – 381
O Chapéu de Sebo – 339
O Chapéu de Três Bicos – 159
O Cid – 104, 208, 227
O Demônio – 392
O Desejo Agarrado Pelo Rabo – 307
O Dia – 403
"O Diretor no Teatro de Hoje" – 85
O Doente Imaginário – 326
"O Encenador" – 85, 86
O Estado de S. Paulo – 15, 30, 38, 41, 51, 95, 108, 127, 149, 154, 159, 164, 170, 174, 175, 177, 191, 199, 211, 218, 235, 237, 252, 255, 259, 265, 277, 284, 327, 381, 405, 412
O Estranho Casal – 184, 381
O Fazedor de Chuva – 106, 107, 108, 125, 262, 346, 455
O Filho do Cão – 380
O Fundo do Poço – 66, 69
O Globo – 88, 260, 430
O Homem de Flor na Boca – 88, 105
O Homem do Princípio ao Fim – 388, 389, 395

O Homem e as Armas – 78
O Homem Que Deve Morrer – 208
O Homem que Nasceu Duas Vezes – 167
O Imbecil – 30, 71, 72
O Malefício da Mariposa – 157
O Médico à Força – 236, 323, 324, 325, 326, 327, 328, 460, 467
O Melhor Juiz o Rei – 380
O Menino de Ouro – 73, 74
O Mentiroso – 55, 68
O Micróbio do Amor – 307
O Milagre de Annie Sullivan – 140, 141, 172, 173, 174, 175, 176, 177, 181, 182, 184, 185, 186, 187, 189, 191, 198, 201, 205, 208, 268, 275, 306, 317, 318, 319, 320, 321, 323, 355, 377, 383, 385, 389, 396, 400, 458, 466
O Misantropo – 325
O Negrinho do Pastoreio – 379
O Noviço – 38, 237, 238, 239, 364, 380, 461
O Olho Azul da Falecida – 388, 389
O Pagador de Promessas – 442
O Pai – 379
O Panorama Visto da Ponte – 424
O Pedido de Casamento – 63
O Poeta da Vila e Seus Amores – 243, 249, 250, 251, 252, 253, 255, 266, 275, 285, 304, 365, 439, 461
O Poeta em Nova York – 157
O Primo da Califórnia – 217, 321, 322, 467
O Público – 157
O Rei da Vela – 424
O Rei do Riso – 279, 282, 283, 284, 285, 304, 307, 369, 464
O Santo Milagroso – 264, 265, 266, 267, 268, 275, 304, 367, 462
O São Paulo – 195, 201, 222, 235, 238, 250
O Sonho Americano – 389
O Tartufo – 140, 162, 226, 227, 228
"O Teatro Antigo da Índia" – 84, 85
O Teatro e sua Técnica – 88, 344
O Teatro Popular do Sesi – Uma Trajetória Entre o Patronato e as Massas – 447

493

O Tempo – 21, 40, 76
O Tigre (Tiger) – 410, 414, 418
O Tipo Brasileiro – 336, 469
O Tribofe – 307
O Urso – 72, 73
O Versátil M. Sloane – 184
O'Neill, Eugene – 20, 86, 91
Odets, Clifford – 73, 74, 106, 131, 133, 456
Odilão (contrabaixista) – 460
Odilon (de Azevedo) – 61
Offenbach, Jacques – 334
Oficina Teatral – 45
Ogawa, Masaichi – 455
Oiticica, Sônia – 191, 397, 458, 459, 470
Oliva, Vera – 456
Oliveira Filho, Alfredo de – 463, 468
Oliveira, Armando de Sales – 15
Oliveira, Artur de – 297
Oliveira, Eustaquio de – 460, 472
Oliveira, Juca de – 237, 276, 311, 356, 372, 375, 376, 377, 378, 379, 380, 382, 383, 384, 385, 386, 387, 388, 407, 408, 410, 411, 414, 415, 418, 445, 470, 471, 473
Oliveira, Luiz Ricardo de – 463, 464, 465, 466
Oliveira, Reny de – 183, 355, 458, 466
Olympia Press – 406
"Onda" – 427
Onde Canta o Sabiá – 41, 168, 295, 296, 342, 372, 379, 395, 465
Opinião Nacional (programa da TV Cultura de São Paulo) – 446
Oppenheim, Sílvio – 472
"Origem da Renovação do Teatro Brasileiro" – 84, 85
Orlando, Paulo (Paulo Orlando Maltempo) – 169
Orosco, Roberto – 459
Orozimbo, Luiz Giraldi – 181
Orsi, Wanda – 137, 347, 456
Ortega y Gasset, José – 274, 275
Os Amantes de Viorne – 360, 433, 434, 435, 436, 437, 472
Os Cineastas – 64, 65

Os Comediantes – xii, 20, 42, 43, 59, 66, 81, 90, 107, 188, 273, 299, 442
Os Datilógrafos – 410
Os Espectros – 20, 21, 22, 23, 24, 25, 27, 28, 30, 34, 40, 42, 43, 44, 48
Os Filhos de Eduardo – 67, 68, 69
Os Inimigos – 400
Os Inimigos Não Mandam Flores – 78
Os Irmãos Karamazov – 392
Os Miseráveis Também Têm Alma – 43
Oscar – 379
Oscarito (Oscar Lorenzo Jacinto de la Inmaculada Concepción Teresa Dias, dito) – 91, 273, 407, 442
Osmar Cruz e Seu Teatro de Arte – 71, 72, 343
Osmar Rodrigues Cruz – Uma Vida no Teatro – xi, xii
Otero, Décio – 93
Otero, Jura – 395, 401, 403, 471
Outsuka, Lenita – 226
Oxília, Nino – 18, 26

P

Pacheco, Mattos – 78, 79, 87
Pagliaro, Renato – 462, 463
Paiva, Roberto – 251
Paixão Proibida – 381
Paixão, Célia Soares – 471
Pannunzio, Armando – 336
Panorama Visto da Ponte – 396
Para Ser Ator – 88, 93, 338
Paradizzi, Richards – 466, 469, 470
Parreiras, Luiz Carlos – 292, 367, 462, 463, 464, 465
Partido Acadêmico Democrata (PAD) – 18
Pato Selvagem – 24
Paula, José de – 455
Paula, Lígia de – 471
Paulo Celso – 459
Paulo José – 380
Peacock, Ronald – 86
Pederneiras, Raul (Paranhos) – 169
Pedido de Casamento – 67, 88
Pedro (maquinista) – 202
Pedro I (D.) – 209, 210, 211, 213
Pedroso, Nívio – 418
Peer Gynt – 24

Peixoto, Fernando – 11, 453
Peixoto, Floriano (Vieira) – 13
Pena, (Luís Carlos) Martins – 27, 52, 82, 124, 169, 171, 237, 238, 239, 265, 275, 281, 330, 364, 461
Penn, Arthur – 377
Penteado, (Conde) Álvares – 34
Penteado, Nelson Mattos – 395, 471
Pequeno Teatro de Arte – 71, 80
Pequeno Teatro de Comédia – 138
Pequeno Teatro Popular – 188, 299
Pequeno Teatro Popular Francês – 122
Pequenos Assassinatos – 421, 422, 424, 426, 427, 428, 429, 430, 431, 433, 472
Pequenos Burgueses – 431
Pêra, Manuel – 397
Pêra, Marília – 342, 357, 394, 395, 396, 397, 400, 470
Pereira, Agostinho Martins – 22, 30, 108, 337
Pereira, Benedito – 458
Pereira, Maria Lúcia – 111, 314, 315, 316, 342
Person, Luís Sérgio – 381
Pessoa, Maria do Carmo – 433
Pestana, Catarina C. Costa – 463, 469
Pestana, Rosamaria – 370, 462, 463, 464, 465, 468
Petra, Wilma – 460
Petraglia, Cecília – 471
Petraglia, Cláudio – 394, 395, 397, 399, 400, 401, 402, 403, 459, 470, 471
Petraglia, Ricardo – 357, 470
Petruccelli, Luciana – 75
Petti, Odavlas – 147, 350, 390, 393, 424, 457, 470
Pfuhl, Oscar Von – 336, 470
Phebo, Flávio – 395, 396, 402, 403, 470
Philipe, Gérard – 109, 227
Philips (empresa) – 292
Piagno, Ernesto – 461
Picasso, Pablo Ruiz – 307
Picchi, Marcelo – 460
Piccolo Teatro (Milão) – 76, 109

Piero, Mario F. di – 106
Pierro, Waldir de – 455
Pietrachévski, Makhail Vasilievitch – 390, 391
Pigmalião – 27
Pignatari, Rubens – 462, 463
Pimenta, Guiomar – 468
Pinheiro (Regional do Evandro) – 278, 462, 463
Pinheiro, Gustavo – 457
Pinheiro, Israel – 469
Pinheiro, Thereza – 363, 366, 463
Pinto, Apolônia – 172, 282, 297
Piragine, Adonis – 20
Pirahy, João – 460
Pirandello, Luigi – 37, 38, 52, 58, 71, 72, 88, 105, 127, 285, 416, 417
Pires, Nilda – 458, 467
Pisani (cabeleireiro) – 472
Pisani, Oswaldo – 83
Planchon, Roger – 162, 226, 227, 228, 272, 298, 300, 330
Plano Estímulo ao Teatro – 83
Plauto – 162
Plonka, Marcos – 230, 332, 460
Poel, William – 287
Poemas do Canto Profundo – 157
Polônio, Sandro – 43, 51, 66, 67, 69, 107, 108, 114, 143, 145, 151, 166, 232, 437
Pompeo, João José – 352, 353, 457, 458, 459, 460
Pontes (Livraria Teixeira) – 94, 95
Portinari, Cândido Torquato – 17, 99
Porto, Isabel – 285
Prada, Cecília – 249
Prado, Décio de Almeida – xi, xii, 21, 30, 34, 35, 38, 41, 81, 90, 92, 94, 96, 108, 125, 127, 132, 149, 154, 159, 167, 170, 174, 177, 272, 306, 376, 378, 443, 445
Prado, Newton – 472
Prado, Paulo – 369, 461, 462, 463, 464
Preciosas Ridículas – 162
"Prefácio de *Cromwell*" – 86
Prefeitura Municipal de São Paulo – 27, 301

495

Prefeitura Municipal do Rio de Janeiro – 49
Prêmio Apetesp (Associação dos Produtores de Espetáculos Teatrais do Estado de São Paulo) – 270
Prêmio "Arlequim" – 75, 78
Prêmio Mambembe – 269
Prêmio Molière – 11, 190, 237, 253, 270
Prêmio Saci – 190, 191, 379, 380
"Preparando a Personagem" – 85
Presley, Elvis – 74
Prestes, Luís Carlos – 13, 17, 19, 102
Pretto, Siloé – 459
Primeira Feira Paulista de Opinião – 191
Primeiras Canções – 157
Primeiro Festival do Teatro Amador do Estado de São Paulo – 105
Prodef – Produções Artísticas Ltda. – 473
Proença, Luiz Alberto – 471, 472
Provenzano (fotógrafo) – 346
Putz – 372, 377, 406, 407, 410, 411, 412, 413, 414, 415, 416, 417, 418, 420, 471, 473

Q
Quadros, Jânio da Silva – 34, 446
Qualquer Quarta-Feira – 376
Quando as Máquinas Param – 439, 473
Quando Cinco Anos Passaram – 157
Quarto Centenário da Cidade de São Paulo – 306
Quatro em um Quarto – 400
Queda da Bastilha – 324
Queiroz, Cleide – 453, 462, 463
Queiroz, Rachel de – 106, 134, 136, 137, 347, 456
Quem Casa Quer Casa - 24, 27
Quem Tem Farelos – 73, 84, 85
Quem Tem Medo de Virgínia Woolf – 379
Querô – 439

R
Rabello, Cecília – 457, 458

Rabelo, Franco – 134, 135
Rachou, Ruth – 404, 464, 471
Racine, Jean (Baptiste) – 152
Rádio Difusora – 72, 73
Rádio Nacional – 34
Rádio Record – 167
Rádio Tupi – 72, 74
Raffanti, Paolino – 456
Rago, Álvaro Di – 473
Rainha Morta – 30, 42, 108
Ralé – 71
Ramalho, João – 108, 143, 146, 147
Ramos, Antonio – 455
Ramos, Ézio – 460
Ramos, Graciliano – 101
Ramos, Tony – 423, 460, 472
Randelucci, Gilberto – 82, 84
Rangel, Flávio – xii, 141, 306, 337
"Rapazes da Banda" – 202
Rapazes da Banda – 411
Ratos e Homens – 45
Ratto, Gianni – 75, 314, 444
Reche, Antônio – 202, 203, 459
Recreio Dramático (Rio) – 333
Rede Globo de Televisão – 34, 268, 269, 375, 414, 434
Refinações de Milho Brazil – 187
Regina Helena (jornalista) – 385, 411
Rei da Vela – 151
Reinhardt, Max – 85
Reis, Nivaldo – 456
Renato (Pécora), José – xii, 141, 217
René Mauro (ator) – 468
Retalho – 14, 20, 24, 27, 42
Rêverie – 171
Revista Brasiliense – 51, 89
Revista de Estudos Teatrais – 82, 83, 84, 87, 90
Revista do Sesi – 51
Revista do Teatro Amador – 80, 81, 82, 83, 88
Rezende, Cacá (Cláudia) – 461, 462, 463
Rezende, Reinaldo – 461, 462, 463
Rhodia (empresa) – 99, 100, 103, 104
Ribeiro Neto, (Pedro Antônio de) Oliveira – 146, 155, 160, 166

Ribeiro, Arquimedes – 16, 232, 241, 263, 321, 396, 415, 424, 439, 457, 458, 459, 460, 461, 462, 463, 464, 465, 466, 467, 468, 469, 471, 473
Ribeiro, Celso – 314, 340, 462, 463, 464, 465, 466, 468
Ribeiro, Dinah – 462
Ribeiro, Elizabeth – 139, 173, 175, 179, 182, 183, 419, 420, 434, 458, 459, 460, 461, 467, 468, 470, 471, 472
Ribeiro, Evaristo – 78, 80
Ribeiro, Luiz Carlos – 462, 463
Ribeiro, Manoel – 457, 470, 471
Ribeiro, Marilena – 463, 464, 465, 466, 468, 469
Ribeiro, Nair – 465, 466
Ribeiro, Sebastião – 458, 472
Ribeiro, Theodora – 463, 464, 465, 466, 469
Ribeiro, Violeta de Martins – 307
Riccelli, Carlos Alberto – 461
Richardson, Tony – 197
Rigon, Plínio – 468
Rio Light (empresa) – 187
Ripoli Filho, Líbero – 188, 466
Ripoli, Libero – 299, 459
Riyani, Marco Antonio – 464
Rizzo, Eraldo – 458
Rizzo, Norival – 464
Rocco, Roberto – 468, 469
Rocha, Marlene – 466
Rocha, Sônia – 461
Roda Viva – 389, 394, 395
Rodrighero, Haydée – 466
Rodrigues, Antônio – 144
Rodrigues, Iná – 470
Rodrigues, José – 455
Rodrigues, Kaumer Diamantino – 84, 455, 456
Rodrigues, Luiza – 337, 459, 460
Rodrigues, Nelson (Falcão) – 51, 52, 66, 138, 162, 199, 254, 255, 256, 257, 258, 259, 260, 261, 275, 283, 284, 303, 304, 306, 315, 331, 338, 366, 402, 439, 442, 443, 462
Rodrigues, Orlando Miranda – 458
Rodrigues, Pepita – 437, 472

Rolland, Romain – 101, 102, 118, 280, 298
Romancero Gitano – 157
Romeu e Julieta – 289
Roque, Osmar – 472
Rosa, João Guimarães – 399
Rosa, Noel (de Medeiros) – 141, 142, 242, 243, 244, 245, 247, 248, 249, 250, 251, 252, 262, 284
Rosan, Ismael – 462
"Róseas Flores" – 406
Rossetti, Sérgio – 369, 463, 464, 469
Roulien, Raul Pepe Acolti Gil – 20
Rovai, Pedro – 471
Royal Shakespeare Company – 422
Rudek, Baby – 460
Rudge, Antonieta – 23, 24
Rudska, Yanka – 86, 91
Russell, (Arthur William, Lorde) Bertrand – 31
Russo, Emílio – 14, 100, 167, 168

S

Sá, Mem de – 144, 146
Sá, Nelson de – 314
Sabag, Fábio – 71
Sai da Frente que Atrás Vem Gente – 284
Sala Osmar Rodrigues Cruz – 12, 111, 315, 450
Salles, Perry – 357, 395, 470
Sallotti, Vicente A. – 455
Salme, Sérgio – 78
Sampaio, Oswaldo – 337
Sampaio, (José da) Silveira – 64, 65, 66, 69
Sampaio, Wilson – 291
Sanbra (empresa) – 187
Sanches, Gilmara – 437, 472
Sanches, Plínio – 91
Sandro (cenotécnico) – 472, 473
Santacruz, Eugênia – ver Cruz, Eugênia Rodrigues
Santana, Nivaldo – 463
Santiago, Rodrigo – 191
Santini, Carlo – 122
Santoro, Cláudio – 399
Santos (Senor Abravanel, dito) Sílvio – 437

Santos, Argentino Paula – 455
Santos, Geraldo – 456
Santos, Huldemberg dos – 472
Santos, Nivanda – 469
Santos, Pontífice – 455
Santos, Roberto – 91
Santos, Sérgio Mauro de Souza – 79
Santos, Tereza – 466
Saraiva, Hamilton – 137
Saraiva, Nice – 173
Saroyan, William – 128
Sartre, Jean-Paul – 62, 63, 397
Sarzi, Crayton – 460
Sauvajon, Marc-Gilbert – 67
Schell, Maria – 148
Schiller, Friedrich – 161, 179, 191, 192, 193, 194, 195, 229, 275, 318, 458
Schisgal, Murray – 372, 408, 409, 410, 411, 412, 413, 414, 415, 416, 417, 418, 471
Schlesinger, Hugo – 114
Schumann, Robert – 171
Schwartz, Madalena – 471
Se Quiserdes – 286
Segall, Maurício – 405
Seidl, Carlos – 468
Seis Personagens em Busca de um Autor – 33
"Seleções" – 177
Seljan, Zora – 88
"Semana Alvarista" – 29
Sena, Eduardo – 463
Senhora – 36, 203, 204, 205, 206, 207, 208, 209, 229, 359, 377, 396, 459, 469
Senhora da Boca do Lixo – 389
Sérgio Ricardo na Praça do Povo – 388, 389
Serviço de Teatro do Sesi – 99, 105, 126
Serviço Nacional de Aprendizagem Comercial (Senac) – 396
Serviço Nacional de Teatro (SNT) – 15, 16, 237, 261, 333
Serviço Social da Indústria (Sesi) – 75, 78, 79, 88, 91, 93, 94, 97, 99, 101, 102, 103, 104, 105, 106, 107, 108, 109, 110, 112, 115, 123, 125, 127, 132, 137, 138, 139, 140, 142, 144, 145, 150, 151, 152, 155, 156, 161, 167, 181, 182, 183, 185, 186, 187, 188, 189, 200, 202, 203, 205, 206, 207, 208, 215, 218, 219, 220, 221, 222, 223, 227, 228, 229, 230, 235, 239, 240, 242, 243, 244, 246, 250, 253, 254, 255, 256, 258, 261, 263, 265, 269, 270, 272, 273, 275, 276, 277, 279, 283, 285, 289, 291, 293, 295, 300, 301, 302, 304, 305, 306, 307, 308, 311, 312, 314, 315, 316, 318, 320, 325, 326, 327, 329, 337, 341, 342, 397, 414, 424, 439, 444, 445, 446, 450, 451, 452
Serviço Social do Comércio (Sesc) – 342, 396, 446
Sétima Bienal de São Paulo – 381
Seus Amores – 275
Sganarello – 73
Shakespeare, William – 35, 179, 180, 274, 286, 287, 289, 290, 305, 370, 381, 392, 400, 464
Shaw, George Bernard – 27, 58, 61, 85, 86
Sheridan, Richard – 201
Shopping City News – 257, 293
Shuering, Olga – 91
Sibelius, (Johan Julius Christian, dito) Jean – 108
Siervers, Ricardo – 78
Silva, Adolfina L. – 472
Silva, Alcides Maria – 455
Silva, Antonio da – 461
Silva, Antônio José da (o Judeu) – 75, 76, 78, 217, 306, 331, 332, 333, 468
Silva, Arthur Leopoldo e – 469, 470
Silva, Artur da Costa e – 397
Silva, Benedita da – 358, 459, 468
Silva, Carlos Henrique – 76, 455
Silva, Carmen – 11, 459
Silva, Débora da – 464
Silva, Delbides da – 463
Silva, Francisco Pereira da – 196, 198, 199, 200, 201, 282, 306, 337, 339, 342, 403, 404, 405, 406, 459, 471

Silva, Gilberto Pereira de – 471
Silva, Hélio – 14
Silva, Ilton – 459
Silva, Israel Rodrigues da – 471
Silva, Jorge Carlos da – 456, 457
Silva, Jorge Ferreira da – 128, 131, 455, 456, 457
Silva, Luís Antônio da Gama e – 389
Silva, Marilene – 462
Silva, Nize (Pires da) – 1, 9, 75, 91, 96, 128, 131, 147, 203, 230, 245, 254, 259, 260, 261, 310, 337, 377, 345, 346, 349, 351, 352, 353, 354, 355, 358, 359, 363, 364, 365, 367, 369, 370, 371, 373, 453, 455, 456, 457, 458, 459, 460, 461, 462, 463, 464, 465, 466
Silva, Paulo César da – 128, 131, 346, 455, 456
Silva, Renato da – 473
Silva, Ruy – 185
Silva, Silvestre P. – 351, 353, 358, 362, 364, 365, 367, 368, 462, 463
Silva, Stanislavski da (Orozimbo Luiz Giraldi) – 181
Silva, Umberto da – 278, 463
Silveira, Carlos – 460
Silveira, Helena – 66
Silveira, Mirian – 22
Silveira, Miroel – 20, 30, 34, 42, 90, 92, 108, 122, 123, 130, 394, 399, 400, 401, 403, 442, 443, 470
Simões, Lucília – 56, 57, 60
Simon, Neil – 413
Simonin, Albert – 328
Simonsen, Roberto Cochrane – 17, 79, 99
Sindicato dos Jornalistas do Estado de São Paulo – 92
Siqueira, José Rubens – 36, 286, 287, 289, 306, 312, 313, 314, 315, 337, 370, 464, 466, 469, 470
Soares, Geraldo – 67
Soares, Maria Alice Teixeira – 472
Soares, Miguel S. – 459
Soares, Oldair – 464
Soares, Zé Cássio Macedo – 469, 470

Sociedade Brasileira de Autores Teatrais (Sbat) – 80, 88, 93, 397, 407
Sociedade Brasileira de Comédia – 35, 64
Sociedade de História do Teatro – 90
Sociedade dos Artistas Independentes – 82
Sociedade Lítero-Musical – 446
Société d'Histoire du Théâtre – 89
Sócrates – 274
Sodré, José Roberto de Abreu – 445
Sófocles – 443
Sole, Martin – 83
Sonetti, Joaquim Mário – 77, 455
Sonho e Vida Real – 37
Sorrentino, Nelson – 468
Sorriso da Gioconda – 60, 61
Sousa, Martim Afonso de – 404
Sousa, Washington Luís Pereira de – 14
Souza Cruz (empresa) – 187
Souza, Alberico – 463
Souza, Aracy de – 460
Souza, Carlos Alberto de – 30
Souza, Naum Alves de – 314
Souza, Ruth de – 458
Sozinho no Mundo – 75
Sperandio, Oswaldo – 270, 278, 281, 463, 464
Sperb, Nelson – 29
Staden, Hans – 404, 405, 406
Stanislávski, Konstantin – 64, 85, 86, 88, 91, 337, 338, 436
Steen, Edla (Lucy Vendhausen) van – 254
Steinbeck, John – 45
Stella Adler (curso americano) – 338
Strasberg, Lee – 337, 338
Strehler, Giorgio – 312, 338, 444
Strindberg, August – 379
Suarez, Laura – 65
Suassuna, Ariano Vilar – 136
Sukys, Alice – 455
Sullivan, Annie – 174, 175, 176, 177, 178, 179, 182, 185, 306
Sverner, Clara – 272

T

Taírov, Alexis – 85
Talismã, Geraldo – 248
Talma Gráfica – 95
Talma, François Joseph – 66
Tanganelli, Gilka – 471
Tatá – ver Gustavo, Luiz
Taunay, Alfredo Maria Adriano d'Escragnolle Taunay, visconde de – 333
Tchekhov, Anton – 52, 62, 63, 64, 72, 73, 88, 127, 133, 179
Teatro Acadêmico de Ópera – 43
Teatro Aliança Francesa – 113, 152, 155, 356, 360, 372, 377, 381, 382, 383, 384, 386, 387, 388, 389, 407, 408, 409, 410, 411, 423, 434
Teatro Aliança Francesa (Rio de Janeiro) – 414
Teatro Alumínio – 15
Teatro Anchieta – 357, 396, 397, 400, 401, 402, 403
Teatro Apolo – 15
Teatro Armando Pannunzio do Sesi (Sorocaba) – 336
Teatro Artur Azevedo – 75
Teatro Bela Vista – 91, 388, 389
Teatro Boa Vista – 15
Teatro Brás Politeama – 15
Teatro Brasileiro de Comédia (TBC) – xi, xii, 31, 47, 53, 54, 55, 62, 63, 64, 67, 69, 114, 115, 151, 165, 188, 214, 232, 234, 238, 239, 242, 273, 323, 328, 338, 388, 389, 396
Teatro Brastemp – 73
Teatro Cacilda Becker – 264, 388, 389, 419, 420, 437
Teatro Cassino Antártica – 15
Teatro Castro Mendes – 318
Teatro Colombo – 14, 15, 77, 78, 273
Teatro Copacabana – 186
Teatro da Igreja Nossa Senhora do Carmo – 100
Teatro da Natureza – 101, 102, 299
Teatro de Arena – 136, 140, 141, 217, 264, 380, 388, 389
Teatro de Arte – 114, 231, 338
Teatro de Arte Israelita Brasileiro (Taib) – 86, 113, 114, 115, 167, 168, 171, 172, 173, 175, 176, 181, 182, 185, 186, 194, 195, 199, 200, 203, 205, 207, 210, 212, 213, 218, 318, 375, 377, 383
Teatro de Comédia de São Paulo – 64, 139
Teatro de Cultura Artística – 30, 32, 66, 78
Teatro do Centro Acadêmico "Horácio Berlinck" – 441
Teatro do Estudante do Brasil – 35, 81
Teatro do Estudante de São Paulo (Tesp) – 30, 34, 43, 44, 45, 46, 47, 48, 49
Teatro do Estudante do Brasil – 30, 34, 81
Teatro-Escola de São Paulo (Tesp) – 75
Teatro Experimental de Alfredo Mesquita – 81
Teatro Experimental do Negro – 45
Teatro Experimental do Sesi (TES) – 81, 88, 101, 105, 106, 107, 122, 123, 125, 127, 128, 130, 131, 132, 133, 137, 138, 139, 145, 146, 147, 152, 262, 302, 337, 345, 346, 347, 348, 455
Teatro Ginástico (Rio) – 333
Teatro Itália – 392, 393
Teatro João Caetano – 105, 122, 123, 396
Teatro Leopoldo Fróis – 79, 106, 107, 113, 114, 132, 138, 152
Teatro Maria Della Costa – 107, 113, 114, 143, 145, 146, 149, 156, 160, 165, 166, 214, 218, 219, 220, 221, 223, 227, 229, 230, 232, 380
Teatro Municipal (São Paulo) – 15, 20, 21, 22, 23, 24, 25, 28, 35, 36, 38, 40, 42, 52, 65, 70, 106, 107, 121, 130, 131, 132, 152, 226, 261, 262, 326, 327, 381, 388, 389, 424, 442, 443
Teatro Municipal de Campinas – 14, 318
Teatro Nacional Popular (TNP) – 52, 53, 102, 109, 117, 118, 179, 195, 225, 226, 227, 298, 303, 342, 445

Teatro O Galpão – 388
Teatro Oberdan – 15
Teatro Odeon – 443
Teatro Oficina – 38, 140, 141, 151, 342, 388, 389, 394, 395, 422, 423, 424, 428, 429, 431
Teatro Olímpia – 15
Teatro Paiol – 93
Teatro Pedro II – 15
Teatro Politeama – 319, 320
Teatro Popular de Arte – 51, 52, 66
Teatro Popular do Sesi – 20 Anos (revista) – 272
Teatro Popular do Sesi (TPS) – xii, 1, 14, 75, 78, 88, 91, 99, 100, 101, 103, 104, 105, 106, 107, 108, 109, 110, 111, 112, 113, 115, 117, 118, 122, 138, 140, 141, 142, 148, 149, 151, 152, 154, 155, 156, 159, 160, 161, 162, 164, 165, 166, 167, 171, 172, 173, 174, 175, 176, 179, 180, 182, 185, 186, 187, 188, 189, 190, 194, 195, 198, 200, 201, 202, 203, 204, 205, 206, 210, 211, 212, 214, 215, 218, 219, 220, 221, 222, 223, 226, 228, 230, 232, 234, 235, 236, 238, 240, 241, 246, 247, 249, 251, 252, 253, 257, 258, 259, 260, 262, 263, 265, 267, 268, 269, 270, 271, 272, 275, 276, 277, 278, 279, 281, 282, 283, 284, 288, 289, 290, 292, 293, 294, 295, 296, 297, 299, 300, 301, 302, 303, 304, 305, 306, 307, 308, 309, 310, 311, 312, 313, 314, 315, 317, 318, 319, 320, 321, 322, 323, 324, 325, 326, 327, 328, 329, 330, 331, 332, 335, 337, 338, 339, 340, 349, 350, 351, 352, 353, 354, 355, 358, 359, 361, 362, 363, 364, 365, 366, 367, 368, 369, 370, 371, 372, 373, 389, 390, 403, 404, 444, 447, 448, 449, 450, 451, 452, 456
Teatro Popular do Sesi Itinerante – 189, 317, 466
Teatro Recreio – 15, 95
Teatro Royal – 14, 69
Teatro Ruth Escobar – 191, 381, 389, 394
Teatro Santa Helena – 15
Teatro Santana – 14, 15, 34, 42, 55, 57, 59, 61, 69, 273
Teatro São Paulo – 273, 283, 324
Teatro Universitário (Porto Alegre) – 379
Teatro Universitário do Centro Acadêmico Horácio Berlinck – 18, 19, 21, 22, 23, 24, 25, 26, 27, 28, 29, 34, 35, 36, 38, 40, 41, 42, 43, 44, 46, 47, 48, 49, 79, 80
Teatro Universitário Paulista – 43
Teatro-Escola – 43, 45, 46, 47, 48
Teia de Aranha – 182
Teijido, Veronica – 471
Telespetáculos Elgin (TV Excelsior, SP) – 75
"Tele-Teatro das Segundas-Feiras" (TV Tupi, SP) – 72
Telles, Maria Estela Queiroz – 455
Telles, Mário – 185
"Teoria Geral do Teatro" – 85, 86
Tereza Cristina (atriz) – 460
The White House Murder Case – 426
Thomas, Robert – 438, 472
Tigre, (Manuel) Bastos – 307, 340
Timberg, Nathalia – 360, 419, 434, 472
Tinhorão, José Ramos (dito) – 244, 245, 247, 248, 462
Tipos da Atualidade – 122
Tirso de Molina (frei Gabriel Téllez, dito) – 158
Toda Donzela Tem um Pai Que É Uma Fera – 379
Todor, Eva (Nolding Fodor) – 56, 58, 59, 60, 91, 273
Todos os Filhos de Deus têm Asas – 45
Tojeiro, Gastão – 127, 169, 295, 296, 297, 334, 372, 465
Tolmacheva, Galina – 338
Tomada, Domingos – 244
Tomada, Nelson – 244
Tornar-se Ator – 92
Torquemada, Tomás de – 399
Torres, Fernando – 389, 395
Torresi Filho (ator) – 455
Tosta, Tadeu – 462, 463, 468
Traído Imaginário – 73
Tribuna da Imprensa – 416

Tribuna de São Paulo – 271
Trocas e Baldrocas – 333, 334
Trocas e Trapaças – 333, 334, 468
Troféu Mambembe – 261
Troféu Mec – 269
Tudo no Jardim – 400, 402, 437
Tumscitz, Gilberto – 208, 430, 434, 472
TV Cultura, Canal 2 – 244
TV de Vanguarda – 381
TV Excelsior – 71, 73, 75, 139
TV Tupi-Difursora (PRF3) – 34, 71, 72, 73, 74, 210, 331, 381
Tymosczenko, Leontij – 458, 467

U

Ubiratan Júnior – 459
Última Hora – 32, 74, 79, 206, 213, 219, 220, 226, 228, 230, 246, 326, 329, 383, 401, 426, 427
Um Bonde Chamado Desejo – 388
Um Deus Dormiu Lá em Casa – 65
Um Grito de Liberdade – 114, 209, 210, 212, 213, 361, 460
Um Homem, Uma Mulher – 384
"Uma Aula de Stanislávski" – 84, 85
Uma Certa Casa em Chicago – 405
Uma Porta Deve Estar Aberta ou Fechada – 73
"Uma Sátira à Sociedade Americana" – 423
Uma Tragédia Florentina – 72
Uma Véspera de Reis – 217
União Estadual dos Estudantes (UEE) – 43, 44, 46, 49
União Estadual dos Estudantes de São Paulo (UEESP) – 45, 46
União Nacional dos Estudantes (UNE) – 400
Universidade de Colúmbia – 157
Universitários de Teatro – 81

V

Vaccarini, Bassano – 63, 196, 459
Vachtángov, Evguéni B. – 85
Vadinho – ver Gonçalves, Valdemir
Val, Moraci do – 74
Valadares, Paulo – 471
Vale, Alair Sá do – 43
Valletta, Wellington – 453
"Valorização de O'Neill" – 86
Vandré, (Geraldo Pedrosa de Araújo Dias, dito) Geraldo – 399
Vani, Lídia – 67
Vargas, Getúlio Dornelles – 15, 16, 17, 18, 19, 100, 101, 102, 103, 112
Vargas, Maria Tereza – 85
Vasconcelos, José Mauro – 399
Vasques, Francisco Correia – 279, 280, 281, 282, 283, 284, 285, 307
Vega, Félix Lope de – 157, 158, 159, 180
Veja – 238, 244, 259, 270, 393
Velasquez (peruqueiro) – 459
Ventura, Geraldo – 458
Vergueiro, Carlos – 54, 63, 190
Verinha (atriz) – 458
Veríssimo, José (Dias de Matos) – 124
Vernau, Paul – 337
Vestido de Noiva – 33, 52, 66, 199, 255, 257, 442, 443
Viagem Feliz – 105
Viana, Hilton – 96, 198, 205, 238, 258, 266, 318, 406, 473
Viana, Regina – 470
Viana, Renato – 299
Vianna Filho, Oduvaldo – 14, 18, 26, 52, 85, 87
Vianna, Oduvaldo – 100, 109, 110, 114, 127, 167, 168, 169, 170, 171, 172, 217, 282, 284, 291, 292, 293, 294, 295, 296, 297, 303, 305, 354, 371, 458, 465
Vicente, Gil – 73, 84, 85, 275, 331
Vicente, Vilma – 473
Vicenzotto, Mafalda – 462, 463
Vidigal, Luiz Eulálio (de Bueno) – 288, 292
Vidrobrás (empresa) – 202
Vietri, Geraldo – 210
Vigiani, Nicolino – 168, 291
Vigna, Gilberto – 376, 382, 384, 386, 470
Vignatti, Roberto – 93
Vilaça, Paulo – 389

Vila-Lobos, Heitor – 399
Vilar, Jean – 101, 102, 109, 117, 118, 140, 179, 191, 195, 209, 225, 226, 227, 272, 274, 298, 299, 300, 342, 444, 445, 446
Vilella, Gabriel – 141, 314
Villon, André – 57, 58
Vinte e Cinco Anos de TPS – 271, 272, 276, 297, 308, 310
Viotti, Sérgio – 199, 203, 204, 206, 207, 208, 209, 210, 211, 212, 213, 229, 237, 297, 308, 336, 360, 361 405, 412, 434, 459, 460, 469, 472
Visão – 277, 258, 283, 290, 294
Visconti, Luchino – 149, 391
Vitez, Antoine – 298
Vitorino, Eduardo – 88, 93, 338
Vlademir, Adilson – 460
Vuchelen, Ninette Van – 203, 205, 206, 214, 223, 323, 325, 328, 336, 459, 460, 461, 467, 471

W
Waldmann, Eugênia – 458, 459
Wei, Waldemar – 54, 64, 68
Wilde, Oscar (Fingal O'Flaherty Wills) – 72
Wilder, Thornton – 30, 31, 32, 33, 45, 88, 105
Williams, Tennessee – 379, 388, 411
Wilma (Buckup), Eva – 372, 407, 408, 409, 410, 411, 414, 420, 423, 471, 472

Wladimir, Adilson – 459, 467

X
Xavier, Nélson – 86

Y
Yacoff (jornalista) – 249
Yanez, Vera Lúcia F. Guimarães – 466
Yarochwski, Barry – 86
Yerma – 158, 159

Z
Zamma, Caetano – 245, 462
Zampari, Franco – xi, xii
Zancaner, Orlando – 446
Zanini, Ivo – 187
Zanotto, Ilka Marinho – 92, 237, 252, 255, 265, 272, 284, 311, 331
Zara, Carlos – 104
Zé Simão – 96
Zemel, Bertha – 147, 149, 150, 151, 182, 187, 350, 354, 355, 456, 457, 458
Zequinha (Regional do Evandro) – 278, 462, 464
Ziembinski, Zbigniew – xi, 20, 21, 24, 25, 31, 32, 43, 52, 69, 108, 273, 442
Zilah Maria (atriz) – 54
Zimmermann, José – 471
Zóia – 19, 20
Zwekhol, René – 22

Impressão e Acabamento
Assahi Gráfica e Editora.
Fone: (11) 4123-0455
Rua Luzitania, 306 - SBC